U0444757

中国中古史集刊

第一辑

权家玉　主编

商务印书馆
2015年·北京

图书在版编目(CIP)数据

中国中古史集刊. 第1辑 / 权家玉主编. — 北京：商务印书馆, 2015
ISBN 978-7-100-11470-7

Ⅰ. ①中… Ⅱ. ①权… Ⅲ. ①中国历史—中古史—文集 Ⅳ. ①K240.7-53

中国版本图书馆CIP数据核字(2015)第160522号

所有权利保留。

未经许可，不得以任何方式使用。

中国中古史集刊
第一辑
权家玉　主编

商　务　印　书　馆　出　版
（北京王府井大街36号　邮政编码 100710）
商　务　印　书　馆　发　行
三河市尚艺印装有限公司印刷
ISBN 978-7-100-11470-7

2015年7月第1版　　开本 710×1000　1/16
2015年7月北京第1次印刷　印张 37

定价：90.00元

本辑由陕西师范大学历史文化学院资助出版

本刊主旨

《中国中古史集刊》是"中国中古史前沿论坛"的学术阵地。论坛由陕西师范大学历史文化学院与华中师范大学历史文化学院共同发起,致力于团结国内外中国中古史学界同仁,打造优异的交流平台与对话空间。论坛常设机构由"中国中古史前沿论坛"筹委会与《中国中古史集刊》编委会组成。集刊每年出版一辑,以会议论文为支撑,同时接受公开投稿,并严格遵守匿名审稿制度。我们期待同道携手,兼收并蓄,砥砺争鸣,充分展示杰出中青年学者的最新研究成果,促进学术事业的薪火相传与传统文化的开拓创新。

目录 Contents

吴　羽　晋南朝"清水道"研究 ……… 1

范兆飞　中古郡望的成立与崩溃
　　　　——以太原王氏的谱系塑造为中心 ……… 16

于赓哲　汉宋之间医患关系衍论
　　　　——兼答罗伊·波特（Roy Porter）等 ……… 43

肖　荣　汉唐间本草学史研究
　　　　——以神农家为主线 ……… 84

仇鹿鸣　士族研究中的问题与主义
　　　　——以《早期中华帝国的贵族家庭——博陵崔氏个案研究》
　　　　为中心 ……… 110

邓玮光　对三州仓"月旦簿"的复原尝试
　　　　——兼论"纵向比较复原法"的可行性 ……… 139

周文俊　《通典》所记官品脉络的史料辨证
　　　　——以南朝官班、官品制度为中心 ……… 189

权家玉　荣耀背后的尴尬
　　　　——南朝建康士族贫困问题试析 ……… 216

姜望来　北朝皇权嬗替中之宗教与地域因素
　　　　　——以"东海出天子"谶言为中心 ……… 255
毋有江　拓跋鲜卑政治发展的地理空间 ……… 288
苏小华　北魏因素对北齐政治的消极影响 ……… 333
牛敬飞　杨坚诛五王史实补考
　　　　　——从《大周故滕国间公墓志》说起 ……… 354
贾志刚　隋代宫殿建筑消费考述 ……… 377
孙英刚　庆山还是祇阇崛山
　　　　　——重释《宝雨经》与武周政权之关系 ……… 411
吕　博　唐代露布的两期形态及其行政、礼仪运作
　　　　　——以《太白阴经·露布篇》为中心 ……… 436
张达志　"淄青"废县与淄青重塑
　　　　　——以唐宪宗朝为中心 ……… 469
唐　雯　剥落华饰
　　　　　——从新出王宰墓志看墓志书写的虚美与隐恶 ……… 495
黄　楼　中晚唐"宦官政治"与唐宋社会转型 ……… 514
王庆卫　墓葬中的窣堵波
　　　　　——再论武惠妃石椁上的勇士神兽图 ……… 539
崔世平　唐五代时期的凶肆与丧葬行业组织考论 ……… 562

编后记 ……… 581

晋南朝"清水道"研究

吴　羽（华南师范大学历史文化学院）

一、引言

东晋南朝时期的天师道、上清派、灵宝派、三皇派，对后世影响深远，备受学界关注。值得注意的是，当时还有李家道、帛家道、干家道、太平道、清约大道、清水道等道派，这些道派曾经颇有影响，后来淡出了历史舞台。对这些流行一时的道派进行深入研究，有助于观察当时各种宗教信仰形态互相影响与竞争的历史细部，从而对认识东晋南朝道教整合甚至文化整合的历史进程大有裨益。这是笔者研究清水道的初衷。

清水道以"清水"为信仰核心，用清水治病是其最重要的行道方式。杨联陞先生云："关于清水道，《法苑珠林》卷四十九引《述征记》曰：'北荒（疑邝）有张母墓。旧说是王氏妻，葬有年载。后开墓而香火犹然。其家奉之，称清水道。'与《抱朴子》所记不同，也许不止一派。又《抱朴子》内篇《道意》卷第九记，有人卖洛西古墓中水，以为有神，可以治病，后来遭官禁绝。不知与清水道有关否。"[1]

---

[1] 杨联陞：《〈老君音诵诫经〉校释》，《杨联陞论文集》，中国社会科学出版社1992年版，第60页。

任继愈先生主编的《中国道教史》认为清水道是五斗米道的一个支派。[1] 刘昭瑞先生在肯定清水道"本亦出自天师道"之外，发掘出《比丘尼传》、《三天内解经》、《道学传》中的清水道史料，指出晋简文帝司马昱信仰清水道，道师是王濮阳，推测孙恩、卢循教派属于清水道[2]，将清水道研究推向了崭新的阶段。其他学者对清水道大都一笔带过。[3]

尚待研究的是：清水道在何时何地兴起？是江南本地产生的信仰还是从别处传来？和其他道派有何关系？在兴起和传播过程中有何遭遇和变迁？这正是笔者力图解答的问题。

二、兴起在北邙

关于清水道的起源，《法苑珠林》卷36《华香篇第三十三·感应缘》引《述征记》曰："北荒有张母墓。旧说是王氏妻，葬有年载。后开墓而香火犹然，其家奉之，称清水道。"[4] 然而，《太平御览》卷868《火部一·火上》也引《述征记》之文，与《法苑珠林》所引有异，其文云："北征有张母墓。旧说张母是王氏妻，王家葬经数百载。后开墓而香火犹燃，其家奉之，称清火道。"[5]《太平御览》卷981《香部一·香》又引《述征记》此条，也微有不同，其文曰："北

---

[1] 任继愈：《中国道教史》，上海人民出版社1990年版，第57—58页。
[2] 刘昭瑞：《考古发现与早期道教研究》，文物出版社2007年版，第320—335页。
[3] 盖建民：《道教"尚医"考析》，《中国哲学史》2001年第4期；钟国发：《民间黄老道派末世论与陆修静宗教改革的初步尝试》，《魏晋南北朝隋唐史资料》2004年第21辑；丁红旗：《东晋南朝谢氏家族病史与道教信仰》，《宗教学研究》2006年第3期；吕鹏志：《唐前道教仪式史纲》，中华书局2008年版，第232页；王永平：《东晋中后期佛教僧尼与宫廷政治之关系考述》，《社会科学战线》2010年第9期。
[4] 《法苑珠林校注》卷36《华香篇第三十三·感应缘》，中华书局2003年版，第1156页。
[5] 《太平御览》卷868《火部一·火上》，中华书局1960年版，第3850页。

芒有张母墓。旧说是王氏妻，葬有年载。后开墓而香火犹燃。"[1]

张母墓究竟是在"北荒"，还是"北征"，抑或"北芒"？和张母墓相关的宗教信仰团体究竟是应该如《太平御览》所引称作"清火道"，还是当从《法苑珠林》所引名为"清水道"？

其实，《述征记》乃郭缘生随刘裕西征入长安返回之后所记见闻[2]，郭缘生撰成《述征记》的时间当在义熙十三年（417）九月后不久。《述征记》中确实有不少洛阳和邙山的记载，《太平寰宇记》卷3《河南道三·河南府一》数引其文。[3]

同时跟随刘裕西征的还有戴祚，戴祚撰有《西征记》以记见闻[4]，《太平寰宇记》卷3《河南道三·河南府一》引《西征记》云："邙山西岸东垣亘阜相属，其下有张母祠，即永嘉中此母。有神术，能愈病，故元帝渡江时，延圣火于丹阳，即此母，今祠存。"[5]按，东垣在洛阳城西[6]，则张母祠在洛阳城偏西北邙山附近。

郭缘生《述征记》所载"张母"与戴祚《西征记》所载"张母祠"中的"张母"是同一人，只是郭氏偏重记载起源，戴氏侧重记载所见及流变，既可互证，又可互补。故而《述征记》中之张母墓必在"北芒"，即北邙山。只是并非在洛阳正北方向，而是偏西北方向。

---

[1]《太平御览》卷981《香部一·香》，第4344页。
[2] 史料参见《雍录》卷7"霸水杂名"条，中华书局2002年版，第143页；《隋书经籍志考证》卷21"史部十一·《述征记》二卷，郭缘生撰"条，《续修四库全书》第915册，第350页。专门研究参见〔日〕森鹿三：《刘裕北征西伐从军行纪》，《东洋史研究》1937年第3卷第1号，第28—39页。
[3]《太平寰宇记》卷3《河南道三·河南府一》，中华书局2007年版，第47、56页。
[4]《隋书经籍志考证》卷21"《西征记》二卷，戴延之撰"条，《续修四库全书》第915册，351页。〔日〕森鹿三：《刘裕北征西伐从军行纪》，《东洋史研究》1937年第3卷第1号，第28—39页。
[5]《太平寰宇记》卷3《河南道三·河南府一》，第47页。
[6] 参见谭其骧：《中国历史地图集·东晋十六国、南北朝时期》，地图出版社1982年版，第46—47页。

同时，笔者认为，以张母墓被开为契机形成的宗教信仰团体的名称，当从《法苑珠林》引《述征记》所载，为"清水道"。理由有二：其一，《法苑珠林》中其他地方涉及"清水道"（详见后文），表明作者释道世对清水道有了解，引错的可能性较小，尤其重要的是"清火道"不见于《太平御览》引文之外的任何文献，而"清水道"则屡载于其他典籍。其二，虽然《太平御览》所引《述征记》之文被归于《火》《香》之目，且前揭《太平寰宇记》引《西征记》称"延圣火于丹阳"，均与"火"有关，似当称"清火道"，但是，《太平御览》卷42《地部七·邙山》亦引《西征记》此文，"圣火"作"圣母"[1]，故《西征记》此文不能和《太平御览》互证。即使以"圣火"为是，亦不能证明这个道派应该称作"清火道"，原因在于：一方面，围绕此道派的传说必定很多，其中张母祠中的"香火"可能即为其一，香火有神异之处并不意味着这个道派一定会叫"清火道"；另一方面，祠庙香火延至他处的情况很多，却大都不以"香火"为名，例如妈祖信仰，很多地方都会把祖庙的香火延至他处，但并不会因此将妈祖信仰称为"香火"信仰，也不妨碍妈祖仍然是海神。

另有一则材料与《西征记》的记载好像非常密切，对本文的立论有重大影响，需要加以辩证。许嵩《建康实录》卷5《中宗元皇帝》注文云："初，随帝过江有王离妻者，洛阳人，将洛阳旧火南渡。自言受道于祖母王氏传此火，并有遗书二十七卷，临终始行此火，勿令断绝。火色甚赤，异于余火。有灵验，四方病者，将此火煮药及灸诸病，皆愈，转相妖惑，官司禁不能止。及季氏死，而火亦绝。时人号其所居为圣火巷。在今县东南三里禅众寺直南出小街。

---

[1]《太平御览》卷42《地部七·邙山》，第199页。

或云齐时复有圣火事，具齐卷内。"[1]

如果此文与《西征记》之文所说是同一事，则《西征记》中所说"张母祠"和《述征记》所说清水道无关，甚至《述征记》中所载之事是否是清水道也极为可疑。

为了进一步验证《建康实录》此则材料，需要先其中的讹误加以辨正。文曰"临终始行此火"，"始"当作"使"，《景定建康志》卷50《拾遗》、《说郛》卷59下引《建康实录》均作"使"。文中"王离妻"后漏"季氏"，《说郛》卷59下引《建康实录》有，且若无则与之后云"及季氏死"无法照应。

既然许嵩说"或云齐时复有圣火事，具齐卷内"，本文有必要将齐时的圣火事件也罗列于后，以便比较。《建康实录》卷15《世祖武皇帝》："初，十一年秋七月，月入太微。先是匈奴中谣言云：'赤火南流丧南国'，于是匈奴始视为寇，帝方患而忧之。是岁，果有沙门从北来赍此火而至，火色赤于常火而微，云以治疾。贵贱争取之，多得其验。二十余日，京师咸云'圣火'。诏使吏浇灭之，而民亦有窃畜者。治病先斋戒，以火炙桃板七炷而疾愈。吴兴丘国宾好事士也，窃还乡邑，邑人杨道庆虚疾二十年间，形容骨立，依法灸板一炷，能坐，即全瘳。是月，帝崩。"[2]

这两则故事相同之点很多，第一，都是从北方带来的"圣火"；第二，火的颜色都比常火"赤"；第三，都用来治病；第四，影响很大；第五，都被官方明令禁止。不同之点是"季氏"之火及身而灭，僧人之火流传不绝。而许嵩说"或云齐时复有圣火事"，明显是许嵩关于圣火的此两种记载得自传闻，而且传闻中这两件事被混为一谈，

---

[1] 《建康实录》卷5《中宗元皇帝》，中华书局1986年版，第134页。承蒙武汉大学历史学院博士后姜望来先生指教此条材料，对笔者完善论证有重要意义，谨此致谢。

[2] 《建康实录》卷15《太祖高皇帝》，第587—588页。

只是许嵩认为两件事并非同一件事,《南史》卷4《齐本纪上第四》又对后者有明确记载,所以将较难信的"异事别闻"入注,把可信者入正文。因此这两个故事其实很可能是同一个故事的变形。

北宋初释赞宁《东坡先生物类相感志》卷5"河南火"条也记载了这个传说,云:"东晋初,过江有王离妻李氏将河南火过江,自去(当为云)受道于外祖母王氏,有遗书二十卷,临终使勿绝火,遂常种之,世相传二百年,火色如血,世谓圣火,至宋齐间有李氏姬,年九十余,遂一火治病多愈,及姬死,火亦绝。姬葬,呼为圣火冢。母(当为每)阴雨之夕,由见火光出冢门矣。"[1]

可见释赞宁和许嵩所听的传闻基本相同。可以将"李氏"视作"季氏"之误。但是李氏既宋齐之间已经90多岁,不可能在东晋初已经嫁给王离为妻,若系王离妻之后人,则不可能姓"李",李氏圣火传说不符合事实,正因如此,许嵩才删掉了其中关于时代的部分,又有"或云"之语。加上前面对晋初和齐初圣火事件的比较,可以推断,必是后来的人在记忆往事时将齐武帝末年的圣火的特征加到了晋初从洛阳带火到江南的李氏或季氏头上。

这就意味着,这则传说中,除了李氏或季氏曾从洛阳带火到江南之外,其他均不足采信。

或云,两件东晋初和齐时圣火事件确有诸多相类之处,故而后人将两件事混同。笔者认为,即便如此,亦难以认为许嵩此记载和《西征记》《述征记》所载是同一回事,因为李氏火季氏传说中未有"张母"之说,和《西征记》不符;记载如此详细,而不云有"清火道"或"清水道",更无墓开之说,明显与《述征记》不同;《述征

---

[1]《东坡先生物类相感志》卷5"河南火"条,《四库全书存目丛书》子部第116册,齐鲁书社1995年版,第744页。

记》、《西征记》唐时仍存，许嵩当可见之，既然许嵩能在记述此则故事之前引用山谦之《南徐州记》，说明许嵩很重视南朝的地理学著述，如果《西征记》、《述征记》的记载和这个传说有关，许嵩应不会不提明确的文献记载，反而采用自己都感觉有矛盾的传闻；另外值得重视的，若李氏或季氏真是随司马睿过江，则必定和皇室关系密切，以圣火治病有效，恰可增强江南人士对皇室的凝聚力，无官方禁止之理。

因此《建康实录》此文与《西征记》所记虽有相类之处，所指却不相同。不过《建康实录》此文却表明东晋初包括洛阳在内的北方宗教信仰南传江左是很常见的事情，反而可以加固笔者的看法。

考证至此，笔者可以说，由于邙山张母墓开，在洛阳一带逐渐形成一个颇有影响的地方信仰——清水道。清水道起初未必有严密的组织，也不可能有精密的理论，更与五斗米道、太平道无关。清水道随司马睿渡江而流传到江南。

由于郭缘生、戴祚的记载过于简略，这里难以看出张母墓之开与"清水"治病有何关系。

其实，魏晋时期，以清水治病在洛阳曾经非常流行，其影响上及皇室，下及庶民，《三国志》卷3《明帝纪》记载景初二年（238）十二月："初，青龙三年中，寿春农民妻自言为天神所下，命为登女，当营卫帝室，蠲邪纳福。饮人以水，及以洗疮，或多愈者。于是立馆后宫，下诏称扬，甚见优宠。及帝疾，饮水无验，于是杀焉。"[1]

尽管此事与清水道关系不大，但是说明，在洛阳有用清水治病的氛围，容易被人接受。

葛洪《抱朴子内篇》卷9《道意》的一段记载对理解清水道的兴起更有帮助，其文云："洛西有古大墓，穿坏多水，墓中多石灰，

---

[1]《三国志》卷3《明帝纪》。

石灰汁主治疮,夏月,行人有病疮者烦热,见此墓中水清好,因自洗浴,疮偶便愈。于是诸病者闻之,悉往自洗,转有饮之以治腹内疾者。近墓居人,便于墓所立庙舍而卖此水。而往买者又常祭庙中,酒肉不绝。而来买者转多,此水尽,于是卖水者常夜窃他水以益之。其远道人不能往者,皆因行使或持器遗信买之。于是卖水者大富。人或言无神,官申禁止,遂填塞之,乃绝。"[1]

众所周知,葛洪生活在两晋之际,曾经到过洛阳,遍访异书,详记所见。《抱朴子内篇》这里所载之事发生在"洛西",地点、时间均与清水道同,而且葛洪所说的这个地方信仰形成的契机是由于"古墓穿坏",也与清水道相合。然而葛洪没有提到墓开之后"香火犹然",而且葛洪说这个地方信仰"乃绝",而清水道一直到刘宋初期还颇有影响,有不合之处。

即使不能完全坐实葛洪所说就是清水道之事,这则史料对理解清水道的兴起依然很有帮助,从中可以看出,当时利用古墓中之清水治病在清水道兴起的洛阳西北、邙山脚下很常见,非常容易被当地社会接受。清水道最初形成时,也应当是张母墓被开,随后被王氏利用墓中之水治病,祭祀张母,很快形成了一个地方信仰,西晋末大乱,张母墓中之水难以携带,遂带祭祀张母祠中之火南渡。

无论如何,清水道兴起之初与五斗米道、太平道等道教派别和法术无关。

三、南传于江左

由于史料稀少,清水道在江南的情况不甚清晰,但仍有迹可寻,

---

[1]《抱朴子内篇校释》卷9《道意》,中华书局1985年版,第176页。

梁释宝唱《比丘尼传》卷1《新林寺道容尼传十》曰："道容，本历阳人，住乌江寺。戒行精峻，善占吉凶，逆知祸福，世传为圣。晋明帝时，甚见敬事，以花布席下验其凡圣，果不萎焉。及简文帝，先事清水道师，道师京都所谓王濮阳也。第内为立道舍。容亟开导，未之从也。后宫人每入道屋，辄见神人为沙门形，满于室内。帝疑容所为也，而莫能决。践祚之后，乌巢太极殿。帝使曲安远筮之，云：'西南有女人师，能灭此怪'。帝遣使往乌江迎道容，以事访之，容曰：'惟有清斋七日，受持八戒，自当消弭。'帝即从之，整肃一心，七日未满，群乌竞集，运巢而去。帝深信重，即为立寺，资给所须，因林为名，名曰新林，即以师礼事之。遂奉正法。后晋显尚佛，道容之力也。逮孝武时，弥相崇敬。太元中，忽而绝迹，不知所在。帝敕葬其衣钵，故寺边有冢云。"[1]

此文虽是尼传，却对考察清水道在江南之事非常珍贵。刘昭瑞先生前揭文已经指出此条史料与清水道有关，在笔者看来，这条史料既牵涉到东晋时期清水道道师王濮阳与东晋皇室关系密切的时间段，也关系到清水道在东晋皇室宗教信仰中的淡化，还有助于考察清水道在各个方面变迁的时间下限。很有必要对之作进一步审视。

与此条史料很接近的还有《法苑珠林》所引的一条《冥祥记》。《冥祥记》，南齐王琰撰，《隋书》卷33《经籍二》有著录，《法苑珠林》卷42《受请篇·感应缘》引《冥祥记》中关于道容的故事[2]，除不载"乌巢太极殿"事之外，与《比丘尼传》大体相同而略有差异，刘飒博士比较了两条史料的异同，指出《新林寺道容尼传十》中有不见于《冥祥记》的内容，《新林寺道容尼传十》应该还利用了其他

---

[1] 《比丘尼传校注》卷1《新林寺道容尼传十》，中华书局2006年版，第28页。
[2] 《法苑珠林校注》卷42《受请篇·感应缘》，第1325—1326页。

史料[1]，此不具录其文。《法苑珠林》卷31又引《晋南京寺记》，载道容帮助简文帝驱除乌巢太极殿之事（详见后文），与《新林寺道容尼传十》大致相类，也有所不同。故而《新林寺道容尼传十》不是释宝唱简单拼凑这两种材料而成，而是还参照了其他今天已经看不到的史料。可见，《新林寺道容尼传十》所载清水道事并非孤证，有较高的可信度。

关于清水道道师王濮阳及其与东晋皇室关系密切的时间段。王濮阳很可能便是东晋清水道的宗师，因为前揭《述征记》载王氏创立了清水道，王濮阳正是姓王。除前揭材料之外，还有更早的材料记载简文帝信奉王濮阳之事。刘敬叔《异苑》卷4云："晋简文既废世子道生，次子郁又早卒，而未有息。濮阳令在帝前祷至三更，忽有黄气自西南来逆室前，尔夜幸李太后而生孝皇帝。"[2]

据唐长孺先生考证，刘敬叔是东晋末刘宋时人。[3] 南朝陈时候的马枢《道学传》除沿袭了《异苑》此文外还记载到："濮阳，不知何许人也，事道专心，祈请即验，郑鲜（音啼）女脚患跛蹩，就阳请水濯足。余以灌庭中枯枣树，枣树即生。脚亦随差。"[4] 司马昱的世子司马道生被废于晋穆帝永和四年（348）[5]，孝武文李太后孕孝武帝于辛酉（361）[6]，说明王濮阳及清水道至迟在永和年间已备受司马昱崇奉。

---

[1] 刘飐：《释宝唱与〈比丘尼传〉》，华中师范大学博士学位论文，2008年，第86—93页。
[2] 《异苑》卷4，见《异苑 谈薮》，中华书局1996年版，第28页。
[3] 唐长孺：《读"桃花源记旁证"质疑》，《魏晋南北朝史论丛续编》，生活·读书·新知三联书店1959年版，第165页。
[4] 《三洞珠囊》卷1《救导品》引，《道藏》第25册，文物出版社、上海书店、天津古籍出版社1988年版，第298页。陈国符先生对《道学传》有辑佚，参见《道藏源流考》，中华书局1963年版，第483页。
[5] 《晋书》卷32《简文顺王皇后传》。
[6] 参见陈寅恪：《天师道与滨海地域之关系》，《金明馆丛稿初编》，上海古籍出版社1980年版，第7页。

不仅记载异事的文献提到王濮阳，更为严肃的世俗文献也有涉及。《太平御览》卷560《冢墓四》引刘宋何承天《礼论》曰："又问：墓中有何面为上？荀纳以为缘生奉终，宜依礼坐。蔡谟难，据周公《明堂位》，东西以此（笔者按，《景印文渊阁四库全书》本《太平御览》'此'为'北'，当以'北'为是）为上。与纳反。纳又引庙位以答王濮阳，北墓向南，以西为墓上。"[1]

荀纳当为荀讷[2]，晋穆帝时为博士，永和二年（346）曾论纳后之礼[3]，蔡谟卒于永和十二年（356）[4]，此论必在穆帝永和十二年前，可以佐证前面所说王濮阳在永和年间时已经颇有影响的判断。

进而言之，这些材料也可和《西征记》、《述征记》所云司马睿过江带来清水道信仰的史实互相印证，说明东晋皇室极可能是世奉清水道，清水道在江南颇有影响。

关于清水道在东晋皇室信仰中的淡化。《新林寺道容尼传十》云简文帝事尼竺道容为师，"遂奉正法"，虽未记载确切时间，但是却说简文帝在崇奉道容之后为其建立了新林寺，新林寺的建立时间应该视为佛教与清水道竞争的一个关键时刻。《法苑珠林》卷31《妖怪篇第二十四·感应缘》引晋《南京寺记》云："波提寺在秣陵县新林青陵，昔晋咸安二年，简文皇帝起造，本名新林寺。时历阳郡乌江寺尼道容，苦行通灵，预知祸福，世传为圣应。咸安初有乌巢殿屋。帝使常筮人占之曰：西南有女人师，当能伏此怪。即遣使至乌江迎圣应，问：此吉凶焉在？应曰：修德可以禳灾，斋戒亦能转障。帝

---

[1] 《太平御览》卷560《礼仪部三十九·冢墓四》，第2530页。
[2] 《太平御览》卷562《礼仪部四十一·忌日》引《晋书》曰："穆帝纳后，欲用九月九日……博士曹耽、荀纳等并谓无忌月之文。"检《晋书》卷21《礼志下》此处"荀纳"作"荀讷"，故《太平御览》此处系把"荀讷"误作"荀纳"。
[3] 《晋书》卷21《礼志下》。
[4] 《晋书》卷77《蔡谟传》。

乃建斋七日，礼忏精勤。法席未终，忽有群乌运巢而去，一时净尽。帝深加敬信，因为圣麈起此寺焉。"[1]

这就告诉我们简文帝咸安二年（372）为道容建了新林寺。说明佛教在简文帝咸安年间对东晋皇室世代信仰的清水道形成了重大威胁。很难判断是否从此之后东晋皇室放弃了清水道信仰，但是表明清水道生存的宗教环境并不平和，这就要求对其周遭的情况进行考察，并观察其变迁。

四、变迁至消亡

清水道兴起之初虽与太平道、天师道、佛教无关，但是，形成后却不能与之无关。

首先，清水道和五斗米道不能不发生关系。从尊奉清水道的晋皇室家族来讲，西晋的赵王伦、东晋孝武帝、司马道子均与五斗米道关系密切；从东晋皇室周围的重臣来看，不乏世奉五斗米道之家[2]。从教法上看，以符水治病是五斗米道行道的一个重要内容。两者必然会发生关系乃至存在竞争。

其次，清水道也与上清派在不少场合相遇。东晋简文帝祈嗣之事，据前揭《异苑》记载，与清水道的王濮阳有关，而《晋书》、《真诰》则将简文帝得嗣归功于上清派的许迈。[3] 虽然东晋简文帝得

---

[1] 《法苑珠林校注》31《妖怪篇第二十四·感应缘》，第989页。
[2] 陈寅恪：《天师道与滨海地域之关系》，第1—40页。唐长孺：《钱塘杜治与三吴天师道的演变》，《唐长孺社会文化史论丛》，武汉大学出版社2001年版，第157—175页。
[3] 陈寅恪先生已经揭示出《太平御览》卷666所引《太平经》中濮阳及《晋书》、《真诰》中上清派和简文帝求嗣之关系的材料，见《天师道与滨海地域之关系》，第7—8页。但是陈先生未指出《太平御览》所引《太平经》实际上出自更早的东晋末刘宋时刘敬叔的《异苑》，也未区分这则材料和《晋书》、《真诰》实际上说的是清水道、上清派两个道派的事情。

嗣与两派的仪式肯定毫无关系，但是表明清水道的王濮阳、上清派的许迈均在同一时间和简文帝有密切交往，清水道也就不得不和上清派发生关系。事实上，清水在上清派的教法中也有重要作用，《洞真上清青要紫书金根众经》卷上云："紫书诀言：凡修上清之道，兆身父母、伯叔、兄弟于世上死亡，兆身未得绝迹，故在人中，身履死秽者，三日，当取清水一瓫，真朱一两投于水中，兆于庭中南向，临水叩齿九通，咒曰：气化成神，尸变入玄，三化五炼，升入九天之劫，更度甲身，甲身更化，得为真人。毕，男死思玉童三人，女死思玉女七人，请瓫水以灌死人之尸。毕，取水自洗手面，仰天吩嗽。毕，又阴咒曰：天气已清，人化已生，得升上天，九变受形。五苦三途，断落死名。超度穷魂，还反南庭。止。"[1]

上清派用清水的途径和方法还有不少，无须多举。其他如太平道、李家道等用符水治病的道派、术士亦所在多有，此为学界所熟知，不必一一列举。

最后，如前所考，清水道在简文帝咸安年间受到了来自佛教的有力竞争。

由于清水道的相关情况文献缺载甚多，所以很难将之与上清、天师道等教派和信仰的相关内容进行比较研究，也难以断定清水道何时开始变迁以因应业已流行的道派及教法。不过，我们却知道清水道兴起之初，只是用清水治病，祭祀张母，并无严密的理论和炫目的仪式。故而，通过有限的史料，还是可以察觉，和兴起之初相比，清水道至迟在东晋中后期已经发生了重要的变迁，变迁大致有三：

第一，关于清水道在神学理论上的变迁，刘宋初期的天师道经

---

[1]《道藏》第33册，第429—430页。

典《三天内解经》卷上曰："又有奉清水道者，亦非正法。云天师有奴，不知书注，难以文化。天师应当升天，愍其敬心，敕一井水，给其使用。治病疗疾，不应杂用澡洗、饮食。承此井水治病，无不愈者，手下立效。奴后归形太阴，井水枯竭。天师以此水给奴身，后人不解，遂相承奉，事者自谓清水之道。其清明求愿之日，无有道屋、厨覆、章符、跪仪。惟向一瓮清水而烧香礼拜，谓道在水中。此皆不然也。"[1]

清水道"谓道在水中"，明显是清水道在坚持自己核心的"清水"信仰的同时，加强了自己教法与"道"的关系的论述。天师道教徒在《三天内解经》中讲清水道是其祖师张道陵传给"不知书注"的家奴的简便法门，"亦非正法"，不太可能是清水道自己承认的说法，因为没有哪一个教派愿意承认自己的教法是另一教派的低等形式。不过这则材料却从侧面证明至迟在东晋末，清水道已经吸取了天师道中关于陵井的神话[2]，承认天师道祖师张道陵和自己的教法有关，积极向天师道靠拢。前揭《异苑》之文说王濮阳"令在帝前祷"，则此时的清水道神灵谱系中除了张道陵之外还有"帝"，而且前揭《新林寺道容尼传十》说清水道道舍内"神人为沙门形，满于室内"也表明清水道的道舍内已经不是一个"张母"，而是有多个神。总括而言，清水道在坚持自己核心的"清水"信仰的同时，借鉴天师道、上清派关于"道"的理论和神话，加强了思辨性，完善了神灵谱系，增加了一些仪式，有向天师道靠拢的迹象。

---

[1]《道藏》第 28 册，第 415 页。
[2] 关于"陵井"传说的研究，参见傅飞岚：《张陵与陵井之传说》，陈鼓应主编：《道家文化研究》第 16 辑，生活·读书·新知三联书店 1996 年版，第 240—217 页。傅飞岚先生的成果给本文许多启发，不过傅飞岚先生未利用《三天内解经》此则材料，也未提及清水道吸收陵井传说之事。

第二，在神职人员的行为上，更加注重个人修为并重视和世俗知识界交流。前揭《道学传》云王濮阳"事道专心"及《礼论》记载王濮阳和礼学家荀讷论礼可为明证。

第三，清水道在至迟在东晋末已经有了分化的迹象。王濮阳在司马昱府中有"道舍"，而另一批人则如《三天内解经》所言"其清明求愿之日，无有道屋、厨覆、章符、跪仪"。

值得指出的是，正因清水道完善了自己的理论，在将自己的清水信仰和道联系起来的同时，坚持了自己的核心信仰——"清水"，且在当时颇有影响，所以造作《三天内解经》的天师道教徒才一方面承认清水道是天师张道陵传下来的诸种道法之一，和天师道有很深的渊源关系；另一方面却说它"亦非正法"，只不过是张道陵传给奴的简便法门。

应可推断，清水道正是在佛教的挑战下逐渐丧失了在东晋皇室宗教信仰中的主导地位，又在天师道、上清派、灵宝派等有精密理论的道派包围下处于弱势，备受攻击，所以渐趋消歇，以致隋唐时期已经踪迹难觅。

清水道的兴衰，不仅仅是一个信仰团体的兴衰，也从一个特定的角度反映了两晋之际一些地方信仰被道教各派别（天师道、上清派等）及佛教影响、整合、排挤的历史过程，折射出晋唐道教艰困曲折的整合之路；呈现了各种信仰和文化形态在魏晋南北朝社会大变革的历史情境中大交锋、大整合的一个细部；展示了这种社会环境里弱势信仰团体面对挑战、调适自我、维持生存，但遭遇困境，最终消歇的历程。

附记：本文初稿完成后，承蒙武汉大学历史学院魏斌先生、姜望来先生不吝指教，谨此致谢。

中古郡望的成立与崩溃
——以太原王氏的谱系塑造为中心

范兆飞（山西大学历史系）

  士族是中国中古史上最活跃、影响最大的社会阶层，在某种程度上决定着中古政治社会的基本底色。因此，中古士族问题历来是学界密切关注的焦点问题。学人通常认为，为数众多的贵族家庭，有些旧族门户缓慢衰落，有些新贵家族骤然崛起，甚至于几乎所有的士族家庭都不可避免的呈现升降浮沉的复杂图景，但这一切并不妨碍由这些家族构成的有机社会阶层在长达七八百年的时间里维持其社会地位和政治声望。实际上，如果每个家族都经历着不同程度的变化，自然就应追问，这个变化的幅度到底有多大？变异的部分有没有影响家族的面貌和本质，进而影响士族阶层的性质？关于个体士族家庭在中古时期的历时性变化，伊沛霞（Patricia Ebrey）考察博陵崔氏家族在汉唐长达900年的历史演变以及在各个时期的时代特征，从而揭示"过去经常描绘贵族家庭恒定不变的术语，掩饰着相当可观的和几乎持续的变化"[1]。大同小异的郡望表述和祖先排比构成中古名门望族看似一成不变的表相。士族与郡望互为唇齿，共

---

[1]〔美〕伊沛霞著，范兆飞译：《早期中华帝国的贵族家庭——博陵崔氏个案研究》，上海古籍出版社2011年版，第153页。

生共灭，相互关系正如毛汉光所云："士族乃具有时间纵度的血缘单位，其强调郡望以别于他族，犹如一家百年老店强调其金字招牌一般。故郡望与士族相始终。"[1]

中古郡望通常由郡名和族名相加而成，郡名在前，族名在后，如太原王氏、范阳卢氏、荥阳郑氏，等等。从形式上看，传统中国的绝大多数时期都有郡望的概念，但是表达贵族利益诉求、体现时代特征的郡望概念却存在于汉末迄于唐末的中古时期。中古郡望的成立，源于两个因素的有机结合：一是地域主义的形成，二是家族主义的确立。汉魏时期华夏帝国崩溃，国家权威的影响有所减弱，而家族主义和地方主义则由幕后走向历史前台。郡望由此成为士族门第的名片和护身符，其形成确立乃至式微瓦解的历史过程，见证了中古士族社会的成立和崩溃。近年来，随着中古墓志，尤其是唐代墓志大量刊布的新鲜刺激，中古士族问题有望重现"病树前头万木春"的趋势。其中极为丰富的唐代墓志中形同赘疣的祖先记忆，其实有助于理解士族家庭在中古社会所经历的诸多变化。笔者拟以石刻资料所见太原王氏的祖先书写为中心[2]，旁涉其他士族门第的谱系塑造，考察中古郡望演变的历史过程，在洞悉这个面相的基础上深入理解中古时期的国家与社会、地域与家族的力量消长是如何展开的。

---

[1] 毛汉光：《中古官僚选制与士族权力的转变——唐代士族之中央化》，《第二届中国社会经济史研讨会论文集》，汉学研究资料及服务中心1983年版，第60页。

[2] 关于太原王氏的个案研究，参见〔日〕守屋美都雄：《六朝门阀研究——太原王氏系谱考》，日本出版协同株式会社1951年版；田余庆：《门阀政治的终场与太原王氏》，《东晋门阀政治》，北京大学出版社2005年版，第210—238页；陈爽：《太原王氏在北朝的沉浮》，《世家大族与北朝政治》，中国社会科学出版社1998年版，第117—134页；王洪军：《名门望族与中古社会——太原王氏研究》，南开大学博士论文，2005年；和庆锋：《隋唐太原王氏的变迁与影响》，上海师范大学博士论文，2013年。

一、六朝太原王氏的祖先记忆

在传统中国的任何时期，祖先崇拜是任何家族必不可少的重要活动。许烺光先生指出，"中国人的祖先崇拜远比印度教徒发达而精细"。[1]关于祖先的记忆，更是各个时期家族成员竭力建构和塑造的核心内容。任何时代的家族，欲证明其历史悠久、声望显赫，不仅当世要涌现显赫的人物，而且父祖曾高同样卓越优异。换言之，其祖先绵延愈久，声望愈高，愈能证明家族根深族厚。但是，汉魏六朝人物的祖先记忆，呈现不同于其他时代的鲜明特征：其一是把汉魏人物作为他们极力追溯的目标；其二是追认祖先虚拟化趋势的抬头。

魏晋时期烜赫一时的太原王氏，其祖先追溯通常仅涉及汉魏人物。《王氏谱》记载王昶的先世仅及父辈，"昶伯父柔，字叔优；父泽，字季道。"[2]当然不能武断地认为，《王氏谱》原文没有追溯更早的祖先；但至少在刘宋裴松之看来，追溯更早但没有名望显宦加身的祖先毫无意义。《晋书》虽是唐人作品，但来源多是魏晋史料，故能代表魏晋六朝士人的观念。其追溯王浑的祖先，仅及其父王昶。《晋书》追溯王沈的祖先，及于二世，包括祖父王柔和其父王机。而在东晋烜赫一时的王湛一支，《晋书》的记载也极简略，"司徒浑之弟也"。关于王慧龙的祖先记载，魏收所撰《魏书》含糊地记载："自云太原晋阳人，司马德宗尚书仆射愉之孙，散骑侍郎缉之子也。"上举数例，关于太原王氏的祖先记忆，无论史家还是谱牒家，似乎都无意将追溯触角延伸至汉魏之前，他们追溯的先世似乎不超过三代。遍检魏晋史乘，关于中古士族门阀祖先的书写和描述，鲜有溯

---

[1] 许烺光著，薛刚译：《宗族·种姓·俱乐部》，华夏出版社1990年版，第44页。
[2] 《三国志》卷27《魏志·王昶传》。

及汉魏之前者。[1] 不仅传统文献如此，魏晋之际的石刻资料似乎概莫能外。关于汉魏时期太原王氏的祖先书写，最详尽的资料莫如《王浚妻华芳墓志》，详细记载王浚祖先的婚姻、仕宦和葬地等信息，而在祖先追溯方面，最远也是溯及曾祖王柔、祖父王机和父亲王沈。由此可见，魏晋人物，无论王氏家族的成员、谱牒家还是史家，都将汉末王柔、王泽视为王氏人物的祖先，至于王柔、王泽的父亲及先世是谁，显然不是他们关心的问题。

魏晋时期的太原王氏之所以把王柔、王泽兄弟视为祖先，而不再往前追溯，正是基于"名郡+名士=名族"的时代氛围。其实，王柔、王泽兄弟在汉末群星灿烂的名士群体之中，并不耀眼。王泽、王柔兄弟二人在《后汉书》中并未单独列传，仅仅因为得到名士郭泰的垂青而附传其后。王柔兄弟年幼之时，同郡郭泰已经名动天下，兄弟二人"共往候之，请问才行所宜，以自处业"，郭泰对他们的前途规划是，"叔优当以仕进显，季道当以经术通，然违方改务，亦不能至也"[2]。结果王柔果然为护匈奴中郎将，王泽为代郡太守。裴松之注引《郭林宗传》记载郭泰言语略同，"卿二人皆二千石才也，虽然，叔优当以仕宦显，季道宜以经术进，若违才易务，亦不至也"[3]。由此可见，《后汉书》的这段记载出自《郭林宗传》，反而不是出自太原王氏自家的

---

[1] 其中，不乏极为个别的例外，如《三国志》遥追曹操先世之胤嗣，声称是"汉相国参之后"。学者普遍认为曹操为西汉开国功臣曹参后裔的说法，系伪冒附会。参见田昌五：《读曹操宗族墓砖刻辞》，《文物》1978年第8期。但是，晚近也有学人提示应该尊重正史的表达，不可遽尔否定。参见韩昇：《曹魏皇室世系考述》，《复旦学报》2010年第3期。按，现有材料（包括使用基因技术等）不能在曹参和曹操之间建立严密连续的可靠系谱，但在魏晋史家追溯人物祖先极为严谨持重的时代，将曹操祖先攀附至西汉曹参的记载，显得突兀离奇。再进一步，如果考虑到连叛曹亲马的太原王沈也在所撰《魏书》中持有类似的观点，不得不让后人对这段记载谨慎待之。

[2]《后汉书》卷68《郭太传》。

[3]《三国志》卷27《魏志·王昶传》。

《王氏谱》。太原王氏在东晋南朝地位显赫，在修谱成风的时代，王氏谱牒不可或缺；而裴松之在注释《三国志》时多处征引《王氏谱》，说明《王氏谱》在当时必是完璧。唐代尚存《太原王氏家传》二十卷、《太原王氏家碑诔颂赞铭集》二十六卷。[1] 但东晋南朝的王氏子孙并没有记载王柔兄弟二人的详尽事迹，之所以追祖二人，很大程度上是因为他们和名士郭泰交往的缘故。为何如此？就太原王氏的成长道路而言，起步稍嫌滞后，但速度极快。魏晋之际是这个家族最为关键的起飞阶段。太原王氏之所以能够后来居上，王柔兄弟的"冢中枯骨"并未给其提供多少实际的助力，家族地位攀升主要凭借王昶、王浑、王沈等人在魏晋嬗代之际见风使舵、叛曹亲马的政治态度。

太原王氏二祖后裔，并显于西晋朝廷：王柔孙王沈和王浚俱荷国任，王泽子王昶、王浑、王济一脉称誉西晋朝廷，王昶少子王湛一支卓然成长为东晋南朝的家族砥柱。王昶、王浑、王济三世均与分布在汾河流域的匈奴刘氏保持密切关系，田余庆先生指出其深层原因是"匈奴刘氏在并州势力非常强大，一则与并州望族利害相关，二则于西晋朝廷举足轻重，所以并州望族官僚与之曲意相结，以求缓急得其助力"，并指出"司马睿初建的东晋政权，既然由于历史原因，一贯仇视刘、石，那么，对于太原王氏长期与匈奴刘氏有深交的王济一支，自然是不能相容的。所以，王济兄弟子侄不闻仕于江左"，云云。[2] 这的确是有识之论。中古家族的兴衰沉浮，与政治分野、民族态度之间存在着或隐或现的关系。但是，如果以相同的标尺衡量太原王氏另一支脉的发展状况，情况则无异刻舟求剑。晋末乱局，刘琨和王浚为北部中国汉人集团最为重要的方镇力量，然而两人之声名际遇，颇有不同：刘琨声名，先抑后扬；而王浚之

---

[1]《隋书》卷33《经籍志》；同书卷35《经籍志》。
[2] 田余庆：《门阀政治的终场与太原王氏》，《东晋门阀政治》，第212页。

名，直线下降，更是在《晋书》中被贬为"凶孽"[1]。王浚在北方的依靠力量主要是乌桓和鲜卑，其主要对手也是两晋朝廷的死敌刘石集团。依照同敌为友的原则，王浚也应该得到东晋朝廷的政治认同，其子孙后裔也应该显达于江左。征诸史籍，唐人所修的《晋书》居然声称王浚"无子"[2]，但核之《王浚妻华芳墓志》，却明确记载王浚"有子曰胄，字道世，博陵世子。次曰裔，字道贤"。[3] 由此可见，《晋书》在王浚子嗣传承上有着人为遗漏的痕迹，这或许和唐代史家力斥王浚的历史认知有关。从这个角度而言，太原王氏在东晋南朝经营的成败，除却前朝政治恩怨之外，还取决于各房支成员在东晋南朝的适应程度。

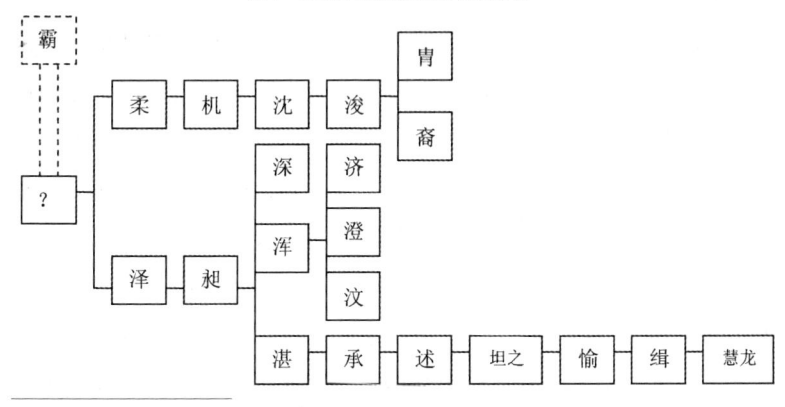

表1 汉魏六朝太原王氏世系表[4]

[世系表图]

---

[1] 《晋书》卷39《王浚传》。
[2] 同上。
[3] 赵超：《汉魏南北朝墓志汇编》，天津古籍出版社2008年版，第13页。关于《王浚妻华芳墓志》的研究成果，参见胡志佳：《西晋王浚家族的兴衰及其人际网络》，《逢甲人文社会学报》2003年第7期；范兆飞：《中古太原士族群体研究》，中华书局2014年版，第62—68页。
[4] 本表依据《三国志·王昶传》、《晋书·王浑传》、《晋书·王湛传》、《魏书·王慧龙传》、《新唐书·宰相世系表》及《王浚妻华芳墓志》等资料绘制而成，其中虚线、虚框表示人名、世系可疑，问号表示人物阙如，不可考知。

不仅如此，太原王氏在南朝的发展轨迹，主要以祁县王氏为代表，晋阳王氏转而沉寂，其主干人物王慧龙北投元魏，开启北朝隋唐太原王氏的辉煌前途。征诸南朝史籍的祖先追忆，似乎均与汉末名士、祁县王允存在似断还连的血统关系。略举数例，《宋书》记载王玄谟的祖先是"六世祖宏，河东太守，绵竹侯，以从叔司徒允之难，弃官北居新兴，仍为新兴、雁门太守，其自叙云尔"。《宋书》记载王懿的祖先时，已经不太确定，"自言汉司徒允弟幽州刺史懋七世孙也。祖宏，事石季龙；父苗，事苻坚，皆为二千石"[1]。《梁书》又载王茂的祖先，"祖深，北中郎司马。父天生，宋末为列将"。此王深与晋阳支王昶子王深同名，时代悬殊，当非一人。而《梁书》记载王神念、王僧辩父子，仅言其为太原祁人，没有追溯祖先。从史书记载可以看到南朝太原王氏企图和汉末王允房支建构血统关系的努力，但在六朝门阀封闭化的时代氛围里，这种努力显得谨小慎微。因为，同为南朝的范晔在《后汉书》中明确记载，王允直系血亲皆因王允之祸，惨遭屠灭，"长子侍中盖、次子景、定及宗族十余人皆见诛害"[2]，只有兄长之子王晨和王陵逃归乡里。由此可见，王懿的祖先既然为王宏，则没有理由和同族先世汉末王宏同名之理，史家可能也认为"汉司徒允弟幽州刺史懋七世孙"的追溯不可凭信，故在前面加上"自言"二字。另外，《宋书》所载王玄谟的祖先王宏，显然和汉末王允同时，但其所历官职和《后汉书》所载王宏迥然不同。史家沈约在撰述王氏祖先记忆时，当是采用南朝王氏谱牒，但其态度是半信半疑，祖先书写之后的"自叙云尔"和"自言"意蕴相同。这说明在萧梁时代，太原祁县王氏和王允之间已经不能建

---

[1]《宋书》卷46《王懿传》；同书卷76《王玄谟传》。
[2]《后汉书》卷66《王允传》。

构起令人信服的谱系传承。形成对照的是，唐人刘禹锡竟然更为冒进，试图解决广武王霸和祁县王氏之间的血统关系，"东汉有征君霸，霸孙甲，亦号征君，徙居祁县为著姓，故至于今为太原人"[1]。

如果说魏晋之世是太原王氏郡望成立期的话，北魏孝文帝的门阀政策则是对太原王氏郡望的巩固和确认。前者具有社会文化的意义，历时久远；后者则出于国家政府的法律认定，政治文化的色彩更加浓厚，难以长久。吊诡的是，太原王氏的郡望在魏晋时期得以确立，叛曹亲马的政治态度却起着关键作用；但北魏太原王氏郡望的确立，政治态度似乎并不是左右家族兴衰的主要因素。太原王氏积极参与东晋末叶的主相之争，最后两败俱伤，死亡殆尽，王辑之子王慧龙幸免于难，孤身降魏。但是，王慧龙的身世扑朔迷离，魏收在《魏书》中对王慧龙郡望的描述是"自云太原晋阳人也"，而且对其北奔降魏的传奇故事也是充满怀疑，"其自言也如此"。"自云"是魏收描述北魏士族郡望没有确证时的固定术语，以"自云"冠之的家族，除却太原王氏之外，还有弘农杨氏、南阳张氏、昌黎韩氏、北地孟氏等。魏收对这些士族祖先追忆的怀疑，并不妨碍对列传人物当世事迹的推崇备至。即便如此，魏收的这种态度，还是招致这些家族后裔的强烈反对。《魏书》与之前魏晋史籍最大的不同，就是其门阀主义的特色。魏收自云谱牒为其史料的重要来源，"往因中原丧乱，人士谱牒遗逸略尽，是以具书其枝派"[2]。唐人刘知几也说魏收，"大征百家谱状，斟酌以成《魏书》"[3]。清人赵翼批评："若一人立传，而其子孙、兄弟、宗族，不论有官无官，有事无事，一概附

---

[1]《全唐文》卷608《刘禹锡·唐兴元节度使王公先庙碑》。
[2]《北史》卷56《魏收传》。
[3] 刘知几撰，浦起龙释：《史通通释》卷12《古今正史篇》，上海古籍出版社1978年版，第365页。

入，竟似代人作家谱。则自魏收始。"[1] 魏收在郡望前面冠以"自云"的家族，在魏收"大征百家谱状"之时，自然不会画蛇添足地自我怀疑和否定；魏收的"自云"，显然带有魏齐士人的印象。王慧龙北奔仕魏，身份不明，朝野之论以怀疑者居多，甚至80年之后，同郡有姻亲关系的郭祚和王慧龙之孙王琼争夺并州大中正，激烈抨击怀疑王琼的郡望血统，"琼真伪今自未辨"[2]。但是，早在北魏明元帝时期，王慧龙半真半假的身世，如何立足魏廷？太原王氏的崛起和郡望的重塑，清河崔浩起到决定性作用，崔浩利用王慧龙齄鼻的相貌特征，称赞王慧龙确是"贵种"。[3] 古代士人尽管不懂生命科学，更不明白齄鼻是一种带有遗传特征的皮肤病，但是，崔浩仅根据王慧龙的齄鼻特征，便振振有词地认定王慧龙是"贵种"，显然不仅出于辨别郡望真伪的需要，更是出于崔浩"齐整人伦，分明姓族"、对抗鲜卑贵族的政治需要。[4] 太原王氏经过联姻高门等手段，迄于孝文帝之时，跻身"四姓"家族，郡望之尊达于巅峰，甚至一度有"首姓"之称。[5] 孝文帝定姓族，厘定新的门阀序列，具有明确的官爵标准和等级划分，正如前贤唐长孺先生所云，"这在两晋南朝至多是习惯上的而不是法律上的"[6]。正是在这种大背景下，太原王氏的郡望合法的高居第一等级。

然而，随着六镇蠢蠢而动，北魏帝国走向风雨飘摇，法律规定

---

[1] 赵翼撰，王树民校证：《廿二史札记》卷10《南北史子孙附传之例》，中华书局1984年版，第203页。
[2] 《魏书》卷64《郭祚传》。
[3] 《魏书》卷38《王慧龙传》。
[4] 万绳楠整理：《陈寅恪魏晋南北朝史讲演录》，贵州人民出版社2007年版，第213—214页。
[5] 陈爽：《世家大族与北朝政治》，第121—125页。
[6] 唐长孺：《论北魏孝文帝定姓族》，《魏晋南北朝史论拾遗》，中华书局1983年版，第90—91页。

的门阀序列开始松动，最显著的表现就是士族子弟书写祖先时杂乱无章，攀附先世，而士人郡望也随之鱼龙混杂，渐呈乱象。镌刻于太昌元年（532）的《王温墓志》是极为显著的一例："启源肇自姬文，命氏辰于子晋。汉司徒霸、晋司空沈之后也。祖评，魏征虏将军、平州刺史，识寓详粹，誉光遐迩。父苌，龙骧将军、乐浪太守，雅亮淹敏，声播乡邑。昔逢永嘉之末，高祖准，晋太中大夫，以祖司空、幽州牧浚，遇石氏之祸，建兴元年，自蓟避难乐浪，因而居焉。"[1]

这份墓志在太原王氏追述祖先和中古郡望的变化方面，极为重要。学人研究此份墓志时，曾经一针见血地指出，王温一族如果确是太原王氏，何以入魏后不改归旧籍？和当时多数边地人士入魏以后极力重写家族世系的情况一样，王温一家很可能也是在适应孝文帝姓族改革以后的社会风气而自溯其家世至于王浚。[2] 这是值得参考的意见。但是，他们没有注意到《王温墓志》由于盲目攀附祖先所产生的关键谬误及其所深蕴的历史意味。其中，最引人注意的无疑是志文中"汉司徒霸、晋司空沈之后"一语，这短短一句十字涵盖东汉初叶、汉末和西晋三个历史时期的三个人物。揆诸史籍，两汉司徒之中并无太原王霸，王霸其人活跃于东汉初季，累征不仕，以倡言"天子有所不臣，诸侯有所不友"而闻名于世，名列《后汉书·逸民传》，并且范晔明确记载王霸系太原广武人。据《后汉书·郡国志》，广武故属太原郡，后割于雁门郡治下。《逸民传》显示，王霸没有居于太原晋阳的蛛丝马迹。再者，司徒侯霸固然有让位王霸之举，但在阎阳的反对下，没有进行，王霸也因此列入《逸民传》。守屋美都雄以令人信服的理由，尤其指出王霸至王泽160年

---

[1] 罗新、叶炜：《新出魏晋南北朝墓志疏证》，第134页。
[2] 同上书，第135页。

间，却相隔20代，极不合理，从而驳斥王霸为太原王氏的祖先。[1]事实尽管如此，但王霸在中古大多数墓志中被人为塑造为太原王氏的始祖。即便唐代著名的谱牒名家、《氏族论》作者柳芳在开元二十三年（735）所撰的《王景先墓志》中也记载其先世云，"洪源导于轩后，命氏浚于周室。英声茂实，可胜言哉。洎汉征君霸貤于大父唐处士文素"[2]。可见，"王霸为太原王氏始祖"这个荒谬的错误却是中古士人建构谱系的普遍常识。据《后汉书·王允传》，王允于初平元年（190）代杨彪任司徒。两汉太原王氏担任司徒者，仅王允一人。因此，有理由相信，墓志作者所言的"司徒"应当指太原祁县王允。而其后的"晋司空沈"显系晋阳王氏，表1显示王沈是王柔的后裔。广武王霸、祁县王允和晋阳王沈，虽然同姓，也在同郡，却分布于太原郡的北、中、南三个地区，相隔较远，绝非一个家族，没有史料显示他们具备共同的祖先。就中古而言，最著名的太原王氏是晋阳王氏和祁县王氏。但在汉末，王允是太原王氏的代表人物，其时祁县王氏的地位远远高于晋阳王氏。晋阳王氏地位的大力提升，是祁县王氏衰微以后的事情。《王温墓志》的祖先追忆张冠李戴，嫁接、杂糅及整合了晋阳、祁县、广武三房王氏的谱系记忆和郡望资源，非驴非马，却影响深远。

不仅如此，隋唐以降，中古士族墓志动辄就将时代遥远、缥缈虚无的神仙人物，或者把军功显赫的帝王将相作为祖先进行追忆，《王温墓志》即为一例，"启源肇自姬文，命氏辰于子晋"。太原王氏最早将祖先追溯至太子晋的是《王昌墓志》，"玉根肇于子晋，金枝光于太原"[3]。《王温墓志》、《王昌墓志》追祖至于太子晋的做法对唐

---

[1]〔日〕守屋美都雄：《六朝门阀研究——太原王氏系谱考》，第20—22页。
[2]吴钢主编：《全唐文补遗》之《千唐志斋新藏专辑》，第172页。
[3]赵超：《汉魏南北朝墓志汇编》，第84页。

代太原王氏的祖先追忆具有重要影响。那么，这种看似荒唐的攀附之风，在当时有多大的代表性，是不是蔚然之间成为一时风气？征诸石刻资料，笔者发现，将遥远的先秦人物追溯为先世，北魏早期墓志中已经零星地出现，如《员标墓志》记载员氏为"楚庄王之苗裔"[1]，显系攀附，其后紧接着就是追述血统可靠的曾祖和父亲。《赵猛墓志》记载："其先赵明王之苗裔，晋扬州刺史尚之后。"赵明王之说，显系牵强附会，但晋扬州刺史之说，已在其高祖赵永之前。就墓志关于祖先书写的规律而言，高祖以内的祖先追忆通常较为可靠，而高祖以外、汉魏以降的祖先追忆则属于模糊祖先的话，在可信与不可信之间。赵尚是否为赵猛的祖先，是可以怀疑的，正如学人所指出的那样："赵尚不见于史，或出杜撰附会，或官职有误。"[2]实际上，即便见于史册，也有可能是附会之举，前举《王温墓志》追溯王霸、王允等故事，即为例证。但是，搜检北魏时期绝大多数墓志的祖先记忆，都在三至五代以内，比较可靠。这和隋唐以降的墓志动辄就将祖先追溯至先秦人物截然不同。魏末乱离，孝昌前后士人将祖先记忆定位于汉魏乃至以前的风气逐渐大盛，《王温墓志》之类的墓志开始出现。如《羊祉妻崔神妃墓志》记载其祖先："丁公伋之后，汉扶风太守霸九世孙也。"[3]北魏胡人墓志，似乎并无将祖先远溯秦汉及上古人物之俗。魏末以降，尤其东西对峙以后，胡汉士人家庭成员攀附祖先，渐次盛行，遽然成风。如《薛怀俊墓志》记载其祖先来源："昔黄轩廿五子，得姓十有二人，散惠叶以扶疏，树灵根而不绝。造车赞夏，功济于生民；作诰辅商，业光于帝典。令

---

[1] 罗新、叶炜：《新出魏晋南北朝墓志疏证》，第55页。
[2] 同上书，第106—107页。
[3] 同上书，第110页。

尹名高楚国，丞相位重汉朝，贻训垂范，飞声腾实。"[1] 又如，《高殷妻李难胜墓志》记载："昔贤哲并作，谟明有虞，稷契以道教显，咎繇以刑辟用。道教作阳德，故男祉斯流，其迹之验，则商周之王是已。刑辟作阴德，则女祯宜效，而往志前纪，未之有闻。"[2] 这种类似于唐人墓志中玄缈虚幻的祖先记载，开始大规模出现，乃至成为隋唐墓志约定俗成的书写习惯。

二、唐代太原王氏的谱系塑造

魏晋六朝的太原王氏因缘附会，卓然成长为一流高门，尤其在北魏时期上升为四姓家族，但迄今为止所发现的北朝王氏墓志极为有限。隋唐以降，太原王氏的墓志数量，如雨后春笋般的大幅增长，笔者粗略统计常见墓志丛书所收的太原王氏墓志，约有 400 余份。[3] 中古墓志的成文，家状谱牒是墓志作者极为重要的资料来源，有的志文因家牒丢失，连曾祖之名都茫然不可知晓，如唐代《董府君夫人墓志》云太原王氏："盖太原上族，以宗子在他邦，家牒遗坠，故曾祖之讳今阙其文。"[4] 这说明墓志的史料来源必然参考世家大族的家族谱系，又如《郭定兴墓志》所载："氏系之由，以载史册，三祖之分，具记家谱，故不复备详焉。"[5] 本文考察唐代太原王氏的祖先回忆

---

[1] 罗新、叶炜：《新出魏晋南北朝墓志疏证》，第 189 页。
[2] 同上书，第 194 页。
[3] 本章初稿完成后，承蒙和庆锋惠赐其博士论文，其中统计隋唐太原王氏的墓志，计有 560 份，较为详备。但这个数量，尤其是其立论思路和问题意识与本文完全不同，基本不影响本文的讨论和观点，参见和庆锋：《隋唐太原王氏的变迁与影响》，第 180—208 页。
[4] 周绍良主编：《唐代墓志汇编续集》咸通 068《唐故幽州节度衙前兵马使检校太子宾客兼监察御史济阴董府君夫人太原郡君王氏墓志铭》，中华书局 2002 年版，第 1086 页。
[5] 罗新、叶炜：《新出魏晋南北朝墓志疏证》，第 95 页。

和系谱建构，主要依据三种文献：正史中的王氏人物列传；《元和姓纂》、《新唐书·宰相世系表》（以下简称"新表"）等姓氏书；传世文集中的神道碑以及近年新刊墓志。关于太原王氏的系谱，学者称引最多的莫过于《新表》，其中"王氏条"记载太原王氏系谱甚为详细："王氏出自姬姓。周灵王太子晋以直谏废为庶人，其子宗敬为司徒，时人号曰'王家'，因以为氏。八世孙错，为魏将军。生贲，为中大夫。贲生渝，为上将军。渝生息，为司寇。息生恢，封伊阳君。生元，元生颐，皆以中大夫召，不就。生翦，秦大将军。生贲，字典，武陵侯。生离，字明，武城侯。二子：元、威。……太原王氏出自离次子威，汉扬州刺史，九世孙霸，字儒仲，居太原晋阳，后汉连聘不至。霸生咸，咸十九世孙泽，字季道，雁门太守。生昶，字文舒，魏司空、京陵穆侯。二子：浑、济。浑字玄冲，晋录尚书事、京陵元侯。生湛，字处冲，汝南内史。生承，字安期，镇东府从事中郎、蓝田县侯。生述，字怀祖，尚书令、蓝田简侯。生坦之，字文度，左卫将军、蓝田献侯。生愉，字茂和，江州刺史。生缉，散骑侍郎。生慧龙，后魏宁南将军、长社穆侯。生宝兴，龙骧将军。生琼，字世珍，镇东将军。四子：遵业、广业、延业、季和，号'四房王氏'。"[1]

　　岑仲勉先生提示，欧阳修《新表》基本根据唐人林宝《元和姓纂》所编而成，邓名世《古今姓氏书辩证》、郑樵《通志·氏族略》也是以《元和姓纂》为蓝本。[2]《元和姓纂》卷五"王氏条"仅存寥寥数语："王姓，出太原、琅邪，周灵王太子晋之后。"[3] 由此可见，

---

[1]　《新唐书》卷72 中《宰相世系表》"王氏条"。
[2]　岑仲勉：《元和姓纂四校记自序》、《元和姓纂四校记再序》，（唐）林宝撰、岑仲勉校记：《元和姓纂（附四校记）》，中华书局1994年版，第7—94页。
[3]　《元和姓纂（附四校记）》，第586页。

在《新表》之前，最迟在中唐时期，太原王氏的祖先追忆就完全突破元魏末年《王温墓志》"启源肇自姬文，命氏辰于子晋"的空泛叙述，将太原王氏的始祖固定为周灵王太子晋。但是，《新表》一改汉魏六朝太原王氏将人物祖先追溯至于汉魏名流的做法，将太原王氏的先世攀附至周灵王太子晋，同时采用、糅合汉魏时期太原王氏的祖先追忆，试图将太子晋和王霸之间六百年的断裂弥缝起来，从而使太原王氏的谱系——从始祖太子晋到汉代王霸，次到魏晋王昶、王浑，再到北魏王慧龙，最后形成所谓的四房王氏——看似更加完整和可靠。这个"完整"的谱系由于今存《元和姓纂》行文简略，似乎是欧阳修《新表》所创之功。但是，征诸石刻资料，就会轻易发现太原王氏完整谱系的建构，早在唐初就已肇端。《元和姓纂》成书于元和七年（812），而立石于元和三年（808）、唐人戴少平撰述的《镇国大将军王荣神道碑》记述王荣先世云："肇自轩后，延于周室。自灵王丧道，黜太子晋于河东，时人号为王家，子孙因以命氏。子晋生敬宗为司徒。至秦始皇大将军蕡，子曰贲，孙曰离，皆以武略著名，列于《战国策》。及汉昌邑中尉吉，博通坟典，形于书籍。生二子，长曰霸，居太原，次曰骏，居琅邪。公即霸之后矣，自蕡至魏，凡三十四代。有昶，为征南将军。后遇西晋陵替，子孙有过江者，为江东盛族。其不往者，代有贤豪，史传备彰，此无缕载。隋季丧乱，龙蛇起陆。"[1]

戴少平撰文所据，必为王氏家族所出谱牒。《元和姓纂》之史料来源，林宝自序云，"案据经籍，穷究旧史，诸家图牒，无不参详"。现今存世的经籍坟典和唐前史传没有将王氏祖先追溯至周代人物太子晋者，可见林宝所据必系王氏图牒。不独中唐时期太原王氏的祖

---

[1]《全唐文》卷720《戴少平·镇国大将军王荣神道碑》。

先追忆如此，成于贞元十二年（796）的《崔藏之夫人王讷女墓志》记载："王氏自周灵王太子晋，始因王而为姓。至汉征君霸，乃编于太原之晋阳。八代祖琼，后魏大鸿胪。以世家英系，时文皇帝定为天下氏族之甲，王氏从而益大。"[1] 此志之"文皇帝"当指北魏孝文帝，而"天下氏族之甲"即指孝文帝定姓族所划分甲乙丙丁四姓的"甲姓"。此志纠正了魏末《王温墓志》追祖为"汉司徒霸"这一显而易见的错误。王氏落叶太原者，究系何人，唐人的意见也不尽统一，如开元二十七年（739）束渐撰写的《王承法墓志》："自周灵王太子晋避世，隐居嵩丘，时人号曰王家，因以为氏。五代孙霸生子二：殷，威。及汉，殷则列封琅邪，威则胤食太原。夫人则威之系也。"[2] 据志题可知，束渐为王氏继子，与志主关系极为密切，或许部分反映王氏自身的祖先认知。可见此份墓志所载太原王氏的始祖则为王霸之子王威。

《新表》和唐代不少墓志关于太原王氏的祖先追忆，都试图在先秦人物和汉代王霸之间建立联系，这五六百年间叱咤风云的王氏人物就成为他们连缀家谱、嫁接世系的选择。秦将汉宰便成为他们捏造太子晋和王霸具有血统关联的过渡人物。隋唐士人把秦朝名将王翦、王贲和王离子孙三人视作连接周代太子晋和东汉王霸之间的关键棋子。隋末唐初，王世充郑国处士王仲的墓志明确将王翦等人作为王霸之前的祖先，"翦三世名将，位重秦朝；朗一代伟人，望高魏室"[3]。往前追溯，隋开皇三年（583）的《王士良墓志》虽然没有明言王翦为王霸之前的太原祖先，但已经有所暗示："受姓姬年，开元

---

[1] 吴钢主编：《全唐文补遗》之《千唐志斋新藏专辑》，第287页。
[2] 周绍良、赵超主编：《唐代墓志汇编》开元502《唐衢州刺史束府君故夫人太原郡君王氏墓志铭》，上海古籍出版社1992年版，第1501页。
[3] 周绍良、赵超主编：《唐代墓志汇编》开明004《郑故处士王君墓志》，第7—8页。

周历，瑞鸟流火，仙鹤乘云。秦将去杀之慈，汉宰垂仁之惠，遗胤遂繁，后苗兹广。子师枭卓，勋高海内，孺仲慕党，名震京师。远祖昶，魏司空。七世祖忼，雁门太守。"[1] 从这份墓志，能够清晰地看到墓志作者建构王士良郡望和祖先的努力，其中的"秦将"被后来的士人具体演化为王翦、王贲、王离等武将；而汉宰也被演化为王陵、王允、王吉等名相。迄于唐初，这种祖先追忆逐渐成形，贞观十一年（637）的《王护墓志》将"秦将"、"汉宰"进行具体化："若夫秦朝名将，离剪戡止煞之功；汉世能官，吉骏彰诚感之德。"[2] 武后时期万岁通天（696）的《王智本墓志》："其先周王子晋之苗裔，汉相国陵之胤绪也。且夫草树滋繁，则深根之润；济渭皎镜，则原泉之澄。是以得氏宗周，故多贤良也。离褒有声于秦汉，戎炜名振于晋梁，代有其人，讵兹胒缕。"[3] 实际上，所谓的秦将、汉宰和太原王氏毫不相干，王陵与高祖刘邦同乡，沛县人氏；王褒系西汉蜀郡人，著名辞赋家；王翦、王离秦国名将，频阳东乡人；王戎名列竹林七贤，琅邪人氏；王炜于史无征。可见，这些墓志追溯的王氏先贤，均与太原郡望风马牛不相及，这是唐人撰述墓志数典忘祖、攀附人物和伪冒郡望比较典型的例证。但是，唐人也试图弥补这种郡望毫无关联的王氏人物之间的冲突和矛盾，成于景龙三年（709）的《王佺墓志》试图将太子晋和王霸的郡望连缀为一系："伊昔定氏，周太子之登仙；洎乎命官，秦将军之建策。晋阳分族，表征君之子孙。"[4] "晋阳分族"一语极为关键，隐含王翦子孙落叶太原之意。唐

---

[1] 罗新、叶炜：《新出魏晋南北朝墓志疏证》，第345页。
[2] 周绍良、赵超主编：《唐代墓志汇编》贞观056《隋故仪同三司王府君墓志铭》，第44—45页。
[3] 周绍良、赵超主编：《唐代墓志汇编》万岁通天018《大唐故王府君墓志铭》，第900—901页。
[4] 周绍良、赵超主编：《唐代墓志汇编》景龙023《大唐故王府君墓志铭》，第1096页。

中古郡望的成立与崩溃　33

代名流刘禹锡也力图阐释太原王氏和名将王翦之间的郡望存在具体因缘，"显于秦者曰翦，三世将秦师，子孙分居晋代间"[1]，大致同时，李绛则认为楚汉之际，王离以秦围赵，战死于师，"子孙家于太原，世为令族"[2]。形成鲜明对照的是，居然还有的墓志将神仙人物王乔视为王氏定居太原的鼻祖，《王庆墓志》记载其祖先云："其先有周氏。武王克商，追祀五祖，因而命氏。自乔为并州，道成羽化，代家焉。"[3]由此可见，《新表》是唐人谱系知识层累叠加、整合构成的产物。

中古太原王氏的祖先除却"太子晋—王霸—王昶—王浑"这一谱系序列之外，还有其他的追溯方式，如唐代太原名流王颜所撰《王景祚墓志》载其谱系为："帝喾后稷之后。周太王王季之后。因王显姓者。始自四十一代祖赤平王之孙。其父泄。未立而卒。平王崩。赤当嗣。为叔父桓王林废而自立。用赤为大夫。及庄王不明。赤遂归晋。晋用为并州牧。自赤至龟八代。……代袭封晋阳侯。钊生叔俊。至第四代乇。汉末为并州刺史。乇生十八代祖卓。魏为河东太守。晋迁司空。"[4]

《王景祚墓志》所据不是王景祚的私家谱牒，因为志文明确记载："天宝末，河内首陷寇逆。并家谱失矣。"这个王氏祖先的序列，显然和《新表》所载大相径庭，唐人郑云逵在为王颜所撰的墓志中猛烈批评太原王氏纷纷追祖太子晋的行为。"凡称太原王者。皆言周灵王太子晋之后。咸失其宗。盖周平王之孙赤。其父泄未立而卒。

---

[1]《全唐文》卷608《刘禹锡·唐兴元节度使王公先庙碑》。
[2]《全唐文》卷646《李绛·兵部尚书王绍神道碑》。
[3]《山右石刻丛编》卷6《唐故处士王君之碑》；《三晋石刻大全·长治市黎城县卷》，三晋出版社2012年版，第16页。
[4] 陈尚君辑校：《全唐文补编》卷57《王颜·慈州文城县令王景祚并仲子郴州郴县丞墓碣序》，中华书局2005年版，第696—697页。

平王崩。赤当嗣。为叔父桓王林废而自立。用赤为大夫。庄王不明。赤遂奔晋。晋用为并州牧。自赤至龟八代。代牧并州。龟后廿四代。代袭晋阳侯。至廿七代卓。字世咸。历魏晋为河东太守。迁司空。封猗氏侯。"[1] 由此可见,《王景祚墓志》和《王颜神道碑》同出一源,而王颜所撰《王景祚墓志》则是本于自备家谱。这种相互扞格的谱系记载,也有人试图在两者之间进行修补调和,如河东薛元龟所撰王氏墓志云:"自晋八代至错,时为魏大将军。错生蠋,为魏中大夫。蠋生渝,为魏上将军。君生元,元生颐,魏皆征为中大夫。暨翦□□□魏军攻赵,拔燕蓟,大破荆军。其后曰贲曰离,皆立秦□。五代孙曰吉,为汉邑昌王。中尉□□诗□谏深得辅弼大义。至晋则有浑有祥,功格王室。至魏则有慧龙,为贵种。十二代祖卓,晋常王公主子也。"[2]

正是由于太原王氏谱系层累构成的纷繁芜杂,因此太原王氏的祖先追溯屡屡发生误认祖先、伪冒郡望之事。查考现今可见的四百余份太原王氏墓志,明显的误书祖先之事比比发生。中古士族墓志的谱系建构一般分为三部分:先秦人物、汉魏先哲和近世高曾。高曾祖父离当世较近,往往货真价实,基本可靠,主要的错误则集中在前两类。关于祖先为先秦人物的记忆,就其事实真伪而言,绝大多数出于捏造攀附,并不可靠,但是无论墓志作者、谱牒名家还是士族子弟自身,都乐此不疲地假戏真做,纷纷在各自谱系知识的范围内,妄自攀附玄远缥缈的先秦人物为其始祖。唐代太原王氏墓志和《新表》"王氏条"所追认的太子晋,即为王氏攀附先世的主流:

---

[1] 陈尚君辑校:《全唐文补编》卷61《郑云逵·唐故虢州刺史王府君神道碑》,第738—740页。
[2] 吴钢主编:《全唐文补遗》第3辑《薛元龟·李泳妻王氏墓志》,三秦出版社1996年版,第208页。

在中古太原王氏将祖先追溯至先秦人物的近百份墓志中，明确攀附太子晋者 50 余例，占半壁江山。[1] 太子晋作为王氏始祖，影响深远。今人王明珂先生曾经在田野调查中发现，王姓羌人的族谱记忆竟然也是以太子晋为始祖，由此阐明姓氏书在统合族源记忆中的作用。[2]《王文成墓志》所载祖先，"昔周子晋以控鹤登仙，汉王乔而飞凫启瑞"[3]，此处的王乔与太子晋显然不是一人，屈原《楚辞·远游》记载："轩辕不可攀援兮，吾将从王乔而娱戏。餐六气而饮沆瀣兮，漱正阳而含朝霞。"其中王乔可能是指周人王乔，而此处的王乔则是《后汉书·方术传》中飞凫启瑞的王乔。此处将两个血统和郡望都毫不关联的人物，甚至于将神仙人物和真实人物撮合处理，共同作为太原王氏的始祖资源。[4] 追祖周王室姬姓成员者，尚有王子成父。立于东魏武定元年（543）的《王偃墓志》记载其祖先云："王子城父自周适齐，有败狄之勋，遂锡王氏焉。"唐人墓志循此者为数不多，但亦有之，如李方舟撰写于元和七年（812）的《王升墓志》记载："盖姬姓之胤，春秋时王子城父自周适齐，有败狄勋，赐姓王氏，子孙散居太原。"[5] 两相对照，前后时间相隔近三百年的《王升墓志》和《王偃墓志》同出一源。唐代文豪韩愈撰述王仲舒的祖先时

---

[1] 学人已经指出太原王氏系谱追祖的这个特征，参见〔日〕守屋美都雄：《六朝门阀研究——太原王氏系谱考》，第 7—27 页。按，守屋氏大作成于 1951 年，所见史料较为有限，仅列举追祖太子晋者凡 20 余例。有理由相信，随着唐代墓志的不断发现，追祖太子晋的例证会越来越多。

[2] 王明珂：《论攀附——近代炎黄子孙国族建构的古代基础》，《"中央研究院"历史语言研究所集刊》2002 年第 73 本第 3 分册。

[3] 周绍良、赵超主编：《唐代墓志汇编》天宝 061《大唐故王府君墓志铭》，第 1572—1573 页。

[4] 关于始祖王乔辟谷与成仙记忆的描述，参见 Robert Ford Campany, *Making Transcendents: Ascetics and social Memory in Early Medieval China*, Honolulu:University of Hawaii Press, 2009, pp.72-73.

[5] 吴钢主编：《全唐文补遗》第 7 辑《李方舟·唐故陇州汧阳县尉太原王府君（昇）墓志铭》，第 88 页。

也记载："春秋时，王子成父败狄有功，因赐氏，厥后世居太原。"[1] 另外，还有追溯为周文王者，如成于贞观八年（634）的《王安墓志》记载其祖先："其先太原汉司徒允之后，周文王之苗裔。"[2] 成于天宝四年（745）的《王爽墓志》叙其先世："肇承姬姓，周文王之胤，封王龟为太原太守。"[3] 两者相较，虽然同源周文王，但在他们的认识里，其后裔在汉代开始分化为王允和王龟两支。其他泛称周室祖先者，则宽泛的描述其祖先为"周储"、"周仙"、"周王""姬周"等语词，这些墓志也有 20 余份。翻检《新表》、《元和姓纂》以及种类繁多的墓志丛书，笔者发现，中古士族，尤其是唐代墓志追祖远至周代王室人物，虽然几乎没有一例能够力证他们代代相因的血统遗传，但是这种假戏真做、一丝不苟的追祖方式已经成为整个社会的风气。有些家族的追祖步伐更加"激烈"和"冒进"，将其祖先追至上古的神话人物，如帝喾和后稷居然也成为太原王氏所追认的祖先。成于永徽三年（652）的《王则墓志》叙其先世："仰承帝喾之华胄，禀后稷之神苗。"[4] 这方面值得注意的是王行果的墓志。李邕撰述其祖先云："其先柢于喾、稷，干于季、文，枝于翦、离，条于吉、骏。"[5] 神道碑文多数收于撰者文集，因此有流传于世的功能。而埋藏于地下的《王行果墓志》，作者不明，对北魏以降的祖先书写，行文不同，具体内容却相差无几；令人称奇的是，在当时不会被众

---

[1]《全唐文》卷 562《韩愈·唐故江南西道观察使中大夫洪州刺史兼御史中丞上柱国赐紫金鱼袋赠左散骑常侍太原王公神道碑铭》。
[2] 周绍良、赵超主编：《唐代墓志汇编》贞观 050《唐故蒲州虞乡县丞王君之志》，上海古籍出版社 1992 年版，第 40 页。
[3] 周绍良、赵超主编：《唐代墓志汇编》天宝 076《大唐故吏部常选王府君墓志》，第 1585 页。
[4] 周绍良、赵超主编：《唐代墓志汇编》永徽 053《大唐永徽三年王君墓志》，第 165 页。
[5]《全唐文》卷 264《李邕·长安县尉赠陇州刺史王府君神道碑》。

人看到的这份墓志，居然没有将祖先记忆追溯至先秦汉魏。这说明李邕和墓志作者在撰写神道碑和墓志之时，所依据的材料同异相参。毫无疑问，志文作者在撰写过程中掺入了浓厚的主观意图以及谱系认识，即删掉信口开河的上古秦汉时期的祖先记忆。反之，李邕所撰《王行果神道碑》，既然可以公之于世，自然就有展示王氏谱系源远流长的表演功能。

有必要指出，中古太原王氏追溯祖先在魏晋人物方面也是错谬丛出。最荒唐的错误是追认琅邪王氏的著名人物为祖先：《王廷胤墓志》以王导为祖先；赵儒立所撰《王式墓志》以王羲之为祖先；《王宪墓志》以王羲之、王献之二圣为祖先；《王巩墓志》以王祥为祖先，不一而足。[1] 另外，还有以西晋弘农王濬为祖先者，如《赵石墓志》记载其夫人太原王氏的先祖云，"周灵王王子晋之后，晋龙骧将军濬之裔孙"。[2] 二圣在唐代的地位至为崇高，唐太宗亲撰《晋书·王羲之传》的论赞部分，但这些墓志反映，在唐人的知识世界中，随着国家主义威权的重构，象征着地方主义和家族主义的郡望和当世官爵相比，已经变得相形失色。具有讽刺意味的是，琅邪王氏也曾经错误地将太原王氏的人物奉为祖先者，后唐天成三年（928）《任内明墓志》记载其夫琅邪王审知的祖先时云："矧□□怡山，昔王

---

[1] 陈尚君辑校：《全唐文补编》卷102《苏畋·大晋故竭忠匡运佐国功臣横海军节度沧景德州观察处置管内河内等使充北面行营步军左右厢都指挥使特进检校太师持节沧州诸军事行沧州刺史兼御史大夫上柱国太原郡开国公食邑三千户食实封一百户赠侍中王公墓志铭》，第1280—1281页；吴钢主编：《全唐文补遗》第1辑《赵儒立·唐太原王公故夫人曹墓志铭》，三秦出版社1994年版，第286页；周绍良、赵超主编：《唐代墓志汇编》长安046《唐故上柱国吏部常选王君墓志铭》，第1024页；周绍良、赵超主编：《唐代墓志汇编续集》乾宁002《唐太原王公夫人杜氏合祔墓志铭》，第1160页。

[2] 周绍良、赵超主编：《唐代墓志汇编续集》大中052《巨唐故华山处士天水赵府君墓志铭》，第1006页。

霸于此得仙。……今我王乃霸之后，夫人复任其姓。"[1] 保大十四年（956），南唐时期陈致雍撰写的《王继勋墓志》记述其祖先世系云："公讳继勋，字绍元，琅邪临沂人，因家为泉州晋江人也。其先自秦汉至隋唐，累世名德，冠冕蝉联不绝，国史家牒，莫不详焉。故所谓仁人之利，本枝百世，昭穆无穷。若夫离蔫佐时宁乱，定功于前，浑祥辅主济民，垂名于后。"[2] 前者以王霸为祖先，并试图将其神仙化；后者以西晋王浑为先世，两者都是汉晋太原王氏的俊杰贤达，与琅邪王氏毫无血统关联。征诸文献，笔者发现，唐人碑志误书郡望本贯的现象，不独太原王氏和琅邪王氏如此，其他五姓七家都存在类似的错误。学人曾经敏锐指出，博陵崔氏的墓志中有五份墓志错误地将清河崔氏追认为祖先，并指出其中两份犯此错误的人竟然是通过科举考试、进士及第的知识精英。[3] 一流的知识精英也是如此。韩愈所撰《太原郡公王用神道碑文》云："公讳用，字师柔，太原人。"[4] 根据两《唐书》王用姊顺宗庄宪皇后的传记，以及其父王子颜、祖王难得的传记，具言其为沂州琅邪人。《旧唐书·李逊传》记载其出身云："李逊字友道，后魏申公发之后，于赵郡谓之申公房。"李逊弟李建，字构直，白居易在《祭李郎文》、《有唐善人墓碑》中，均将李建的郡望记载为陇西李氏。由此可见，唐代以降，士庶混同，曲叙昭穆，附会祖宗的情形日渐司空见惯，像博陵崔氏、赵郡李氏、太原王氏这样的名门望族，像韩愈、白居易、柳芳这样的文化精英，竟然都在一流高门郡望谱系的知识方面，显得数典忘祖了。

---

[1] 吴钢主编：《全唐文补遗》第7辑《王审知夫人任氏墓志》，第437页。
[2] 《全唐文》卷875《陈致雍·左威卫大将军琅邪太尉侍中王府君墓志铭》。
[3] 〔美〕伊沛霞著，范兆飞译：《早期中华帝国的贵族家庭——博陵崔氏个案研究》，第125页。
[4] 《全唐文》卷561《韩愈·银青光禄大夫检校左散骑常侍兼右金吾卫大将军赠工部尚书太原郡公王公神道碑》。

三、结论

六朝士族纷纷把汉魏人物追认为祖先，恰好与中古郡望的成立亦步亦趋。汉魏之际随着家族主义和地域主义的成长壮大，两者结合便构成中古郡望的坚强内核。六朝郡望的边界极为严格和封闭。但隋唐以降，随着国家权力的再度复兴，中古郡望的内涵发生显著变化。宋人曾经洞若观火地观察到六朝隋唐社会中门第郡望的巨大变迁："唐初流弊仍甚，天子屡抑不为衰。至中叶，风教又薄，谱录都废，公靡常产之拘，士亡旧德之传，言李悉出陇西，言刘悉出彭城，悠悠世胙，讫无考按，冠冕皂隶，混为一区。"[1] 诚如是言，但这种变化其实早在唐初就显露端倪，正所谓"言王悉出太原"。具体而言，在中古太原王氏的系谱和郡望方面，就笔者粗略搜集400余份墓志资料关于祖先追溯的可靠性而言，大致可分为三种：第一种是祖先完全不可靠的追溯。这类祖先追溯的特点是华而不实、故弄玄虚和堆砌辞藻，借此抬升身价。这类追溯可称为"泛王氏化"的祖先追忆。大致包括四类情况：一是将先祖追溯至先秦时期缥缈玄远的人物，如太子晋、王子城父，甚至溯至后稷、帝喾等传说人物，这些墓志大概有100余份，约占25%；二是溯至秦汉之际的将相王侯，如王翦、王贲、王离、王嘉、王陵，这些墓志大概有56份，约占14%；三是追溯至东汉初叶的太原人物，如著名隐士王霸，这些墓志共14份，约占3.5%；四是最离谱的错误追溯，即将琅邪王氏的著名人物如王戎、王羲之、王献之等人作为先祖，显系张冠李戴。后三类的祖先书写尽管充斥着名目繁多的错谬，但是唐人不厌其烦

---

[1]《新唐书》卷95《高俭传》。

地追述先世，假戏真做，显示唐人填充、捏造和建构王氏系谱空缺、从而在整体上包装和塑造太原王氏郡望的经营和努力。第二种是祖先相对可靠的追溯。具体指将祖先追溯至距离隋唐较近的魏晋南北朝时期的名流，如王昶、王浑、王琼、王慧龙、王坦之、王玄谟、王琼、王僧辩等人，这类墓志共50份，约占12.5%。第三种是祖先可靠的追溯。这种追述言之有物，昭穆有序，行辈分明，是指将祖先追溯至高曾以内、系谱清晰明确的情况，这类墓志共376份，约占93.8%。必须指明的是，这三种追溯祖先的墓志，往往真伪相参，相互交错，即在同一份墓志中所追溯的祖先，往往含有"真实"的嫡系祖先，通常是高曾以内的祖先，以及"虚假"的想象祖先，通常是汉魏以前的祖先。仇鹿鸣曾经借用顾颉刚先生的"层累说"，指出渤海高氏的谱系具有"层累构成"的特征。[1] 杜希德（Denis C. Twitchett）指出，入仕、婚娶、祭祀等因素，都会影响到唐代士人追述祖先世系，实际籍贯和出生地往往歧异。[2] 太原王氏的谱系建构，也有"层累构成"的特征：时代愈后，传说的家族谱系越久远；时代愈后，传说中的家族先世愈放愈大，以至于在唐代墓志中出现追述神仙人物为其祖先的事例。《新表》"王氏条"是唐人谱系知识整合利用、层累构成的产物。

进言之，郡望作为中古士族最为重要的名片和脸面，随着士族门阀作为社会阶层的日薄西山而变得虚化，这种虚化和崩溃的速度又随着知识精英对六朝谱学严谨精神的失落呈现出几何级的增长。

---

[1] 仇鹿鸣：《"攀附先世"与"伪冒士籍"——以渤海高氏为中心的研究》，《历史研究》2008年第2期。
[2] 〔英〕杜希德：《从敦煌文书看唐代统治阶层的成分》，〔美〕芮沃寿、〔英〕杜希德编：《唐代透视》，耶鲁大学出版社1973年版，中译文参见何冠环译：《唐史论文选集》，幼狮文化事业公司1990年版，第114页。关于家世和郡望歧异的讨论，还可参见〔日〕竹田龙儿：《关于唐代士人郡望》，《史学》1951年第24卷第4号。

中古太原王氏和其他新旧门户塑造家族郡望和编排谱系的历史过程，表明家族谱牒由六朝时代高高在上被谱牒世家和豪门大姓所垄断的高贵面相，开始走向街谈巷议的大众化。举凡王氏人物，无论将相王臣、贵戚武将、文人隐士，还是皂隶倡优，贤愚尊卑，各色人等，都可以将郡望伪冒为太原，将祖先一路向前追溯至汉魏名流乃至太子晋。六朝时期士族高门所垄断的谱系知识，在唐代成为广大士庶竞相"消费"的对象。唐代太原王氏的谱系建构和郡望塑造，多元混合，真假相参，这种攀附行为在其他新旧门户眼中，已经完全不如北魏郭祚批评王慧龙家族"血统真伪莫辨"那样，执着于纠缠血统是否纯正、郡望是否可靠。应该说，六朝太原王氏的郡望和谱系的边界在唐代不断扩大。如果说六朝太原王氏的郡望尚能通过中正品第的通途，为王氏成员谋取现实的政治权力、经济利益和社会声望，那么在唐代，这种郡望和谱系则成为精英和民众共同持有的知识资源，夸耀家世和展示郡望的表演功能成为主导。作为六朝一流高门和唐代旧族门户，身份不断发生变化的太原王氏和处于旁观地位的其他士族家庭，对鱼龙混杂的太原王氏，尤其对唐代太原王氏的谱系建构和郡望表达中的种种谬失，怀抱着集体无视、过分宽容的态度，他们塑造的著名郡望和高贵谱系，在唐代几乎不具有任何现实的政治利益，其意义仅存在于观念中留恋六朝高高在上的门阀主义而已。因为在这种历史情境下，贵族身份已经不再是不可假人的名器，反而沦为皇帝的新装，在一个人人皆可自居显贵郡望的时代，士族作为社会阶层的意义已经荡然无存。因此，唐代士人家庭攀附名贤、伪认先祖的事情屡有发生，与其说是旧族门户深沟壁垒，炫耀身价，毋宁说是中古士族社会曲终人散的时代投影。太原王氏几乎伴随着中古士族政治生死兴衰的发展历程而随之起舞，传统文献和石刻碑志中对太原王氏祖先记忆以及郡望书写中的种种混乱、矛盾、错谬和张冠李戴的行为，均须置于中古士族政治升降浮沉的长时段中予以考察，才能凸显其历史韵味。最后强调的是，太原王氏郡望崩溃的种种表现，具有典型性。几乎所有同一类型、同一等级的名门望族，都发生着同样的故事。中古大族谱系知识自上而下的世俗化过程，以及中古郡望意义的弱化，正与隋唐时期国家主义复兴背景下士族的官僚化、中央化或城市化进程同始同终。[1] 唐人士族的祖先塑造和郡望建构掺入了相当数量的虚夸和攀附，这些真假相参的谱系构造和郡望表达，正是中古时期国家主义从强到弱、再由弱变强"驼峰形"变化的真实写照。

（原载《厦门大学学报》2013 年第 5 期，转载于《新华文摘》2013 年第 24 期）

---

[1] 艾博华认为中国古代的精英家族通常具有两个住处，并将之分为城市（city-branch）与乡里（country-branch）两支，前者受后者支持发展之后，反过来护翼后者，而在改朝换代等大的政治变动中，后者较前者更易延续下来。换言之，中国古代的地方精英保持着"城乡双家制"的居住形态。参见 Wolfram Eberhard, Conquerors and Rulers: Social Forces in Medieval China, Leiden: E.J. Brill, 1970, pp.44-46。而中国学人洞见隋唐时期士族精英居住地转移所隐含的历史影响，参见毛汉光：《从士族籍贯迁移看唐代士族之中央化》，《中国中古社会史论》，上海书店出版社 2002 年版；韩昇：《南北朝隋唐士族向城市的迁徙与社会变迁》，《历史研究》2003 年第 4 期。

汉宋之间医患关系衍论
——兼答罗伊·波特（Roy Porter）等

于赓哲（陕西师范大学历史文化学院）

目前医疗领域内对于医患关系的抨击不绝于耳，批评者认为目前的体系中医疗机构处于绝对优势和主动地位，以至于当医德、制度、司法出现瑕疵的时候，多数后果由患者承受，患者始终处于被动不利状态。在这种情况下，中国古代那种医患制衡，甚至患者居于主动地位的医患关系、辨证施治的诊疗模式就引起了很多的关注，有人设想是否可以借助传统医学医患关系模式来改良现代医患关系，罗伊·波特在《剑桥医学史》序言中说："从20世纪60年代以来……对西方医学的批评声音也日渐增强，并以某种方式谴责西方医学体系太技术化取向、太非人格化、太体制化……谴责它考虑更多的是医学职业的发展而不是病人的利益。在过去20年里，西方已有越来越多的声音要求回到西方医学传统的起源，同时也开始从上面所提及的东方医学传统中寻求另一种医学的智慧。"[1]所谓另一种医学的智慧就包括中医。席文（Nathan Sivin）也认为中医可以为现代医学的未来发展提供丰富的思想资源，而他所最为赞赏的就是中医

---

[1]〔英〕罗伊·波特等著，张大庆译：《剑桥医学史》，吉林人民出版社2000年版，第4—5页。

的医患关系模式:医生在病人家中诊疗,能全面了解患者的社会关系和生活条件,倾听病人的叙述,与病人充分交流,从而提供心理的支持。[1]美国主流医学界主张在"另类医学"(包括中医)现代化的过程中要保存其传统的医患关系,即对病人赋能授权(empowerment)、维持参与式的医疗过程,对病人投入更多的关注与时间。[2]

但是,传统医患关系模式是否可以医治现代医患关系模式的痼疾?以古代的医患关系模式解决现代问题是"以古为鉴"还是"缘木求鱼"?本文将以汉宋之间医患关系为重点加以论述。选择这个时段原因有二:第一,中国医学和医患关系模式定型于此阶段,医学基础《黄帝内经》和药学基础《神农本草经》约出现于汉代。这是中国医学和药学的基石。医人的思维模式和医患关系基本样态也在此时逐步成型,因此可以说这一阶段涉及中国医学之根本;第二,虽然现代医学普遍被认为是16世纪以后的产物,与古代西方医学无关,但是这主要指医学思想和技术而言,而医患关系模式(以医院模式为主)却早其一步出现于中世纪前中期的修道院[3],那么选取与此大致相当的时期加以论述就显得尤为必要。

一、病患必然导出医患吗

这个问题在今天的答案是简单明了的——医药体系是应对疾病

---

[1] Nathan Sivin, "Traditional Medicine in Contemporary China", Vol. 2, *Science, Technology, and Medicine in East China* (Ann Arbor: Center for Chinese Studies, The University of Michigan, 1987), p. 14.

[2] P.B. Fontanarosa and G.D. Lundberg, "Alternative Medicine Meet Science", *Journal of American Medical Association*, 280(1998): 1618-1619.

[3] 〔美〕施密特著,汪晓丹、赵巍译:《基督教对文明的影响》,北京大学出版社2004年版。

的主要甚至是唯一手段，但是在古代并非如此，病与患的关系并不必然导出患与医的关系，患者的选择多种多样，医只是手段之一。这应该作为研究古代医患关系的出发点。正是这种现象导致了医者在个体疗效和全民医疗两方面热衷程度的差异，也极大影响了医患关系的样态。

如果将"医"看作是当时人认可的应对疾病的手段的话，那么古代"医"的范围十分宽泛，人员包括传统意义上的"医人"，也包括僧道、巫觋（手段包括宗教、巫术和物理化学疗法），他们也是医疗团体的重要组成，而本文所探讨的医患关系只是其中一部分。那么为什么要在开篇探讨这个问题？因为这些现象无不对医患关系产生牵力，影响着医患双方的思维和目标设定。例如医巫并行的状态影响到了医人的医学思想和诊疗手段，甚至塑造了传统医学的指导思想；患者穿梭往返于医、巫、寺观之间，而不同的医疗团体对于患者也有争夺；而当时的社会思想又使得部分患者摒弃医药，从而完全游离于医患关系之外。

笔者总结此阶段内的人群面对疾病的应对手段除了求医外还包括以下数端：

（一）宗教与巫术手段

陈寅恪曾云："自来宗教之传播，多假医药天算之学以为工具。"[1]魏晋隋唐时期恰恰又是中国佛、道二教大发展的时期以及景教、祆教、摩尼教、伊斯兰教进入中国的时期，故宗教在当时成了生活中重要的一宗。医学从理论思想到具体的诊疗手段都受到了宗教的深刻影响，甚至可以说无宗教则无中国传统医学，相关问题研

---

[1] 陈寅恪：《崔浩与寇谦之》，《金明馆丛稿初编》，生活·读书·新知三联书店2001年版，第120—158页。

究者众多，相关成果汗牛充栋[1]，兹不赘言。

巫术也是民众重要的医疗手段，考古资料证实了殷商时代医巫不分的状态，胡厚宣《殷人疾病考》[2]、李宗焜《从甲骨文看商代的

---

[1] 例如季羨林：《从中印文化关系谈到中国梵文的研究》，《季羨林全集》第13卷，外语教学与研究出版社2010年版；陈垣：《陈垣早年文集》，"中央研究院"文哲所1992年版；陈邦贤：《中国医学史》，商务印书馆1998年版；林富士主编：《宗教与医疗》，台北联经出版事业股份有限公司2011年版；陈明：《印度梵文医典〈医理精华〉研究》，中华书局2002年版；陈明：《汉唐时期于阗的对外医药交流》，《历史研究》2008年第4期；陈明：《丝绸之路的医药：传播与转化研讨会简述》，郝春文主编：《2006敦煌学国际联络委员会通讯》，上海古籍出版社2006年版，第81—85页；中国大百科全书编辑委员会：《中国大百科全书·中国传统医学卷》，中国大百科全书出版社1992年版；赵璞珊：《中国古代医学》，中华书局1997年版；廖育群：《阿输吠陀——印度的传统医学》，辽宁教育出版社2002年版；廖育群：《中国古代科学技术史纲·医学卷》，辽宁教育出版社1996年版；陈寅恪：《三国志曹冲华佗传与佛教故事》，《寒柳堂集》，生活·读书·新知三联书店2001年版；干祖望：《孙思邈评传》，南京大学出版社1995年版；汤用彤：《针灸·印度古医书》，《汤用彤选集》，天津人民出版社1995年版；〔日〕道端良秀：《中国的佛教医学》，《宗教研究》1965年第7期；〔日〕道端良秀：《中国佛教与社会福利事业》，台湾佛光出版社1981年版；刘淑芬：《慈悲喜舍——中古时期佛教徒的社会福利事业》，《北县文化》第40期；刘淑芬：《戒律与养生之间——唐宋寺院中的丸药、乳药和药酒》，《"中央研究院"历史语言研究所集刊》第77本第3分册，2006年；刘淑芬：《唐、宋寺院中的茶与汤药》，《燕京学报》第19卷，2006年；刘淑芬：《唐、宋时期僧人、国家和医疗的关系：从药方洞到惠民局》，李建民主编：《从医疗看中国史》，台北联经出版事业股份有限公司2008年版，第145—202页；〔日〕冈本天晴、樱庭和典：《医疗与中国佛教》，《医学与哲学》1994年第2期；李经纬、傅芳：《隋唐时期中外医学之交流》，《中华医史杂志》1985年第4期；曹仕邦：《两晋南北朝时期沙门的医药知识》，《食货》1975年复刊第5卷第8期；盖建民：《道教医学》，宗教文化出版社2001年版；范家伟：《六朝隋唐医学之传承与整合》，香港中文大学出版社2004年版；范家伟：《晋隋佛教疾疫观》，《佛学研究》1997年，第263—268页；范家伟：《大医精诚——唐代国家、信仰与医学》，台北东大图书公司2007年版；薛克翘：《印度佛教与中国古代汉地医药学》，《佛学研究》1997年，第252—262页；李金菊：《汉传佛教养生的历史研究》，博士学位论文，中国中医科学院，2007年。

[2] 胡厚宣：《殷人疾病考》，《甲骨学商史论丛·初集》下册，成都齐鲁大学国学研究所专刊1944年版，第437—440页。

疾病与医疗》[1]、宋镇豪《商代的疾患医疗与卫生保健》[2]对此有详尽论述。殷商这种医巫一体的风气延续很久，金仕起先生指出春秋晚期以前巫一直是医疗的主角。[3]关于这一点，还可参看文镛盛《中国古代社会的巫觋》。[4]日本山田庆儿《夜鸣之鸟》通过对长沙马王堆出土的《五十二病方》中咒术疗法的研究展现了汉代民间巫术疗法的盛行[5]，林富士《中国六朝时期的巫觋与医疗》[6]向我们揭示出至六朝时巫师仍然是医疗活动的主要参与者，向其求助者包括各阶层人士，所治疗的疾病也不局限于特定种类，而且其"治疗"手段"大多承袭汉代巫者及巫术疗法的传统"。[7]于赓哲亦曾专门撰文论述隋唐时期中国医巫并行的状态。[8]另外要说明的是中古时期由于地域发展水平差距较大，所以南方地区以及其他偏远落后地区信巫不信医的风气比中原地区更为浓厚，甚至可以说是民众的普遍行为，相关问题参看前揭于赓哲《唐代医疗活动中咒禁术的退缩与保留》，兹不赘言。

（二）自救

古代社会医疗资源有限，故自救亦是针对疾病的手段。当然，自救从其技术角度而言仍然属于医术本身，但是本文所探讨的主题是"医患关系"，自救的患者自然是游离于其外的。

---

[1] 李宗焜：《从甲骨文看商代的疾病与医疗》，《"中央研究院"历史语言研究所集刊》第72本第1分册，2001年，第339—391页。
[2] 宋镇豪：《商代的疾患医疗与卫生保健》，《历史研究》2004年第2期。
[3] 金仕起：《古代医者的角色——兼论其身份与地位》，《新史学》（台北）第6卷第1期。
[4] 文镛盛：《中国古代社会的巫觋》，华文出版社1999年版。
[5] 〔日〕山田庆儿：《夜鸣之鸟》，《日本学者研究中国史论著选译》（第10卷），中华书局1992年版，第231—269页。
[6] 林富士：《中国大朝时期的巫觋与医疗》，《"中央研究院"历史语言研究所集刊》第70本第1分册，1999年，第1—48页。
[7] 同上书，第32页。
[8] 于赓哲：《唐代医疗活动中咒禁术的退缩与保留》，《华中师范大学学报》2008年第2期。

中国传统医学与今日医学最大区别之一就是学术的开放性，其思想基础和术语体系是阴阳学说，所以对于民众来说医学的学术篱笆比较低矮，再加上中古时期医学理论停滞不前，医学的发展主要是经验的积累，而积累正是来自民间，所以对于民众来说掌握一定的医疗技术并非难事。当时自修医术者众多，孙思邈本人就是典型例证，他起自民间，幼年因为治病导致家产几乎荡尽，故愤而自修医术，遂成一代大家。[1] 还有很多人出于久病的原因自修医术，《左传·定公十三年》所谓"三折肱知为良医"、《楚辞·九章》所谓"九折臂而成医兮"（后人称为"久病成医"），例证不胜枚举。另外，还有人出于诊治服食副作用、尽孝道等原因钻研医术。魏晋至唐初士大夫阶层尚且耻言医术，但是到了唐代后期风气则为之一变，士大夫开始热衷于医术，甚至公开探讨医理并且交换药方，相关问题请参见范家伟《刘禹锡与〈传信方〉——以唐代南方形象、贬官和验方为中心的考察》[2]、陈昊《读写之间的身体经验与身份认同》第六章[3]、于赓哲《唐代的医学教育及医人地位》[4]。于赓哲还曾注意到灸疗法在隋唐时期具有独一无二的重要性，其地位甚至比汤药、针法还要高，这是因为灸疗法简单安全且廉价，是民众自救的主要手段。[5] 民间还有刻石传播医术的做法，最著名的例子就是至今尚存的洛阳龙门石窟药方洞，此洞开凿于北齐，但是药方始刻于唐初[6]，洞

---

[1] 《孙真人千金方》，人民卫生出版社1996年版，第1页。"汤药之资"作"汤药资须"。
[2] 范家伟：《刘禹锡与〈传信方〉——以唐代南方形象、贬官和验方为中心的考察》，李建民主编：《从医疗看中国史》，台北联经出版事业公司2008年版。
[3] 陈昊：《读写之间的身体经验与身份认同》，北京大学博士学位论文，2011年。
[4] 于赓哲：《唐代的医学教育及医人地位》，《魏晋南北朝隋唐史资料》第20辑。
[5] 于赓哲：《唐宋民间医疗活动中灸疗法的浮沉》，《清华大学学报》2006年第1期。
[6] 耿鉴庭：《医药金石过眼录》，《中华医史杂志》1955年第4号。认为龙门石窟药方洞药方篆刻于北齐。邵殿文：《药方洞石刻药方考》，《中华医史杂志》1993年第4期。认为石窟开凿于北齐，而药方刻于唐朝贞观末年或者永徽初年。本文从后者。

壁遍布石刻药方，历代累积。张瑞贤等认为龙门石刻药方与在敦煌发现的 P.3596《不知名医方第九种》、P.3347《不知名医方第十三种》以及 S.9987《备急单验药方卷》是同一部书，书名应为《备急单验药方》。[1] S.9987 号文书中的一句话值得关注："刊之岩石，传以救病，庶往来君子录之以备急用。"可见在石壁上刊刻药方以求普及是当时传播医学的方法之一。

名医们往往鼓励民众自救，孙思邈在《备急千金要方》序言中鼓励大家学医："余缅寻圣人设教，欲使家家自学、人人自晓。"[2] 政府在这方面也采取鼓励措施，采取的办法有组织撰写医书、刻碑传播药方等，北魏至隋唐类似举措屡见不鲜，于赓哲《唐代疾病、医疗史初探》第四章已有描述，兹不赘。医术尤其是具体药方的普及可以使患者跳过医人这个环节，直接抓药或者采药自救。也使得他们可以游离于医患关系之外。

（三）命定观

《论语·颜渊》云："死生有命，富贵在天。"常有古人以命定论（前定论）为人生哲学，有着浓厚的听天由命思想，这对医患关系颇有影响——部分患者认定寿夭早已注定，从而消极对待医药。黄约瑟《读〈前定录〉札记——唐代社会思想一瞥》认为"前定"两个字应出于《礼记·中庸》之"言前定则不跲，事前定则不困"，"毫无疑问，它已经带有一种强烈的种宿命或命定论色彩"[3]，黄约瑟还认为对于所谓"命"的定义《庄子》还比较宽泛，后世比较狭窄，主

---

[1]《洛阳龙门石窟药方与敦煌卷子〈备急单验药方卷〉同源》，《中华医史杂志》1998 年第 2 期。
[2]《备急千金要方》，华夏出版社 2008 年版，第 15 页。
[3] 黄约瑟：《读〈前定录〉札记——唐代社会思想一瞥》，《黄约瑟隋唐史论集》，中华书局 1997 年版，第 170 页。

要指人寿命。在《前定录》里面，涉及命的，主要是官运和寿数。既然与寿命相关，那么就不能不影响到医疗。很多患者抱着听天由命的思想拒绝医药，从而脱离了医患关系。有关这个问题，范家伟《中古时期的医者与病者》[1]中《病者拒药与命定论》一章有专门的论述，兹不赘言。

综合以上可看到人们面对疾病时的应对手段包括宗教、巫术手段，也包括求医以及自救，另外还有部分人群以命定论为指导消极对待医药，如此看来"病患"并不见得能直接导出"医患"关系。各个医疗圈子又有对患者的争夺，比如有人认为提高医药水平可以从巫觋手中夺回患者，《宋书》卷82《周朗传》："又针药之术，世寡复修，诊脉之伎，人鲜能达，民因是益征于鬼，遂弃于医，重令耗惑不反，死夭复半。今太医宜男女习教，在所应遣吏受业。如此，故当愈于媚神之愚，惩艾膝理之敝矣。"[2]周朗认为医药事业不振导致民众投向巫觋，故倡言设教立学提高社会医药水准，以杜"媚神之愚"。无独有偶，唐代名医许仁则也对巫术疗法全盘否定，他主张采取"事实胜于雄辩"的态度，积极采用药物治疗，以切实的疗效对比夺回患者："此病（疟疾）别有祈祷厌禳而差者，自是人心妄识，畏爱生病，亦犹弓影成蛊耳，必有不诬此法，专意信之，亦任其从禳祷之道，虽然，必须资药以救之，比见用药攻疗无不差者，以法禳之则有不效者，以此言之明知病在于内，徒劳于外耳。"[3]

实际上患者的行为是复杂的、功利性的，他们一人之身可能同时处于各个医疗圈子，或者在不同阶段涉足不同的医疗圈子，简单疾病往往依靠医人或者自救，假如医药无效，患者则可能转向寺观、

---

[1] 范家伟：《中古时期的医者与病者》，复旦大学出版社2010年版。
[2] 《宋书》卷82《周朗传》。
[3] 《外台秘要》卷5《许仁则疗疟方四首》，人民卫生出版社1955年版，第167—168页。

巫觋。杜牧弟弟杜颉的经历就是一个典型的例子,《樊川文集》卷16《上宰相求湖州第二启》记载杜牧弟杜颉曾为镇海军幕府吏,患眼疾（白内障）,听说同州有治眼名医石公集,于是杜牧请石公集到扬州,经过二次手术（针拨白内障）依旧没有治愈。会昌二年（842）,"虢州庾使君"告诉他们同州还有一个眼医周师达,水平在石氏之上,杜牧以重金聘请周师达前来,但是周只是指出石公集诊断失误,未采取措施即离去。杜牧兄弟极端失望。后来听说九疑山有隐士綦毋宏"能愈异疾",忠州酆都县仙都观道士龚法义以能法术治病,故欲求为湖州刺史,希冀以"刺史之力,二人或可致"。[1] 杜氏兄弟的经历应该说具备一定的代表性,疾病之初还是依靠针药,屡遭挫折时却转而求助于法术。这种行为在古代是很常见的,暂可命名为"杜颉式行为"。

杜颉式行为具有鲜明的时代特色,那上面有巫术的残余,同时也体现了时代的进步,法国哲学家孔德（Auguste Comte）总结人类认识有三个历史阶段,即神学阶段、形而上学阶段、实证科学阶段,汉以后医学正处于所谓"形而上学"阶段,主要特征是医学基础思想阴阳五行观念的确立和鬼神观念的逐渐式微,巫术疗法和物理化学疗法并存,并且已经在部分医人那里有了明确的分别[2],一般的患者的行为也与上古有了明显区别,上古患者以鬼神为致病源由,治疗伊始即医巫并用甚至信巫不信医,张荫麟说殷周时期"疾病的原因都推到鬼神,他们的欢心胜过医药,巫祝就是医生"[3]。金仕起亦指春秋以前"不仅占问病因、病情,连治疗、逐除疾病,此时期的医

---

[1]《樊川文集》,巴蜀书社2007年版,第1060—1061页。
[2] 于赓哲:《唐代医疗活动中咒禁术的退缩与保留》,《华中师范大学学报》2008年第2期。
[3] 张荫麟:《中国史纲》,中华书局2009年版,第45页。

者大概都还不是不可或缺的角色"[1]。而到了汉代以后，我们看到了《史记·扁鹊仓公列传》中对"信巫不信医"的指责，以及王充《论衡》、曹植《说疫气》对鬼神致病观念的批驳，社会上虽然巫术疗法尚存，但是操行巫术疗法的人群在缩减，南北方巫术应用程度也有了明显区别[2]，患者平日多用物理化学疗法，遇有医者束手无措地疑难病症才转向巫觋，因此杜颙式行为可谓时代的典型。

图 1 对本节予以总结：

图1 医疗关系示意图

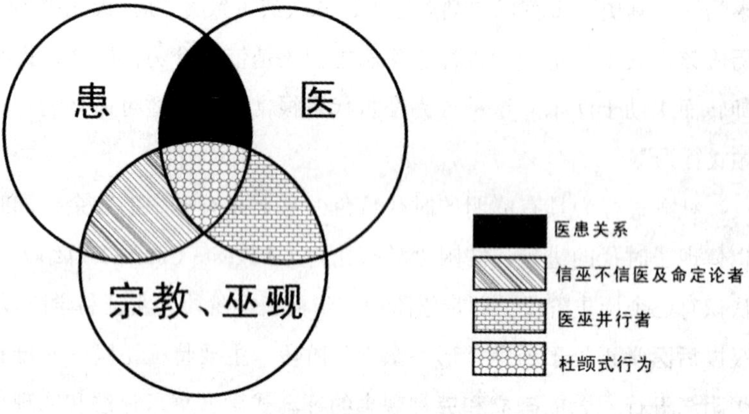

本文重点在于论述图中黑色阴影部分即"医患关系"，也会旁及"杜颙式行为"。本文标题中的"医患关系"专指世俗医人与患者的关系，这是因为本文所要回答的是罗伊·波特们的问题，亦即中国传统医患关系的现代化意义，所以必须将"医"的定义与现代接轨。至于僧医和巫觋，前者有寺院经济作保障，医仅仅是宗教生活之一种，因此其与患者之关系与医者不同；后者在行医事之余，尚有其

---

[1] 金仕起：《古代医者的角色——兼论其身份与地位》，《新史学》（台北）第6卷第1期。
[2] 于赓哲：《唐代医疗活动中咒禁术的退缩与保留》，《华中师范大学学报》2008年第2期。

他巫事，亦与全靠患者生存的医人有区别，这两者与患者的关系请容以后撰文另考。

二、汉宋之间医患关系

笔者认为中古医患关系的特点是上层社会择医现象较为普遍，患者及其亲朋掌握医疗主动权，医人较为被动，并由此决定了中国传统医学某些要素的走向。占人口多数的下层民众则很少有择医、验医的资本，因此有时游离于医患关系之外。医人阶层也相应形成了一些特点。学界对医患关系中"医疗空间"很重视，笔者则认为在封闭式医疗模式和技术保密风气不变的情况下医疗空间问题并不重要。下面一一展开论述。

目前有关医患关系研究中主要的成果有蒋竹山《疾病与医疗——从〈祁忠敏公日记〉看晚明士人的病医关系》[1]、雷祥麟《负责任的医生与有信仰的病人——中西医论争与医病关系在民国时期的转变》[2]、祝平一《药医不死病，佛度有缘人：明、清的医疗市场、医学知识与医病关系》[3]以及张哲嘉"The Therapeutic Tug of War"[4]、古克礼（Christopher Cullen）"Patients and Healers in

---

[1] 蒋竹山：《疾病与医疗——从〈祁忠敏公日记〉看晚明士人的病医关系》，台湾"中研院史语所"与暨南大学历史系合办的"中国的城市生活：十四至二十世纪"会议论文，2001年。

[2] 雷祥麟：《负责任的医生与有信仰的病人——中西医论争与医病关系在民国时期的转变》，《新史学》（台北）2003年第14卷第1期。

[3] 祝平一：《药医不死病，佛度有缘人：明、清的医疗市场、医学知识与医病关系》，《新史学》（台北）第14卷第1期。

[4] Chang che-chia, The Therapentic Tug of war: The Imperial Physician-patient Relationship in the Era of Empress Dowager Cixi（1874-1908），ph.D.Dissertation, university of Pennsylvania, 1998.

Late Imperial China : Evidence from the Jinpingmei（金瓶梅）"[1]、邱仲麟《医生与病人——明代的医病关系与医疗风习》[2]、杨念群《再造病人——中西医冲突下的空间政治(1832—1985)》[3]、张大庆《中国近代疾病社会史》[4]第七章"疾病模式转变中的医患关系"等。以上主要是对于明清、近现代的研究，但是提出的一些原则性问题对本文颇有启发，范家伟《中古时期的医者与病者》[5]主要论述中古时期，其中"病者的社会活动"、"病者拒药与命定论"二章涉及医患关系，甚为重要。以上这些成果多数将文人士大夫笔下的医患关系作为医患关系的主流加以研究，笔者认为有必要复原医患关系全貌，厘清医者的社会责任，这种责任直接决定了医者以及医学的旨趣：

（一）上层及富裕患者具有主动权，有择医、试医等现象

雷祥麟指出："在20世纪以前的中国，医疗的主体是病人，病人自主地择医而求治，医生是被动地提供医疗服务。病人这方全家都会参与医疗过程，而且握有最终决定权。"[6]在上述学界研究成果中差不多都谈到了这个问题。在先秦、中古时期的史料中的确也能找到许多类似的例子。当时虽然已有官医制度，但是绝大多数医人都是鬻技之辈，完全以市场马首是瞻，故贵胜之家往往成为其首选，而贵胜之家病患也最为挑剔，《列子·力命篇》："杨朱之友季梁得疾，七日大渐。其子请三医：一曰矫氏，二曰俞氏，三曰卢氏，

---

[1] 古克礼：《从〈金瓶梅〉看晚期中华帝国的医病关系》，《科学史》1993年第31期。
[2] 邱仲麟：《医生与病人——明代的医病关系与医疗风习》，李建民主编：《从医疗看中国史》，台北联经出版事业股份有限公司2008年版。
[3] 杨念群：《再造病人——中西医冲突下的空间政治（1832—1985）》，中国人民大学出版社2006年版。
[4] 张大庆：《中国近代疾病社会史》，山东教育出版社2006年版。
[5] 范家伟：《中古时期的医者与病者》，复旦大学出版社2010年版。
[6] 雷祥麟：《负责任的医生与有信仰的病人——中西医论争与医病关系在民国时期的转变》，《新史学》（台北）第14卷第1期。

诊其所疾。矫氏谓季梁曰：'汝寒温不节，虚实失度，病由饥饱色欲，精虑烦散，非天非鬼。虽渐，可攻也。'季梁曰：'众医也，亟屏之。'俞氏曰：'汝始则胎气不足，乳湩有余。病非一朝一夕之故，其所有由来者渐矣，弗可已也。'季梁曰：'良医也，且食之。'卢氏曰：'汝疾不由天，亦不由天，亦不由鬼。禀生授形，既有制之者，亦有知之者矣。药石其如汝何？'季梁曰：'神医也，重贶遣之。'俄而季梁疾自瘳。"[1]

依姚际恒《古今伪书考》、梁启超《古书真伪及其年代》、马叙伦《〈列子〉伪书考》意见《列子》属伪书，梁、马指其大约出于魏晋，则思想亦应有时代印记。故事本身寓意暂且不论，其中季梁三换医人倒是中古贵胜之家择医的典型写照，季梁同时延请三名医人，并且以自己的标准试验医人水准，然后加以选择。医人若想自己掌握诊疗全过程必须要预先争得同意，《周书》卷47《姚僧垣传》："大将军乐平公窦集暴感风疾，精神瞀乱，无所知觉。诸医先视者皆云已不可救。僧垣后至，曰：'困则困矣，终当不死。若专以见付，相为治之。'其家忻然。请授方术，僧垣为合汤散，所患即瘳。"[2]

医人掌握医疗全过程非常重要，这是诊疗的基本原则，但是频繁地换医经常导致这一点无法实现，姚僧垣申明"专以见付"，意即不得转请他医，病患家属欣然同意，可能是因为姚身为名医具备权威性。其他医人则未必能如愿，孙思邈曾经就此陈述过医人的苦衷以及由此带来的危害，《备急千金要方》卷5《候痫法》："若病家始发便来诣师，师可诊候。所解为法，作次序治之，以其节度首尾取差也。病家已经杂治无次序，不得制病。病则变异其本候，后师便

---

[1] 《列子》第3册，中华书局据明世德唐本1936年版，第7—8页。
[2] 《周书》卷47《姚僧垣传》。

不知其前证虚实，直依其后证作治，亦不得差也。要应精问察之，为前师所配，依取其前踪迹以为治，乃无逆耳。前师处汤，本应数剂乃差，而病家服一两剂未效，便谓不验，以后更问他师，师不寻前人为治寒温次序而更为治，而不次前师，治则弊也。或前已下之，后须平和疗以接之而得差也，或前人未下之，或不去者，或前治寒温失度，后人应调治。是为治败病皆须邀射之，然后免耳。不依次第及不审察，必及重弊也。"[1]

孙思邈的话向我们透露了如下信息：第一，患者往往是缺乏耐心的，稍有耽延未能见效即换医，古克礼（Christopher Cullen）在研究《金瓶梅》过程中发现这是中国古代患者普遍心态，他称之为患者在寻找"魔术子弹"；[2] 第二，换医行为严重影响到了医人的诊断施治；第三，当时并无医案可供后医探察前医所为（这是当时医人保密风气的体现）。孙思邈劝诫医人要凭借己力充分了解、考虑前医对病情的影响。

患者亲朋对医疗的介入是中国古代医患关系的一个显著特点，孙思邈指出了这种现象对医疗效果的影响，《备急千金要方》卷7《风毒脚气》："世间大有病人，亲朋故旧交游来问疾，其人曾不经一事、未读一方，自骋了了，诈作明能，谈说异端，或言是虚，或道是实，或云是风，或云是虫，或道是水，或云是痰，纷纭谬说，种种不同，破坏病人心意，不知孰是，迁延未定，时不待人，欻然致祸，各自散走。孙。"[3]

宋陈自明著《外科精要·自序》："古人云：'贫无达士将金赠，

---

[1]《备急千金要方》，第96页。
[2] 古克礼：《从〈金瓶梅〉看晚期中华帝国的医病关系》，《科学史》1993年第31期。
[3]《备急千金要方》，第154页。

病有闲人说药方。'此世之通患，历代不能革。"[1]

亲朋之所以能有择医的"底气"，正是因为医学的学术篱笆比较低，这与现代形成强烈对比，现代医院的宏伟建筑、精密仪器、专业术语构成一种权威镜像，对患者构成心理压迫，从而在医患关系伊始就占据主动地位。而中国传统医学基本思想来源于阴阳学说，以中庸之道为方法论，术语体系也是中国人比较熟悉的阴阳五行名词，故而没有高不可攀的学术篱笆，稍有文化者都觉得可以参与其中，更何况在金元之前医学理论比起《黄帝内经》时代并无大的突破。"(魏晋以来)在前后约700年的漫长岁月里，我们即看不到基本理论有什么新的突破，也看不到辨证论治原则有什么新的发展。……所以这一时期的主要特点是实践医学的进一步发展，不论是对疾病的描写，还是新方、新药的记载，和上时期相比，都有了非常显著的进步"[2]。换句话说此阶段内医学发展以经验积累为主，而医疗经验是每个人都不缺乏的，所以不少人都觉得自己有发言权。

由此也就出现了多种多样的择医方式，例如观察其文化水平，《北梦琐言》卷5"薛少师拒中外事"条："唐薛廷珪少师……中间奉命册蜀先主为司徒，馆中旧疾发动，蜀人送当医人杨仆射，俾攻疗之。孤卿致书感谢，其书末请借肩舆，归京寻医。蜀主讶之，乃曰：'幸有方药，何不俟愈而行？'坚请且驻行轩，公谓客将曰：'夜来问此医官，殊不识字，安可以性命委之乎！'竟不服药而北归。"[3]

再比如以医典考验之，陈自明《外科精要·自序》："况能疗痈疽、持补割、理折伤、攻牙疗痔，多是庸俗不通文理之人，一见文繁，即便厌弃，病家又执方论以诘难之，遂使医者鼯鼠技穷，中心

---

[1] 《外科精要》，人民卫生出版社1982年版，第2页。
[2] 贾得道：《试论中国医学史的分期问题》，《中华医史杂志》1980年第1期。
[3] 《北梦琐言》，中华书局2002年版，第105页。

惶惑。"[1]

"脉诊"在中国患者心目中历来有特殊地位，所以有的人故意隐瞒病情，以医人诊脉能力为考核标准，宋代苏轼《东坡志林》卷6记载了当时士大夫阶层流行的"困医"行为："医之明脉者天下盖一二数……士大夫多秘所患以求诊，以验医之能否，使索病于溟漠之中，辨虚实冷热于疑似之间。"[2]脉诊发展及后成了考验医人的重要手段，由此诞生出许多奇特夸张的文学故事，这一点前揭诸位先生文章已经提及，此不赘。

费孝通《乡土中国》指出中国传统社会是"熟人社会"，信息依赖人际关系辗转传递。所以医人的声誉、药方的效应也是通过这个渠道加以推介，择医的范围是有限的。面对病痛的威胁和财利的诱惑，打破这个束缚成了医、患双方的需求。笔者总结其渠道有如下三种：第一，官医，官医体系的建立是政府力量打破既定人际关系网、介入熟人社会的结果，唐代中央有太医署，地方有医（学）博士及医学生可以为平民服务，但是于赓哲认为从其规模来看作用是非常有限的，满足官方需求已属不易。[3]宋代官医规制比起唐代更为成熟，对社会贡献更大，但是官僚主义和资金等问题导致其功能受到了限制，相关问题可参看梁其姿《宋元明的地方医疗资源初探》[4]、陈元朋《两宋的医事制度及其社会功能》[5]。第二，悬赏，所谓"异人

---

[1]《外科精要》，第2页。

[2]《东坡志林》，文渊阁四库全书本电子版，上海人民出版社2005年版。

[3] 于赓哲：《唐代疾病、医疗史初探》第二章"唐代官方医疗机构的局限性"，中国社会科学出版社2011年版，第21—32页。

[4] 梁其姿：《宋元明的地方医疗资源初探》，《中国社会历史评论》第3卷，中华书局2001年版，第219—237页。

[5] 陈元朋：《两宋的医事制度及其社会功能》，台湾大学历史学研究所《史原》1997年第20期。

多在市肆间"[1],"异人"者多指术士医人,医人以财利为目的,故多游走市肆乡间,而悬赏和张榜则是医患双方摒弃熟人关系网络直接面对面的手段。《北齐书》卷49《马嗣明传》:"从驾往晋阳,至辽阳山中,数处见榜,云有人家女病,若有能治差者,购钱十万。诸名医多寻榜至,问病状,不下手。唯嗣明独治之。"[2]《集异记·狄梁公》:"显庆中(狄仁杰)应制入关。路由华州阛阓之北,稠人广众聚观如堵,狄梁公引辔遥望,有巨牌大字云:'能疗此儿,酬绢千疋。'即就观之。"[3]《太平广记》卷83"贾耽"条引《会昌解颐》:"贾耽相公镇滑台日,有部民家富于财,而父偶得疾,身体渐瘦。糜粥不通,日饮鲜血半升而已。其家忧惧,乃多出金帛募善医者,自两京及山东诸道医人,无不至者。"[4]第三,医人自我经营声誉,声誉的传播有利于刺破熟人社会的坚壁。故医者、患者均很重视,《本草经集注》有云:"复患今之承籍者,多恃炫名价,亦不能精心研解,虚传声美,闻风竞往,自有新学该明而名称未播,贵胜以为始习,多不信用,委命虚名,谅可惜也。京邑诸人,皆尚声誉,不取实事。"[5]声誉意味着财富,故医人格外注重营造,前揭雷祥麟《负责任的医生与有信仰的病人》、邱仲麟《医生与病人——明代的医病关系与医疗风习》等文都揭示了这一点,兹不赘言。

(二)下层民众缺乏择医的资本

以往研究者多将传统医患关系中的择医现象作为重点加以论述,以此作为中国传统医学中患者居于主动地位的象征。但是笔者

---

[1] 《太平广记》卷39"刘晏"条引《逸史》,中华书局1961年版,第245页。
[2] 《北齐书》卷49《马嗣明传》。
[3] 王云五主编:《宋元明要本丛书十种》,第20册,台湾商务印书馆1969年版,第14—15页。
[4] 《太平广记》,第535页。
[5] 敦煌文书龙530号《本草经集注甲本残卷》,第211—222列,录文参《敦煌医药文书辑校》,第551—552页。

认为——起码在中古时期——这样的结论是受到了史料话语权的左右，五代以前印刷术尚不普及，书籍是文人、士大夫阶层传递信息的工具，故而其著者、受众均有一定范围，我们所引以为据的史料多半出自文人、士大夫之手，因此常被不自觉地带入了他们的生活角色中。这是社会史研究常见的现象。通过前揭史料可以看到，择医现象主要出现在权贵和富裕阶层中。实际上，占人口大多数的下层民众甚少有择医的资本。但是由于他们在史料中难以留下只言片语，故而反倒居于不显眼的位置。如前所述，很多贫苦民众或者南方地区民众是无从选择的，要么自救，要么投奔巫觋、寺观，要么在医患关系中居于被动地位。有关中古时期下层民众医疗资源缺乏的状况，于赓哲在《唐代疾病、医疗史初探》第二、八章中已有论述，这些行为无不与医疗资源匮乏有关。

中古时期医人在政治上无前途可言，在社会中又为士大夫所不齿，人生出口狭窄[1]，故专以财货为意，葛洪《抱朴子内篇》卷15《杂应》："医多承袭世业，有名无实，但养虚声，以图财利。"[2] 张籍《赠任道人》："长安多病无生计，药铺医人乱索钱。"[3] 刘禹锡《刘禹锡文集》卷6《鉴药》："顾医之态，多鬻术以自贵，遗患以要财，盍重求之，所至益深矣。"[4] 孙思邈幼年时为了看病几乎荡尽家产，所以他也说："代有医者，随逐时情，意在财物，不本性命。"[5]

唐代刘允章曾经有《直谏书》直言贫民有八苦，其中第八苦就

---

[1] 宋丽华、于赓哲：《中古时期医人的社会地位》，《唐史论丛》（第13辑），三秦出版社2011年版。
[2] 《抱朴子》，四部备要本，第3册，第9页。
[3] 《全唐诗》卷386，中华书局1979年版，第4352页。
[4] 《刘禹锡文集》，中华书局1990年版，第77页。
[5] 《备急千金要方》卷21《水肿》，第384页。

是"病不得医"[1]，五代时期和凝曾痛陈广大贫民"家贫难招医师"[2]，没有一定的财力或者权力是无法招来医人尤其是名医的，前揭杜牧《樊川文集》卷16《上宰相求湖州第二启》记载杜牧恳请宰相任命自己为湖州刺史，目的就是延请綦母宏（弘）、龚法义二位术士给杜颢看病，"刺史之力二人或可致"，也就是说杜牧认为要想招致二位名术士只能依靠刺史级别的权势，所以不惜放下士大夫的矜持直接索官。杜氏兄弟尚且如此，下层民众境况可想而知。

面对被动的底层患者，医人自然也就不必迁就，傲慢、敷衍了事成为常见现象，《文苑英华》卷750梁简文帝《劝医论》："况医之为道，九部之候甚精、百药之品难……多以少壮之时涉猎方疏，略知甘草为甜，桂心为苦，便是宴驭自足，经方泯弃……然而疾者求我又不能尽意攻治……治疾者众，必以溢浪酬塞，恶之者多，爱之者鲜，是则日处百方、月为千治，未尝不轻其药性，任其死生。"[3]

《刘禹锡文集》卷10《答道州薛侍郎论方书》："愚少多病，犹省为童儿时，夙具襦袴，保母抱之以如医巫家，针烙灌饵，咺然啼号，巫妪辄阳阳满志，引手直求。"[4]

有的恶医甚至玩弄患者于股掌之间，《抱朴子内篇》卷9："又兴古太守马氏在官，有亲故人投之求恤焉，马乃令此人出外住，诈云是神人道士，治病无不手下立愈。又令辨士游行，为之虚声，云能令盲者登视，躄者即行。于是四方云集，趋之如市，而钱帛固已山积矣。又敕诸求治病者，虽不便愈，当告人言愈也，如此则必愈；

---

[1]《文苑英华》卷676，中华书局1966年版，第3482页。
[2]《册府元龟》卷553《词臣部·献替二》，中华书局1960年版，第6636页。
[3]《文苑英华》，第3920—3921页。
[4]《刘禹锡文集》，第129页。

若告人未愈者，则后终不愈也，道法正尔，不可不信。于是后人问前来者，前来辄告之云已愈，无敢言未愈者也。旬日之间，乃致巨富焉。"[1]

案此人即是"医骗"，经营声誉的手段就是警告患者不可告诉后来者病未痊愈，否则病即不得愈，于是患者万马齐喑。骗子成功地用"运势"将众多患者分裂开来，使其彼此孤立不通信息。患者的主动权在此荡然无存。

大约不以财货为意者要另有经济来源才可，《北齐书》卷39《崔季舒传》："季舒大好医术，天保中，于徙所无事，更锐意研精，遂为名手，多所全济。虽位望转高，未曾懈怠，纵贫贱厮养，亦为之疗。"[2] 崔季舒是官员，不靠医术生存，故而可以"贫贱厮养亦为之疗"，此种行为大约较为少见，故令史家觉得值得书写一笔。

下层民众之"择医"也不能说完全没有，当时民众多投奔运势极旺的"福医"或"时医"，此种风气自中古一直延续至明清，于赓哲曾就此现象进行过论述，兹移列如右："当时'福医'已然是一类医人的统称，这些人大概皆为医术不甚高明、但是运气奇佳之属，求医者认为能借此沾光，以其运气而非医术治疗自己。'福医'现象的出现，实在是古代医人水平参差不齐、患者求医问药时'押宝'心理的体现，由于对医人水平没有把握，于是把希望寄托于运气，希冀'福医'的运气可以使自己痊愈，在这里，'疗效'与医人'水平'这两个原本密不可分的部分完全分离了，疗效被赋予了运命观的神秘色彩。"[3] 无权无势的患者只有依靠大家口耳相传的医人运势作为择医标准了，这是将自己的选择权交给了神秘的上苍。

---

[1]《抱朴子》，第2册，第19—20页。
[2]《北齐书》卷39《崔季舒传》。
[3] 于赓哲：《唐代疾病、医疗史初探》，第43页。

三、医患关系的影响——作坊抑或工厂

必须要说明的是，笔者否认全民都有择医现象并非是对医患关系中患者主动地位的否认，而是强调择医、试医现象只存在于少部分人群中。但是这少部分人的现象又的确是中国传统医患关系中的主流，如何解释这一矛盾？要回答这个问题必须回到图1，面对疾病的威胁，医人原本就不是唯一的对抗力量，因此医患关系模式也就不必适应"全民医疗"的需求，只需满足"适医阶层"需求即可（所谓"适医阶层"以中上层社会为主）。现在它之所以变得如此重要，甚至要回答"对现代医疗体制能否有所帮助"的问题，纯粹是因为现代研究者将其理解、放大为全民普适医患模式的结果。

笔者所谓"全民医疗"指的是以全民健康为目的、以社会整体医疗效率为先的医疗模式，这种模式是西方医学、医患关系发展的产物。在欧洲中世纪医疗事业中宗教始终居于主导地位。[1] 其从业者分为"教内"、"教外"两大类，从业者较少依靠患者市场生存，故西方医学可以从人员这个角度保持一定的独立性和理论思考空间。[2] 从中古到近代早期，大致经历了一个医患关系以医生为主动到关注

---

[1] 中世纪西欧社会的医疗救治体系以教会为主体，以政府救济为辅助，以民间诊治为补充。《圣经》中记载有大量耶稣基督治病的例子，为教会照料救治病人树立了榜样，上到教皇，下至教士，都对医疗救治相当重视。有学者对此由衷的赞叹："在中古欧洲所谓护病人的事情，皆完完全全的，归基督教会之人独办。"杨昌栋：《基督教在中古欧洲的贡献》，社会科学文献出版社2000年版，第35页。

[2] 中世纪教外医学与教会医学主要的不同便是体现在从业人员的身份方面。教内医学的医生本身也是教士，其行医的目的也似乎并非治愈（cure），而是照护（care），因为后者更能体现出基督的爱。外科的实践被认为是"奇技淫巧"，难登大雅之堂，故而一般由世俗人员，特别是理发师完成。Frederick F. Cartwright, *A Social History of Medicine,* London and New York: Longman,1977, p.22.

与重视患者权益的过程，鉴于宗教的强烈影响，中世纪教内医疗中的死亡被往往归之于罪孽，治愈则因为是忏悔。在这种逻辑中，患者一方其实很难有话语权。即使是在教外医学中，医生一般也不会在医患纠纷中吃亏，因为仲裁者往往也是医生。即便是作为弱势群体的犹太医生，也往往在医疗纠纷案件审理中获胜。[1] 近代意义上的医院模式比近代医学诞生得还要早。[2] 而医院和与之相适的开放式的、规范化的知识体系是全民医疗的基石。

识者或有问：西方中世纪医学就能保证全民医疗吗？答案是否定的——西方中世纪医学也不能保障全民医疗，不过那主要是医学思想、技术水平局限所致，但是在组织上则已经具备了实现全民医疗的基础条件，即开放的、合作的医疗体系（教会体系之下），以及集中治疗的医院组织。所以16世纪以后尽管以盖仑理论为代表的传统医学被摒弃，但是新兴的科学实证主义医学与医院组织相结合，很快焕发极大生机，其基本模式至今未变。中国则不然，无论是医学思想还是医疗组织形式都没有做好全民医疗的准备。如前所述，中国古代的世俗医人的生存缺乏宗教团体的支持，往往依靠患者市场，尤其是有权势及财力的患者。故在医患关系中患者始终是主动的一方。医人在这种情况下养成了一些良好传统，比如注重患者感受，强调辨证施治，但是有时不得不为了迎合患者采取一些非常手段，形成了一些行业"潜规则"。下面摘取一二加以论述：

---

[1] Shatzmiller Joseph, Jews, *Medicine and Medieval Society*, University of California Press, 1994, p.82. 对于近代以来的转型情况，可参见邹翔：《近代早期英国政府医疗救助问题探析》，《齐鲁学刊》2007年第6期；《中世纪晚期与近代早期英国医院的世俗化转型》，《史学集刊》2010年第6期。

[2] 如在14世纪英国"不到四百万人口，却拥有六百家医院"。〔美〕施密特著，汪晓丹、赵巍译：《基督教对文明的影响》，北京大学出版社2004年版，第140页。

（一）迎合与欺骗并存

孙思邈《备急千金要方》卷 21《水肿》："论曰：大凡水病难治，瘥后特须慎于口味，又复病水人多嗜食不廉，所以此病难愈也。代有医者，随逐时情，意在财物，不本性命，病人欲食肉，于贵胜之处劝令食羊头蹄肉，如此者未见有一愈者。又此病百脉之中气水俱实，治者皆欲令泻之使虚，羊头蹄极补，哪得瘳愈？"[1]

孙思邈指出某些医人为了迎合患者甚至不顾医疗原则，一味满足其需要，深可指责。

徐大椿《医学源流论》卷下《病家论》："天下之病，误于医家者固多，误于病家者尤多。……中更有用参附则喜，用攻剂则惧，服参附而死则委之命，服攻伐而死则咎在医。使医者不敢对症用药。"[2]

案患者对医家的影响不仅仅体现在选择"此医"或"彼医"，也体现在具体用药上面，对攻伐猛药的畏惧是人之常情，医家本应根据具体病情做出自己的决断，但是在患者的影响下往往一意逢迎，不敢承担责任。其根本动机是不愿在选择中被淘汰。在这种心态作用下甚至有医人利用患者的初期信任"遗患求财"，故意不根除疾病，迁延病情以牵制患者，《刘禹锡集》卷 6《鉴药》："子之获是药，几神乎！诚难遭已。顾医之态，多啬术以自贵，遗患以要财，盍重求之，所至益深矣！"[3]按刘禹锡语气，这种行为普遍存在于当时医者之中。陈自明《外科精要·自序》："或有医者，用心不臧，贪人财利，不肯便投的当伐病之剂，惟恐效速而无所得，是祸不极而功

---

[1]《备急千金要方》，第 384 页。
[2]《医学源流论》，文渊阁四库全书电子版，上海人民出版社 2005 年版。
[3]《刘禹锡文集》，第 77 页。

不大矣。"[1]宋方勺撰《泊宅编》卷5记载有一个目击案例："予目击二事，今书之以为世警。王居安秀才久苦痔，闻萧山有善工，力不能招致，遂命舟自乌墩走钱塘，舍于静邸中，使人迎医。医绝江至杭，既见，欣然为治药饵，且云：'请以五日为期，可以除根本。'初以一药放下大肠数寸，又以一药洗之，徐用药线结痔，信宿痔脱，其大如桃；复以药饵调养，数日遂安。此工初无难色，但放下大肠了，方议报谢之物，病者知命悬其手，尽许行橐所有为酬，方肯治疗。又玉山周仅调官京师，旧患膀胱气，外肾偏坠。有货药人云，只立谈间可使之正。约以万钱及三缣报之。相次入室中，施一针，所苦果平。周大喜，即如数负金帛而去。后半月，其疾如旧，使人访医者，已不见矣。"[2]

这种行为主要特征是让患者看到疗效，却不予以根治，从而使患者产生依赖心理。迎合患者与欺骗患者两种行为乍看起来截然相反，其根本动机却是同样的——稳住患者，使其不再换医。

（二）保密风气浓厚

保密风气是"教会徒弟饿死师傅"思想的体现，医人几乎全部仰赖市场生存，面对患者的择医试医，没有绝招是无法立足的，因此中国传统医界保密风气十分浓厚，直接影响了医学的发展。程衍道为《外台秘要》所做序言中说："间有二三验方，亦惟是父师传之子弟，绝不轻以示人，而其镌行于世者，率皆依样葫芦，时或改头换面，以博名高则已矣。"[3]《千金翼方》卷5《妇人面药第五》："面脂手膏，衣香藻豆，仕人贵胜，皆是所要。然今之医门，极为秘惜，

---

[1]《外科精要》，第1页。
[2]《泊宅编》，中华书局1983年版，第27页。
[3]《外台秘要》，第18页。

不许子弟泄露一法,至于父子之间亦不传示。"[1] 面脂手膏这种美容品为达官贵人所喜好,利润当极丰厚,医人之间严格保密,父子亦不例外。《景定建康志》卷50:"金陵属邑溧水溧阳,旧多蛊毒。丞相韩滉之为浙西观察也,欲更其俗、绝其源,终不可得。时有僧住竹林寺,每绢一匹易药一圆,远近中蛊者多获全济。值滉小女有恶疾,浴于镇之温汤即愈。乃尽舍女之妆奁,造浮图庙于汤之右,谋名僧以葳寺事,有以竹林市药僧应之,滉欣然迎置,且求其药方,久之僧始献,于是其法流布。"[2] 这个僧人掌握着治疗"蛊毒"的秘方,一丸药就易绢一匹,韩滉只有以主事寺庙作为交换才使其很不情愿地交出了药方。再例如《唐国史补》卷上:"白岑尝遇异人传发背方,其验十全。岑卖弄以求利。后为淮南小将,节度使高适胁取其方,然终不甚效。岑至九江,为虎所食,驿吏收其囊中,乃得真本。太原王升之写以传布。"[3] 这位白岑为节度使所迫而献药方,但是却打了埋伏,没有献出真正的药方。《酉阳杂俎·前集》卷5:"王潜在荆州,百姓张七政善止伤折……其术终不肯传人。"[4] 张七政是骨科医人,其技术拒绝传人。甚至于还有人本身没有秘方,却将众所周知的药方改头换面冒充秘方,导致医治无效,宋陈自明《外科精要·自序》:"又有自知众人尝用已效之方,而改易其名,而为秘方,或妄增药味以或(惑)众听,而反无效者多矣。"[5]

保密风气带来的恶果是显而易见的,它不但造成技术传播的障碍,也造成中医很多领域缺乏学术对话平台,规范化也就无从谈起。

---

[1] 《千金翼方》,人民卫生出版社1955年版,第64页。
[2] 《景定建康志》,王云五主编:四库全书珍本,第9集,第12册,商务印书馆1935年版,第18页。
[3] 《唐国史补》,上海古籍出版社1979年版,第18页。
[4] 《酉阳杂俎》,中华书局1981年版,第12页。
[5] 《外科精要》,第2页。

（三）恶性竞争

《备急千金要方》卷1《治病略例第三》："古来医人，皆相嫉害，扁鹊为秦太医令李醯所害即其事也。一医处方，不得使别医和合，脱或私加毒药，令人增疾，渐以致困，如此者非一，特须慎之。宁可不服其药，任其天真。不得使愚医相嫉，贼人性命，甚可哀伤。"[1]

医人之间恶性竞争，竟然能到了不顾患者安危以毒药嫁祸他医的地步，正是因为患者中普遍存在择医现象，医疗过程中会有多医参与，才使得这种行为有了实施的可能。揣摩孙思邈口气，这种现象在当时并不罕见。竞争至如此地步，足以骇人耳目。

（四）对全民医疗的不以为意

笔者认为中国传统医学更注重的是医疗对象个体的医疗效果，对于全民医疗缺乏思想和技术上的准备。个中原因值得分析，可能涉及自然哲学、医学思想、诊疗技术能力等，但是医患关系范围的界定是不可忽视的一端。如图1所示，医者原本是医疗队伍中的一支而已，他们在历史上从来没有担负过全民医疗的责任，因此也就不会产生相应的技术、组织、思想。这原本不应成为一个史学问题（我们不能以现代性的要求溯及过往），但是既然要回答罗伊·波特和席文的问题就有必要对此加以解析。

笔者认为医者对全民医疗不以为意地主要理由是：

1. 医者意也

医人对于医学采取的是可意会不可言传的态度，对于个体疗效追求精益求精，对于全民医疗没有思想和技术上的准备。

---

[1]《孙真人千金方》第5页避高宗讳，以《治病篇》为《理病篇》，文字作"古来医人相嫉，扁鹊为秦太医令所害，即其事也。一医处方，不得使别医和合，脱或私加毒药，令人增疾，渐以致困，如此者非一，特须慎之。乃可不服其药，任其天真。不得使愚医相嫉，贼人性命，甚可哀伤。"

《旧唐书》卷191《许胤宗传》:"时关中多骨蒸病,得之必死,递相连染,诸医无能疗者。胤宗每疗,无不愈。或谓曰:'公医术若神,何不着书以贻将来?'胤宗曰:'医者,意也,在人思虑。又脉候幽微,苦其难别,意之所解口莫能宣。且古之名手,唯是别脉,脉既精别,然后识病。夫病之于药,有正相当者,唯须单用一味,直攻彼病,药力既纯,病即立愈。今人不能别脉,莫识病源,以情臆度,多安药味,譬之于猎,未知兔所,多发人马,空地遮围,或冀一人偶然逢也。如此疗疾,不亦疏乎!假令一药偶然当病,复共他味相和,君臣相制,气势不行,所以难差,谅由于此。脉之深趣,既不可言,虚设经方,岂加于旧。吾思之久矣,故不能著述耳。'"[1]

许胤宗面对大规模传染病,应对传播其术以拯救更大范围患者的要求时以"医者意也"加以拒绝。这并不意味着他的"冷血",而是因为他认为医术的精湛全凭医人个人的领悟,可意会不可言传。因此他亲手诊疗患者百发百中(姑且称之为"点对点"的医疗模式),但是却对"面对面"的全民医疗缺乏热衷。

"医者意也"这句话出自东汉名医郭玉,是医学史上的名言,支持者以其为中医灵活处方、把握全局、辨证施治的象征,批评者以其为中医缺乏规范、不科学的象征。廖育群《医者意也——认识中医》[2]专以此为书名,阐释这句话产生的背景与中医依靠"医者意也"所获得的顽强生命力。正如廖先生所言,"医者意也"刚开始的含义比较单纯[3],后世医家不断赋予其新的含义。笔者认为,此段话

---

[1] 《旧唐书》卷191《许胤宗传》。
[2] 廖育群:《医者意也——认识中医》,广西师范大学出版社2006年版。
[3] 廖育群:《医者意也——认识中医》,第43—44页。认为"医者意也"出自《后汉书·郭玉传》,"不过是指医家的注意力",笔者对此不敢苟同。《后汉书·郭玉传》已有"神存于心手之际,可得解而不可得言也",与后世许胤宗、孙思邈的表述无大异。若专指注意力,则何出此言。

在中古时期的主要含义就是医学玄妙，可意会不可言传，医家技艺的精进全靠个人领悟。研究者可以从多角度理解这句话，但是就本文所讨论的医患关系而言，很明显，可意会不可言传的医学是拒绝规范化的，而规范化正是全民医疗所必需的。

2. 理想化的医人培养模式难以大规模培养医人队伍

全民医疗还要求一定规模的医人队伍，这一点在中国也缺乏合适的土壤，民间医人不少，但是合格医人占多大比例是很成问题的，相关问题于赓哲《唐代疾病、医疗史初探》第三章"民间医人水平评估——由'福医'、'时医'现象说起"已有论述，兹不赘。值得关注的是中国传统医学对合格医人的要求极高，追求的是精品而非规模化产品，孙思邈《千金翼方·自序》："夫医道之为言寔惟意也。固以神存心手之际，意析毫芒之里，当其情之所得，口不能言。数之所在，言不能谕。然则三部九候，乃经络之枢机，气少神余，亦针刺之钧轴，况乎良医则贵察声色，神工则深究萌芽。心考锱铢，安假悬衡之验；敏同机骇，曾无挂发之淹。非天下之至精，其孰能与于此？是故先王镂之于玉板，往圣藏之以金匮，岂不以营叠至道括囊真赜者欤！"[1]

这段话出发点仍然是"医者意也"，但是其着眼点在于强调医人领悟真谛之难，"非天下之至精，其孰能与于此"，若非天才很难成为"大医"。孙思邈对于培养"大医"提出过具体方案，《备急千金要方》卷1《大医习业》："凡欲为大医，必须谙《素问》、《甲乙》、《黄帝针经》、《明堂流注》、十二经脉、三部九候、五脏六腑、表里孔穴、《本草》、《药对》、张仲景、王叔和、阮河南、范东阳、张苗、靳邵等诸部经方，又须妙解阴阳禄命、诸家相法及灼龟、五兆、《周易》、六壬，并须精熟，如此乃得为大医。若不尔者，如无目夜游，

---

[1] 《千金翼方》，第2页。

动致颠殒。次须熟读此方,寻思妙理,留意钻研,始可与言于医道者矣。又须涉猎群书。何者?若不读五经,不知有仁义之道;不读三史,不知有古今之事;不读诸子,睹事则不能默而识之;不读内经,则不知有慈悲喜舍之德;不读庄老,不能任真体运,则吉凶拘忌触涂而生,至于五行休王、七耀天文并须探赜,若能具而学之,则于医道无所滞碍,尽善尽美矣。"[1]

孙思邈还对医德提出过较高要求,这是治医史者众所周知的,兹不赘。这里重点谈的是他对医人知识储备的要求——医学、阴阳、儒、道无所不包,读完这些书并掌握相关技艺需要多长年限,没有明确记载,但是唐代官医教育制度可以从侧面提供一个衡量标准,兹以《天圣令》复原唐《医疾令》和《大唐六典》卷14太医署条为依据列表如下:

表1 唐代官医学习期限一览表

分科		学习内容	学习年限
医生	体疗	《甲乙》、《脉经》、《本草》,兼习《张仲景》、《小品》、《集验》等方	七年
	疮肿、少小		五年
	耳目口齿		四年
	角法		三年
针生		《素问》、《黄帝针经》、《明堂》、《脉诀》,兼习《流注》、《偃侧》等图,《赤乌神针》等经。	七年
按摩生		诵伤折经方及刺缚之法	三年
咒禁生		咒禁、解忤、持禁之法	二年
药园生		读《本草》,辨识诸药并采种之法	
女医		安胎、产难及疮肿、伤折、针灸之法	五年

---

[1]《备急千金方》,第21页。

可以看到，官方医学校中较为简单的科目学习期限自二年至五年不等。而"医生"与"针生"是重点教育对象，学习期限一般在七年左右，"医生"与"针生"的学习内容还不及孙思邈心目中医人必学内容的零头，已经需要七年，那么完成孙思邈的要求岂不已人届中年？孙思邈本人就是中年以后出名的，估计这就是他个人经验的总结。这是一种理想化建议，包含着将医人队伍提升到兼儒兼医层次的希冀，但是当时医人阶层是鬻技阶层，且文化程度参差不齐，很难有人可以做到，这也就是孙思邈、王焘们慨叹"世无良医，枉死者半"的原因。笔者并不认为孙思邈的教育计划真的付诸实施过，而是要强调指出其心态——对灵性、学习内容的要求如此之高，他在提出这些要求的时候显然并未考虑过规模化培养医人团队的效率问题。这原本也不是应该由医人们考虑的问题。

学界对于近代西方医院进入中国后的医疗空间问题比较关注，以杨念群《再造病人》[1]为例，第二章"对陌生空间的恐惧与接纳"主要阐释的是西方医疗空间进入中国后国人对西医封闭医疗空间的恐惧和医院治疗"委托制"、脱离家人视野的不理解，伴随着当时民族主义的高涨，在晚清社会形成了众多有关西医医院的想象与谣言。面对抵制，西医不得不做出一些调整。但是笔者要从另一个角度来看待这个问题，医疗空间不是标志中西医疗模式的鸿沟，中国历史上并不缺乏类似"医院"这样割裂患者与家庭关系、独立封闭的医疗空间，中国诞生不出近代意义上医院的原因是中国传统医学的封闭式诊疗模式。

中国传统医学模式的空间问题是很灵活的，医人和患者都有可

---

[1] 杨念群：《再造病人》，中国人民大学出版社 2006 年版。

能在自家或者对方家中或者是第三方空间（例如药肆）实施医疗行为，患者的家属有时也会被摒弃在外，例如北魏僧鸾《调气方》中提出的助产方式基本原则就是在整个过程中将产妇家人完全隔离，不许他们参与，目的是避免"傍人扰扰，令其惊怖；惊怖畜结，生理不和，和气一乱，痛切唯甚"[1]。这种隔离一直持续到产后调理。《隋书》卷73《辛公义传》："暑月疫时，病人或至数百，厅廊悉满。公义亲设一榻，独坐其间，终日连夕，对之理事。所得秩俸，尽用市药，迎医疗之，躬劝其饮食，于是悉差。方召其亲戚而喻之曰……诸病家子孙，惭谢而去。"[2] 也是脱离患者家人控制的医疗行为。

患者迎医入门是常见现象，如《太平御览》卷265王隐《晋书》曰："陶侃，字士衡，鄱阳人。为郡主簿。夫人病，欲使主簿迎医于数百里。天大寒雪，各辞，疾召侃使行，侃曰：'资于事父以事君。夫人亦当父母，安有父母之病而闻迎医不便行也？'"[3]《贞观政要·孝友》："司空房玄龄事继母，能以色养，恭谨过人。其母病，请医人至门，必迎拜垂泣。"[4]

同一个医人也可能上门医疗，也可能在家接诊，例如《唐国史补》卷中记载有人登门求名医王彦伯医治："郑云逵与王彦伯邻居，尝有客来求医，误造云逵门。云逵知之，延入与诊候曰：'热风颇甚。'客又请药方。云逵曰：'某是给事中，若觅国医王彦伯，东邻是也。'客惊走而出。"[5] 此为乌龙事件，但既然病者敢于登门，邻居郑云逵也敢装模作样模仿王氏诊病，可见王彦伯在家接诊乃是常事。

---

[1] 《外台秘要》卷33《〈产乳〉序论三首》，第924页。
[2] 《隋书》卷73《辛公义传》。
[3] 《太平御览》，中华书局1960年版，第1239页。
[4] 《贞观政要》，上海古籍出版社1978年版，第160页。
[5] 《唐国史补》，第33页。

同一个王彦伯,也常被迎到病家诊疗,《太平广记》卷306"卢佩"条引《河东记》:"(卢佩)将欲竭产以求国医王彦伯治之。彦伯声势重,造次不可一见,佩日往祈请焉。半年余,乃许一到。"[1] 前揭杜颙式行为中迎医、就医都是常见行为,所以说中国传统医学诊疗模式中空间问题并不重要,原本就无一定之规。而且中国历史上也不乏类似医院的组织,笔者将汉—宋之间出现的"医院"排列成表2:

表2 汉—宋之间"医院"一览表

名称	时代	史料出处	备注
	西汉	《汉书》卷12《平帝纪》:"郡国大旱,蝗,青……民疾疫者,舍空邸第,为置医药。"	
	北魏	《魏书》卷8《世宗宣武帝纪》:"(永平三年)冬十月……丙申,诏曰:'可敕太常,于闲敞之处,别立一馆,使京畿内外疾病之徒,咸令居处。'"	
疠疾坊	南朝后梁	《续高僧传》卷2《隋西京大兴善寺北天竺沙门那连提黎耶舍传》:"(梁天保七年,568)收养疠疾(麻风病),男女别坊,四时供承,务令周给。"	
(悲田)病坊	唐代宋代	《旧唐书》、《新唐书》、《唐会要》、《会昌一品集》、《续资治通鉴长编》卷464、《宋史》卷338《苏轼传》等	
福田院	唐代宋代	《太平广记》卷219引《玉堂闲话》、《续资治通鉴长编》卷199、《玉海》卷184等	
将理院	北宋	《东都事略》卷97	

---

[1] 《太平广记》,第2426页。

续表

名称	时代	史料出处	备注
安济坊	北宋	《宋史》、《东都事略》等	
养济院	两宋	《宋史》、《景定建康志》、《咸淳临安志》等	
安养院（医院）	南宋	南宋苏州《平江图》、《黄氏日抄》、《文忠集》等	"医院"是"安养院"俗称，见王容：《宋平江城坊考》，江苏古籍出版社1986年版，第153页。

另外，还有一些民间组织也许具有部分医疗功能，但是证据缺乏，无法列入，比如唐代的药方邑。"药方邑"应属于社邑之一种，见于库木吐拉所出大谷文书8047号《唐大历十六年（781）三月杨三娘举钱契》："大历十六年三月廿日，杨三娘为要钱用，遂于药方邑举钱壹阡文……"大谷文书8056号《唐大历十六年（781）六月米十四举钱契》："大历十六年六月廿日，米十四为要钱用，遂于药方邑举月抽钱壹阡文……"两件文书均出土于库木吐拉废寺遗址，刘安志、陈国灿《唐代安西都护府对龟兹的治理》："'药方邑'当是唐代龟兹地区佛寺内的一种慈善性组织，带有民间社邑性质，其主要活动是治病救人。"[1]案佛寺常有悲田病坊，然官府亦曾有病坊之设，杜正干《唐病坊表征》总结唐代官办病坊共有三次高峰，分别为唐玄宗、唐肃宗、唐武宗时期。玄宗时期官办病坊可能并未将民间与佛寺之间的医疗关系完全切断，而安史乱后龟兹悬隔坚守，肃宗重置官办病坊的指令在此可能并未得到遵行，所以在文书中药方邑与佛寺密切相关，杜正干根据P.2862+P.2626号《唐天宝年代敦煌郡会计牒》总结官办病坊资金来源有二："一是病坊作为敦煌郡官署

---

[1] 刘安志、陈国灿：《唐代安西都护府对龟兹的治理》，《历史研究》2006年第1期。

衙门，当由官府供给糜食和杂物……二是病坊用官钱出贷生利。"[1] 则民间医疗组织可能也有类似措施，即一方面依靠佛寺供给，一方面依靠社邑"义聚"出贷牟利，因此笔者在此猜测，既然依托于佛寺，说明药方邑在医疗技术方面尚不能独立，它的主要功能可能是保障成员们的医疗费用，因此不能将其定性为真正的医疗机构。当然这仅是推测，尚需进一步详考。唐《大秦景教流行中国碑》证明基督徒也曾在中国从事医疗，他们是否将基督教的医疗模式带入中国，也是一个尚待考证的问题。

但是这些医疗组织基本上都是慈善机构，模式多半是"医院＋贫困救济站"，因此与今天医院有所区别。更重要的是它们都没有能够持之以恒并且对中国医疗模式产生根本性的影响。究其原因笔者认为有如下几条：

第一，这些组织多半是官办机构或者宗教慈善组织，因此受政治、社会外在因素影响大。这其中最典型的是唐代的悲田病坊，它创办于佛寺，但是其管理权被官方褫夺，目的在于与僧团争夺民众。孙永如《唐代"病坊"考》[2]、葛承雍《唐代乞丐与病坊探讨》[3]、杜正干《唐病坊表征》[4]、高瀬奈津子《唐代悲田养病坊的变迁及其成立背景》[5] 等对此已论述，兹不赘。笔者同意杜正干先生的结论："毫无讳言的是，唐代病坊之设，基本上是官样文章。"宋代也有类似问题，徽宗时期官办医疗组织建设达到了一个高峰，这与徽宗本人的道教

---

[1] 杜正乾：《唐病坊表征》，《敦煌研究》2001年第1期。
[2] 孙永如：《唐代"病坊"考》，《中国史研究》1987年第4期。
[3] 葛承雍：《唐代乞丐与病坊探讨》，《人文杂志》1992年第6期。
[4] 杜正干：《唐病坊表征》，《敦煌研究》2001年第4期。
[5] 〔日〕高瀬奈津子：《唐代悲田养病坊的变迁及其成立背景》，《佛教史学研究》2002年第1期。

思想有关，但是和唐代一样，宋代官办组织缺乏效率且不能持之以恒[1]，这是历史上绝大多数官办社会功能组织的宿命。

第二，中国传统医学缺乏医疗分工产生的基壤，阻碍全民医疗和医院模式。何谓"医疗分工"？它指的是医疗过程中各科之间、医药之间的分工合作，其知识体系要求是开放式的，其管理和学说要求是规范化的，这是全民医疗的需求，是医院成立的基石。西方教会医院成立之初即实现了集中治疗，教会体系下不存在保密现象，教士之间也有开放的合作，而中国传统医学的情况则比较复杂，一方面的确出现了医药分工，一方面名医们对此又持消极态度，而且行业保密色彩以及封闭式的诊疗模式始终未变，"医者意也"也拒绝规范化，所以缺乏医疗分工的基壤。

上古传说中，神农、巫彭等医学人物本身就是采药者，客观反映出当时医药不分家的状况。医药分工起自于何时已不可详考，此乃社会分工之一环，应该说具备积极意义，南朝梁代陶弘景《本草经集注》："今诸药采治之法，既并用见成，非能自掘……众医都不识药，惟听市人，市人又不辨究，皆委采送之家。"

由此看来，那时就已经存在比较成熟的采—商—医患这样的药材流通渠道。但是陶弘景对于这种分工的态度值得玩味，他紧跟着就指出了其消极一面："采送之家，传习治拙，真伪好恶莫测，所以有钟乳酢煮令白，细辛水渍使直，黄蓍蜜蒸为甜，当归酒洒取润，螵蛸胶着桑枝，蜈蚣朱足令赤。诸有此等，皆非事实，世用既久，转以成法，非复可改，末如之何，又依方分药，不量剥治。如远志、牡丹，裁不收半；地黄、门冬，三分耗一。凡去皮除心之属，

---

[1] 有关宋代医疗机构和慈善事业，请参见梁其姿：《宋元明的地方医疗资源初探》，《中国社会历史评论》第3卷，中华书局2001年版，第219—237页。

分两皆不复相应，病家唯依此用，不知更称。又王公贵胜，合药之日，悉付群下。其中好药贵石，无不窃遣。乃言紫石、丹砂吞出洗取，一片经数十过卖。诸有此等例，巧伪百端，皆非事实。虽复鉴检，初不能觉。以此治病，理难即效，斯并药家之盈虚，不得咎医人之浅拙也。"[1]

考察其语气，陶弘景使用了"全称性称谓"，指斥"采送之家"药学知识低下，甚至有很多造假行为，一般患者在剂量等问题上又缺乏常识，导致疗效受限。起码可以说他对医药分工是颇有微词的。

唐代孙思邈则基本上对医药分工持否定态度，《备急千金要方》卷1："古之善医者，皆自采药……今之为医，不自采药……古之医有自将采取，阴干暴干皆悉如法，用药必依土地，所以治十得九。今之医者，但知诊脉处方，不委采药时节，至于出处土地，新陈虚实皆不悉。"[2]

孙思邈对药材"自采"非常看重，将疗效不如古人的原因归结为医者不自采药，不熟药性，所以紧接着他下了一个重要的断语："所以治十不得五六者，寔由于此。"[3]

这是对医者不熟药性的指斥，也可看作是对医药分工的指斥。至宋代文彦博《节用本草图·自序》尚有云："盖古医药率多自采。故桐君着采药录，备花叶形色，别其是非真假，用之决无乖误，服之感得痊愈。而又择郡国地产之良，及春秋秀实之候。今则不然，药肆不能尽识，但凭采送之人，医工鲜通本草，莫辨良苦之难，加

---

[1] 国图藏敦煌文书龙530号《本草经集注甲本残卷》第225—226行及235—237行。录文参《敦煌医药文献辑校》，第553页。
[2] 《备急千金要方》，第31页。
[3] 同上。

之赝伪，遂以合和，以兹疗治，宜其寡效。"[1]

宋代医药分工已较成熟，城乡私营药肆比前代发达，四川等地已经形成规模很大的药市，文彦博在熙宁九年（1076）京师设立了"熟药局"，后来扩展为和剂局（负责制药）、惠民局（负责出售药品），面向百姓出售药品，并且相对应地编纂《太平惠民和剂局方》等方书，后来又"比诏会府，咸置药局"[2]，历史上第一次全国范围内建立起官方药材制造、销售体系[3]。但是文彦博仍然对医药分工基本否定，案分工是医药事业进步的象征，但是名医、名人们对此表示反对，这是因为他们秉承的是古老传统——医与药被视为不可分割的整体，甚至药材有时还被赋予神秘主义的色彩，孙思邈《千金翼方》卷20《杂病》在叙述了一系列药方之后说："此等多是上古圣仙愍苦厄人，遂造此方以救之，皆云买药不可争价，当知其深意云尔。"揣摸其语气，先是赋予药材神秘色彩，"买药不可争价"前面的"皆云"似乎是说这在当时已是为世人所认可的普遍现象。此说也许是受壶公故事影响，《太平广记》卷12引《神仙传》："壶公者，不知其姓名也。今世所有召军符、召鬼神治病玉府符，凡二十余卷，皆出自公，故总名'壶公符'。时汝南有费长房者，为市掾，忽见公从远方来，入市卖药。人莫识之，卖药口不二价，治病皆愈。语买人曰：'服此药必吐某物，某日当愈。'事无不效。其钱日收数万，便施与市中贫乏饥冻者，唯留三五十。常悬一空壶于屋上，日入之后，公跳入壶中。人莫能见。"这就是医学象征"悬壶救世"的出处，壶公是仙人，轻财是中国神话体系内多数仙人的特征，因此唐

---

[1]〔日〕冈西为人：《宋以前医籍考》第20《诸家本草》，人民卫生出版社1958年版。
[2]《针灸资生经·原表》，文渊阁四库全书本。
[3] 相关问题可参见梁其姿：《宋元明的地方医疗资源初探》（载张国刚主编：《中国社会历史评论》第3卷，中华书局2001年版）、郑金生：《宋代政府对医药发展所起的作用》及张瑞贤：《试论北宋政府与医学的关系》（《中华医史杂志》1988年第4期）。

人可能认为"争价"这种市井行为会破坏药材的神秘特性进而影响药性。在这种思想背景下药材交给市井之人、脱离医人掌控被视为是不可思议的。但医药分工能提高医疗效率，所以在中国还是继续走了下去（否则也没有同仁堂之类的成功），但是这个问题反映出名医、名人们的思想确实与全民医疗的需求（即效率需求）格格不入。还是那句话，他们对此缺乏思想动机。

更重要的一点是，中国传统医学一直到明清时期都没有改变技术保密、医人之间互相封闭的状态，民国著名医学家伍连德云："数千年来，吾国之通病，偶有所得，秘而不宣，则日久渐就湮灭。"[1]医人诊疗以师徒相随走街串巷或者坐堂为主，医人之间合作之案例比较少见，传统医患关系决定了他们习惯从他医手中"接手"，而不习惯于与他医"携手"。他们的知识是来自于家传或者师徒相授，对于个人技艺和经验有强烈的保密意识，对于医药分工也有部分人持保留态度，而且"医者意也"也与规范化技术要求相背离，而近代意义上的医院必须实行标准化管理、开放诊疗技术、实行紧密衔接的医疗分工，所以说中国这块土地上若没有外来因素刺激是不可能诞生真正意义上的医院的。

这里还牵扯到另一个重大问题，即中国传统医学的"辨证施治"诊疗模式——重视患者个人情况的调查，重视自然环境、气候的影响，重视个人体质的影响，同病不同治，同药不同病，以人为中心，而不是以病为中心，这就是席文们所羡慕的模式。但是这种模式笔者认为也与传统的医患关系息息相关，是中医精益求精追求个体医疗效果的产物，而且对医人的要求更高，更适应"医者意也"的发挥。兹事体大，不是本文可以解决的，请容以后再考。总而言之，

---

[1] 伍连德：《论中国当筹防病之方实行卫生之法》，《中华医学杂志》1915年第1期。

按照中国传统医学的自然发展脉络，是不可能诞生出以全民医疗为目的的医院体系的。中国传统医患关系更像是一件精美的手工艺品，注重患者的感受，注重个体疗效，从身体到心理都予以关怀，但是却忽略了全民医疗效率问题，在中国古代这本不是一个严重的问题，因为传统的医患关系没有赋予医人这个使命。

近现代意义上的医院及其相关制度组织的原型诞生于中世纪，如前所述，这可能要归因于宗教传统。古老的医院到了工业化时代如鱼得水，它像工厂一样"维修"病人，以病为中心，而不是以人为中心，会在许多方面牺牲患者的利益，但是却满足了工业化社会最迫切的需求效率。

四、结语

陈寅恪倡导"了解之同情"，而中医又是如此奇特的一门学科，它从来没有割裂过自己与历史的联系，它的思想、技术都渗透着二千年前的血液。而现代医学是一门全新的学科，正如罗伊·波特在《剑桥医学史》中文版序言里所说："在亚洲医学基本上原封不动地保持着它的古老传统，尊重古代的经典文献之时，今天的西方医学与众不同的是，在某种程度上它已背离了自己的传统，走向了新的方向。尤其是从16世纪文艺复兴以后，盖仑和其他希腊—罗马医学家的著作逐渐被抛弃，人们认为真理不是在于过去而是在于现在和未来；不是在书本中而是在躯体上；医学进步不是取决于更好地理解古代的权威而是取决于观察、实验、新事实的收集以及对病人生前和死后的密切检查。"[1]

---

[1] 〔英〕罗伊·波特：《剑桥医学史》中文版序言，第3页。

当古老的中医需要回答"你能否为现代医学提供帮助"的时候，我们必须要明白这是以现代需求溯及既往。中医的行为方式自有其时代根基，它是农业静态社会的产物，现在要求它来满足西医这个工业时代产物的需求，追根溯源就变得极其重要。在史料话语权的迷雾作用下，尤其在近代中医阶层自觉不自觉按照"科学"面目打扮中医的背景下，展现在外来者面前的中医已不复旧日面目。本文目的就在于"复原"与"回答"。

受到思想、技术手段和经济生活的影响，世俗医者原本就不是中国古代医疗事业的唯一承担者，因此其医学思想、技术和医疗模式（当然包括医患关系）必然建立在这个前提之下。社会也好、医界本身也好，都没有对医者提出过"全民医疗"的要求。世俗医者缺乏宗教团体的支持，无法在经济上获得独立，故而高度仰赖市场生存，而权贵及富裕阶层则是他们的首选。由于医者有求于这些患者，再加上传统医学的学术篱笆比较低，所以患者及其亲友就成了医患关系中主动的一方，他们频繁试医、择医，导致医人出现了恶性竞争、技术保密等陋习，但是也有积极的一面，即在激烈的竞争下医人注重诊疗的个体疗效，以患者为中心，辨证施治，以至于对比现代医患关系显得温情脉脉。

但是占人口多数的下层民众是很难享受到这种温情的，他们或者求助于巫觋寺观，或者实施自救游离于医患关系之外，或者在求医问药过程中甚少有择医试医的资本，因此实在很难说上述那种以患者为中心的医患关系就是中国古代医患关系的主流，但是有趣的是史料展现在我们面前的的确是这种医患关系，这无疑是一个矛盾。这个矛盾产生的根源就在于现代人舍弃了历史上医患关系的种种，只关心我们所需要的那一部分，刚好中古的史料话语权始终掌握在士大夫阶层手中，两者契合，我们就将这种医患关系看作是中国传统医患关系的主流。

问题的关键就在于个体疗效和社会化全民医疗效率的矛盾之上,传统医学的主要特点是技术与诊疗模式的封闭,对医人个人素质有着极高的要求,所以建立一支成规模的合乎名医要求的医人队伍难上加难。封闭式的诊疗模式拒绝开放与分工,所以全民医疗的基石——医院也就不可能在中国诞生。尽管中国历史上屡次出现类似医院的组织,但无一不是昙花一现,从反面证明了这一点。"医者意也"和"辨证施治"产生的原因有很多,但是医患关系绝对是不可忽视的一宗。传统医学对于个体疗效是非常在意的,对于社会化效率则缺乏思想和技术的准备。现代人在思考传统医患关系的"现代化价值"的时候,万不可忽视其历史背景。

但是,传统医患关系中某些思想内核是完全可以继承的,比如以人为中心而不是以病为中心,注重环境与心理的影响等等。20世纪90年代以来出现了崭新的循证医学,大有取代传统诊疗模式之势,其原则是慎重、准确和明智地应用目前可获取的最佳研究证据,同时结合临床医师的知识与经验,尊重患者的价值观和意愿,将三者结合在一起,制定出具体的、尽可能完美的治疗方案,在"尊重患者的价值观和意愿"这一点上与中医医患关系原则相契合,传统医患关系的价值观可以在循证医学领域发挥价值。

汉唐间本草学史研究
——以神农家为主线

肖 荣（深圳大学历史系）

一、前言

 提及古代本草学的发展史，自然会联想到《神农本草经》、陶弘景（456—536）、《新修本草》、陈藏器（约687—757）、《证类本草》、李时珍（1518—1593）等名家名著，一般也会认为是他们的层层积累，才逐步构建出现今完善的药物知识体系。从名家名著之知识积累来概括本草历史并无错误，只是过于简单。如本文即将集中进行研讨的汉唐八百余年间的本草学史，就具有一定的故事性。早期《神农本草经》具有崇高的学术地位，但本草学术的前景何去何从，仍存在诸多不确定性，典型的一例，如享有大名的《吴普本草》参考"神农"的同时一再引述"黄帝"、"岐伯"、"扁鹊"、"雷公"、"桐君"等神人之说，主张本草世界应当长期多元并存。到后来，学术发展往神农家一边倾倒，陶弘景为之集注，唐代医官又再次加以修订，神农家走向中心，成为本草学问的代言人。究竟是何等机缘让后代医家为神农家倾付心力？其发展过程又是如何呢？参考现有的研究成果，冈西为人将陶弘景校定本草至《证类本草》之成书称为古代本草学术的隆盛期，认为此时诸医家关注药物起源、真伪优劣鉴别，内容上前后层层相因；[1] 廖育群指出陶弘景采用玉石、草、木、虫兽、果、菜、米食、"有名无实"八性质及上、中、下三品两种不同方法并行分类，是源于他的仙道追求和作为医学家不同知识取向之间的调和；[2] 王家葵、张瑞贤则以《神农本草经》的文本为中心，梳理陶弘景和唐宋医家的承袭与增补[3]。此外，尚志均、傅维康等也充分评介诸本草著作的文献概况及学术成就。[4] 学者们角度各异的研究，已为本文全面梳理此时期本草学发展史打下坚实的基础，为此，本文试图结合学术背景，将多方面的信息整合为一，整理出本草学问显隐起伏的前进过程。

二、汉代的学术传统

如上文说到，魏晋时期《神农本草经》权威地位稍显薄弱，本

---

[1] 〔日〕冈西为人著，魏小明译：《中国本草的历史展望》，刘俊文主编：《日本学者研究中国史论著选译》第10卷，中华书局1992年版，第84—136页。冈西为人撰述时间较早，贡献非凡，然今日阅读之，许多观点需加辨正。如他认为汉唐本草家注重起源与真伪辨别，金元以后则以药理学说为核心课题，原因在于金元本草家大多是临床家，对药物的关注集中药理治疗的层面，至于应用之外的博览涉猎，并非所长，中古医家出身道家或官吏，不以医术为业，知识点固多在药理之外。按自古至今之业医者，不管出身如何，必然要深悟洞悉药物之体性疗效，才不至于贻误生命，中古时期医家著作本草或层叠征引、辨析药物真伪，不如金元以后医家之直抵本质，然于药物性味实用的探索，并未见丝毫怠慢。中古时期医家与金元医家的差异，不过是论述的方式而已。

[2] 廖育群：《岐黄医道》，辽宁教育出版社1991年版，第141—152页。廖育群文中虽没有就仙道追求或医家的知识取向展开详细分析，然而他的见解能切中要点。

[3] 王家葵、张瑞贤：《神农本草经研究》，北京科学技术出版社2001年版，第140—192页。

[4] 尚志均于中古本草著作之辑复用功颇勤，在此基础上评介各著作的概况，所撰述的多篇论文，最后被结集成专书公开发行，见尚志钧编撰，尚元藕整理：《本草人生——尚志钧本草文献研究文集》，上海中医药大学出版社2007年版，第23—172页。傅维康主编的《中药学史》（巴蜀书社1993年版）出版的时间相对较早，书中的第三、四章简介魏晋南北朝隋唐时期的重要本草著作及学术成就。

草学多家丛处，指向不明。造成这一局面的，与汉以来的学术传统直接相关。按本草学起源于早期民众的不懈探索，犹如神农氏尝百草、日遇七十毒最终造就《本草经》的传说所告示的，知识地不断积累，最终将形成本草药物学专书。因史料缺失，已经无法探明第一部本草专书究竟成于何时，但可以肯定的是，早在先秦时期，本草药物知识已有相当的积累。[1] 历史进入汉代后，本草学有了进一步的发展，如《史记·仓公传》记载，阳庆传授仓公医术，用《脉书》、《上下经》、《五色诊》、《奇咳》等典籍[2]，还包括一部未曾命名的"药论书"，同样的，仓公传授冯信医术时也是"论药法，定五味"[3]。不同于其他医学典籍，药物书籍没有专称，内容如何，也已泯灭难以考知，一眼之下，又不免会让人产生药物学术水平低下、本草专书已早被历史淘汰的印象。为此，必须从当时医学界师徒知识传授的方式说起。

《史记·仓公传》载仓公的第一位老师公孙光曾对他说："吾方尽矣，不为爱公所，吾身已衰，无所复事之，是吾年少所受妙方也，悉与公，毋以教人。"仓公听后回答说："得见事侍公前，悉得禁方，幸甚，意死不敢妄传人。"意即淳于意，为仓公本名。他们师徒间的对话中都强调一点：避免将医药知识随便传与他人。仓公后来拜师于阳庆，《仓公传》说"庆年七十余，无子，使意尽去其

---

[1] 研讨先秦时期的药物学知识时，学者们会提及《诗经》、《山海经》、《离骚》中记录的动植物信息，并指出它们与本草药物学之间有密切联系。对此笔者并没有任何异议。作为后来走入独立学科的本草学，必然历经由浅至深的累积过程。

[2] 这批典籍也就是《内经》编撰时所采纳的原始资料。详细可参见张灿玾主编：《黄帝内经文献研究》，上海中医药大学出版社 2005 年版，第 85—103 页。肖荣：《〈内经〉是如何编成的？》，邢斌主编：《中医思想者》第 1 辑，中国中医药出版社 2011 年版，第 97—137 页。

[3] 《史记》卷 105《仓公传》。司马迁撰述本传时，基本依据仓公自述的"诊籍"，因改动较少，史料价值极高。

故方，更悉以禁方予之"[1]，禁方意也是不妄传予他人。类似的事例又见《后汉书·郭玉传》。郭玉的老师程高追寻涪翁多年才得到传授，而郭玉从小拜师，才顺利学到医术。[2] 当然，本文绝不会因为几个例子而推断，两汉时医师师徒间都以极为严密的方式进行知识传授，但这毕竟能说明那个时代的许多医家，特别是学术成就较高者，会自觉或不自觉地爱惜自身的学问，将学之不易的本事传授给有心人。这样传授方式一旦形成风气，必然影响到医药专书的传播局面。像刚才提到的《脉书》、《上下经》、《五色诊》、《奇咳》等书籍，内容涉及一般的生理、病理、辨治的基本法则，理论色彩较强，颇能自成系统，普通读者不必受任何专业训练，细细读之也能从中了解医理的妙处，因此流传甚广，不受医界内部传授的限制。退一步说，医家即使想将其列入小范围的禁方之内，估计也力不能及。明显一例，莫如20世纪70年代在马王堆三号墓出土了大量关于生理经络、脉法灸法的帛书，墓主却无任何迹象是著名医家。[3] 至于药物书籍则不必然：第一，著作的行文古板，内容单调乏味，近似工具书，如从博物学的标准衡量，趣味性又远不如《山海经》之类书籍；第二，书中关于药物性味治法的叙述说明不易通懂，须经过一定的专业训练才能落实于运用，一般学人颇难企及；第三，全书架构简单，无法形成首尾相应的理论体系，难以满足读者的求知愿望。诸多天然条件减弱了本草学向外界散布的能力，加上医

---

[1] 《史记》卷105《仓公传》。关于中国古代的禁方现象，可参见李建民：《中国古代"禁方"考论》，《"中央研究院"历史语言研究所集刊》1997年第68本第1分册。

[2] 《后汉书》卷82下《郭玉传》。

[3] 马王堆三号的墓主，有学者认为是第二代轪侯利豨，也认为是利豨兄弟。详细可参见湖南省博物馆、中国科学院考古研究所：《长沙马王堆二、三号汉墓发掘简报》，《文物》1974年第7期；傅举有：《关于长沙马王堆三号汉墓的墓主问题》，《考古》1983年第2期；陈松长：《马王堆三号墓主的再认识》，《文物》2003年第8期。

界内部以极为谨慎的态度进行知识传授，本草学著作容易变成医学界内部的学习数据，在从业人士的小范围内流传。与之相应的，本草学的著作形成专书的进度相对落后，相关的资料，极有可能附着于医理药方文献流传于世。如今日尚可见的张仲景《金匮要略》附有的"禽兽鱼虫禁忌并治"、"果实菜谷禁忌并治"之类章节，大概是原先本草部分的遗存，而《汉书·艺文志》之所以未曾著入任何本草典籍，原因应当是该类典籍"隐藏"在各家经典的"外经"之中。

本草学知识专业色彩浓厚导致普及程度相对有限，丝毫不影响学科内部学术水平地提升，因为其作为治疗疾病最为重要的理论和实践支持，任何时代的医家都会为之倾付心力。早在先秦时期，《五十二病方》已呈现出医家颇具系统化的运用能力，入汉之后，学术水平有更大幅度的飞越。首先，在医家群体内部，先秦以来的知识积累持续发酵增长，药物运用的广度和深度都大大超过先秦，如同为出土文献之居延、武威汉代医简，远比《五十二病方》高明。而且另一个与医家即有交集、又略有不同的群体——方士，也活跃本草学的领域。

按所谓方士，即有方之士，他们往往各持一方技能，游说宫廷或王公大夫，说神仙修之可得、长生不死并非不可企及之类的鬼话。他们的方术形形色色，包括入海求仙、秘法候神、服食、炼丹、房中等，实际却都是仰食富贵人士、权充生计的途径。本草药物之学作为服食、炼丹的基本知识，也颇能触动富贵人士的长生登仙欲望，因此有人以之作为技能，打入富贵人士的门府。但本草药物学内容分散，于众多药物的用法难以一一深度展开，诸多条件使得自身吸引力难比丹药、房中等其他类型的技能。或许是缘于这样原因，王公贵族们对此兴趣相对较小，这类人才浮出历史水面的不多，而且还容易与侍医一类专门从事医疗事务的人士混为一谈。如《汉书·郊祀志下》记载，汉成帝在（前33—前7）继位的第二年就全面清理祠祀制度，其中就有让"候神方士使者副佐、本草待诏七十余人"归家的举措[1]，在当时，他们明确是被视为方士之流。他们主张药物有仙、俗之分，人们如果能适当服用其中的仙药，能延寿长生，甚至还可能实时升仙。同时，他们因熟谙众多矿物和动植物的品性、产地及用法等，能满足人们博物学问方面的探寻，又会被列为方士之内个性相对独立的一撮人。如前举的成帝罢方士与本草待诏归家，汉平帝元始五年（5）征天下能人，方术也与本草二类技能分开。[2]

总的来说，汉代时深切掌握本草药物学知识的，除一般医者之外，还有一批人数不多、水平精湛的本草专业方术人士。两者有很大的交集，但性质不一：前者主体思想在治病救人，后者则长生不死。他们共出一源，现实之中异质而同存。

然而，学术向前发展毕竟有着优胜劣汰的竞争，医者、方士不同取向的学术之所以能多元并存，恐怕要取决于两者各自的优势。医者的药物知识经从业者师徒世代地打磨，性味主治的认识必以深入精确，也必然能配合医理病理系统，作为日常医疗的实用，所以正统地位根深蒂固。相比之下，方士的本草学问也本于前代积累的药物性理知识，只是被有意地引向神仙长生之说以迎合王公大夫求仙、博物方面的口味，因而学理本身带着医学、方术、博物三重性格。或者正是由于方士的本草学的直接目的不在医疗，知识体系不受医者世代传承所带来的主观性影响，又有方术、博物等学问的加盟，知识体系相对开放，故能在医者与正统神仙方术的两个强大阵

---

[1]《汉书》卷25《郊祀志下》。
[2]《汉书》卷12《平帝纪》。原文云"征天下通知逸经、古记、天文、历算、钟律、小学、《史篇》、方术、《本草》及以五经、《论语》、《孝经》、《尔雅》教授者"，应征到达京城的，达数千人之多。

营之间左右逢源，进而自立门户。如《汉书》说楼护"诵医经、本草、方术数十万言，长者咸爱重之"[1]，方士的本草学俨然有与医经、方术三足鼎立之势。

两股各有优势的本草药物学术力量在长时间的发展进程中，最终都孵化出相应的著述。诚如前文所讲，医者的本草药物学主要在师门内部传承，内容相对少为人知，如汉末大医家张仲景自述《伤寒杂病论》依据的文献时，只是含糊说是《药录》[2]，作者、内容、渊源无从考起，依然属于师徒内部世代相传的文献资料。其能考知，大概就是前文引述《吴普本草》时提及的"黄帝"、"岐伯"、"扁鹊"等，此时医药从业者内部可能尚未有本草药物专书流传。而方士本草学自开始即融合神仙、博物诸说，同时又照应游说王公大夫的用途，无论学术体系内部，还是向外传播的动力，都超过了医学从业者的药物学。方士们长时间的学问积累，汇聚成一部极具分量的专书——《神农本草经》。

该书条文的主体部分采自医学著作[3]，之后又融入相应的神仙及

---

[1] 《汉书》卷92《楼护传》。如《传》中言，楼护家世代为医，小的时候曾跟随父亲出入贵戚之家，可见医者、方士学问取向虽异，而现实中学习及掌握者或能多者兼通。

[2] 现今《伤寒论》的标点本多数将张仲景自序的这一段标点为"撰用《素问》、《九卷》、《八十一难》、《阴阳大论》、《胎胪药录》"。事实上这样的标点存在诸多不通之处：首先，任何汉魏目录著述未曾见《胎胪药录》一书；其次，"胎胪"与"药录"前者指妇儿、后者为药典，无必然联系；再次，"胎胪"专书见《太平御览》卷722引《张仲景方序》，"药录"专书可印证《隋书·经籍志》。故而正确的标点应是"撰用《素问》、《九卷》、《八十一难》、《阴阳大论》、《胎胪》、《药录》"。对此，学者已多辨析，较早的如19世纪日本著名汉医大家森立之。可参见〔日〕森立之著，郭秀梅、冈田研吉、加藤久幸校点，崔仲平审订：《伤寒论考注》，学苑出版社2001年版，第24页。

[3] 近来医史学者喜欢称《神农本草经》非一人一代的产物，是先秦以来经验积累而成。论断虽无误，而前提却值得怀疑。任何医药典籍，必然都是先秦以来逐次形成，《神农本草经》无法例外。问题在于，前秦时期尚未见本草的称谓，被我们称为《神农本草经》这部书，乃汉代以本草学术为业的方术之士根据传之久远的医药学知识编纂而成的，之前并不存在该书雏形，更不存在历代文本上的层层积累。

博物文字，首尾完整，体系严密，历经各时代的层层传抄，至今大体面貌仍能被辨认。如书的文本所示，编撰者有意将诸药物分成上、中、下三大类：上者应天，服之轻身益气；中者应人，服之遏病补虚；下者应地，服之除寒热邪气，基本宗旨是在阐明服食求仙的可行性。由于知识理论与医者药物学同源，书中对本草性味主治的叙述十分详明。以熟知的人参为例，条文云："味甘，微寒。主补五脏，安精神，定魂魄，止惊悸，除邪气，明目，开心益智。久服轻身延年。一名人衔，一名鬼盖。生上党山谷。"[1]

其中味甘微寒，主补五脏之类，乃医者组方治病的理论依据；久服轻身延年，乃神仙家之言；别名、生上党山谷则可归入博物学的范畴。对于神仙家而言，博采诸家之长，精准阐述各本草药物之药理乃取信于人的第一步，有了这一步，凌驾于世俗日常医疗之上的仙俗分类及服用成仙的提法也就能顺理成章。加上条文中性味、主治地叙述不必受某一师门所持成见的限制，视野开阔，取材广泛，故相对精确，可与其他医学经典向配合，共同运用于实践医疗；同时医药、神仙加上别名、产地等信息，又足以响应人们的探求各类自然物体的需求。《神农本草经》的知识面确实能有效照应到神仙、医药、博物三家，且独立一格，学术成就自不待言。

回到本草药物学术的内部，《神农本草经》成书后，想必会让医疗从业者惊讶不已，因为一部力求表述求仙思想的药物著作却精准、全面地阐述各种药物的品性用途，以至于可以直接指导实际医疗。同时代的医者们是否参考之、运用之、甚至诋毁之，因限于史料缺略，这些可能产生的反应，几乎无从考知。可提供一丝线索的，大概要属该《经》的第1卷《序录》。《序录》中除了开篇几个上、中、

---

[1] 尚志钧校注：《神农本草经校注》卷2《上品药》，学苑出版社2008年版，第44—45页。

下药分类的条文外，基本都在述说药物的配制、品性、剂量、产地等医者着重关注的方面，与正文各条文一再强调的服用长生不死的主旨颇不相符合，或有可能较早医家综合总结《神农本草经》思想内容、进而求取运用的产物。

无论事实如何，《神农本草经》作为本草药物知识的时代总结专书，有着较高的学术价值。如何有效的接受及运用，正考验着后来的医药从业者。

三、新时代的学术局面

陶弘景注《神农本草经》说"所出郡县，乃后汉时制，疑仲景、元化等所记"[1]，《神农本草经》之最终成书，大概就是东汉时期。[2]随着时代的变迁，《神农本草经》影响力越发集中在医学领域。其原因大概是汉末道教兴起，传统神仙方术被吸纳到道教的庞大体系之下，作为跨越医药、方术的本草学，只能作为相对实用的服食、炼丹方术的理论前提，重要地位较为有限，事实也证明，魏晋之后，已再没有人单以本草技能而进入宫廷者；在博物学方面，本草学本只是涉及可为入药的物类，数量有限，叙述的内容以性味医疗为主，专业性较强，且枯燥乏味，难在博物学科上占据主流。原本在汉代方技门类中占据一席之地的本草学，在魏晋时代已失去生存发展的空间，脆弱的独立性不复存在。

---

[1] 陶弘景编，尚志钧、尚元胜辑校：《本草经集注（辑校本）》卷1《序录》，人民卫生出版社1994年版，第3页。

[2] 历代都有学者对《神农本草经》的成书时间发表看法，相对集中的是认为成书两汉时期，其实古早以前陶弘景言之已明。而且，后代所谓的《神农本草经》缺乏其他版本比对，不过特指陶弘景见到的东汉时人编订的这部典籍。

只是方士们在本草上的有力探索，并不会随着学问的独立性淡去而丧失意义，他们关于药物性味主治等方面的总结，丝毫不比医学从业者逊色。在此学术背景下，《神农本草经》只有回归到医学理论界内部发挥功用。

而此时医学理论界内部，也出现前所未有的重大变局：其一，秦汉以来多线指向的医学文献，在黄老学强大凝合力的统合之下，形成了具有广泛指导意义的经典——《黄帝内经》；[1] 其二，经汉末张仲景的改造，医理辨证与原本复杂方剂运用亲密无缝地结合起来，可为医学学者共同依仿的对象，原本师门之内小范围的所谓禁方传承，显然已缺乏现实意义。历史悠久的医学理论在《黄帝内经》及张仲景方的推动下，疾速往大一统局面的方向发展。如众所周知，《黄帝内经》属于基本医理、张仲景方为方剂运用，二者如要最大范围产生作用，尚须一套药具有普遍指导能力的药物体系的支撑。同时代成书的《神农本草经》不囿某一师门之成见，多方采撷，流传较为广泛，多种优势使得它超越诸多师门流派内部的药物本草典籍，一跃成为与《黄帝内经》、张仲景方相互配合以成新局的天然选择。如陶弘景自序《神农本草经集注》说："今之所存，有此四卷，是其本经。……又有《桐君采药录》，说其华叶形色。《药对》四卷，论其佐使相须。"[2]

《神农本草经》被后世医家追溯为本草学历史上传承久远的正统著述，成书时代相近的《桐君采药录》、《药对》等不过被视为补充作用的旁支，强烈的对比正说明现实中的《神农本草经》已经与《黄帝内经》、张仲景方一同走进医学学术的核心地带。它们三者犹

---

[1] 肖荣:《〈内经〉是如何编成的？》，邢斌主编:《中医思想者》第1辑，第97—137页。
[2] 陶弘景:《本草经集注（辑校本）》卷1《序录》，第3页。

如三角形的三个顶点，共同组成具有稳固结构的岐黄学理体系，各自之间又相辅相成，在营构汉魏大一统走势的同时，也造就出自身的学术经典地位。

仔细分析又可发现，它们三者因文本来源及学术水平等方面的差异，在自身医理、医方、药理小范围的领域内产生的影响也稍显不同。《黄帝内经》整合的对象是先秦以来指向各师门传承的不同医理文本，因以黄老学虚无同一超越精神为指导，诸家文本融汇其中，后来医家之学习，必然绕不开它的基本学理叙述及高超掌控能力，故为万世不易的"医家之宗"。张仲景则以《黄帝内经》基本理论的核心，将前人行之有效的医药组方引向岐黄学术的认知体系之下，而且诸采用之方组合严密、理法可依，经得起历代医者的层层验证，乃岐黄学术史中最为关键的人物，"医圣"雅号也当之无愧。相比之下，本草药物品类繁多，名号、产地、乡间经验、医家实践等条件都影响着本草药物性味主治阐释的深度及广度，《神农本草经》能博采众家之长，毕竟收录有限，药理阐述，难以一时深入涉及，因此，自成书后，虽可作为诸家本草药物的杰出代表作而与《黄帝内经》、张仲景方并列为经典，却无法享有《黄帝内经》和张仲景方一般的历史光环。在时间稍晚的医家看来，"神农"似乎只是作为本草诸家中的最为显眼的一家，而不是凌驾诸家之上的经典著述。如吴普著本草专书时，既以《神农本草经》为主要参考，同时又列出"黄帝"、"岐伯"、"扁鹊"、"雷公"、"桐君"，甚至还有同时代"李譡之"等著作。这里可随机举《吴普本草》的条文说明之："桔梗：《神农》、《医和》：苦，无毒。《扁鹊》、《黄帝》：咸。《岐伯》、《雷公》：甘，无毒。《季（李之误）氏》：大寒。叶如荠苨，茎如笔管，紫赤。二月生。"[1]

吴普提到的《黄帝》、《岐伯》、《扁鹊》、《雷公》未必都是出自某种本草学专书，《汉书·艺文志》云："经方者，本草石之寒温，量疾病之浅深，假药味之滋，因气感之宜，辩五苦六辛，致水火之齐。"[2]《黄帝》、《扁鹊》诸等，或是各自典籍中的本草学部分。但不管表述形式如何，黄帝、岐伯、扁鹊各派也都是医道正统，他们的解说各异，同一药物之下，药性就可能有苦、酸、甘诸说。繁复不一之多家叙述吞没了《神农本草经》作为经典著作本来应当享有的重磅声音，如果一定要给此时的学术局面下一简要概述的话，那么现今用于形容国际局势的"一超多强"就再合适不过，"一超"指的是神农家，"多强"则是黄帝、岐伯、扁鹊诸家。

《神农本草经》之所以无法永久保持本草学界的经典地位，恐怕还缘于它神仙长生的主导思想。作为一部方士整编而成的著作，神仙长生之说本无可厚非，只是当影响力转向医学内部时，就显得不合时宜。《黄帝内经》早已明确指出"拘于神鬼者，不可与言至德"，张仲景所用之方也基本没有涉及神仙伏鬼之术。《神农本草经》满文长生不死，必然难以取信于深具岐黄学术学养的医者。当然，深谙岐黄之道的医家们不会因为神仙长生说就摒弃《神农本草经》，如吴普所著本草专著就没有提及神仙说，但它要获得医学界的一致认可，还是必须遵照岐黄学理的路数。

至此，我们也颇能预测到，在未来的学术发展进程中，《神农本草经》如要继续保住自身的经典地位，必然要有所改进。改进的路向大体有二：其一，在原先文本的基础上，通过可行的形式，将

---

[1] 吴普著，尚志钧辑校：《吴普本草》，中医古籍出版社2005年版，第37—38页。
[2] 《汉书》卷30《艺文志》。

诸家学术及新进的经验再次吸纳进来，整编成新一代的《神农本草经》；其二，抛弃原先文本中的神仙长生空乏论说，文本叙述尽量往医学本位的方向看齐。第一个路向是主线，直接决定改进是否成功，第二个路向相对次要，是改进是否成功的辅助说明。可以想象，如果缺乏有效的改进，晚后具有总结性的本草学专书甚有可能会超越其上，成为时代的新经典。

四、陶弘景集注《神农本草经》

可惜的是，后进的高水平本草学专书并没有浮出水面。由魏到晋、再由晋入南朝，本草药物学领域不时有新作问世[1]，但似乎都是匆匆过客，未曾留下深刻足迹，以《神农本草经》为领头的多家并存学术局面仍在相当长的时间里缓缓前进。真正将本草药物学推向新高度的，是要到南朝齐梁时，历史主角是陶弘景。

陶弘景一生勤奋用功，建树多端，对后世产生重大影响的，集中在两个领域：一为道教教义，一为医药学理。[2] 在医药学术的领域，他秉承家学，潜心修习，实践水平高超，所纂述的《补阙肘后

---

[1] 如《隋书·经籍志》收录，《吴普本草》、《李谱之本草经》、《秦承祖本草》、《王季璞本草经》、《宋大将军参军徐叔响本草病源合药要钞》、《徐叔响等四家体疗杂病本草要钞》、《云麾将军徐滔新集药录》等，因标出作者名称，可知就是魏晋至刘宋时人的著作。只是，这些著作早已亡佚，著者、著述的确切情况，全然不可考见。至于《隋志》，还有新、旧《唐志》著录的那些未曾标明著者的本草著作，更无从确定真实成书时代。然而根据这些线索，我们还是可以推知魏晋刘宋间本草学著述数量不在少数。
[2] 陶弘景之学业及在道教学、医药学的成就，前辈学者已有充分地探讨。如〔日〕石井昌子：《道教学的研究：以陶弘景为中心》，东京国书刊行会1981年版；〔日〕麦谷邦夫：《陶弘景的医药学与道教》，吉川忠夫编：《六朝道教的研究》，春秋社1998年版，第313—330页；王家葵：《陶弘景丛考》，齐鲁书社2003年版；程乐松：《即神即心：真人之诰与陶弘景的信仰世界》，中国人民大学出版社2010年版。皆可为参考。

百一方》、《本草经集注》都具有极为顽强的学术生命力。[1]《补阙肘后百一方》之贡献在于医方一类，与本文主题无直接关系，姑且不论，本文重点要讨论的是《神农本草经》之成书在本草学史上的伟大意义。

此时的陶弘景已归隐山林。他说自己在茅山上吐纳修炼之暇兼修医术，对于本草学问，是"览本草药性，以为得圣人之心"[2]，所以有意要撰述之。所谓"得圣人之心"，直观的理解是明晰学问之内核，对学科学理有高屋建瓴的见识。其实只要了解陶弘景所接承的学术现状，即可知道他这样说的另一层含义。当时传承已久的本草经典《神农本草经》"或五百九十五，或四百卅一，或三百一十九，或三品混糅，冷热舛错，草石不分，虫兽无辨，且所主治，互有多少"[3]，几无可以信任的版本流传于世。造成这种状况的，大概是医家们为了各自学理说明或医疗实践之用的任意裁割。医家们的做法本无可厚非，采纳百家之长以为己用，乃是岐黄学术千古不易之王道，只是当关注点转向本草领域，一部原本为集大成的经典之作却被弄得真本丧失，只剩下多方裁割之后的断壁残垣，不免让人感叹现实的学术界正统学问已经沦丧，水平集体下降。在此背景下，陶弘景道出"得圣人之心"，大概也在于表明自己重振神农学说，引导本草学往秩序化方向发展的学术责任感。

要重振神农学术，他首先还是要正视《神农本草经》的沉落局面。试想如果文本永久停留于汉魏阶段，缺乏义理上必要的自我更新，《神农本草经》叙述本草药物的广度、深度如何能满足晚后社

---

[1] 时至今日，这两部的整体样貌还能被保存下来，甚至还能为现代医疗提供一些有益的参考意见，而与它们同时的医著基本亡佚殆尽。
[2]《本草经集注（辑校本）》卷1《序录》，第1页。
[3] 同上书，第3页。

会复杂的医疗活动？现实中，魏晋以来许多医家对《神农本草经》缺乏应有的热情，他们或曾大篇幅参考《神农本草经》的经典文本，但不会下意识去整理拓展该文本，使之成为医疗活动的必备手册。或根据前代文本及自己的观察研究，独立撰成本草专著；或剪裁《神农本草经》等经典文本，以表达自己的医理思想；还有相当一部分医家延续汉魏学术风格，在经典医理、医方指导下研讨本草药理，著作上则是将本草药物的使用附在医理、药方之后。[1] 这几种学术表述形式表面上都取材于《神农本草经》，实际上却貌合神离。陶弘景的一段叙述，无意间道出《神农本草经》的尴尬地位："自晋世以来，有张苗、宫泰、刘德、史脱、靳邵、赵泉、李子豫等，一代良医。其贵胜阮德如、张茂先、裴逸民、皇甫士安，及江左葛稚川、蔡谟、殷渊源诸名人等，并亦研精药术。宋有凡此诸人，各有所撰用方，观其旨趣，莫非本草者。或时用别药，亦修其性度，非相逾越。《范汪方》百余卷，及葛洪《肘后》，其中有细碎单行经用者，所谓出于阿卷是。或田舍试验之法，殊域异识之术。"[2]

在陶弘景的语境下，"药术"、"本草"都是指代《神农本草经》。根据他的细致考察，魏晋以来诸多名医遣用药物的方法，都与《神农本草经》的学术旨趣相吻合，也就是说，众多医家之遣用药物各有法则，理论精神约同《神农本草经》，但细节层面略多差别。医家

---

[1] 典型的一例，如《小品方》十二卷的尾端专门留有"述用本草药性"一卷，见陈延之撰，高文铸辑校注释：《小品方·目录》，中国中医药出版社1995年版，第11页。《小品方》此版本乃依据《小品方》残本及中古多部大型方书的引文辑佚而成，目录部分为残本所有，故相对完整。"述用本草药性"位列十二卷的第十一卷，第十二卷为"灸法要穴"，之后有文字云"右二卷，连要方合十二卷，是一部，为一帙"。可见在原书中，本草与灸法既与医方连为一体，也独立成帙，形式与汉魏医家著述一致。

[2] 《本草经集注（辑校本）》卷1《序录》，第24—25页。

这是扬弃《神农本草经》诸多不合时宜的理论述说，求取经典与实践相切合。而且陶弘景也提到，医家使用的不少药物《神农本草经》未曾收录。《神农本草经》文本的深度和广度，已经与现实的医疗实践脱节，如再不有效地改进，经典地位岌岌可危，本草学世界也将彻底失去领军式的著作。

陶弘景志向远大。他之用功于本草学，着力点是推举垂垂老矣的《神农本草经》。为了让自己的努力得到重视，他必须强化或者说是神化《神农本草经》的正统地位。他说自己坚信本草学术是始于远古时期的神农氏，由于当时尚未有文字，本草知识是借口耳相传流传下来，至文字产生伊始，《神农本草经》就著录成书，与《素问》一样，都属最早一代的经典文籍。自成书之后，《神农本草经》又经历代医家删补修饰，实用方面意义重大："春秋以前及和、缓之书蔑闻，道经略载扁鹊数法，其用药犹是本草家意。至汉淳于意及华佗等方，今之所存者，亦皆修药性。张仲景一部，最为众方之祖宗，又悉依本草。"[1]

如前文已引的文本，陶弘景基本确信现行流传的《神农本草经》是"仲景、元化等所记"，与神农尝百草古老传说相配合的古朴面目相去已远，但为了提点该经的重大意义，不得不追溯传承之前传承已久的本草学问，说医和、医缓、扁鹊、仓公、张仲景都自觉依据本草学体系处方医疗。按先秦时期医家的医疗实践所依据的本草学理论，与后来成书的《神农本草经》同属一源，自可视为一家之说。问题的关键之处在于，《神农本草经》只是后世成书的诸多本草学著作之一（虽然我们不得不承认它具有强大的整合功能），无法等同前秦以来指向多端的本草学问。陶弘景含糊其辞，有意绕开本草学界多家并存的现实，将本草学与《神农本草经》混为一谈。根据

---

[1]《本草经集注（辑校本）》卷1《序录》，第24—25页。

他的思想逻辑，《神农本草经》得自远古，乃本草药物学界之根本所在，只因为历代各自传抄，导致错漏百出，版本众多，重新进行整理势在必行。

《神农本草经》面临的现实困境还远不只是错漏和版本众多，最要害之处是怎样将后进的本草知识收录其中，以求挽救作为日常医疗本草药物理论依据的学术影响力。陶弘景认准《神农本草经》作为整合乱局的主线，推导该经伟大的正统地位，自然不能将这一层干系直接挑明，但他十分清楚，眼前最急切的任务就是在广度和深度两个方向，极大地改变旧本《神农本草经》的落后面目。因而他在指出目前传本存在众多错误之后，立即说道："以《神农本经》三品，合三百六十五为主，又进名医副品，亦三百六十五，合七百卅种。精粗皆取，无复遗落，分别科条，区畛物类，兼注诸世用，土地所出，及仙经道术所须，并此序录，合为三卷。虽未足追踵前良，盖亦一家撰制。吾去世之后，可贻诸知音尔。"[1]

态度非常明朗，即分成两个途径进行整理：其一，进"名医副品"三百六十五种，使本草数量翻了一番；其二，详细注明实用、产地及仙道用法等本草药物条目的必要信息。所谓"名医副品"，现代学者存在争议，有的认为是之前独立成书的《名医别录》，有的认为是陶弘景集注《神农本草经》之后，将引述的诸名家的文本集合而成的[2]，从行文的基本文义讲，即是指那些历代名家施用却不见于《神农本草经》的药物品类。陶弘景将总数等同于原先的条目引录进来，原经格局已被打破，加上综合前代医家以及自身的见

---

[1]《本草经集注（辑校本）》卷1《序录》，第3页。

[2] 持前一种观点的，如廖育群：《岐黄医道》，第148—150页；持后一种观点的，有尚志钧，见陶弘景集，尚志钧辑校：《名医别录·后记》，人民卫生出版社1986年版，第317—319页。

解作为注释，原先的文本所占比例大大减少，论述内容所涉及的层面相应更为多元，面目为之一新。可任举一例说明之："水银味辛，寒，有毒。主治疥瘙，痂疡，白秃，杀皮肤中虫虱，堕胎，除热。以敷男子阴，阴消无气。杀金、银、铜、锡毒，熔化还复为丹。久服神仙，不死。一名汞。生涪陵平土，出于丹砂。畏磁石。今水银有生熟。此云生涪陵平土者，是出朱砂腹中，亦别出沙地，皆青白色，最胜。出于丹砂者，是今烧粗末朱砂所得，色小白浊，不及生者。甚能消金、银，使成泥，人以镀物是也。还复为丹，事出《仙经》。酒和日曝，服之长生。烧时飞着釜上灰，名汞粉，世呼为水银灰，最能去虱。"[1]

由于格式限制，上引的文字连成一片，难分彼此，其实在陶弘景的原著里，"味辛，寒"等文字用红色笔写成，属《神农本草经》原文；"有毒"、"以敷男子阴，阴消无气"等是墨书，乃《名医别录》；"畏磁石"以下是小字，为陶弘景注释之文。红字部分只是关于该种药物性、味、主治、产地的简要介绍，只有墨字、小注加入后，性味异说、是否有毒、主治别用、古今产地、现今出产、恶畏关系、现实使用、仙道用法，甚至具体医案等随之而至，经中的内容才充实许多。当然，那些由陶弘景加入《神农本草经》的条文，红字部分不存在，就连性味主治之说，也都是由墨字写出。而当彼此相对独立的各个条文汇聚成全书后，明显可以看出，陶弘景的整理使得《神农本草经》之文本篇幅以及具体论述的广度和深度，都已远超之前。

陶弘景称自己的整理工作为"集注"，但实际之举措远非"集注"二字可以概括清楚，因为所谓"集注"，是不会大面积将他家学

---

[1]《本草经集注（辑校本）》卷2《序录》，第130页。

说引在经文之中，更不会特意将原先不属于该《经》的条文罗列进来，并入经文的核心内容。他所开展的工作更像是以《神农本草经》为原则指导，重新整合当前本草学术的诸家之说，是依托于《神农本草经》之上的再创作，路径类同《神农本草经》原先之成书。事实上，陶弘景在序文里"虽未足追踵前良，盖亦一家撰制"一句，早已清楚表明自己的撰述足以成就一家之言，而不是仅仅作为原先经典的注释本传世。

按当时的学术界，神农家已日益走向没落，多家杂驳的无序局面呼之欲出，陶弘景本着承前启后的学术责任感，扛起神农的旗号，无疑为古老的神农本草家注入一支效力卓著的强心针。虽然我们十分清楚神农家只是他的重整本草学术的标杆，并非学理叙述的标准模板，但他客观上的努力，使得神农家以新鲜姿态再次展现于本草界，学术生命得到长足延续。

陶弘景原本可以隐去神农家的名号，自立一家之言，博取本草学大师地位。他之所以如此青睐神农家之言，一方面，是托神农之号著书立说，更容易获得认可，另一方面，恐怕是与他虔诚的道教信仰有关。他中年挂朝服于建康城门，归隐山林，大多数著作是之后写出。《神农本草经》也不例外，是他"在茅山严岭之上"，修习道法之余的产品。[1] 由于抱着强烈的修仙得道的宗教情感，他十分爱重《神农本草经》原先具有浓厚方术色彩的上、中、下药分类方法，说："今案上品药性，亦皆能遣疾，但其势力和浓，不为仓卒之效，然而岁月将服，必获大益，病既愈矣，命亦兼申，天道仁育，故云应天。……中品药性，治病之辞渐深，轻身之说稍薄，于服之者，祛患当速，而延龄为缓，人怀性情，故云应人。……下品药性，

---

[1]《本草经集注（辑校本）》卷1《序录》，第1页。

专主攻击，毒烈之气，倾损中和，不可恒服，疾愈则止，地体收煞，故云应地。"[1]

长生、延龄、救病之分等，陶弘景语气坚定，绝无放松的可能，《神农本草经》与他的求仙思想相通。但从字里行间，我们也可以看出他试图进一步从服用效果的层面去提取该分法的药理依据，如他肯定上品之仙药能轻身益气，不老延年，又说此类药物能"遣疾"，愈病之后，生命且能延伸；中品治病的性质逐渐加深，长生益年的效用减薄；下品毒气猛烈，专用于攻击病症所用，不能长期久服。在具体条文的注释里，也以叙述药物的药用为主，没有把仙道中的用途当作重点。陶弘景著书立说似乎游离于神仙与世俗的本草药物学问之间。他选择《神农本草经》，确实能有效照顾到这一点，因为言之凿凿、仙俗上下分等、点到即止的神仙说以及治病求效的世俗用法在这里巧妙地混合为一。

平心而论，汉代时本草学独立一家，学术性格与方士求仙同类，魏晋之后，影响转向医学，因而贯穿其中的神仙方术因素理应要被逐渐清除出去。然而作为南朝学术代表的陶弘景还是重蹈神仙之说，使本草学之方术性格不减弱反而被强化。

五、唐代新修

站在后来者的高度，当然可以理直气壮地评判陶弘景的一些不足，但一定不能否认在客观历史环境之下，陶弘景重新整合本草学问的意义及水平。事实证明，《神农本草经集注》成书后颇受医家重

---

[1]《本草经集注（辑校本）》卷1《序录》，第7—8页。

视，有多个版本流传于世。[1] 在紧接的历史发展中，本草学发展动向如何，由于史料缺乏，我们知之甚少，但有理由相信，以《神农本草经集注》阐述药物之广度与深度，一定能打动诸医家，陶弘景的整理工作，也必定能得到大面积的认可。最有力的例证就是，唐代前期官方准备重新整合本草学术时，毫无疑问地选择《神农本草经集注》作为主体文本。

唐代新修本草经是发生高宗显庆年间，此时社会历史已有翻天覆地的改变：长时段的南北割据已经结束，国家再次走向统一。强烈的社会政治转变也深刻影响着医药学术的发展。其最为关键的，莫过于新时代学术重心地迁移。在之前南北分裂的年代，南方医药学术的发展远远超过北方，具有时代代表性的医药著作，基本上都受南方地域性因素的严重约束，进入统一时代后，北方一跃成为全国医药学术的重心，前代医药著作许多叙述已多不合时宜之处。在这样的历史潮流下，流传了一百余年的《神农本草经集注》，也暴露出诸多缺陷。如唐代人说："昔陶弘景以《神农经》合杂家《别录》注诰之，江南偏方，不周晓药石，往往纰缪。"[2]

说这句的是于志宁，背景是回答高宗皇帝关于是否有必要重修《神农本草经》的疑问。[3] 他点出的"江南偏方，不周晓药石"，正是陶弘景编撰时所无法避免。陶弘景所处的时代南北药物流通不畅，他自己也曾清楚说到"自江东以来，小小杂药，多出近道"[4]，北方药物确实接触较少，认识面度也相对有限，而且他以一己之力来阐述

---

[1] 如《隋书·经籍志》记载，置于陶弘景名下的，即有《陶隐居本草》《陶弘景本草经集注》》《太清草木集要》。

[2] 《新唐书》卷104《于志宁传》。

[3] 以"纰缪"的描述《神农本草经集注》，也见于《旧唐书·吕才传》，其云"时右监门长史苏敬上言，陶弘景所撰《本草》，事多舛谬"。参见《旧唐书》卷79《吕才传》。

[4] 《本草经集注（辑校本）》卷1《序录》，第32页。

种类如此众多的药物，发生错漏的概率更大。[1]

基于陶注《神农本草经》已无法适应新时代的需求，唐代前期的医官立意进行修订。这次修订不同于以前时代医家之"私修"，而是依托于国家官方机构集体创作。[2] 孔志约序《新修本草》有简要概述："朝议郎行右监门府长史骑都尉臣苏敬，摭陶氏之乖违，辨俗用之纰紊。遂表请修定，深副圣怀。乃诏太尉扬州都督监修国史上柱国赵国公臣无忌、太中大夫行尚药奉御臣许孝崇等二十二人，与苏敬详撰。……于是上禀神规，下询众议；普颁天下，营求药物。……《本经》虽阙，有验必书；《别录》虽存，无稽必正。考其同异，择其去取。铅翰昭章，定群言之得失；丹青绮焕，备庶物之形容。撰本草并图经、目录等，凡成五十四卷。"[3]

朝廷重臣牵头、国家最高医疗机构参与、各地政府奉诏提供药物信息，种种优越条件都暗示后来的读者，这次修订活动将在学术上取得重大突破。事实果真如此？可看看医官们的具体修撰。

医官们的修订工作总的说来可以分成三个大方面：其一，绘图；其二，注释；其三，新附条目。本草药物著作附上图案，使诸药物形象生动，易于辨认，而所谓注释，即是在《神农本草经集注》文本之中加入小字按语，作为辨正、深化或增补原文之用，其分布遍及陶弘景原先的《序录》及书中的大多数条文。可随机举一例说明之：

---

[1] 唐代孔志约为《新修本草》作序，说陶弘景"时钟鼎峙，闻见阙于殊方；事非佥议，诠释拘于独学"，判断可谓公允。原文见苏敬等撰，尚志钧辑：《新修本草（辑复本第二版）·序》，安徽科学技术出版社2005年版，第1页。
[2] 可参见范家伟：《〈新修本草〉与唐代本草学》，《大医精诚：唐代国家、信仰与医学》，东大图书股份有限公司2007年版，第73—112页。
[3] 《新修本草（辑复本第二版）·序》，第1—2页。

半夏味辛，平、生微寒、熟温，有毒。主伤寒寒热，心下坚……五月、八月采根，曝干。

射干为之使，恶皂荚，畏雄黄、生姜、干姜、秦皮、龟甲，反乌头。槐里属扶风，今第一白者为佳，不厌陈久，用之皆汤洗十许过，令滑尽，不尔戟人咽喉。方中有半夏，必须生姜者，亦以制其毒故也。

谨案：半夏所在皆有，生泽中者，名羊眼半夏，圆白为胜。然江南者，大乃径寸，南人特重之。顷来互相用，功状殊异，问南人说：苗，乃是由跋。陶注云：虎掌极似半夏，注由跋，乃说鸢尾，于此注中，似说由跋。三事混淆，陶竟不识。[1]

第一段乃《神农本草经》及《名医别录》内容，第二段是陶弘景集注，第三段就是唐医官的新注。在文中，唐医官指出陶弘景根本就不知道由跋、鸢尾与半夏之间的合理区分，导致注释时指鹿为马，错漏百出。他们还注出半夏的生长地，说形貌圆白者为胜。加上附有的该药物的图案，半夏形貌清晰明了，比陶弘景旧本可靠不少。推至全书，《新修本草》的文本确比《神农本草经集注》更上一层楼。当然，《新修本草》中除了陶弘景原本收录的730种药物外，还多增入120种，这就是我们所说的新附条目。新附条目内容表述与其他条文保持一致。随举一例："白药味辛，温，无毒。主金疮，生肌，出原州，剪草，凉，无毒。疗恶疮、疥癣、风瘙。根名白药。

三月苗生，叶似苦苣。四月抽赤茎，花白，根皮黄。八月叶落，九月枝折，采根，晒干。新附。"[2]

---

[1]《新修本草（辑复本第二版）》卷10，第151—152页。
[2]《新修本草（辑复本第二版）》卷9，第138页。

前面叙述药物性味主治、毒性产地等，后面则就药物形貌质量产地等信息的进一步辨析，结构基本延承自陶弘景。有这些新鲜条文加盟，《新修本草》面度更广，更显示出学术方面的优胜性。

如再仔细归纳，《新修本草》可表彰之处还有不少，那么医官们获取进展的重点所在何处呢？只要细细思考即可得知，他们的成果很大程度上来自技术性的层面，即包括绘图、辨正药物形貌、指出出产地、增加某些实用方法等，至于本草药物之施用原则、诸类常用药物之性味毒性主治的基本状况等，则难有突破性的见解。其缘由，或是《神农本草经集注》时，用药原则及诸常用药物之性质效用已有充分之覆盖，学术高度难被超越，作为承接伟著之后的《新修本草》，只有在横向的广度及精确程度上求取突破。如书内容说展现出来的面目，药物种类从原先的730种增至850种，旧本的诸多错误得以辨析，实用治疗方法的信息略多增加，《新修本草》在全面涵盖《神农本草经集注》的基础上，拓宽了本草学之视野，使得本草学之叙述清晰可靠。因而无论形式还是实际运用，它都是《神农本草经集注》的升级版，面目功能扩大而且完善，是全面超越《神农本草经集注》的时代新作。而且可喜的一点是，在升级过程中，参加编修的医官们有意识去摆脱神仙道法思想的羁縻，叙述药物性质效用时就事论事，绝少掺杂神仙之说，导引本草学术向医学学科本位回归。当然，也不能过度拔高《新修本草》的意义，毕竟作为时代升级版，它的学术主旨、思想要素与旧作相去不远。

《新修本草》成书之后，凭借着国家政权的力量，在全国的范围内传播开来，一直以来"一超多强"的本草学界最终迈进了《新修本草》"单一集权"的时代。而作为已经全面被超越的旧版本，《神农本草经集注》随之淡出历史舞台，逐步走向亡佚。

至此，由方士创立、陶弘景全力推举、唐医官修订推广的神农家学术终于成为本草药物学问的核心所在，汉唐间的本草学历史画上完美的句号。

六、结论

  时处 21 世纪的今天，当我们谈及传统药物学，多数会把《神农本草经》列在崇高的位置，认为它是本草学术不祧之祖，地位一直居高不下。如上文对本草学早期历史的梳理叙述，是多个看似偶然的机缘将神农家推到本草学问的中心：如果没有汉代方士的关注和编修，《神农本草经》不会独立成为专书；如果没有医学走向一统的潮流，医界可能不会重视具有统合意义的神农家言；如果没有陶弘景的再次整理，《神农本草经》可能沉沦入土；如果没有唐医官的整编和推广，《神农本草经》影响面可能不会如此广泛。汉唐时期本草学有着显隐起伏的丰富经历。这不免也将我们引向必然性与偶然性辩证关系的老话题上：医药学术对于本草统一局面的内在需求以及后来者对前代学术的超越属于历史的必然性，而神农家的出现及一步步走向学术中心则是纯属偶然。

  用必然性及偶然性来解读汉唐间本草学，恐怕又略过玄虚，如上文所梳理当中过程的若干重大关节，即汉代方士、陶弘景、唐代医官以不同的方法目的整合神农家学说且产生不同的影响，却是实实在在呈现在我们眼前的。而且这些重大关节的前因后果，如带有浓厚方术色彩的《神农本草经》被推到汉魏学术中心之后逐渐式微、陶弘景既延续神仙又以医药学术为本位、唐代医官批评严厉而实际改造有限，等等，也和其他领域的历史过程一样具有规律性与故事性，颇值得从辨析源流的角度来进行细致梳理。

  长期以来，我们看到的关于医学学术史叙述，多数是本着经验理论总结的目的，落实点是历史上医家、医著的医法可为今日医疗借鉴之用，相对忽略考辨医家、医者之间学理传承的渊源流变。其实，从历史源流来研讨医药理论的发生、发展，又何尝不能为深入解读、运用经典医籍所传承之经验理论提供帮助？如本文审视汉唐本草学之源流，可让我们知道历史上的医家是立足现实，从深度及广度求取学术上的突破，也至少让我们明确要用批判继承的眼光来参阅各类本草名籍。医药学术史的叙述方式一定不会局限于总结经验一种。

士族研究中的问题与主义
——以《早期中华帝国的贵族家庭——博陵崔氏个案研究》为中心[*]

仇鹿鸣（复旦大学历史系）

最近上海古籍出版社出版了由范兆飞博士翻译的美国汉学家伊沛霞的名著《早期中华帝国的贵族家庭——博陵崔氏个案研究》（以下简称《博陵崔氏》）一书，大陆学者知悉此书，最初大都缘于周一良先生在1982年发表的书评《〈博陵崔氏个案研究〉评介》[1]，这篇书评的发表直接推动80年代以来士族个案研究的兴起。其实早在1949年以前，中文学界已经形成了士族研究的传统，早期代表性的论著如杨筠如《九品中正与六朝门阀》、杨联陞《东汉的豪族》、王伊同

---

[*] 本文系复旦大学"985工程"三期人文学科整体推进重大项目"中古中国的知识、信仰与制度的整合研究"、教育部人文社会科学研究青年基金项目（批准号10YJC770024）的成果之一。本文的初稿曾在复旦大学中古中国共同研究班上报告，论文在撰写过程中及研究班的报告中先后得到余欣、孙英刚、徐冲、唐雯、张金耀、游自勇、冯培红、范兆飞、王安泰等师友惠示宝贵意见，佐川英治先生、史习隽博士帮助复印了相关资料，特此致谢。

[1] 周一良：《〈博陵崔氏个案研究〉评介》，原载《中国史研究》1982年第1期，后收入氏著《魏晋南北朝史论集》，北京大学出版社1997年版，第517—528页。对此书内容亦有介绍的另见金应熙、邹云涛：《国外对于六朝世族研究的述评》，《暨南学报》1987年第2期。金应熙特别指出地域研究与个案研究是海外魏晋南北朝史研究的两个重要的特点，参见氏著：《国外关于中国古代史的研究述评》，内蒙古人民出版社1994年版，第202—206页。

《五朝门第》等，无论是在史料的收集还是论述的严整性上都已达到了相当的学术水平[1]，但随着建国之后学术风向的变化，更多地强调对农民战争、社会经济形态等问题的研究，关于士族等王朝统治阶层的研究因与时势违碍而转入沉寂，即使少量关于"地主阶级"的论述，其政治性亦往往大于学术性，这一学术传统被迫中断。周一良先生早年致力于魏晋南北朝政治史及社会阶层方面的研究，其在国门重开之初，撰文评介此书，或有引介新知，接续传统之意。周先生的书评发表之后，在大陆学界激起了强烈的反响，引领了一股士族个案研究的新风气，成了借他山之石以攻玉的一段学术佳话。[2]但遗憾的是，大陆地区藏有《博陵崔氏》一书的图书馆寥寥无几，因此长期以来，一般学者对于此书的了解大体仍不出周一良先生介绍的范围。在时隔近三十年后，上海古籍出版社出版此书的中译本，虽显得有些姗姗来迟，但无疑让更多的研究者有机会一睹庐山真面目，不失为嘉惠学林之举。

总体而言，今日大陆学界的学术视野与研究水平与当年已不可同日而语，而士族研究作为中古史研究领域中的基底性命题，一直受到学者的广泛关注，特别是近年来出土碑志的大量刊布整理，也为士族个案研究提供了更加充分的资料与研究论题。时至今日，几乎中古时代所有重要的政治家族都已有专门的论著加以研讨，但在这研究繁荣表象的背后，也必须注意到其中的隐忧，正如有论者所指出的那样："在近年来的六朝士族研究中，便出现了一批'跑马圈地'式的个案研究论文，满足于低水平的简单重复。个别低水平的

---

[1] 杨筠如：《九品中正与六朝门阀》，《民国丛书》第3编13册，上海书店1991年据商务印书馆1930年版影印；杨联陞：《东汉的豪族》，《清华学报》1936年第11卷第4期；王伊同：《五朝门第》，初版于1943年，后经修订，此据中华书局2006年修订版。

[2] 陈爽：《近20年中国大陆地区六朝士族研究概观》，《中国史学》2001年第11卷。

研究论文仅仅是某一家族的材料长编。许多论文多侧重于家族的士宦升降和政治地位，而对家族的经济状况、宗族结构、家族习俗、宗教信仰等方面则较少涉及。社会学方法的引入本应丰富政治史研究的内容，但一些研究却背离了社会史对于社会的全景描述和理解，重新落入了以婚宦论士族的窠臼。"[1]可以说研究范式的老化与新论题的匮乏，大量重复性的研究是制约最近十余年来士族研究进展的主要障碍。因此，回到最初的研究起点，重读这本因特殊机缘而对大陆学界影响巨大的旧著，重新检讨伊沛霞在书中提出的一系列论题，借他山之石，揽镜自照，进而对中文世界士族研究的得失加以批判性的反思，或许对于推动士族研究的进展不无裨益，也是笔者撰写这篇小文的目的所在。

一、他山之玉：《博陵崔氏》撰述的背景与回响

三十年来，对于海外汉学著作的译介，一直推动国内学术进展的重要方式之一[2]，随着国内学界对于海外汉学了解的日益深入，已有越来越多的学者意识到，要更好地理解海外汉学研究的得失，首先需要回到汉学论著产生的学术语境中去。尽管西方汉学的研究对象是中国，但究其学术脉络而言，无疑是西方学术体系中的一部分，并且从整体而言，汉学研究大约只能算是西方学术版图中的边缘角色。因此，要注意到西方汉学研究中学术范式的转换、新研究论域

---

[1] 陈爽：《近20年中国大陆地区六朝士族研究概观》，《中国史学》2001年第11卷。
[2] 张广达先生在展望唐史研究趋向时曾特别指出，推动未来唐史研究进步两个因素，一个是我国唐史学者自身的原创力，另一个则是来自国外学术界的启发。张先生所谓的国外启发，不但包含汉学领域，更扩展至西方史学研究本身，例如年鉴学派所取得的业绩，其研究方法与取径亦值得中国学者学习。张广达：《关于唐史研究趋向的几点浅见》，《史家史学与现代学术》，广西师范大学出版社2008年版，第235—249页。

的产生大都深受西方主流社会科学及史学研究的影响，随之起舞，汉学研究所提供的中国论述，在某种程度上是为了给西方文明提供一种可资比较的参照系，甚至成为证明或证否某种社会科学范式的经验事实，其发问的对象虽然是中国，但问题产生的语境往往是西方的。[1] 这一方面，使得西方汉学研究具有鲜明的问题意识，特别是作为他者，借助比较的视野，往往能够发现局内人日用而不自知的问题，引人思考。[2] 但另一方面，这种渊源于西方主流学术的问题意识，在多大程度上能够解释中国传统社会所具有的独特性与复杂性，进而避免在理论与史料之间做"削足适履"或"削履适足"式的选择，则是在阅读中需要特别留意和思考的。

总体而言，关于士族乃至中古中国统治阶级的研究，并不是西方学者长期关注的焦点，特别是进入 80 年代之后，西方学者的注意力更多地集中于性别、宗教、思想等领域，以伊沛霞本人的学术经历为例，《博陵崔氏》一书虽是其成名之作，但稍后便转入妇女史研究，在西方学界，其妇女史研究的代表作《内闱》亦更具有影响力。[3] 但在 70 年代，西方汉学研究中确曾一度出现了对士族问题及中古中国社会结构的关注，其代表性的论著除了《博陵崔氏》外，还有姜士彬（David Johnson）的《中古中国的寡头政治》（*The Medieval Chinese*

---

[1] 所谓汉学，本身就是西方在殖民扩张过程中逐渐发展成熟的一门学问，其最初的学问取向有鲜明的西方中心论特征，尽管在最近三四十年来，在西方学术内部，如福柯对于文化权力宰制揭示，萨义德东方主义的提出，皆引起西方学界对于西方中心论的强烈反思，汉学领域也出现了要从中国发现的历史的研究转向，但我们要注意到无论是西方中心论还是东方主义，这些论题的提出、发酵与论争，本身都发端于西方本身的学术脉络演变，而与其研究的对象无关。
[2] 王晴佳：《为何美国的中国史研究新潮迭出——再析中外学术兴趣之异同》，《北京大学学报》2012 年第 2 期。
[3] 与伊沛霞学术经历的相似，姜士彬后来也转入了民间信仰、大众文化等方面的研究，这种转向当然与学者本人学术兴趣的转移有关，但我们亦不难注意到西方汉学本身学术风气的移易对学者的影响。

Oligarchy）[1]，而1980年在斯坦福大学召开的题为"中古中国前期的国家与社会"学术研讨会中的不少论文，亦反映出了这一关注。[2] 伊沛霞、姜士彬的著作出版之后，在西方汉学界激起了相当的反响，萨默斯（Robert M. Somers）、多尔比（Michael Dalby）分别在权威的汉学期刊《亚洲研究》（*JAS*）、《哈佛亚洲研究》（*HJAS*）发表长篇书评加以讨论[3]，笔者以为这一研究热点的出现，与当时西方史学界对于社会结构及社会史的兴趣不无关联，因此当西方主流学术在80年代以后出现了"文化转向"之后[4]，汉学界风气亦随之移易，士族乃至社会阶层的话题不再受到广泛关注。近20年来，虽间或仍有以士族为研究对象的论文发表[5]，但其研究并不在主流的视野之内。

---

[1] David Johnson, *The Medieval Chinese Oligarchy*, Westview Press, Boulder, Colorado, 1977. 中文世界关于姜士彬一书的评论可参见张广达：《近年西方学者对中国中世纪世家大族的研究》，《中国史研究动态》1984年第12期。

[2] 会议的论文集迟至1990年方才正式出版，Albert E. Dien ed., *State and Society in Early Medieval China*, Stanford University Press, 1990。另外同期较有影响的论文有Dennis Graffin对于东晋士族的研究，"The Great Family in Medieval China", *Harvard Journal of Asiatic Studies*, Vol. 41, No. 1 (Jun. 1981), pp.65-74。姜士彬对于唐宋赵郡李氏的研究，The Last Years of A Great Clan, The Li Family of Chao Chun in Late T'ang and Early Sung, *Harvard Journal of Asiatic Studies*, Vol. 37, No.1 (Jun. 1977), pp.5-102.

[3] Robert M. Somers, The Society of Early Imperial China: Three Recent Studies, *The Journal of Asian Studies*, Vol. 38, No. 1 (Nov.1978), pp. 127-142. Michael Dalby, Reviews: The Aristocratic Families of Early Imperial China: A Case study of the Po-ling Ts'ui Family, *Harvard Journal of Asiatic Studies*, Vol. 40, No. 1 (Jun. 1980), pp. 249-263.

[4] 关于新文化史的研究及其特征，参见〔美〕林·亨特编，姜进译：《新文化史》，华东师范大学出版社2011年版。

[5] 如 Miscevic D. Dusanka, Oligarchy or Social Mobility: A Study of the Great Clans of Early Medieval China, *Bulletin of the Museum of Far Eastern Antiquities Stockholm* 65 (1993): 5-256. 陈弱水 (Jo-shui Chen) "Culture as Identity during the T'ang-Sung Transition: The Ch'ing-ho Ts'uis and Po-ling Ts'uis," Asia Major Volume 9, part 1-2, 1996, pp.103-138. Cynthia L.Chennault "Lofty Gates or Solitary Impoverishment? Xie Family Members of the Southern Dynasties," T'oung Pao Vol. 85, No.2 (1999), pp.249-327. 笔者所见较新的论文是 Nicolas Tackett（谭凯）对晚唐社会精英的讨论，"Great Clansmen, Bureaucrats, and Local Magnates: The Structure and Circulation of the Elite in Late-Tang China," Asia Major, Volume 21, part

正因为西方汉学界对于士族的兴趣源于如何来理解中古中国的社会结构及其变迁，因而无论是姜士彬还是伊沛霞，其研究取向皆具有鲜明的社会史特征[1]，这与当时中、日两国的学术传统有所不同。[2] 萨默斯在书评中直截了当地将其称为研究早期中华帝国社会的三部专著[3]，因此伊沛霞此书是一本关于士族社会的著作，而非研究士族与政治关系的著作，其更关心的是以士族为中心的中古社会的结构及其升降流动，而"士族政治"只是这一社会结构的反映而已。另一方面，此书的问题意识深受当时西方社会学中关于社会阶层相关研究的启发，并成为其研究中主要的理论预设，这从其在论述时多次引用《权力与特权：社会分层的理论》、《帝国的政治体系》等当时西方流行的社会学著作可见一斑。周一良先生在书评中早已指出其研究方法上深受社会学与民族学的影响。而这一特点也为萨默斯等西方评论者所推重，如萨默斯在书评中亦大量援引相关的社会学与人类学著作，并将其作为可资取法的对象。而萨默斯对于瞿同祖《汉代社会结构》一书最重要的批

2,2008, pp.101-152. 值得一提的是美国汉学界对于士族及中古社会阶层的研究，从伊沛霞的导师毕汉思（Hans Bielenstein）开始，至姜士彬、伊沛霞、Miscevic D. Dusanka 及近年的谭凯，皆任教或毕业于哥伦比亚大学，显示出了持续的学术传统。

[1] 伊沛霞此书的写作立场无疑是以社会史家自居的，见《早期中华帝国的贵族家庭——博陵崔氏个案研究》，上海古籍出版社 2011 年版，第 2 页。

[2] 中国关于士族研究传统的取径是政治史，以田余庆先生典范性的著作《东晋门阀政治》为例，尽管其亦是以士族的个案研究为基础，但更多的是对士族升降与政局演变的研究。日本学者对于贵族的研究，早期如内藤湖南的观察，无疑也是偏向政治史的，战后虽然受到马克思主义的影响，重视对中国社会结构的研究，但这一研究取向是以阶级关系与土地关系为中心的，谷川道雄、川胜义雄引发的关于"豪族共同体"的论争，虽然渊源于日本学界关于中国史时代分期论战的独特背景，但激发了学者更多地去考察支撑士族政治背后的社会势力。另参见徐冲：《川胜义雄〈六朝贵族制社会研究〉评介》，《中华文史论丛》2009 年第 1 期。

[3] 除了姜士彬、伊沛霞的书之外，萨默斯评论的另一本著作是瞿同祖的《汉代社会结构》，英文本 1972 年出版，中译本由上海人民出版社于 2007 年出版。

评便是认为其虽有大量经验性的结论,却缺乏理论的严密性,进而赞赏姜士彬与伊沛霞的著作在理论思考上的推进。而西方学界关于欧洲贵族问题和中国史领域宋以后社会阶层及其流动的研究,在横向与纵向两个层面成为伊沛霞研究中取资比较的对象,姜士彬、伊沛霞及萨默斯、多尔比两位书评作者对于门阀、士族等不同术语英译及其概念界定的讨论与争议,便与这样思考不无关系。其关节点有二,一是如何认识中古士族这一阶层的特殊性及其在中古社会结构中的地位,二是是否有可能通过士族概念的廓清,使之成为一个能与西方历史中贵族加以比拟的经验对象。

伊沛霞、姜士彬的著作一方面承续了较早时期西方汉学关于中古社会一些先行研究,如艾博华、杜希德等关于统治阶级构造的一些讨论[1],另一方面则大量吸收了日本学者关于士族研究的成果。日本学者关于士族个案的研究起步较早,如战后不久出版的守屋美都雄《六朝门阀研究——太原王氏谱系考》成为这一领域的奠基之作[2],稍后矢野主税、竹田龙儿亦发表了一系列关于中古士族个案研究的论文[3],皆为伊沛霞研究参考取资的对象。但与日本学者的研究

---

[1] W. Eberhard, *Conquerors and Ruler:Social forces in medieval China*, Leiden, 1952. 特别是 Denis Twitchett 对于地方精英及社会流动的关注, *The Composition of the T'ang Ruling Class:New Evidence from Tunghuang, Perspectives on the T'ang*, Yale University 1973,pp.47-84. 姜士彬对于敦煌文书的利用或许是受到了杜希德一文的影响,但中、日学者对于敦煌出土的《贞观氏族志》的研究要更早,杜希德本人的工作或许也是受到了中、日同行的启发。

[2] 〔日〕守屋美都雄:《六朝门阀研究——太原王氏谱系考》,日本出版协同株式会社1951年版。

[3] 〔日〕矢野主税:《张氏研究稿》,长崎大学《社会科学论丛》第5期;《郑氏研究》,长崎大学《社会科学论丛》第8期;《郑氏研究(二)》,长崎大学《社会科学论丛》第9期;《郑氏研究(三)》,长崎大学《社会科学论丛》第10期;《韦氏研究》,长崎大学《社会科学论丛》第11期;《韦氏研究(二)》,长崎大学《社会科学论丛》增刊;《裴氏研究》,长崎大学《社会科学论丛》第14期。〔日〕竹田龙儿:《关于弘农杨氏门阀的考察》,《史学》31卷第1—4号。

有所不同的是,《博陵崔氏》一书更多地从社会层面加以切入,注重讨论士族与乡里的关系及其宗族结构,另一方面在史料利用的范围上也有了较大的拓展,特别是其利用访学的机会较为充分地利用了当时尚未刊布的史语所收藏的墓志拓片,对于其他相关的金石资料及考古报告也有颇为周到的收集[1],使得《博陵崔氏》一书成为第一部建筑在墓志资料基础上完成的士族研究专著,可谓是预流之作。[2]因此,该书出版之后,很快获得了日本学界的关注与重视,吉冈真曾撰写书评,向日本学界介绍了《博陵崔氏》一书的主要内容及研究旨趣。[3]

二 揽镜自照:《博陵崔氏》的论述及其商榷

以下进一步检讨《博陵崔氏》一书研究的脉络,正如吉冈真在书评中所指出的那样,当时的士族研究主要存在着三种研究取向,一个是士族的个案研究,二是对统治阶层的总体研究,三是对于官僚机构人事构成中大族成分的统计研究,《博陵崔氏》无疑可以被归为第一类。但可以注意到伊沛霞撰述此书的目标并非仅仅是为了梳理博陵崔氏一族在一千年间的兴衰变迁,而是蕴藏了通过个案研究

---

[1] 但令人稍感意外的是,尽管作者对自清代金石家以下,直至 1949 年后出版的考古报告都有较完备的收集,但却没有利用赵万里 1956 年在科学出版社出版的《汉魏南北朝墓志集释》这一集大成的典范之作。虽然 1949 年后出版文史著作可能在海外不容易获得,但赵万里早在 1936 年便出版了《汉魏六朝冢墓遗文图录》,是书为《集释》前身,作者亦未提及,这不能不说是作者在史料收集上的一个瑕疵。

[2] 较早的著作如〔日〕守屋美都雄:《六朝门阀研究——太原王氏谱系考》,尽管已注意到碑志史料的价值,但受时代局限,其取材的范围大体仍以《全唐文》等传世文献中所存的碑志材料为主。

[3]〔日〕吉冈真:《伊沛霞著〈早期中华帝国的贵族家庭——博陵崔氏个案研究〉》,《史学研究》148 号。

推进对贵族社会构造与运作整体性理解的雄心。[1]

另外值得关注的是作者一方面在区隔其研究时段时使用了"早期中华帝国"（Early Imperial China）这一概念，显示出突破传统王朝史的时间分割，避免过去学者"以静止不变、分析框架的形式研究各时段的贵族家庭，而不是寻找它们发展变迁的动因"的研究弊端，希望通过研究一个家族的整体变迁史，为详尽分析特定时期的贵族制家庭提供新视野。[2]这种以家族而非王朝为中心的研究视角无疑与作者采用的社会史取向具有密切的关系。另一方面，作者使用的"早期中华帝国"一词不但与当下西方汉学界流行的"早期中国"（Early China）这一概念在指涉对象上有着相当的不同，也比稍早艾博华、姜士彬所使用的中古中国（Medieval China）的范围更为宽广，大约可以视为本书的一个发明。伊沛霞受到内藤湖南著名的"唐宋变革论"假说的影响[3]，将本书研究的下限置唐宋之际，作者认为帝制时代的中国大约可以从汉到唐与宋至清分为两个阶段，"早期中华帝国"则对应了汉至唐这一时期，但作者在书中并没有回应日本学界在时代分期论争中对秦汉与魏晋之间社会变化性质的讨论，而其采取这一分期的方法的原因亦是基于社会史的立场，认为这两个时代的"社会分层"经历了重大的变化，早期中国帝国阶级结构

---

[1] 当然就伊沛霞对博陵崔氏这一个案的选择而言，则不无偶然，其自述希望选择一个相对较为次等的家族，以免有过多的伪冒者影响了研究的有效性，其次则希望找到材料较为集中的一个家族。笔者推测由于《博陵崔氏》一书以"早期中华帝国"为研究断限，因而伊沛霞需要选择一个汉魏世系较为可信的家族作为研究的对象，这也是选择博陵崔氏的重要原因，《早期中华帝国的贵族家庭——博陵崔氏个案研究》，第11—12页。

[2] 〔美〕伊沛霞：《早期中华帝国的贵族家庭——博陵崔氏个案研究》，第12页。

[3] 〔日〕内藤湖南著，黄约瑟译：《概括的唐宋时代观》，《日本学者研究中国史论著选译》第1卷，中华书局1992年版，第10—18页。关于唐宋变革假说及其在东西学界中的回响，最重要的评述可参见张广达：《内藤湖南的唐宋变革说及其影响》，《史家史学与现代学术》，第57—133页。

与其他前现代国家相似,呈现封闭性,而帝国晚期中国体制的独特个性才充分呈现,科举制促进了社会的流动。[1] 因而,伊沛霞所讨论的"早期中华帝国的贵族家庭"其实与中国学者所习用的中古士族一词的内涵亦有所不同。[2]

作为一本标榜社会史取径的研究著作,作者在书中对博陵崔氏家族与地方联系尤为关注,注意观察贵族家庭成员在官僚与贵族两种身份之间的张力与互动,强调地方基础是贵族家庭经历汉末魏晋的乱世而得以维系的秘密所在,而5世纪末期以后贵族家庭逐渐脱离地方基础,沦为职业官僚则是其最终衰败的根本原因。中古士族的"城乡双家形态"是汉学家艾博华提出的一个重要假说[3],在中文世界中毛汉光的一系列研究对此假说有详密的阐发,其通过对于正史传记与墓志的数量统计,分析了唐代士族中央化的过程与影响[4],

---

[1] 〔美〕伊沛霞:《早期中华帝国的贵族家庭——博陵崔氏个案研究》,第1—4页。
[2] 与中国和日本的研究者不同,美国汉学家并不经常使用"中世"、"中古"这样的词汇,少数的例外如宇文所安《中国"中世纪"的终结》,但正如作者自云这不过是提醒读者中唐及其变化的一个"强名",并没有特殊的分期论的意义,另参见卜正民:《中世性与中国人的历史观》,单国钺编:《当代西方汉学研究集萃(中古史卷)》,上海古籍出版社2012年版,第91—115页。而自柯文《从中国发现历史》一书提出对于美国汉学"冲击与反应"范式的批判,反对将传统中国与现代中国对立,提倡要观察中国历史本身的脉络演进,而不再将现代中国视为西方冲击的产物以来,大量的美国汉学研究都以明清两代甚至更长的研究时段作为一个历史研究单元,强调中国历史的延续性与内在变化,从而使得"晚期中华帝国"这一概念颇为风行,尽管这一概念同样缺乏精确的定义,但其上限大约可以追溯到宋元,恰好可与伊沛霞书中所用的"早期中华帝国"一语互相发明。
[3] W. Eberhard, *Conquerors and Ruler:Social Forces in Medieval China*, pp.44-45.
[4] 毛汉光:《从士族籍贯迁移看唐代士族之中央化》,《中国中古社会史论》,上海书店出版社2002年版,第234—333页。韩昇:《南北朝隋唐士族向城市的迁徙与社会变迁》一文认为士族从乡村到城市可能是对这一变化更加准确的描述,《历史研究》2003年第4期。然而士族中央化之后的动向及中央化对于士族的意义及影响则仍是一个有待深入讨论的话题,相关的研究可参见郑雅如:《"中央化"之后——唐代范阳卢氏大房宝素系的居住形态与迁移》,《早期中国史研究》2010年第2卷第2期。

毛汉光与伊沛霞的研究一从统治阶层的总体出发，一从个案分析入手，取径虽然有所不同，但得出的结论不无异曲同工之处。

对于博陵崔氏在汉代的崛起，伊沛霞强调地方的社会基础、儒学修养和符合儒家道德观念的生活方式这三方面因素的影响，而后汉相对开放的社会环境，使得博陵崔氏可以凭借着自己的学识与德行直接进入较高等级的交往圈，而与政权的联系较少。作者在史料上特别重视利用崔寔的《四民月令》，试图以此重建博陵崔氏居乡的生活。认为崔氏虽不无地产，但秉持清流士大夫的理念，反对豪强兼并，对于农民的生活颇为熟悉而有所关切，《四民月令》是地方大族经营庄园的指南，证明了崔氏家族地方经济与社会地位的总体特征，其中反映的童子读经、祭祀、赈济等家族或社会公共活动，则是崔寔本人乡里生活的真实写照。对此，周一良先生曾有所批评，认为作为地方大族的崔氏与农民的关系本质上是对立的，说不上什么接近农民。[1] 但从目前的研究来说，周先生的看法或有偏颇之处，古代中国乡村社会中的阶级关系是否呈现出完全对立的面貌，已受到越来越多学者的质疑。如果以传统的阶级分析观点而论，就本质而言，地主与农民确实是剥削与被剥削的对立关系，但这种对立的关系在传统乡土社会中往往会被一种更加温情的形式所掩盖。谷川道雄提出的"豪族共同体"假说，虽然在中日学界都有激烈的争议[2]，但其对士大夫自律性的观察，指出伦理道德对于贵族建立在乡里社会中领导地位的所具有的意义，对于观察中古地方社会的构造及人身结合

---

[1] 周一良：《〈博陵崔氏个案研究〉评介》，《魏晋南北朝史论集》，第519页。
[2] 〔日〕谷川道雄著，马彪译：《中国中世社会与共同体》，中华书局2002年版。另参见侯旭东：《评谷川道雄〈中国中世社会与共同体〉》，《北朝村民的生活世界》，商务印书馆2005年版，第397—408页。〔日〕佐竹靖彦：《中国古代的共同体与共同体论——以谷川道雄的研究为线索》，《佐竹靖彦史学论集》，中华书局2006年版，第168—198页。

方式不无意义。其实，无论是"豪族共同体"论还是传统阶级分析方法视角下的地主农民二元对立假设，其本质上都基于对社会关系理想化的模型，并不能涵盖中国社会各个地域、家族之间的复杂性与多样性。[1] 即使在博陵崔氏家族内部而言，既有节俭、穷困但富有德行、学问的崔瑗、崔寔父子，亦有聚敛财富，以"入钱五百万，得为司徒"的崔烈。伊沛霞尽管注意到汉末的清流行动种下了士大夫阶层认同的种子[2]，但似乎仍倾向于对汉代的博陵崔氏进行整体性的描述，对于其家族内部清流与浊流两种不同的行为取向及其意义并未加以阐释。另一方面，作者尽管注意到了博陵崔氏家族的儒学传统，可惜未能在研究中进一步引入经学史的视角，因而没有注意到在东汉古文经学逐渐取得优势的背景下，崔骃、崔瑗、崔寔祖孙三代精通古文经学的学术背景对其家族在政治上崛起的助力。[3] 即使在地方层面，崔氏与政权的关系可能也比伊沛霞认为得更加密切，《四民月令》正月之旦："谒贺君、师、故将、宗人、父兄、父友、友、亲、乡党耆老"[4]，其中列于最前的"君、师、故将"三类，尽管注解者的意见不无分歧，但皆认为其与崔氏家族的官场网络有关。[5]

伊沛霞将书中最重要的第四、五章分别题为"贵族时代的博陵

---

[1] 日本学者较早就注意到汉代豪族不同的地域特征，如〔日〕鹤间和幸:《汉代豪族地域的性格》，《史学杂志》87 卷 12 期。

[2] 〔美〕伊沛霞:《早期中华帝国的贵族家庭——博陵崔氏个案研究》，第 22 页，这点作者可能是受到了川胜义雄相关研究的影响。

[3] 《后汉书》卷 52《崔骃传》；卷 79《孔僖传》云崔氏与孔安国家为世交，可见其倾向古文经的立场；另参见陈苏镇:《〈春秋〉与"汉道"——两汉政治与政治文化研究》，中华书局 2011 年版，第 591 页。

[4] 石声汉:《四民月令校注》，中华书局 1965 年版，第 1 页。

[5] "君"指的是郡县长官，"师"指的是东汉常见的拥有门生故吏富有名望的学者，较有疑义的是"故将"，石声汉《四民月令校注》认为"故将"是指曾经做过自己"首长"的人，第 5 页；〔日〕渡部武:《四民月令：汉代岁时与农事》则倾向于认为是故吏之属，平凡社 1987 年版，第 195—197 页。

崔氏"、"唐代作为旧族的崔氏",实际上是认为魏晋南北朝时期是更典型的门阀社会,而在唐代,博陵崔氏则仅仅依靠"旧族"的光环维系较高的社会地位[1],并以此作一动态的描述,说明即使在一般认为的中古士族社会时代,士族的地位在前后期亦有变化。在第四章中,作者指出在魏晋南北朝时期,博陵崔氏的政治社会活动大体可以分为两个阶段,在 4 世纪中叶以前,博陵崔氏侧重于维持其在地方上的影响,更愿意出任一些地方性的职务,与中央政府联系较少。而在其后,崔氏强化了其与朝廷的关系,更加积极地介入中央的政治事务,也因此被卷入北魏末年一系列充满风险的政治斗争之中。尽管崔氏家族的成员试图努力地平衡保持地方基础与介入中央事务之间的两难,但其脱离地方的趋势已逐渐显现,其中具有典型性的案例是崔氏进入北周政权的一支,尽管作为统一战争中的胜利方,这支崔氏在周、隋两代拥有相当成功的仕宦生涯,但其也永久性地迁离了安平故里,失去了地方基础。伊沛霞在本章中观察的重点是贵族如何在地方与中央之间抉择妥协,并通过对这种张力的呈现支撑起了本章的叙事框架,其中的一些话题值得进一步的思考。伊沛霞观察到仕宦于北魏的博陵崔氏绝大多数都是曾经仕于前燕崔懿的子孙[2],从目前的研究来看,这种"由燕入魏"的仕宦经历在当时的河北士族中颇具有普遍性。对于汉人士族在北朝政治中的作用,作者也颇具洞见地指出,尽管崔氏在北朝不乏显宦,但本质上"崔氏从任官中获取的权力与其说是政治性的,毋宁说是官僚性的"[3],即汉

---

[1] 后蒙范兆飞博士赐告伊沛霞本人对唐代社会性质的看法,其大体认同内藤湖南的唐宋变革说,故仍将唐代视为一个贵族社会,第五章的标题只是为了凸现唐代贵族的时代特征。
[2] 〔美〕伊沛霞:《早期中华帝国的贵族家庭——博陵崔氏个案研究》,第 69 页。
[3] 同上书,第 81 页。

人士族在北朝政治中始终处于次要的地位，真正掌握政权的是拓跋的宗室与外戚，而博陵崔氏这样的士族所获得的官僚性的身份，则有助于保护其在地方上的利益。作者注意利用出土墓志，描述了崔氏在安平地方上社会生活与婚姻网络，特别指出崔氏在北朝的通婚对象都是居住在河北的大族，不但在社会身份上具有封闭性，而且更有明显的地域特征，尽管崔氏后期开始与鲜卑贵族通婚，但其与太原王氏、陇西李氏这样西部贵族的通婚记录要到唐代才出现。[1]

作者非常重视六镇之乱对于北魏社会结构的破坏，指出叛乱不但直接危险到了崔氏等大族聚居的河北区域，而且由于叛军倾向于恢复鲜卑旧制，对于汉人贵族颇怀敌意，这使得崔氏家族无法继续维系在地方势力与中央事务间寻求平衡的政治策略，不得不全力以赴地卷入平定叛乱等危险的政治军事活动，因而其家族成员在之后尔朱氏与高欢、东魏与西魏这一系列政治争夺中，不断面临着死亡的风险，而其家族成员也因为不同的政治立场而陷入分裂，这种对于原有社会结构的破坏无疑大大削弱了博陵崔氏的地方基础，使其更加依赖于某一政权，推动了崔氏家族官僚化的进程。不得不承认，伊沛霞在第四章中建立了一个有效的框架来分析崔氏在魏晋南北朝时期一系列政治活动背后的动因，也为整体性地理解贵族与北朝政权之间的关系提供了一个富有启发性的案例。当然这一框架仍有进一步检讨完善的余地，例如作者也承认十六国初的几十年中，崔氏的活动只能通过想象来建构，史书中并没有提及崔氏家族的情况，即使关于崔懿的事迹，也来源于成书较晚的《北史》。从目前的研究

---

[1] 〔美〕伊沛霞：《早期中华帝国的贵族家庭——博陵崔氏个案研究》，第 75—77 页。但作者的这一判断随着崔楷墓的发现需要重新加以考虑，尽管在墓中仅发现崔楷的墓志盖，但在志盖的四周记载了崔楷的家世与通婚情况，而陇西李氏恰是崔楷一支主要的联姻对象，参见田韶品：《曲阳北魏崔楷墓》，《文物春秋》2009 年第 6 期。

来看，这一时期河北大族的动向，大约可以分为两类，一些居留在当地的家族，如渤海石氏与后赵政权有着密切的关系，被石勒攀为同宗[1]，但这些家族大都在后赵灭亡的动乱中遭到重创，而更多的后来在北朝政治中富有影响的汉人家族则选择流亡于相对稳定的东北慕容燕政权[2]，而根据崔懿仕前燕为秘书监的记载来看，博陵崔氏很可能属于第二类，伊沛霞关于崔氏当时居于乡里的推测可能并不能成立，而其对于崔氏政治策略前后变化的分期及动因连带着也需要重新加以检讨。进而值得考虑的问题是作者所强调的博陵崔氏在前后期对待中央政权态度的变化，其背后的动力到底是崔氏自己政治策略的选择，还是北魏政权稳定后，有了更强地汲取地方大族进入政权能力的结果，这涉及如何评估这一将中央与地方对立起来分析框架的有效性，以及如何来理解北朝时代国家与社会之间的互动关系。

在作者看来唐代并非是一个贵族政治的时代，士族们失去了九品中正制度的庇护，削弱了其在仕宦上的优势，并面临着新兴家族的挑战。因而在唐代，魏晋时期常见的如博陵崔氏与清河崔氏之间门第高下争论已停止，旧族家庭抱成一团，建立起排他性的身份集团，试图在新的政权中保持优势，这是一个颇为敏锐的观察。伊沛霞在本书的开头便曾批评以往以制度史、政治史为中心的士族研究，无法解释的一个重要问题便是在唐代九品中正制度已寿终正寝、统一的中央集权已重新复苏的情况下，贵族为何还能继续存在[3]，本章则体现了伊沛霞解释这一问题的努力。其大体上认为旧族利用其原

---

[1]《晋书》卷33《石苞传附石朴传》。

[2] 罗新：《五燕政权下的华北士族》，《国学研究》第4卷，北京大学出版社1997年版，第127—156页。

[3]〔美〕伊沛霞：《早期中华帝国的贵族家庭——博陵崔氏个案研究》，第6页。

有的社会声望、财富、文化优势等各种资源，不但继续维持了封闭的婚姻圈，而且成功地在新时代适应了竞争并建立起了优势。作者已经注意到崔氏成员在科举考试中所取得的普遍成功，唐代科举所具有的士族圈内竞争的特质已越来越为学者所重视[1]，而过去对于科举对唐代社会流动的促进作用可能存在着过高的估计[2]。另一方面，门荫制度的存在也某种程度上保留了士族在仕宦上的特权。不过，作者认为诠选是一种主观性较大的考核制度，有利于旧族子弟，这一点并不能得到制度史研究者的支持[3]，同样作者也没有注意到门荫出身在唐代前后期官场的地位变化。但毫无疑问，士族子弟所拥有的广泛的人际网络有助于其在藩镇中谋得更好的位置以减少守选带来的损失，唐代并不严密的考试制度，也为士族子弟行卷等场外活动提供了广阔的空间。[4]

此外，作者在第五章中大量利用墓志资料对唐代崔氏家族成员的仕宦的情况进行考察，并进而依据墓志材料判定唐代的崔氏更多地担任县令、县尉、州参军等卑下的地方职务，而北朝的崔氏在

---

[1] 毛汉光：《唐代大士族的进士第》，《中国中古社会史论》，第334—364页。
[2] 陈寅恪极其重视科举对于促进唐代社会流动的作用以及新兴进士阶层的兴起对于原有社会结构的冲击，见《唐代政治史述论稿》，上海古籍出版社1997年版，第70—87页。稍后的一些研究，如胡如雷《论武周的社会基础》虽使用阶级分析的方法，不同意陈寅恪的结论，但仍强调科举制成为新兴地主集团进入政权的主要渠道，《历史研究》1955年第1期。但在西方学界，Denis Twitchett较早就对陈寅恪的判断提出不同的看法，认为至少在唐代中期以前，科举制对于社会流动的作用不宜估计过高，见 The Birth of the Chinese Meritocracy,Bureaucrats and Examinations in T'ang China,*China Society Occasional Papers*, no.18, London: China Society,1976. 此文蒙孙英刚先生提示，特此致谢。
[3] 从目前关于诠选制度的研究进展来看，诠选本身还是一个以"循资格"为基础的注拟官阙制度，其中的主观性相当有限，参见王勋成：《唐代诠选与文学》，中华书局2001年版，第138—190页。
[4] 程千帆：《唐代进士行卷与文学》，上海古籍出版社1980年版；吴宗国：《唐代科举制度研究》，辽宁人民出版社1992年版，第210—253页。

仕途上更为成功[1]，但这一判断混淆了墓志与史传两种材料的性质，我们关于北朝博陵崔氏仕宦的了解仍主要来源于正史，一般只有较为成功的仕宦者才会被正史所记录，而由于墓志发现的随机性，使得一些仕宦不成功的崔氏成员也留下了传记，但依据两种不同性质的史料来判断北朝唐代博陵崔氏政治地位的变迁无疑是具有一定风险的。

伊沛霞在本章中提出的另一个重要的话题是如何理解中古社会的家族形态，关注贵族家庭作为宗族组织的特征是作者在书的序言中设定的重要研究目标[2]，作者已经注意到魏晋时期博陵崔氏有逐渐分散化的趋势，其利用崔昂墓的考古报告，发现崔昂一支离开了父辈生活的安平，迁居常山，并归葬于此，而最近在平山发现的崔仲方家族墓地也进一步印证了崔氏迁居常山之事。[3]另有一些房支衰弱甚至在历史记载中消失。而北魏末年，崔氏家族因不同立场而分属不同政权的事实，也使作者认识到"崔氏并不是一个召开家族会议来商讨重大决定的团体，没有一支'大房'崔氏居于领袖地位"[4]，因而如何在宗族的意义上理解博陵崔氏成为一个颇为棘手的问题。作者指出用氏族或者宗族来描述崔氏是不适当的，崔氏家族成员并没有共居安平，而且从北朝至唐，逐渐分散在全国各处，房支疏远，甚至同一房支内成员之间的联系也日趋淡漠，在史料上也看不到崔氏有共同祭祀活动的记载[5]，因而并不能被视为一个富有组织性的宗族。这一认识有利于廓清士族研究中的边界与概念，由于中古是士族活跃的时代，所以在

---

[1]〔美〕伊沛霞：《早期中华帝国的贵族家庭——博陵崔氏个案研究》，第132—133页。
[2] 同上书，第8页。
[3] 同上书，第109—110页注释144及译者注。
[4] 同上书，第86页。
[5] 同上书，第116—118页。

人们的一般印象中也很容易认为此时期亦是宗族发达的时代。尽管宗族这一术语在研究中得到了广泛使用，但大多数研究者并未对这一概念进行严格的界定，也没有明晰地区分"族"与"家"之间的边界所在。[1]事实上士族的同族观念可能是以同曾祖为范围的[2]，这大约和"服制"的范围有关[3]，而出土墓志对于先世的记载，除了攀附汉晋以前的部分，可靠而较为详尽的记录一般不过追溯到曾祖。伊沛霞进而富有洞见地指出："博陵崔氏在唐代意义非凡，但是它在阶级内涵上的重要性要远大于宗族意义"，即博陵崔氏更多的是一个社会身份的标识，而非实际存在的宗族，"不包括早期博陵崔氏生物学意义上的全部子孙后裔，也不排除那些亲属关系不牢靠的人"。[4]

三　反本开新：士族研究再出发的可能

作为一部三十余年前的旧著，作者当时使用的一些较为新颖的

---

[1] 在中文世界的研究中，有不少学者的研究以中古的宗族或家族制度为对象，其所关注的问题，与一般所谓的士族研究者间有同异，但似乎两者间缺乏交流，前一类代表性的论著可以举出李卿：《秦汉魏晋南北朝时期家族、宗族关系研究》，上海人民出版社2005年版；阎爱民：《汉晋家族研究》，上海人民出版社2005年版。侯旭东对宗族概念的使用已有一定的反思，《汉魏六朝父系意识的成长与"宗族"》，《北朝村民的生活世界》，第60—107页。

[2] 一个证据是唐代的行第，多以同曾祖为序，参见岑仲勉：《唐人行第录·自序》，上海古籍出版社1978年版，第5页，而唐人在一般称呼习惯上，以同曾祖内为从兄弟，同曾祖外为族兄弟。而伊沛霞推定的范围还要更小一些，以五世之内具有亲属的关系的人员构成，《早期中华帝国的贵族家庭——博陵崔氏个案研究》，第119页。当然这并不是一个绝对化的概念，从墓志提供的信息来看，有些墓志的撰者或书丹者与志主不过是"再从"或"同族"的关系，似乎暗示了在安葬的过程中一些较为疏远的亲属可能起了较大的作用。

[3] 杜正胜：《传统家族试论》，黄宽重、刘增贵编：《家族与社会》，中国大百科全书出版社2005年版，第60—86页；甘怀真指出唐代的家庙与祀的范围一般止于大功亲，《唐代家庙礼制研究》，台湾商务印书馆1991年版，第94页。

[4] 〔美〕伊沛霞：《早期中华帝国的贵族家庭——博陵崔氏个案研究》，第115页。

研究手法，如对于墓志资料的广泛收集与利用，通过对士族卒葬地的分析来判断士族房支分化与逐步中央化的趋势，通过与出土墓志记载家族世系的比勘来确定《新唐书·宰相世系表》的可靠性，目前都已成为研究中习见的方法，但作者本书中提出一系列问题仍值得我们做进一步的省思。

首先是如何来理解士族在魏晋隋唐之际与唐宋之际的变化，与伊沛霞的判断有所不同，中文世界的研究者大都仍认为唐代是一个士族社会，只不过士族的权力逐渐走向衰弱而已，那么需要说明的问题是当士族失去了制度上的特权之后，唐代维系士族长期存在的动力是什么。另一方面，累世为官并具有崇高社会威望的政治家族在整个中国古代的历史上皆不乏其例，那么如何来界定中古士族的特殊性，唐代士族与宋代累世为官的家族究竟有何本质上的区别？例如，西方学者一般倾向于认为南宋以降，士大夫将关注的重心从中央转到了地方，由朝廷大臣转变为地方绅士。[1] 但包伟民对此有强有力的批评[2]，其中的一个关节点在于，由于印刷术的普及，宋以后文集、方志、家谱等文献的大量流传于后，使我们能够广泛而清楚地了解大族在地方层面从事的具体活动，这为我们提供了一种"显微镜"式观察的可能。但相对而言，研究唐以前学者，不得不主要依赖正史的记载来描摹大族的形象，而正史的记载当然是以王朝的政治活动为中心，自然也容易得出大族中央化与官僚化的印象，这大约可以算是一种"望远镜"式的观察。那么剩下的疑问是，我们过去印象中，唐宋间世家大族形象和社会地位的巨大变化，到底是

---

[1] 代表性的著作是 Robert Hymes, *Statesmen and Gentlemen: The Elite of Fu-Chou Chiang-His in Northern and Southern Sung*, Cambridge University, 1987。

[2] 包伟民:《精英们"地方化"了吗？——试论韩明士〈政治家绅士〉与"地方史"研究方法》,《唐研究》第 11 卷，北京大学出版社 2005 年版，第 653—670 页。

一种实际上的存在，还是被不同性质文献所呈现出的不同面貌所夸大了，或是在唐宋变革论假说的驱动下，学者更倾向于去发现、强调唐宋之间的变化？谷川道雄所关注的豪族共同体中，贵族领袖对于乡里的赈济、救恤，与宋以后士大夫周济宗族、造福地方的各种义举之间，是否存在着支配性质上的不同？而在《博陵崔氏》一书中，作者并没有特别讨论汉到唐之间，大族在社会构造中的位置是否有本质性的变化，而是连贯地叙述了崔氏一千年来兴衰，那么如何来进一步解明士族在中国历史及中古社会结构中的特殊性，恐怕是将来必须要面对的课题。[1]

另一方面，尽管不少学者都倾向于认为士族特别是魏晋时期的士族具有相当的自立性，其本身的声望与地位并不依赖于官僚的身份，而是一种独立的社会权力，但事实上这种社会权力最终还是通过政治地位来体现的。伊沛霞也注意到，"在任何可行的时候，贵族都会见缝插针地在国家政权中谋取一席之地"，并认为正是这种参与政权的热情遏制了贵族家族利用地方基础成为割据一方的封建领主的势头，避免了魏晋时期政权的进一步的碎片化。既然士族本身能够依赖自身的财富、地方势力、社会声望与国家权力保持距离而自立，那么这种参与中央政治的动力来源于何处，伊沛霞提供的解释主要有两点，一是长久以来确立的士大夫（gentleman-official）理念具有持续的影响力，二是中国没有稳定的长子继承制，贵族的财富与地方势力会不断遭到分割，因此无法形成真正长久的封建势力。[2]

---

[1] 中国和日本的学者一般以为士族（贵族）社会是标识中古中国独特性的重要特征，其他的时代，如汉代的豪族势力亦很发达，但并不能被称为豪族社会。其蕴含的研究假设是认为在汉魏之间，大族在国家权力、社会构造中的地位得到了本质性的强化，从而需要用士族（贵族）社会这样一个专名来加以凸显，但这种士族社会在中国历史上的特殊存在本身就是一个需要论证的问题。

[2] 〔美〕伊沛霞：《早期中华帝国的贵族家庭——博陵崔氏个案研究》，第2、156页。

其提供的第二点解释无疑是源自西方的经验，但总体而言，这两点似乎皆不足以完全说明这一问题，中古时期国家与地方社会之间互动关系究竟如何，国家权力如何从地方社会汲取精英，而大族如何应对国家权力对地方的侵入，贵族精英如何来平衡官僚与贵族的双重的双重身份，这些问题都值得期待更加精细化的研究。

三十余年前，《博陵崔氏》出版的时候，士族个案研究尚是一个方兴未艾的领域，周一良先生的书评是期待精细化的个案观察加上西方社会科学的视野能够为传统的士族研究提供新的突破，但三十余年后的今天，且不论研究的质量高下，却面临着"个案已经做完"，士族研究需要重新寻找新的研究方向的困境[1]，甚至可能会不无失望地发现，大陆学界三十年来积累的大量士族个案研究的成果，虽然使我们弄清楚了大大小小的士族谱系、仕宦与婚姻的状况，但其讨论问题的深度与广度大都没有超过《博陵崔氏》一书，一个可以衡量的重要标尺是，大多数的个案研究只停留在对某个士族个体兴衰加以描述的层面，并不能为整体性地理解中古社会的特质提供多少新的知识。在新史学日渐主导学术风气的当下，传统的研究议题或多或少地面临着挑战与危机，如何扬弃与整合此前个案研究的成果，拓展研究的范围，更新研究的方法，进而寻找士族研究再出发的起点，是值得每个研究者思考的问题。综合近年来学界的研究，笔者在此或许可以对士族研究的前景做一点"问题与主义"式的遐想。

---

[1] 这并不仅是笔者个人的想法，如甘怀真最近发表的《再思考士族研究的下一步：从统治阶级观点出发》亦谈及士族研究的困境及研究再出发的可能，收入氏编《身份、文化与权力——士族研究新探》，台大出版中心2012年版，第1—26页。

其一，是对士族这一概念及其边界的重新思考，尽管士族是一个被学界广泛使用的概念，但各个研究者笔下士族的定义与概念往往并不相同，其界限也晦暗不明，自崔、卢、李、郑、王五姓七家以下，直至一般的地方豪强，皆可被不同的学者根据自己的研究需要定义为士族或非士族，于是名义上同是研究士族，但研究的对象本身已是参差不齐，很难放在同一个层面上加以讨论[1]，更遑论对于墓志中常见的自云出自某郡望，每个研究者辨伪与去取的标准更是宽严各异，如伊沛霞在本书中的研究对象包括了唐代所有自称博陵崔氏的墓志。若持较宽泛的士族定义，则进入正史的中古官僚大都皆可被目为出身士族，若此，士族研究便容易被泛化为中古官僚阶层研究，那么士族社会在中国历史上的特殊性又在何处？另一方面，我们已习惯于用士族一词来描述中古时代的统治阶层，但很少注意到士族这一用语不变的背后，自魏晋直至唐末，士族一词的内涵是否已经发生了转变，例如唐中期以后的科举精英，尽管亦多出自崔、卢、李、郑、王等传统门第，但他们与自己北朝以降的山东旧族的祖先在身份认同、文化特质上是否已存在着深刻的不同？如果没有，那么又如何来理解安史之乱后形成的新的政治格局与文化风尚对于传统门第的冲击与影响？

其二，是对士族谱系构造与身份认同的重新检讨，伊沛霞认为财富占有、世袭特权和姓氏声望是维系贵族社会身份的三个重要因

---

[1] 毛汉光从士族的官僚属性出发，提出三世五品官可称士族的说法，无疑是中文世界对于士族最清晰的定义，并以此为基础，通过数量统计，研究中古中国社会结构的变迁，颇具影响。但这一定义由于忽视了士族的文化属性，较为机械，近来为不少学者所批评，综合性的讨论可参见韩昇：《中古社会史研究的数理统计与士族问题——评毛汉光先生的〈中国中古社会史论〉》，《复旦学报》2003年第5期。但除了毛汉光之外，其他学者也未能提出一个有说服力且便于研究操作的定义。

素，而其中姓氏声望无疑其间最为持久而稳定的因素，但作者也已注意到伪冒郡望的现象在唐代相当常见，甚至有五方博陵崔氏的墓志误认清河崔氏为其祖先，其中还包括两位科举功名的获得者。[1]而目前学者的研究也越来越关注士族谱系中的层累构造、郡望的伪冒、攀附、混淆甚至虚构等现象。[2]如果说过去的研究更加倾向于利用墓志资料对于订补《新唐书·宰相世系表》《元和姓纂》等传世文献中记载的士族谱系，侧重于将士族的谱系连接起来，梳理清楚，那么以后的研究中可以更多地注意到士族谱系中的断裂之处，从士族家族先世记忆的断裂掩饰之处中发现"贵族家庭恒定不变的术语，掩饰着相当可观和几乎持续的变化"[3]。可以注意到现在所知的士族谱系在历史上绝非是一成不变、一次写定的，而是通过多次改写层累堆积而成的，进而在实证研究中可以更多地关注每一次改易谱系、增添房支背后政治与社会权力之间的角逐，促进思考士族郡望这一金字招牌千年不变的表象背后，社会流动、阶层升降是如何展开的。

其三，在北朝隋唐史的研究中代北房姓士族的个案虽不乏学者的关注[4]，但相对而言，比较侧重于胡族汉化、关陇集团等传统的议题，研究的时限也多囿于北朝至隋唐初年。而笔者以为萧启庆先生

---

[1] 〔美〕伊沛霞：《早期中华帝国的贵族家庭——博陵崔氏个案研究》，第125页。

[2] 何德章：《伪托望族与冒袭先祖：以北族人墓志为中心——读北朝碑志札记之二》，《魏晋南北朝隋唐史资料》2000年第17辑；仇鹿鸣：《"攀附先世"与"伪冒士籍"——以渤海高氏为中心的研究》，《历史研究》2008年第2期；陈勇：《汉唐之间袁氏的政治沉浮与籍贯变迁——谱牒与中古史研究的一个例证》，《文史哲》2007年第4期。

[3] 〔美〕伊沛霞：《早期中华帝国的贵族家庭——博陵崔氏个案研究》，第153页。

[4] 较有代表性的如毛汉光：《关陇集团婚姻圈之研究——以王室婚姻关系为中心》，《"中央研究院"历史语言研究所集刊》1990年第61本第1分册；宋德熹：《试论唐代前期的代北外戚家族——以独孤氏、窦氏及长孙氏为例》，《唐史识小》，稻乡出版社2009年版，第89—133页。

在研究熏染汉文化的蒙古人、色目人时所提出的"多族士人圈"的概念颇值得中古史研究者关注,其指出元代中后期熟谙汉族士大夫文化的蒙古、色目人士日益增多,业已形成一个士人阶层,而此一新兴的蒙古、色目士人阶层并非孤立于汉族士人主流之外,而是各族士人透过姻戚、师生、座师、同年、同僚、同乡等关系,频繁互动,建立紧密的社会网络,各族士人并且具有共同的群体意识——信仰、价值、行为规范及政治理念——乃能融为一体。[1] 尽管最近十年来北朝史研究的主流是对于北魏政治制度中胡族特征的再发现,"多族士人圈"之说似乎多少有为传统的"汉化论"或者"涵化论"招魂之嫌疑[2],但在中古时代是否存在着一个超越民族界限之上、对士族身份的认同确实是一个值得探索的课题。如著名的柳芳《氏族论》中虽将代北虏姓单独归为一类,但总体而言似仍将士族的社会身份认同置于胡汉的民族界限之上,唐代著名的文人出自胡族者的不胜枚举,从导古文运动先声的元结、独孤及,到文名波及天下的刘禹锡、白居易、元稹,其个别在婚姻、举止上或有不遵礼法之举,不宜以士族目之[3],但其在文化上认同汉族士大夫的身份,并自觉践

---

[1] 萧启庆:《元代多族士人圈的形成初探》,《内北国而外中国》,中华书局2007年版,第476—508页;萧启庆:《九州四海风雅同——元代多族士人圈的形成与发展》,台北联经出版事业股份有限公司2012年版。

[2] 特别是西方汉学界在基于文化多元主义产生的新清史潮流的冲击下,谈论"汉化"多少已经有些政治不正确的意味。相关的论争可参见罗斯基:《再观清代:清代在中国历史上的重要性》;何炳棣:《捍卫汉化:驳伊夫林·罗斯基之"再观清代"》。两文的中译本收入刘凤云、刘文鹏编:《清朝的国家认同——"新清史"研究与争鸣》,中国人民大学出版社2010年版,第1—52页。过去视汉化为进步、为历史发展方向目的的论式的研究,遮蔽历史演进过程中的很多复杂面向,无疑是需要批评和放弃的,但因而连带着汉化两字亦被赋予"原罪",汉化作为中国历史上的一个常见现象亦被变得不可讨论,似乎亦存在问题。

[3] 陈寅恪:《白乐天之先祖及后嗣》,《元白诗笺证稿》,生活·读书·新知三联书店2001年版,第316—330页。

行致君尧舜、文以载道等儒家道德原则[1]，这点当无疑义，而且在他们留下的大量文字当中，似乎很难读到种族身份的色彩。那么房姓士族如何从最初孝文帝改革时的接受国家权力主导下"汉化运动"，复又置于关陇胡汉杂糅的社会环境，入唐后逐渐泯灭民族之界限，又如何逐步拓展交往圈与婚姻圈，形成对士族身份与文化的自觉认同，这一历史过程中所产生的种种文化与种族上的张力与冲突似乎可以期待更多精细的个案研究来加以呈现，亦可为陈寅恪先生著名的种族—文化说提供一个新的脚注。

其四，在尽可能小的区域尺度内展现中国社会的复杂性无疑是对当代研究者颇具诱惑力的课题，过去由于受到史料的限制，我们对于唐以前社会的研究很难深入到郡级以下的区域，对于大族的研究也集中于正史中有所记录的家族，而这些大族不过是浮在海面上的冰山一角，我们距离了解"地方豪强"的层面尚有不少的距离，遑论真正进入基层社会。而目前简牍、墓志资料的大量出土，特别是同一区域内出土材料的丰富与积累，使得我们多少有了复原一个较小区域内社会网络的可能[2]，而之前学者利用敦煌、吐鲁番出土的文书、碑志、洞窟题记乃至壁画造像等较为丰富多样的资料对区域内部的政治结构、社会网络、胡汉互动、宗

---

[1] 如白居易、元稹对于带有讽喻性的新乐府诗的创作，便是将诗以言志的文学传统与致君尧舜的道德期许结合起来的显例。

[2] 在简牍方面，较早的尝试有黎明钊：《汉代东海郡的豪姓大族：以〈东海郡下辖长吏名籍〉及〈赠钱名籍〉为中心》，《香港中文大学中国文化研究所学报》新9卷。近来魏斌利用吴简中人名讨论湖南的区域社会与种族问题，颇具新意。参见魏斌：《吴简释姓——早期长沙编户与族群问题》，《魏晋南北朝隋唐史资料》2008年第24辑；《单名与双名：汉晋南方人名的变迁及其意义》，《历史研究》2012年第1期。墓志这方面的研究潜力更大，若以唐后期的藩镇作为单位，如魏博、昭义、幽州等不少区域内发现的墓志皆在百方以上，将其与传世文献相结合，足以支撑展开区域史研究的尝试，但目前学者仍主要关注于正史上出现过的那些大人物的墓志，对于以碑志等石刻资料为中心的区域史研究尚缺乏足够的关注。

教信仰、大族升降等诸方面的研究已提供了较为有益的示例。[1]此类研究工作的拓展或许有助于跳出正史等传统文献所描绘士族图像带来的遮蔽,更加深入地探究中古地方社会的权力构造与实际运作。但如何真正地把家族史研究与社会史、区域研究结合起来,选择适合的研究对象与地理尺度,进而得以呈现中国各地区内部不同的特质与变迁轨迹,发掘出地方社会内部的权力构造与张力互动,而不要把区域研究简化为传统中古政治、社会史研究的"微缩版"与"分省版",这些无疑都需要更多的方法自觉与研究实践来加以充实。

其五,士族社会日常形态的探索,目前关于士族的研究主要仍以正史文献为出发点,虽强调利用碑志等新出史料,但大都不过是注意其在校补世系、婚宦经历等方面的价值,以弥补传世文献的不足,因而士族官僚性仍是研究者首先注意的对象,使得"士族"难免有被等同为"仕族"的倾向。但另一方面随着墓志资料的丰富,使我们得以有条件了解中古士族官场之外日常生活中的诸面向。例如近十余年来,以墓志资料为中心的中古性别史研究方兴未艾[2],尽

---

[1] 代表性的如〔日〕白须净真:《在地豪族与名族社会——1 至 4 世纪的河西》,池田温编:《讲座敦煌》第 3 卷,大东出版社 1980 年版,第 3—51 页;杨际平、郭锋、张和平:《五至十世纪敦煌的家庭与家族关系》,岳麓书社 1997 年版;姜伯勤:《敦煌邈真赞与敦煌名族》,饶宗颐编:《敦煌邈真赞校录并研究》,新文丰出版社 1994 年版,第 1—55 页;刘安志:《唐朝吐蕃占领沙州时期的敦煌大族》,《中国史研究》1997 年第 3 期;〔日〕白须净真:《吐鲁番的古代社会——新兴平民阶层崛起与望族没落》,〔日〕谷川道雄编:《魏晋南北朝隋唐史学的基本问题》,中华书局 2010 年版,第 108—131 页。综合性的学术综述与讨论,可参见冯培红:《汉宋间敦煌家族史研究回顾与述评》(上),《敦煌学辑刊》2008 年第 3 期;冯培红、孔令梅:《汉宋间敦煌家族史研究回顾与述评》(中)、(下),《敦煌学辑刊》2008 年第 4 期、2010 年第 3 期。
[2] 较有代表性的著作可以举出陈弱水:《隐蔽的光景——唐代的妇女文化与家庭生活》,广西师范大学出版社 2009 年版;郑雅如:《情感与制度——魏晋时代的母子关系》,台大出版中心 2001 年版;廖宜方:《唐代的母子关系》,稻乡出版社 2009 年版。

管在西方的学术语境中，性别史研究的本意是要解构男性权力话语的宰制，为历史上被边缘化的、沉默弱势的女性代言，但略显吊诡的是，中古女性墓志的书写者绝大多数仍是男性，志文中所描摹的不过是男权主导下理想女性的形象，很难说是女性自己的声音，另一方面，留有墓志特别是内容较为丰富墓志的女性，大多出自士人精英家庭，因而透过墓志所了解更多的仍是士族妇女的世界。中古史料的局限性，虽然阻碍了进一步去发现历史上真正沉默的底层女性的声音，但也使新旧议题之间存在着更多沟通的可能，性别、宗教、医疗这些新的研究议题的拓展，大大丰富了对于中古士族精英的家庭结构、夫妻关系、子女教育、宗教信仰、交游唱和等日常生活世界的了解。因此，观察士族精英如何扮演官僚、士人、家族成员多种社会角色，以及应对京师、乡里、宦游不同生活场域的转换，通过对精英群体在社会身份与生活空间上多样性的展现，构筑起一个立体的士族社会图像或许可以成为将来研究努力的方向。

其六，一方面，在史料运用的方法上，尽管新出墓志资料至今仍层出不穷，但受制于墓志文体本身的限制，从墓志所获得的信息将来虽毫无疑问仍会有量的增加，但很难说会有质的突破，因而士族研究未来的推进并不能仅仅乞灵新出资料所驱动的粗放式增长，如何改良"历史学家的技艺"，从旧史料中榨取更多的历史信息，便显得尤为重要。因而，除了对新出碑志这样有文字的出土文献资料的收集利用这种传统的金石学研究取径之外，如何跨越考古与历史的学科边界，学会榨取数量更多但无文字资料出土的墓葬中的历史信息，让沉默者发声，这对于推进素来被认为是士族社会的典型，但少有墓志出土的东晋南朝的历史研究显得尤为关键。[1] 另一方面，我

---

[1] 在这方面，涂宗呈新近《东晋南朝士族的墓葬文化初探——以南京地区单室砖墓与随

们需注意将文字资料置于墓葬本身的"原境"中加以讨论,将墓志重新安置回整个墓葬构造乃至古人死后的世界中加以考虑,或许能别开新境。[1] 此处所谓的"原镜"是当下艺术史研究中的一个热门概念,即以往的艺术史研究者亦习惯于根据艺术品的不同材质,将其分为青铜器、玉器、雕塑、陶瓷、绘画等不同门类分别加以研究,从而使得艺术品脱离了墓葬礼仪和建筑空间中的原境,变成了单纯的器物学研究,在这一脱离原境的过程中,损失了很多重要的历史信息。[2] 而从中国历史研究的传统而言,对于文字材料的持续不断的重视,固然造就了自宋以来绵延至今的伟大金石学研究传统,但与之相应的则是对非文字材料的长期忽视,使得学者不自觉地将墓志与其他考古资料割裂开来,这一传统与现代学术体制下的分科共同缔造了一道颇难跨越的知识鸿沟。

总体而言,作为一个传统的、广受关注的学术议题,士族研究近年来可以说是出现了"有增长而无发展"的学术内卷化的倾向,其中呈现出的种种危机与挑战,等待着学者们的进一步的回应与反思。但是借助血缘关系凝结起来的家族以及通过婚姻、交往等各种手段扩展形成的家族网络依然是中国古代社会人际结合的最重要方式,无疑也是各种新旧课题中难以绕过的研究对象。如果能将士族研究中积累的一些成熟的经验方法,例如对墓志资料的搜集与利用、

葬品为中心》一文做出了较好的研究示例,收入甘怀真编:《身份、文化与权力——士族研究新探》,第123—152页。

[1] 与传统士族研究关系密切的便有对士族墓葬的一些综合性研究,例如郑岩:《墓主画像研究》、《墓主画像的传承与转变——以北齐徐显秀墓为中心》、《崔芬墓壁画初探》等文,皆收入氏著《逝者的面具——汉唐墓葬艺术研究》,北京大学出版社2013年版,第168—218、337—351页。

[2] 巫鸿:《东亚墓葬艺术反思:一个有关方法论的提案》,《时空中的美术》,生活·读书·新知三联书店2009年版,第161—192页,另参见巫鸿:《实物的回归:美术的"历史物质性"》,《美术史十议》,生活·读书·新知三联书店2008年版,第42—53页。

对于谱系的清理与辨伪，运用到一些过去关注较少的武将、宦官、胡人、宗教、医学、方技家族的研究中去[1]，或许能拓展家族史研究的范畴，进而加深对中古社会阶层构造的了解。

---

[1] 在宋史领域，关于武将家族的研究一直颇受学者的关注，代表性的如何冠环：《北宋武将研究》，香港中华书局 2003 年版；曾瑞龙：《北宋种氏将门之形成》，香港中华书局 2010 年版。但唐史领域中类似的论题则并不多见，而近年来大量武将墓志的出土，则为我们进一步探讨唐代武将群体乃至更小尺度的研究，如中后期藩镇内部军将网络都提供了较大的资料空间。宦官尽管一直被认为是唐中后期历史上的核心角色，但由于传统史家对其往往采取鉴戒论式的叙事，使得我们所获知的宦官形象不但趋于负面，而且程序化，而新出的宦官墓志大大丰富了我们对于宦官家族出身、社会网络等诸方面的知识，使我们有机会更加深入地探讨这一唐代中后期政治史上重要的一面，其中典范性的研究可参见陆扬：《从碑志资料看 9 世纪唐代政治中的宦官领袖——以梁守谦和刘弘规为例》，《文史》2010 年第 4 辑。近年来活跃的宗教史、医学史等领域中，一些引人注目的研究，如雷闻：《碑志所见的麻姑山邓氏——一个唐代道教世家的初步考察》（《唐研究》第 17 卷，北京大学出版社 2011 年，第 39—69 页），范家伟：《六朝隋唐医学之传承与整合》（香港中文大学出版社 2004 年版，第 91—125 页）、陈昊：《墓志所见南北朝医术世家身份认同与宗教信仰》（《文史》2008 年第 2 辑，第 77—104 页）《晚唐翰林医官家族的社会生活与知识传递》（《中华文史论丛》2008 年第 3 期）等文中对于邓氏、徐氏、段氏等道教、医学家族的讨论，大抵皆借助碑志资料，运用家族史的研究方法，使得原先晦暗不明的中古宗教、医学世家的面貌得以显现，从以上诸例不难窥见士族研究方法在其他相关领域中运用的潜力。

对三州仓"月旦簿"的复原尝试
——兼论"纵向比较复原法"的可行性

邓玮光（江苏第二师范学院社会发展学院）

随着走马楼吴简的不断公布，按照簿籍对简牍进行复原的条件日益成熟，先复原再研究的思路也越来越受到学者们的重视。关于先行研究的情况，笔者在《走马楼吴简三州仓出米简的复原与研究——兼论"横向比较复原法"的可行性》一文中已有概述，这里不再赘言。[1] 在《走马楼吴简三州仓出米简的复原与研究》一文中，笔者提出了"横向比较复原法"，即通过比对关于同一事件的多方记录来辅助复原。这是基于吴简的特殊性而产生的方法。经过两汉的发展，孙吴时期的"文书行政"已经完全成熟，严密的簿籍制度得以建立。在这一大背景下制作的吴简，从横向的角度来说，关于同一事件会有多方记录，这一特点使"横向比较复原法"得以成立。不过，除了从横向的角度来进行考察外，从纵向的角度也可以对吴简进行研究。由于孙吴"文书行政"的发达，政府的一言一行都会被记录在案，所以几乎每项政府重大活动的背后都会留下关于其来龙去脉的完整记录。"纵向比较复原法"就是尝试去追踪这样的

---

[1] 参见邓玮光:《走马楼吴简三州仓出米简的复原与研究——兼论"横向比较复原法"的可行性》，《文史》2013年第1辑，第231—254页。

记录，将一件事的前因后果串联起来，然后借助逻辑关系辅助复原。本篇论文可视作是对《走马楼吴简三州仓出米简的复原与研究》的一次补充。

一、对揭剥图三·图五的分析

图 1 为揭剥图三·图五（为便于行文以及与原始材料对照，后文略称为图五而不称图 1）。图中有简 81 枚（［叁］4504～4584）[1]，内容全部与仓米有关。从揭剥图来看，简册虽有缺失，个别简可能存在移位，但总体层次清晰，同层简连接较紧密。

在利用揭剥图前，有必要先就揭剥图的描绘原则稍作介绍。对此，宋少华先生在《长沙三国吴简的现场揭取与室内揭剥——兼谈吴简的盆号和揭剥图》一文中进行了详细说明，现摘录相关文字如下。

"当遇到呈卷曲状的成坨简，首先假定它有可能为一完整的册书，在不伤及简牍的情况下，成坨简也采取按卷曲的形状，由外至里揭取的方法。……根据对吴简的长期观察，我们发现吴简墨书的正文大多书写在竹黄面，少部分写在竹青面，这是吴简书写的特点。

---

[1] 本文所引简例除后文简 4、简 113 选自《长沙走马楼三国吴简·竹简［壹］》外，皆选自《长沙走马楼三国吴简·竹简［叁］》。为行文方便，《长沙走马楼三国吴简·竹简［壹］》一律简称为［壹］，《长沙走马楼三国吴简·竹简［叁］》一律简称为［叁］。利用揭剥位置示意图、盆号等进行复原研究，需要引用多种不同编号进行对照时，在引文后的括号内，依次注卷次、出版编号、揭剥图号、揭剥图中简号以及盆号。出版编号与揭剥图号间用"·"分隔，揭剥图号与揭剥图中简号间用"-"连接，盆号前用"/"分隔，如"［叁］4361·图三-1/33"、"［叁］4559·图五-56/33"。文中提及相关简牍时，在流水编号后的括号内注明其揭剥图号与揭剥图中简号，其间用"-"连接，如"简 30（图三-42）"、"简 10（图五-78）"。后文不再说明。因为简 4、简 113 等简无揭剥图，故只注明卷次、出版编号以及盆号，中间以"/"分隔。

对三州仓"月旦簿"的复原尝试　　141

我们将简上书写墨书的竹黄面称之为正面，未写字的竹青面称之为背面。……揭剥图中每枚竹简正面用直线表示，背面用曲线表示。木牍、木楬，则正背面皆用直线，有字的一面用文字表示。"[1]

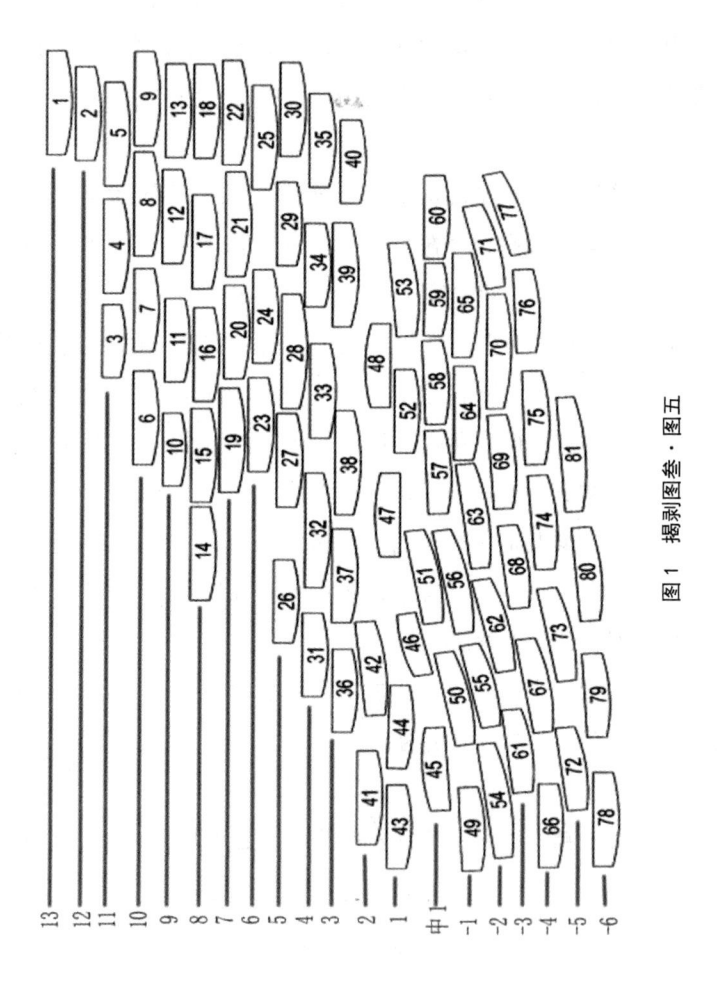

图 1　揭剥图叁·图五

---

[1]　宋少华:《长沙三国吴简的现场揭取与室内揭剥——兼谈吴简的盆号和揭剥图》，《吴简研究》(第三辑)，中华书局 2011 年版，第 7 页。

宋先生作为简牍的主要发掘整理者之一，他的这段说明文字对笔者使用揭剥图具有指导意义。根据宋先生的说明，笔者按照正面（书写墨书的竹黄面，用直线表示）的朝向把图五分为三部分[1]，即正面朝下的中1层，正面朝上的-1至-6层以及正面朝上的1至13层。

从整体上来看，竹简的这种保存状况让人十分费解。一般简册在收卷后，即便被破坏，也会找到一个中心，围绕这一中心形成位置相对的字面朝上的下层与字面朝下的上层。因此，找到一个这样的中心，实际上也就是确认了一个简册的存在。图五所显示的保存状况，字面朝下的中层夹在字面朝上的上下两层之间，似乎意味着图五中有两份简册，即-1至-6层与中1层组成的一册，以及1~13层组成的另一册。但中1层只有薄薄的一层，与-1至-6层间的数目差距过大。中1层上紧靠着1~13层，两者间也没有足够的空隙来包含其他简层。一册收卷后的简册，上下层间的层数差距如此之大，让人很难想象其原来的收卷情况。因此，笔者曾怀疑揭剥图绘制有误，但经过向参与简牍整理的凌文超先生确认，揭剥图应无误。因此，在没有其他证据的情况下，暂将图五视为两份简册。下面先将这两份简册分开予以考虑。

在下层简册中简1（图五-56）与简2（图五-70）为本图中仅有的两枚标题简，其内容分别为：

1. 三州仓谨列所领税米出用余见正月旦簿（［叁］4559·图五-56/33）

2. 三州仓谨列所领税米出用余见二月旦簿（［叁］4573·图

---

[1] 为了便于说明问题，笔者以正面朝下的45—48这层为第中1层，其下正面朝上的49—53为-1层，其上正面朝上的43—44为1层，其余层次的编号按次加减，具体层次可参照图1。

五-70/33）

从标题简的位置来看，"正月旦簿"的标题简靠近简册的中心，"二月旦簿"的标题简则在其外围。因为未见其他标题简，所以笔者初步推测图五中的下层简册很可能是按时间顺序，由内向外，依次编连的"三州仓所领税米出用余见月旦簿"合集。目前所知，其至少包含有"正月旦簿"和"二月旦簿"两部分。

除了这两份"月旦簿"的标题简外，在下层简册的-6层中还有这样一枚简：

3. 嘉禾元年正月廿九日故仓吏谷汉白（［叁］4584·图五-81/33）

从时间来看，其为二月旦前正月的最后一天。从格式上来说，根据：

4. ☑□大夫事 八月一日中贼曹史郭迈白（［壹］35/1）

推测这种格式一般为叙述完某件事情后的叙事人签署简。而离其最近的是"二月旦簿"的标题简，所以笔者认为其即应为"二月旦簿"的叙事人签署简，在简册中很可能就是"二月旦簿"的最后一枚简。与其同属采集简33盆的类似简还有：

5. 嘉禾元年□月卅日故仓吏谷汉白（［叁］4680/33）
6. 已书 嘉禾元年三月卅日故仓吏谷汉白（［叁］4758/33）

而参照33盆中尚有:

7. 三州仓谨列所领 税 米出用余见四月旦簿（[叁]4750/33）
8. ／ 税 米出用余见八月旦 ／（[叁]4934/33）

这样的标题简。其中简6、简7原始的简号相近（[叁]4758、[叁]4750）。而"四月旦簿"与"三月卅日"间的相对关系也与"二月旦簿"与"正月廿九日"间的关系类似，所以笔者的推测应该是可以成立的。如果笔者的推测不误，则"月旦簿"的书写时间即为其上月的最后一天。如"二月旦簿"即应写成于正月的最后一天。

关于"月旦簿"的性质，侯旭东[1]、魏斌[2]、谷口建速[3]、陈明光[4]、于振波[5]、王素[6]等先生都曾做过研究。[7]在以上诸观点中，参照前文的分析，笔者赞同王素先生的观点，即"长沙吴简所见'月旦簿'与'四时簿'，与居延汉简所见西汉'月旦见簿'、东汉'月言簿'与'四时簿'，存在明显的渊源关系。这种账簿的正式名称应为'月旦见簿'，简称'旦簿'，按月结算可称'月言簿'或'月旦簿'，按

---

[1] 侯旭东:《长沙三国吴简三州仓吏"入米簿"复原的初步研究》,《吴简研究》（第二辑），崇文书局2006年版，第1—13页。侯旭东:《走马楼竹简的限米与田亩记录——从"田"的类型与纳"米"类型的关系说起》,《吴简研究》（第二辑），崇文书局2006年版，第157—1/5页。

[2] 魏斌:《走马楼所出孙吴贷食简初探》,《魏晋南北朝隋唐史资料》2006年第23辑。

[3] 谷口先生的论文原文未见，相关信息来源于王素先生《长沙吴简中的"月旦簿"与"四时簿"》一文。

[4] 陈明光:《走马楼吴简所见孙吴官府仓库账簿体系试探》,《中华文史论丛》2009年第1期，第27—56、391页。

[5] 于振波:《走马楼吴简赋税收支记录管窥》,"简帛研究"网站2008年7月8日首发，《南都学坛》2009年第4期。

[6] 王素:《长沙吴简中的"月旦簿"与"四时簿"》,《文物》2010年第2期。

[7] 关于各位先生的观点，王素先生在其论文中进行了简要的概括，可参看。

季、按年结算或称'四时簿'。其特点是无论是按月结算,还是按季、按年结算,结算日期都不在本月、本季度、本年,而分别在下月一日、下季度的第三个月的第一日、来年正月一日,即都在旦日或月旦"。质言之,"月旦簿"标题中的月份是提交的月份,而不是所记录的月份。如"二月旦簿"记录的只能是正月的情况,因为书写者在其写成"二月旦簿"的正月廿九日根本不可能知晓二月的情况。

在吴简中还存在"某月簿"的说法,如图五简册中有如下两枚简:

9.承黄龙三年十二月簿领杂米……斛□斗五升□合麦种五斛……[1]([叁]4550·图五-47/33)

10.承嘉禾元年正月簿领杂米二万六千五百三斛一斗三升四合□……[2]([叁]4581·图五-78/33)

那"某月簿"与"某月旦簿"是一回事吗?笔者的答案是否定的,下面就以上述两简为例,稍做说明。两简分别承接的是黄龙三年十二月与嘉禾元年正月簿中的杂米。根据前文的推测,记载黄龙三年十二月与嘉禾元年正月情况的实际是嘉禾元年"正月旦簿"与"二月旦簿"。此外,从揭剥图中两简的位置来看,简9(图五-47)靠近"正月旦簿"的标题简简1(图五-56),而简10(图五-78)则

---

[1] 原释文作"入黄龙三年十二月溃限杂米……斛□斗五升□合溃杂限米……"。但在仔细阅读所有图三、图五涉及的简牍后,除该例外未发现米名具体到月份的实例,唯一具体到月份的简牍为简10(图五-78),再参照图版,笔者认为其正确释读应作"承黄龙三年十二月簿领杂米……斛□斗五升□合麦种五斛……"。

[2] 原释文作"□嘉禾元年正月簿领杂米二万六千五百三十三斛四合□……"。参照图版以及根据简牍行文惯例,前"□"应为"承",而后二万六千五百三十三斛四合应为二万六千五百三斛一斗三升四合。

与"二月旦簿"的结尾简简3（图五-81）相距甚近，所以笔者推测它们即应分别属于两份"月旦簿"。但在记录"黄龙三年十二月"与"嘉禾元年正月"情况的"月旦簿"中出现"承黄龙三年十二月簿"、"承嘉禾元年正月簿"字样的简，其内容明显应是对本月情况的总结，其位置很可能应在"月旦簿"的最后，这就与长期以来把"承"类简视为某簿开头部分，表示承接过去簿籍的理解有异。不过考虑到"月旦簿"的命名方法，即以提交月为名，这种矛盾似乎也是可以解释的。例如，因为"二月旦簿"于二月提交，且冠以二月之名，所以相对二月而言，其仍承接的是过去的簿籍，用"承"并无不妥。不过，这一现象仍颠覆了传统上对"承"类简性质的认识，即其不是承接性质，而是总结性质，但这究竟是"月旦簿"中的特例，还是普遍存在于走马楼简牍中的共性，尚有待进一步地考察。

综上，"某月旦簿"与"某月簿"不同，"某月旦簿"反映的是某月前一个月的情况，而"某月簿"反映的才是该月的实际情况。从图五所涉及的简来看，可能并不存在单独的"某月簿"，"某月簿"只是一种提法，并不存在这样的标题简，实际记载某月情况的是其后一月的"旦簿"。

在明确了图五下层简册的性质后，再就其编连方法略做推测。考虑到外层简册与内层简册受到挤压后发生移位的可能性较大，所以选择位置靠中的简牍进行讨论。笔者选择了-3层作为讨论对象，在这层中有如下几枚简牍：

11. 右新入杂米四千八百九十七斛四斗（［叁］4564·图五-61/33）

【注】"右"上原有墨笔点记。

12. 其卅斛黄龙三年郡吏限米（［叁］4565·图五-62/33）

13. 入黄龙三年租米九十斛七斗二升（［叁］4566·图五-63/33）

14. 其十五斛四斗三升黄龙三年邮卒限米（［叁］4567·图五-64/33）

15. 入黄龙三年吏帅客限米囗百八十斛二斗三升（［叁］4568·图五-65/33）

其中具有总结性质的简 11（图五-61）在最左边，而应属其总结对象的简 13（图五-63）与简 15（图五-65）则在其右边，这给我们的第一印象是，下层简册的编连顺序应是从右至左。但在揭剥图中，简 11（图五-61）的位置在 -3 层的最左侧，位于简层的最外围，其位置未必是原始位置，为了尽可能地减少误判，笔者将图五下层简册每层"从左向右"与"从右向左"两种编连情况用图版进行了复原，希望尝试通过对编绳痕迹的分析来为判断提供一些依据。[1]

对照图版可以发现，六层中除了 -3 层外，以编痕角度来说，"从左向右"与"从右向左"的编连顺序似乎都说得通。不过仔细观察 -3 层，在"从左向右"的编连顺序下，上层编痕各自的连接似乎并不自然，而在"从右向左"的编连顺序下则显得相对平顺。因此，在没有其他证据的情况下，笔者推测图五下层简册的编连顺序为"从右向左"。

当然，必须说明的是，由于个别简牍的位置可能发生过移动，每层简牍的编排情况都未必与原始状况一致，从而造成比对编痕时的失误；此外，对于编痕的判断也有相当的主观成分，因此，在这

---

[1] 这里的"左"、"右"指的是简牍在揭剥图中的位置，如 -1 层中，从图五-49 到图五-53 的顺序就是"从左向右"，而从图五-53 到图五-49 的顺序就是"从右向左"。

里笔者只是提供一种可能性。不过因为编连顺序只有两种可能，而不同排列会造成简牍不同的归属，这些差别很可能会在后续的复原中提示以上推测的正误。因此即使目前判断有误，在后文的复原中也有获得纠正的机会。

根据"从右向左"的编连原则，一般情况下，同层如果出现标题简，标题简左侧的简牍应该隶属于该标题简，右侧的则未必。此外，根据前文的推断，简9（图五-47）、简10（图五-78）分别属于"正月旦簿"与"二月旦簿"。从图五下层简册反映的情况来看，一份"月旦簿"一般要包含两层以上的简层，而越靠近简册中心，由于收卷半径变小，一份"月旦簿"所包含的简层可能更多。而简9（图五-47）所在的中1层与"正月旦簿"的标题简所在的-2层间只隔着一个简层，所能包容的简数有限，应不足以再包含一份"月旦簿"，因此笔者推测下层简册的中心部分应全部属于"正月旦簿"。所以，图五45～53、57～60也应属于"正月旦簿"。而简10（图五-78）与作为"二月旦簿"结尾简的简3（图五-81）间所距甚近，隔在其中的两简（图五-79、图五-80）很可能也属于"二月旦簿"。不过这时似乎出现了一个矛盾，图五78～80三简出现在结尾简的左边，这似乎与"从右向左"的编连顺序不符，但考虑到简3（图五-81）位于揭剥图的最外层，其位置可能发生过移动，因此，在无其他更进一步证据前，先不改变原先的判断，姑且存疑。

根据这一推断，可以对下层简牍的归属做一初步划分。

"正月旦簿"：图五45～53、54～56、57～60、61～65。

"二月旦簿"：图五66～70、72～77、78～80、81。

余下的图五-71位于"二月旦簿"的右侧，如前文推理正确，则其应属于"正月旦簿"，如前文推理有误，则其应属于"二月旦簿"，这可以作为判断笔者推理正确与否的一个检验，不过为行文方便，这一问题留待后文再进行讨论。

根据"正月旦簿"、"二月旦簿"的标题简以及"二月旦簿"末尾简的相对位置可知，下层简册的编连是按时间先后，从标题简开始，往简册的尾部收卷，有字的一面朝内。在这种收卷方法下要形成从右至左的编连顺序，则揭剥图只能为收卷后简册的底视图。

讨论完图五下层简册的情况后，再来讨论上层简册的情况。在对上层所包含的简进行整理时，以下三组简引起了笔者的注意。

第一组：

16. 其卅三斛五斗八升黄龙二年新吏限米（［叁］4528·图五-25/33）

17. 入黄龙二年新吏限米廿□斛六斗七升（［叁］4511·图五-8/33）

18. 其五十六斛二斗五升黄龙□年新吏限米（［叁］4507·图五-4/33）

除了以上三简外，还有一简与它们可能存在联系：

19. 其五十六斛二斗五升黄龙二年新吏限米（［叁］4823/33）

因为简19与简18（图五-4）数字、米名完全相同，所以基本可以肯定两者记录的对象是一致的，也就是说简18（图五-4）被补全后应该是"其五十六斛二斗五升黄龙二年新吏限米"，因此，简16（图五-25）、17（图五-8）、18（图五-4）的米名完全相同。虽然简17（图五-8）不能完全释读，但其尾数的加成与简18（图五-4）一致，最高位的加成也相同，所以有理由推测它们之间存在加成关系，简

16（图五 -25）为"加成对象"，简 17（图五 -8）为"加成数"，简 18（图五 -4）为"加成结果"。由于"加成对象"与"加成数"的书写时间，一定早于"加成结果"的书写时间，所以简 16（图五 -25）、17（图五 -8）的书写时间应该早于简 18（图五 -4）。在图五中，简 16（图五 -25）、17（图五 -8）的位置低于简 18（图五 -4），因此可推断上层简册的书写顺序应为下层早于上层。

第二组：

20. 其七百五斛七斗八升黄龙三年贷食二年□米（［叁］4544·图五 -41/33）

【注】"米"上□右半残缺，左半从"禾"。

21. 入黄龙三年贷食二年税米八十七斛八斗五升（［叁］4530·图五 -27/33）

22. 其七百九十三斛六斗三升民还黄龙二年税米[1]（［叁］4510·图五 -7/33）

三枚简中米的名目，简 21（图五 -27）为"黄龙三年贷食二年税米"；参照图版，简 20（图五 -41）虽不清晰，但如释读者所注，米前"□"左半从"禾"，再参照简 21（图五 -27），笔者推断其也应为"黄龙三年贷食二年税米"；简 22（图五 -7）与前两简略有不同，为"民还黄龙二年税米"，但其数据为前两简加成之和，仔细考察简 22（图五 -7）中米的名目，也是"黄龙二年税米"，与前两简并无本质不同，只是前两简注明了贷食时间，简 22（图五 -7）则注明了贷食对象，因此，笔者推测三简所记实为同一对象。在揭剥图中的位置，

---

[1] 原释文作"其七百七十三斛六斗三升民还黄龙二年税米"。

简 20（图五 -41）低于简 21（图五 -27），而简 21（图五 -27）又低于简 22（图五 -7），这与第一组简反映的情况一致，即下层早于上层。

第三组：

23. 其卅斛九斗黄龙三年叛士□□[1]（[叁]4534·图五 -31/33）

24. 入黄龙三年叛士限米十□斛五斗[2]（[叁]4538·图五 -35/33）

25. 其卅四斛四斗黄龙三年叛士限米（[叁]4518·图五 -15/33）

简 24（图五 -35）虽无法完整释读，但其可见部分与简 23（图五 -31）的加成结果与简 25（图五 -15）完全对应，故笔者推测三简间应存在加成关系。在揭剥图中，简 23（图五 -31）、24（图五 -35）同层，简 23（图五 -31）在 24（图五 -35）的左边，两简都低于简 25（图五 -15），与前述两组的情况也完全一致。

综合以上三组简，笔者认为，上层简册的书写顺序应为下层早于上层。

在图五上层简册中还有两枚具有总结性质的简：

26. 右正月入杂吴平斛米五千八百九十二斛三斗七升九合七勺（[叁]4526·图五 -23/33）

【注】"右"上原有墨笔点记。

27. 集凡承余新入吴平斛米合二万六千五百三□□□三升四

---

[1] 原释文作"其卅斛九斗黄龙三年□米"。
[2] 原释文作"入黄龙三年叛士限米十一斛五斗"。

合七勺麦五斛八斗大[1]（［叁］4527·图五-24/33）

如图五所示，简 26（图五-23）在左，简 27（图五-24）在右。但根据简 26（图五-23）所记，其右边应有"入"简，而简 27（图五-24）为"集凡"这种总结性质的简，所以，简 26（图五-23）中的"右"可能指的是图标位置的左。也就是说，图五上层简册遵从着"从左向右"的编连顺序。除了简 26（图五-23）、27（图五-24）这组例子外，前文中所列举的简 23（图五-31）、24（图五-35）的情况也可作为旁证。简 23（图五-31）、24（图五-35）是"加成对象"与"加成数"的关系，一般情况下，"加成对象"的书写要早于"加成数"，而简 23（图五-31）出现在简 24（图五-35）左侧，正与笔者的推测相一致，同时由于简 23（图五-31）、24（图五-35）同层，更增加了这一推测的可靠性。

最后，为了减少误判，笔者仍然列出相应的图版（因为 12、13 层每层只有一简，故未列出）。从图版来看，1～11 层每层的编痕，"从右向左"与"从左向右"都有成立的可能，在没有进一步证据的情况下，笔者仍先遵从图五上层简册为"从左向右"编连的假设。

因为简 26（图五-23）、27（图五-24）的字面朝上，所以能形成此种情形的揭剥图只能为顶视图。

综上，图五上层简册为顶视图，应为"从左向右"编连。在此基础上，再考虑到前文的推测，即简册下层时间早于上层，笔者认为图五上层简册可能为字面向内，从尾至头、由内而外收卷而成。

不过，在同份揭剥图中，上下两份简册的朝向截然相反，似乎

---

[1] 原释文作"集凡承余新入吴平斛米合二万六千五百三斛八斗三升四合七勺麦五斛八斗大"。参照图版，"斛八斗"处不清。

于理不合。不过考虑到其为两份简册,这样的情况也非完全没有可能,所以,在没有进一步证据前,笔者还是坚持原先的判断。

因为图五为一坨简牍整体揭剥,图中两份简册内容相近,格式也基本类似,所以笔者推测,上、下层简册之间可能存在某种关联。下面的一组简引起了笔者的注意:

27. 集凡承余新入吴平斛米合二万六千五百三□□□三升四合七勺麦五斛八斗大([叁]4527·图五-24/33)

10. 承嘉禾元年正月 簿 领 杂米二万六千五百三斛一斗三升四合□……([叁]4581·图五-78/33)

两简数字的可见部分完全一致,如此长的数字完全相同应不是偶然。简10(图五-78)所记录的数字应该是反映正月情况的总计数字,而简26(图五-23)记录的正是正月入米的情况。简26(图五-23)、27(图五-24)同层紧邻,两者应属于同一簿籍,所以简27(图五-24)所总结的也应是正月的情况。因此,笔者推测简10(图五-78)、27(图五-24)两简总结的对象完全相同。

除了以上这组简外,还有一组简:

28. 其□百八十七斛二斗三升黄龙三年吏帅客限米[1]([叁]4536·图五-33/33)

15. 入黄龙三年吏帅客限米□百八十斛二斗三升([叁]4568·图五-65/33)

29. 其一千一百六十七斛四斗六升黄龙三年吏帅客限米

---

[1] 原释文作"其□百十七斛二斗三升黄龙□年吏帅客限米"。

（［叁］4571·图五-68/33）

虽然简15（图五-65）、28（图五-33）无法完整释读，但由于其末尾可见数字的加成结果与简29（图五-68）完全吻合，米的名目也完全吻合，所以，笔者推断三者之间存在加成关系。其中"加成数"简15（图五-65）属于"正月旦簿"，"加成结果"简29（图五-68）属于"二月旦簿"，则"加成对象"简28（图五-33）只能属于早于"二月旦簿"的某"月旦簿"。从揭剥图来看，简15（图五-65）的位置确实低于属于"二月旦簿"的简26（图五-23）、27（图五-24），与前文所推断的图五上层简册书写顺序相一致。因此，笔者大胆推测图五上层简册也是"三州仓所领税米出用余见月旦簿"的合集，它与下层简册的不同在于，下层简册是由标题简向末尾简，由早至晚，由内向外收卷，而上层简册则是由末尾简向标题简，由晚至早，由内向外收卷。

因为简28（图五-33）所属的"月旦簿"应早于"二月旦簿"，而简26（图五-23）、27（图五-24）应属于"二月旦簿"。一般情况下，"月旦簿"的合集应该是按月份顺序编连的，所以图五上层简册至少包含了"正月旦簿"与"二月旦簿"。从图五来看，在简28（图五-33）外只剩下一个较为完整的3层，3层下即可与中1层相接，两层间的一边夹杂着每层只包含两简的1、2两层，因此，笔者推测1、2层很可能是简册挤压后错乱位置的零散简，3层即为上层简册的最外层。如前文所推测，一份"月旦簿"往往要包含两层以上的简层，所以，简28（图五-33）所属的"月旦簿"很可能即为图五上层简册所包含的最靠外侧的一份"月旦簿"。而简28（图五-33）与简26（图五-23）、27（图五-24）间也只隔着一个简层，应该无法再包含一份"月旦簿"，所以笔者推测图五上层简册中，6层以下只有"正月旦簿"、"二月旦簿",简28(图五-33)即应属于"正月旦簿"。

因为一方面,图五上下层简册的性质相同、数据间存在关联性,且都包含嘉禾元年"正月旦簿"、"二月旦簿",所以两者很可能记录的是同一对象。而另一方面,在揭剥图中,两份材料里的"正月旦簿"一在内层,一处外侧,所以两者应不是同份材料。所以笔者判断,两份简册很可能是关于同一对象的两份记录。这完全符合使用"横向比较复原法"的条件,利用两者互相补充,应该可以复原"三州仓所领税米出用余见月旦簿"合集中的内容(至少是"正月旦簿"、"二月旦簿"的内容)。

二、对揭剥图三·图三的分析

在《竹简[叁]》中除了揭剥图五外,还有一张可能与"月旦簿"有关的揭剥图,就是图2揭剥图三·图三(为便于行文以及与原始材料对照,后文略称为图三而不称图2)。图三中有简49枚([叁]4361～4409)。

先就图三本身进行分析。图三可以明显地分为简面相对的上下两层[1],其中并无标题简或者叙事人签署简,因此无法简单地判断其性质,但对其编连收卷的方法还是可以略作推测。

  30.入黄龙二年杂米十三斛囗斗三升([叁]4402·图三-42/33)

---

[1] 为了便于说明问题,笔者以正面朝下的49这层为第1层,其下正面朝上的48为-1层,其余层次的编号按次加减,具体层次可参照图十九。

图 2 揭剥图叁·图三

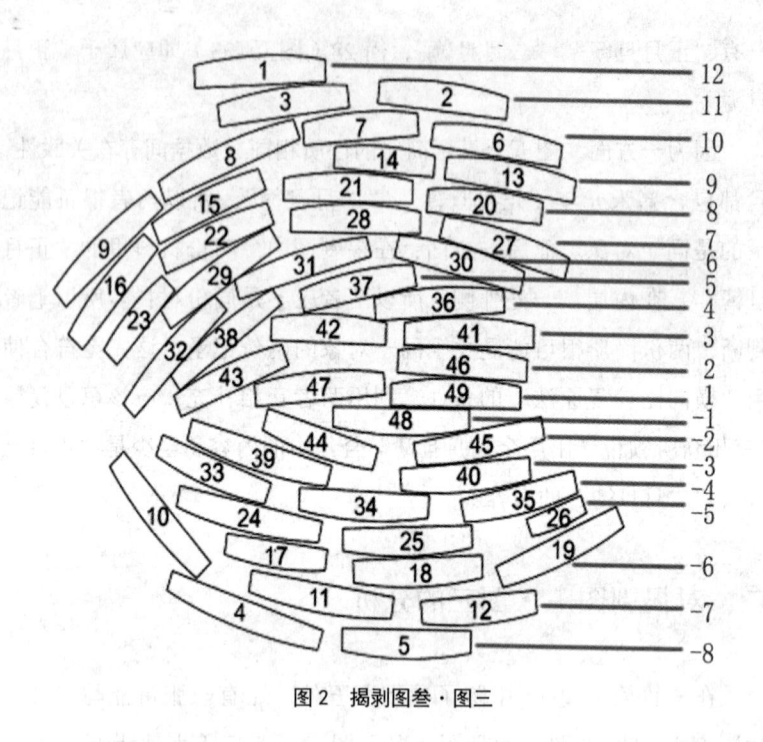

31. 其十三斛二斗三升黄龙二年□米（［叁］4377·图三-17/33）

32. 入黄龙元年叟帅客旱限米一百二斛二斗（［叁］4406·图三-46/33）

33. 其一百二斛二斗黄龙元年叟帅客旱限米（［叁］4392·图三-32/33）

简 30（图三-42）、31（图三-17）虽然有部分图版不清，但从两简可见部分的数字与年份的高度一致推测，两者的米名与数量很可能相同；简 32（图三-46）、33（图三-32）则完全一致。从记账的角度来说，"加成数"应早于"加成结果"，因此，简 30（图三-42）、简 32（图三 -46）的时间应比简 31（图三 -17）、简 33（图三 -32）早。因为在图三中，简 30（图三 -42）与简 32（图三 -46）的位置在简 31（图三 -17）与简 33（图三 -32）的内侧，因此，图三也应该是按照从标题简到末尾简的顺序从内向外收卷的。

图三与图五中所涉及的简都属于采集简第 33 盆，根据宋少华的说明，同盆中的简由于出自同一采集地点，又因淤泥而粘连在一起，它们之间或多或少可能会有一些关联。[1] 那图三与图五间是否存在某种关联呢？

可以发现两图所包含的简册中有大量一致的资料：

34. 其一千一百六十七斛四斗六升黄龙三年吏帅客限米（［叁］4362・图三 -2/33）

29. 其一千一百六十七斛四斗六升黄龙三年吏帅客限米（［叁］4571・图五 -68/33）

35. 其五十八斛四升黄龙□年盐贾米[2]（［叁］4364・图三 -4/33）

36. 其五十八斛四升黄龙盐贾米[3]（［叁］4397・图三 -37/33）
【注】"黄龙"下脱"某年"。

37. 其五十八斛四升黄龙二年盐贾米（［叁］4553・图五 -50/33）

38. 其五十八斛四升黄龙二年盐贾米（［叁］4576・图五 -73/33）

---

[1] 宋少华：《长沙三国吴简的现场揭取与室内揭剥——兼谈吴简的盆号和揭剥图》，第 2 页。
[2] 原释文作"其五十八斛四升黄龙□年盐贾米"。
[3] 原释文作"其五十八斛四斗四升黄龙盐贾米"。

39. 其……斛二斗五升黄龙二年佃吏限米（［叁］4371·图三-11/33）

40. 其一百六十六斛二斗五升黄龙二年佃卒限米（［叁］4390·图三-30/33）

41. 其一百六十六斛二斗五升黄龙二年囗囗限米（［叁］4569·图五-66/33）

42. 其一百六十六斛三斗五升黄龙二年佃卒限米[1]（［叁］4548·图五-45/33）

43. 其十一斛囗斗黄龙二年旱限米（［叁］4379·图三-19/33）

44. 其十八斛八斗黄龙二年旱囗米[2]（［叁］4524·图五-21/33）

45. 其……斛囗斗七升黄龙二年私学限米（［叁］4380·图三-20/33）

46. 其……黄龙二年私学限米（［叁］4386·图三-26/33）

47. 其二百卅五斛一斗七升黄龙囗年私学限米（［叁］4556·图五-53/33）

48. 其二斛三斗黄龙元年佃卒旱限米[3]（［叁］4381·图

---

[1] 查阅图版，此处释文应无误。但释文中所记载的"三斗五升"与简39、40、41中的"二斗五升"不同。根据"横向比较复原法"，从书写格式及具体数据、名目判断，四简记载应为同一事项，故推测其可能为孙吴时记录者的误记。
[2] 原释文作"其十一斛八斗黄龙二年旱囗米"。
[3] 原释文作"其七斛三斗黄龙元年佃卒旱限米"。

三-21/33）

49. 其二斛三斗黄龙元年佃卒旱限米（［叁］4394·图三-34/33）

50. 入黄龙元年佃卒旱限米二斛三斗[1]（［叁］4574·图五-71/33）

51. 其一斛民还船师栟朋折咸米（［叁］4387·图三-27/33）
52. 其一斛民还船师栟朋折咸米（［叁］4547·图五-44/33）

53. 其一斛民还黄龙元年租米（［叁］4389·图三-29/33）
54. 其一斛民还黄龙元年租米（［叁］4523·图五-20/33）

55. 其六斛民还司马乐仪黄武七年折咸禾准米[2]（［叁］4393·图三-33/33）
56. 其六斛民还司马乐仪七年折咸米（［叁］4542·图五-39/33）

57. 其六十七斛九斗五升船师张盖建安廿六年折咸米（［叁］4399·图三-39/33）
58. 其六十七斛九斗五升船师张盖建安廿六年折咸米（［叁］4560·图五-57/33）

59. 其卅八斛一斗四升黄龙二年盐米[3]（［叁］4403·图

---

[1] 原释文作"入黄龙元年佃卒旱限米一斛三斗"。
[2] 原释文作"其六斛民还所贷□食黄武七年折咸禾准米"。
[3] 原释文作"其十八斛一斗四升黄龙二年盐米"。

三-43/33）

60. 其卅八斛一斗四升黄龙二年盐米[1]（［叁］4549·图五-46/33）

61. 其卅八斛一斗四升黄龙二年盐米（［叁］4578·图五-75/33）

62. 其十五斛四斗□升黄龙□年邮卒限米（［叁］4404·图三-44/33）

14. 其十五斛四斗三升黄龙三年邮卒限米（［叁］4567·图五-64/33）

63. 其二斛郡吏□区香黄龙二年盐溢米（［叁］4405·图三-45/33）

64. 其二斛郡吏区香黄龙二年盐溢米（［叁］4546·图五-43/33）

以上大量的相同之处，至少可以说明两图简册记载的内容相近。但这两图简册间是否有更紧密的联系，仍需进一步讨论。这时有两组简引起了笔者的关注。

第一组，笔者按其可能的先后顺序整理如下：

28. 其□百八十七斛二斗三升黄龙三年吏帅客限米（［叁］4536·图五-33/33）

15. 入黄龙三年吏帅客限米□百八十斛二斗三升（［叁］

---

[1] 原释文作"其卅八斛一斗四升黄龙二年溢米"。

4568·图五 -65/33）

29. 其一千一百六十七斛四斗六升黄龙三年吏帅客限米（［叁］4571·图五 -68/33）

34. 其一千一百六十七斛四斗六升黄龙三年吏帅客限米（［叁］4362·图三 -2/33）

65. ☑ 其□千一百六十七斛四斗六升黄龙三年□□限米（［叁］4851/33）

66. 出黄龙三年吏帅客吴平斛米二百四斛一斗五升嘉禾元年正月廿日付大男李□（［叁］4611/33）

67. 其九百六十三斛三斗一升黄龙三年吏帅客限米[1]（［叁］4418/33）

68. 其九百六十三斛三斗一升黄龙三年吏帅客限米（［叁］4597/33）

其中，简28（图五 -33）与简15（图五 -65）虽然有部分文字不清，但其可见部分的加成与简29（图五 -68）、34（图三 -2）、65 相关部分高度一致，由此可推断它们之间存在加成关系。又根据简66，则"一千一百六十七斛四斗六升"这个加成结果的实际存在时间只能介于黄龙三年十二月到嘉禾元年正月这段时间内，而记录了这个数字的简34（图三 -2）与简29（图五 -68）分别属于图三和图五。

当然，有必要指出的是，简66这样的"出米简"虽然与"月旦簿"中的米数量变化有关，但其未必属于"月旦簿"。简66这种出米简一般是由两条简组成的，如：

---

[1] 原释文作"其九百□十三斛三斗一升黄龙三年吏帅客限米"。

69. 出嘉禾元年佃卒限米三百七十五斛七斗被县嘉禾元年四月廿七日壬子书付大男傅刀（［叁］2172/25）

70. 运诣州中仓刀以其年五月十五日关邸阁李嵩付掾黄讳史潘虑（［叁］2200/25）

出米简除了记录三州仓出米的时间外，还记录有州中仓入米的时间，而从出米到入米一般要花半个月到两个月左右，[1] 也就是说入米的时间很可能是在出米的下一个月，因此，一组完整出米简的制成时间最早也很可能要到出米时间的下一个月。[2]

那出米简与"月旦簿"有什么关系呢？在揭剥图三中就有一枚出米简：

71. ☐ 其年二月十三日关邸阁郭据仓吏黄讳史番虑[3]（［叁］4361·图三-1/33）

简71（图三-1）的格式与出米简涉及入米的部分一致，所以简71（图三-1）应该是一组出米简中的后简。而简71（图三-1）位于图三简册的最外围，这就存在两种可能，一是其属于"月旦簿"。二是"阑入简"。

---

[1] 具体分析请参见拙文：《走马楼吴简三州仓出米简的复原与研究——兼论"横向比较复原法"的可行性》。

[2] 关于出米简的制作时间，戴卫红亦有探讨，认为其是在"大男某将米运诣州中仓返回三州仓后，三州仓吏一并将出米的程序、交付时间和州中仓收受情况等记录下来"。详见其所著：《长沙走马楼所见三州仓出米简出探》，《吴简研究》（第3辑），中华书局2011年版，第197—210页。对于戴先生关于"交付时间和州中仓收受情况"部分的推测，笔者表示赞同，但关于"出米时间"的部分，笔者认为应该是在出米的当时就已经进行了记录，这样可以避免由于运输周期过长而造成的混乱。

[3] 原释作"☐年十一月十二日关邸阁郭据仓吏黄讳史番虑"。

笔者倾向于简71（图三-1）是"阑入简"。从笔者《走马楼吴简三州仓出米简的复原与研究——兼论"横向比较复原法"的可行性》一文的分析中可以看出，与简71（图三-1）类似的简还有很多，且整理号比较集中，因此，它们很可能属于专门的"出米簿"。

不过为谨慎起见，笔者还是对简71（图三-1）属于"月旦簿"的情况略做分析。假设简71（图三-1）属于"月旦簿"，由于性质相同，所以简66也可能属于"月旦簿"。这样就带来一个问题，三州仓出米后，什么时候在账目上表现"出米"这个事实。以简69、70这组情况为例，即三州仓账目上米数目减少三百七十五斛七斗是被记录在出米的当月四月（即记录在"五月旦簿"中），还是在收到州中仓入米信息，制成出米简的五月（即记录在"六月旦簿"中），甚或将州中仓已经入米的信息带回三州仓的更晚时间？

目前公布的材料中没有明确的证据来肯定其中的某种假设。不过按照常理推测，出米既然在当月发生，自然应在当月账目中有所体现，不然可能会造成账目上的混乱。如果以上推测不误，则简66要属于"月旦簿"的话，只能被编入"二月旦簿"。但因为简66的制成时间一定在"二月旦簿"的制成时间"正月廿九日"以后，且可能要晚很多，所以其要编入"二月旦簿"的话只能是补入。可是"二月旦簿"在二月初就已经提交，似乎没有时间再来等待简66的补入，因此，简66应该不属于"月旦簿"。因为性质相同，所以简71（图三-1）也不应属于"月旦簿"。虽然简66、71（图三-1）这样的出米简不属于"月旦簿"，但因为出米后米数量确实会发生变化，所以"月旦簿"中一定也有"出米简"，只是其表现形式目前还不清楚。

第二组：

72. 其五斛一斗二升民还黄龙元年税米（[叁] 4585/33）

73. 其五斛□斗……民还黄龙元年杂税米 [1]（［叁］4521·图五 -18/33）

74. 其五斛一斗二升民还元年杂税米（［叁］4554·图五 -51/33）

75. ☐／民还黄龙元年税米□斛八斗八升（［叁］4370·图三 -10/33）

76. 其十斛民还黄龙元年税米（［叁］4505·图五 -2/33）

简72与简74（图五 -51）资料部分完全一致，米名一为"民还黄龙元年税米"，一为"民还元年杂税米"，所差为"黄龙"年号与一"杂"字，并无本质区别，因此，笔者推测两者实为同种米。简72与73（图五 -18）米名相同，数据可见部分一致，记录内容很可能也相同。简75（图三 -10）虽然无法完全释读，但从可见部分可以看出，其应是一枚"入"简，[2]且与简74（图五 -51）的加成正与简76（图五 -2）的尾数相对应，简75（图三 -10）、简76（图五 -2）两简米的名目也相同，所以，笔者推测他们之间有加成关系。而"加成数"属于图三简册，"加成对象"与"加成结果"属于图五简册。

结合以上两组简所反映的情况，笔者认为图三与图五所包含的简册在时间上应相近，且记录内容紧密相关。

综上，笔者推断图三图五都从属于"三州仓所领税米出用余见月旦簿"合集，且时间相近。这就为最大限度地恢复"三州仓所领税米出用余见月旦簿"原貌又提供了一份依据。

---

[1] 原释文作"其五斛□斗民还黄龙□年杂税米"。
[2] "月旦簿"中主要组成部分为"其"简和"入"简，"其"简格式一般为"其 + 数量 + 物品名"，"入"简格式一般为"入 + 物品名 + 数量"。

三、对吴简记账方法的推测

要复原"月旦簿",首先必须对吴简的记账方法有所了解。关于吴简的记账方法目前所知甚少,笔者先假设一账目,再根据走马楼简中所反映的实际情况做出相应地推测。

从已有材料来看,"月旦簿"的主要组成部分为"其"简与"入"简,此外还包含有"集凡"、"承某月簿"、"定领"、"别领"、"新入"、"出用"等具有特定功能的简。因为"集凡"等简数量较少,所以先讨论数量占绝对多数的"其"简与"入"简。

假设有三枚简,简a.其三把椅子;简b.入椅子一把;简c.其四把椅子。则现在应该有且仅有三种记账方法,(1)在一份"月旦簿"中三枚简同时存在,也就是先转载前月账目,再记录本月变化情况,最后再进行合计。(2)在一份"月旦簿"中只出现简a、简b,也就是每个月的合计都放在下个月初进行,"月旦簿"中只记录前月的合计结果以及本月变化情况,而不记录本月合计结果。(3)在同"月旦簿"中只出现简b、简c,也就是每个月的合计都在本月底进行,"月旦簿"中只记录本月的变化情况以及本月的合计结果,而不记录上月的情况。

尽管简册受到挤压,部分简牍在简册中的位置可能发生变化,但大体相对位置应该变化不大。根据:

28. 其□百八十七斛二斗三升黄龙三年吏帅客限米([叁]4536·图五-33/33)

15. 入黄龙三年吏帅客限米□百八十斛二斗三升([叁]4568·图五-65/33)

如前文所推测，简 28（图五 -33）与简 15（图五 -65）都是"正月旦簿"中的简，所以一份"月旦簿"中至少包含简 a 类"其简"与简 b 类"入简"。这就排除了第（3）种记账方法。

根据：

　　77. 其一百一十斛黄龙元年吏帅客旱限米（[叁] 4383·图三 -23/33）

　　33. 其一百二斛二斗黄龙元年吏帅客旱限米（[叁] 4392·图三 -32/33）

　　32. 入黄龙元年吏帅客旱限米一百二斛二斗（[叁] 4406·图三 -46/33）

假设是第（2）种记账方法，因为"月旦簿"是对原始仓米简进行整理后的簿籍，所以笔者推测其应该已经对同名目米的项目进行了合并。因此同份"月旦簿"中不应出现同名目米的"其"简和"入"简。如果这条推测不误，则简 77（图三 -23）、33（图三 -32）必在不同的"月旦簿"中。又因为简 33（图三 -32）中的数字是从无到有，由简 32（图三 -46）加成而来，而简 77（图三 -23）的数字又大于简 33（图三 -32），所以简 77（图三 -23）只能晚于简 33（图三 -32）。

根据：

　　78. 其一千三百七十三斛六斗郡吏雷济黄龙三年□□□[1]

---

[1] 原释文作"其一千三百七十九斛六斗郡吏雷济黄龙三年□□□"。

（[叁]4555·图五-52/33）

79. 入郡吏雷济黄龙三年盐贾米四百一十六斛五斗□□不收
䋲（[叁]4782/33）

80. 其一千七百九十斛一斗郡吏雷济黄龙三年盐贾米
（[叁]4396·图三-36/33）

简80（图三-36）应为简78（图五-52）的加成结果，根据前文的假设，走马楼吴简记账采取了第（2）种方法，所以简80（图三-36）的时间一定晚于简78（图五-52），因为简78（图五-52）属于"正月旦簿"，则简80（图三-36）不能早于"二月旦簿"。而简33（图三-32）所处的位置在简80（图三-36）的外侧，其时间也必然不能早于"二月旦簿"。根据前文所述，简77（图三-23）应属于晚于简33（图三-32）所属的"月旦簿"，所以简77（图三-23）不能早于"三月旦簿"。

简34（图三-2）"一千一百六十七斛四斗六升"这个数字是在"正月旦簿"中加成的，又会在"二月旦簿"中发生变化，根据对走马楼简采用第（2）种记账方法的假设，则其只能属于"二月旦簿"。而简34（图三-2）在简册中的位置，更在简77（图三-23）之外，其时间不能早于简77（图三-23），也就是不能早于"三月旦簿"，这就产生了矛盾，所以走马楼吴简应没有采取第（2）种记账方法。

通过排除法，最终笔者确认，走马楼吴简中的"月旦簿"采取了第（1）种记账方法。

在确认了"月旦簿"的记账方法后，可以为复原设定几个条件。

第一，由于采取了第（1）种"其"、"入"、"其"的记账方法，所以同名目的"其"类简可以出现在同一份"月旦簿"中，但最多只能出现两次。

第二，因为"月旦簿"是对一个月账目的汇总，所以"月旦簿"中会把同种米的原始"入"简合并同类项，即在一份"月旦簿"中不会同时出现两枚同名目米的"入"简。

第三，由于采取了第（1）种"其"、"入"、"其"的记账方法，所以当不存在"加成对象"的第一个"其"时，一份"月旦簿"中，"其"简只能出现一次。

四、对图三、图五简册所涉及时间的推断

（一）对简 34（图三-2）时间的分析

因为简 34（图三-2）"一千一百六十七斛四斗六升"这个数字的实际存在时间只能介于黄龙三年十二月到嘉禾元年正月这段时间中，所以其只能属于"正月旦簿"或"二月旦簿"。

先假设简 34（图三-2）属于"正月旦簿"。根据：

78. 其一千三百七十三斛六斗郡吏雷济黄龙三年□□□（［叁］4555·图五-52/33）

79. 入郡吏雷济黄龙三年盐贾米四百一十六斛五斗□□不收□（［叁］4782/33）

80. 其一千七百九十斛一斗郡吏雷济黄龙三年盐贾米（［叁］4396·图三-36/33）

因为简 78（图五-52）属于"正月旦簿"，所以作为其"加成结果"的简 80（图三-36）不能早于"正月旦簿"，而简 80（图三-36）位于简 34（图三-2）内侧，其时间不能晚于简 34（图三-2），因此，简 80（图三-36）只能属于"正月旦簿"，则夹在两简之间的简牍，

即使考虑发生移位的情况，大部分也应属于"正月旦簿"，其中处于第 8 层的简 48（图三 -21），正处于位于第 4 层的简 80（图三 -36）与位于第 11 层的简 34（图三 -2）中间，且更靠近简 34（图三 -2），因此，判断其处于"正月旦簿"中，应该问题不大。

简 48（图三 -21）的内容为：

48. 其二斛三斗黄龙元年佃卒旱限米（［叁］4381·图三 -21/33）

与其内容相同的简有：

49. 其二斛三斗黄龙元年佃卒旱限米（［叁］4394·图三 -34/33）

简 48（图三 -21）属于第 8 层，简 49（图三 -34）属于 -4 层。虽然由于两简分处简册的上下部分，之间无法直接比较，但考虑到简册为收卷而成，因此上下部分离中心的相对位置，大致可反映相互间的位置关系。第 8 层距中心 8 层，-4 层距中心 4 层，即使考虑移位，位于第 -4 层的简 49（图三 -34）的时间也不应晚于位于第 8 层的简 48（图三 -21）的时间。所以，简 49（图三 -34）不应晚于"正月旦簿"。

除了这两枚简外，前文中暂时未讨论的简 50（图五 -71）也与"黄龙元年佃卒旱限米"有关。

50. 入黄龙元年佃卒旱限米二斛三斗（［叁］4574·图五 -71/33）

简 50（图五 -71）应为简 48（图三 -21）、49（图三 -34）的"加成数"，而简 48（图三 -21）、49（图三 -34）则是其的"加成结果"，所以简 50（图五 -71）的时间不能晚于简 48（图三 -21）、49（图三 -34）的时间。简 50（图五 -71）位于"正月旦簿"、"二月旦簿"之中，"二月旦簿"标题简的右侧，所以其应属于"正月旦簿"或"二月旦簿"。由于作为"加成结果"的简 48（图三 -21）、49（图三 -34）中的数字"二斛三斗"的形成时间不能晚于"正月旦簿"，所以作为"加成数"的简 50（图五 -71）只能属于"正月旦簿"。虽然简 50（图五 -71）与简 48（图三 -21）、49（图三 -34）分属两份"月旦簿"，但这两份"月旦簿"中的内容几乎完全相同，所以简 48（图三 -21）、49（图三 -34）所在的"月旦簿"中一定有与简 50（图五 -71）内容一样的简。这样就形成了，与简 50（图五 -71）内容相同的简、简 48（图三 -21）、34（图三 -2）同处一份"月旦簿"中的情况，这与条件 3 矛盾。

综上，简 34（图三 -2）不属于"正月旦簿"，而只能属于"二月旦簿"。

（二）对简 50（图五 -71）、简 48（图三 -21）、49（图三 -34）时间的分析

由上文可知，简 50（图五 -71）只能属于"正月旦簿"或"二月旦簿"。假设简 50（图五 -71）属于"二月旦簿"，根据前文分析，简 48（图三 -21）、49（图三 -34）既不能晚于简 34（图三 -2）的时间，又不能早于简 50（图五 -71）的时间，所以两简只能属于"二月旦簿"，但这样一来，又形成了与简 50（图五 -71）内容相同的简、简 48（图三 -21）、49（图三 -34）同处一份"月旦簿"中的情况，与条件 3 矛盾。所以，简 50（图五 -71）只能属于"正月旦簿"。而这又从侧面印证了笔者前文对图五下层简册编连顺序的推测。

因为三简不能同属一份"月旦簿"，所以时间最晚的简 48（图

三 -21）一定与简 50（图五 -71）属于不同"月旦簿"，而简 48（图三 -21）又不能晚于简 34（图三 -2），即晚于"二月旦簿"，所以其只能属于"二月旦簿"。

简 49（图三 -34）情况比较复杂，但其右侧为简 81（图三 -35）：

81. 出用无（［叁］4395・图三 -35/33）

因为正月中发生过出米的情况，所以"出用无"不适用于正月，也就不会出现在"二月旦簿"中。而与其相邻的简 49（图三 -34）只能属于"正月旦簿"或"二月旦簿"，简 49（图三 -34）、81（图三 -35）间并无明确划分时间的它简，两简又处于简册的中部，由于简层紧密，发生移位的可能性较小，因此，笔者判断，两简都应属于"正月旦簿"。

从图五下层简册所表现出的情况来看，一份"月旦簿"一般要包含不少于两层简牍，当"月旦簿"处于简册中心时，由于收卷半径减少，包含的简层应该更多。简 49（图三 -34）、81（图三 -35）都属于第 -4 层，而 -4 层以内的空间只有三层，不足以再包含两份"月旦簿"，而"出用无"这样的用语一般应出现在统计簿籍的后半部，所以笔者推测图三简册的中心部分就是"正月旦簿"。如果再考虑整年的统计簿籍一般从正月开始的情况，这样的推测也比较符合逻辑。

在这个推测的基础上，再对其他几枚简牍的时间进行探讨。

（三）对简 32（图三 -46）、45（图三 -20）、77（图三 -23）、82（图三 -22）时间的分析

32. 入黄龙元年吏帅客旱限米一百二斛二斗（［叁］

4406·图三 -46/33）

77. 其一百一十斛黄龙元年吏帅客旱限米（[叁] 4383·图三 -23/33）

33. 其一百二斛二斗黄龙元年吏帅客旱限米（[叁] 4392·图三 -32/33）

因为图三简册的中心是"正月旦簿"，根据条件3，作为"加成数"的简32（图三 -46）只能属于"正月旦簿"，作为"加成结果"，且处于最外层，时间也应最晚的简77（图三 -23）只能属于"二月旦簿"。

在简 48（图三 -21）与 77（图三 -23）之间的是简 82（图三 -22）：

82. 其九十四斛六斗黄龙元年私学旱限米（[叁] 4382·图三 -22/33）

因为与简77（图三 -23）同层的简48（图三 -21）也属于"二月旦簿"，同层的简45（图三 -20）、82（图三 -22）与这两简间并无明显的时间分隔标记，因此，笔者推测它们都属于"二月旦簿"。由于简45（图三 -20）、48（图三 -21）、82（图三 -22）、77（图三 -23）所在的第8层，完全将上下隔断，所以其上到简34（图三 -2）所在的简层应该都属于"二月旦簿"。

对于这一结论，以下两组简牍可作为旁证。

第一组：

83. ✓掾娅度渍米□斛六升（[叁] 4376·图三 -16/33）

84. 其十二斛一斗监运掾妵度渍米[1]（［叁］4368·图三-8/33）

简83（图三-16）符合"入"类简的格式。参照其余与"妵度渍米"有关的简，如果将简83（图三-16）补全，应该是"入监运掾妵度渍米□斛六升"。根据83（图三-16）、84（图三-8）两简的相对位置，"入"简在"其"简前，简84（图三-8）应是由简83（图三-16）加成而来，但在简：

85. 出监运掾妵度渍吴平斛米十二斛一斗嘉禾元年正月十日付大男□□运诣州中仓□以（［叁］4432/33）

中，三州仓嘉禾元年正月必须有妵度渍吴平斛米十二斛一斗，所以这次加成不能晚于"二月旦簿"。而根据目前推论，简83（图三-16）、84（图三-8）处于"二月旦簿"中，正符合这一要求。

第二组：

86. 其一千七百十四斛四斗二升六合杂□米（［叁］4541·图五-38/33）

87. ⌀□□□□米四百九斛一斗八合二勺（［叁］4374·图三-14/33）

88. 其二千三百卅三斛六斗……（［叁］4580·图五-77/33）

仔细辨认简86（图五-38）的图版，"杂"、"米"中间的字有点像"儱"字。虽然简88（图五-77）图版不清，释文可能部分有误，

---

[1] 原释文作"其十一斛监运掾妵度渍米"。

但"二千"还是比较好辨认的。在"月旦簿"中数字在两千左右的米名，仅见"杂僦米"一项，故笔者推测这三简间存在加成关系。简 88（图五-77）属于"二月旦簿"，简 86（图五-38）属于"正月旦簿"，以目前的推论，简 87（图三-14）属于"二月旦簿"，所有条件间也不存在矛盾。

（四）对简 89（图五-28）时间的分析

89. 其十二斛黄龙二年旱税米（[叁] 4531·图五-28/33）

90. 入黄龙二年旱税米六斛八斗（[叁] 4400·图三-40/33）

91. 其十八斛八斗黄龙二年旱税米（[叁] 4679/33）

92. 其十八斛八斗黄龙二年☐（[叁] 4892/33）

43. 其十一斛☐斗黄龙二年旱限米（[叁] 4379·图三-19/33）

44. 其十八斛八斗黄龙二年旱☐米（[叁] 4524·图五-21/33）

因为简 90（图三-40）位于简 49（图三-34）、24（图五-35）内侧，简 49（图三-34）、24（图五-35）属于"正月旦簿"，图三简册的中心为"正月旦簿"，所以简 90（图三-40）也应属于"正月旦簿"。简 89（图五-28）位于简 28（图五-33）的上层，其时间不能早于简 28（图五-33），所以其时间不能早于"正月旦簿"。而根据其与简 90（图三-40）间的加成关系，其时间也不能晚于"正月旦簿"，所以简 89（图五-28）只能属于"正月旦簿"。

（五）对简 93（图三-38）时间的分析

82. 其九十四斛六斗黄龙元年私学旱限米（[叁] 4382·图

三 -22/33）

93. 其九十四斛六斗黄龙元年私学旱限米（[参]4398·图三 -38/33）

假设"正月旦簿"中无"其九十四斛六斗黄龙元年私学旱限米"一项，此项为"二月旦簿"中新入的，则"二月旦簿"中必有一简名为"入黄龙元年私学旱限米……"，又由前文可知简82（图三 -22）也属于"二月旦簿"，同份"月旦簿"中两"其"相同，又存在加成关系，自相矛盾，所以，"正月旦簿"中必有"其九十四斛六斗黄龙元年私学旱限米"一项。至于简93（图三 -38）是否属于"正月旦簿"并无法给出确切结论，但其内容肯定已经存在于"正月旦簿"中了。实际上，对于我们来说，知道某条简的归属并不是必要的，我们只要了解其内容的归属即可。

五、对"正月旦簿"的复原尝试

因为在图三以及图五下层两份简册中，"正月旦簿"都位于简册的中心位置，所以保存情况相对较好，且"正月旦簿"未发生"出用"的现象，情况较为简单，所以利用"正月旦簿"来进行复原尝试。

根据前文的推测，图五下层简册的保存情况较好，又有标题简，下面便以图五下层简册作为基础，参照图五上层简册以及图三简册对"正月旦簿"进行复原。

首先按揭剥图，以及笔者前文推测的收卷顺序，将图五下层简册的情况分层列出：

1. 三州仓谨列所领税米出用余见正月旦簿（［叁］4559·图五-56/33）

94. 其卅五斛四斗五升黄龙三年梁租米（［叁］4558·图五-55/33）

95. 入黄龙三年□□□□六十八斛一斗一升（［叁］4557·图五-54/33）

15. 入黄龙三年吏帅客限米□百八十斛二斗三升（［叁］4568·图五-65/33）

14. 其十五斛四斗三升黄龙三年邮卒限米（［叁］4567·图五-64/33）

13. 入黄龙三年租米九十斛七斗二升（［叁］4566·图五-63/33）

12. 其卅斛黄龙三年郡吏限米（［叁］4565·图五-62/33）

11. 右新入杂米四千八百九十七斛四斗（［叁］4564·图五-61/33)

【注】"右"上原有墨笔点记。

50. 入黄龙元年佃卒旱限米二斛三斗（［叁］4574·图五-71/33）

47. 其二百卅五斛一斗七升黄龙□年私学限米（［叁］4556·图五-53/33）

78. 其一千三百七十三斛六斗郡吏雷济黄龙三年□□□（［叁］4555·图五-52/33）

74. 其五斛一斗二升民还元年杂税米（［叁］4554·图五-51/33）

37. 其五十八斛四升黄龙二年盐贾米（［叁］4553·图五-50/33）

96. 其一百七十三斛二斗三升黄龙三年佃卒限米（［叁］4552·图五-49/33）

42. 其一百六十六斛三斗五升黄龙二年佃卒限米（［叁］4548·图五-45/33）

60. 其卅八斛一斗四升黄龙二年盐米（［叁］4549·图五-46/33）

9. 承黄龙三年十二月簿领杂米……斛□斗五升□合麦种五斛……（［叁］4550·图五-47/33）

97. 右杂米□□□□八斛六升五合 别领米（［叁］4551·图五-48/33）

98. 其五百廿斛五升黄龙三年私学限米（［叁］4563·图五-60/33）

99. 其二百一十九斛三斗八升黄龙三年新吏限米（［叁］4562·图五-59/33）

100. 定领租税杂米一万七千四百二斛六斗九升麦五斛八斗大豆二斛九斗（［叁］4561·图五-58/33）

58. 其六十七斛九斗五升船师张盖建安廿六年折咸米（［叁］4560·图五-57/33）

下面将图五上层简册的情况按笔者前文推测的收卷顺序列出。

因为简 89（图五-28）属于"正月旦簿"，同层的其他简与其间并无明显的时间分隔，而其上层的简 26（图五-23）、27（图五-24）都属于"二月旦簿"。所以笔者先假设同层的简也都属于"正月旦簿"，且为"正月旦簿"与"二月旦簿"紧接的一层，最后再检验这一推测的正确性。

  64. 其二斛郡吏区香黄龙二年盐溢米（［叁］4546·图五-43/33）

  52. 其一斛民还船师栟朋折咸米（［叁］4547·图五-44/33）

  20. 其七百五斛七斗八升黄龙三年贷食二年□米（［叁］4544·图五-41/33）

  【注】"米"上□右半残缺，左半从"禾"。

  101. 其二斛民还黄武七年吏帅客限米[1]（［叁］4545·图五-42/33）

  102. 其四斛民还黄龙□年□□米（［叁］4539·图五-36/33）

  103. 其□斛郡吏烝□□米（［叁］4540·图五-37/33）

  86. 其一千七百十四斛四斗二升六合杂□米（［叁］4541·图五-38/33）

  56. 其六斛民还司马乐仪七年折咸米（［叁］4542·图五-39/33）

  104. 其二百七十一斛……租米（［叁］4543·图五-40/33）

---

[1] 原释文作"其二斛民还黄龙□年吏帅客限米"。

23. 其卅斛九斗黄龙三年叛士□□（［叁］4534·图五 -31/33）

105. 其卌斛黄龙三年习射限米（［叁］4535·图五 -32/33）

28. 其□百八十七斛二斗三升黄龙三年吏帅客限米（［叁］4536·图五 -33/33）

106. 其五十六斛九斗四合杂擿米（［叁］4537·图五 -34/33）

24. 入黄龙三年叛士限米十□斛五斗（［叁］4538·图五 -35/33）

107. 入黄龙二年粢租米七斛六斗六升（［叁］4529·图五 -26/33）

21. 入黄龙三年贷食二年税米八十七斛八斗五升（［叁］4530·图五 -27/33）

89. 其十二斛黄龙二年旱税米（［叁］4531·图五 -28/33）

108. 其二斛九斗……[1]（［叁］4532·图五 -29/33）

109. 其……民还黄龙元年租米[2]（［叁］4533·图五 -30/33）

图三的情况较为复杂，根据前文推测，第 -4 层到中心 -1 层应都属于"正月旦簿"，简 32（图三 -46）应属于"正月旦簿"，因为简册的中心为"正月旦簿"，所以其内的简 112（图三 -49），紧邻的简 111（图三 -47）也应属于"正月旦簿"。第 8 层到第 11 层应属于"二月旦簿"，其余简牍的情况则不甚清楚。先将确定为"正月旦簿"的简牍列出：

---

[1] 原释文作"□□十一斛九斗"。
[2] 原释文作"其……黄龙元年租米"。

110. 其二斛九斗黄龙二年大豆租（［叁］4408·图三-48/33）

62. 其十五斛四斗□升黄龙□年邮卒限米（［叁］4404·图三-44/33）

63. 其二斛郡吏区香黄龙二年盐溢米（［叁］4405·图三-45/33）

57. 其六十七斛九斗五升船师张盖建安廿六年折咸米（［叁］4399·图三-39/33）

90. 入黄龙二年旱税米六斛八斗（［叁］4400·图三-40/33）

55. 其六斛民还司马乐仪黄武七年折咸禾准米（［叁］4393·图三-33/33）

49. 其二斛三斗黄龙元年佃卒旱限米（［叁］4394·图三-34/33）

81. 出用无（［叁］4395·图三-35/33）

32. 入黄龙元年吏帅客旱限米一百二斛二斗（［叁］4406·图三-46/33）

111. 其一万三千二百五十斛四升黄龙三年……[1]（［叁］4407·图三-47/33）

---

[1] 原释文作"其一万三千二百五十斛四斗黄龙三年……"。

112. 其五斛八斗黄龙二年佃卒限麦种（[叁]4409·图三-49/33）

再加上确定属于"正月旦簿"的内容。

其九十四斛六斗黄龙元年私学旱限米

除了以上明确为"正月旦簿"的资料外，在已经明确为"二月旦簿"的资料中，有这样一组简：

83. ⃞椽娅度渍米□斛六升（[叁]4376·图三-16/33）
84. 其十二斛一斗监运椽娅度渍米（[叁]4368·图三-8/33）

因为简84（图三-8）是由83（图三-16）加成而来，而其"加成对象"应该继承自"正月旦簿"，所以在"正月旦簿"中必有一简为"其□斛四升监运椽娅度渍米"。

把以上可知部分相加为米20657.1斛。因为"正月旦簿"中"出用无"，所以根据简26（图五-23）、27（图五-24），可知"正月旦簿"中米的最终结余数量应为20610.755斛。两者间相差不大，造成误差的原因，可能有三：一是由于简牍不清所造成的误释引起的，二是由于简107（图五-26）、95（图五-54）、13（图五-63）三枚"入简"，总计166.49斛的米与"其"简间关系不明，可能存在重复计算。三是仍有部分简牍丢失或者由于移位混入了其他"月旦簿"，而造成数据不全。

以上数字的接近，也可用来论证简77（图三-23）的所属。如果简77（图三-23）属于"正月旦簿"，由于简78（图五-52）已经属于"正月旦簿",最终加成数字需再加上"四百一十六斛五斗",其结果将远超"正月旦簿"余米量,所以,简77(图三-23)不能属于"正月旦簿",只能属于"二月旦簿"。

在本节最后想讨论下,"定领"、"别领"、"承……簿"、"右入"、"承余新入"之间的关系。根据:

9. 承黄龙三年十二月簿领杂米……斛□斗五升□合麦种五斛……([叁]4550·图五-47/33)

97. 右杂米□□□□八斛六升五合 别领米([叁]4551·图五-48/33)

100. 定领租税杂米一万七千四百二斛六斗九升麦五斛八斗大豆二斛九斗([叁]4561·图五-58/33)

简97(图五-48)与简100(图五-58)的加成结果,尾数为"七斗五升五合",与简9(图五-47)中的"五升"有重合。而根据:

26. 右正月入杂吴平斛米五千八百九十二斛三斗七升九合七勺([叁]4526·图五-23/33)

【注】"右"上原有墨笔点记。

27. 集凡承余新入吴平斛米合二万六千五百三□□□三升四合七勺麦五斛八斗大([叁]4527·图五-24/33)

10. 承嘉禾元年正月簿 领 杂米二万六千五百三斛一斗三升四合□……([叁]4581·图五-78/33)

简27(图五-24)、10(图五-78)中数字应相同,用简27(图五-24)、10(图五-78)中的数字减去简26(图五-23)的数字,结果为"二万六百十斛七斗五升五合",尾数也是"七斗五升五合"。

因为"正月旦簿"中无出用情况,"二月旦簿"中"集凡承余新入"的数量减去"正月入"的数量就应该是"正月旦簿"的结余量。所以上述尾数相同的情况可能不是巧合。笔者推测,简册原本的顺序可能是:"右入—集凡承余新入—承……簿—定领—别领"。因为上文"正月旦簿"中"入"简的数据加成离"右新入杂米四千八百九十七斛四斗"相距尚远,说明其中还丢失了很多"入"简,所以笔者在复原时,除了确定的"其"、"入"、"其"关系外,不会将每枚"其"简都补全成"其"、"其"的组合。

综上,原始的"正月旦簿"的大致内容应为:

  三州仓谨列所领税米出用余见正月旦簿
  其一千七百十四斛四斗二升六合杂□米
  其五十六斛九斗四合杂擿米
  其六斛民还司马乐仪七年折咸米
  其一斛民还船师栩朋折咸米
  其五斛郡吏烝承渍米 [1]
  其□斛四升监运掾妲度渍米
  其六十七斛九斗五升船师张盖建安廿六年折咸米
  其二斛民还黄武七年吏帅客限米
  其五斛一斗二升民还元年杂税米
  其一斛民还黄龙元年租米 [2]
  入黄龙元年佃卒旱限米二斛三斗

---

[1] 参照简115(图五-76)以及简[叁]4656,笔者认为这里补全应该是"其五斛郡吏烝承渍米"。

[2] 参照简53(图三-29)、54(图五-20),笔者推测其补全应为"其一斛民还黄龙元年租米"。

其二斛三斗黄龙元年佃卒旱限米

入黄龙元年吏帅客旱限米一百二斛二斗

其一百二斛二斗黄龙元年吏帅客旱限米

其九十四斛六斗黄龙元年私学旱限米

其十二斛黄龙二年旱税米

入黄龙二年旱税米六斛八斗

其十八斛八斗黄龙二年旱税米

入黄龙二年粢租米七斛六斗六升

其二百卅五斛一斗七升黄龙二年私学限米[1]

其卅八斛一斗四升黄龙二年盐米

其五十八斛四升黄龙二年盐贾米

其一百六十六斛二斗五升黄龙二年佃卒限米

其二斛郡吏区香黄龙二年盐溢米

其七百五斛七斗八升黄龙三年贷食二年税米

入黄龙三年贷食二年税米八十七斛八斗五升

其七百九十三斛六斗三升民还黄龙二年税米

其二斛九斗黄龙二年大豆租

其五斛八斗黄龙二年佃卒限麦种

入黄龙三年租米九十斛七斗二升

其卅五斛四斗五升黄龙三年粢租米

其□百八十七斛二斗三升黄龙□年吏帅客限米

入黄龙三年吏帅客限米□百八十斛二斗三升

其一千一百六十七斛四斗六升黄龙三年吏帅客限米

其一百七十三斛二斗三升黄龙三年佃卒限米

---

[1] 参照45、46，笔者推测其补全为"其二百卅五斛一斗七升黄龙二年私学限米"。

其二百一十九斛三斗八升黄龙三年新吏限米

其五百廿斛五升黄龙三年私学限米

其十五斛四斗三升黄龙三年邮卒限米

其卅斛黄龙三年习射限米

其卅斛九斗黄龙三年叛士限米

入黄龙三年叛士限米十三斛五斗

其卅四斛四斗黄龙三年叛士限米

其一千三百七十九斛六斗郡吏雷济黄龙三年盐贾米

入黄龙三年□□□六十八斛一斗一升

其一万三千二百五十斛四升黄龙三年……

其四斛民还黄□年□□米

其二百七十一斛……租米

右新入杂米四千八百九十七斛四斗

出用无

集凡承余新入……

承黄龙三年十二月簿领杂米……斛□斗五升□合麦种五斛……

右杂米□□□□八斛六升五合 别领米

定领租税杂米一万七千四百二斛六斗九升麦五斛八斗大豆二斛九斗

六、小结

通过本次复原，我们对于"月旦簿"可以有更具体的认识。首先，"某月旦簿"实际统计的是"某月"前一月的情况，在前月的月底写毕，于"某月"月旦提交。其次，"月旦簿"采用了先转写上月余额,再记录本月变化情况,最后进行总计的"其"、"入"、"其"的记账方法。基于以上理解,我们可以总结一份"月旦簿"的大致格式为:

三州仓谨列所领税米出用余见＊月旦簿
转写上月余额类"其"简
"入"简
总计类"其"简
右入杂米……
右入杂米……别领
右＊月入杂吴平斛米……
集凡承余新入吴平斛米合……
出用无／出……
承＊年＊月＊日簿领杂米……
右杂米……别领
定领杂吴平斛米……
＊年＊月＊日仓吏＊＊白

最后,笔者想就揭剥图叁·图三,揭剥图叁·图五所显示的简册的性质再稍作探讨。在前文中,笔者将其笼统的称为"三州仓所领税米出用余见月旦簿"合集。但如果考虑简册本身的厚度的话,这种合集一定是有数量限制的。如果考虑到长沙吴简中存在按季结算的"一时簿",且存在如下这两枚简:

113. ╱嘉禾二年十二月一日讫卅日一时簿╱([壹]5742/12)

114. ☐/三州仓领余米起（[叁] 5566/34）
☐月卅日一时簿

　　王素先生判断简113，在"讫"与"卅日"间脱"三年二月"四字，原文应作"嘉禾二年十二月一日讫三年二月卅日一时簿"。[1] 对此，笔者表示赞同。若王先生判断不误，依此类推，参照简114，则图三、图五中的简册恐怕正是"三州仓领余米起黄龙三年十二月一日讫嘉禾元年二月卅日一时簿"的残件，具体包括"三州仓谨列所领税米出用余见正月旦簿"、"三州仓谨列所领税米出用余见二月旦簿"、"三州仓谨列所领税米出用余见三月旦簿"。

　　当然必须再次说明的是，本文的复原只是一种尝试，并不一定是"月旦簿"的原貌，随着更多材料的公布，本文的复原无疑要进行修正，甚至可能被完全否定。但笔者撰写本文的目的，并不在于提供一份百分之百正确的复原结果，而是通过复原，尽可能地提供一份以目前材料而言，能自圆其说的复原结果以供研究者参考，因为笔者相信，研究水平的基础在于材料的信息量，而完整材料无疑能提供更多的信息。

　　除了复原结果以外，本文更重要的目的在于提供一种利用揭剥图以及簿籍内部"加成"关系来进行复原的思路。侯旭东、凌文超两位先生已经向我们展示了利用揭剥图进行复原的可能性，在他们的启发下，学界利用揭剥图的人也越来越多，但基本都着眼于名籍，而少有涉及仓米簿的。造成这种情况的主要原因在于，与名籍中存在人名、年龄等可以互相对照的信息不同，仓米簿中缺乏明确的对照信息，且米名繁杂，数目不定，似乎没有什么规律可循。但经过

---

[1] 王素：《长沙吴简中的"月旦簿"与"四时簿"》，《文物》2010年第2期。

本文的分析，可以发现，仓米簿并非毫无规律。由于是日常的周转账目，其中每笔款项的来龙去脉在簿籍中都会有详细的记录，找出这样的脉络，就可以把仓米簿串联起来。笔者把这种方法称为"纵向比较复原法"。此外，走马楼中的仓米簿也和其他簿籍一样，对同一事件会存在多方记录的情况，因此，在对仓米簿进行复原时同样可以使用"横向比较复原法"来辅助复原。最后，笔者希望通过本文的复原尝试能对走马楼吴简的复原以及进一步的研究有所帮助。

（原载《文史》2014年第2辑）

《通典》所记官品脉络的史料辨证
——以南朝官班、官品制度为中心

周文俊（中山大学中文系）

杜佑《通典·职官典》编有"历代品秩"一章，胪列魏晋南北朝的官僚位阶等级，该文献是认识与理解此时期官僚等级制度发展演变的基础史料。一般认为，这份文本反映魏晋南北朝官品制度脉络的基本线索，其重要性自不待言。学界通常利用《通典》交代的这一线索，理解此时期官品制度史问题，迄今似未见疑议。然而从史料辨析角度观察，"历代品秩"的文本逻辑与该历史时期制度运作的演进逻辑是否一致，似仍存探讨空间。

《通典》通过将前代典书史志记载官僚品位的制度文本加以转录与整合，最后整理出以朝代为纲、具备制度前后承袭关系的职官典制系统（即魏官品—晋官品—宋官品—齐官品—梁官班—陈官品）。从表面上看，这项工作似已勾勒出魏晋南北朝官品制度发展流变的清晰脉络。然细绎文本，不难发现在"历代品秩"的语境下，《通典》仅按朝代先后次序将现成材料加以简单排比，对各种官僚品位文本背后复杂的制度性质却并未加以细辨与解释。《通典》将各种文本置于单一制度脉络的编撰方式，某种程度上掩盖了魏晋南北朝官僚位阶制度多元发展的线索。

兹以南朝梁陈为例，《通典》"历代品秩"直接采录《隋书·百官志》记载梁代官班与陈代官品两份官僚等级文本，按朝代顺序编排，构成"梁官班—陈官品"的发展线索。然而，梁官班与陈官品之间存在何种演进关系，却一直是难解之谜。对南朝官品与官班的制度关系与性质加以疏解与厘清，是解读南朝官僚位阶制度的一大关键。本文试从爬梳制度脉络的方法，循官品与官资两大制度线索，对《通典》所记单一官品脉络加以史料辨证，以期揭示魏晋南北朝官僚等级体系的制度潜流。

一、官班与官品之关系辨析：从官班制度的资位性质说起

《通典·职官典》"历代品秩"以梁官班、陈官品为前后因承的两个制度文本，然而前者为流内十八班加上流外七班，后者为官品九品，二者的层级体系之间并无明显的过渡联系。如果掀开《通典》加在官班之上的官品制度外衣，重新审视官班的制度性质，可有新的发现。

在南朝史籍中，有不少记载官僚位阶的史料和官品等级并不对应，然而与官班体系却有着相对一致的联系。其中就有这样一条常令读者感到疑惑的史料。《南齐书·王晏传附弟诩传》载："（王）诩，永明中为少府卿。六年，敕位未登黄门郎，不得畜女妓。诩与射声校尉阴玄智坐畜妓免官，禁锢十年。"[1]

如果将"敕位未登黄门郎"的"位"，从官品等级角度解读，就会倍感不解：王诩为少府卿，是三品官；阴玄智为射声校尉，是四品官，官品均高于五品的黄门郎，为什么会因畜女妓而坐罪免官呢？

其实，跳出以官品为中心的品位思路，问题也许可以迎刃而解。

---

[1]《南齐书》卷42《王晏传附弟诩传》。

所谓"位",并非指官品,而是指资位。"位未登黄门郎"意指仕进资位未被登用至黄门郎一级,以此作为法令界限。参照及后的梁代十八班,会发现很有意思的线索。

黄门郎在第十班,射声校尉在第七班,少府卿在第十一班。射声校尉的班等远低于黄门郎,此官"位未登黄门郎"是比较好解释的。至于少府卿在梁代制度中还是高出黄门郎一班,需要稍加辨析。按《南齐书·良政·沈宪传》:"少府管掌市易,与民交关,有吏能者,皆更此职。"[1]少府在南齐时是属于掌管交易的职位,强调吏能,与"职闲廪重"的清资官是有所区别,推测南齐时资位要低于黄门郎。据《隋书》卷26《百官志上》记载,梁代天监七年,少府卿"位视尚书左丞"。按尚书左丞在第九班,仍较黄门郎低一班,这或许是梁初对南齐时期资位等级的因承[2],大致上可推测南齐时少府卿的"位"同于尚书左丞,低于黄门郎。

以上辨析可以说明南齐时,少府卿与射声校尉的资位,大概均低于黄门郎。这样就可以合理地解释"位未登黄门郎"的真正制度含义——"位"是资位,并与梁代十八班的班等有着某种联系。《宋书·蔡廓传》载徐羡之语:"黄门郎以下,悉以委蔡(廓),吾徒不复厝怀,自此以上,故宜共参同异。"一般认为黄门郎是指官品五品[3],似未达其间。徐羡之谓"黄门郎以下",是与吏部铨叙选官直接

---

[1] 《南齐书》卷53《良政·沈宪传》。
[2] 至于少府属十一班,或是后来有所调整调整。梁代对职官有过多次改动变革,笔者猜测在及后的某个时间,王朝对少府卿可能进行过革选。可以找到一条旁证材料,《唐六典》卷20《太府寺》引《梁选簿》:"太市令属四品市职之任,不容过卑,天监三年革其选。"这显示太市令作为"市职之任",在齐末梁初还是属于中正四品资格即可担任的职位,故有"过卑"的形容,经过革选,太市令在梁十八班的第一班,属于流内官,与"位不登二品"的流外官完全区别过来。资位得到重新调整。因此,职掌市易的少府可能也经过革选,因此班位较之前有所提高。
[3] 《通典》收录这条材料,杜佑注云:"按,宋黄门,第五品也。"

相关的，是登用的等级，而且时人均清楚"以上"、"以下"的层级，这无疑证明了刘宋时黄门郎已是资位等级的重要界限，上述齐武帝的法令是对这一秩序的延续。[1]

南朝时期官僚体系的层级范围限定，已不限于使用官品几品为界，而详细到某一具体官职。《宋书·索虏传》载宋文帝元嘉二十七年北伐，"发南兖州三五民丁，父祖伯叔兄弟仕州居职从事、及仕北徐兖为皇弟皇子从事、庶姓主簿、诸皇弟皇子府参军督护国三令以上相府舍者，不在发例"，仕至哪一职位以上不在征发之例，均有明确规定，这种级别显然是一种官资资级。《南齐书·礼志上》云："建元四年正月，诏立国学，置学生百五十人。……取王公已下至三将、著作郎、廷尉正、太子舍人、领护诸府司马咨议经除敕者、诸州别驾治中等、见居官及罢散者子孙"；[2]"永明三年正月，诏立学，创立堂宇，召公卿子弟下及员外郎之胤，凡置生二百人"。国子学为招收生员所划定的界限不再采用晋代以五品为限的方式，而是列明了具体的官职，有关职位代表了所在的官僚位阶层级。

笔者梳理史料发现，在南朝宋、齐两代，官品等级以外，确实还存在另外的等级秩序，在官僚制度中亦起到标示与界定位等的作用。这种有别于官品的等级，均属于资位范畴。首先看一下《唐六典》卷8《门下省》之"给事中"的沿革，云："魏氏复置，或为加官，或为正员。晋氏无加官，亦无常员，隶散骑省，位次散骑常侍。"《晋令》云："品第五，武冠，绛朝服。"宋、齐隶集书省，位

---

[1]《颜氏家训》卷4《涉务篇》云："晋朝南渡，优借士族，故江南冠带有才干者擢为令仆已下，尚书郎、中书舍人已上，典掌机要。"《颜氏家训集解（增补本）》，王利器撰，中华书局1993年版，第317页。颜之推论述东晋朝廷的人事任用，亦以具体官职的资位作为上下界限，东晋实际情况是否如此在这里暂不深究，颜氏之说至少说明南朝时人的制度观念确是如此。

[2]《南齐书》卷9《礼志上》。

次诸散骑下、奉朝请上。"[1]

给事中的官品是第五品,《唐六典》又载此官在宋齐时的"位次",具体是处于"诸散骑"(散骑郎、通直郎、员外郎)以下,奉朝请以上。查阅《南齐书·百官志》记载集书省职,有关次序一目了然:

散骑侍郎、通直散骑侍郎、员外散骑侍郎。
给事中。
奉朝请。[2]

给事中所处位置,与《唐六典》"位次诸散骑下、奉朝请上"的记载完全吻合。由此可以说明,《南齐书·百官志》所列集书省官职顺序,实际上反映了南朝宋齐的"位次"秩序,再对比《通典·晋官品》与《宋书·百官志》的官品记载,给事中在官品中的位置并未有改变:

晋官品之第五品:给事中 给事黄门、散骑、中书侍郎
宋官品之第五品:给事中 黄门、散骑、中书侍郎

给事中在官品第五品,高于散骑郎,甚至在黄门郎之上,可证《唐六典》与《南齐书·百官志》反映的"位次",是有别于官品等级秩序的。要言之,给事中在宋齐隶属集书省以后,调整了"位次"。这一变化,并没有反映在官品上,而是体现在官资位望阶次之中。《宋书·隐逸·雷次宗传》载:"又除给事中,不就……二十五年,诏曰:'前新除给事中雷次宗……可散骑侍郎。'"[3]

---

[1] 《唐六典》卷8《门下省》,第244页。
[2] 《南齐书》卷16《百官志》。
[3] 《宋书》卷93《隐逸·雷次宗传》。

从朝廷对隐士雷次宗的先后授官（给事中—散骑侍郎），可以清晰看出散骑侍郎与给事中在晋升秩序的高下次序，散骑郎的铨选资位显然是高于给事中。由此可见，给事中在诸散骑下的"位次"，指的就是升迁秩序的资位，且与官品并无关涉。这也说明官品与资位是并行不悖的两种秩序。不妨再参照梁十八班制度：

散骑侍郎（八班）、通直散骑侍郎（六班）、员外散骑侍郎（三班）。
给事中（四班）
奉朝请（二班）

按照梁制，员外郎的班位要低给事中一级，不过从以上诸官的等级秩序可以看出，梁代的班位秩序，主要还是继承自宋齐以来形成的资位等级格局，只是可能会根据实际情况作了较小幅度的调整。梁代十八班的制度渊源，与资位秩序关系甚深。南朝宋齐的资位调整，多以"准某官"，作为位次上的确认。《南齐书·百官志》云："建元四年，有司奏置国学，祭酒准诸曹尚书，博士准中书郎，助教准南台御史。选经学为先。若其人难备，给事中以还明经者，以本位领。"[1]

《宋书·范泰传》载范泰曾议国子助教，"今有职闲而学优者，可以本官领之，门地二品，宜以朝请领助教……其二品才堪，自依旧从事"[2]，南齐置国学立国子助教的举措，与范泰的精神如出一辙。"选经学为先"，即是以才能为先，此为二品才堪。其人难备的话，

---

[1] 《南齐书》卷16《百官志》。
[2] 《宋书》卷60《范泰传》。

则找清资官中的学优者兼任,"给事中以还"是资位上的等级范围划定,大概是上至给事中,下及奉朝请的清资官,均可以"本位"领国子助教一职。本位亦即清资官资位。

参考梁代十八班制:国子祭酒与列曹尚书,均在第十三班;国子博士与中书侍郎,均在第九班;国子助教,第二班、南台侍御史,第一班,两者班等相近。由此可以获知,梁十八班的班位安排,正是源自前代"准某官"的资位秩序,而间有微调。在这个事例中看到,王朝在建立国学时对新架构的官职有"准某官"的规定,说明当时对新设官职存在着通行的做法,主要使用比照某官资位的方式,确定其官资等级。类似事例还见于《宋书·百官志下》,载:"武卫将军,无员。……晋氏不常置。宋世祖大明中,复置,代殿中将军之任,比员外散骑侍郎。武骑常侍,无员。汉西京官。……后汉、魏、晋不置。宋世祖大明中,复置。比奉朝请。"[1]

宋孝武帝重新设置了前代久经停用的武卫将军与武骑常侍,官职从无到有,需确定其等级。此处"比某官"仍是资位上的比照,通过与现有官职进行对照的方式,作资位上的规定。按梁十八班制,武卫将军与员外散骑侍郎,均在第三班;武骑常侍与奉朝请,均在第二班。刘宋的"比官"与萧梁班制的对应关系,反映刘宋的资位规定在梁代班制中得以沿用。《太平御览》卷220《职官部十八·中书监》引《梁选簿书》:"(中书监)自宋已来比尚书令、特进之流而无事任,清贵华重大位多领之。"[2] 按梁班制,中书监与特进在十五班,尚书令十六班,自南朝宋代,此三官的资位相当,《梁选簿》明确记载了南朝的资位比官,是其因承前代制度的明证。

---

[1] 《宋书》卷40《百官志下》。
[2] 《太平御览》卷220《职官部十八·中书监》,第1047页。

除了"准某官"、"比某官"，还有作"视某官"，也属于官职的资位比照。《唐六典》卷14《太常寺》"太常丞"条引《宋百官春秋》云："太常丞视尚书郎，铜印，黄绶，贤一梁冠，品第七。"[1]

尚书郎官品第六，太常丞品第七，说明官品并非"视某官"的等级秩序，那么应该将"太常丞视尚书郎"理解为资位上的等同。按梁十八班制，尚书郎中、太常丞，均在第五班，宋制资位与梁制班位的符同，揭示了官资制度的前后因承。《通典》卷22《职官四·尚书左右丞》载："（南齐）尚书左丞……视中书郎，迁黄门郎。"[2]

尚书左丞的官品六品，中书郎为五品，"视某官"不会是官品的比照。显然，这条史料反映了南齐时尚书左丞的资位等同于中书郎，迁官方向为资位更高的黄门郎。按梁十八班，尚书左丞与中书郎，均在第九班，黄门郎在第十班。说明这一资位格局至少是起自南齐，下及萧梁，并与升迁秩序构成紧密联系。《通典》卷22《职官三·中书侍郎》载："宋中书侍郎，进贤一梁冠，介帻，绛朝服，用散骑（常）侍〔郎〕为之。"[3]

原文作"散骑常侍"有误，按一般升迁路径，资位更高的散骑常侍不会迁为较低资位的中书郎，应作"散骑侍郎"。如《南齐书·孔稚珪传》载"迁正员郎，中书郎，尚书左丞"[4]，证明散骑郎（正员郎）的资位，可迁为中书郎；而中书郎与尚书左丞，亦可互为迁转，更旁证上引尚书左丞视中书郎的记载，说明当时存在"散骑郎—中书郎"的晋升顺序。

参照梁代官班，其资位意义是非常明确的。散骑侍郎在第八

---

[1]《唐六典》卷14《太常寺》，第395页。
[2]《通典》卷22《职官典四》，第598页。
[3]《通典》卷22《职官典三·》，第563页。原文"散骑常侍"似有误，应作"散骑侍郎"。
[4]《南齐书》卷48《孔稚珪传》。

班,与第九班的中书郎,恰好班等相差一等。结合前面《通典》记载"中书郎迁黄门郎"的史料,宋齐的职官升迁顺序与梁代班制构成如下对应关系:"散骑郎(八班)—中书郎(九班)—黄门郎(十班)",这是南朝时循资迁官的典型升迁路径,其阶序意义非常明显,反映出梁代班制是对前代升迁资序的继承。有关线索还可以往上追溯。《通典》卷34《职官十六·光禄大夫以下》记载"太中大夫"一职,云:"晋视(御史)中丞、吏部(郎)。"[1]

按梁官班,御史中丞、吏部郎、太中大夫同在第十一班。按晋官品,御史中丞四品、吏部郎五品、太中大夫七品,三职官品均不同。因此,西晋以某官视某官,也应该是资位的比拟。这一关系与晋官品不符,却与梁官班相应,无疑提示了自晋代至南朝,存在一种独立于官品秩序。探寻梁官班的制度渊源,除了资位比照的线索以外,职官类书记载的迁官秩序也有重要反映。《唐六典》卷14《太常寺》"太常"条注云:"宋太常用尚书,亦转为尚书,如迁选曹尚书、领,护等。齐因之。"[2]

据梁代班制,尚书十三班,太常十四班,吏部(选曹)尚书十四班,领军、护军将军十五班,据《隋书·百官志上》,梁代太常的资位或有过变动,"太常视金紫光禄大夫(十四班)",可以推断在调整以前的南朝宋、齐时期,太常与列曹尚书资位相同,故两官可以互转[3],同时可往更高资位的官职如吏部尚书与领军、护军将军升迁。这些官职迁转的依据是有章可循的,吏部依循着有序的资位

---

[1] 《通典》卷34《职官十六·光禄大夫以下》,第936页。
[2] 《唐六典》卷14《太常寺》,第394页。
[3] 南朝宋、齐记载太常与列曹尚书互转的例子有不少,如《宋书·张茂度传》:"入为五兵尚书,徙太常";《宋书·郑鲜之传》:"高祖践阼,迁太常,都官尚书";《宋书·隐逸·阮万龄传》:"寻除左民尚书,复起应命,迁太常";《南齐书·张绪传》:"迁为祠部尚书,复领中正,迁太常,加散骑常侍,寻领始安王师。"

等级体系，维持着王朝铨选秩序的正常运作。再将制度源流往上溯至两晋，情况亦复如是。《唐六典》卷26《太子詹事府》注云："《晋令》：'（太子）詹事丞一人，品第七；铜印、墨绶，进贤一梁冠，皂朝服；局拟尚书左、右丞。'过江，多用员外郎及博士为之，迁为尚书郎。宋、齐品服同晋氏。梁、陈品第八。"[1]

如果执着于官品对应晋升的逻辑，迁官顺序呈现为"员外郎（五品）、博士（六品）—太子詹事丞（七品）—尚书郎（六品）"，显然官品品级的高下与迁官次序并不相符。不过，如果将视角转到梁十八班的班等，会有如下的线索呈现："员外郎（三班）、博士（二班）—太子詹事丞（四班）—尚书郎（五班）"。东晋时业已形成的迁官秩序，与南朝梁代的十八班制度班等，竟然存在着高度的契合，这绝非巧合，再看一条旁证史料，《唐六典》卷2《尚书吏部》注云："《宋百官阶次》有员外郎，美迁为尚书郎。"[2]

所谓"美迁"，就是区别于依循资位拾级而上的一般升迁，美迁是擢升，越过常资之位超迁至更高资等的职位。参照梁班制的话："员外郎（三班）—（美迁）—尚书郎（五班）"，员外散骑郎在资位上越过一级，直接迁职至高其两级的尚书郎，"美迁"的制度含义在资位秩序中完全呈现出来，而且与上述"员外郎（三班）、博士（二班）—太子詹事丞（四班）—尚书郎（五班）"循资而迁的一般晋升顺序，恰好形成互证。通过资位秩序线索的梳理，可以发现整条升迁秩序自东晋开始有记载以来，到南朝刘宋，再到萧梁的官班制度，形成了一条清晰的制度脉络。

---

[1] 《唐六典》卷26《太子詹事府》，第662页。
[2] 《唐六典》卷2《尚书吏部》，第29页。《宋百官阶次》之"员外郎"为员外散骑侍郎，《唐六典》编者误认作吏部员外郎，故编于吏部。但不影响对《宋百官阶次》史料原意的理解。

这无疑清楚地说明一个事实：资位秩序是独立于官品，作为官僚铨选与升迁的秩序一直存在于职官制度中，此秩序有着很大的制度延续性，是梁代十八班制的重要渊源。《通典》卷21《职官三·侍中》载："侍中，汉代为亲近之职，魏晋选用，稍增华重，而大意不异。……旧迁列曹尚书，美迁中领护、吏部尚书。"[1]

从以上"迁"与"美迁"迁转关系，不难推断上述数官在魏晋南朝"选用"的资位高低，从高到低应是"中领护、吏部尚书＞列曹尚书＞侍中"，这一点也可以在梁十八班的班等中得到印证：中领军、护军将军与吏部尚书在十四班，列曹尚书在十三班，侍中在十二班。在对官资等级线索的不断上溯过程中，梁代十八班制度始终是与魏晋以来的资位秩序相联系的，这说明梁代班制并非独树一帜的官僚等级制度，亦非全新的创制之举，而是根植于魏晋以来深厚的制度土壤中。

同时，这条史料不仅反映资位秩序与升迁有关，而且还证明了资位与官品同品的高下位次并无关系。上述诸官同在第三品，若按前后位次，则侍中居首，列曹尚书（包括吏部尚书）在后，中领军将军居末，这显然与上面分析的资位高低顺序是不符的。《北堂书钞》卷59《设官部九·中书令》引《刘谦之晋记》云："中书令王献之卒，赠太常。以侍中王珉代之。皆一时之美也。"

从王献之"中书令—太常"与王珉"侍中—中书令"的赠官与迁官资次，可知三官的资位从低到高是"侍中—中书令—太常"。然而官品的位次恰好反过来，侍中居首，中书令居中、诸卿居后。参照梁官班，侍中十二班；中书令十三班；太常十四班，与《晋记》反映的资位次序正相符合。说明资位与官品品内的位次其实并无直接关系。

---

[1]《通典》卷21《职官三·侍中》，第548页。

综上，官班制度虽然创立于南朝萧梁时代，然其制度所本实远有所承，与两晋以来的职官铨选资位秩序深有联系。通过比较分析，可知资位秩序并不从属于官品体系，官班之脉络体现为独立于官品等级的一股官僚制度潜流。由此说明，官品与官班属于两条独立的制度线索，并不能简单混同于一起理解，《通典》将官班置入官品脉络，似失考其背后的制度性质。

二、梁代官班的制度渊源

前述梁代官班制度不同于官品，而别有所承。揆之史籍，可以找到不少蛛丝马迹。西晋大臣李重议论本朝官制，云："晋始平王文学李重又以为等级繁多，又外官轻而内官重，使风俗大弊，宜厘改，重外选，简阶级，使官久。议曰：……汉魏以来，内官之贵，于今最崇，〔泰（太）始以前，多以散官补台郎，亦径补黄门中书郎，而今皆数等而后至，众职率亦如此〕，而百官等级遂多，迁补转徙如流，能否无以着，黜陟不得彰，此为理之大弊也。夫阶级繁多而冀官久，官不久而冀理功成，不可得也。……汉法，官人或不真秩。魏初，用轻资以先试守。臣以为今宜大并群官等级，使同班者不得复稍迁……帝虽善之，竟不能行。"[1]

李重的上书提到西晋职官迁转补用的具体制度状况，还提到"百官等级遂多，迁补转徙如流"，显示他呼吁的官制改革，是与升迁秩序密切相关的等级制度。尤其值得注意的是，李重建议"大并群官等级，使同班者不得复稍迁"，试想，如果这里说的是官品，只

---

[1]《通典》卷16《选举四》，第386—387页。按《通典》引文阙"泰（太）始以前，多以散官补台郎，亦径补黄门中书郎，而今皆数等而后至，众职率亦如此"一句，据《太平御览》卷203引《李重集杂奏议》补。

有九个等级的官品如何会招来"繁多"的批评，且还要"大并等级"？因此，这里的"群官等级"应从官资制度去理解，是指资位。《晋书·傅咸传》傅咸致汝南王亮书云："东安封王，孟李郡公，余侯伯子男，既妄有加，复又三等超迁。此之熏赫，震动天地，自古以来，封赏未有若此者也。"[1]这里的"三等"就是资位等级，如果三等指官品的三级，那些四品官岂非可以直接仕进成为公，三品官岂不是要变成零品？因此，"三等"应该放在"等级繁多"的官资等级中理解，三等超迁，应是越过资位三阶的升迁。这说明当时必然存在完整有序的资位等级，官员位处哪一等级，循着资位多少等升迁，仕进到哪个官职，均是有章可循的。只有在官资阶级等级扩展至足够多的层级，才有可能出现"三等超迁"的情况。分析至此，还要问道：既然西晋的资位等级是独立于官品的制度秩序，它的建立究竟始于何时？遗憾的是，现今史料难以确切回答这个问题，不过，倒是有一条史料留下了重要线索，《北堂书钞》卷60《设官十二·吏部尚书》引《晋诸公赞》云："李胤字宣伯，为吏部尚书，正身率职，不倾不挠，遂刊定选制，著于《令》。"[2]

《晋书》李胤本传载"泰始初，拜尚书"，可知他担任吏部尚书，大致上是在西晋初年。《晋诸公赞》明确记载吏部尚书李胤"刊定选制，著于《令》"，应在此时，时间上稍晚于魏晋之际建立的官品。所谓"选制"，应即吏部铨选制度，作为《晋令》的一部分，无疑是具备法律效力的规章程序。从"刊定"一词，可以推测西晋代魏以后，在很短的时间内曾一度沿用曹魏的官员选任制度，李胤在吏部任上订立新的选制，并著为法令，大概不是他出于个人意愿的改制之

---

[1]《晋书》卷47《傅玄传附子咸传》。
[2]《北堂书钞》卷60《设官十二·吏部尚书》引《晋诸公赞》，第201页。

举，而应该是皇帝授意下的新王朝建制活动的一部分。尽管已无从得知李胤选制的具体内容，不过从名目推测，资位等级应与此有关。

据此可知，李重屡屡提及的"等级"，在制度与法令上是有源可寻的。事实上，官僚制资位等级繁多的情况是贯穿于两晋南北朝的基本情况，南朝梁代实行的班制，以流内十八班加上流外七班，还有勋位、蕴位构成的繁复等级体系，应该说就是延续了魏晋以来的多重资位层级的制度格局。

李重"简阶级"的建议，说到底就是要简化资位。《晋书》卷46《李重传》记载他的另一建议，谓："建树官司，功在简久。阶级少，则人心定。久其事，则政化成而能否著……以为选例九等，当今之要，所宜施用也。"[1] 这里的"选例九等"，与"阶级少"相呼应，可能与刘颂建立九班制一事有关。《晋书·刘颂传》载："（颂）转吏部尚书，建九班之制，欲令百官居职希迁，考课能否，明其赏罚。贾郭专朝，仕者欲速，竟不施行。"[2]

刘颂早年就曾上书晋武帝，在时政建议中提出"官久非难也，连其班级，自非才宜，不得傍转以终其课，则事善矣"[3]。他在元康七年（297）接替建立甲午制的王戎[4]，掌任吏部，建立九班制。展开对资位制度的改革，目的是令"欲令百官居职希迁"，其精神与李重"大并群官等级，使同班者不得复稍迁"的建议非常一致。[5]

---

[1] 《晋书》卷46《李重传》。
[2] 《晋书》卷46《刘颂传》。
[3] 同上。
[4] 据万斯同《晋将相大臣年表》，王戎在元康七年由尚书左仆射出任司徒，不再领吏部尚书。新任吏部尚书为刘颂（载《二十五史补编》，第3334页）。可知刘颂是在这一年代替王戎接任吏部。
[5] 阎步克先生已注意到李重"选例九等"与刘颂"九班制"的联系，"其（李重）所说的'选例九等'，应即'九班'之类，刘颂谓'建九班之制'，大概是根据'选例九等'，而进一步设定了若干抑制'傍转'的迁转规则"。参见阎步克：《论北朝位阶体制变迁之全面领先南朝》，《文史》2012年第3辑，第202页注释八。

虽然九班制的具体内容今已不存，但从其"九班"的名目与以及刘、李二人的建议，应该是将原本多重复杂的资位层级体系，大幅简化为九个等级（与九品官品无关）。资位等级越少，官员的升迁难度也就越大，往上一阶晋升的速度将会大为减缓，这就与"仕者欲速"，即官僚群体主观意愿深相违背。李重谓"选例九等，当今之要，所宜施用"的上书，可能就是对刘颂九班制的响应。[1]显然，这项力度、深度均相当大的改革尝试，在官资制度的发展脉络下呈现出当时资位与升迁秩序相联系的制度面貌。九班制最终未能施行，西晋的资位秩序还是沿着原来"等级繁多"的格局深化发展。[2]

宫崎市定先生很早就发现官品与升迁不合的现象，却感到难以解释："东晋时代在晋升顺序上突然不按官品进行，屡屡发生自上品向下品移动也算作升迁的情况。这似乎也是根据一定的升迁规则进行的。……但是否就是刘颂的九班制，仍然无法说清。"[3]通过以上事例分析，笔者可以解答有关的困惑。

晋升顺序不按官品其实是不足为怪的，因为升迁秩序本是与官品无涉，而与资位有关。宫崎氏推测晋升"不按官品"的情况，认

---

[1] 李重谓"选例九等，当今之要，所宜施用"的上书，《晋书》将之系于"为始平王文学"期间，可能有误。类似的例子见于《晋书·潘岳传》对《闲居赋》的编叙。缪钺先生曾指出其中之误："《晋书·潘岳传》叙岳作《闲居赋》在为散骑侍郎谘事贾谧之后，则误。岳作《闲居赋》应在征补博士未召以目丧辄去官免之时，其《闲居赋序》叙述甚明。"缪钺：《〈文选〉赋笺》，《缪钺全集》第2卷，河北教育出版社2004年版，第45页。缪先生的考证，可以说明《晋书》对传主作品在诸事记载中的编叙并不一定完全可靠。或许可以从文本内的线索进行推定，李重所说的"选例"，即吏部选制，"选例九等"与"九班制"之名，词义意思是一致的。李重这份上书，很可能作于刘颂建九班制之后。
[2] 九班制在十六国石赵时期得到行用。《晋书》卷106《石季龙载记上》载："吏部选举，可依晋氏九班选制，永为揆法。选毕，经中书、门下宣示三省，然后行之。"从有关记载可以清楚了解到，"九班选制"就是用于吏部铨选的资位制度。
[3] 〔日〕宫崎市定著，韩昇译：《九品官人法研究——科举前史》，第125—126页。

为存在刘颂九班制影响的可能，问题的关键已经呼之欲出。正是由于九班制是对资位的改革措施，是属于资位秩序脉络下的制度，所以给人印象是九班制影响了升迁制度。其实，刘颂九班制并没有真正实施，与其说有关现象是受从未实行的九班制影响，不如说晋升顺序本就与独立于官品的资位秩序密切联系。跳出以官品为中心的研究思路，就可以发现官僚制度秩序是多元的。梁代十八班自有其资位制度脉络上的因承，并不是从官品转化而来。

《梁书·武帝纪上》记载萧衍在齐梁易代之际上书朝廷，称："前代选官，皆立选簿，应在贯鱼，自有铨次。"这条史料明确提到梁代以前，吏部选官均有设立"选簿"。选簿应指职官资位等级方面的详细规定，属于王朝人事选授任用制度的重要组成部分，故能体现"贯鱼"、"铨次"的资次秩序。梁代的选簿还见于《隋书·经籍志三》："《梁选簿》三卷徐勉撰。"[1]《梁选簿》反映的是徐勉建立官班制度的内容，从"前代选官，皆立选簿"的提示，说明十八班制度主要是前代选官制度秩序的延伸。

阎步克先生曾撰文《北魏对萧梁的官阶制反馈》，提出梁代天监七年（508）建立的十八班制度是对北魏太和二十三年（499）《后职令》的制度窃取，并推测天监七年十八班的制度形态是梁朝君臣出于掩饰目的下进行改头换面。[2]阎先生读书得间，发前人未发之覆，

---

[1]《隋书》卷33《经籍志三》。

[2] 阎先生曾经对北魏数年之间的制度改革对南朝的影响，以及南朝对北魏制度的窃取改造，有过这样的推测："可以想象，在齐、梁易代之时，南朝君臣最多只能得知北魏第一次《职令》的改革消息，对其正在进行的而第二次改革未必了了。就算他们业已风闻了北魏的第一次改革，改朝换代政治漩涡中的挣扎追逐，仍将让他们自顾不暇。到了天监初年蔡法度'定令为九品'时，洛阳的新生事物似乎仍未引起建康方面的注意。不过数年之后，第二次官品改革的消息传来之时，梁朝君臣们对北魏新制的优越性，就再也无法等闲视之了"，"也就是说，梁武帝第一步是先来生吞活剥了这正从上下之法，随后第二步是将之改头换面为十八班之制"。参见《品位与职位》，第387—411页。

扩充了南北朝制度互动的视野眼光。萧梁对北魏制度可能有过某种借鉴学习，不过，从整个魏晋南北朝更长的时段考察，梁代十八班制度是渊源有自，通过分析可了解到梁制官职班等与魏晋以来的资位记载是颇相吻合的。资位秩序就如细水长流，一直存在于魏晋南朝的官僚制度之中，梁武帝绝不是由于十数年前北魏制度更造潮流的突然兴起，始有匆遽冒袭改制之举，而是在魏晋以来官资制度发展演脉络下，进行制度的必要调整与更新，并最终将资位秩序转换为具有更为明确阶序意义的位序等级。

长期以来，有关梁代官班的渊源脉络与制度意义的认知，颇多模糊之处。个中原因，恐怕与梁代以前的资位等级史料大多已经佚失，以及传统职官典制记载对官僚等级沿革的书写叙述方式颇有关系。《通典》"历代品秩"的叙述模式显示了官品本位的普遍思路，官班在此思路下被视为官品的延伸秩序，其制度性质以及职官发展史上的意义由此难以明确。梁代官班的制度面貌与性质由于混同于官品之中，一直未能得到厘清。通过对《通典》官品脉络的质疑辨析，同时对官班渊源的追寻，《隋书·百官志上》所载梁官班的史料价值可有重新认识：这是现存六朝史料中唯一的、首尾完整的官资等级史料，其重要性是不言而喻的。这份制度文本作为探析魏晋南朝官资秩序的重要史料基础，有助拓展这一时期官僚制度的解读空间。

三、陈官品源于梁天监七年新定官品

辨析"梁官班"与"陈官品"是否存在制度因承关系，有必要对陈官品的制度渊源加以考证。《通典》所记"陈官品"，史源出自《隋书·百官志上》，仔细梳理这份官品文本线索，可以发现隐藏其中的梁代制度特征，提示此制度文献是在梁官品令的基础上修订而成。此处有两处细微的线索可资说明，试分述之如下。

（一）陈官品之第一品有"巴陵王、汝阴王后"

汝阴王、巴陵王是南朝政权嬗变的禅让把戏的形式产物，分别奉宋、齐正朔，按《宋书·顺帝纪》："齐王（萧道成）践阼，封帝为汝阴王，待以不臣之礼。行宋正朔。"[1]《南齐书·和帝纪》："梁王（萧衍）奉帝为巴陵王，宫于姑熟，行齐正朔，一如故事。"[2] 由此可知，以"巴陵、汝阴"二王之后为国宾，乃属萧梁制度，是梁武帝为宣示梁朝受禅前代，继承宋、齐正统的政治布置。《隋志》记载梁代十八班，上至流内一班，下及流外一班，均有"汝阴巴陵二王国"（或作"汝阴巴陵二国"）属官，此为梁制之佐证。

到了梁、陈嬗替之时，陈霸先篡夺梁统，也是按前代故事如法炮制，据《梁书》卷6《敬帝纪》："陈王（陈霸先）践阼，奉帝为江阴王"，则陈代之制，应该是"江阴王、巴陵王、汝阴王后"，就制度形式而言，陈代是没有道理跳过奉梁朔的江阴王[3]，而仅奉宋、齐之朔的巴陵、汝阴二王。疑陈官品在前代官品基础上进行改订过程中仅注重于实际官职的调整，对此处具文未加注意，从而留下陈袭梁官品线索。

（二）陈官品明确记载二十四州刺史

陈官品的第三至五品，记载的各州刺史，且均交代了具体的州数，这为认识这份官品的渊源流变提供了很重要的线索。兹列表说明如下：

---

[1]《宋书》卷10《顺帝纪》。
[2]《南齐书》卷8《和帝纪》。
[3] 梁敬帝被奉为江阴王后，继而被陈霸先所害，据记载，陈霸先又以"梁武林侯萧咨息季卿嗣为江阴王"，陈宣帝时，萧季卿因罪被免，"封东中郎将长沙王府咨议参军萧彝为江阴王"。可知，江阴王奉梁朔并没有中断。

表1　陈官品所记州数目统计

品级		数目
第三品	扬州刺史，南徐、东扬州刺史	3
第四品	荆、江、南兖、郢、湘、雍等州刺史 （本注"六州加督"云云，可知此为六州）	6
第五品	豫益广衡等州，青州领冀州，北兖北徐等州，梁州领南秦州，司南梁交越桂霍宁等十五州	15
合计	扬、南徐、东扬、荆、江、南兖、郢、湘、雍、豫、益、广、衡、青领冀、北兖、北徐、梁领南秦、司、南梁、交、越、桂、霍、宁州	24

《隋书·地理志上》："梁武帝除暴宁乱，奄有旧吴，天监十年，有州二十三"[1]，可知天监十年（511），梁境州数是二十三。《资治通鉴》卷147《梁纪三》"武帝天监十年"亦载："是岁，梁之境内有州二十三……是后州名浸多，废置离合，不可胜记。"[2]那么，这二十三州究竟是哪些州呢？

创立于天监七年（508）的梁代十八班，班内的诸州府属官，亦有具体的州名记载，分别为："扬州"、"南徐州"、"荆、江、雍、郢、南兖五州"、"湘、豫、司、益、广、青、衡七州"、"北徐、北兖、梁、交、南梁五州"、"越、桂、宁、霍四州"，也是二十三州。[3]将这二十三州与上表的陈官品二十四州进行比对，

---

[1]《隋书》卷29《地理志上》。
[2]《资治通鉴》卷147《梁纪三》。
[3] 梁十八班里面的州，即天监十年的二十三州。《资治通鉴》胡三省注，据《南齐书·州郡志》，认为梁二十三州为："扬、南徐、豫、兖、南兖、北徐、青、冀、江、广、交、越、荆、巴、郢、司、雍、梁、秦、益、宁、湘、南豫二十三州"。胡注失考《隋书·百官志》的梁十八班记载，而以齐志为据，显然有误。

就会发现陈官品与梁十八班的二十三州均合，其中陈官品多出的一州是东扬州。

据《梁书》卷3《武帝纪下》载梁普通五年（524），"三月甲戌，分扬州、江州置东扬州。"此年上距天监十年有十三年之久，期间萧梁的州数在一直扩充。二十四州的定数隐含了重要线索。试以胡阿祥先生所作《东晋南朝州郡县数统计表》为据，说明如下：

表2　胡阿祥先生《东晋南朝州郡县数统计表》（梁陈部分）[1]

朝代	年代	州数	资料出处
梁	天监元年502年	23	徐表
	天监十年511年	23	资治通鉴
	天监十八年519年	45	徐表
	中大通五年533年	86	徐表
	大同中	107	隋志
	中大同元年546年	104	徐表
	中大同元年546年	109	胡表
陈	梁末陈初	54	徐表
	太建元年573年	80	徐表
	太建十二年580年	64	徐表
	祯明二年588年	43	胡表

从表中数据可以获知：天监十八年（519），已达四十五，及后更逾百，陈代州数虽递有削减，然至灭亡前仍有四十三之数。这就说明陈官品二十四州数，不可能是根据陈代的本朝情况制定，而是沿袭了一份更早的制度文本，在此基础上改订而成今天所见的《陈

---

[1] 胡阿祥：《六朝疆域与政区研究》，学苑出版社2005年版，第379页。表中资料出处，"徐表"指徐文范《东晋南北朝舆地表》，"胡表"指胡阿祥先生所编《政区建置表》。

官品》。这一数字演变颇能说明"陈官品"文本来源的最初定本时间非常早。较晚形成的东扬州则可能是后来加入官品，除此以外，二十三州中的新建州份的设置时间，可以帮助推定其形成时间上限，据《梁书·武帝纪中》，衡、桂、霍三州在二十三州之中为新置州份，其建置年代为：

衡州：分湘广二州置衡州（天监六年四月）
桂州：分广州置桂州（天监六年七月）
霍州：分豫州置霍州（天监六年十二月）[1]

霍州的建立在天监六年十二月，由此可知，这份官品不会早于天监七年。而天监七年，正是徐勉建立十八班制度之年，这大概不是巧合的事情。《隋书·经籍志上》为本文提供了一条关键史料，云："《新定官品》二十卷 梁沈约撰"[2]。

《新唐书·艺文志二》亦著录"沈约《梁新定官品》十六卷"[3]。清人姚振宗《隋书经籍志考证》云："按此（《新定官品》）与《新定将军名》皆天监七年事，故《新唐志》次徐勉《梁选簿》之后，将军名当亦备载于此书。"[4] 姚振宗的见解很有道理，本文可以找到一处旁证，《唐六典》卷5《尚书兵部》引《梁官品令》云："杂号将军一百二十五，分为二十四班，班多者为贵，骠骑班第二十四。"[5]

研究者均熟知梁天监二年已出台过官品法令。《隋书·百官志

---

[1] 《梁书》卷2《武帝纪中》。
[2] 《隋书》卷28《经籍志上》。
[3] 《新唐书》卷58《艺文志二》。
[4] 姚振宗：《隋书经籍志考证》，《二十五史补编》，第5317—5318页。
[5] 《唐六典》卷5《尚书兵部》，第152页。

上》载"天监初,武帝命尚书删定郎济阳蔡法度,定令为九品。"[1]不过,《唐六典》所引的《梁官品令》应该不是蔡法度所定官品。据《隋书·百官志上》载"天监七年,改定将军之名"、"有司奏置一百二十五号将军",可知一百二十五号将军到天监七年始设置,上述《梁官品令》记载将军军班制度,反映的是《新定官品》的内容,姚振宗谓"将军名当亦备载于此书",是正确意见。

据《梁书·武帝纪中》载天监六年闰十月乙丑,"尚书左仆射沈约为尚书令、行太子少傅"[2]。天监七年定十八班之时,官品当亦一同修订,由于沈约为尚书令,这份官品可能就是沈约以尚书台长官的身份领衔奏上。笔者认为《新定官品》之名,可能是流传过程中所定,主要是为和梁初蔡法度所定官品令相区别。同时这份官品因沈约上奏的缘故,故以沈约为撰者。

根据这一发现,可以对官品变迁线索推测如下:天监七年,十八班制定的同时,梁初蔡法度所定的官品也进行了修订与调整,所以官品的州名州数(还包括新定官名),均与十八班制相合。起初官品的州数为二十三,及后梁代州郡数目大为膨胀,但均未再改动官品州份原文,只是普通五年(524),新建置的东扬州由于是极为重要的州份,所以将之添加进官品,构成二十四州定数,之后州数一度逾百,亦未再改变,陈代就是根据这份制度文本,修订成本朝官品。《隋书·百官志上》谓"陈承梁,皆循其制官",可为一证。概而言之,陈官品是渊源自梁代天监七年所定官品。[3]

---

[1] 《隋书》卷26《百官志上》。
[2] 《梁书》卷2《武帝纪中》。
[3] 阎步克先生的研究已将梁官品的修订与天监七年联系起来,指出:"这官品析分时在天监七年的可能性最大……两下综合,便把年份限定在天监七年左右了。"不过阎先生继而推定,天监七年官品是先析分为正从上下,然后换为十八班制度,并总结认为:"《通典》《隋志》所记陈官品,应是陈朝的再度更革之制,并非对梁制的沿用。"《品位与职位》,第386—388页。此说似可稍加辨析。本节分析表明陈官品基本沿用了梁天监七年官品,并非新制。

对照一下《隋志》记载的梁官班与陈官品，可以发现两者的官职官名基本相合，然而各种官职在这两个体系中的品级分布却难以找到严密的对应关系，深可说明天监七年，官班与官品是同时被制定（具体文本为徐勉《梁选簿》与沈约《新定官品》），从及后建置的东扬州加入官品一事，亦表明梁代官品一直在行用，由此可以旁证梁官品并非被十八班所取代。[1]另据《通典》载录梁官班，下注云："天监初年，武帝命尚书删定郎济阳蔡法度定令为九品。至七年革选，徐勉为吏部尚书，又定为十八班……而九品之制不废。"这一注释可证官班与官品当时是并行使用的。[2]

此外还有一处旁证。《唐六典》卷13《御史台》叙殿中侍御史："梁、陈，史不载其品秩。"[3]阎步克先生认为："《通典》卷37《梁官品》及《隋书·百官志上》，殿中侍御史明明列在流外七班。《唐六典》的编者好像连《隋书·百官志》也没有善加利用。"[4]其实，《唐六典》要反映的殿中侍御史"品秩"不是指官班，而是天监七年的新定官品。通过官班与官品对比可知，这份新定官品基本上是不收入流外官班的官职。殿中侍御史正是因为在流外七班，所以不在九品官品的范畴，在陈官品中亦确实找不到此官，说明殿中侍御史在官品体系中应该是不入九品品级的，《唐六典》的说法其实并不误。

---

[1] 《梁书》卷30《裴子野传》载："又敕撰《众僧传》二十卷，《百官九品》二卷"，裴子野受敕所撰《百官九品》，或亦本于天监七年的官品修订本，似可说明梁代天监七年以后，仍在行用官品。
[2] 张旭华先生曾撰《萧梁官品、官班制度考略》一文已申明此说，指出："梁武帝建立十八班官制后，九品官制依然存在，与官班制同时并行，并无废除。"《萧梁官品、官班制度考略》，《九品中正制略论稿》，第237页。张先生这一意见十分正确。本文上述的分析，可作为这一论断的补充论证。不过，张先生可能较为信从《通典》之说，因而认为陈官品是在梁初蔡法度所定官品的基础上进行修订，其中或忽略了天监七年曾有过官品改订的线索。
[3] 《唐六典》卷13《御史台》，第381页。
[4] 阎步克：《品位与职位》，第249页。

梁、陈的官品与官班是两种秩序等级。

通过对陈官品与梁代制度的联系考辨，可知陈代官品令是在梁官品基础上修订而成，其制度渊源是梁天监七年沈约之新定官品。这份著录于《隋书·经籍志》的官品法令，当与官班制度的出台时间接近，天监七年新定的官品与官班在此年以后一直同时行用，为陈代所继承。渊源于天监七年新官品的陈官品被著录于《隋书·百官志》，形成今天所见到的文本。

据此，可以推想唐代史臣修《五代史志》的梁陈职官部分（即《隋书·百官志上》）时为节省篇幅，主要按照梁、陈制度互见的原则，进行史料载录。[1] 但由于史臣在著录后在史志中交代不明，造成仅看到这样的单线线索："蔡法度官品—梁官班—陈官品"，因此产生了种种疑窦，《通典》在编"历代品秩"时对此亦未通释，反而将此置于历代官僚品秩等级的单线叙述框架中，更加深了"梁官班"与"陈官品"存在因承关系的印象，致使制度脉络疑不能明。以上对陈官品的考证，亦可部分厘清史志中模糊不清的官班、官品线索。

综上分析，陈官品并非源自官班制度，乃直承于前朝官品法令。梁官品主要经历过两次重要改革，在天监二年与七年，先后制定过两份官品。其中梁天监七年新定官品（与官班改制大致同步完成）一直行用，为陈官品的制度蓝本。《隋书·百官志上》载录的陈官品，反映了梁新定官品的大部分内容。由此亦可说明《通典》"梁官班—陈官品"的制度沿革叙述混淆了官班与官品的流变脉络。梁官品与官班并无直接联系，是两种并行使用的等级制度。

---

[1] 当时史臣应可看到至少五份职官史料：即梁蔡法度官品、梁沈约新定官品、陈官品、梁官班、陈官班。史臣的编撰工作推测如下：首先对蔡法度官品作简单介绍，未有收录；其次收入梁官班，按互见原则，陈官班隐含其中；最后收入陈官品，按互见原则，梁沈约新定官品隐含其中。

四、结语

本文循着渊源脉络与制度运作的基本思路，考察魏晋南朝官品与官资两种等级秩序的制度渊源与演进脉络（见图1）。有关辨析结论可以总结如下：

通过以上史料梳理与线索分析，笔者认为，在魏晋南朝的长时段历史过程中，资位秩序作为职官铨选与官员升迁的基本标准，就是官僚制度的重要部分。梁代十八班制主要是在前代资位秩序基础上发展而成的，它并非官品秩序的延伸，亦非全新的制度。官班秩序的发展脉络较易被忽略，主要是因为反映有关线索的史料在今天已不多见，但并不代表这一秩序不曾存在，亦不应将之片面地视作附从于官品的次要秩序。通常理解以官品混同于资位，其逻辑起点，很大程度上只是由于官品史料的完整性，而资位史料散佚较严重的材料状况，从而导致笔者倾向于将官品置于中心秩序的位置去认知与理解。某种意义上，这是以史料数量为重，而非以历史线索为本的思维，以此将官品视同官班，在理解把握历史脉络时难免会有所偏差。通过零散的史料梳理，可以说明官品与官班（资位）是两种不同的等级秩序，在官僚制中并行不悖，循着自身的制度理路不断延续、演进与发展。

至于《通典》网罗魏晋南北朝的职官品位史料，备设历代官品之目，采取以朝代为纲、单线递进的编撰方式重新整合，看似是客观的工作，其实不然。以研究六朝官僚与贵族制闻名的日本学者中村圭尔先生，就对传统职官史料的叙述模式提出过疑问，他指出："正史百官志中记述的，均为整齐有序的官制。不过，这种整齐有序的官职在历史上是否真的存在过？……百官志所叙述的，是秩序的

官品制度脉络

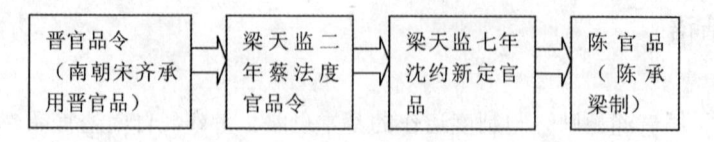

晋官品令（南朝宋齐承用晋官品）→ 梁天监二年蔡法度官品令 → 梁天监七年沈约新定官品 → 陈官品（陈承梁制）

官班（资位）制度脉络

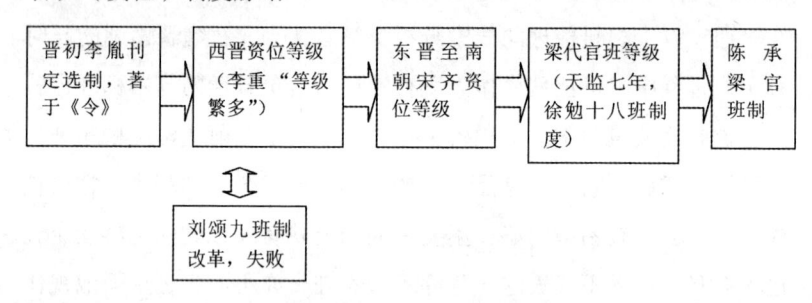

晋初李胤刊定选制，著于《令》→ 西晋资位等级（李重"等级繁多"）→ 东晋至南朝宋齐资位等级 → 梁代官班等级（天监七年，徐勉十八班制度）→ 陈承梁官班制

⇕

刘颂九班制改革，失败

图1 官品与官班制度脉络

理念图，而不是组织性、功能性的官僚制的实际存在。"[1]中村先生认为六朝时期职官史料的记述带有某种主观理念，与客观的制度存在并不完全对应。其怀疑精神很有启发。其实，不仅是正史百官志，其他职官类书的制度沿革叙述，亦同样存在"秩序的理念图"的情况。

上述《通典》对历代官品沿革的记录模式，即属一例。它其实带着主观的理解思路，按照以朝代为纲的官品发展理解模式，对史料进行了"重构"。表面上看这是客观的转录编撰，实质上已蕴含了编者杜佑对官品问题的个人诠释，在史料编辑过程中为官品发展脉络融入了"秩序的理念图"的构想。有关编录工作仅注意到制度沿

---

[1] 〔日〕中村圭尔撰、付晨晨译、魏斌校：《六朝官僚制的叙述》，《魏晋南北朝隋唐史资料》2010年第26辑。

革的朝代衔接,却对官班与官品在制度实际运作中的分别未加考察,其单线叙述模式以朝代递进,看似整齐有序,实际上是编者所建构的官品制度更替的理想模式,无形之中是对官僚等级制度文本的"重构"。不但如此,《通典》的史料性质还加强了这种文本再书写的权威性。《通典》作为一部重要的典制书籍,对典章制度系统而详细的述记,并保存了大量佚文,是治魏晋南北朝典章制度的基本史料。编纂者对文本的编辑再书写,容易与基本史料的客观记载相混,被理解为具有某种"权威性"与"客观性"。在利用解读典制材料时,此点不可不察。因此,有必要运用史料批判的方法审视传统典章制度文本,从而深化与拓展中古制度史研究的深度与空间。

荣耀背后的尴尬
——南朝建康士族贫困问题试析

权家玉（陕西师范大学历史文化学院）

自东晋立国江东，北方南下之士族，纷纷进入建康及其附近地区。经东晋跨南朝，门户制度逐渐严格化[1]，定居于建康的士族，依赖社会地位获取政治地位的出仕途径，已经为社会乃至各政权所接受，也正是这一背景，使定居于建康的士族逐渐放弃了其他谋生手段而完全依赖于为官取俸。这样东晋从社会结构上出现了一个特殊群体——建康侨姓贵族社会，他们远离乡里，汉末以来依赖乡里基础出仕的状况被改变。在政治结构中，晋元帝政权对侨姓的依赖，使他们直接成为皇帝借以与吴姓士族抗衡与联合的砝码。虽然进入南朝士族在政权中的地位有所改变，但不可回避官僚群体中士族的比例仍然较高，这就促使这样一个特殊群体在建康长期存在。没有乡里基础，虽然东晋为之侨置旧郡；没有财富基础，还乡占田不再为其关注。由此演变为一群职业官僚群体，以出仕为其终极价值，以猎官为其生活主要内容。

南朝时期由于频繁发生的内乱和北伐，致使建康财政受到极大影响，东晋时俸禄稳定的状态在这一时期难以维持。财政的长期困

---

[1] 详见唐长孺：《南朝寒人的兴起》，《魏晋南北朝史论丛续编》。

顿直接影响到百官俸禄，而这又间接影响到士族生活来源，在这样的背景下，赖俸禄而食的高门，在生活上逐渐走向贫困。这一状况同时又导致政治的腐化并影响到士族的政治态度，在南朝的政治生活中产生极深远的影响。

目前学界对士族群体的研究已相对较多，但对其生活状况的关注不足，仅吕思勉先生在《两晋南北朝史》中对其贫困状况稍有涉及，指出因生活靡费造成之不足，提出士族厚自封殖乃至流于吝啬均出于此因，而对这一群体生活来源的单一着墨不多，及由此产生的影响亦缺乏关注。[1] 日本学者吉川忠夫在《梁朝徐勉〈诫子书〉》一文中[2]，以徐勉之"诫子书"为中心，对南朝士族治产业之态度做了一定考察，并对"还资"状况亦有置墨，然对建康士族之俸禄状况、生活状态、贫困状况以及由此引起的南朝吏治上的问题涉及不足。中村圭尔在《六朝贵族制与官僚制》一文中探讨了东晋南朝"家贫"与"外任"间的关系。[3] 目前对南朝俸禄状况研究较多的，国内主要以黄惠贤、陈锋主编的《中国俸禄制度史》为主[4]，其中魏晋南北朝时期的俸禄状况，何德章在其中都给予了较为详细的考察。日本学者中村圭尔对东晋南朝俸禄状况也给予了较多关注，并在《关于晋南朝时期官人俸禄》（上、下）对这一时期的俸禄状况做出较为详细的探讨。[5] 但只停留在考察俸禄问题上，对于俸禄与生活消费之间的联系及官僚倚俸禄而食，具体的生活状况都未能深入。

---

[1] 吕思勉：《两晋南北朝史》，上海古籍出版社1983年版，第1051—1052页。
[2] 〔日〕吉川忠夫：《梁朝徐勉〈诫子书〉》，《东洋史研究》第54卷第3号。
[3] 〔日〕中村圭尔：《六朝贵族制与官僚制》，谷川道雄主编：《魏晋南北朝隋唐史学的基本问题》，中华书局2010年版，第162页。
[4] 黄惠贤、陈锋主编：《中国俸禄制度史》，武汉大学出版社2005年版。
[5] 〔日〕中村圭尔：《关于晋南朝时期官人俸禄》（上、下），分别载于《人文研究》第30卷第9号与第31卷第8号。

在南朝士族观念中,"清"成为其价值观念中最具主题的部分,而对于"清"的重要评价标准就是对物质欲望的态度,日本学者渡边信一郎指出,"清"具有重要的三个标准:俸禄的赏赐与散施;产业的经营上表现为不营产业;家无余财。[1]这固然体现士族对"清"名的获得,并与其出仕目的直接相关,以及居官后的名声,但却产生一个不可回避的问题——生活状况的惨淡,即贫困问题。

士族一直以来是建康最受关注的群体,他们的奢靡生活以及规模庞大的庄园经济成为吸引历来研究者的亮点[2],然极少有人关注过建康士族的生活来源问题,在这种繁荣的背后,是大量士族日常生活贫困的状况。对于南朝建康士族赖俸禄为生而致贫困之状况,褚渊之经历尤为显著:"南齐褚渊,初仕宋为中书令,与尚书令袁粲同辅幼主。渊同心理庶事,当奢侈之后,务弘俭约,百姓赖之。武帝时,历司空、录尚书。及薨,家无余财,负债至数十万。"[3]褚渊的仕途经历,于南朝官僚等级中几无以复加,在建康奢侈之风盛行之背景下,独"务弘俭约",而至其死时尤"负债数十万",以褚渊官位之显赫、生活之俭朴,犹不能免于负债累累,则其余士族之生活状况可知。

东晋初年,士族南下多定居于建康,然星罗于东土之士族亦大有人在,这里所讨论之士族,仅为定居于建康之群体。题中指出研

---

[1] 〔日〕渡边信一郎:《中国古代国家的思想构造》第三章"清——六朝隋唐国家的社会编成论",校仓书房1994年版,第122页。

[2] 对此吕思勉在《两晋南北朝史》第十九章第二节"豪贵侈靡"中有较多论述,第1024—1045页。另王伊同在《五朝门第》第八章第三节"奢汰之风"中亦涉及,中华书局2006年版,第265—272页。

[3] 《册府元龟》卷310《宰辅部三·清俭》,凤凰出版社2006年版,第3508页。另《南齐书》卷33《张绪传》载:"绪口不言利,有财辄散之。清言端坐,或竟日无食,门生见绪饥,为之辨餐,然未尝求也。"张绪为吴郡张茂度之子,于萧齐时期地位颇显,而由至"竟日无食"之状况。

究对象为建康士族，此一名称颇难界定，这里姑且采用前人看法，而将研究主要确定在侨姓士族定居于建康者，部分吴姓旧族出仕建康后，数代定居建康并逐渐与原籍疏远者亦可纳入其中。考察他们的生活状况，贫困问题及其成因乃至对南朝吏治的影响，以及由此引起的在南朝士族亲友范围内的救济问题。

一、南朝建康士族生活贫困的状况

东晋初年中原衣冠南下，规模庞大，直接成为东晋立国江东的基础，正因如此，晋元帝充分吸收此类人进入政权。随着时间的推移，建康侨姓士族规模也逐渐壮大，围绕建康建立起一个稳固的士族社会。此前诸前辈学人在涉及士族社会时，往往关注其奢华的聚会活动，食必方丈的生活以及牛羊成群、闭门而生活所需已足的庄园经济一面，却较少关注居于建康衣不蔽体、食不果腹的另一群士族。而在南朝社会，由于士族群体的庞大，此类挣扎于生存在线的贫困士族相对于东晋比例逐步增大，其中亦不乏王谢诸高门贵族。东晋南朝诸史中频频出现对此类人贫困状况的记载，这使治史者乃不能忽略其存在。

士族生活中的贫困状况自东晋时期就已露端倪，西晋时几乎从未有过的高门显贵居贫的状况在逐渐出现。王濛贵为晋哀帝岳父，仍然"居贫，帽败，自入市买之，妪悦其貌，遗以新帽，时人以为达。"[1] 到南朝遂更为严重，宋文帝时，袁皇后家族亦不免如此。"上待后恩礼甚笃，袁氏贫薄，后每就上求钱帛以赡与之，上性节俭，所得不过三五万、三五十匹。"[2] 袁氏为南朝高门，位为后族尚不免贫困。"袁粲

---

[1]《晋书》卷93《外戚·王濛传》。卷92《文苑·李充传》载："征北将军褚裒又引为参军，充以家贫，苦求外出。"对于东晋士族的贫困，晋书中多有记载，不一一列举。
[2]《宋书》卷41《后妃·文帝袁皇后传》。

字景倩，陈郡阳夏人，太尉淑兄子也。父濯，扬州秀才，蚤卒。祖母哀其幼孤，名之曰愍孙。伯叔并当世荣显，而愍孙饥寒不足，母琅邪王氏，太尉长史诞之女也，躬事绩纺，以供朝夕。"[1] 这里描述了南朝部分高门的生活状况。陈郡袁氏之显贵，袁粲母更出自琅邪王氏，犹贫寒至此。现略举数条南朝士族贫困事例如下："宋（孔琳之任御史中丞）又领本州大中正，迁祠部尚书。不治产业，家尤贫素。"[2]

"（孔觊）不治产业，居常贫罄，有无丰约，未尝关怀。"[3]

"江湛，为吏部尚书。家甚贫约，不营财利，饷馈盈门，一无所受，无兼衣余食。"[4]

"齐（刘）善明家无遗储，唯有书八千卷。太祖闻其清贫，赐涤家葛塘屯谷五百斛。"[5]

"（王）延之清贫，居宇穿漏。"[6]

"梁（任）昉不治生产，至乃居无室宅。世或讥其多乞贷，亦随复散之亲故。"[7]

"（沈）素不治家产，值齐末兵荒，与家人并日而食。"

其余若宋之王弘、羊玄保、颜延之、刘延孙等，齐之庾杲之、周颙、萧坦之、王智深、张融[8]、裴昭明等，梁之范云、张稷、周舍、王僧孺、江革等，陈之蔡景历、殷不害、颜晃等，这种贫困至难以

---

[1]《宋书》卷89《袁粲传》。
[2]《宋书》卷56《孔琳之传》。
[3]《宋书》卷84《孔觊传》。孔觊孝武帝世长期外任军府长史。
[4]《宋书》卷71《江湛传》。《册府元龟》卷462《台省部六·清俭》对此亦有记载，第5222页。《宋书》本传记载江湛"尝为上所召，值浣衣，称疾经日，衣成然后赴"。
[5]《南齐书》卷28《刘善明传》。
[6]《南齐书》卷32《王延之传》。
[7]《梁书》卷14《任昉传》。
[8]《梁书》卷51《处士传·沈顗传》。

度日之士族并非个案，可以认为在建康士族中为贫穷所困之人已具备一定规模。永初元年夏六月刘裕下诏："百官事殷俸薄，禄不代耕。虽国储未丰，要令公私周济。"[1]正常状况下俸禄即难以支持官员的日常生活，这里可知"禄不代耕"的状况在晋末宋初是一个相对普遍的状况。为官领俸为士族唯一认可的生存途径，而俸禄的不稳定更使此中部分人面临生存危机，这里并非指此时建康士族生活均难以度日，只是认为其中很大部分人在仕途获得保障而生活并未因此得到保障的情况下，出现了生存危机。张荣强曾指出："在东晋南朝财政困窘的情况下，最贫困的莫过于那些中央官员，他们所能依赖的仅是国家发放的微薄俸禄，即使连贵为宰相的尚书令、仆射也有'禄不代耕'之虞。"[2]徐勉诫子书云："吾家世清廉，故常居贫素，至于产业之事，所未尝言，非直不经营而已。薄躬遭逢，遂至今日，尊官厚禄，可谓备之。"[3]

值得注意的是，徐勉虽称其"尊官厚禄，可谓备之"的荣显，然却无法回避"常居贫素"的尴尬。据此亦可知，建康官员若仅依俸禄而食，则无法摆脱穷困私门的状况。

"江泌字士清，济阳考城人也。父亮之，员外郎。泌少贫，昼日斫屧，夜读书，随月光握卷升屋。性行仁义，衣弊，恐虱饥死，乃复取置衣中。数日间，终身无复虱。母亡后，以生阙供养，遇鲑不忍食。食菜不食心，以其有生意也。"[4]

这是对建康居官士族贫困生活比较形象的描述，济阳考城江氏

---

[1] 《南齐书》卷41《张融传》载齐高帝即位后赐张融衣诏："见卿衣服粗故，诚乃素怀有本。交尔蓝缕，亦亏朝望。今送一通故衣，意谓虽故，乃胜新也。是吾所著，已令裁减称卿之体。并履一量。"此处所列举其余诸人，均详见宋齐梁陈各本传。
[2] 张荣强：《梁陈之际的"禄米"制度》，《中国农史》2009年第3期。
[3] 《梁书》卷25《徐勉传》。
[4] 《南齐书》卷55《孝义传·江泌传》。

于南朝齐时颇为贵显,江亮之尚居员外郎之职,而其子江泌竟贫至借月光以夜读。从这里可以得知,在建康部分士族过着奢侈浮华的生活时,另外却也存在很大一群挣扎在生存在线的高门。

建康百官之生活状态以齐之门下省为例,生活均极为贫困。齐初张瓌为侍中时,"时集书每兼门下,东省实多清贫,有不识瓌者。常呼为散骑"[1]。案在南朝齐时"东省"即为散骑省[2],亦即集书省,时门下省机构已颇为简略,设侍中、侍中祭酒、给事黄门侍郎[3],集书省设散骑常侍、散骑侍郎、给事中、奉朝请、驸马都尉等职。南朝时期门下省与散骑省均为内省,设于禁中,故与皇帝颇为亲近,门下省诸职亦因此颇受看重,为士族趋鹜之所。时散骑省虽已分离于门下省,然亦多兼领,故于此合而论之。二省诸职在整个南朝时期多用以为加官,获此类加官者,一般均为朝中颇具地位及影响之人,以侍中为例,南朝四代此职为执政所领。《十七史商榷》卷60《到溉显贵》:"梁书论云:'溉遂显贵。'案溉官至侍中、散骑常侍。黄门侍郎与散骑常侍侍郎,当时以为黄散,徐羡之委蔡廓典选,令其专主,不必关白,则非显贵,其显贵在侍中耳。"[4]

侍中之职一直为南朝士族所趋鹜,为"清官"职位中近于无以复加之地位,然贵为门下省众官之首的侍中,在"东省实多清贫"之背景下,张瓌犹不免为清贫所困。集书省其余诸职,亦基本均为宰相加官,透过集书省亦可得知南朝高层官僚的生活水平。齐武帝时期,这种状况甚至大面积影响建康百官。"永明中,御史中丞沈渊

---

[1] 《南史》卷31《张裕传附永子瓌传》。该史料《册府元龟》卷462《台省部·清俭》亦有记载,第5223页。

[2] 《南齐书》卷16《百官志》载:"自二卫、四军、五校已下,谓之'西省',而散骑为'东省'。"

[3] 《南齐书》卷16《百官志》载:"(给事黄门侍郎)亦管知诏令,世呼为小门下。"

[4] 王鸣盛:《十七史商榷》卷60《到溉显贵》,上海书店2005年版,第475页。

表百官年登七十，皆令致仕，并穷困私门。"[1]齐建康的百官致仕之后均不免贫困，也指出了建康士族贫困状况之规模。吕思勉在论及南朝士族吝啬之风时指出："案当时士夫，家口率多，江南士夫，又无田业，惟资俸禄以为食，其患不足，理固宜然。"[2]这里所指贫困，并非指所有建康士族均如此，然自其收入状况而言，可知其中不少人生活为贫穷所困。

二、士族生活陷入贫困的原因

自晋室迁居江东，南下士族或定居于建康，或散落于三吴浙东地区，这种居住空间上的不同，导致其生活取向的差异。定居于三吴浙东地区之士族，都或多或少占有一定量的土地，往往对于资产较为关注；生活于建康之士族则更注重仕途发展，而对产业的经营较少，同时对产业的追求也会影响其"清"名得获得，由此间接影响其仕途的发展。[3]他们对占田失去兴趣，倚俸禄而食成为其生活的可靠来源。东晋时官僚士族之俸禄亦相对较稳定，《晋书》卷75《范汪传附子宁传》载范宁上书云："夫人性无涯，奢俭由势。今并兼之士亦多不赡，非力不足以厚身，非禄不足以富家，是得之有由，而用之无节。蒱酒永日，驰骛卒年，一宴之馔，费过十金，丽服之美，不可赀算，盛狗马之饰，营郑卫之音，南亩废而不垦，讲诵阙而无闻，凡庸竞驰，傲诞成俗。"[4]

---

[1] 《南齐书》卷6《明帝纪》。同书卷32《张岱传》载张岱语："若以家贫赐禄，此所不论；语功推事，臣门之耻。"此中虽然有身为士族自矜的语气，却也不能掩盖贫困的现实。
[2] 吕思勉：《两晋南北朝史》，第1051页。
[3] 详见〔日〕渡边信一郎：《中国古代国家的思想构造》第三章"清——六朝隋唐国家的社会编成论"。
[4] 《晋书》卷75《范汪传附子宁传》。

这里范宁仅涉及士族生活的奢靡问题，突出了这一时期俸禄的丰厚与稳定。仕途既获得保证，且起家即为清显之职，这就确定其生活来源渠道的稳定。在这种背景下，使这一群体演变为世代官僚，靠俸禄为生的特殊人群。[1]而这里他指出另一状况，即在高消费的情况下"并兼之士亦多不赡"，因兼并而占据大量产业者，犹无力维持，则世居于建康以出仕为务的高门，则更捉襟见肘。

进入南朝，俸禄状况因受政权财政影响，极为不稳定，甚至出现长期断俸的现象，且南朝时期内外官俸禄存在较大差距："（赵伦之）久居方伯，颇觉富盛，入为护军，资力不称，以为见贬。"[2]赵伦之所遇之情况恰反映南朝时期内外官俸禄上的差别。久居于建康之士族因习于京师之悠闲，多不愿外任[3]，这样，微薄的俸禄也遏制了他们的生活来源[4]。不仅如此，往往又因为建康财政的困境，俸禄不能稳定发放。宋文帝时期就因为军事危急，而内外百官减俸现象。《资治通鉴》卷135齐武帝永明元年条载："诏以边境宁晏，治民之官，普复田秩。"[5]胡三省注云："宋文帝元嘉二十七年（450），有魏师，以军兴减百官奉禄。淮南太守诸葛阐求减俸禄，比内百官，于是诸州郡县丞尉并悉同减。至明帝时，军旅不息，府藏空虚，内外百官，并断奉禄。"[6]

---

[1] 对于东晋南朝时期的俸禄等级及内容，详参见黄惠贤、陈锋主编：《中国俸禄制度史》第三章《魏晋南北朝时期的俸禄制度》。
[2] 《宋书》卷46《赵伦之传》。
[3] 《宋书》卷43《傅亮传》载刘裕以傅亮为东阳太守时，傅亮答云："伏闻恩旨，赐拟东阳，家贫忝禄，私计为幸。但凭荫之愿，实结本心，乞归天宇，不乐外出。"
[4] 对于南朝的官俸，可参见何德章：《中国俸禄制度史》第三章第一节、第二节。
[5] 《资治通鉴》卷135齐武帝永明元年条。
[6] 《资治通鉴》卷133宋明帝泰始七年条载："时淮、泗用兵，府藏空竭，内外百官，并断俸禄。"《宋书》卷8《明帝纪》载："（泰始五年六月）以军兴已来，百官断俸，并给生食。"可知自泰始元年至五年，百官在完全断俸的状态下，仅提供口粮。《建康实录》卷14《太宗明皇帝》对此亦有记载，中华书局1986年，第513—514页。

从宋文帝减俸到齐武帝恢复田秩三十余年，长期断俸必使百官生活陷入窘境。且永明元年恢复俸禄的仅仅为治民之官，这里明确指出为"田秩"，可知恢复俸禄的仅为外官，据此诏令，似建康百官并未恢复俸禄。于建康有爵位者，其在封国的收入也不免受建康财政影响。"(天监四年)冬，十月，丙午，上大举伐魏，以扬州刺史临川王宏都督北讨诸军事，尚书右仆射柳惔为副，王公以下各上国租及田谷以助军。"[1]这里提供了两个信息：一是国租，即诸有爵位者封地地租收入助军，虽未明言全部上缴，其比例应不在小；一为田谷，此即为外任官的田秩，亦即永明元年恢复的外官田秩亦被收回，此处并未涉及百官俸禄，恰可反证齐武帝时期并未恢复百官俸禄，则建康百官自宋明帝泰始五年至梁武帝天监四年，实行的仍然是宋明帝时期的按月领口粮的制度。"大抵自侯景之乱，国用常褊。京官文武，月别唯得廪食，多遥带一郡县官而取其禄秩焉。"[2]这是对南朝侯景之乱以后至陈，百官生活状况的概括，仅外官可获得俸禄，建康百官则只能按月领口粮，恰映证齐武帝永明元年恢复外官田秩之令，期间未闻复内官俸禄，至此或可推断自宋明帝断内外百官俸禄，齐武帝永明元年恢复了外官俸禄，至梁武帝天监四年，内官一直无俸。侯景之乱后纵整个陈代，建康百官仅按月领口粮。很难想象长期断俸情况下建康士族的生活状况，贫困的种子在这一群体中逐渐萌芽并蔓延。

士族生活来源俸禄之外，前者前辈学人探讨土地收入较多，然在描述士族占田及庄园经济之庞大时，又不免以点概面之嫌，即以个别庄园主之奢华生活概括整个士族群体，故仍有必要对东晋南朝

---

[1]《资治通鉴》卷146梁武帝天监四年条。
[2]《隋书》卷24《食货志》。

士族占田及庄园状况聊加叙述。

自东晋至南朝，定居于建康的士族最初既并不炅炅于东部占田，这一看法或与前人相左，后文将对此加以论证。门户的优势确保了其出仕道路的平坦，赖俸禄为生逐渐成为他们的习惯。也正因如此，士族于外地占田的行为并不多见。

东晋南朝仍沿用晋之占田令，前人对此早有研究，此一制度保障了士族在土地占有上的优越性。[1] 东晋时定居于建康的士族，大多在东晋政权中出仕，而此类人仍炅炅于东土营田者较少[2]，最为典型者莫过于王羲之事迹，其与谢万书云："比当与安石东游山海，并行田视地利，颐养闲暇。"[3] 此史料多为前人所采，用以证明建康士族之占田行为。唐长孺先生曾云："永嘉乱后许多北方士族迁来江南，他们当然力图重建田园。"[4] 所举诸例王鉴"无田那得食"之论已遭其弟王惠反驳。谢灵运乃是在建康仕途不如意后退职会稽，不难看出"非田无以立"的想法乃于其仕途无望背景下的逆反心理，且其山墅原型本为其祖谢玄之遗业。当我们看到谢混"一门两封、田业十余处"时，其中亦存在谢安、谢琰之遗产。据此知道，江南士族遗产继承为单只继承方式，故同为谢安之后的谢弘微，父早卒，幼年贫困。在这里唐先生也承认确实存在很多一直没有获得土地的侨人士族。[5] 然而在高门占田事迹上，如谢玄的占田，即刘宋时期谢灵运之山墅，实已是谢氏

---

[1] 唐长孺先生在《西晋占田制试释》一文中对占田制对士族在土地占有上的特权有详细论述，收于氏著《魏晋南北朝史论丛》。
[2] 详见唐长孺：《三至六世纪江南大土地所有制的发展》，上海人民出版社1967年版。另他在《魏晋南北朝隋唐史三论》中对此亦有涉及，武汉大学出版社1992年版，第10—115页。
[3] 《晋书》卷80《王羲之传》。
[4] 唐长孺：《三至六世纪江南大土地所有制的发展》，第55页。
[5] 同上书，第61页。

在受到东晋孝武帝排挤，拟退出建康政争后的行为。王羲之事迹为东晋时期主动于外地占田之特例。前揭范宁上书在描述建康士族生活奢靡的同时，亦指出"南亩废而不垦"的状况，建康主流士族群体之营田意识已经退化。对于建康士族的这一观念，毛汉光对此有杰出论断："侨姓南渡，与吴姓在南方建立东晋，至隋统一全国，一直离本籍而侨居江南。本身已失去社会基业，从此成为依附中央政权的官僚人物。以功能主义而言，他们所能贡献出的力量，是以文才干禄。"[1] 他第三篇《中古家族之变动》引艾伯哈特《征服者与统治者》语："一个缙绅家族通常有一个乡村家和一个城市家。"并指出北方大族多属此种类型。而对于南朝侨姓士族，他的概括却是："支叶稀疏的家族，一旦加入了统治阶层，常常举家迁入城市，久而久之，与其原籍断绝关系。这种家族渐渐丧失其原有社会力量及社会性，其子孙仅能凭借才能干禄时主。若能延绵若干代，则仅为官僚家族而已，一旦政局转移，其政治地位影响甚剧。"[2] 并列举数家走向官僚士族的事例。

定居于建康之士族抛弃产业南下以后找到另一生存途径——为官。颜之推在论述生活之理想状态时指出："生民之本，要当稼穑而食，桑麻以衣。蔬果之畜，园场之所产；鸡豚之善，埘圈之所生。爰及栋宇器械，樵苏脂烛，莫非种殖之物也。至能守其业者，闭门而为生之具以足，但家无盐井耳。"[3] 然而他在批判南朝士族社会时，指出其弊端恰在于士族的不营产业。"晋朝南渡，优借士族；故江南冠带，有才干者，擢为令仆已下尚书郎中书舍人已上，典掌机要。"[4]

---

[1] 毛汉光：《中国中古社会史论》第四篇"中古士族性质之演变"，世纪出版集团2002年版，第100页。
[2] 毛汉光：《中国中古社会史论》，第56页。
[3] 《颜氏家训》卷1《治家第五》，中华书局1993年版，第43页。
[4] 《颜氏家训》卷4《涉务第十一》，第317页。

士人可以仅凭借其门户背景获得出仕，遂使这一生活来源得到保证，从而使他们放弃了前往外地占领土地的行为。[1] 颜之推对此总结道："江南朝士，因晋中兴，南渡江，卒为羁旅，至今八九世，未有力田，悉资俸禄而食耳。假令有者，皆信僮仆为之，未尝目观起一垅土，耘一株苗；不知几月当下，几月当收，安识世间余务乎？故治官则不了，营家则不办，皆优闲之过也。"[2]

颜之推生于梁代，对当时建康士族的生活深有体会，而他所描述的建康士族生活状态，实沿袭于东晋之旧习。据此可知，生活于建康之士族到梁代已经蜕化为近于完全依赖俸禄生存的群体，拥有土地之士族止偶尔有之。[3] 日本学人守屋美都雄在论及《颜氏家训》时亦指出对于颜之推而言，当官才是唯一生存手段。[4] 这种现象并非至梁代方出现，《宋书》卷92《良吏传·江秉之传》载："人有劝其营田者，秉之正色曰：'食禄之家，岂可与农人竞利。'"[5] 江秉之为晋末宋初时人，依赖官俸生存的观念已然稳固，建康士族已经开始将自身定位为"食禄之家"，其观念恰将居官士族与农人分离为不可逾越之两类人。刘宋时荀赤松弹劾颜延之强占民田云："求田问舍，前

---

[1] 《颜氏家训》卷3《勉学第八》载："梁朝全盛之时，贵游子弟，多无学术，至于谚云：'上车不落则著作，体中何如则秘书。'"第148页。这也从另一侧面反映，南朝高门出仕途径是有稳固保障的，他们甚至无须勤加学习即可获得清显职务。

[2] 《颜氏家训》卷4《涉务第十一》，第324页。

[3] 吕思勉先生在论及此时，亦称："然则江南士夫，其于田业，实远在北方之下。"《两晋南北朝史》，第1060页。

[4] 〔日〕守屋美都雄：《中国古代的家族与国家》，上海古籍出版社2010年版，第387页。据他分析，颜之推在《治家篇》中指出："江南的朝士仅依存俸禄，而不拥有土地上的基础，尤其不热心土地上的经营，他自己所拥有的，也不过只有二十口、二十奴隶、十顷，一旦离开仕途，家族生活就无法维持。"另日本学者吉川忠夫在《六朝精神史研究》第八章"颜之推论"一文中，亦对士族占田状况及贫困状况有论述，同朋社1984年版。

[5] 《宋书》卷92《良吏传·江秉之传》。

贤所鄙。延之唯利是视，轻冒陈闻，依傍诏恩，拒捍余直，垂及周年，犹不毕了，昧利苟得，无所顾忌。"[1]此事在宋文帝后期，值得注意的是"求田问舍，前贤所鄙"，即在道德上对颜延之营田行为加以贬斥，可知刘宋时期这已是士族所鄙夷之举动。据颜延之本传，此事源于"坐启买人田，不肯还直"，然弹纠之辞却聚焦于其营田行为，而较少关注其强占之举。到刘宋时期建康的高门士族更不能随意于扬州境内占田，虽然田制规定允许其多占土地。

东晋南朝时期，大抵东部诸郡土地兼并严重，此由于建康经济过分依赖三吴会稽而致数据记载上的偏重，唐长孺先生在《南朝的屯、邸、别墅及山泽占领》及《三至六世纪江南大土地所有制的发展》中多有论述。[2]他曾指出，湘赣、淮南乃至镇江、常州一带均不为东晋南朝礼法士族所青睐，故其占田所限之范围仅在三吴浙东地区。[3]这里讨论建康士人占田思想及行为，故仍以这一区域为探讨之对象。此时于东土占领土地之人群，其成分相对较为复杂，前人在论及南朝大族占田行为时，多将之统称士族，遂致难以洞悉其原貌，为此须对南朝扬州境内土地兼并问题做一定考察。

南朝时期于东土占田者主体约可分为以下几类：帝室宗族、吴会地区旧姓、定居于东土之侨姓、地方豪右及朝中佞幸。而定居建康之士族，其占田行为则极为稀见。《宋书》卷57《蔡兴宗传》对会稽豪富侵渔百姓状况做了大体概括："会稽多诸豪右，不遵王宪。又幸臣近习，参半宫省，封略山湖，妨民害治。兴宗皆以法绳之。会土全实，民物殷阜，王公妃主，邸舍相望，桡乱在所，大为民患，

---

[1] 《宋书》卷73《颜延之传》。
[2] 唐长孺：《南朝的屯、邸、别墅及山泽占领》，《山居存稿》，中华书局1989年版，第1—25页。
[3] 唐长孺：《魏晋南北朝隋唐史三论》，第106—107页。

子息滋长，督责无穷。"[1]

其中恰涉及三类人：地方豪右、幸臣近习与王公妃主，在这里我们没有看到建康士族高门的身影，以下依次对此数种人加以讨论。南朝时期会稽地区土地兼并状况日益严重，梁任昉《为齐竟陵王世子临会稽郡教》云："富室兼并，前史共蠹；大姓侵威，往哲攸嫉。而权豪之族，擅割山林，势富之家，专利山海，至乃水称峻严，严我君后。"[2] 这里也指出了四种人：富室、大姓、权豪之族、势富之家。可以确定前两种均指地方豪右，此类史料俯拾即是，这里所指出之"权豪之族"则或指南朝得势之武人，后文详述，而"势富之家"亦基本可以确定为会稽郡之地方大族，若孔灵符、虞悰等均于会稽占有大片土地。[3]《宋书》卷54《羊玄保传附兄子希传》载扬州刺史西阳王子尚上言："山湖之禁，虽有旧科，民俗相因，替而不奉，燔山封水，保为家利。自顷以来，颓弛日甚，富强者兼岭而占，贫弱者薪苏无托，至渔采之地，亦又如兹。"[4] 唐长孺在采用此条史料时，将"富强者"定位为豪强[5]，则基本可以确定其本土之性质。可以看出，此类史料所指均为地方豪强，无论豪强抑或地方旧族，均属地方势力一类，他们才是吴会地区土地兼并的主流，而这其中较少涉及建康贵族，当然这里不排除建康士族或有于三吴会稽占田之

---

[1]《宋书》卷57《蔡兴宗传》。
[2]《艺文类聚》卷50《职官部·太守》，上海古籍出版社1982年版，第905页。《梁书》卷3《武帝纪下》亦载武帝大同七年诏："如闻顷者，豪家富室，多占取公田，贵价僦税，以与贫民，伤时害政，为蠹已甚。"
[3] 虞悰事迹见《南齐书》卷37《虞悰传》载："悰治家富殖，奴婢无游手，虽在南土，而会稽海味无不毕致焉。"虞氏本为会稽山阴旧族，这里亦可窥见其产业多布于会稽境内。
[4]《宋书》卷54《羊玄保传附兄子希传》。
[5] 唐长孺：《魏晋南北朝隋唐史三论》，第109页。

举,然此类事例相对较少。[1]

"幸臣近习"即为宫省中之佞幸群体[2],此类人在南朝也具备突出的地域性特点。这一点在《宋书·恩幸传》、《南齐书·幸臣传》及《南史·恩幸传》中都有反映。这里对南朝史书记载之比较重要的幸臣本籍地稍作统计,见下表[3]:

宋	秋当	(南兖州)海陵郡[4]
	周赳	无考
	戴法兴	(扬州)会稽山阴
	戴明宝	(南徐州)南东海丹徒
	徐爰	(南徐州)南琅邪开阳
	阮佃夫	(扬州)会稽诸暨
	王道隆	(扬州)吴兴乌程[5]
	华愿儿	无考[6]
	巢尚之	(兖州)鲁郡[7]
	奚显度	(南徐州)南东海
	杨运长	(南豫州)宣城怀安

---

[1] 如庐江何氏之何胤,《梁书》卷51《何胤传》载其于会稽秦望山起学舍,"山侧营田二顷,讲隙从生徒游之。"而此前其在若邪山时亦有田产,《南史》卷30《何敬容传》载:"胤在若邪山尝疾笃,有兄云:'田畴馆宇,悉奉众僧,书经并归从弟敬容。'"此皆为何胤隐退东土后之举动,于建康之士族并不典型。而刘宋时期王鉴占田之举亦深为其弟王惠诟病,《宋书》卷58《王惠传》载:"兄鉴,颇好聚敛,广营田业,惠意甚不同,谓鉴曰:'何用田为?'鉴怒曰:'无田何由得食!'惠又曰:'亦复何用食为。'"

[2] 张莉莉:《南朝恩幸研究——以南朝正史〈恩幸传〉(〈幸臣传〉)为中心》,河北大学历史系硕士论文,2005年,文中对南朝恩幸有较多关注。

[3] 所据为《宋书》卷94《恩幸传》、《南齐书》卷56《幸臣传》及《南史》卷77《恩幸传》,一些相对重要却没有立传的恩幸,则以其他数据补充。

[4] 据《南齐书》卷46《陆慧晓传》。

[5] 《宋书》卷94《恩幸传》载宋明帝时期幸臣尚有于天宝、寿寂之、姜产之、李道儿诸人,然于宋明帝时期掌权者主要为阮佃夫、王道隆、杨运长三人,故于表中未列其余。

[6] 华愿儿属地无考,但据记载,他为阉人,则他本来就在宋宫廷之中,在地域上,应亦归于建康区域。

[7] 据《宋书》卷94《恩幸·戴法兴传》。

续表

齐	纪僧真	（扬州）丹阳建康
	刘系宗	（扬州）丹阳
	茹法亮	（扬州）吴兴武康
	杜文谦	（扬州）吴郡钱塘
	吕文显	（扬州）临海
	吕文度	（扬州）会稽
	茹法珍	（扬州）会稽[1]
	徐世标	（豫州）新蔡[2]
	梅虫儿	（扬州）吴兴
梁	周石珍	（扬州）建康
	陆验	（扬州）吴郡
	徐驎	（扬州）吴郡
	司马申（跨梁陈两代）	（北朝）河内[3]
	朱异	（扬州）吴郡
陈	沈客卿	（扬州）吴兴武康
	施文庆	（扬州）吴兴乌程[4]
	孔范	（扬州）会稽山阴

从中可以看到南朝诸主政恩幸在地区上的大体分布。上表总计28人，其中属扬州、南徐州21人，华愿儿与司马申二人亦可归入扬州区域，这样掌机要之寒人出于建康基础区域（扬州、南徐州）所占比例超过82%。可知南朝之佞幸群体多出于扬州境内，而此类人多为地方豪右或与地方豪右相联系。

陆验、徐驎，并吴郡吴人。验少而贫苦，落魄无行。邑人

---

[1] 《南史》卷77《恩幸·茹法珍传》。
[2] 对于徐世标所属地区，南朝史书未记载，此据《资治通鉴》卷142东昏侯永元元年条。
[3] 《陈书》卷29《司马申传》，司马申亦是数世居于建康，父祖俱任职梁朝。
[4] 《南齐书》卷31《任忠传附施文庆传》明确载其地域。《南史》卷77《恩幸·施文庆传》中云"不知何许人"，不知为何。

郁吉卿者甚富，验倾身事之。吉卿贷以钱米，验藉以商贩，遂致千金。因出都下，散赀以事权贵。朱异，其邑子也，故尝有德，遂言于武帝拔之，与徐驎两人递为少府丞、太市令。[1]

郁吉卿之类的地方富家与陆验这样的恩幸，即唐长孺先生定位之寒人阶层[2]，虽郁吉卿有向建康朝中谋取出仕的取向，然不可否认此类人在建康得势后会出现《宋书·蔡兴宗传》中所指出之封山占湖之举。

帝室宗族在南朝时期外地占田行为则最为突出，前者《蔡兴宗传》所载之"王公妃主，邸舍相望"，可知在刘宋中期宗室在东土占领产业之举既已颇受关注。齐高帝建元元年诏云："二宫诸王，悉不得营立屯邸，封略山湖。"[3]可知此时这种情况已相对较为严重。随后齐武帝时竟陵王子良即有大规模占领土地之举。"时司徒竟陵王于宣城、临成、定陵三县界立屯，封山泽数百里，禁民樵采，宪之固陈不可，言甚切直。"[4]南朝特别是齐梁以后，宗室占田规模之庞大，齐高帝虽立诏书，犹不能禁止。

建康高门在南朝四代占田之举可见于史者盖寡，萧齐时何胤事迹虽为一例，然此时何胤已然退出建康，实已定居东土，《南齐书》收其入《高逸传》，其自与建康岌岌于出仕之高门不同。东晋时期诸高门之田业在南朝亦多得继承，若谢灵运之山墅，梁王骞之田业更是承自东晋王导之赐田[5]，延续二百余年左右仍然存在。然东晋之高

---

[1] 《南史》卷77《恩幸传·陆验传》。
[2] 唐长孺先生在《南朝寒人的兴起》一文中论述颇详，收于氏著《魏晋南北朝史论丛续编》。
[3] 《南齐书》卷2《高祖纪》。
[4] 此后若梁之萧正德等亦有广占土地之举，详见《南史》卷51《萧正德传》。
[5] 《梁书》卷7《皇后传·太宗王皇后传附父骞传》。

门进入南朝支系庞大，此类祖业则在建康庞大的士族群体中亦并不典型。

对于东晋南朝之庄园经济，最为典型且多为前人论及的是谢灵运与孔灵符的庄园。建康之士族群体极为庞大，虽前人早已指出颇治园宅的情况，以及士族庄园生活的奢靡，但士族群体中拥有庄园者却属少数，刘淑芬在《六朝建康的园宅》一文中对园林状况及史书明文之园宅总数有统计，根据她的统计，东晋南朝共计园宅46处。[1]虽然其中只涉及位于建康之园宅，但建康士族在吴会地区设立园宅者，亦只谢灵运、孔灵符等寥寥数人，且建康士族自东晋以来已枝繁叶茂，其群体之庞大，已成为建康社会不容忽视的力量，故园宅生活在士族中并不普遍。且园宅分为两类，一类为奢侈生活之内容，并无出产，此类大多分布于建康及其附近；另一类则以田地为主，此类大多分布于吴会地区。谢灵运在《山居赋》中区分了两种庄园性质上的区别："今所赋既非京都宫观游猎声色之盛，而叙山野草木水石谷稼之事，才乏昔人，心放俗外，咏于文则可勉而就之，求丽邈以远矣。"[2]谢灵运也已指出建康附近之庄园尽为游玩之所的性质，而刘淑芬所统计之庄园基本上均属此类，并不以出产为主。这一方面反映建康士族生活的奢华，同时也指出了定居建康的士族，与居住于吴会地区之士族观念上之差异。南朝时期开殖土地之建康士族亦只沈庆之，其所开创娄湖田园规模极大。以上数人，谢灵运自东晋去祖谢玄迁居会稽，已并非长期居住在建康，而孔灵符本为

---

[1] 刘淑芬：《六朝建康的园宅》，《六朝的城市与社会》，台湾学生书局1992年版，第123—126页。

[2] 《宋书》卷67《谢灵运传》。另《梁书》卷25《徐勉传》载其《诫子书》云："中年聊于东田间营小园者，非在播艺，以要利入，正欲穿池种树，少寄情赏。"此亦可看出建康士族领袖徐勉与谢灵运追求上的不同。

会稽山阴大族，沈庆之为南朝将门，在刘宋时期之建康，他并未进入士族序列。

建康政权频由藩镇入主，而军镇之武将阶层亦随驾入都，转而成为新朝勋贵，前人学者多将此类人之骄奢淫逸、聚敛无度并归于士族群体，则不免偏离事实，吕思勉先生对此加以区分："武人不知礼仪，所欲者不出于声色货利之间，故开创之后，不继之以文教者，敝俗必不能革……此后贵戚、武人之伦，抑更不足论矣。"[1]实为目光独到之举，刘宋时期娄湖营田之沈庆之，恰亦属此类。

> （柳）元景起自将帅，及当朝理务，虽非所长，而有弘雅之美。时在朝勋要，多事产业，唯元景独无所营。南岸有数十亩菜园，守园人卖得钱二万送还宅，元景曰："我立此园种菜，以供家中啖尔。乃复卖菜以取钱，夺百姓之利邪。"以钱乞守园人。[2]

柳元景虽占田规模有限，然于建康德以占田，亦非一般士族所能为。此时在朝勋贵多为随孝武帝入都之军镇势力，这里应可归入"武人"群体，其广营产业之举应较为普遍，故柳元景之特例遂得以记载。居于建康之武将所行既已如此，出于外镇则更为猖獗，自吴喜事迹恰可窥知。

> （吴喜）所使之人，莫非奸猾，因公行私，迫胁在所，入官之物，侵窃过半，纳资请托，不知厌已。西难既殄，便应还

---

[1] 吕思勉：《两晋南北朝史》，第1048页。他将徐湛之、何勖、孟灵休、到㧑俱归于功臣之后，而沈庆之、沈攸之、张敬儿、鱼弘、羊侃、夏侯夔、孙玚诸人归于武人之流。
[2]《宋书》卷77《柳元景传》。

朝，而解故盘停，托云捍蜀。实由货易交关，事未回展。又遣人入蛮，矫诏慰劳，睒伐所得，一以入私。又遣部下将吏，兼因土地富人，往襄阳或蜀、汉，属托郡县，侵官害民，兴生求利，千端万绪。从西还，大小，爰及草舫，钱米布绢，无船不满。自喜以下，迨至小将，人人重载，莫不兼资。[1]

吴喜之西讨，侵夺公物，剥虐下民，广行货贸，聚敛之手段莫不用其极，梁邓元起之事迹恰亦与此相似，详见《梁书》卷10《邓元起传》。

由以上可知，南朝频频出现之占田、治产业、聚敛之举，其中自是较少见到建康士族。侨族定居建康后对土地的追求实已退化，士族可以凭借不同的家族地位在政权中直接获得与之相称的职务，依赖社会地位获取政治地位的出仕途径也逐步稳定。士族的主流价值已开始鄙视营田，并对其他任何修治产业的行为加以抵制。

经商行为这一时期亦为士所抵制，虽然前人对南朝贵族经商行为多有记述，然完全正面直指士族之证据较少。[2] 目前所存之有限资料虽已难窥其全豹，然零落收之亦可稍见一斑。

> （孔）觊弟道存，从弟徽，颇营产业。二弟请假东还，觊出渚迎之，辎重十余船，皆是绵绢纸席之属。觊见之，伪喜，谓曰："我比困乏，得此甚要。"因命上置岸侧，既而正色谓道存等曰："汝辈忝预士流，何至还东作贾客邪。"命左右取火烧之，

---

[1]《宋书》卷83《吴喜传》。
[2] 吕思勉先生在《两晋南北朝史》第二十章第三节中对此有论述，另王伊同在《五朝门第》第五章第三节亦对此类史料详加汇总。

烧尽乃去。[1]

孔觊在这里明确地将士流与贾客对立，吕思勉先生自此事迹评价道："当时士大夫，鄙视商业之情形，可以想见。"[2] 观孔觊之态度，亦稍可了解士族正统观念对经商行为的抵制。此中值得注意之材料为孝武帝元嘉三十年秋七月诏："其江海田池公家规固者，详所开驰。贵戚竞利，悉皆禁绝。"[3] 此中似指朝中颇具势力之人，而随后谢庄遂具此诏更做一上书："诏云'贵戚竞利，兴货廛肆者，悉皆禁制'。此实允惬民听。其中若有犯违，则应依制裁纠。若废法申恩，便为令有所屈。此处分伏愿深思，无缘明诏既下，而声实乖爽。臣愚谓大臣在禄位者，尤不宜与民争利，不审可得在此诏不？拔葵去织，实宜深弘。"[4]

吕思勉在论及此事时云："则当时朝臣逐利之情形，亦与藩王无异也。"[5] 而据此史料实不能判断此制为尽指朝臣，更重要的是，这里吕思勉先生将"贵戚"等同于朝臣，恐不免有所偏颇。南朝诸史中对高门从事商贾之行为记载颇少，而宗王之事例颇多，且此处名言"贵戚"，恐亦有所确指。齐武帝时豫章王嶷上言曰："伏见以诸王举货，屡降严旨，少拙营生，已应上简。府州郡邸舍，非臣私有，今巨细所资，皆是公润，臣私累不少，未知将来罢州之后，或当不能

---

[1] 《宋书》卷84《孔觊传》。《南史》卷23《王诞传附莹子实传》载："实从兄来郡，就求告。实与铜钱五十万，不听于郡及道散用。从兄密于郡市货，还都求利。及去郡数十里，实乃知，命追之。呼从兄上岸盘头，令卒与杖，搏颊乞原，劣得免。"时王实为新安太守。
[2] 吕思勉：《两晋南北朝史》，第1093页。王伊同在论及此处时亦称："盖豪家巨室，标异立奇。既名忝于士流，肯同乎贾客？"《五朝门第》，第139页。
[3] 《宋书》卷6《孝武帝纪》。
[4] 《宋书》卷85《谢庄传》。
[5] 吕思勉：《两晋南北朝史》，第1094页。

不试学营觅以自赡。"[1]

"屡降严旨"恰可见当时宗王营商风气之猖獗，而在朝廷严制之下，萧嶷犹上书求乞，可知宗王之气焰。

南朝多有高门外任还京而携大量实物以求牟利之举。"(王筠)寻出为临海太守，在郡侵刻，还资有芒屩两舫，他物称是。"[2]此种货贩却属还资一例，东晋南朝时期并未将之归为商贸范畴。相对于贫病交加之士族，小规模货贩以求自存的行为，并非志在钻营。"(贺琛)伯父玚，步兵校尉，为世硕儒……玚卒后，琛家贫，常往还诸暨，贩粟以自给。"[3]吕思勉先生在论及此类事例时将之归为"贩夫、贩妇之伦"[4]。

南朝时期建康士族交游、谈论为务，以优雅之风相尚，早已放弃修治产业的行为，诸史对士族不治产业的事迹多有记载[5]，在南朝所谓产业，多以屯、邸、别墅、庄园之类为主，对此类产业，唐长孺在《南朝的屯、邸、别墅及山泽占领》一文中论述已详，然自其所采史料中亦极少见到久居于建康之高门士族身影。贪敛者亦因此为士族群体所讥，"(谢) 朏居郡每不治，而常务聚敛，众颇讥之，亦不屑也"[6]。定居建康、仕途平坦使士族在生存途径上亦发生很大改变，为官领俸成

---

[1] 《南齐书》卷 22《豫章文献王嶷传》。
[2] 《南史》卷 22《王筠传》。另《晋书》卷 79《谢安传》载："乡人有罢中宿县者，还诣安。安问其归资，答曰：'有蒲葵扇五万。'安乃取其中者捉之，京师士庶竞市，价增数倍。"
[3] 《梁书》卷 38《贺琛传》。《梁书》卷 33《王僧孺传》载："僧孺幼贫，其母鬻纱布以自业。"
[4] 吕思勉：《两晋南北朝史》，第 1096 页。
[5] 刘宋时期之孔琳之、孔觊、顾觊之，齐之丘灵鞠、虞愿、裴昭明、刘善明，梁之任昉、萧琛、沈颙、庾诜、周舍、徐勉、江革、到溉、顾宪之、孙谦、夏侯亶等，吕思勉将之尽归于清德之士，而其中亦不免为当时士族风习所染。
[6] 《梁书》卷 15《谢朏传》。《晋书》卷 79《谢安传附万弟石传》载："石在职务存文刻，既无他才望，直以宰相弟兼有大勋，遂居清显，而聚敛无餍，取讥当世。"士族社会对追名逐利行为颇为不屑。

为其谋生的正途。而俸禄的微薄甚至长期的断俸，乃使其最基本之生活亦难以维持，在这种背景下，大量的建康高门生活陷入贫困。

三、俸禄的微薄对南朝吏治的影响

由于士族群体的逐渐增大，自是不能均被吸收入统治序列，南朝百官分清浊二途[1]，士族却只以"清"官为起家释褐之起点，则更限制其选择空间，故建康之在野士族要远多于居官者。缺少生活来源的他们只有忍饥受饿以保其士族门风，在此过程中他们更须投入大量时间与高门之在位者交游以获得声望，以期实现出仕目标，建康之居官士族已颇受贫穷困扰，而此类在野士族生活状况自可推知。

前人在研究南朝士族生活时，多涉及其生活之悠闲、奢华，而自诸史所载，自亦不乏此类事例。我们不能否认建康士族中此类人群的存在，然而他们的奢侈生活与建康士族俸禄的微薄却存在极大矛盾，建康士族仅依赖俸禄生活既无法实现其奢华生活的。那么他们在不治产业、鄙视经商的背景下，自然必须找到其他生活来源。在这一背景下，可将建康士族分为三类：固守建康依俸禄而食者，此类人多不免生活贫困；固守建康而广纳馈遗或蓄养门生者，此类人多居于显官或要职，且生活奢华；居于建康，贫困时即求外任者，此类人多生活豪侈、挥金如土。第一类人此前探讨较多，而以褚渊之例最为突出，以下分别探讨后两类人。

南朝长期定居于建康之高门，一般非为形势所困，多不愿外任，而贫困往往成为其外任之重要原因。地方官之收入相对京官要丰厚，

---

[1] 对于南朝官分清浊的状况，周一良在《〈南齐书·丘灵鞠传〉试释兼论南朝文武官位及清浊》一文有论述，《周一良集》第1卷《魏晋南北朝史论》，辽宁教育出版社1998年版。

故在正史中频频出现因家贫求外任的情况，这一现象从东晋至南朝未改。东晋时，"（罗企生）以家贫亲老，求补临汝令"[1]。至南朝此风更盛，有此经历者聊举数例如下：（宋）何尚之、刘斌、王僧达、刘秀之、刘勔、王弘之，（齐）褚炫、沈冲、张融、卞彬、关康之，（梁）萧介，（陈）张种等，详见各人本传。中村圭尔指出："当时似乎存在一种家贫即可为郡守的共识，这一共识似乎对猎官活动很起作用，而且可以作为自己谋求郡守的托词。"[2]《南齐书》卷4《郁林王纪》载永明十一年九月诏云："东西二省府国，长老所积，财单禄寡，良以矜怀。选部可甄才品能，推校年月，邦守邑丞，随宜量处，以贫为先。"[3]选任外官以贫困者优先，这不免与当时建康士族官僚生活状况密切相关。

对外任官俸禄之内容及优厚程度，何德章在《中国俸禄制度史》中论述颇详，总体可分为禄田、杂供给、送故迎新等方面[4]，其收入较京官丰厚。另因各地的不同，尚有额外收入，梁天监十七年傅昭出任临海太守时，"郡有蜜岩，前后太守皆自封固，专收其利"[5]。贪婪聚敛之举在南朝亦较为普遍。"（萧）惠开妹当适桂阳王休范，女又当适世祖子，发遣之资，应须二千万，乃以为豫章内史，听其肆意聚纳，由是在郡著贪暴之声。"[6]豫章为江州首郡，萧惠开尚得如此肆意聚敛，其他地区可知。

---

[1]《晋书》卷89《罗企生传》。
[2]〔日〕中村圭尔：《六朝贵族制与官僚制》，谷川道雄主编：《魏晋南北朝隋唐史的基本问题》，中华书局2010年版。
[3]《南齐书》卷4《郁林王纪》。
[4] 黄惠贤、陈锋主编：《中国俸禄制度史》，第98—116页。
[5]《梁书》卷26《傅昭传》。
[6]《宋书》卷87《萧惠开传》。《宋书》卷81《刘秀之传》载："梁、益二州土境丰富，前后刺史，莫不营聚蓄，多者致万金。所携宾僚，并京邑贫士，出为郡县，皆以苟得自资。"

在扬州，士族受价值之限制，经商被鄙夷，但在其他地区则往往不受此限。《南齐书》卷22《豫章文献王传》载萧嶷出任荆州时规定："二千石官不得与人为市，诸曹吏听分番假。"[1] 可知在荆州，地方太守经商行为较为普遍。

> （王僧孺）梁天监初，除临川王后军记室，待诏文德省。出为南海太守。南海俗杀牛，曾无限忌，僧孺至便禁断。又外国舶物、高凉生口岁数至，皆外国贾人以通货易。旧时州郡就市，回而即卖，其利数倍，历政以为常。僧孺叹曰："昔人为蜀部长史，终身无蜀物，吾欲遗子孙者，不在越装。"并无所取。[2]

南海郡地处广州，此地海外贸易频繁，地方官据此以为利者更为普遍，南朝齐时即有传言："广州刺史但经城门一过，便得三千万。"[3] 然建康之一等高门外任时，亦多不敢涉此途，东海之王僧孺及琅邪王琨均如此。

大抵外任官还京述职，多携巨额还资。[4] 还资，顾名思义乃是外任官在卸任后回京述职所携之财产，究其来源最初或来自外任官的贪敛[5]，在东晋南朝这一现象普遍存在[6]，地方行政之各单位乃为卸任

---

[1]《南齐书》卷22《豫章文献王传》。
[2]《梁书》卷33《王僧孺传》。
[3]《南齐书》卷32《王琨传》。
[4] 对于还资，台湾学者刘淑芬在《六朝建康的经济基础》一文中有所论述，并将其作为建康财政来源的重要一源。然而，还资只是以私人的形式汇集建康，它所拯救的并不是建康政权的财政，而是建康士族的贫困。另日本学者吉川忠夫在《梁朝徐勉〈诫子书〉》一文中以广州为中心，对还资问题做较多研究。
[5]《宋书》卷87《萧思话传附子惠开传》记载："惠开妹当适桂阳王休范，女又当适世祖子，发遣之资，应须二千万。乃以为豫章内史，听其肆意聚纳，由是在郡ábedded贪暴之声。"
[6]《南史》卷18《萧思话传附子惠开传》，卷22《王昙首传附志弟子筠传》，《南齐书》卷22《豫章文献王传》，卷32《王琨传》，还资在南朝已成为一种现象，极为普遍。

官预备固定限额的还资——送故钱[1]，这种形式遂为南朝制度所允许，《册府元龟》卷942《总录部·黩货》将王僧达兄弟事例收于其中，亦可见还资之性质。"（大明五年八月）庚寅，制方镇所假白板郡县，年限依台除，食禄三分之一，不给送故。"[2]在南朝送故主要分为两种形式：一为故吏，一为巨额财产[3]，而这种财富形式的送故则成为外任官还资的重要部分，其数额之庞大远非定额俸禄可比。然而面对建康的奢华生活，巨额的还资亦仅使其短暂的摆脱贫困。梁武帝时期贺琛上书云："今天下宰守所以皆尚贪残，罕有廉白者，良由风俗侈靡，使之然也。淫奢之弊，其事多端，粗举二条，言其尤者。夫食方丈于前，所甘一味。今之燕喜，相竞夸豪，积果如山岳，列肴同绮绣，露台之产，不周一燕之资，而宾主之间，裁取满腹，未及下堂，已同臭腐。又歌姬儛女，本有品制，二八之锡，良待和戎。今畜妓之夫，无有等秩，虽复庶贱微人，皆盛姬姜，务在贪污，争饰罗绮。故为吏牧民者，竞为剥削，虽致赀巨亿，罢归之日，不支数年，便已消散。盖由宴醑所费，既破数家之产。"[4]

　　贺琛对外任官贪敛状况的概括，亦可推知地方官巨额还资的来源。士族生活的奢华，使得拥大量财产的外任官仍然"罢归之日，不支数年，便已消散"。故对于士族而言，富裕只是暂时的幸福，贫困却是长久的噩梦，他们仍需继续外任，以弥补这种匮乏。这里更重要的是贺琛一语道破还资的实质"为吏牧民者，竞为剥

---

[1]《宋书》卷75《王僧达传》载："兄锡罢临海郡还，送故及奉禄百万以上，僧达一夕令奴辇取，无复所余。"《梁书》卷53《良吏传·范述曾传》载："郡送故旧钱二十余万，述曾一无所受。"
[2]《宋书》卷6《孝武帝纪》。
[3] 详见周一良：《〈晋书〉札记·送故》，《魏晋南北朝史札记》，中华书局1985年版，第82页。
[4]《梁书》卷38《贺琛传》。

削"。在内官收入微薄的情况下，外任求禄成为建康士族比较重要的方式。[1]

大抵官员每经外任，还京后即可过上富裕生活，因居建康收入较低，而困守俸禄者更不免饥寒交迫，外任成为他们自我拯救的重要途径，故建康社会对于外任贪敛不置褒贬，而外任官偶有清廉者，遂称为廉吏。"（顾）宪之虽累经宰郡，资无担石，及归，环堵，不免饥寒。"[2] 然而一二廉吏并不能改变南朝外任官的旧俗。

> 郁林王即位废，掌中书诏诰，出为荆州别驾。仍迁西中郎咨议参军，复为州别驾。前后纲纪，皆致富饶，筚再为之，清身率下，杜绝请托，布被蔬食，妻子不免饥寒。明帝闻而嘉焉，手敕褒美，州里荣之。[3]

自此可知外任官之富足，多源自于请托，实为吏治腐化之一端，这里更可推知外任官俸禄状况。同卷载其外任会稽时，"唯守公禄，清节逾厉，至有经日不举火"[4]。可知南朝外任官之丰厚还资之来源并非源自俸禄，外任官虽俸禄相对优厚，若"唯守公禄"，则犹不免于饥寒，建康百官寄禄而食者状况可知。而外任官廉洁如此在南朝相对

---

[1]《南史》卷77《恩幸·吕文显传》载："舍人茹法亮于众中语人曰：'何须觅外禄，此一户内年办百万。'盖约言之也。"亦从另一侧面反映了士族作为建康之寄生群体，在遇到贫困时，"觅外禄"是他们最主要的途径。

[2]《梁书》卷52《止足传·顾宪之传》。《宋书》卷65《申恬传》载："性清约，频处州郡，妻子不免饥寒，世以此称之。"另《梁书》卷21《王瞻传》载其在南朝齐时出为晋陵太守，"瞻洁己为政，妻子不免饥寒"。

[3]《梁书》卷52《良吏传·庾筚传》。《梁书》卷41《萧介传附从父兄洽传》载："出为南徐州治中，既近畿重镇，史数千人，前后居之者皆致巨富，洽为之，清身率职，馈遗一无所受，妻子不免饥寒。"这里更是明确指出其贫困之由出于"馈遗一无所受"。

[4]《梁书》卷53《良吏传·庾筚传》。

较少，故齐明帝乃下诏褒奖，梁时刘杳任余姚令[1]，事迹亦与此相类。

对于外任官之聚敛前人多有论述[2]，这里不拟赘言，而重点叙述内官纳贿及蓄养门生之举。前文已涉及建康士族仅依赖俸禄是不能适应建康社会的奢侈生活的，这就推动建康社会馈遗现象的频繁出现。馈遗分为两种：亲友之间的相互接济，这将在后文中涉及；另一种则为官员的纳贿行为。

> （何尚之）告休定省，倾朝送别于冶渚。及至郡，叔度谓曰："闻汝来此，倾朝相送，可有几客？"答曰："殆数百人。"叔度笑曰："此是送吏部郎耳，非关何彦德也。昔殷浩亦尝作豫章定省，送别者甚众，及废徙东阳，船泊征虏亭积日，乃至亲旧无复相窥者。"[3]

南朝吏部官尤为隆重，因其掌握官员选举事宜，而欲于仕途有所发展者遂多有求告。何尚之时仅居吏部郎，于朝中即有如此影响力，我们常于史料中看到何氏一门奢侈行迹，若何戢"家业富盛，性又华侈，衣被服饰，极为奢丽"[4]。以及何胤饮食之靡费[5]，庐江何氏何尚之一支，其子何偃、孙何戢三代任吏部尚书，齐郁林王时，何胤为外戚，出任中书令，亦地位隆重，究其奢侈之由，恐亦与其家世

---

[1] 《梁书》卷50《文学传下·刘杳传》载："出为余姚令，在县清洁，人有馈遗，一无所受，湘东王发教褒称之。"
[2] 中村圭尔认为，此时的地方长官，尤其是郡守、县令，已经成为聚敛的手段，乃至代名词。详见《六朝贵族制研究》，第四编第二章第三节及第四节，日本风间书店1987年版。
[3] 《南史》卷30《何尚之传》。
[4] 《南齐书》卷32《何戢传》。
[5] 《南史》卷30《何胤传》载："初，胤侈于味，食必方丈，后稍欲去其甚者，犹食白鱼、鳝脯、糖蟹，以为非见生物。"

代任吏部相关。江湛元嘉二十七年出任吏部尚书，"家甚贫约，不营财利，饷馈盈门，一无所受，无兼衣余食"[1]。这里虽主要表现江湛之廉洁，然亦反映出其担任吏部尚书后"饷馈盈门"的状况。而梁武帝时期范云出任吏部则频有纳贿之举："初，云为郡号廉洁，及贵重，颇通馈遗。"[2]虽《南史》本传载其散财救济亲友之美举，然其资产由来却并非完全得自官俸。这种纳贿收入其规模亦不下于外任还资，"四方守宰饷遗，一年咸数百万。舍人茹法亮于众中语人曰：'何须觅外禄，此一户内年办百万'"[3]。茹法亮之语恰反映建康士族在微薄俸禄下的两种取向：一为觅外禄；一为通馈遗。

南朝扬州境内广泛存在大量的地方豪门及富于资财却门第颇低之人，唐长孺先生将此类人定位为庶族、寒人。他在《南朝寒人的兴起》一文中指出大量的寒人在建康之低级职位上任职，此类人欲获得升迁，对长官之趋附在所难免，而此中实物或金钱上的馈赠遂屡见不鲜，这在建康士族蓄养门生事例中可以看出。

在南朝建康存在一个特殊群体——门生，其中较多人为三吴富人或土豪。[4]门生之名后汉亦有之，然至南朝，其与主人之关系已发生实质改变。[5]他们依附在势族左右以获种种特权[6]，这种趋附关系自然以利益相交换。何尚之弹劾庾炳之书云："虞秀之门生事之，累

---

[1] 《宋书》卷71《江湛传》。
[2] 《南史》卷57《范云传》。
[3] 《南史》卷77《恩幸传·吕文显传》。
[4] 建康士人之门生多以三吴地区豪富为主，《宋书》卷71《徐湛之传》载："门生千余人，皆三吴富人之子，姿质端妍，衣服鲜丽。"
[5] 对于南朝门生的状况，日本学者越智重明在《南朝的门生》一文中有较为深入的研究，载《社会经济史学》第28卷第4号。
[6] 南朝诸史中对门生受主人庇护事例多有记载，《宋书》卷51《宗室传·长沙景王道怜传附义融弟义宗传》载："元嘉八年，坐门生杜德灵放横打人，还第内藏，义宗隐蔽之，免官。"

味珍肴，未尝有乏，其外别贡，岂可具详。"[1] 门生事主多有馈赠，在南朝建康极为常见。

> 有门生始来事协，知其廉洁，不敢厚饷，止送钱二千，协发怒，杖二十，因此事者绝于馈遗。[2]

因顾协之廉洁，门生虽不敢厚赠，然亦送钱二千，可知门生投主须有所赠送以为见面之礼。南朝建康士族及在朝官僚几乎皆有门生，一方面可以作为私人势力，而同时亦可成为其收入的重要部分，自顾协事迹可知，当时门生对主人之馈赠已成惯例。而此类馈赠规模之庞大乃令人瞠目，宋明帝下诏扬沈勃罪行时即云："周旋门生，竞受财货，少者至万，多者千金，考计赃物，二百余万，便宜明罚敕法，以正典刑。"[3] 而此类门生在此过程中自是获得经商等种种特权，前人早有研究，而这种关系更重要的是在仕途上的快捷通道。

寒人以门生身份出仕建康之事迹颇多，门生事主其主要动机仍在出仕。

> （吴喜）初出身为领军府白衣吏。少知书，领军将军沈演之使写起居注，所写既毕，暗诵略皆上口。演之尝作让表，未奏，失本，喜经一见，即便写赴，无所漏脱，演之甚知之。因此涉猎《史》《汉》，颇见古今。演之门生朱重民入为主书，荐喜为

---

[1]《宋书》卷53《庾登之传附弟炳之传》。
[2]《梁书》卷30《顾协传》。《陈书》卷27《姚察传》载："尝有私门生不敢厚饷，止送南布一端，花练一匹。"此亦与顾协事例相似。
[3]《宋书》卷63《沈演之传附演之子勃传》。

主书书史，进为主图令史。[1]

朱重民以沈演之门生身份出仕，而他亦可另荐举旧主门生，以此可知，充当门生实为庶族、寒门出仕之重要一途。宋孝武帝使御史中丞庾徽之陈其罪恶诸条罪名中，即有"多假资礼，解为门生，充朝满野，殆将千计"[2]。门生投主直接获得出仕机会，而此过程中亦不免须"多假资礼"。刘宋时期制度规定尚书省诸官可携门生入内，"尚书寺门有制，八座以下门生随入者各有差，不得杂以人士。"[3]种种优越条件促使三吴豪富纷纷纳资投入建康官僚门下充当门生。士族为门生请托在南朝已成普遍之势，宋孝武帝时，王琨为吏部郎，"吏曹选局，贵要多所属请，琨自公卿下至士大夫，例为用两门生"[4]。而这种行为恰为收入惨淡之建康士族提供一重要生活来源。甚者高门虽不居官亦多有门生为其劳作，刘宋时期王微即有携门生入草采药之举。[5]《梁书》卷37《何敬容传》载其免官以后，"敬容旧时宾客门生喧哗如昔，冀其复用"[6]。自此亦可窥知门生投主之目的。

盖南朝之建康士族均有畜门生之举，究其主要目的或出于种种原因，但获取馈赠恐不免为其重要因素，他们之间的这种经济关系

---

[1]《宋书》卷83《吴喜传》。《宋书》卷85《王景文传》载明帝诏答王景文云："悠悠好诈贵人及在事者，属卿偶不悉耳，多是其周旋门生辈，作其属托，贵人及在事者，永无由知。非徒止于京师，乃至州郡县中，或有诈作书疏，灼然有文迹者。"此虽明帝责王景文之语，但亦可知当时用事者多为门生开仕途之实。

[2]《宋书》卷75《颜竣传》。

[3]《宋书》卷81《顾琛传》。

[4]《南齐书》卷32《王琨传》。另《南齐书》卷46《陆慧晓传》载："尚书令王晏选门生补内外要局，慧晓为用数人而止，晏恨之。"

[5]《宋书》卷62《王微传》载："家贫乏役，至于春秋令节，辄自将两三门生，入草采之。"

[6]《梁书》卷37《何敬容传》。

已经不同于汉时的师生关系,对此越智重明有深入研究。[1] 此实为士族在面对俸禄不稳定局面下之非常手段,而此逐渐成为常态。"(傅昭)居朝廷,无所请谒,不畜私门生,不交私利。"[2] 将畜门生与营私利直接相关,傅昭不畜门生乃成为其廉洁之重要标志,此史料恰可反映南朝士族普遍畜门生之实质。

南朝官吏督察之责主要寄于御史中丞一人,而其对此类事迹亦多不纠弹,前陆徽之弹沈演之之举为孝武帝所授意。"先是庾徽之为御史中丞,性豪丽,服玩甚华,觊代之,衣冠器用,莫不粗率。兰台令史并三吴富人,咸有轻之之意,觊蓬首缓带,风貌清严,皆重迹屏气,莫敢欺犯。"[3] 御史中丞为兰台长官,其下层僚佐均为三吴富人,此类人恐亦不免由门生仕进。督察机构既已如此,则由门生仕进之途自不能受限制。

在俸禄不稳定的背景下,建康士族面对生存所需,部分人选择外任获取还资,部分人选择蓄养门生,更有人贪污纳贿,然这些均为个人行为,在制度规定的俸禄不足以维持正常生存的前提下,贫困群体的存在就会成为必然。非正常收入成为南朝政权中默认的常态,其所导致的贫富两极分化推动建康社会矛盾的加剧。

四、家族亲友间的救济

当建康士族产生严重的贫富两极分化时,贫困就成为士族群体中不可忽略的现象,尽管两极中之另一极生活奢靡。政权自身屡屡的财政危机,使百官俸禄既不能得以保障,更无暇他顾。居官领俸

---

[1] 详见〔日〕越智重明《南朝的门生》,《社会经济史学》第 28 卷第 4 号。
[2] 《梁书》卷 26《傅昭传》。
[3] 《宋书》卷 84《孔觊传》。

之士族对于亲友的接济遂时有发生。据渡边信一郎的研究，这固然与士族"清"名的获得有关，然而也无可回避建康存在一群贫困士族的问题，而从其散施的范围可知，又基本局限于家族与亲友，这里的家族并非指宏观家族，如琅邪王氏，而是家门的支系，一般不会超过自己直系三代、母系三代及外亲三代，而友则顾名思义以自己为中心的交往群体，故自此可知，此类散施，仍然以救济为主而兼顾"清"名的获得。

萧齐时王智深免官后，"家贫无人事，尝饿五日不得食，掘荛根食之。司空王僧虔及子志分其衣食。卒于家"[1]。贵为琅琊王氏，王智深最终贫困而死，这在南朝贵胄中虽较为鲜见，亦可借此了解在野士族生活状况。这里王僧虔父子对他的救助颇值得关注，南朝士族对家族观念较为淡漠现已基本定论。

> 又教之不敦，一至于是。今士大夫以下，父母在而兄弟异计，十家而七矣。庶人父子殊产，亦八家而五矣。凡甚者，乃危亡不相知，饥寒不相恤，又嫉谤谗害，其间不可称数。宜明其禁，以革其风，先有善于家者，即务其赏，自今不改，则没其财。[2]

历来对于南朝高门家族史研究均以此为据，然这仅为一宏观概念，因南朝高门支系庞大，虽各支系之间联系较少，甚至较为冷漠，如琅邪王氏乌衣巷与马粪巷之间及谢氏诸支与乌衣巷之关系。但每一支系内部却往往联系较多，甚至多有扶助。晋末于建康一直风靡的

---

[1]《南齐书》卷52《文学传·王智深传》。
[2]《宋书》卷82《周朗传附兄峤传》。

谢氏乌衣之游，即为由谢混引领的乌衣巷支系的活动。当然这里并不排除前揭袁粲之事例，虽叔伯均贵显，而对幼弱之袁粲并无资助举动，然亦并非完全不相提携。"愍孙少好学，有清才，有欲与从兄颛婚者，伯父洵即颛父，曰：'颛不堪，政可与愍孙婚耳。'"[1] 袁颛已称不堪，可知所婚之人出于显门，南朝重婚姻，袁洵此举对袁粲不无提携之力。[2] 王智深家系难以考辨，但亦基本可知其与王僧虔不远。而此类救济在南朝诸史中颇为常见，这里聊举数例，以观其状。

> （徐）勉虽居显位，不营产业，家无畜积，奉禄分赡亲族之穷乏者。[3]
>
> （裴）子野在禁省十余年，静默自守，未尝有所请谒，外家及中表贫乏，所得俸悉分给之。[4]
>
> （张）缅在郡所得禄俸不敢用，乃至妻子不易衣裳，及还都，并供其母赈赡亲属，虽累载所畜，一朝随尽，缅私室常阒然如贫素者。[5]
>
> （陈）太建中，食建昌邑，邑户送米至于水次，（徐）陵亲戚有贫匮者，皆令取之，数日便尽，陵家寻致乏绝。[6]

高门家族支系内部救助在南朝较为盛行，然这也基本只局限于

---

[1] 《宋书》卷89《袁粲传》。
[2] 《宋书》卷66《何尚之传》载其"秉衡当朝，畏远权柄，亲戚故旧，一无荐举，既以致怨，亦以此见称"。究何尚之致怨之由，乃因未对其亲戚故旧有所提携，亦可从侧面证实，南朝时期，居官士族对亲戚负有荐举提携之责。
[3] 《梁书》卷25《徐勉传》。
[4] 《梁书》卷30《裴子野传》。
[5] 《梁书》卷34《张缅传》。
[6] 《陈书》卷26《徐陵传》。

内部。"(王)场兄弟三十余人,居家笃睦,每岁时馈遗,遍及近亲,敦诱诸弟,并实其规训。"[1]这里明确指出其所馈赠之范围在近亲,虽此类救济多以亲故为名,究其范围,主要仍在近亲。刘宋时期臧焘事迹亦可稍作映证,"高祖受命,征拜太常,虽外戚贵显,而弥自冲约,茅屋蔬餐,不改其旧,所得奉禄,与亲戚共之"[2]。此类事迹在南朝较多。

前文已涉及内官外任以求还资的状况,巨额的还资大多来源于聚敛,奇怪的是南朝五史对士族外任官聚敛还资的行为并未稍加微词,相反只要其对亲友有所资助,则赞誉累至。在南朝士族的价值即为社会价值,面对逐渐蔓延的贫困问题,既然不能依赖政权,则只有鼓励私人救助,甚至可以无视其财产的来源。

接济亲属举动在南朝五史中颇为常见,故出任外官的士族,获得丰厚的财产所拯救的不仅是一个家庭,同时会兼济一个群体。这种道义上的援助,在解决建康士族的贫困问题中起到很大的作用,亦为当时道德所赞誉。

> (沈怀文)丁父忧,新安郡送故丰厚,奉终礼毕,余悉班之亲戚,一无所留。太祖闻而嘉之,赐奴婢六人。[3]
>
> (褚炫)罢江夏还,得钱十七万,于石头并分与亲族,病无以市药。[4]
>
> (褚淡之)武帝板行广州刺史,加督,建威将军,领平越

---

[1] 《陈书》卷23《王场传》。《梁书》卷51《处士传·阮孝绪传》载:"诸甥岁时馈遗,一无所纳。"这里虽然阮孝绪并不接收馈赠,但亦可见其诸甥频繁接济之举。

[2] 《宋书》卷55《臧焘传》。另《南史》卷33《裴松之传附曾孙子野传》亦载其俸禄悉分给外家及中表亲戚之举。

[3] 《宋书》卷82《沈怀文传》。

[4] 《南齐书》卷32《褚炫传》。《南齐书》卷52《文学·崔慰祖传》亦有此类记载。

中郎将。在任四年，广营赀货，资财丰积，坐免官，禁锢终身。还至都，凡诸亲旧及一面之款，无不厚加赠遗。[1]

（张稷）历官无蓄聚，俸禄皆颁之亲故，家无余财。[2]

（任昉）奉世叔父母不异严亲，事兄嫂恭谨。外氏贫阙，恒营奉供养。禄奉所收，四方饷遗，皆班之亲戚，即日便尽。[3]

史书中对于搜刮而得的还资并未稍置微词，相反只要他们分与亲属，这仍是一种美德，而对于富于财产却不接济亲属者，才会有所褒贬。"（沈）众性吝啬，内治产业，财帛以亿计，无所分遗。其自奉养甚薄，每于朝会之中，衣裳破裂，或躬提冠屦。"[4]究其原因，仍然是士族的贫困问题。这一点对于士族阶层而言，已颇受关注，外任清贫者固然以安守贫困获赞，而赃淤累累者亦由于接济亲属而获褒美，这实为南朝时期所独有，恐这亦是当时治史者所亲见之困境。外任贪敛固然为劣迹，但在面对士族社会的贫困问题时，它却是缓解问题的重要手段，故只要贪敛者依道德标准接济贫困，聚敛之污即可隐晦，散金之美更得彰显。相反即使外任清廉，而对近亲之贫困熟视无睹，仍会受到史家贬斥。

（朱）修之立身清约，百城赆赠，一无所受。唯以蛮人宜存抚纳，有饷皆受，得辄与佐史赌之，未尝入己。去镇之日，秋毫无犯。计在州以来，然油及私牛马食官谷草，以私钱六十万

---

[1]《南史》卷28《褚裕之传附弟淡之传》。
[2]《梁书》卷16《张稷传》。《吴郡志》卷24《人物》亦载此事，江苏古籍出版社1999年版，第355页。
[3]《南史》卷59《任昉传》。
[4]《陈书》卷18《沈众传》。另《梁书》卷38《朱异传》载："四方所馈，财货充积。性吝啬，未尝有散施。"

偿之。而俭刻无润，薄于恩情，姊在乡里，饥寒不立，修之贵为刺史，未曾供赡。[1]

朱修之在荆州任上持身之正，南朝诸外任者实罕有其匹，而仅因其对饥寒交迫的姐姐并无供赡，而落俭刻之名。

这种接济最多只能暂时缓解贫困之家一餐一饮之急，故在建康士族社会，相当规模的人长期生活于贫困中一直无法改变。财政的危机导致俸禄的微薄乃至断绝，依赖偶发的救济不能解决这一问题。这种形式的救济一般只限于亲友范围内，而这种救济在建康，受到社会价值的导向倾向亦较为突出。

五、小结

东晋初期，政局的变化促使社会结构的演变，使建康出现了一群摆脱乡里基础、不以占田为目的的特殊群体——建康侨姓贵族，而五朝时期的政治结构一直保持着这群人极高的出仕比例，从而使这一群体在社会上得以长期存在，并逐渐形成了其自身的独立性与价值观。士族仕途的稳定，使定居于建康的士族逐渐放弃了其他谋生手段，单纯依赖俸禄而生，并逐渐演变为职业官僚。在此过程中逐渐形成的士族"清"的价值观也在限制他们生存途径的选择，营田、治产业逐渐为众人所不取。进入南朝，建康财政的困境使百官俸禄很难稳定发放，遂使官僚士族的生存来源受到严重影响，建康士族因此陷入生活窘境。这一趋势直接引起南朝吏治的腐化，为解生存危机，采取诸如纳馈遗、蓄门生、外任等手段，遂使外任官乃

---

[1] 《南史》卷16《朱修之传》。

逐渐演变为聚敛的代名词。士族群体自东晋以来已枝繁叶茂，自不可能人人获得出仕，未居官的庞大士族群体，其生活之窘迫更可想而知。面对如此庞大且位于社会高层的贫困群体，士族近亲范围内的接济在一定程度上稳定存在。大量士族通过外任聚敛以获取丰厚还资，从南朝正史对还资及馈遗的态度可知，贫困引发了南朝治史者价值上的转变，京师居官者纳馈与外任官聚敛获得了谅解，而赃淤累累者若能散金亲友，亦可获得赞誉。

（原载《魏晋南北朝隋唐史资料》第 27 辑）

北朝皇权嬗替中之宗教与地域因素
——以"东海出天子"谶言为中心

姜望来（武汉大学历史学院）

  自北魏末年分裂为东西魏之后，东西政权之宗教政策与佛教、道教在两政权下之命运均迥然有别：北齐灭道重佛，北周灭佛重道。因此，此一时期佛道之对立，隐然也具有东西政权对立、山东与关中地域对立之意味。事实上，佛道之趋向东西对立，北魏末年已现端倪：魏末僧徒投靠高欢，造作"永宁见灾"谣谶，鼓吹"（佛图）飞入东海，渤海（高欢）应矣"，"东海"即山东地域概念；道教徒则采取倾向魏室之态度。[1]

  山东与关中之对立，暂且不论其历史渊源与或隐或显之表现，至少在东魏、北齐与西魏、北周对峙时相当明显，而且在北周平齐后也不会立刻消弭，陈寅恪先生有关北朝隋唐史研究之经典论断——关陇集团之概念与相关论述以及对隋唐时期所谓山东豪杰与山东寒族之研究，已经就此做出了系统、清晰、令人信服之阐释与

---

[1] 有关北魏末年道教徒政治倾向问题，卿希泰先生以潘弥为例，谓"道教与高氏集团从一开始便有矛盾"，参见卿希泰主编：《中国道教史》第 1 卷，四川人民出版社 1988 年版，第 428 页；有关"永宁见灾"谣言及其所反映的佛教徒投靠高欢之政治态度，可参见拙撰《论"永宁见灾"》(《史林》2009 年第 2 期）一文相关论述。

证明。[1] 但是，相比较而言，陈先生对山东豪杰与山东寒族之论述，着墨远不如对关陇集团之深重，不免有意犹未尽之憾。因此，本文拟在陈先生有关研究启发下，进一步将我们关注之历史时段扩展至整个北朝时期，对佛道之争、山东地域势力变迁及与北朝政治进程之关系进行探讨，而笔者关注之角度，则是在此时期佛道对立与东西对立相关之背景下，将佛教纳入山东地域势力之范畴进行考察[2]，而笔者关注之焦点则是与北朝佛道之争有关，在高欢、杨坚、李渊崛起之时均曾对局势发生影响，以"东海出天子"为中心之系列谣谶。

一、"齐当兴，东海出天子"谶言与高欢之崛起

北魏末年高欢崛起之时，有所谓"齐当兴，东海出天子"谶言流行，此谶言为高氏造势并为高氏所利用，与当时局势颇有关系，但历来鲜有人论及。今参据有关史料，分析"东海出天子"谶言之源流、影响，及其与佛道之关系、与山东地域势力之关系。

"齐当兴，东海出天子"谶言出于魏末沙门灵远。《北史》卷89《艺术上·刘灵助附沙门灵远传》："时又有沙门灵远者，不知何许人，有道术。尝言尒朱荣成败，预知其时。又言代魏者齐，葛荣闻

---

[1] 陈寅恪先生有关关陇集团之论述，参见《隋唐制度渊源略论稿》（上海古籍出版社1982年版）、《唐代政治史述论稿》（上海古籍出版社1982年版）、《论隋末唐初所谓"山东豪杰"》（《金明馆丛稿初编》，上海古籍出版社1980年版），万绳楠整理《陈寅恪先生魏晋南北朝史讲演录》（黄山书社1987年版）等论著。陈寅恪先生有关山东豪杰与山东寒族之论述，参见《论隋末唐初所谓"山东豪杰"》与《记唐代之李武韦杨婚姻集团》，二文均收入《金明馆丛稿初编》。

[2] 当然，笔者不是说佛教传播仅局限于山东地区，而是考虑到北魏太武帝灭佛与文成帝恢复佛教以后佛教主要兴盛于山东，及北齐灭道、北周灭佛后佛教与道教分别在山东与关中地区居优势，基于此，笔者认为北朝后期佛教势力主要在山东地区，且佛道对立具有山东与关中地域对立之含义。

之，故自号齐。及齐神武至信都，灵远与勃海李嵩来谒。神武待灵远以殊礼，问其天文人事。对曰：'齐当兴，东海出天子。今王据勃海，是齐地。又太白与月并，宜速用兵，迟则不吉。'灵远后罢道，姓荆字次德。求之，不知所在。"[1]

高欢于魏节闵帝普泰元年（531）二月至信都时，荆次德即沙门灵远对高欢所谓"齐当兴，东海出天子"谶言，并非前无所承，骤然出现，其先曾言"代魏者齐"即与此时"齐当兴"之语含义相同。又《魏书》卷112上《灵征志上》："延昌三年八月辛巳，兖州上言：'泰山崩，颓石涌泉十七处。'泰山，帝王告成封禅之所也，而山崩泉涌，阳黜而阴盛，岱又齐地也。天意若曰：当有继齐而兴，受禅让者。齐代魏之征也。"

延昌三年（514）为北魏宣武帝年号，六镇乱起尚在九年之后（正光四年，523），高氏更是寂寂无闻，以泰山崩附会齐当受禅之说法不大可能出于当时，当系高氏受魏禅前后所造作，但"代魏者齐"之观念则有可能在延昌三年甚至更早已经出现。[2] 事实上，更早之西晋末，已有"真人出东北"谶言，《晋书》卷95《艺术·黄泓传》："永嘉之乱，与渤海高瞻避地幽州，说瞻曰：'王浚昏暴，终必无成，宜思去就以图久安。慕容廆法政修明，虚怀引纳，且谶言真人出东

---

[1]《北齐书》卷49《方伎·宋景业附荆次德传》："又有荆次德，有术数，预知尒朱荣成败，又言代魏者齐。葛荣闻之，故自号齐王，待次德以殊礼，问其天人之事。对曰：'齐当兴，东海出天子，今王据渤海，是齐地。又太白与月并，宜速用兵，迟则不吉。'荣不从也。"本卷校勘记〔五〕谓此传删节失当，将高欢与次德之问答移作葛荣和次德之问答，甚是。

[2]《魏书》卷105之3《天象志三》："天兴元年八月戊辰，木昼见胃。胃，赵代墟也。□天之事。岁为有国之君，昼见者并明而干阳也。天象若曰：且有负海君，实能自济其德而行帝王事。"所谓"负海君"能"行帝王事"，似乎与"东海出天子"亦有某种关联，姑附记于此。

北,倘或是乎?宜相与归之,同建事业。'瞻不从。"[1]

同书卷108《慕容廆载记附高瞻传》:"高瞻字子前,渤海蓨人也……属永嘉之乱,还乡里,乃与父老议曰:'今皇纲不振,兵革云扰,此郡沃壤,凭固河海,若兵荒岁俭,必为寇庭,非谓图安之所。王彭祖先在幽蓟,据燕代之资,兵强国富,可以托也。诸君以为何如?'众咸善之。乃与叔父隐率数千家北徙幽州。既而以王浚政令无恒,乃依崔毖,随毖如辽东……及毖奔败,瞻随众降于廆。"

与"真人出东北"谶言有关之高瞻及叔父高隐,乃高齐皇室所追认之先祖,《北史》卷6《齐本纪上·神武帝纪》:"齐高祖神武皇帝姓高氏,讳欢,字贺六浑,勃海蓨人也。六世祖隐,晋玄菟太守。隐生庆,庆生泰,泰生湖,三世仕慕容氏。"

从时代、人名、迁徙经历来看,《晋书·高瞻传》所见西晋末徙东北之高隐,当即高氏所谓之"六世祖隐"。黄泓以"真人出东北"的谶言劝高瞻归慕容廆而高瞻不从,但是,高隐、高瞻叔侄率宗族北徙幽州依王浚,表明其仍认同"真人出东北"之谶,只是选择之对象与黄泓不一致,而辗转之后亦终归于慕容廆。西晋末"真人出东北"与魏末"东海出天子"谶言,年代悬隔,指向与含义不同,

---

[1] 参见《晋书》卷110《慕容儁载记》:"初,石季龙使人探策于华山,得玉版,文曰:'岁在申酉,不绝如线。岁在壬子,真人乃见。'及此,燕人咸以为儁之应也。"《魏书》卷105之3《天象志三》:"太祖皇始元年夏六月,有星彗于髦头……先是,有大黄星出于昴、毕之分,五十余日。慕容氏太史丞王先曰:'当有真人起于燕代之间,大兵锵锵,其锋不可当。'"所谓"岁在壬子,真人乃见"及"真人起于燕代之间"当为后赵、前燕时"真人出东北"谶言的变种。《隋书》卷69《王劭传》:"劭上表言符命曰:(前略)《易稽览图》:'坤六月,有子女,任政,一年,传为复。五月贫之从东北来立(后略)。'……谨案:凡此《易》纬所言,皆是大隋符命……五月贫之从东北来立者,'贫之'当为'真人',字之误也。言周宣帝以五月崩,真人革命,当在此时。至尊谦让而逆天意,故逾年乃立。昔为定州总管,在京师东北,本言之,故曰真人从东北来立。"隋末王劭引《易稽览图》云"贫之(真人)从东北来立",很可能亦受晋末"真人出东北"的谶言影响而来。

但在预言王者将兴此点上一致，而且均具有"东"的概念，又东北水亦可释为渤海、东海（详见后）。所以我们推测，高欢既称渤海郡望、以高隐为先祖，其对"东海出天子"谶言产生兴趣，当与西晋末已出现、并与高隐叔侄有关的"真人出东北"谶言不无关系。

"东海出天子"谶言出现后，继续有因袭并稍加改造的类似谣谶出现。北魏永熙三年，洛阳永宁寺为火所烧，稍后以永宁寺被灾为魏室衰乱、高欢将兴征兆的"永宁见灾"谶言开始流行。灵远谶言"东海出天子"，以渤海及高欢为应，僧徒所造的"永宁见灾"谣言谓"（佛图）飞入东海"，亦以渤海及高欢为应。两则谶言同出僧徒，指向相同，含义相近，因袭之迹较为明显。[1] 又《北齐书》卷49《方伎·宋景业传》："显祖作相，在晋阳，景业因高德政上言：'《易稽览图》曰：《鼎》，五月，圣人君，天与延年齿，东北水中，庶人王，高得之。谨案东北水谓渤海也，高得之，明高氏得天下也。'是时，魏武定八年五月也"。[2]

宋景业方术之士，引谶纬之书《易稽览图》，谓"东北水中，庶人王，高得之"，释"东北水"为"渤海"，与"东海出天子"谶言如出一辙。至于北周末杨坚崛起时"儿当大贵从东国来"与隋末李渊起兵之际"白衣天子出东海"等谣谶，亦与"东海出天子"谶言属同一源流，下文将续有讨论。

---

[1] 详参见前揭拙撰《论"永宁见灾"》一文。
[2] 《北史》卷89《艺术上·宋景业传》、《通志》卷183《宋景业传》同《北齐书》。《易纬稽览图》卷上则云："鼎，五月，吴人君，天与延年齿，东北中，庶人王，高德之。""圣人"作"吴人"，"东北水"作"东北"，文字略有不同，《纬书集成》（上），河北人民出版社1994年版，第151页。又《易纬通卦验》卷上云："谋之水宰之臣……代者起东北，名有水。"《纬书集成》（上），第191页。按魏为水德，高洋名有水，大致此条系高洋将受魏禅时言谶纬者所造。此两则谶纬书中之谶言皆谓东北王者兴，既与"东海出天子"谶言有关，亦系从晋末谶者所言之"真人出东北"改造而来，可能宋景业为进一步坐实"东北"之为"渤海"，而在称引谶纬时于"东北"后加一"水"字。

"东海出天子"谶言，前有所承，后有所袭，流传甚久。从西晋末"真人出东北"到东魏末"东北水中庶人王"等一系列以"东海出天子"为中心的谣谶，所强调之东北、泰山、东海（渤海、东北水）或齐地，皆具有东方地域的概念。我们认为，在动荡不安的十六国北朝时期，有明显东方地域色彩的"东海出天子"系列谣谶，乃是东方地域势力潜在影响与政治诉求的表现，具有深厚社会政治基础，因此也是探寻北朝政治进程与皇权嬗替的重要线索。

"东海出天子"系列谶言对北魏末期局势与高氏的崛起与受魏禅，有着明显影响。其一，所谓"代魏者齐"观念，为社会所普遍接受，北魏末年先后称王的葛荣、萧宝夤均以齐为号；[1] 高欢先封渤海王，卒后赠齐王，高澄、高洋先后继为齐王，至高洋受禅时又以齐为国号，显然，齐为"天命"所归的观念已深入人心。其二，在魏末丧乱、东西分立的形势下，所谓东方主要即指山东地区。原出北镇的高欢图谋脱离尔朱氏控制，自晋阳东出山东，高欢出山东前依恃的主力为六镇流民，在山东本无甚势力，亟须取得山东地域势力的支持，如其称扬渤海高氏郡望（或许之前高氏已称渤海郡望，但在高氏卑微无闻时并无实质性意义，于己于人皆不会太在意），当即出于拉拢山东人士的目的。高欢至信都时，灵远来谒并对高欢言"东海出天子"谶言并以高欢为应，显然对高欢极为有利，故高欢于灵远"待以殊礼"，后又遣人"求之"，对灵远其人其言颇为重视，自必加以利用。而高欢至信都后，除稍前已归附之渤海高干兄弟、渤海封隆之、赵郡李元忠等山东豪强外，山东人士来归者甚众，如范阳卢文伟、赵郡李景遗、清河崔㥄。[2] 高欢所以能迅速控制山东局

---

[1] 《魏书》卷9《肃宗纪》："（孝昌三年十月）甲寅，雍州刺史萧宝夤据州反，自号齐，年称隆绪。"当然，萧宝夤为南齐皇族入北者，称齐国号可能与之也有关。
[2] 《北齐书》卷22《卢文伟传》、卷22《李元忠附族叔景遗传》、卷23《崔㥄传》。

势，并与尒朱氏公开对抗，与其取得众多山东豪强与士人翊戴密切相关。而高欢的能取得山东人士支持，一方面在于当时局势，另一方面魏末"东海出天子"谶言宣扬齐将兴而高氏为应亦应有其力。

"东海出天子"谶言，最早可溯源至西晋末"真人出东北"谶言，而所谓"真人出东北"颇具道教色彩。从秦汉至南北朝，"真人"一般乃指道家修真得道之人。[1] 又据《史记》卷6《秦始皇本纪》："卢生说始皇曰：'臣等求芝奇药仙者常弗遇，类物有害之者。方中，人主时为微行以辟恶鬼，恶鬼辟，真人至。人主所居而人臣知之，则害于神。真人者，入水不濡，入火不爇，陵云气，与天地久长（后略）。'于是始皇曰：'吾慕真人，自谓真人，不称朕。'"

秦始皇慕仙道而自谓"真人"，由此真人又可引申出天子之意，其源仍从道家而来。又《史记》卷117《司马相如传》载相如作《大人赋》，"邪绝少阳而登太阴兮，与真人乎相求"句《集解》引《汉书音义》云："少阳，东极。太阴，北极。邪度，东极而升北极者也。"

《汉书》卷57下《司马相如传下》颜师古注引"张揖曰"："少阳，东极。太阴，北极。邪度东极而升北极也。真人，谓若士也，游于太阴之中。"

可知早在汉代人观念中真人与东北已有关联，此当即西晋末"真人出东北"谶言出现的基础。

至魏末"东海出天子"谶言出现时，道教色彩已难觅，而与佛教颇有渊源。除言此谶者为沙门灵远外，南北朝时僧徒亦往往有浮

---

[1] "真人"之称，最早见于《庄子·大宗师》："古之真人，其寝不梦，其觉无忧，其食不甘，其息深深……古之真人，不知说生，不知恶死，其出不欣，其入不距；翛然而往，翛然而来而已矣。"又《淮南子·本经训》："莫死莫生，莫虚莫盈，是谓真人。"《汉书》卷75《李寻传》："成帝时，齐人甘忠可诈造《天官历》、《包元太平经》十二卷，以言：'汉家逢天地之大终，当更受命于天，天帝使真人赤精子，下教我此道。'"真人原指道家得道之人，其例众多，不烦多引。

屠入东海之谣言。《北史》卷6《齐本纪上·神武帝纪》:"(天平元年)二月,永宁寺九层浮屠灾。既而人有从东莱至,云及海上人咸见之于海中,俄而雾起,乃灭。说者以为天意若曰:'永宁见灾,魏不宁矣,飞入东海,勃海应矣。'"

《续高僧传》卷30《兴福篇·周鄜州大像寺释僧明传》:"及梁运在陈,武帝崩背,兄子陈蒨嗣膺大业,将修葬具造辒辌车。国创新定,未遑经始,敕取重云殿中佛像宝帐珩佩珠玉鋈饰之具,将用送终。人力既丰,四面齐至,但见云气拥结,围绕佛殿……并见重云殿影二像峙然,四部神王并及帐座,一时腾上,烟火相扶,欻然远逝,观者倾都,咸生深信。雨晴之后,覆看故所,惟见柱础存焉。至后月余,有从东州来者,是日同见殿影东飞于海。"

佛教徒重东海(东方),或许与佛教有所谓东方莲花佛国观念有关。[1] 西晋末"真人出东北"谶言颇具道教色彩,至魏末"东海出天子"谶言则与佛教更多关联;所以如此,当因北魏中叶以后山东佛教兴盛远过道教,魏末动荡局势下,佛教徒又选择投靠高欢的政治立场,故魏末僧徒先后造作"东海出天子"与"永宁见灾"谣谶为高欢造势,道教徒于其间则无所表示。

"东海出天子"谶言既有地域色彩,亦有宗教色彩,其淡去道教色彩而与佛教更有渊源,隐约表明佛教成为山东地域势力的重要成分。僧徒造作"东海出天子"谶言,与山东佛教发展及魏末僧徒投靠高欢的政治抉择有关,其鼓吹东海(渤海)出天子为高欢招揽山

---

[1]《续高僧传》卷6《义解篇二·齐邺中天平寺释真玉传》:"常令侍者读经,玉必跪坐合掌而听,忽闻东方有净莲华佛国庄严世界与彼不殊……便愿生莲华佛国……卧疾于邺城北王家……午后忽见烟云相纠从东而来……少时而卒。"卷19《习禅篇四·唐天台山国清寺释智璪传》:"仍于静夜,策杖曳疾,出到中庭,向月而卧,至心专念:'月光菩萨,惟愿大悲,济我沈疴。'如是系念,遂经旬朔。于中夜间梦见一人,形色非常,从东方来,谓璪曰:'我今故来为汝治病。'"

东豪强提供了强大舆论支持，鼓吹齐将兴的观念则在魏末深入人心并成为高氏受魏禅的天命依据。

二、"儿当大贵，从东国来"谶言与杨坚的崛起

北魏末年高欢于信都建义时，沙门灵远所言、宣扬王者出东方的"东海出天子"谶言深具山东地域背景与佛教背景，其鼓吹东海出天子为高欢招揽山东人士提供了舆论支持，亦是山东地域势力潜在影响与政治诉求的表现，其与佛教颇有渊源则表明佛教成为山东地域势力的重要成分。在北齐为北周所灭之后，北齐旧境山东地区的佛教遭到禁毁，山东地域势力亦受到压制[1]，因此，包括佛教势力在内的山东地域势力必然会等待新时机以某种方式表达其诉求，当北周末年杨坚登上政治中心舞台时，有佛徒所造之"儿当大贵，从东国来"谶言出现，此谶言与北魏末为高欢所利用的"齐当兴，东海出天子"谶言颇有相似之处，即均强调东方地域的概念，乃了解周隋皇权嬗替及地域势力变迁的关键切入点。

---

[1] 需要指出，北周平齐后所谓山东地域势力，不仅仅包括旧齐人士，也包括北魏末及西魏大统间追随魏帝入关的大部分山东人士后裔。笔者此前曾提出"山东势力"的概念，并定义其为"形成于北周灭北齐后、以旧齐人士与北魏末及西魏大统间追随魏帝入关的山东人士后裔为主体、以山东地域为本位、与关陇集团相对应的地域势力"，参见拙撰：《太子勇之废黜与隋唐间政局变迁》（《魏晋南北朝隋唐史资料》第23辑，武汉大学文科学报编辑部，2006年，第71—100页）、硕士论文《周隋唐关陇集团与山东势力》（武汉大学，2005年）；但为保持概念前后一致与避免引起不必要之误会，本文仍统一使用山东地域势力的提法，暂不引入"山东势力"的概念，而将有关论述置于本文附录，以供参考。又，陈寅恪先生对隋末唐初山东豪杰与高宗武后朝山东寒族的研究，实可视为本文研究山东地域势力的先声，见陈寅恪《论隋末唐初"山东豪杰"》与《记唐代之李武韦杨婚姻集团》，均收入氏著《金明馆丛稿初编》，上海古籍出版社1980年版，第217—236页、第237—263页；此外，刘驰亦曾撰文研究入关山东士族与关陇集团的分合，参见刘驰：《山东士族入关房支与关陇集团的合流及其复归》，《六朝士族探析》，中央广播电视大学出版社2000年版，第139—155页。

北周武帝建德六年平齐，次年（宣政元年，578）六月病亡；宣帝继立，亦两年而崩（大象二年，580），宣帝子静帝年幼，隋国公杨坚乃以宣帝后父的身份辅政，在渐次削平各方反对势力后，于大定元年（581）二月代周建隋。杨坚兴起的前，有所谓"儿当大贵，从东国来"的谶言出现。《集古今佛道论衡》卷乙《隋两帝重佛宗法俱受归戒事》："案隋著作王劭述隋祖起居注云：帝以后魏大统七年六月十三日，生于同州般若尼寺……有神尼者名曰智仙，河东刘氏女也，少出家，有戒行……及帝诞日，无因而至。语太祖曰：'儿天佛所佑，勿忧也。'尼遂名帝为那罗延，言如金刚不可坏也。又曰：'儿来处异伦，俗家秽杂，自为养之。'太祖乃割宅为寺，以儿委尼……及年七岁，告帝曰：'儿当大贵，从东国来；佛法当灭，由儿兴之。'……及周灭二教，尼隐皇家。帝后果自山东入为天子，重兴佛法，皆如尼言。及登位后，每顾群臣，追念阿阇梨以为口实。又云：'我兴由佛法，而好食麻豆，前身似从道人中来，由小时在寺，至今乐闻钟声。'乃命史官为尼作传。"[1]

此处所述抚养年幼时杨坚之神尼智仙事迹，又见载于《续高僧传》卷28《感通篇下·隋京师大兴善寺释道密传》，文字略同，唯前无"案隋著作王劭述隋祖起居注云"之语，末句"乃命史官为尼作传"作"乃命史官王劭为尼作传"，可知两书均据王劭起居注而来，并非凭空杜撰。[2]当然，王劭所述未必全为实录，但亦有其重要价值，

---

[1] 《大正新修大藏经》第52册，台湾新文丰出版有限公司1983年版。
[2] 《广弘明集》卷17为"'普天慈父，重兴佛法，一切神明还来。'其后周氏果灭佛法，隋室受命，乃兴复之。皇帝每以神尼为言，云：'我兴由佛。'故于天下舍利塔内，各作神尼之像焉。"《佛祖历代通载》卷10"释尼智仙"条同《集古今佛道论衡》及《续高僧传》，见《大正新修大藏经》第49册，不具录。又《古宝轮禅院记》记有隋代"神尼智仙"之名，见北京图书馆金石组编：《北京图书馆藏中国历代石刻拓本汇编》第9册，中州古籍出版社1989年版，第140页。《隋书》卷1《高祖纪上》："皇妣吕氏，以大统七年六月癸丑夜，生高祖于冯翊般若寺，紫气充庭。有尼来自河东，谓皇妣曰：'此儿所从来甚异，不可于俗间处之。'尼将高祖舍于别馆，躬自抚养。"此尼当即智仙。

如陈寅恪先生在《武曌与佛教》一文中论述杨隋皇室崇奉释氏时引述智仙事迹后云："帝王创业，史臣记述，例有符瑞附会之语，杨隋之兴，何得独异？但除去此类附会例语之外，有可注意者二事：一为隋高祖父母之佛教信仰，一为隋高祖本身幼时之佛教环境。"[1] 除陈先生所指出"可注意者二事"外，别有一事须加以重视，即智仙对杨坚所谓"儿当大贵，从东国来；佛法当灭，由儿兴之"的谶言，笔者认为，此谶言正是佛教与山东地域势力在杨坚崛起过程中起到特殊作用的反映。

"儿当大贵，从东国来；佛法当灭，由儿兴之"谶言包含两层含义：其一，杨坚将自山东而兴；其二，佛法当由杨坚而复。此谶言产生时间，从其鼓吹杨坚将兴、佛法将复来看，当在北周武帝灭佛（周武灭佛先后两次：第一次在北周境内，时在建德三年即574年；第二次在灭北齐后针对北齐旧境，时在建德六年即577年）之后、杨坚代周（大定元年，581）之前，王劭谓在杨坚七岁时即西魏大统十四年（548）之说法不可信。佛徒所以将佛法复兴的希望寄托于杨坚，主因在于杨氏家世的佛教信仰[2]，对此陈寅恪先生早有精辟论断："周武帝废灭佛教。隋文帝代周自立，其开国首政即为恢复佛

---

[1] 陈寅恪：《武曌与佛教》，《金明馆丛稿二编》，上海古籍出版社1980年版，第140—141页。
[2] 西魏北周时代杨忠、杨坚父子与佛徒的密切交往，除前举智仙例外，尚有多端，如《古宝轮禅院记》："大隋武元皇帝收得无畏三藏进到舍利五十九粒，内髻珠三分得一分。"《北京图书馆藏中国历代石刻拓本汇编》第9册，第140页。《续高僧传》卷10《义解篇六·隋西京光明道场释慧最传》："仁寿年中，敕遣送舍利于荆州大兴国寺龙潜道场。昔者隋高作相，因过此寺，遇一沙门，深相结纳，当时器重，不测其言。"卷18《习禅篇三·隋西京禅定道场释昙迁传》："文帝昔在龙潜，有天竺沙门，以一颗舍利授之，云：'此大觉遗身也。檀越当盛兴显。则来福无疆。'"卷22《明律篇上·隋京师大兴善寺释灵藏传》："藏之本师素钟华望，为太祖隋公所重，道义斯洽，得丧相符。藏与高祖，布衣知友，情款绸狎。"卷28《感通篇下·隋京师胜光寺释明诞传》："有敕召送舍利于襄州上凤林寺基趾……文帝龙潜之日，因往礼拜，乞愿弘护。"

教。此固别有政治上之作用，而其家世及本身幼时之信仰，要为一重要之原因，则无疑也。"[1]

在周武灭佛、平齐之后，关中、山东佛法俱被扫荡，佛教发展处于危急时刻，因此，僧徒选择投靠北周末期执掌政权并深具佛教信仰的杨坚，并造作"儿当大贵，从东国来"谶言为其受周禅制造天命依据，与北魏末年僧徒于动荡之中投向高欢并造作"永宁见灾"谶言为其造势如出一辙，均反映僧徒在佛教处境艰难时图存的努力。僧徒的努力得到杨坚积极回应，北周宣帝、静帝时已部分恢复佛教，大约即出于杨坚意图[2]，杨坚受禅之后，更大举兴复佛教，《隋书》卷35《经籍志四》："开皇元年，高祖普诏天下，任听出家，仍令计口出钱，营造经像。而京师及并州、相州、洛州等诸大都邑之处，并官写一切经，置于寺内。而又别写，藏于秘阁。天下之人，从风而靡，竞相景慕，民间佛经，多于六经数十百倍。"

所谓"民间佛经，多于六经数十百倍"，一方面表明佛教的迅速复兴，另一方面表明佛教在社会上的广泛影响和潜在势力。可以说，杨坚崇重佛教，固然与其家世信仰有关，亦当与其意识到佛教为重要社会势力试图加以利用有关，其自谓"我兴由佛法"，及下敕云"朕于佛教敬信情重，往者周武之时毁坏佛法，发心立愿，必许护持"[3]，均系此种心态的体现。

随着开皇初年佛教复兴，杨坚乃被僧徒视为中兴佛教的圣主。《续高僧传》卷22《明律篇上·唐始州香林寺释慧主传》："周毁经

---

[1] 陈寅恪：《武㬆与佛教》，《金明馆丛稿二编》，第142页。华方田：《隋文帝与隋代佛教的复兴》（《佛教文化》2003年第1期，第25—32页）、付玉贞：《隋文帝与隋朝佛教》（《宁夏大学学报》2008年第4期，第131—134页）均沿袭陈先生观点。

[2] 汤用彤先生谓："宣、静二帝之复教，疑实出自丞相杨坚之意。故佛法再兴，实由隋主也。"《汉魏两晋南北朝佛教史》下册，第393页。前揭华方田、付玉贞二氏文亦同。

[3] 《国清百录》卷2《隋高祖文皇帝敕书》，《大正新修大藏经》第46册。

道……即返故乡……后有八人采弓材者，甚大惊骇，便慰主曰：'圣君出世。时号开皇矣。'"

《山右石刻丛编》卷3《窦泰寺碑》："值周并齐运，像法沉沦，旧塔崩颓，劣有□迹。大隋握图受命，出震君临，屏嚣尘而作轮王，救浊世而居天位。大开玄教，□置伽蓝。"[1]

《金石文钞》卷2《晋阳造像颂》："皇隋抚运，冠冕前王，绍隆正法，弘宣万等。"[2]

《惠郁等造像记》："大隋国帝主杨坚，建元开皇。自圣君驭宇，俗易风移，国泰民宁，八方调顺。护持三宝，率遣兴修，前诏后敕，佛法为首。"[3]

至此，自北周末年"儿当大贵，从东国来"谶言产生以来，杨坚与佛徒的相互利用和支持达到完美结果：杨坚顺利代周建隋，佛教亦在杨坚扶持下得以复兴。

尼智仙所谓"儿当大贵，从东国来"谶言，既鼓吹佛法当由杨坚而复，又宣扬杨坚将自山东而兴，前者与佛教有关，已如前所论，后者则与山东地域势力有关。

北齐、北周对峙时代，佛教与道教在东西发展境况迥然不同：北齐灭道崇佛，北周则灭佛重道。因此北齐与北周、山东与关中之争，一定程度上可视为佛教与道教之争，且北朝自北魏太武帝以后佛教主要兴盛于山东，所以笔者认为，作为佛教主要势力之北齐境内佛教深具山东地域色彩，而在北周平齐以后之山东地域势力亦应包括山东佛教在内。既然佛教主要势力在山东，那么北周末年意图

---

[1] 胡聘之：《山右石刻丛编》卷3《窦泰寺碑》，山西人民出版社1988年版。
[2] 赵绍祖：《金石文钞》卷2《晋阳造像颂》，嘉庆七年刊印，转引自韩理洲辑：《全隋文补遗》卷6，三秦出版社2004年版。
[3] 《北京图书馆藏中国历代石刻拓本汇编》第9册，第25页。

通过投靠杨坚从而实现复兴佛教目的的僧徒,在"儿当大贵,从东国来"谶言中宣扬杨坚将自山东而兴就不难理解,而此种宣传为杨坚在篡夺北周政权过程中取得山东地域势力支持制造了有利舆论;既然山东地域势力包括佛教势力在内,那么佛徒造作"儿当大贵,从东国来"谶言似乎亦表明山东地域势力对杨坚的好感。事实上,对于杨坚代周,山东人士确实给予了重要支持,以下试加论述。[1]

清人赵翼谓:"古来得天下之易,未有如隋文帝者,以妇翁之亲,值宣帝早殂,结郑译等,矫诏入辅政,遂安坐而攘帝位。"[2]近人岑仲勉先生亦有言:"自其受遗诏起计,不出一年,便移周祚,得国之易,未有如杨坚者。"[3]杨坚"得天下之易",其重要原因之一即政治上得到山东人士的鼎力合作而牢固掌握中枢政权。

杨坚掌握北周政权的关键,乃是宣帝崩后以后父身份入宫辅政,其得以入宫辅政,则在于刘昉、郑译的支持。《隋书》卷1《高祖纪上》:"内史上大夫郑译、御正大夫刘昉以高祖皇后之父,众望所归,遂矫诏引高祖入总朝政,都督内外诸军事。"

同书卷38《刘昉传》:"昉见静帝幼冲,不堪负荷。然昉素知高祖,又以后父之故,有重名于天下,遂与郑译谋,引高祖辅政。高祖固让,不敢当。昉曰:'公若为,当速为之。如不为,昉自为也。'高祖乃从之……时人为之语曰:'刘昉牵前,郑译推后。'"

同卷《郑译传》:"与御正下大夫刘昉谋,引高祖入受顾托……时御正中大夫颜之仪与宦者谋,引大将军宇文仲辅政。仲已至御坐,

---

[1] 陈金凤、梁琼:《山东士族与隋朝政治论略》,《山东师范大学学报》2003年第6期。该文对山东士族在杨坚代周建隋过程中之作用有所探讨。
[2] 赵翼著、王树民校证:《廿二史札记校证》卷15,中华书局1984年版。
[3] 岑仲勉:《隋唐史》,河北教育出版社2000年版,第4—5页。

译知之,遽率开府杨惠及刘昉、皇甫绩、柳裘等入。仲与之仪见译等,愕然,逡巡欲出,高祖因执之。"

同卷"史臣曰":"高祖肇基王业,昉、译实启其谋,当轴执钧,物无异论。"

刘、郑之援引杨坚,非出一时权谋,而是早有因缘。《隋书》卷38《郑译传》:"初,高祖与译有同学之旧,译又素知高祖相表有奇,倾心相结。至是,高祖为宣帝所忌,情不自安,尝在永巷私于译曰:'久愿出藩,公所悉也。敢布心腹,少留意焉。'译曰:'以公德望,天下归心,欲求多福,岂敢忘也。谨即言之。'"刘昉亦"素知高祖"。二人皆西魏时入关山东人士之后裔,刘昉,"博陵望都人也。父孟良,大司农。从魏武入关";[1] 郑译,荥阳人,父道穆,"及魏孝武西迁,从入关"[2]。

杨坚辅政后,内有周室诸王虎视眈眈,外有尉迟迥等相继起兵,形势仍相当复杂,为杨坚出谋划策、稳定局势的人,则是高颎。《隋书》卷41《高颎传》:"高祖得政,素知颎强明,又习兵事,多计略,意欲引之入府。遣邗国公杨惠谕意,颎承旨欣然曰:'愿受驱驰。纵令公事不成,颎亦不辞灭族。'于是为相府司录。时长史郑译、司马刘昉并以奢纵被疏,高祖弥属意于颎,委以心膂……高祖令韦孝宽击之(尉迟迥),军至河阳,莫敢先进。高祖以诸将不一,令崔仲方监之,仲方辞父在山东。时颎又见刘昉、郑译并无去意,遂自请行,深合上旨,遂遣颎。颎受命便发……因平尉迥。"

同书卷37《李询传》:"高祖为丞相,尉迥作乱,遣韦孝宽击之,以询为元帅长史,委以心膂。军至永桥,诸将不一,询密启高祖,

---

[1] 《隋书》卷38《刘昉传》。
[2] 《周书》卷35《郑孝穆传》。

请重臣监护。高祖遂令高颎监军。"

高颎临危受命，尽心竭力，终至大功克成，可谓杨坚股肱之臣。高颎亦西魏入关山东人士后裔，且与高祖独孤皇后有旧，《隋书》卷41《高颎传》："父宾，背齐归周，大司马独孤信引为僚佐，赐姓独孤氏。及信被诛，妻子徙蜀。文献皇后以宾父之故吏，每往来其家。"

西魏皇室元氏，本与宇文氏有夺国之仇，如《隋书》卷50《元孝矩传》："时见周太祖专政，将危元氏，孝矩每慨然有兴复社稷之志，阴谓昆季曰：'昔汉氏有诸吕之变，朱虚、东牟，卒安刘氏。今宇文之心，路人所见，颠而不扶，焉用宗子？盍将图之。'"故当周隋禅代之际，元氏家族多取支持杨坚之立场。《隋书》卷39《元景山传》："高祖为丞相，尉迥称兵作乱。荥州刺史宇文胄与迥通谋，阴以书讽动景山。景山执其使，封书诣相府。高祖甚嘉之。"

同书卷40《元谐传》："少与高祖同受业于国子，甚相友爱……及高祖为丞相，引致左右。谐白高祖曰：'公无党援，譬如水间一堵墙，大危矣。公其勉之。'尉迥作乱，遣兵寇小乡，令谐击破之。"

同卷《元胄传》："高祖初被召入，将受顾托，先呼胄，次命陶澄，并委以腹心，恒宿卧内。及为丞相，每典军在禁中，又引弟威俱入侍卫。周赵王招知高祖将迁周鼎，乃要高祖就第。赵王引高祖入寝室，左右不得从，唯杨弘与胄兄弟坐于户侧……（赵王谋刺杀高祖）因扶高祖下床，趣而去。赵王将追之，胄以身蔽户，王不得出。"

同书卷50《元孝矩附弟褒传》："及高祖为丞相，从韦孝宽击尉迥，以功超拜柱国。"

同书卷54《元亨传》:"高祖为丞相,遇尉迟迥作乱,洛阳人梁康、邢流水等举兵应迥,旬日之间,众至万余。州治中王文舒潜与梁康相结,将图亨。亨阴知其谋,乃选关中兵,得二千人为左右,执文舒斩之,以兵袭击梁康、邢流水,皆破之。"

刘昉、郑译、高颎及元氏以外,其他西魏时入关山东人士的后裔对杨坚的支持,亦相当普遍。兹将《隋书》所见事例列举如下。《隋书》卷38《卢贲传》:"涿郡范阳人也。父光(据《周书》卷45《卢光传》,孝武西迁,光于山东立义,大统六年入关。)……时高祖为大司武,贲知高祖为非常人,深自推结……及高祖初被顾托,群情未一,乃引贲置于左右。高祖将之东第,百官皆不知所去。高祖潜令贲部伍仗卫。因召公卿而谓曰:'欲求富贵者,当相随来。'往往偶语,欲有去就。贲严兵而至,众莫敢动。出崇阳门,至东宫,门者拒不内。贲谕之,不去,瞋目叱之,门者遂却。"

同书卷46《张熲传》:"河间鄚人也……(父羡)从武帝入关……高祖为丞相,熲深自推结,高祖以其有干用,甚亲遇之。"

同书卷47《柳机附弟旦传》:"益州总管王谦起逆,拜为行军长史,从梁睿讨平之,以功授仪同三司。"柳旦河东解人,父庆,据《周书》卷22《柳庆传》,大统三年独孤信镇洛阳,四年庆从入关。

《柳机附从子謇之传》:"及高祖作相,引为田曹参军,仍咨典签事。"

《柳机附族兄昂传》:"及高祖为丞相,深自结纳。"

同书卷50《郭荣传》:"自云太原人也。父徽,魏大统末,为同州司马。时武元皇帝为刺史,由是与高祖有旧……荣少与高祖亲狎,情契极欢,尝与高祖夜坐月下,因从容谓荣曰:'吾仰观玄象,俯察人事,周历已尽,我其代之。'荣深自结纳。"

同书卷51《长孙览附从子炽传》:"河南洛阳人也……父绍远

（《周书》卷26《长孙绍远传》：'及齐神武称兵而帝西迁，绍远随（父）稚奔赴。'）……及高祖受禅，炽率官属先入清宫，即日授内史舍人、上仪同三司。"

同书卷52《韩擒虎附弟僧寿传》："河南东垣人也，后家新安。父雄（据《周书》卷43《韩雄传》，雄大统初于洛西举兵拒东魏，后入朝。）……高祖得政，从韦孝宽平尉迥，每战有功，授大将军，封昌乐公，邑千户。"

《韩擒虎附弟洪传》："高祖为丞相，从韦孝宽破尉迥于相州，加上开府，甘棠县侯，邑八百户。"

同书卷54《崔彭传》："博陵安平人也……父谦（据《周书》卷35《崔谦传》，谦随贺拔胜奔梁，后归阙。）……及高祖为丞相，周陈王纯镇齐州，高祖恐纯为变，遣彭以两骑征纯入朝……恒典宿卫。"

同书卷55《独孤楷传》："独孤楷字修则，不知何许人也，本姓李氏。父屯，从齐神武帝与周师战于沙苑，齐师败绩，因为柱国独孤信所擒，配为士伍，给使信家，渐得亲近，因赐姓独孤氏……高祖为丞相，进授开府，每督亲信兵。"

同书卷55《和洪传》："汝南人也……尉迥作乱相州，以洪为行军总管，从韦孝宽击之……及平相州，每战有功。"和洪父祖不载于史，但洪武帝时已从征伐，当亦在西魏时入关。

同书卷60《崔仲方传》："博陵安平人也……父宣猷（据《周书》卷35《崔猷传》，父孝芬为高欢所杀，间行入关。）……周太祖见而异之，令与诸子同就学。时高祖亦在其中，由是与高祖少相款密……会帝崩，高祖为丞相，与仲方相见，握手极欢，仲方亦归心焉。其夜上便宜十八事，高祖并嘉纳之。又见众望有归，阴劝高祖应天受命，高祖从之。"

同书卷61《郭衍传》:"自云太原介休人也。父崇以舍人从魏武帝入关……尉迥之起逆,从韦孝宽战于武陟,进战于相州……密劝高祖杀周室诸王,早行禅代。由是大被亲昵。"

同书卷74《酷吏·崔弘度传》:"博陵安平人也……父说(据《周书》卷35《崔谦附弟说传》,说随贺拔胜奔梁,后归阙。)……及尉迥作乱,以弘度为行军总管,从韦孝宽讨之。弘度募长安骁雄数百人为别队,所当无不披靡。"

《崔弘度附弟弘升传》:"尉迥作乱相州,与兄弘度击之,以功拜上仪同。"

同书卷80《列女·郑善果母传》:"郑善果母者,清河崔氏之女也。年十三,出适郑诚,生善果。而诚讨尉迥,力战死于阵。母年二十而寡,父彦穆欲夺其志。"据《周书》卷36《崔彦穆传》,彦穆大统三年于成皋举义,后入关。

旧齐人士被迁入关后,多有与杨坚结纳者,周隋禅代之际,纷纷效力于杨坚。《隋书》卷42《李德林传》:"博陵安平人也……(齐亡入周)宣帝大渐,属高祖初受顾命,邗国公杨惠谓德林曰:'朝廷赐令总文武事,经国任重,非群才辅佐,无以克成大业。今欲与公共事,必不得辞。'德林闻之甚喜,乃答云:'德林虽庸懦,微诚亦有所在。若曲相提奖,必望以死奉公。'高祖大悦,即召与语。刘昉、郑译初矫诏召高祖受顾命辅少主,总知内外兵马事。诸卫既奉敕,并受高祖节度。郑译、刘昉议,欲授高祖冢宰,郑译自摄大司马,刘昉又求小冢宰。高祖私问德林曰:'欲何以见处?'德林云:'即宜作大丞相,假黄钺,都督内外诸军事。不尔,无以压众心。'及发丧,便即依此。

同书卷57《李孝贞传》:"赵郡柏人人也……(齐亡入周)高祖为丞相,尉迥作乱相州,孝贞从韦孝宽击之,以功授上仪同三司。"

同卷《薛道衡传》:"河东汾阴人也……(齐亡入周)高祖作相,从元帅梁睿击王谦,摄陵州刺史。"

同书卷66《李谔传》:"赵郡人也……(齐亡入周)谔见高祖有奇表,深自结纳。及高祖为丞相,甚见亲待,访以得失……上谓群臣曰:'朕昔为大司马,每求外职,李谔陈十二策,苦劝不许,朕遂决意在内。今此事业,谔之力也。'"

同书卷66《郎茂传》:"恒山新市人也……(齐亡入周)属高祖为亳州总管,见而悦之,命掌书记。时周武帝为《象经》,高祖从容谓茂曰:'人主之所为也,感天地,动鬼神,而《象经》多纠法,将何以致治?'茂窃叹曰:'此言岂常人所及也。'乃阴自结纳,高祖亦亲礼之。后还家为州主簿。高祖为丞相,以书召之,言及畴昔,甚欢。"

同卷《张虔威传》:"张虔威字符敬,清河东武城人也……(齐亡入周)高祖得政,引为相府典签。"

同书卷71《诚节·刘弘传》:"彭城丛亭里人……(齐亡入周)尉迥之乱也,遣其将席毗掠徐、兖。弘勒兵拒之,以功授仪同、永昌太守、齐州长史。"

上举诸人皆旧齐人士而支持杨坚者。又《隋书》卷1《高祖纪上》云:"相州总管尉迟迥自以重臣宿将,志不能平,遂举兵东夏。赵、魏之士,从者如流,旬日之间,众至十余万。"及《周书》卷21《尉迟迥传》云:"以开府、小御正崔达拏为长史,余委任亦多用齐人。"据此,似乎旧齐人士对尉迟迥相当支持。但事实未必如此。《周书·尉迟迥传》:"(迥)麾下千兵,皆关中人,为之力战。"可见迥军核心仍是关中兵。同传又谓:"邺中士女,观者如堵。高颎与李询整阵,先犯观者,因其扰而乘之。迥大败,遂入邺。"及《周书》卷40《宇文忻传》云:"时邺城士女观战者数万人,忻与高颎、李询等谋曰：'事急矣，当以权道破之。'于是击所观者。"邺中士女数万人观战而非参战，高颎等以击观者为"事急"时不得已之"权道"，表明邺中士女并不支持尉迟迥。邺为北齐故都，其他北齐故地之情形大概可依此类推。[1]

以上论述了山东地域势力（包括西魏时入关山东人士后裔与旧齐人士）对杨坚夺取北周政权、完成周隋禅代所发挥的重要作用。之前我们推测，"儿当大贵，从东国来"谶言宣扬杨坚将自山东而兴隐约表明山东地域势力对杨坚之好感，而事实上山东人士对杨坚的支持对此种推测予以了证实。

山东地域势力所以对杨坚有好感并在周隋禅代之际持支持杨坚的立场，主要与山东与关中的对立有关。[2] 北朝后期东西对立形势，为山东地域势力存在与抬头提供了基础，北魏末年出现、深具山东地域背景、宣扬王者出东方的"齐当兴，东海出天子"谶言即是山东地域势力潜在影响与政治诉求的表现；而西魏北周以降直至唐初的统治集团即陈寅恪先生所谓"关陇集团"，亦具有明显关中地域色彩。[3] 北周平齐后，山东与关中对立既有深远历史传统，又因关陇集

---

[1] 陈金凤、梁琼：《山东士族与隋朝政治论略》，《山东师范大学学报》2003年第6期。
[2] 牟发松："关中与山东的对立，至迟可上推至战国时关中的秦和关东六国的对峙……秦楚之际楚、汉与秦的对抗，西汉末年平林、赤眉与新莽的对抗，东汉末年董卓与袁绍联军的对抗，都在一定程度上具有山东、关中对峙的性质……在南北朝后期，北朝内部又出现了西魏北周与东魏北齐间的东西对峙。"《旧齐士人与周隋政权》，《文史》2003年第1辑，第87—101页。笔者认为，大致而言，自战国时即或隐或显存在的山东与关中对立，在北周后期东魏北齐与西魏北周东西对峙时更为明显。
[3] 陈寅恪：《隋唐制度渊源略论稿》"三、职官"，第90—91页："宇文泰凭借六镇一小部分之武力……苟欲抗衡高氏及萧梁，除整军务农、力图富强等充实物质之政策外，必应别有精神上独立自成一系统之文化政策，其作用既能文饰辅助其物质即整军务农政策之进行，更可以维系其关陇辖境以内之胡汉诸族之人心，使其融合成为一家，以关陇地域为本位之坚强团体。"又参见陈寅恪：《唐代政治史述论稿》、《论隋末唐初所谓"山东豪杰"》，万绳楠整理：《陈寅恪先生魏晋南北朝史讲演录》黄山书社1987年版，有关"关陇集团"之论述。

团的强势，故山东地域势力与关陇集团的对立仍然存在；[1]山东地域势力处于弱势，自必伺机寻找政治代言人以谋求利益，适逢杨坚于北齐亡后出任定州总管，大约此时即已倾向杨坚[2]，至杨坚谋代周时山东人士更多予以支持。

三、"白衣天子出东海"谶言与李渊的崛起

出身关陇集团勋贵家族的隋文帝杨坚，其代周建隋本受到山东人士大力支持，故开皇初在敕书中称"关东关西，本无差异"[3]，显示其对山东地域势力示好并求消弭东西隔阂的意图。但是，开皇中后期隋文帝与太子杨勇产生矛盾而致开皇二十年（600）太子勇被废黜，而太子勇又与山东人士关系密切，因此随太子勇之被废，山东人士亦遭到压制；炀帝继立，继续压抑山东人士。[4] 所以，山东地域势力仍然是隋代政治发展中之不确定因素。当隋末大乱群雄并起之时，与隋文帝一样亦出身关陇集团勋贵家族的李渊，于大业十三年（即义宁元年，617）五月在山东地区之晋阳起兵，十一月攻破长安，次年（义宁二年，618）五月称帝，建立李唐王朝。李渊起事之际，

---

[1]《文馆词林》卷691《隋文帝令山东卅四州刺史举人敕》："朕受天命，四海为家，关东关西，本无差异。"此敕大约下于开皇二、三年之间，参见岑仲勉：《隋书求是》，商务印书馆1958年版，第7页。杨坚虽以"关东关西，本无差异"为辞，但其于敕文中特意加以强调，表明事实上东西隔阂仍较严重。又见《旧唐书》卷78《张行成传》："太宗尝言及山东、关中人，意有同异。"可见至唐初山东、关中对立依然存在。

[2]《隋书》卷1《高祖纪上》："（建德六年）从帝平齐，进位柱国。与宇文宪破齐任城王高湝于冀州，除定州总管。先是，定州城西门久闭不行。齐文宣帝时，或请开之，以便行路。帝不许，曰：'当有圣人来启之。'及高祖至而开焉，莫不惊异。"从所谓定州西门为杨坚而开之诡异传说，隐约可见山东地区对杨坚出任定州总管之欢欣鼓舞。

[3]《文馆词林》卷691《隋文帝令山东卅四州刺史举人敕》。

[4] 有关山东人士与太子勇之关系及在隋代之变迁，参见笔者《太子勇之废黜与隋唐间政局变迁》一文。

有所谓"白衣天子出东海"谣谶出现，并为李渊所利用。本节拟在前人研究成果基础上，参据相关史料，考论"白衣天子出东海"谣谶与佛教、与山东地域势力的关系及对李唐兴起的影响[1]。

《大唐创业起居注》卷1："军司以兵起甲子之日，又符谶尚白，请建武王所执白旗……帝曰：'诛纣之旗，牧野临时所仗，未入西郊，无容预执。宜兼以绛，杂半续之。'……开皇初，太原童谣云：'法律存，道德在，白旗天子出东海。'常亦云白衣天子……自尔已后，义兵日有千余集焉，二旬之间，众得数万。"[2]

李渊起兵时，有所谓"尚白"之"符谶"，此符谶即"白衣（白旗）天子出东海"谣谶。"白衣天子出东海"谣谶虽谓开皇初已出，应出于夸饰，且即使开皇初已出，亦未见流传更无发生影响的痕迹，而其为李渊起兵时利用则无疑。此谣谶所以能为李渊利用，在于其与佛教、与山东地域势力皆有关，本文先来考察其与佛教的关系。

北魏末年高欢信都建义时，有沙门灵远所造"齐当兴，东海出天子"谶言出现，《北史》卷89《艺术上·刘灵助附沙门灵远传》："神武待灵远以殊礼，问其天文人事。对曰：'齐当兴，东海出天子。今王据勃海，是齐地。又太白与月并，宜速用兵，迟则不吉。'"

此谶言深具佛教背景与山东地域背景、为高欢造势并为高欢所

---

[1] 唐长孺先生《白衣天子试释》（《燕京学报》1948年第35期，）一文对此谣谶有所考察，认为其与佛教有关，对本文撰写富有启发意义；此外，日本学者气贺泽保规《〈大唐创业起居注〉的性格特点》（收入《日本中青年学者论中国史·六朝隋唐卷》，上海古籍出版社1995年版）一文对此谣谶亦有讨论，认为其与道教有关，与唐先生看法及本文基本观点有异，下文将有所辨析。李锦绣从谣谶角度研究隋末唐初山东豪杰，对本文研究山东地域势力亦有参考价值，参见氏著：《论"李氏将兴"——隋末唐初山东豪杰研究之一》（《山西师大学报》1997年第4期）、《论"刘氏主吉"——隋末唐初山东豪杰研究之二》（《史林》2004年第5期）。此外，有从图谶、符瑞角度研究李渊创业者，参见李纲：《唐高祖创业与道教图谶》，《宗教学研究》1998年第3期；丁煌：《唐高祖太宗对符瑞的运用及其对道教的态度》，《汉唐道教论集》，中华书局2009年版。

[2]《大唐创业起居注》卷1，中华书局1985年版。

利用，前文已详加论述。今欲别有所论者，即其与隋末"白衣天子出东海"谣谶前后因袭模仿的痕迹。其一，魏末"齐当兴，东海出天子"谶言与隋末"白衣天子出东海"谣谶皆宣扬东海（即代指山东）出天子观念，文字表述除语序略有调整外后者全同前者。其二，后者的"白衣"亦是沿用前者的"太白与月并，宜速用兵"。天文术语有所谓"白衣会"，指太白（金星）与星犯或月（太阴）与星犯，所占之事大略为主昏政乱、兵起易政之类[1]，灵远言"太白与月并，宜速用兵"，李氏谣谶则冠以"白衣"，其意一致，同以为王者代兴之征。据此笔者认为，"白衣天子出东海"谣谶乃沿袭"齐当兴，东海出天子"谶言而来，仅文字表述略加修改而已；"齐当兴，东海出天子"谶言出自僧徒、具有佛教背景，则"白衣天子出东海"谣谶亦当与佛教有关。

自北魏末年以来，宣扬天子出山东的谣谶有四：北魏末的"齐当兴，东海出天子"与"永宁见灾，魏不宁矣；飞入东海，渤海应矣"，北周末的"儿当大贵，从东国来"，隋末的"白衣天子出东海"。前三则均佛徒所造、与佛教有关（具见前文所论），故推测

---

[1]《史记》卷27《天官书第五》"木星与土合为内乱饥"条正义引《星经》云："凡五星，木与土合为内乱，饥。与水合为变谋，更事。与火合为旱。与金合为白衣会也。"《汉书》卷26《天文志》："凡五星，岁与填合则为内乱，与辰合则为变谋而更事，与荧惑合则为饥，为旱，与太白合则为白衣之会。"《晋书》卷12《天文中》："日中乌见，主不明，为政乱，国有白衣会，将军出，旌旗举。……凡五星，木与土合，为内乱，饥。与水合，为变谋而更事。与火合，为饥，为旱。与金合，为白衣之会，合斗，国有内乱，野有破军……（土）与金合，为疾，为白衣会，为内兵，国亡地。"《魏书》卷105之3《天象三》："昴为白衣会，宫车晏驾之征也。……（和平）元年十月，太白入氐。占曰'兵起后宫，有白衣会'。……十一月，太白犯填。填，女君也，且曰有内兵、白衣会。"《隋书》卷20《天文中》："鳖十四星，在南斗南。鳖为水虫，归太阴。有星守之，白衣会。……日中乌见，主不明，为政乱，国有白衣会。……凡五星，木与土合，为内乱、饥。与水合，为变谋而更事。与火合，为饥，为旱。与金合，为白衣之会，合斗，国有内乱，野有破军……（土）与金合，为疾，为白衣会，为内兵，国亡地。"此类记载甚多，不一一列举。

"白衣天子出东海"谶言亦当与佛教有关。

所谓"白衣",除天文学的意义外,亦有佛教色彩,即白衣为弥勒教的服色,李渊"白衣天子"的谶言亦有取于此,此点唐长孺先生论之已详。[1]

此外,隋末又有"东海十八子"谣谶。《大唐创业起居注》卷3:"裴寂等又依光武长安同舍人强华奉赤伏符故事,乃奏神人太原慧化尼、蜀郡卫元嵩等歌谣诗谶。慧化尼歌词曰:'东海十八子,八井唤三军,手持双白雀,头上戴紫云。'"

慧化尼所谓"东海十八子"谣谶,亦以"东海"、"白雀","十八子"与"八井唤三军"用拆字之法隐指"李"与"渊",内容、形式与"白衣天子出东海"谣谶近似,而此明言系慧化尼所造,亦

---

[1] 唐长孺《白衣天子试释》:"白衣为弥勒教之服色,起原当在元魏之世。而白衣天子亦为弥勒教之谣谶。"《燕京学报》1948年第35期,第227—238页。柳存仁《唐代以前拜火教摩尼教在中国之遗痕》一文引述唐先生论断之同时又云:"而在历史上此时期之弥勒佛信仰,又与摩尼教纠缠不清。"收入氏著《和风堂文集》,上海古籍出版社1991年版,第495—554。柳氏也承认尚白与弥勒教之关联,至于弥勒佛与摩尼教关系,逸出本文关注范围,也非本人学力所能解决,故暂不予讨论。李渊进军途中又有自称霍太山神之"白衣野老"来诣,日本学者宫川尚志认为此"白衣野老"乃道教人物(宫川尚志研究见于氏著《六朝史研究》第七章第五节"唐室的创业和茅山派道教",笔者未见此书,转引自气贺泽保规:《〈大唐创业起居注〉的性格特点》)。气贺泽保规赞同宫川尚志观点,认为李渊起兵时尚白与道教有关,"白衣天子"谣谶有道教色彩而非佛教色彩。气贺泽保规:《〈大唐创业起居注〉的性格特点》,第212—243页。但是,气贺泽氏论证较为牵强,如其从白衣野老自谓霍太山神而定其为道教人物,进而据此推断"白衣天子"谣谶之言"白"亦具道教色彩,笔者则认为,在无其他证据支持情形下,并不能确定霍太山神究属于道教系统还是仅限于民间信仰范畴,而且退一步讲,即使霍太山神确实属于道教系统,也不能据此反推先出现的"白衣天子"谣谶也具有道教色彩;又如其认为与"白衣天子"谣谶有关联的慧化尼"东海十八子"谣谶与道教有关,根据是"慧化尼虽然名字带有佛教出家人特点,但是却冠以'神人'这一道教名称",此种推论甚为荒唐,盖"神人"之称,并非道教专擅,佛教中亦常有,其例极多,无须列举。而且,气贺泽氏忽略了"白衣天子"谣谶与北魏末沙门灵远所言"齐当兴,东海出天子"谣谶的因袭关系。总而言之,据现有材料,笔者认为唐先生的观点较为可取。

可佐证"白衣天子出东海"谣谶当与佛教关联。

至此,笔者基本能够确信"白衣天子出东海"谣谶与佛教有关,系佛徒所造。僧徒所以造作此谣谶为李渊起兵鼓吹,当与北魏末僧徒于动荡世局中造作"永宁见灾"谶言为佛教图存而努力相似。《续高僧传》卷15《义解篇十一·唐泽州清化寺释玄鉴传》:"隋运末龄,贼徒交乱,佛寺僧坊,并随灰烬,众侣分散,颠仆沟壑。"

可见隋末变乱中佛教大受冲击,佛寺被毁,僧众流离,佛教发展又面临危机。虽然隋室崇奉佛法,但此时隋室统治亦摇摇欲坠,所谓"覆巢之下,岂有完卵",僧徒亦只有投庇于新起之势力,而李渊即其合适人选。李渊出身显赫,为关陇集团核心家族"八柱国家"后人[1],隋末镇守重镇晋阳,结纳人士,声望颇着,而其人与僧徒又素有交往[2],故僧徒投靠李渊造作谣谶为其鼓吹自在情理中。《续高僧传》卷19《习禅篇四·唐并州义兴寺释智满传》:"大唐建义,四众归奔,乃率侣入城,就人弘道。初住晋阳真智寺,以化声广被,归宗如市。武皇别敕引劳,令止许公宅中,供事所须,并出义府。"

同书卷20《习禅篇五·唐汾州光严寺释志超传》:"高祖建义太原,四远咸萃。超惟道在生灵,义居乘福,即率侣晋阳,住凝定寺。"

李渊起兵之初,僧徒踊跃来归,即隋末僧徒投向李氏的显著例证。

可以说,隋末李渊起兵晋阳时加以利用的"白衣天子出东海"

---

[1]《周书》卷16卷末:"今之称门阀者,咸推八柱国家云。"《旧唐书》卷1《高祖纪》:"皇祖讳虎,后魏左仆射,封陇西郡公,与周文帝及太保李弼、大司马独孤信等以功参佐命,当时称为'八柱国家'。"

[2] 如《续高僧传》卷28《感通篇下·隋京师静觉寺释法周传》:"唐运初基,为僧景晖于仁寿坊置胜业寺,召周经始……初晖同诸僧侣住在长安,晚又变改常度,形同俗服,栖泊寺宇,不舍戒业,言语隐伏,时符谶记。高祖昔任岐州,登有前识,既承大宝,追忆往言,图像立庙,爰彰徽号。"

谣谶，与佛教深有关联，系僧徒沿袭北魏末年"齐当兴，东海出天子"谶言并稍加改造而来；僧徒所以造作此谣谶为李渊起兵鼓吹，乃出于乱世图存的需要。

李渊本系关陇勋贵，其隋末起兵则在山东的晋阳，故其刻意利用从山东地区旧所流传的谶言改造而来、宣扬天子出山东的"白衣天子出东海"谣谶，以凝聚山东的人心，招引山东地域势力参与其反隋大业。李渊利用"白衣天子出东海"谣谶的举措获得相当成效，在李渊代隋建唐过程中，山东人士起到极其重要的作用。

李渊晋阳起兵之主力，即山东人士。《旧唐书》卷57《刘文静传》："文静初为纳言时，有诏以太原元谋立功，尚书令、秦王某，尚书左仆射裴寂及文静，特恕二死。左骁卫大将军长孙顺德、右骁卫大将军刘弘基、右屯卫大将军窦琮、左翊卫大将军柴绍、内史侍郎唐俭、吏部侍郎殷开山、鸿胪卿刘世龙、卫尉少卿刘政会、都水监赵文恪、库部郎中武士彟、骠骑将军张平高李思行李高迁、左屯卫府长史许世绪等十四人，约免一死。"

除太宗以外，唐初恕死的太原元谋十七人，皆晋阳起兵的骨干，其中九人为山东人士。《旧唐书》卷57《裴寂传》："裴寂字玄真，蒲州桑泉人也……大业中，历侍御史、驾部承务郎、晋阳宫副监。高祖留守太原，与寂有旧，时加亲礼……大将军府建，以寂为长史。"

同书卷58《长孙顺德传》："顺德仕隋右勋卫，避辽东之役，逃匿于太原，深为高祖、太宗所亲委……太宗外以讨贼为名，因令顺德与刘弘基等召募，旬月之间，众至万余人……义兵起，拜统军。"长孙顺德，河南洛阳人。

同卷《唐俭传》："唐俭字茂约，并州晋阳人，北齐尚书左仆射邕之孙也。父鉴……初，鉴与高祖有旧，同领禁卫。高祖在太原留守，俭与太宗周密，俭尝从容说太宗以隋室昏乱，天下可图……及开大将军府,授俭记室参军。"

同书卷57《刘世龙传》:"刘世龙者,并州晋阳人。大业末,为晋阳乡长。高祖镇太原,裴寂数荐之,由是甚见接待……义兵将起,(王)威与(高)君雅内怀疑贰,世龙辄探得其情,以白高祖。"

同书卷58《刘政会传》:"刘政会,滑州胙城人也……隋大业中为太原鹰扬府司马。高祖为太原留守,政会率兵隶于麾下……(太宗)遣政会为急变之书,诣留守告(王)威等二人谋反……既拘威等,竟得举兵,政会之功也。"

同书卷57《赵文恪传》:"赵文恪者,并州太原人也。隋末,为鹰扬府司马。义师之举,授右三统军。"

同书卷58《武士彠传》:"武士彠,并州文水人也……高祖初行军于汾、晋,休止其家,因蒙顾接,及为太原留守,引为行军司铠……义旗起,以士彠为大将军府铠曹。"

同书卷57《李思行传》:"李思行,赵州人也。尝避仇太原。高祖将举义兵,令赴京城观觇动静,及还,具论机变,深称旨,授左三统军。"

同卷《许世绪传》:"许世绪者,并州人也。大业末,为鹰扬府司马。见隋祚将亡,言于高祖曰:'天道辅德,人事与能,蹈机不发,必贻后悔。今隋政不纲,天下鼎沸,公姓当图箓,名应歌谣,握五郡之兵,当四战之地。若遂无他计,当败不旋踵。未若首建义旗,为天下唱,此帝王业也。'……义兵起,授右一府司马。"

九人以外,其他参与晋阳起兵及从李渊入关之山东人亦为数众多,可考者有赵州李孟尝、洛州元仲文、并州太原秦行师(《旧唐书》卷57《刘文静传》)、并州太原庞卿恽(《旧唐书》卷57《庞卿恽传》)、许世绪弟洛仁(《旧唐书》卷57《许世绪传》)、唐俭弟宪(《新唐书》卷89《唐俭附弟宪传》)、武士彠兄士棱(《旧唐书》卷

58《武士彠传》)、太原祁县温大雅与温大有兄弟(《旧唐书》卷61《温大雅传》)、晋州临汾柴绍(《旧唐书》卷58《柴绍传》)、荥阳郑元璹(《旧唐书》卷62《郑元璹传》)、齐州临淄段偃师段志玄父子(《旧唐书》卷68《段志玄传》)、幽州范阳卢赤松(《旧唐书》卷81《卢承庆传》)等。

隋末山东人之在关中者，亦积极准备应接李渊。《旧唐书》卷60《宗室·淮安王神通传》："神通潜入鄠县山南，与京师大侠史万宝、河东裴绩柳崇礼等举兵以应义师，遣使与司竹贼帅何潘仁连结。潘仁奉平阳公主而至，神通与之合势，进下鄠县，众逾一万。自称关中道行军总管，以史万宝为副，裴绩为长史，柳崇礼为司马。"

同书卷73《薛收传》："薛收字伯褒，蒲州汾阴人，隋内史侍郎道衡子也……以父在隋非命，乃洁志不仕……义旗起，遁于首阳山，将协义举。"

裴绩、柳崇礼、薛收皆山东人。

上举府僚将吏以外，李渊所部军卒，也以山东人为主。太原虽为北边重镇，但配兵甚少，李渊所领，不过数千[1]，《大唐创业起居注》卷1："诏帝率太原部兵马，与马邑郡守王仁恭，北备边朔……帝与王仁恭两军兵马不越五千余人……（历山飞作乱）帝率王威等及河东、太原兵马往讨之……帝时所统步骑才五六千而已……（突厥来寇）城内兵数无几。"

自李渊起兵至入长安，短短数月间，军队乃迅速扩大，《旧唐书》卷1《高祖纪》："(大业十三年七月)癸丑，发自太原，有兵三万……冬十月辛巳，至长乐宫，有众二十万。"

---

[1]《新唐书》卷88《刘文静传》(《旧唐书》卷57《刘文静传》略同)载，刘文静说高祖起兵时称"公府兵数万"，按自太原发引时尚只有众三万，且多为招募所得，此云"府兵数万"殆为虚辞。

《新唐书》卷50《兵志》："发自太原，有兵三万人。及诸起义以相属与降群盗，得兵二十万。"

兵众的增加，来源大致有三：陆续加入义师者，归附的群盗，沿途所陷诸郡降卒。李渊以太原留守的身份，尚只领兵数千，诸郡所领自必更少，所以隋军降卒人数不会太多[1]，前二者当为主要来源，《新唐书》只提及"诸起义以相属与降群盗"即可为证。从起义者与群盗中，虽有部分为入关后归附（自然多为关中人）[2]，大部则为太原及沿途收纳的山东人。[3]《大唐创业起居注》卷1："仍命皇太子于河东潜结英俊，秦王于晋阳密招豪右，太子及王俱禀圣略，倾财赈施，卑身下士，逮乎鬻缯博徒监门厮养，一技可称一艺可取，与之抗礼，未尝云倦，故得士庶之心，无不至者……太原左近闻帝部分募兵备边，所在影赴，旬日之顷，少长得数千人……帝甚得太原内外人心……义兵日有千余集焉，二旬之间，众得数万……（遣大郎、二郎往取西河）既见义军宽容，至此咸思奔赴……（义师至西河）当土豪隽，以资除授各有差……尝一日注授千许人官。"

同书卷2："（破宋老生于霍邑后）未归附者，无问乡村堡坞贤愚贵贱，咸遣书招慰之，无有不至……至于逸民道士，亦请效力……（八月）己亥，进营停于壶口，分遣诸军问津。水滨之人，具舟争进，日有数百，仍署水军焉。"

---

[1] 隋卒降附之例，如《大唐创业起居注》卷2："（破宋老生于霍邑后）帝引霍邑城内文武长幼，见而劳之……其丁壮胜兵者即遣从军，配左右领军大都督，还取其同色同党自相统处之。"

[2] 关中人归附之例，如《大唐创业起居注》卷2："三秦士庶，衣冠子弟，郡县长吏，豪族弟兄，老幼相携，来者如市。"关中群盗来附之例，如："旬日间，京兆诸贼四面而至，相继归义，罔有所遗。"

[3] 《大唐创业起居注》卷2："文武将佐等已下定河北，众余十数万，今欲入关，请兼置公府。"

《旧唐书》卷1《高祖纪》："高祖乃命太宗与刘文静及门下客长孙顺德、刘弘基各募兵，旬日间众且一万。"

同书卷57《刘文静传》："文静曰：'今太原百姓避盗贼者，皆入此城。文静为令数年，知其豪杰，一朝啸集，可得十万人。'（《新唐书》卷88《刘文静传》略同，唯改'太原百姓避盗贼者'为'汾、晋避盗者'，可能更近事实。）"

同书卷50《刑法志》："高祖初起义师于太原，即布宽大之令。百姓苦隋苛政，竞来归附。"

同书卷68《段志玄传》："志玄从父在太原，甚为太宗所接待。义兵起，志玄募得千余人。"

《隋书》卷43《杨子崇传》："子崇退归离石。所将左右，既闻太原有兵起，不复入城，遂各叛去。"

以上为山东人踊跃从军的大致情形。再看群盗的归附。《大唐创业起居注》卷1："时有贼帅王漫天别党，众余数万，自号历山飞，结营于太原之南境……帝率王威等及河东太原兵马往讨之……（大破之）余贼党老幼男女数万人，并来降附。……（突厥来寇）仍遣首贼帅王康达率其所部千余人，与志节府鹰扬郎将杨毛等，潜往北门隐处设伏。"

同书卷3载隋恭帝册高祖相国文："汾晋地险，逋逃攸聚，山藏川量，负罪稽诛，类马腾之乞活，同严尤之尽赦。王怀柔伏叛，杖信示威，交臂屈膝，申其向化。"

从以上论列可见，山东人士在李渊晋阳起兵中扮演了关键角色，一方面参与起义之功臣多山东人，另一方面义师主体亦为山东人。

李渊以"白衣天子出东海"谣谶招引山东人士，山东人士亦多有归附，成为李氏晋阳起兵的主力与代隋建唐的基础，由此可见

"白衣天子出东海"谣谶对于李唐的兴起的影响。当然，并非谓此谣谶乃李渊取得山东人士支持的唯一因素或最重要因素，亦并非谓山东人士的归于李氏均受到此谣谶影响，但是，从李渊重视此谣谶及山东人士积极归附来看，"白衣天子出东海"谣谶无疑成为联结李渊与山东地域势力的重要纽带。[1]

四、小结

自北魏末年以来，高欢、杨坚、李渊分别于北魏末、北周末及隋末崛起之时，有所谓"东海出天子"谶言或与的同类的谶言出现，此类谶言均与佛教、与山东地域势力有关，分别对高欢、杨坚、李渊的成功取得政权有着不可忽视的影响。

北魏末沙门灵远所言、宣扬王者出东方的"齐当兴，东海出天子"谶言，其源流上及西晋末，下及隋末，深具山东地域背景与佛教背景，自西晋末现雏形后直至隋末，皆与山东地域势力变迁、佛教发展及皇权嬗替密切相关。僧徒造作"东海出天子"谶言，与山

---

[1] 隋末山东地域势力除随李渊起兵者外，尚有另一股重要力量，即陈寅恪先生所谓"山东豪杰"，于隋唐间局势有莫大的影响。隋末大乱，山东豪杰所在蜂起，并逐渐主要凝聚在李密、窦建德周围，成为河南北两大势力。李密、窦建德所领导的山东豪杰，虽与李渊父子逐鹿，均谋代隋而立，但并未发生太大的正面冲突，且二者之活动于李唐甚有帮助：李密长围洛阳，适为李渊"拒东都之兵，守成皋之阨"（《大唐创业起居注》卷2）；李密、窦建德阻断大河南北，炀帝久顿江都不谋归计，当与此有关，后宇文化及弑逆后率思归之关中部众，仍为李密、窦建德所阻，李渊得以在关中从容经略，所谓"阻东都而断隋归路，使唐公不战而据京师"（《旧唐书》卷53《李密传》）。随李密、窦建德等的失败，山东豪杰纷纷效力于唐，唐初平乱征讨的骁将如徐勣、秦琼、程知节等即其中。可以说，山东豪杰初虽自成一系，不预于晋阳起兵，但其反隋可谓唐室的先驱与翼助，归唐后又为平乱的功臣，于李唐之兴亦有汗马之劳，故附记于此。有关山东豪杰的研究，参见陈寅恪：《论隋末唐初所谓"山东豪杰"》；李锦绣：《论"李氏将兴"——隋末唐初山东豪杰研究之一》、《论"刘氏主吉"——隋末唐初山东豪杰研究之二》。

东佛教发展及魏末僧徒投靠高欢的政治抉择有关，其鼓吹东海出天子为高欢招揽山东豪强提供了强大舆论支持，鼓吹齐将兴的观念则在魏末深入人心并成为高氏受魏禅的天命依据。

杨坚代周之前，有佛徒所造的"儿当大贵，从东国来"谶言出现，此谶言宣扬杨坚将自山东而兴及与佛法当由杨坚而复，与佛教及山东地域势力皆有关联，可视为北魏末"齐当兴，东海出天子"谶言的同类。"儿当大贵，从东国来"谶言为杨坚受周禅制造天命依据，表明北周平齐、灭佛之后，僧徒选择投靠北周末期执掌政权并深具佛教信仰的杨坚；此谶言亦表明山东地域势力对杨坚的好感，成为周隋禅代之际二者互相支持与利用的桥梁。

隋末李渊晋阳起兵之际，有所谓"白衣天子出东海"谣谶出现，此谶言当为北魏末"齐当兴，东海出天子"的变种，且与"永宁见灾"谶言、北周末"儿当大贵，从东国来"谶言性质相近，亦与佛教及山东势力皆有关联。"白衣天子出东海"谣谶系僧徒所造，僧徒所以造作谣谶为李渊鼓吹，乃出于乱世图存的需要；此谣谶乃联系李渊与山东地域势力的重要纽带，对于李渊招纳山东人士起到重要作用，李唐之兴起与之有关。

北朝时期，山东佛法兴盛，山东佛教亦可视为山东地域势力的成分，故北魏以来"齐当兴，东海出天子"、"永宁见灾"、"儿当大贵，从东国来"及"白衣天子出东海"等性质相近、同为僧徒所造作的谣谶，均鼓吹天子出山东，因此亦与山东地域势力紧密相关。可以说，北魏末以来以"东海出天子"谶言为中心、鼓吹天子出东方的系列谣谶，集中反映出北朝皇权嬗替中的宗教与地域因素。

拓跋鲜卑政治发展的地理空间[*]

毋有江（武汉大学历史学院）

关于拓跋鲜卑部建魏之前的地域发展过程，最为重要的文献材料毫无疑问当属《魏书·序纪》。《序纪》源自北魏早期邓渊所作《代记》，而《代记》应是邓渊根据对拓跋部史诗《真人代歌》辑集、译释、解读、整理而成的著作。[1]《序纪》包含有丰富的拓跋部社会发展与地域转移的真实信息，其内容已经在一定程度上为考古学工作与现代遗传学研究所确认。[2]北魏之前拓跋部及其活动地域的情况，历史学界多有研究和论述，但看法也有不一致

---

[*] 本文为国家社会科学基金青年项目"北魏政治地理研究"（批准号：09CZS002）阶段成果。
[1] 田余庆：《〈代歌〉、〈代记〉和北魏国史——国史之狱的史学史考察》，《拓跋史探》，生活·读书·新知三联书店2003年第1版，第217—243页。
[2] 参见宿白：《东北、内蒙古地区的鲜卑遗迹——鲜卑遗迹辑录之一》，《文物》1977年第5期；《盛乐、平城一带的拓跋鲜卑—北魏遗迹——鲜卑遗迹辑录之二》，《文物》1977年第11期。1980年米文平等人在内蒙古鄂伦春自治旗嘎仙洞发现拓跋部先祖旧墟石室，首先确证了《魏书·礼志》中北魏太武帝天平真君年间官员在石室中举行祭奠的记载，也进一步印证了《魏书·序记》，对宿白之前根据考古学资料所做的推断亦是一个重要补充。这一重要发现经过及相关研究后收入米文平论文集：《鲜卑史研究》，中州古籍出版社1994年版。另依据考古学家提供样本所做的现代遗传学研究，也倾向于认证《魏书·序记》的说法。参见于长春、谢力、张小雷、周慧、朱泓：《拓跋鲜卑与四个北方少数民族间亲缘关系的遗传学分析》，《东北师范大学学报（自然科学版）》，2007年第4期；《拓跋鲜卑和匈奴之间亲缘关系的遗传学分析》，《遗传》2007年第10期。

之处。[1] 这里结合前人相关研究，对北魏之前拓跋部的活动地域进行考察，探究后来形塑北魏王朝最初地域的空间结构及其互动机制，为理解北魏国家提供历史政治地理方面的思路。这一时期拓跋部及其所领导的部落结合体具体的政治组织形态，学界讨论甚多，但依据材料究属有限，限于个人学力，本文不做讨论。在文中，为契合所据文献材料的表述习惯，对拓跋鲜卑本部与由拓跋鲜卑支配下不同部族构成的政治实体没有加以刻意的区分，除非有特别说明，概以"拓跋鲜卑"、"拓跋部"来称呼。

一、试释"匈奴之故地"

《魏书·序纪》："圣武皇帝讳诘汾。献帝命南移，山谷高深，九难八阻，于是欲止。有神兽，其形似马，其声类牛，先行导引，历年乃出。始居匈奴之故地。"匈奴曾经在蒙古高原建立起自己的游牧

---

[1] 这方面有代表性的研究论著如马长寿：《乌桓与鲜卑》，广西师范大学出版社 2006 年版，第 221—297 页；唐长孺：《拓跋国家的建立及其封建化》，《魏晋南北朝史论丛（外一种）》，河北教育出版社 2006 年版，第 185—238 页；黄烈：《中国古代民族史研究》，人民出版社 1987 年版，第 272—307 页；曹永年：《早期拓跋鲜卑的社会状况和国家的建立》，《历史研究》1987 年第 5 期；康乐：《从草原游牧封建制到家产制》、《"帝室十姓"与"国人"》、《拓跋魏的国家基础》、《从西郊到南郊：国家祭典与北魏政治》，稻禾出版社 1995 年版，第 1—109 页；何德章：《鲜卑代国的成长与拓跋鲜卑初期汉化》，《武汉大学学报（人文科学版）》2001 年第 1 期；张继昊：《北魏王朝创建历史中的勋臣贺氏——北魏建国时期重要氏族研究之一》、《北魏王朝创建历史中的白部和氐——北魏建国时期重要氏族研究之二》、《北魏王朝创建历史中的匈奴刘氏——北魏建国时期重要氏族研究之一》，分见《空大人文学报》第 5、6、7 期；田余庆：《拓跋史探》，生活·读书·新知三联书店 2003 年版；姚大力：《论拓跋鲜卑部的早期历史》，《北方民族史十论》，广西师范大学出版社 2007 年版，第 1—17 页；安介生：《试论拓跋鲜卑的早期迁徙问题》，《历史地理与山西地方史新探》，山西人民出版社 2008 年版，第 68—81 页；罗新：《论拓跋鲜卑之得名》，《中古北族名号研究》，北京大学出版社 2009 年版，第 49—79 页。学术界更详细的研究概况可参见倪润安：《拓跋起源问题研究述评》，《文物春秋》2011 年第 1 期；梁云：《早期拓跋鲜卑研究回顾》，《内蒙古大学学报（哲学社会科学版）》2012 年第 1 期。

帝国，地域辽阔。拓跋部后来活动所及的漠南草原地区，包括古阴山山脉（即今乌拉前山—大青山山系）沿长城一线，河套及其以南的鄂尔多斯高原，以及今河北省张家口北部的坝上高原一带，都是"匈奴之故地"。[1] 诘汾和之后力微所居的"匈奴故地"，具体在哪里呢？

阴山山脉是今天中国一条重要的自然界线，南北两侧在水文、地貌方面的差异比较显著。山南为外流区，属黄河、海河水系，流水侵蚀为主，以海平面为侵蚀基准面，河流溯源侵蚀与分割作用比较强烈，沟谷深切，地面比较破碎，在砂质黄土覆盖区，沟壑纵横，水土流失严重。山北为内流区，河流稀少，水量小，各个内陆洼地都有它自己的侵蚀基准。侵蚀基准面的升高，削弱了侵蚀作用，所以沟谷浅缓，地面平坦而较完整。地貌外营力以风蚀为主，机械风化强烈，风蚀、风积作用明显，分布着大面积沙丘和盐沼，植被明显稀疏。阴山南北两侧在景观和农业生产上也有显著差异。山南年均温5.6～7.9度，山北为0～4度；山南≥10度，积温为3000～3280度，山北为900～2500度；山南无霜期130～160天，山北为95～110天；山南风小而少，年平均风速2米/秒，山北风大而多，年平均风速4～6米/秒；年降水量东经110°以东，南北

---

[1] 唐晓峰认为，战国秦汉时期，匈奴巢穴多据山地，匈奴善于山地作战，山地物资是匈奴社会生活不可或缺的组成部分，而在与匈奴有关的山地中，被认为匈奴本体起源地的阴山可能是最重要的。参见唐晓峰：《山地对于匈奴的重要意义》，北京大学历史地理研究中心编：《侯仁之师九十寿辰纪念文集》，学苑出版社2003年版，第187—198页。辛德勇认为，匈奴活动的古阴山山脉，指的是今天的乌拉前山—大青山山系，参见辛德勇：《阴山高阙与阳山高阙辨析》，《秦汉政区与边界地理研究》，中华书局2009年版，第181—255页。唐晓峰据此进一步指出，古阴山山脉乌拉山以西的河套地区，应该属于战国赵长城修筑之后的塞外，是匈奴活动的地域，与乌拉山以东在人文地理上应分属于不同的区域。参见唐晓峰：《河套乌拉山在战国时期的人文地理意义》，武汉大学历史地理研究所编：《石泉先生九十诞辰纪念文集》，湖北人民出版社2007年版，第316—330页。从文本的时代性角度考虑，匈奴曾经活跃过的大漠、阴山南北在《魏书》里恐怕均可称为"匈奴之故地"。

相差 70～100 毫米；东经 110 度以西，因位于干旱区，年降水量都很小，南北相差 25 毫米左右。因而在农业生产上山南为农业区，山北为牧业区，山区则为农牧林交错地区。[1]阴山为一不对称的断块山，北坡平缓，逐渐倾没于高原之中；南坡陡峭，以巨大的东西向断层与河套平原截然分开。阴山山地间有许多山间盆地。在山间盆地中，地下潜水丰富，埋藏较浅（2～5 米），水质良好，便于人畜饮用和灌溉。[2]《魏书·序纪》："初，圣武帝尝率数万骑田于山泽，"从阴山一带的自然条件来看，圣武皇帝诘汾当已带领拓跋部南移至阴山山地一带。但是阴山山脉东西绵延数千里，诘汾驻牧之地还需进一步考索。

《序纪》又云："始祖神元皇帝讳力微立。生而英睿。元年（220），岁在庚子。先是，西部内侵，国民离散，依于没鹿回部大人窦宾。始祖有雄杰之度，时人莫测。后与宾攻西部，军败，失马步走。始祖使人以所乘骏马给之。宾归，令其部内求与马之人，当加重赏，始祖隐而不言。久之，宾乃知，大惊，将分国之半以奉始祖。始祖不受，乃进其爱女。宾犹思报恩，固问所欲。始祖请率所部北居长川，宾乃敬从。积十数岁，德化大洽，诸旧部民，咸来归附。二十九年（248），宾临终，戒其二子，使谨奉始祖。其子不从，乃阴谋为逆。始祖召杀之，尽并其众，诸部大人，悉皆款服，控弦上马二十余万。"这是一段拓跋部政治发展的重要材料。拓跋部在诘汾末期遭受"西部内侵，国民离散"，力微与部落成员一度转而投靠没鹿回部的首领窦宾，后在窦宾支持下北居长川。长川，《水经注》卷13《㶟水注》："㶟水又东，左得于延水口，水出塞外柔玄镇西长川

---

[1] 孙金铸：《阴山山地地貌及其地理意义》，《内蒙古地理文集》，内蒙古大学出版社 2003 年版，第 41—45 页。
[2] 任美锷、包浩生主编：《中国自然区域与开发整治》第 9 章，科学出版社 1992 年版，第 378 页。

城南小山。"于延水即今东洋河，东洋河源出内蒙古兴和县东北部山丘，在兴和县一段的干流又叫后河。《中国文物地图集·内蒙古自治区分册》（上）《兴和县文物图》在后河东北标注有叭沟墓群。叭沟墓群在兴和县民族团结乡叭沟村，位于与河北省尚义县交界的大青山西坡，面积约1万平方米，墓葬年代为北魏，属鲜卑文化遗存。[1]又根据《内蒙古自治区地图集》，叭沟东北的大青山内有"北魏魔崖石硅（当作摩崖石碑）"古遗迹。[2]大青山即东汉时檀石槐"立庭于弹汗山歠仇水上"的"弹汗山"，是很早就有鲜卑活动的地方。又《魏书》卷3《太宗纪》明元帝泰常八年（423）"二月戊辰，筑长城于长川之南，起自赤城，西至五原，延袤二千余里，备置戍卫"[3]。结合上述材料，笔者认为长川可能就在今兴和县民族团结乡一带。民族团结乡今有公路自东通往河北省尚义县县治，尚义县再往东就是张北高原，而张北高原正是后来拓跋禄官一部驻牧的地方。

没鹿回部，《魏书》卷113《官氏志》："次南有纥豆陵氏，后改为窦氏。"《周书》卷30《窦炽传》："窦炽字光成，扶风平陵人也。汉大鸿胪章十一世孙。章子统，灵帝时，为雁门太守，避窦武之难，亡奔匈奴，遂为部落大人。后魏南徙，子孙因家于代，赐姓纥豆陵氏。累世仕魏，皆至大官。"《新唐书》卷67《宰相世系表一下》云："（窦）统字敬道，雁门太守，以窦武之难，亡入鲜卑拓拔部，使居

---

[1]《中国文物地图集·内蒙古自治区分册》（上）之《兴和县文物图》，西安地图出版社2003年第1版，第252—253页；《中国文物地图集·内蒙古自治区分册》（下），第561页。

[2] 内蒙古自治区地图制印院编著：《内蒙古自治区地图集》之《兴和县》，中国地图出版社2007年第1版，第216—217页。

[3] 在叭沟墓群西北，《中国文物地图集·内蒙古自治区分册》所标战国赵北长城的内侧，兴和县民族团结乡治所黄土村西南2.5公里有五号村遗址，常谦以为即北魏长川城所在（他称为土城子遗址），见常谦：《北魏长川古城遗址考略》，《内蒙古文物考古》1998年第1期。笔者认为力微居长川时拓跋部尚处于游牧状态，"长川"与"长川城"有关联，但所指并非完全相同。

南境代郡平城，以间窥中国，号没鹿回部落大人。后得匈奴旧境，又徙居之。生宾，字力延，袭部落大人。二子：异、他。他字建侯，亦袭部落大人，为后魏神元皇帝所杀，并其部落。他生勤，字羽德。穆帝复使领旧部落，命为纥豆陵氏。晋册穆帝为代王，亦封勤忠义侯，徙居五原。生子真，字玄道，率众入魏，为征西大将军。"抛开《窦炽传》与《宰相世系表》中的伪托部分，可知纥豆陵部的前身即为没鹿回部，窦宾时居于"匈奴旧境"，神元皇帝力微时拓跋部并其部落，穆帝猗卢时该部始称纥豆陵氏，西晋册封猗卢为代王后徙居五原。按《魏书》又记有纥突邻部。《魏书》卷2《太祖纪》："（登国）五年（390）春三月甲申，帝西征。次鹿浑海，袭高车袁纥部，大破之，虏获生口、马牛羊二十余万。慕容垂遣子贺驎率众来会。夏四月丙寅，行幸意辛山，与贺驎讨贺兰、纥突邻、纥奚诸部落，大破之。六月，还幸牛川。卫辰遣子直力鞮寇贺兰部，围之。贺讷等请降，告困。秋七月丙子，帝引兵救之，至羊山，直力鞮退走。八月，还幸牛川。遣秦王觚使于慕容垂。九月壬申，讨叱奴部于襄曲河，大破之。冬十月，迁云中，讨高车豆陈部于狼山，破之。十有一月，纥奚部大人库寒举部内属。十有二月，纥突邻大人屈地鞮举部内属。帝还次白漠。"《中国历史地图集》第四册《柔然等部》图将鹿浑海标在今蒙古国鄂尔浑河上游一带，将意辛山标注在内蒙古四子王旗西北面中蒙边境的哈德廷敖包一带。牛川是一个很重要的路线参照点，虽然现在很难完全指实，但正如前田正名所说，可能是位于白道岭与地当盛乐与平城交通要冲的善无（今山西省右玉县）之间的一条河流。在今内蒙古凉城县附近。[1] 羊山、襄曲河地点不明。但已

---

[1]〔日〕前田正名著，李凭、孙耀、孙蕾译：《平城历史地理学研究》，书目文献出版社1994年版，第121—126页。

经可以看出，纥突邻部活动在阴山以北的乌兰察布高原一带。姚薇元与陈连庆均认为纥突邻部即纥豆陵部，属于高车部落。[1] 沿乌兰察布高原东南行，相继可达力微曾经居住的长川一带、禄官曾经驻牧的张北高原一带。但《序纪》说力微是"北居长川"，如没鹿回部即纥突邻部，方位不合。除非《序纪》所记方位可以作别的解释，否则很难理解这些材料之间的关系。这里需要留意阿尔丁夫的相关研究。阿尔丁夫认为，在中国北方民族、上古中原民族，甚至欧亚大陆的其他民族发展的早期，曾经流行过以依据面向日出方向者的体位确定四方的方式及由这种方式确定的四方概念。与"依据太阳运行的轨迹"或"太阳在一昼夜间的不同位置"相对应，具体而言又有两种类型，一种是以前胸（日出方向）为前，后背（日落方向）为后，右手（日中方向）为右，左手（日没方向）为左；另一种是以前胸（日出方向）为南，后背（日落方向）为北，右手（日中方向）为西，左手（日没方向）为东。后一种方式与我们今天通行的方位概念东西南北不合，但它可以解释一些历史文献（包括《魏书》里的一些材料）以及文化人类学、民族学材料里面的方位说法。[2] 如果阿尔丁夫的说法可以成立，没鹿回部可能曾驻牧在张北高原一带，那里有丰美的牧场，在战国、秦汉时代亦属于"匈奴旧境"。力微吞并没鹿回部之后，张北高原转而成为拓跋部的驻牧地。这与力微之前"北居长川"（其实是自张北高原向西到长川），后来禄官以拓跋

---

[1] 姚薇元：《北朝胡姓考》，第175—180页。陈连庆：《中国古代少数民族姓氏研究》，吉林文史出版社1993年第1版，第123页。

[2] 阿尔丁夫：《匈奴史研究暨其他》，中国社会科学出版社2012年第1版，第131—189页。另见阿尔丁夫：《日出、日落方向并非从来就被称作东方、西方——从北方民族方位观念发生、发展和演变谈起》，《内蒙古师范大学学报（哲学社会科学版）》2001年第5期；《浅谈北方民族空间方位观念的发生、发展和演变——古代蒙古文化史上方位问题之我见》，《中央民族大学学报（哲学社会科学版）》2002年第1期。

大宗驻牧在张北高原相合。[1] 诘汾南迁后可能驻牧在今天乌兰察布高原东侧的阴山山地一带，与没鹿回部相邻。

二、试析"定襄之盛乐"

《魏书·序纪》："（力微）三十九年（258），迁于定襄之盛乐。夏四月，祭天，诸部君长皆来助祭，唯白部大人观望不至，于是征而戮之，远近肃然，莫不震慑。……于是与魏和亲。四十二年（261），遣子文帝如魏，且观风土。魏景元二年也。"盛乐即今内蒙古和林格尔县盛乐镇土城子遗址。从盛乐镇东行，今有路可达内蒙古凉城县，而在《魏书》里多次出现的牛川，如上所说，很可能就在凉城县。凉城继续往东经内蒙古丰镇市或丰镇北面的察哈尔右翼前旗，可达力微曾经驻牧过的长川，即今兴和县民族团结乡一带。这条路线在明长城和阴山山地之间。如前所述，阴山山地间有许多山间盆地，地下潜水丰富，埋藏较浅，水质良好。从今天地图上还可以看到沿这条线有不少湖泊，便于过往的人畜饮用[2]，这条路线可能早在拓跋部经行之前就已经被开辟利用。力微当是沿着这条路线迁到了"定襄之盛乐"，并从此开始与中原王朝发生关系。力微在258年迁居盛乐，自此直到北魏天兴元年（398年）道武帝迁都平城，

---

[1] 不过毕竟《序纪》源自早期拓跋部口耳相传的材料，不论对北魏早期的邓渊来讲，还是对今天的研究者来讲，在译释、解读、整理材料的过程中都难免会出现文化上的误读。尽管还可以找出一些材料佐证阿尔丁夫的结论，但《序纪》里面也有很多与今天方位观念相合，而与阿尔丁夫的解释不一致的地方。拓跋部和北魏史料中有不少室碍难通之处，这也是笔者在解释时应当有所保留的地方。

[2] 这条路线处于孙金铸所说的察哈尔湖区一带。察哈尔湖区东起赛行坝和大马群山，西以凉城山地与土默特平原相接，北部以羊群庙至温都尔庙一线与乌兰锡林湖区分界，共约有160个湖泊，分布比较普遍。参见孙金铸：《内蒙古高原的湖泊》，《内蒙古地理文集》，第64页。

拓跋部的经营重心才再次发生大规模的地域转移。[1] 如上所述，拓跋部与中原王朝的交往始于力微，力微在《序纪》里被尊为"始祖"。一百二十多年后的"登国元年（386）春正月戊申，（道武）帝即代王位，郊天，建元，大会于牛川。……二月，幸定襄之盛乐。息众课农。……夏四月，改称魏王"[2]，从此开始北魏的历史。可以说，盛乐不论对拓跋部本身的发展，还是对后来北魏王朝的肇建，都是一个至关重要的地方。[3]

在拓跋部政治发展过程中，曾经有过两个主导南迁的部落首领"推寅"。根据《魏书·序纪》："宣皇帝讳推寅立。南迁大泽，方千余里，厥土昏冥沮洳。谋更南徙，未行而崩。"这个大泽一般认为就在今内蒙古呼伦湖一带。到了"献皇帝讳邻立。时有神人言于国曰：'此土荒遐，未足以建都邑，宜复徙居。'帝时年衰老，乃以位授子。圣武皇帝讳诘汾。献帝命南移，山谷高深，九难八阻，于是欲止。有神兽，其形似马，其声类牛，先行导引，历年乃出。始居匈奴之故地。其迁徙策略，多出宣、献二帝，故人并号曰'推寅'，盖俗云'钻研'之义。"过去有学者把《序纪》里提到的献皇帝邻所号的"推寅"与檀石槐部落联盟时期的西部大人日律推演联系起来，据此认为拓跋部早在东汉桓帝时就已经迁到了蒙古高原的西北部，

---

[1] 据《魏书》卷2《太祖纪》：天兴元年（398）"秋七月，迁都平城，始营宫室，建宗庙，立社稷。……八月，诏有司正封畿，制郊甸，端径术，标道里，平五权，较五量，定五度"。但《水经注》卷13《㶟水注》："（㶟水）迳平城县故城南……魏天兴二年（399），迁都于此。"似乎与《太祖纪》有矛盾。可能《水经注》这里的"二"是"元"的残字；如果《水经注》记载无误，也可能迁都是一个需要较长时间经营和准备的过程，即便确定在平城一带建都，具体地点的选定也会有一个过程。

[2]《魏书》卷2《太祖纪》。

[3] 包文胜结合前人研究，对盛乐时期拓跋鲜卑部的发展状况进行了历史学的梳理。参看包文胜：《盛乐时期拓跋鲜卑历史初探》，内蒙古大学硕士学位论文，2005年。

并在圣武皇帝诘汾时南迁到了汉五原郡一带。[1] 但这正如罗新所说，推演或推寅不过是一种常常作为北族官号使用的美称，檀石槐时期的日律推演和拓跋历史上的两个推寅之间不一定存在相关性。[2] 从《序纪》文本里提示的时空逻辑来说，力微当是沿长川—牛川—盛乐一线，即今日兴和（长川）—丰镇—凉城（牛川）—和林格尔（盛乐）一线或兴和（长川）—察哈尔右翼前旗—凉城（牛川）—和林格尔（盛乐）一线自东向西发展[3]，由此进入肥沃的土默特平原，在这里确立自己的部落领导地位，并开始有了沿盛乐—善无—平城一线自西向东发展的企图。[4]

258 年，力微率部迁居"定襄之盛乐"后，拓跋部经历了一段较为平静的发展时期，《序纪》所谓"始祖与邻国交接，笃信推诚，不为倚伏以要一时之利，宽恕任真，而遐迩归仰。魏晋禅代，和好仍密"。但到了力微五十八年（277 年），拓跋部领导的部落联盟发生内乱，"诸部离叛，国内纷扰"[5]。尽管拓跋部衰落，但并没有放弃对盛乐

---

[1] 马长寿：《乌桓与鲜卑》，广西师范大学出版社 2006 年第 1 版，第 173—174 页。黄烈以为不论是第一推寅，还是第二推寅，在年代上均与檀石槐时的西部大人日律推演不相当，不宜混同，参见黄烈：《中国古代民族史研究》，人民出版社 1987 年第 1 版，第 277—278 页。

[2] 罗新：《论拓跋鲜卑之得名》，《中古北族名号研究》，北京大学出版社 2009 年第 1 版，第 68—69 页。

[3] 386 年，拓跋珪在牛川举行部落大会，即代王位，建元登国。同年，徙居定襄之盛乐，拓跋珪改称魏王，这是北魏国家历史的开端，据此也可以看出这条路线的重要性。

[4] 在北魏道武帝之前一直驻牧在善无、豸山之间的"白部"或曰"和（素和）氏"，因为居于盛乐与平城、拓跋部与内地中原王朝的交通关节点上，所以《序纪》云；"（力微）三十九年（258），迁于定襄之盛乐。夏四月，祭天，诸部君长皆来助祭，唯白部大人观望不至，于是征而戮之，远近肃然，莫不震慑"，拓跋部西迁盛乐伊始，白部就成为重点关注的部落。参见张继昊：《北魏王朝创建历史中的白部和氏——北魏建国时期重要氏族研究之二》，《空大人文学报》第 6 期。

[5] 曹永年：《拓跋力微卒后"诸部叛离，国内纷扰"考》，《内蒙古师范大学学报（哲学社会科学汉文版）》1988 年第 2 期。

一带的经营。昭皇帝禄官时，"分国为三部"，"以桓帝之弟穆皇帝讳猗卢统一部，居定襄之盛乐故城"。猗卢部当在今和林格尔县盛乐镇一带。305年猗㐌、307年禄官相继死后，猗卢"总摄三部，以为一统"，向大同盆地发展的企图日益明显。"六年（313），城盛乐以为北都，修故平城以为南都"，实际上是把平城和盛乐均作为拓跋部发展的中心，"城盛乐"一句，也让我们想到拓跋部游牧社会风尚的某种流变。猗卢末年，拓跋部又陷入内讧，政治发展再次出现波折。[1] 但对盛乐的经营并未止步。337年，烈皇帝翳槐重新领导拓跋部时，"城新盛乐城，在故城东南十里"。到昭成帝什翼犍领导拓跋部时，虽于建国三年（340）春"移都于云中之盛乐宫"，但在次年秋九月，"筑盛乐城于故城南八里"，显示拓跋部虽然在土默特平原四处拓展，盛乐在政治与交通上依然有举足轻重的作用。这种局面要一直延续到北魏前期。[2]

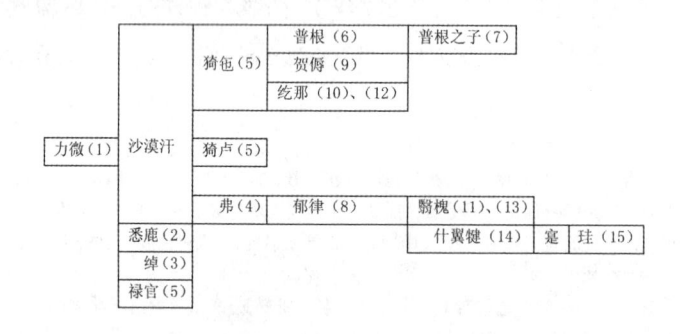

图1 拓跋鲜卑部落传承关系示意图

---

[1] 田余庆：《北魏后宫子贵母死之制的形成和演变》，《拓跋史探》，第9—61页。
[2] 《魏书》里除有"定襄之盛乐"，尚有"云中之盛乐"。"云中之盛乐"其实就是"昭成帝"什翼犍迁居的"云中之盛乐宫"。参见〔日〕松下宪一：《拓跋鲜卑的都城与陵墓——以呼和浩特为中心》，《草原文物》2011年第1期，该文系由王庆宪译自日文《"定襄之盛乐"与"云中之盛乐"——鲜卑拓跋国家的都城与陵墓》，《史朋》2007年第40号。吕阳结合考古资料认为，盛乐宫的地理位置应在今天托克托县古城村古城和和林格尔县土城子古城之间，并靠近古城村。参见吕阳：《"盛乐城"与"盛乐宫"地理位置考辩》，内蒙古大学硕士学位论文，2011年。

土默特平原也称土默特—达拉特平原、土默川平原、呼和浩特平原和前套平原，位于大青山南麓，黄河北岸，北部为阴山山前洪积倾斜平原，南部为黄河和大黑河等河流的冲积—洪积平原。[1] 平原整体地势东南低，西北、北、东北高，自然排水条件比河套平原（狭义的河套平原只指后套）要好，特别在大黑河地区潜水含水层较薄，多数为 3～10 米，且下层又普遍分布着大量承压水，适宜灌溉。[2] 土默特平原历史时期就是一个宜农宜牧的好地方，在今天也是内蒙古重要的农业区。盛乐处于今天土默特平原的东南边缘。盛乐所在的内蒙古和林格尔县，在地貌上是土默特平原向晋西北黄土丘陵和蛮汉山过渡带，地势自东南向西北倾斜。属中温带半干旱大陆性季风气候，年平均气温 5.6 度，年日照时数 3000 小时，年降水量 418 毫米，无霜期 118 天。[3] 拓跋部从张北高原沿长川—牛川—盛乐一线迁到此地长期驻牧，首先应该是因为这里有较之张北高原与阴山一带更为优良的游牧条件。盛乐位于和林格尔县盛乐镇（原名土城子村）北。这一带在战国时属云中郡，汉为定襄郡成乐县，唐代在此设立单于大都护府，辽代为振武县，元代为振武城，明代属红城卫，是内蒙古地区保存最好、沿用时间最长的城址之一。[4] 以盛乐为中心，自此向西、西北、北、东北诸方向，经阴山山地可与大漠南北相通；向南通过黄河岸边诸津渡，可进入鄂尔多斯高原；自此经善无县（山西右玉县）南下或东行，可与桑干河流域以及中原地

---

[1] 任美锷、包浩生主编：《中国自然区域与开发整治》第 9 章，第 379—380 页。
[2] 中国科学院内蒙宁夏综合考察队：《内蒙古自治区及东北西部地区地貌》，科学出版社 1980 年第 1 版，第 117—119 页。
[3] 内蒙古自治区地图制印院编著：《内蒙古自治区地图集》之《和林格尔县》，中国地图出版社 2007 年第 1 版，第 34—35 页。
[4] 《中国文物地图集·内蒙古自治区分册》（上）之《土城子城址》，西安地图出版社 2003 年第 1 版，第 298—299 页。

区发生联系。[1] 这是长城内外诸种政治势力在盛乐一带多次建城或经营的重要交通背景。[2]

三、从"分国为三部"到"总摄三部"

阴山山脉向东绵延至今河北省康保县，康保以南为坝上高原。坝上高原在地貌分区上属于内蒙古高原的南延部分。河北的坝上高原从地貌上还可以细分为两个亚区：围场高原亚区和张北高原。张北高原北延至今河北省康保县，康保以北属于阴山山地的范畴。[3]《资治通鉴》卷82和《魏书》卷1《序纪》，晋惠帝元康五年（295），"昭皇帝讳禄官立，始祖之子也。分国为三部：帝自以一部居东，在上谷北，濡源之西，东接宇文部"。据《中国历史地图集》第三册，西晋时上谷郡治在今河北怀来南面的官厅水库一带，又据《水经注》卷14，濡水即今滦河，濡源应指今滦河上游闪电河源头一带，则禄官一部驻牧地正在张家口北部的坝上高原——张北高原上。张北高原除东部闪电河一带属滦河流域外，其他都为内流区。地表多由喷出岩流覆盖。低洼部分有大小不等的湖泊（蒙古语称"淖尔"、"诺尔"），湖泊周围多为沼泽滩地，湖水面积只占湖盆的一小部分。区

---

[1] 参见王凯：《北魏盛乐时代的道路交通》，《北魏盛乐时代》附篇三，内蒙古人民出版社2003年第1版，第236—245页。严耕望：《唐代交通图考》第一卷《京都关内区》，篇柒"长安北通丰州天德军驿道"，篇捌"长安东北通胜州振武军驿道"，篇玖"天德军东取诸真水 通云中单于府道"，上海古籍出版社2007年第1版，第229—287页，图六"唐代关内道交通图"；第五卷《河东河北区》，篇叁柒"太原北塞交通诸道"，第1335—1396页，图十八"唐代河东太行区交通图（北幅）"。

[2] 对盛乐的地理区位，其他学者也有论述，参见张殿松、赵军：《浅析北魏的第一个都城盛乐的选址原则》，《山西建筑》2008年第3期；李凭：《盛乐成为漠南中心的历史背景》，《学习与探索》2010年第3期。

[3] 河北省地方志编纂委员会编：《河北省志》第三卷《自然地理志》第三章第一节，河北科学技术出版社1993年第1版，第28—32页。

内地势一般在海拔 1400～1600 米之间。南北均有山岭与丘陵分布，北部多为残丘状态，但所占面积不大，高原大部为波状起伏、滩淖棋布的景观。河流大都是短浅、系统紊乱、以湖泊为尾闾的内陆河。湖泊周围属台地状态地貌，台地上沉积物很薄，剥蚀强烈，甚至岩石裸露。湖泊附近的地下水位距地面多在 3 米左右，因而形成丰美的草滩。[1] 地表丰美的草滩是禄官一部在此驻牧的重要自然条件，而舒缓的地势与短浅的河流也为该地的游牧人群与拓跋鲜卑另外两部以及周围其他部落的交往创造了较好地理条件。按照《序纪》里的表述，"昭皇帝讳禄官立……分国为三部"，拓跋部三分时禄官应处于部落大宗的地位。

这里需要注意的是，拓跋部对前面提到的盛乐—牛川—长川—濡源一线的控制，之前平皇帝绰因为"雄武有智略，威德复举。七年（294），匈奴宇文部大人莫槐为其下所杀，更立莫槐弟普拨为大人。帝以女妻拨子丘不勤"。宇文部正在濡源以东。295 年，"昭皇帝讳禄官立……分国为三部：帝自以一部居东，在上谷北，濡源之西，东接宇文部；以文帝之长子桓皇帝讳猗㐌统一部，居代郡之参合陂北；以桓帝之弟穆皇帝讳猗卢统一部，居定襄之盛乐故城"。"代郡之参合陂"，严耕望以为当在汉代参合县故城，即今山西省阳高县东，可从。[2] 关于参合与参合陂，本文后面尚有详细讨论。自此参合陂穿后来的明长城北上，正可抵达力微曾居之长川一带。这条路线西接土默特平原，东合张北高原，北贯乌兰察布草原，南通大同盆地，亦农亦牧，区位优势明显。正是得力于对此沿线地带的控制，

---

[1] 邓绶林等编著：《河北地理概要》第二章第二节，河北人民出版社 1984 年第 1 版，第 54—55 页。

[2] 严耕望：《唐代交通图考》第五卷《河东河北区》，附篇八"北魏参合陂地望辨"，第 1397—1402 页。

力微才能在盛乐领导拓跋部平稳发展将近二十年；297—301年，桓帝猗㐌才能"度漠北巡，因西略诸国"，并取得"诸降附者二十余国"的成果。

拓跋部自猗㐌和猗卢时开始主动介入中原内地的政治、军事斗争。《魏书》卷23《卫操传》："卫操，字德元，代人也。少通侠，有才略。晋征北将军卫瓘以操为牙门将，数使于国，颇自结附。始祖崩后，与从子雄及其宗室乡亲姬澹等十数人，同来归国，说桓穆二帝招纳晋人，于是晋人附者稍众。桓帝嘉之，以为辅相，任以国事。及刘渊、石勒之乱，劝桓帝匡助晋氏。东嬴公司马腾闻而善之，表加将号。"得力边地晋人的怂恿与帮助，拓跋部向大同盆地及其以南发展的势头明显。《魏书·序纪》云："十年（304），晋惠帝为成都王颖逼留在邺。匈奴别种刘渊反于离石，自号汉王。并州刺史司马腾来乞师。桓帝率十余万骑，帝亦同时大举以助之，大破渊众于西河、上党。会惠帝还洛，腾乃辞师。桓帝与腾盟于汾东而还。"这里需注意"桓帝率十余万骑，帝亦同时大举以助之"一句，这时禄官尚在并且还是拓跋三部中的大宗，所以"帝亦同时大举以助之"中的"帝"，应该指的是禄官，说明驻牧在濡源以西张北高原一带的禄官一部亦介入了中原内争。《序纪》又云："十一年（305），刘渊攻司马腾，腾复乞师。桓帝以轻骑数千救之，斩渊将綦毋豚。渊南走蒲子。晋假桓帝大单于，金印紫绶。"《水经注》卷3《河水注》："皇魏桓帝十一年，西幸榆中，东行代地。洛阳大贾赍金货随帝后行，夜迷失道，往投津长，曰：子封送之。渡河，贾人卒死，津长埋之。其子寻求父丧，发冢举尸，资囊一无所损。其子悉以金与之，津长不受。事闻于帝，帝曰：君子也。即名其津为君子济。"君子津在今内蒙古清水河县喇嘛湾镇附近。这里的榆中，指的应是今内蒙古托克托县至偏关间的黄河两岸地区。[1] 如《水经注》记载属实,则猗㐌活动范围已经到达土默特平原南面的黄河两岸。联系《序纪》提及的同年"晋假桓帝大单于,金印紫绶","桓帝"猗㐌这时起的作用应该最为关键。

猗卢一部驻牧在"定襄之盛乐"一带,因与后来政治局势演变关系密切,更值得注意。295 年禄官"分国为三部","是岁,穆帝始出并州,迁杂胡北徙云中、五原、朔方。又西渡河击匈奴、乌桓诸部。自杏城以北八十里,迄长城原,夹道立碣,与晋分界"[2]。可以看出,猗卢一部在猗㐌与禄官挥部南下并州时并没有跟随,而是将重点放在对土默特平原、河套平原以及鄂尔多斯高原一带的争夺与控制上。这种状况在猗㐌与禄官相继死后发生了变化。"穆皇帝天姿英特,勇略过人,昭帝崩后,遂总摄三部,以为一统。"穆皇帝猗卢如何"总摄三部",史无明文,但结合这一带的复杂族群关系,有不少值得推敲之处。[3]

前述禄官"分国为三部",三部的分布范围大致在濡源—长川—牛川—盛乐一线附近。从地理位置上说,驻牧在"代郡之参合陂北"的猗㐌一部与驻牧在"上谷北,濡源之西"的禄官一部位置相邻,距离较近,前述西晋并州刺史司马腾前来乞师时,猗㐌"率十余万骑",禄官"亦同时大举以助之",就有这方面的因素。但猗㐌与猗卢同为文皇帝沙漠汗妻"封后"所生,禄官则是力微之子,猗㐌与

---

[1] 参见辛德勇:《阴山高阙与阳山高阙辨析》,《秦汉政区与边界地理研究》,中华书局 2009 年第 1 版,第 204—208 页。
[2] 《魏书》卷 1《序纪》。
[3] 田余庆先生对代北地区拓跋鲜卑部与乌桓诸部的互动关系曾有很好的分析,可惜对猗卢如何"总摄三部",由于与他的论述主题关涉不大,没有着墨。参见田余庆:《代北地区拓跋与乌桓的共生关系——〈魏书·序纪〉有关史实解析》,《拓跋史探》,第 108—216 页。

猗卢之叔，比较起来，猗㐌与猗卢血缘关系最近。猗㐌因为在地理上居三部之中，又紧傍并州地区，与中原交通较多，受晋人影响较大，三部并存时发展势头可能最好。《魏书·序纪》："(昭帝)二年（296），葬文帝及皇后封氏。……晋成都王司马颖遣从事中郎田思，河间王司马颙遣司马靳利，并州刺史司马腾遣主簿梁天，并来会葬。远近赴者二十万人。"同事又见《北史》卷13《后妃传上》："文帝皇后封氏，生桓、穆二帝，早崩。桓帝立，乃葬焉。文成初，穿天泉池，获一石铭，称桓帝葬母氏，远近赴会二十余万。"正说明猗㐌一部的政治影响。

305年，猗㐌死。"(桓)帝曾中蛊，呕吐之地仍生榆木。参合陂土无榆树，故世人异之，至今传记。"这里的参合陂，是不是今山西省阳高县东"代郡之参合陂北"呢？《水经注》里有参合县、参合陉，《魏书》里有参合县。《水经注》卷3《河水注》："沃水又东，迳参合县南，魏因参合陉以即名也。北俗谓仓鹤陉。道出其中，亦谓之参合口。陉在县之西北，即《燕书》所谓太子宝自河西还师参合，三军奔溃，即是处也。魏立县以隶凉城郡，西去沃阳县故城二十里。"但卷13《漯水注》，如浑水"右会羊水，水出平城县之西苑外武州塞，北出东转，迳燕昌城南，按《燕书》，建兴十年，慕容宝自河西还，军败于参合，死者六万人。十一年，垂众北至参合，见积骸如山，设祭吊之礼，死者父兄皆号泣，六军哀恸。垂惭愤呕血，因而寝疾焉。肇过平城北四十里，疾笃，筑燕昌城而还，即此城也，北俗谓之老公城。"同卷又有："雁门水又东南流，屈而东北，积而为潭。其陂斜长而不方，东北可二十余里，广一十五里，蒹葭藂生焉。敦水注之。其水导源西北少咸山之南麓，东流迳参合县故城南。《地理风俗记》曰：道人城北五十里有参合乡，故县也。"可见郦道元是把燕魏参合陂之战定在北魏参合县（即今内蒙古凉城县一带），在卷 13《㶟水注》叙述上也否认了参合陂之战发生在汉参合故县一带。另《魏书》卷 106《地形志上》恒州梁城郡（东魏天平二年，即 535 年置）下有参合、桓鸿（一本作祇鸿，当作旋鸿）二县。在参合县下注云："前汉属代，后汉、晋罢，后复，属。"这个参合县当是东魏在汉参合故县附近重新设立的一个县，与《水经注》卷 3 提到的北魏参合县是两个地方。严耕望则力辨参合陂之战在汉参合故县附近，即今山西省阳高县东。[1]

在严耕望列举的材料中，禄官"分国为三部"，"以文帝之长子桓皇帝讳猗㐌统一部，居代郡之参合陂北"是一强证。因为内蒙古凉城县在秦汉属雁门郡，魏晋时虽流入化外，但与代郡相距甚远，不大可能有隶属关系。而且今凉城县与和林格尔县为邻县，游牧民族活动半径一般都较大，猗㐌不大可能紧傍猗卢所在的盛乐而驻牧，正如严耕望所说："若在参合陉，则距盛乐太近，事必不然。"但是 1956 年，在蛮汉山中的沙虎子沟内（行政区划上属今凉城县东十号乡小坝滩村）发现窖藏，出土有西晋王朝赐给的"晋乌丸归义侯"金印、"晋鲜卑归义侯"金印、"晋鲜卑率善中郎将"银印、兽形饰金戒指、金耳环及兽形金饰牌等。其中一件兽形金饰牌背面錾刻有"猗㐌金"三字。[2] 说明猗㐌历史上与今凉城县的参合也存在某种联系。

牛川也在今凉城县附近。前面我提到拓跋部对盛乐—牛川—长川—濡源一线的控制问题，认为这是拓跋部南向发展的关键。而在拓跋三部中，南进大同盆地与并州地区最热心的是猗㐌部，其次是

---

[1] 严耕望：《唐代交通图考》第五卷《河东河北区》，附篇八"北魏参合陂地望辨"，第 1397—1402 页。
[2] 《中国文物地图集·内蒙古自治区分册》（上）之《凉城县文物图（西部）》，第 248—249 页；《中国文物地图集·内蒙古自治区分册》（下），第 557—558 页。

禄官部。至于猗卢部，虽然也曾"出并州"，但其目的是"迁杂胡北徙云中、五原、朔方"，"又西渡河击匈奴、乌桓诸部。自杏城以北八十里，迄长城原，夹道立碣，与晋分界"，发展重心并不在此。所以猗㐌部可能实际控制着牛川—长川一线，沙虎子沟窖藏就是猗㐌部控制凉城县附近的牛川、参合、参合陉留下的一处痕迹，这也是在拓跋三部中，猗㐌部虽非大宗，但在政治军事方面表现最为活跃的原因。参合、参合陉可能是拓跋部从东边带过来的地名，就像蛮汗山这个地名很可能源自弹汗山一样。《魏书》里用"代郡之参合陉"的地名表述方式，其实也是暗指参合陉在当时不止有一处。[1]这样说来，不管燕魏参合陂之战究竟发生在何处，《中国历史地图集》第四册《东晋十六国·南北朝时期》在北魏分幅图《并、肆、恒、朔等州》里把参合陂标在今凉城县岱海不一定算错。[2]

总括上述，虽然禄官"分国为三部"时其部处于大宗地位，但当时主导拓跋三部发展的却是中部的猗㐌部。而猗㐌一部之所以能够主导拓跋部整体的发展，凭恃的是对盛乐—牛川—长川—濡源一线关键地段的控制。305年猗㐌死，"子普根代立"[3]，猗㐌一部仍然独立存在。直到307年禄官死，猗卢"总摄三部，以为一统"，普根领导的原猗㐌部才开始接受猗卢的领导。

穆帝猗卢一部原先以盛乐所在的土默特平原为活动中心，"总摄

---

[1] 这种表述在《魏书》里还有。譬如前面提到过的"定襄之盛乐"、"云中之盛乐"，是一种避免读者混淆的表达方式。
[2] 其实严耕望先生胪举的很多材料，"代郡之参合陉"除外，其他也不是不可以另作解释的。参合陂地望一直众说纷纭，这是因为信息非常明确的材料很有限的缘故。国内学者的一些观点，也可参见王凯：《参合陂等地望考》，《北魏盛乐时代》附篇四，内蒙古人民出版社2003年第1版，第246—252页。
[3] 《魏书》卷1《序纪》。

三部"以后，开始东进大同盆地，与并州一带的政治势力发生联系。猗卢的政治、军事活动对拓跋部整体地理空间的扩展意义重大。《魏书·序纪》："三年（310），晋并州刺史刘琨遣使，以子遵为质。帝嘉其意，厚报馈之。白部大人叛入西河，铁弗刘虎举众于雁门以应之，攻琨新兴、雁门二郡。琨来乞师，帝使弟子平文皇帝将骑二万，助琨击之，大破白部；次攻刘虎，屠其营落。虎收其余烬，西走度河，窜居朔方。晋怀帝进帝大单于，封代公。帝以封邑去国悬远，民不相接，乃从琨求句注、陉北之地。琨自以托附，闻之大喜，乃徙马邑、阴馆、楼烦、繁畤、崞五县之民于陉南，更立城邑，尽献其地，东接代郡，西连西河、朔方，方数百里。帝乃徙十万家以充之。"自此猗卢全面控制了今山西大同盆地。[1]在北魏时代，桑干河流域的河流和地下泉水比现在要丰富得多。[2]这种情况应该同样适用于猗卢时代。同卷："六年，城盛乐以为北都，修故平城以为南都。帝登平城西山，观望地势，乃更南百里，于灅水之阳黄瓜堆筑新平城，晋人谓之小平城，使长子六修镇之，统领南部。"新平城，从地望上看可能就是今天山西省怀仁县金沙滩镇安宿疃村的安宿疃城

---

[1] 据《宋书》卷95《索虏传》："晋初，索头种有部落数万家在云中。惠帝末，并州刺史东嬴公司马腾于晋阳为匈奴所围，索头单于猗䨪遣军助腾。怀帝永嘉三年（309），䨪弟卢率部落自云中入雁门，就并州刺史刘琨求楼烦等五县，琨不能制，且欲倚卢为援，乃上言：'卢兄䨪有救腾之功，旧勋宜录，请移五县民于新兴，以其地处之。'琨又表封卢为代郡公。愍帝初，又进卢为代王，增食常山郡。"拓跋部在西晋初年已"部落数万家在云中"。到了西晋末年，面对拓跋部雄心勃勃的南进计划，并州刺史刘琨的处境和态度是"不能制，且欲倚卢为援"。虽然事情发生的时间，两书的表述有点差异，但从内容上，《宋书》这条记载有助于我们理解西晋末年雁北大同盆地一带的政治形势。

[2]〔日〕前田正名：《平城历史地理学研究》第一章"北魏时代桑干河流域的自然地理"，第1—22页。

址。[1]这里有"北都"、"南都"、"南部"的概念。沿用前引阿尔丁夫的说法，由于北方民族曾经流行过以依据面向日出方向者的体位确定四方的方式，以前胸（日出方向）为南，后背（日落方向）为北，右手（日中方向）为西，左手（日没方向）为东，所谓"北都"、"南都"、"南部"，其实就是"西都"、"东都"与"东部"。

六修"统领南部"，有"南部（东部）"则必有"北部（西部）"。北部（西部）当以盛乐为中心，由猗卢直接统领。《魏书》卷113《官氏志》："魏氏世君玄朔，远统□臣，掌事立司，各有号秩。及交好南夏，颇亦改创。""交好南夏"是从力微开始的，"颇亦改创"则应始自猗卢。禄官"分国为三部"，拓跋部主体尚不见有制度性的重大变革，这是因为拓跋部的发展仍沿袭力微以来的格局，以"盛乐—牛川—长川—濡源"一线为轴心。其后猗㐌与禄官两部积极南进大同盆地和并州地区，但猗卢一部的政治步调并未与之一致，"盛乐—牛川—长川—濡源"一线依然是维系拓跋部整体的地理纽带。猗卢"总摄三部"后，在西晋并州刺史刘琨配合下完全占领大同盆地，东向开拓取得成功，拓跋部活动的轴心由"盛乐—牛川—长川—濡源"一线自此一变而为"盛乐（北都）—平城（南都）—新平城"一线。《官氏志》载，什翼犍时，"其诸方杂人来附者，总谓之'乌丸'，各

---

[1] 安宿疃城址位于山西省怀仁县金沙滩镇安宿疃村东北约2000米，考古年代定为北魏。平面呈长方形，东西长约380米，南北宽约200米。城墙残高2～3米，墙体夯筑，夯层厚0.08～0.09米。采集有布纹瓦残片。安宿疃城址周边尚有金沙滩墓群、古城地遗址、安宿疃墓群、安宿疃遗址、翰林庄遗址、南阜遗址等汉代和汉代以前的文物古迹，面积均在一两万平方米以上，安宿疃墓群甚至有约50万平方米，说明这一带早在汉代时就适宜人类居住。在安宿疃村东南，有黄花岭海拔1153米。安宿疃城址正在"灅水之阳"。"黄瓜堆"，可能就是今天的黄花岭。详参《中国文物地图集·山西分册》（上）之《怀仁县文物图》，中国地图出版社2006年第1版，第186—187页；《中国文物地图集·山西分册》（中），第188—192页。山西省和山西省军区测绘处编制：《山西省地图集》《怀仁》图，上海中华印刷厂1973年版，第29页。

以多少称酋、庶长，分为南北部，复置二部大人以统摄之。时（昭成）帝弟觚监北部，子寔君监南部，分民而治，若古之二伯焉"。这种局面，其实是从猗卢开始的，"复置"一语也暗示了这一点。虽然二部大人统摄的是作为"诸方杂人来附者"的"乌丸"，但从地理空间来看，拓拔鲜卑出现南、北两部的地域分野应当是这种制度出现的另一现实背景。这种局面甚至还延续到了北魏建国初期，"太祖登国元年（386），因而不改，南北犹置大人，对治二部。"[1] 猗卢"总摄三部"的政治地理意义，可由此加以理解。

四、猗㐌一系势力消长与拓跋部政治地理格局的变化

猗卢"颇亦改创"造成了拓跋部内在的社会裂变。"先是，国俗宽简，民未知禁。至是，明刑峻法，诸部民多以违命得罪。凡后期者皆举部戮之。或有室家相携而赴死所，人问：'何之？'答曰：'当往就诛。'"《魏书·序纪》把这段话放在穆帝猗卢八年（315），"晋愍帝进帝为代王，置官属，食代、常山二郡。帝忿聪、勒之乱，志欲平之"之后，似在暗示猗卢"改创"与拓跋部"交好南夏"之间的联系。《魏书》卷111《刑罚志》亦云："穆帝时，刘聪、石勒倾覆晋室。帝将平其乱，乃峻刑法，每以军令从事。民乘宽政，多以违命得罪，死者以万计。于是国落骚骇。"拓跋部游牧生活传统与"交好南夏"的政治发展战略产生冲突，不自猗卢始。始祖力微时，与曹魏和亲，"遣子文帝如魏，且观风土"，"魏晋禅代，和好仍密"。而文帝沙漠汗也在洛阳"聘问交市，往来不绝。魏人奉遗金

---

[1]《魏书》卷2《太祖纪》："登国元年春正月戊申，帝即代王位，郊天，建元，大会于牛川。复以长孙嵩为南部大人，以叔孙普洛为北部大人。"可与《官氏志》相参证。

帛缯絮,岁以万计","在晋之日,朝士英俊多与亲善,雅为人物归仰",华风渐染。力微五十八年(277),沙漠汗自并州返归,"始祖闻帝归,大悦,使诸部大人诣阴馆迎之。酒酣,帝仰视飞鸟,谓诸大人曰:'我为汝曹取之。'援弹飞丸,应弦而落。时国俗无弹,众咸大惊,乃相谓曰:'太子风彩被服,同于南夏,兼奇术绝世,若继国统,变易旧俗,吾等必不得志,不若在国诸子,习本淳朴。'咸以为然。且离间素行,乃谋危害,并先驰还。始祖问曰:'我子既历他国,进德何如?'皆对曰:'太子才艺非常,引空弓而落飞鸟,是似得晋人异法怪术,乱国害民之兆,惟愿察之。'自帝在晋之后,诸子爱宠日进,始祖年逾期颐,颇有所惑,闻诸大人之语,意乃有疑。因曰:'不可容者,便当除之。'于是诸大人乃驰诣塞南,矫害帝。"随后力微"寻崩","诸部离叛,国内纷扰",拓跋部的政治发展一度陷于停顿。到了猗卢时代,拓跋部在地域上已经有南、北部之分,猗卢长子六修"统领南部",直接担负着"交好南夏"的重任。猗卢九年(316),"帝召六修,六修不至。帝怒,讨之,失利,乃微服民间,遂崩。普根先守外境,闻难来赴,攻六修,灭之。卫雄、姬澹率晋人及乌丸三百余家,随刘遵南奔并州",刘遵是西晋并州刺史刘琨的儿子,这时在拓跋部做人质。细绎文句,这场冲突与力微时代并没有实质的不同,但是里面也掺杂了一些新的因素。一是前述拓跋部首领猗卢的"颇亦改创",另外一个就是"晋人"已经深入到拓跋部社会内部,并直接造成拓跋部内部的社会裂变。晋人介入拓跋部内部政治斗争,始自西晋征北将军卫瓘,他在沙漠汗自洛阳返经并州时,因为沙漠汗"为人雄异,恐为后患,乃密启晋帝,请留不遣。晋帝难于失信,不许。瓘复请以金锦赂国之大人,令致间隙,使相危害。……于是国之执事及外部大人,皆受瓘货",从而直接诱发了力微晚年拓跋部的内乱。但这种介入是利用了拓跋部所统政治实体内部的矛盾，尚不是直接参与。到了禄官"分国为三部"，猗㐌一部积极南进，《魏书》卷23《卫操传》载卫操在"始祖崩后，与从子雄及其宗室乡亲姬澹等十数人，同来归国，说桓穆二帝招纳晋人，于是晋人附者稍众。桓帝嘉之，以为辅相，任以国事。及刘渊、石勒之乱，劝桓帝匡助晋氏"。可以说，猗㐌的政治功业，与卫操等晋人有莫大关系。穆帝猗卢亦受晋人很大影响，同卷《莫含传》："刘琨为并州，辟含从事。含居近塞下，常往来国中。穆帝爱其才器，善待之。及为代王，备置官属，求含于琨。……含乃入代，参国官。……含甚为穆帝所重，常参军国大谋。"晋人直接影响拓跋部政治发展的方向，也使得晋人难以避免受拓跋部政治内讧的直接影响。《卫操传卫雄姬澹附传》说"六修之逆，国内大乱，新旧猜嫌，迭相诛戮"，"雄、澹并为群情所附……与刘琨任子遵率乌丸、晋人数万众而叛"，在新人中，晋人充当的应是骨干和中坚。

　　普根领导的原猗㐌部在猗卢一部"总摄三部"、成为拓跋部大宗之后实力依然不容小觑。从地缘角度来看，禄官死后，禄官一部的势力范围已转而由普根控制。[1]《魏书》卷95《徒何慕容廆传》载，慕容廆"以辽东僻远，徙于徒何之青山。穆帝之世，颇为东部之患，左贤王普根击走之，乃修和亲"。据此可知，普根在猗卢时代政治地位仅次于猗卢，而"东部"，笔者以为应囊括禄官一部原先驻牧的张北高原一带。这可能也说明，原猗㐌部已完全控制了牛川—长川—濡源一线。据《魏书》卷2《序纪》，312年，匈奴汉国刘聪"遣其子粲袭晋阳，害琨父母而据其城，琨来告难，（穆）帝大怒，遣长子六修、桓帝子普根，及卫雄、范班、姬澹等为前锋，帝躬统大众

---

[1] 禄官一部在禄官死后寂寂无闻，这可能与禄官一支男丁不旺有关。今本《魏书》卷14《神元平文诸帝子孙传》只有望都公颓（道武帝封望都侯，太武帝"进爵为公"）是"昭帝之后也"。

二十万为后继"。这里的"卫雄、范班、姬澹等",此前也是桓帝猗㐌倚赖的边地晋人。316年,猗卢与其长子六修发生冲突并因此身死,"普根先守外境,闻难来赴,攻六修,灭之。……普根立月余而薨。普根子始生,桓帝后立之",猗卢一部遭受重创,从此一蹶不振,猗㐌一部地位再次上升。但是,"其冬,普根子又薨。……平文皇帝讳郁律立,思帝之子也"。思帝弗是文皇帝沙漠汗的少子,278年在位,"聪哲有大度,为诸父兄所重。政崇宽简,百姓怀服。飨国一年而崩"。弗死之后,才有禄官继承大宗并"分国为三部"之事。说明弗一部很早之前就有相当的政治实力,只是弗死得过早,所部政治实力只能在他部卵翼下潜滋暗长。《序纪》又说郁律"姿质雄壮,甚有威略",这是郁律能够在普根之子死后凭借本部实力继承大位的重要原因。

六修之乱使猗卢部元气大伤,失去了角逐部落领导权的实力。拓跋鲜卑的部落首领位置主要在部落内部的桓帝猗㐌一系和思帝弗一系间摇摆。据《序纪》,321年,平文帝郁律"治兵讲武,有平南夏之意。桓帝后以帝得众心,恐不利于己子,害帝,遂崩,大人死者数十人"。"惠皇帝讳贺傉立,桓帝之中子也。以五年为元年。未亲政事,太后临朝,遣使与石勒通和,时人谓之女国使。""四年(324),(惠)帝始临朝。以诸部人情未悉款顺,乃筑城于东木根山,徙都之。""五年(325),帝崩。……炀皇帝讳纥那立,惠帝之弟也。以五年为元年。""三年(327),石勒遣石虎率骑五千来寇边部,帝御之于句注陉北,不利,迁于大宁。时烈帝居于舅贺兰部。帝遣使求之,贺兰部帅蔼头,拥护不遣。帝怒,召宇文部并势击蔼头。宇文众败,帝还大宁。""五年(329),帝出居于宇文部。贺兰及诸部大人,共立烈帝。""烈皇帝讳翳槐立,平文之长子也。以五年为元年。石勒遣使求和,帝遣弟昭成皇帝如襄国,从者五千余家。""七年(335),蔼头不修臣职,召而戮之,国人复贰。炀帝自宇文部还入，诸部大人复奉之。炀皇帝复立，以七年为后元年。烈帝出居于邺，石虎奉第宅、伎妾、奴婢、什物。三年（337），石虎遣将李穆率骑五千纳烈帝于大宁。国人六千余落叛炀帝，炀帝出居于慕容部。烈皇帝复立，以三年为后元年。城新盛乐城，在故城东南十里。一年而崩。"猗㐌部活跃到翳槐复立，才彻底退出政治发展前台（见表1）。

需要注意三个问题。一是"母后"、"母族"和"妻族"干预拓跋部部落首领位置传承与政治发展方向问题，这方面由于田余庆的出色研究而使得问题的探讨大为深入。[1]"母后"、"母族"和"妻族"当然很重要。北族游牧社会和中原农耕社会一样是以男性继承为中心。作为男性的配偶，女性生育健康男性后代的多寡，所抚育男性后代社会习得能力的高低，都会对夫系子孙在家族或部落中的地位产生影响。而部落首领或部落联盟首领的婚姻，往往是部落实体间社会政治关系直接互动的现实表达。"母族"和"妻族"影响本部落首领位置传承与政治发展方向，本身也是社会政治关系互动的一个侧面。但这个也未必一定如此。田先生对拓跋部历史上曾发挥作用的几位女性，比如猗㐌妻（所谓桓帝后）祁氏，郁律妻（所谓平文帝后）王氏，讨论至为深入，但是祁氏和王氏所出部族的情况，即便能够肯定是乌桓，现有材料尚不能直接肯定"母"、"妻"部族对拓跋部首领位置传承与政治发展方向产生直接影响。[2]"母后"在政

---

[1] 田余庆：《北魏后宫子贵母死之制的形成和演变》，《关于子贵母死制度研究的构思问题》，《代北拓跋与乌桓的共生关系》，《文献所见代北东部若干拓跋史迹的探讨》，分见《拓跋史探》，第9—61页，92—107页，108—202页，244—260页。
[2] 《魏书》卷13《皇后传》："桓帝皇后祁氏（《北史》卷13《皇后传》作'惟氏'），生三子，长曰普根，次惠帝，次炀帝。平文崩，后摄国事，时人谓之女国。后性猛忌，平文之崩，后所为也。"强调的似乎是祁氏个人的政治能力。而同卷："平文皇后王氏，广宁人也。年十三，因事入宫，得幸于平文，生昭成帝。"王氏是"因事入宫"，也看不出原部族有多强的政治实力。

表1 《魏书·序纪》所见猗卢死后拓跋鲜卑政治发展大事表

年代	事件
316	• (猗卢及其长子六修均死于内乱。) 猗㐌子普根立，月余而薨。 • 普根子始生，桓帝后猗㐌祁氏立之。 • 其冬，普根子又薨。 • 平文皇帝讳郁律立，思帝弗之子也。
318	• 刘虎据朔方，来侵西部。帝逆击，大破之。虎单骑遁走。其从弟路孤率部落内附帝以女妻之。 • 西兼乌孙故地，东吞勿吉以西，控弦上马将有百万。 • 帝闻晋愍帝为曜所害，顾谓大臣曰："今中原无主，天其资我乎？" • 刘曜遣使请和，帝不纳。
319	
	• 石勒自称赵王，遣使乞和，请为兄弟。帝斩其使以绝之。
321	• 僭晋司马睿遣使韩畅加崇爵服，帝绝之。治兵讲武，有平南夏之意。 • 桓帝后以帝得众心，恐不利于己子，害帝，遂崩，大人死者数十人。 • 惠皇帝讳贺傉立，桓帝之中子也。未亲政事，太后临朝，遣使与石勒通和，时人谓之女国使。
324	• 帝始临朝。以诸部人情未悉款顺，乃筑城于东木根山，徙都之。
325	• 帝崩。 • 炀皇帝讳纥那立，惠帝之弟也。
327	• 石勒遣石虎率骑五千来寇边部，帝御之于句注陉北，不利，迁于大宁。 • 时烈帝居于舅贺兰部。帝遣使求之，贺兰部帅蔼头，拥护不遣。 • 帝怒，召宇文部并势击蔼头。宇文众败，帝还大宁。
329	• (炀) 帝出居于宇文部。 • 贺兰及诸部大人，共立烈帝。烈皇帝讳翳槐立，平文之长子也。 • 石勒遣使求和，帝遣弟昭成皇帝如襄国，从者五千余家。
335	• 蔼头不修臣职，召而戮之，国人复贰。 • 炀帝自宇文部还入，诸部大人复奉之。炀皇帝复立。 • 烈帝出居于邺，石虎奉第宅、伎妾、奴婢、什物。
337	• 石虎遣将李穆率骑五千纳烈帝于大宁。 • 国人六千余落叛炀帝，炀帝出居于慕容部。 • 烈皇帝复立。城新盛乐城，在故城东南十里。一年而崩。
338	• 昭成皇帝讳什翼犍立，平文之次子也。烈帝崩，帝弟觚乃自诣邺奉迎，与帝俱还。 • 十一月，帝即位于繁畤之北，时年十九，称建国元年。

局变动关键时刻的作为，可能还需要从其他角度理解。

交错变动的政治局势中另一个值得注意的问题是桓帝猗㐌一系与思帝弗一系各自的活动中心。猗卢死后，政局之所以在桓帝猗㐌一系和思帝弗一系摇摆，笔者以为除却猗卢一部的式微，思帝弗一系的现实政治实力，平文帝郁律本人的杰出才干这些因素之外，猗㐌在世时为本部累积的政治实力在其死后并未遭受削弱也是一个重要因素。猗㐌一系的实力，笔者以为既来自猗㐌在世时的经营，更重要的恐怕在于猗㐌一系对"盛乐—牛川—长川—濡源"一线关键地段的控制。前已提及，禄官死后，普根率领的原猗㐌部势力已东扩至濡源以西。《魏书》卷95《徒何慕容廆传》提到猗卢时代普根为左贤王，说明"盛乐—牛川—长川—濡源"一线的东段可能是普根活动的中心。321年，桓帝后祁氏害死平文帝郁律，虽立子贺傉，但"后摄国事，时人谓之女国"，祁氏政治活动能量惊人，田余庆判断祁氏"必出于东方部族"[1]，从猗㐌一系以"盛乐—牛川—长川—濡源"一线东段为活动中心的思路来看，是可以理解的。324年，贺傉正式开始领导拓跋部，"帝始临朝。以诸部人情未悉款顺，乃筑城于东木根山，徙都之"。这里提到"东木根山"。拓跋部和北魏时代尚有木根山。木根山当指今内蒙古乌海市附近的桌子山。[2] 东木根山，颇疑即今内蒙古兴和县与河北尚义县接壤之大青山（即东汉时的弹汗山），力微曾经驻牧过的长川，就在今大青山西北附近；而猗㐌在禄官"分国为三部"后驻牧在"代郡之参合陂北"，从地图来看，其活动中心也应在大青山一带。贺傉因为"诸部人情未悉款顺"而徙都于东木根山附近，也是与把"盛乐—牛川—长川—濡源"一线东

---

[1] 田余庆：《代北拓跋与乌桓的共生关系》，《拓跋史探》，第131页。
[2] 莫久愚：《〈魏书〉木根山地望疏证》，《内蒙古社会科学（汉文版）》2011年第4期。

段视为猗㐌一系活动中心的看法相吻合的。思帝弗一系则是以盛乐一带为中心,活跃在"盛乐—牛川—长川—濡源"一线的西段,这一点在下面的分析中会详细谈到。也就是说,思帝弗一系在地域上承继的是猗卢部的活动范围。猗㐌一系与弗一系政治上的分合,说明自始祖力微西迁"定襄之盛乐","盛乐—牛川—长川—濡源"一线在地理上仍然远较"盛乐(北都)—平城(南都)—新平城"一线为重。

在猗㐌一系与弗一系东西对峙格局中还有一个值得注意的问题,就是拓跋部活动地域周边政治形势的变化。自进入"匈奴之故地"以来,拓跋部的政治发展,很大程度上就是周边政治环境变化造成的后果。这里面又可以分成几个侧面来分析。一个是西晋王朝的影响。在此之前,由于西晋的积极介入,造成了力微末年拓跋部的政治动荡。由于西晋并州刺史司马腾、刘琨相继的支持与配合,猗㐌、猗卢兄弟积极南进,并最终获得对整个大同盆地的支配权,但是如前所述,这也铸就拓跋社会内部的裂变,酿成猗卢末年拓跋部的再次动荡。318年,平文帝郁律"闻晋愍帝为(刘)曜所害,顾谓大臣曰:'今中原无主,天其资我乎?'"321年,"僭晋司马睿遣使韩畅加崇爵服,帝绝之。治兵讲武,有平南夏之意"[1]。西晋的沦亡,刺激着拓跋部政治发展的野心。

由于"五胡乱华",周边其他胡族政治实体对拓跋部的政治影响亦不容忽视。特别要注意的是石赵政权的政治介入。思帝弗一系政治上原来是对石赵政权持对立态度的。319年,石勒自称赵王,"遣使乞和,请为兄弟",平文帝郁律"斩其使以绝之"。桓帝猗㐌一系在祁氏主导下则与石勒通好,"惠皇帝讳贺傉立……未亲政事,太后

---

[1]《魏书》卷1《序纪》,以下如未注明,引文出处同此。

临朝，遣使与石勒通和"。居于东部的桓帝猗㐌一系在地缘上与石赵关系密切，祁氏通好石勒，更主要的还是出于稳定拓跋内部局势的需要，双方并非没有大的矛盾与冲突。到了贺傉的弟弟"炀皇帝讳纥那立……三年(327)，石勒遣石虎率骑五千来寇边部，帝御之于句注陉北，不利，迁于大宁"，桓帝猗㐌一系自此与石赵关系迅速恶化。思帝弗一系再度掌控拓跋部后，转而与石赵通好。329年，"烈皇帝讳翳槐立，平文之长子也。……石勒遣使求和，帝遣弟昭成皇帝如襄国，从者五千余家"。这也使弗一系在政治失势时获得了遁避的场所。335年，由于炀帝纥那复立，"烈帝出居于邺，石虎奉第宅、伎妾、奴婢、什物"。到了337年，"石虎遣将李穆率骑五千纳烈帝于大宁。国人六千余落叛炀帝，炀帝出居于慕容部"。自此由思帝弗一系继承拓跋部首领（包括后来北魏皇帝）位置的传统开始形成。

宇文部、贺兰部与慕容部对拓跋部的政治发展也有重要影响。先说宇文部。宇文部与拓跋部的政治关系发生甚早。《北史》卷98《匈奴宇文莫槐传》："匈奴宇文莫槐，出于辽东塞外，其先南单于远属也，世为东部大人。其语与鲜卑颇异。……莫槐虐用其民，为部人所杀，更立其弟普拨为大人。普拨死，子丘不勤立，尚平帝女。"《魏书》卷1《序纪》亦有"七年（293），匈奴宇文部大人莫槐为其下所杀，更立莫槐弟普拨为大人。（平）帝以女妻拨子丘不勤"的记载。平帝绰是力微之子，这是宇文部与拓跋部通婚的最早记载。295年，昭帝禄官"分国为三部"，"帝自以一部居东，在上谷北，濡源之西，东接宇文部"。由于禄官一部"东接宇文部"，禄官一部在拓跋三部中与宇文部关系一度最密切。"五年（299），宇文莫廆之子逊昵延朝贡。（昭）帝嘉其诚款，以长女妻焉。"禄官死后，禄官管辖的范围转而由猗㐌之子普根控制。猗㐌一部与宇文部的关系也因而密切起来。猗㐌一系与弗一系相争拓跋部主导权。327年，由于贺兰部帅拥护弗一系的烈帝翳槐，猗㐌一系的炀帝纥那大怒，"召宇文部并势击蔼头"。329年，纥那在政争中失败，"出居于宇文部"。335年翳槐与贺兰部发生矛盾，纥那则"自宇文部还入，诸部大人复奉之"。但这个时候的宇文部，因为与慕容部相争中屡次败北，气势已是日薄西山。所以当337年，"石虎遣将李穆率骑五千纳烈帝于大宁。国人六千余落叛炀帝，炀帝出居于慕容部"，大宁即今河北省张家口市一带，纥那再次出奔已改为慕容部。穆帝猗㐌一系自此也从左右政局的关键地位消失。

在猗㐌一系与弗一系相争时，对拓跋部政治影响最为关键的还是贺兰部。贺兰部与拓跋部的关系深远。《魏书》卷113《官氏志》："神元皇帝时，余部诸姓内入者。……贺赖氏，后改为贺氏。""东方宇文、慕容氏，即宣帝时东部，此二部最为强盛，别自有传。……南方有茂眷氏，后改为茂氏。……次南有纥豆陵氏，后改为窦氏。……西方尉迟氏，后改为尉氏。……凡此诸部，其渠长皆自统众，而尉迟已下不及贺兰诸部氏。北方贺兰，后改为贺氏。……凡此四方诸部，岁时朝贡，登国初，太祖散诸部落，始同为编民。"贺赖氏，姚薇元以为贺赖即贺兰，"本一氏也"。[1]《魏书》以不同的汉字音译"贺赖"、"贺兰"，单从《官氏志》的叙述逻辑上说，似乎在暗示"贺赖"、"贺兰"两支与拓跋部的关联有时间上的远近和关系上的亲疏之别。同时据此亦可以推断，贺兰部当居于阴山以北。从《魏书》卷1《序纪》和卷2《太祖纪》的记载来看，贺兰部活动在阴山一线偏东的地方，紧傍阴山一线偏东的，就是穆帝猗㐌一系控制的"盛乐—牛川—长川—濡源"一线东段，这种地理上的联系耐人寻味。今本《魏书》卷83《外戚贺讷传》："贺讷，代人，太

---

[1] 姚薇元：《北朝胡姓考》，第32—38页。

祖之元舅，献明后之兄也。其先世为君长，四方附国者数十部。祖纥，始有勋于国，尚平文女。父野干，尚昭成女辽西公主。"贺讷祖父"尚平文女"，在《魏书》卷1《序纪》里没有对应的叙述。[1]《序纪》说平文帝郁律"姿质雄壮，甚有威略"，一度曾"西兼乌孙故地，东吞勿吉以西，控弦上马将有百万"，贺纳的祖父纥"有勋于国"，是否与此有关，不得而知。但《贺讷传》至少说明在平文帝郁律时思帝弗一系已经与贺兰部建立了政治上的联系。联想穆帝猗㐌一系对"盛乐—牛川—长川—濡源"一线，特别是该线东段的控制，笔者以为郁律此时与贺兰部缔结政治婚姻，可能有扶持贺兰部、打压原猗㐌部的意图。据《序纪》，郁律被"桓帝后"祁氏害死后，贺兰部成为支持弗一系的政治中坚。327年，猗㐌一系的炀帝纥那因为弗一系的烈帝翳槐"居于舅贺兰部"，"遣使求之"，"贺兰部帅蔼头，拥护不遣。帝怒，召宇文部并势击蔼头。宇文众败，帝还大宁"。翳槐是平文帝郁律的长子，"居于舅贺兰部"，说明两部互为姻亲。329年，炀帝纥那出奔宇文部，"贺兰及诸部大人，共立烈帝"。但是"盛乐—牛川—长川—濡源"一线是拓跋部居"匈奴之故地"以来潜心经营的战略轴心，形势一旦稍加稳定，弗一系从拓跋部整

---

[1] 贺兰部似乎不是力微以来拓跋部领导之部落联盟体的有机组成部分。今本《魏书》卷83《外戚贺讷传》："昭成崩，诸部乖乱，献明后与太祖及卫、秦二王依讷。会苻坚使刘库仁分摄国事，于是太祖还居独孤部。讷总摄东部为大人，迁居大宁，行其恩信，众多归之，侔于库仁。苻坚假讷鹰扬将军。……于是诸部大人请讷兄弟求举太祖（按指拓跋珪）为主。染干曰：'在我国中，何得尔也！'讷曰：'帝，大国之世孙，兴复先业，于我国中之福。（常）[当]相持奖，立继统勋，汝尚异议，岂是臣节！'遂与诸人劝进，太祖登代王位于牛川。"这里贺兰部与拓跋部政治上的区隔甚为明显。又卷13《皇后传》："献明皇后贺氏，父野干，东部大人。"贺讷"总摄东部为大人"，只是前秦利用了贺兰部在东部的影响，并不能说明二者之间有政治联盟关系。《魏书》卷103《匈奴宇文莫槐传》："匈奴宇文莫槐，出于辽东塞外，其先南单于远属也，世为东部大人。"以宇文部的情况相参照，《官氏志》区分"贺赖"与"贺兰"可能有历史事实上的考量。

体利益出发，还是会顾忌到贺兰部在此一线东侧势力的滋长。"七年（335），蔼头不修臣职，召而戮之，国人复贰。炀帝自宇文部还入，诸部大人复奉之。"贺兰部对拓跋部部落首领位置的稳固意义于此可见一斑。若不是因为337年石赵政权的介入，桓帝猗㐌一系利用贺兰部与弗一系的矛盾，很可能还将继续影响拓跋部部落首领位置的传承。昭成帝什翼犍继位后，拓跋部与贺兰部的关系似乎已经大为缓和。《贺讷传》记载贺野干"尚昭成女辽西公主"，而据今本《魏书》卷13《皇后传》，贺野干之女又为什翼犍子献明帝寔的皇后，是北魏道武帝拓跋珪的生母。贺兰部与拓跋部的密切政治关系，一直持续到北魏早期。

　　拓跋部与慕容部的政治关系可能始于宣帝推寅，在穆帝猗卢时期开始密切起来。[1]《魏书》卷95《徒何慕容廆传》载，慕容廆"以辽东僻远，徙于徒何之青山。穆帝之世，颇为东部之患，左贤王普根击走之，乃修和亲。……平文之末，廆复侵东部，击破之"。由于拓跋部与宇文部相邻且关系友好，而宇文部与慕容部则存在敌对竞争关系，拓跋部与慕容部的关系并不算太和睦。宇文部在与慕容部相争中一直处境不利，到昭成帝什翼犍建国二年（339），"帝纳元真（即慕容皝）女为后"。"四年（341），元真遣使朝贡，城加龙城而都焉。元真征高丽，大破之，遂入丸都，掘高丽王钊父利墓，载其尸，并其母妻、珍宝，掠男女五万余口，焚其宫室，毁丸都而归。钊单马遁走，后称臣于元真，乃归其父尸。又大破宇文，开地千里，徙

---

[1]《魏书》卷113《官氏志》："东方宇文、慕容氏，即宣帝时东部，此二部最为强盛。"而宣帝就是《序纪》里提到的"第一推寅"："宣皇帝讳推寅立。南迁大泽，方千余里，厥土昏冥沮洳。谋更南徙，未行而崩。"一般以为，"大泽"就在今天内蒙古的呼伦湖。据《官氏志》，在宣帝推寅时拓跋部可能就与宇文部和慕容部发生了联系。

其部民五万余家于昌黎。"[1] 建国八年（345），慕容晃伐宇文逸豆归，"逸豆归拒之，为晃所败，杀其骁将涉亦干。逸豆归远遁漠北，遂奔高丽。晃徙其部众五千余落于昌黎，自此散灭矣。"[2] 慕容部征服高丽，破灭宇文部，为其逐鹿中原扫除了后顾之忧。自昭成帝什翼犍始，慕容部才逐渐成为影响拓跋鲜卑政治发展的重要外部因素。

五、从什翼犍建代到拓跋珪建魏

据《魏书》卷1《序纪》："烈帝临崩顾命曰：'必迎立什翼犍，社稷可安。'烈帝崩，帝弟孤乃自诣邺奉迎，与帝俱还。"什翼犍是"平文之次子也"，"生而奇伟，宽仁大度，喜怒不形于色。身长八尺，隆准龙颜，立发委地，卧则乳垂于席"。烈帝翳槐大概是考虑到桓帝猗㐌一系的势力尚在蠢蠢欲动，才选择了什翼犍继承自己的位置。[3]《魏书》卷14《神元平文诸帝子孙传》："高凉王孤，平文皇帝之第四子也。……烈帝之前元年，国有内难，昭成如襄国。后烈帝临崩，顾命：迎昭成立之，社稷可安。及崩，群臣咸以新有大故，内外未安，昭成在南，来未可果，比至之间，恐生变诈，宜立长君以镇众望。次弟屈，刚猛多变，不如孤之宽和柔顺，于是大人梁盖等杀屈，共推孤。孤曰：'吾兄居长，自应继位，我安可越次而处大业。'乃自诣邺奉迎，请身留为质。石虎义而从之。昭成即位，乃分国半部以与之。"卷113《官氏志》："时（昭成）帝弟觚监北部，子

---

[1]《魏书》卷95《徒何慕容廆传》。
[2]《魏书》卷103《匈奴宇文莫槐传》。
[3] 田余庆已经注意到桓帝祁后一系人丁较盛，见《拓跋史探》，第165页。《魏书》卷14《神元平文诸帝子孙传》载有曲阳侯素延（道武帝时封）、顺阳公郁（文成帝时封）、宜都王目辰（文成帝时封南平公，孝文帝时封宜都王），均为"桓帝之后也"。

寔君监南部，分民而治，若古之二伯焉。"此处之"觚"，即《神元平文诸帝子孙传》里的"高凉王孤"。在孤等人的拥戴下，338年"十一月，帝即位于繁畤之北，时年十九，称建国元年"[1]。这是拓跋代国成立的标志。繁畤，据《中国历史地图集》第四册北魏《并、肆、恒、朔等州》图，在今山西省应县东。自此沿今浑河向西，可达猗卢长子六修曾经镇守过的新平城。"二年（339）春，始置百官，分掌众职。"此时出居慕容部的炀帝纥那似乎已经失去了政治影响力，所以同年不但"东自濊貊，西及破洛那，莫不款附"，什翼犍还"娉慕容元真妹为皇后"，与慕容部建立了友善的政治联系。拓跋部声势复振。[2] 拓跋部的政治发展似乎又有由"盛乐—牛川—长川—濡源"一线转向"盛乐（北都）—平城（南都）—新平城"一线的趋势。"夏五月，朝诸大人于参合陂，议欲定都灅源川，连日不决，乃从太后计而止。语在《皇后传》。"[3] 灅源川当指猗卢、六修曾经营过的新平城一带。据今本《魏书》卷13《皇后传》："昭成初，欲定都于灅源川，筑城郭，起宫室，议不决。后闻之，曰：'国自上世，迁徙为业。今事难之后，基业未固。若城郭而居，一旦寇来，难卒迁动。'乃止。""国自上世，迁徙为业"，强调的是拓跋部游牧社会的传统；"事难之后，基业未固"则指出了拓跋部面临的政治形势。

自桓帝猗㐌开始，南进大同盆地、并州地区甚至中原似乎已经成为有进取心之拓跋部首领政治发展的重要企图。"总摄三部"的穆帝猗卢曾"忿聪、勒之乱，志欲平之"。318年，"姿质雄壮，甚

---

[1]《魏书》卷1《序纪》。
[2] 拓跋部重新回复一统，在南朝史籍里也有记载。《宋书》卷95《索虏传》："（猗）卢孙什翼犍勇壮，众复附之，号上洛公，北有沙漠，南据阴山，众数十万。"《南齐书》卷57《魏虏传》："猗卢孙什翼犍，字郁律旃，后还阴山为单于，领匈奴诸部。"
[3]《魏书》卷1《序纪》。

有威略"的平文帝郁律闻晋愍帝为刘曜所害，顾谓大臣曰："今中原无主，天其资我乎？""治兵讲武，有平南夏之意"。什翼犍欲定都㶟源川，无非是想实现前代拓跋部首领的政治蓝图。350年，石赵政权发生重大内讧，"魏郡人冉闵，杀石鉴僭立"。次年，"帝曰：'石胡衰灭，冉闵肆祸，中州纷梗，莫有匡救，吾将亲率六军，廓定四海。'乃敕诸部，各率所统，以俟大期"，再次燃起政治发展的雄心。但是，"诸大人谏曰：'今中州大乱，诚宜进取，如闻豪强并起，不可一举而定，若或留连，经历岁稔，恐无永逸之利，或有亏损之忧。'帝乃止"。而"是岁，氐苻健僭称大位，自号大秦"[1]。五胡争竞，拓跋部却流连游牧社会传统，逡巡不前。面对这种部族社会政治的实际，什翼犍大概想到，若欲避免穆帝猗卢末年以来的纷争，稳定内部显然优于南向发展。所以，"三年（340）春，移都于云中之盛乐宫。""四年（341）秋九月，筑盛乐城于故城南八里。"土默特平原成为什翼犍关注经营的中心。什翼犍虽然有政治野心，却一时难以改变自力微以来"盛乐—牛川—长川—濡源"一线的地理轴心地位。他复置南、北两部大人，维系拓跋部对"盛乐（北都）—平城（南都）—新平城"一线的政治控制，但这种控制同时也借重了其他部族的政治地位与实力。

什翼犍时期，拓跋部与东方的贺兰部、慕容部政治关系良好，这也有助于拓跋部把政治中心重新转移到土默特平原。拓跋部把政治中心重新转移到土默特平原，除了南进中原内部动力不足之外，还因为铁弗部的崛起。[2]《魏书》卷95《铁弗刘虎传》："铁弗刘虎，

---

[1] 均见《魏书》卷1《序纪》。
[2] 关于铁弗部和它所建立的夏国，相关的研究其实不少，本文着眼于拓跋部与铁弗部的政治关系，对于铁弗部没有专门进行研究。最近一次比较全面系统的研究请参见吴洪琳：《铁弗匈奴与夏国史研究》，中国社会科学出版社2011年版。

南单于之苗裔，左贤王去卑之孙，北部帅刘猛之从子，居于新兴虑虒之北。北人谓胡父鲜卑母为'铁弗'，因以为号。猛死，子副仑来奔。虎父诰升爰代领部落。……诰升爰死，虎代焉。虎一名乌路孤。始臣附于国，自以众落稍多，举兵外叛。平文与晋并州刺史刘琨共讨之，虎走据朔方，归附刘聪，聪以虎宗室，拜安北将军、监鲜卑诸军事、丁零中郎将。"魏晋时期的新兴郡在今雁门关南侧的忻定盆地上，虑虒在今山西五台县附近。"平文与晋并州刺史刘琨共讨之，虎走据朔方"，据卷1《序纪》载，穆帝猗卢"三年（310）……白部大人叛入西河，铁弗刘虎举众于雁门以应之，攻琨新兴、雁门二郡。琨来乞师，帝使弟子平文皇帝将骑二万，助琨击之，大破白部；次攻刘虎，屠其营落。虎收其余烬，西走度河，窜居朔方"。这是铁弗部政治发展中的一件重要事情。在西晋并州刺史刘琨和拓跋部联合打击下，铁弗部离开忻定盆地"走据朔方"。刘虎所据的"朔方"，应该就是今天的鄂尔多斯高原一带。鄂尔多斯高原位于土默特平原和狭义的河套平原之南，其西、北、东三面为黄河环绕，南以长城为界。高原海拔高度大多在1100～1500米之间。西北部略高，向东南缓缓倾斜，地表起伏不大，为近似方形的台状干燥剥蚀高原。西部桌子山一带地势比较高峻，平均海拔在1500～2000米左右。东部有沙黄土丘陵，河谷地带海拔常低于1000米。高原上河流稀少，盐湖众多，风沙地貌发育，无流区与内陆区面积很大。但地下水丰富，并且有承压性质，可自溢流出井口。其中尤以白垩系地层地下水最佳，质好、量大、面积广（约占鄂尔多斯高原的2/3）。[1] 可见鄂尔多斯高原具备从事游牧社会活动的自然条件。这一带也确实有着从事游牧活动的历史传统。"秦昭王时，义渠戎王与宣太后乱，有二

---

[1] 任美锷、包浩生主编：《中国自然区域与开发整治》第九章，第380页。

子。宣太后诈而杀义渠戎王于甘泉，遂起兵伐残义渠。于是秦有陇西、北地、上郡，筑长城以拒胡。而赵武灵王亦变俗胡服，习骑射，北破林胡、楼烦。筑长城，自代并阴山下，至高阙为塞。而置云中、雁门、代郡。"[1]历史学家研究后认为至少到战国后期这一带已经全面游牧化了，"长城的建立，与长城外的全面游牧化互为因果"[2]。由于鄂尔多斯高原地势较为舒缓，便于骑马民族纵横驰骋，铁弗部政治整合这一地带并没有自然地理上的重大障碍。但是鄂尔多斯高原毗邻拓跋部活动的中心区域——土默特平原，铁弗部与拓跋部两部之间仍然存在政治上的竞争。这种竞争态势甚至持续到拓跋部与铁弗部相继建立北魏与大夏国家之后。《资治通鉴》卷118载，晋恭帝元熙元年（419），大夏国群臣请夏王赫连勃勃定都长安，勃勃讲了如下一段话："朕岂不知长安历世帝王之都，沃饶险固！然晋人僻远，终不能为吾患。魏与我风俗略同，土壤邻接，自统万距魏境裁百余里，朕在长安，统万必危；若在统万，魏必不敢济河而西。诸卿适未见此耳。""风俗略同，土壤邻接"，这样的地缘政治特点，在两部实力相当的条件下，拓跋部和铁弗部很难避免政治上的缠斗。而拓跋部在北魏建国前似乎也没有彻底解决这一政治势力的实力。《铁弗刘虎传》又云："（刘虎）复渡河侵西部，平文逆击，大破之，虎退走出塞。昭成初，虎又寇西部，帝遣军逆讨，又大破之。虎死，子务桓代领部落，遣使归顺。务桓……招集种落，为诸部雄。潜通石虎，虎拜为平北将军、左贤王。务桓死，弟阏陋头代立。密谋反叛……后务桓子悉勿祈逐阏陋头而自立。悉勿祈死，弟卫辰代立。卫辰，务桓之第三子也。既立之后，遣子朝献，昭成以女妻卫辰。"

---

[1]《史记》卷110《匈奴列传》。
[2] 王明珂：《华夏边缘——历史记忆与民族认同》第五章，社会科学文献出版社2006年第1版，第73—93页。

从材料中还可以看到，铁弗部不时受到地域之外的政治强权（相继有刘汉政权、石赵政权、苻秦政权和姚秦政权）的恣惠与支持。据《魏书》卷1《序纪》，建国四年（341），"冬十月，刘虎寇西境。帝遣军逆讨，大破之，虎仅以身免。虎死，子务桓立，始来归顺，帝以女妻之"。"十九年（356）春正月，刘务桓死，其弟阏头立，潜谋反叛。二月，帝西巡，因而临河，便人招喻，阏头从命。""二十一年（358），阏头部民多叛，惧而东走。渡河，半济而冰陷，后众尽归阏头兄子悉勿祈。初，阏头之叛，悉勿祈兄弟十二人在帝左右，尽遣归，欲其自相猜离。至是，悉勿祈夺其众。阏头穷而归命，帝待之如初。"二十二年（359），"悉勿祈死，弟卫辰立。秋八月，卫辰遣子朝贡"。二十三年（360），"秋七月，卫辰来会葬，因而求婚，许之"。"二十四年（361）春，卫辰遣使朝聘。""二十八年（365）春正月，卫辰谋反，东渡河。帝讨之，卫辰惧而遁走。""三十年（367）冬十月，帝征卫辰。时河冰未成，帝乃以苇絙约渐，俄然冰合，犹未能坚，乃散苇于上，冰草相结，如浮桥焉。众军利涉，出其不意，卫辰与宗族西走，收其部落而还，俘获生口及马牛羊数十万头。""三十七年（374），帝征卫辰，卫辰南走。"从整体趋势来看，拓跋部似乎越来越占上风。但是两部地域之外的政治强权遏制住了这种趋势，"三十八年（375），卫辰求援于苻坚。三十九年（376），苻坚遣其大司马苻洛率众二十万及朱彤、张蚝、邓羌等诸道来寇，侵逼南境"。卷95《铁弗刘虎传》："昭成末，卫辰导苻坚来寇南境，王师败绩。"在铁弗部的配合下，前秦灭亡了拓跋代国，也为拓跋部后续的政治发展留下了新的问题。

如上所述，昭成帝什翼犍在位39年，铁弗部败而复振，首鼠两端，叛服无常，显示了顽强的政治生命力。在这种情况下，拓跋部一方面不得不采行军事征服与政治怀柔相济的手段，另一方面，则积极扶持独孤部，抗衡铁弗部。据《魏书》卷113《官氏志》，"神元皇帝时，余部诸姓内入者。丘穆陵氏，后改为穆氏。步六孤氏，后改为陆氏。贺赖氏，后改为贺氏。独孤氏，后改为刘氏。"独孤部自神元帝力微时就与拓跋部发生了政治联系。但卷23《刘库仁传》："刘库仁，本字没根，刘虎之宗也……母平文皇帝之女。昭成皇帝复以宗女妻之，为南部大人。"刘库仁是独孤部的首领，此条材料暗示独孤部与铁弗部在种属上存在亲缘关系。姚薇元比勘史料后认为独孤部出自匈奴之屠各种，独孤当即屠各之异译。[1] 前引《魏书》卷95《铁弗刘虎传》载，郁律与西晋并州刺史刘琨征讨铁弗部首领刘虎，"虎走据朔方，归附刘聪，聪以虎宗室，拜安北将军、监鲜卑诸军事、丁零中郎将"，匈奴汉国的刘聪以铁弗部首领刘虎为宗室，刘虎出自屠各种应该没有疑问。尽管刘库仁与刘虎的具体亲缘关系可能还需要讨论，但独孤部与铁弗部同出匈奴屠各种应该没有疑问。[2] 独孤部与铁弗部同源政治立场却更倾向拓跋部，这与独孤部杂处拓跋鲜卑南、北两部之间，政治实力又常弱于强大时的拓跋部有很大关系。拓跋部通过扶持独孤部，至少可以减少铁弗部从黄河西岸直接冲击本部。什翼犍的这项策略，也为代国灭亡后拓跋部保存后续发展实力提供了条件。卷95《铁弗刘虎传》："坚遂分国民为二部，自河以西属之卫辰，自河以东属之刘库仁。……坚后以卫辰为西单于，督摄河西杂类，屯代来城。"《魏书》卷23《刘库仁传》："建国三十九年（376），昭成暴崩，太祖未立，苻坚以库仁为陵江将军、关内侯，令与卫辰分国部众而统之。自河以西属卫辰，自河以东属库仁。"可以看出，前秦虽然利用铁弗部控制拓跋部，但是并没

---

[1] 姚薇元：《北朝胡姓考》，第38—52页。
[2] 相关讨论参见张继昊：《北魏王朝创建历史中的匈奴刘氏——北魏建国时期重要氏族研究之一》，《空中大学人文学报》第7期。

有忽视独孤部对拓跋部的影响。其实苻坚在灭代之前，对铁弗部叛服无常的政治性格是领教过的。卷95《铁弗刘虎传》："卫辰潜通苻坚，坚以为左贤王。遣使请坚，求田内地，春来秋去，坚许之。后掠坚边民五十余口为奴婢以献于坚，坚让归之。乃背坚，专心归国，举兵伐坚，坚遣其建节将军邓羌讨擒之。坚自至朔方，以卫辰为夏阳公，统其部落。卫辰以坚还复其国，复附于坚，虽于国贡使不绝，而诚敬有乖。帝讨卫辰，大破之，收其部落十六七焉。卫辰奔苻坚，坚送还朔方，遣兵戍之。"将这些内容与前述灭代后的政治安排结合起来分析，前秦意在通过铁弗部与独孤部分部管理拓跋部，提高独孤部的政治地位，扶持独孤部的发展，并借助独孤部实力与地位以及铁弗、独孤两部之间的矛盾成功抑制铁弗部的趁势扩张。卷23《刘库仁传》："苻坚进库仁广武将军，给幢麾鼓盖，仪比诸侯。处卫辰在库仁之下。卫辰怒，杀坚五原太守而叛，攻库仁西部。库仁又伐卫辰破之，追至阴山西北千余里，获其妻子，尽收其众。库仁西征库狄部，大获畜产，徙其部落，置之桑干川。苻坚赐库仁妻公孙氏，厚其资送。库仁又诣坚，加库仁振威将军。"前秦的政治意图得到了实现，但是拓跋部也因为独孤部的呵护保存了自身的政治实力。同传在"自河以西属卫辰，自河以东属库仁"一语后载："于是献明皇后携太祖及卫秦二王自贺兰部来居焉。库仁尽忠奉事，不以兴废易节，抚纳离散，恩信甚彰。"这也是昭成帝什翼犍生前扶持独孤部战略布局的一个意想不到的收获。

拓跋部在政治上的再度崛起也离不开贺兰部的支持与帮助。今本《魏书》卷83《外戚贺讷传》："昭成崩，诸部乖乱，献明后与太祖及卫、秦二王依讷。会苻坚使刘库仁分摄国事，于是太祖还居独孤部。讷总摄东部为大人，迁居大宁，行其恩信，众多归之，侔于库仁。苻坚假讷鹰扬将军。"贺兰部在东部影响力的增强与弗一系为打击猗㐌一系而行的扶持策略有关，已如前述。前秦灭代以后扶持贺兰部，则有抑制独孤部势力东扩的意图在里面。这对进一步加强贺兰部在东部的实力与地位应该有所帮助。但不管前秦扶持的是独孤部还是贺兰部，从拓跋部政治发展的角度来看，由于之前较为良好的政治联系，两部的政治成长，对拓跋部还是有利的。至少在灭代以后的一段时间内独孤部与贺兰部发挥了翼护拓跋部的作用。《魏书》卷2《太祖纪》："登国元年（386）春正月戊申，帝即代王位，郊天，建元，大会于牛川。复以长孙嵩为南部大人，以叔孙普洛为北部大人。班爵叙勋，各有差。二月，幸定襄之盛乐。息众课农。三月，刘显自善无南走马邑，其族奴真率所部来降。夏四月，改称魏王"，卷83《外戚贺讷传》则云："于是诸部大人请讷兄弟求举太祖为主。……（讷）遂与诸人劝进，太祖登代王位于牛川"，在贺兰等部的支持下，拓跋部自此开启了建立北魏王朝的历程。

六、结论

最后，将本文主要结论简述如下：

（1）诘汾和之后力微最初所居的"匈奴故地"，可能在今天乌兰察布高原东侧的阴山山地一带，与居于张北高原的没鹿回部相邻。力微吞并没鹿回部之后，张北高原转而成为拓跋鲜卑的驻牧地。

（2）力微当是沿长川—牛川—盛乐一线，即今日兴和（长川）—丰镇—凉城（牛川）—和林格尔（盛乐）一线或兴和（长川）—察哈尔右翼前旗—凉城（牛川）—和林格尔（盛乐）一线自东向西发展，由此进入肥沃的土默特平原，在这里确立自己的部落联盟领导地位，并开始有了沿盛乐—善无—平城一线自西向东发展的企图。

（3）禄官"分国为三部"，沿袭的仍是力微以来的政治地理格局，以盛乐—牛川—长川—濡源一线为轴心。其后猗㐌与禄官两部积极南进，但猗卢一部的政治步调并未与之一致，盛乐—牛川—长川—濡源一线依然是维系拓跋鲜卑整体的地理纽带。猗卢"总摄三部"后，在西晋并州刺史刘琨配合下完全占领大同盆地，拓跋鲜卑出现了"南"、"北"两部并行发展的政治地理格局，这种格局也是有远大企图心的拓跋鲜卑首领由盛乐—牛川—长川—濡源一线转向盛乐（北都）—平城（南都）—新平城一线经营的重要现实因素。

（4）猗卢死后，拓跋鲜卑政治发展的主导权一直在桓帝猗㐌一系和思帝弗一系摇摆，直到思帝弗一系什翼犍建立代国，这种局面才告终结。什翼犍为了平衡内部分歧，将政治发展中心重新转向土默特平原，但是在土默特平原却必须面对来自鄂尔多斯高原的铁弗部的政治竞争。铁弗部利用其自身的地缘政治优势，撼动着拓跋部在北方的政治主导地位。为维系拓跋部在阴山南北的政治主导权，思帝弗一系积极扶植与拓跋鲜卑政治关系较为良好的贺兰部与独孤部，让这些部族分担自己来自内外的政治压力。

（5）思帝弗一系扶植贺兰部与独孤部，与拓跋鲜卑经历内耗后实力有所削弱也有关系。贺兰部与独孤部地位和实力增强后，它与拓跋部的关系渐渐变得复杂微妙起来。围绕怎样对待拓跋部，独孤部内部出现了分化。《魏书》卷83《外戚刘罗辰传》："刘罗辰，代人，宣穆皇后之兄也。父眷（据卷23《刘库仁传》，刘眷为刘库仁之弟），为北部大人，帅部落归国。……后库仁子显杀眷而代立，又谋逆。及太祖即位，讨显于马邑，追至弥泽，大破之。后奔慕容麟，麟徙之中山，罗辰率骑奔太祖。显恃部众之强，每谋为逆，罗辰辄先闻奏，以此特蒙宠念。"贺兰部也出现了这种情况。《外戚贺讷传》："后刘显之谋逆，太祖闻之，轻骑北归讷。讷见太祖，惊喜拜曰：'官家复国之后当念老臣。'……讷中弟染干粗暴，忌太祖，常图为逆,每为皇姑辽西公主拥护,故染干不得肆其祸心。于是诸部大人请讷兄弟求举太祖为主。染干曰:'在我国中,何得尔也!'讷曰:'帝,大国之世孙,兴复先业,于我国中之福。常相持奖,立继统勋,汝尚异议,岂是臣节!'"独孤部刘显"恃部众之强","谋为逆",贺兰部贺染干"常图为逆",显示长期由拓跋部主导的代北政治发展格局出现了某种松动、解体的征兆。

（6）猗卢死后,政局之所以在桓帝猗㐌一系和思帝弗一系摇摆,从政治地理的角度来说,与猗㐌一系控制着盛乐—牛川—长川—濡源一线的关键地段有很大关系。思帝弗一系借助贺兰部打击猗㐌一系,虽然极大削弱了猗㐌一系左右政局的实力,促成了什翼犍建立代国,但贺兰部因而坐大并在一定程度上与拓跋部分享对盛乐—牛川—长川—濡源一线的控制,对拓跋部控制盛乐—牛川—长川—濡源一线东侧和阴山以北的草原地区有负面影响。北魏建国后为稳定北方、重新控制这一线,不得不展开对贺兰部的斗争与征服,所以离散贺兰部落,对确立北魏新的政治地理格局意义重大。[1]

（7）盛乐（北都）—平城（南都）—新平城一线在地位上虽长期不能与盛乐—牛川—长川—濡源一线相提并论,但由于猗卢开创的拓跋鲜卑"南"、"北"两部并行发展的政治地理格局以盛乐（北都）—平城（南都）—新平城一线为轴心,拓跋鲜卑后续的南向发展要依赖这条线,所以对盛乐（北都）—平城（南都）—新平城一线的重视程度会随着拓跋部政治上的强大而加深。从这个角度来说,拓跋部扶持在拓跋"南"、"北"两部中间活动的独孤部,虽然有助于抑制铁弗部,也对前秦灭代后拓跋鲜卑政治实力的保存起到了良

---

[1] 张继昊:《北魏王朝创建历史中的勋臣贺氏——北魏建国时期重要氏族研究之一》,《空中大学人文学报》第5期。田余庆:《贺兰部落离散问题——北魏"离散部落"个案考察之一》,《拓跋史探》,第62—76页。

好效果，但是独孤部的政治成长毕竟不利于拓跋部控制盛乐（北都）—平城（南都）—新平城一线，从长远来看则威胁着拓跋鲜卑"南"、"北"两部的政治整合。所以在北魏建国过程中，独孤部要先于贺兰部被离散。[1]

(首载《魏晋南北朝隋唐史资料》第 28 辑)

---

[1] 张继昊：《北魏王朝创建历史中的白部和氏——北魏建国时期重要氏族研究之二》，《北魏王朝创建历史中的匈奴刘氏——北魏建国时期重要氏族研究之一》，分见《空中大学人文学报》第 6、7 期。田余庆：《独孤部落离散问题——北魏"离散部落"个案考察之二》，《拓跋史探》，第 77—91 页。

北魏因素对北齐政治的消极影响[*]

苏小华（陕西师范大学历史文化学院）

陈寅恪先生早在20世纪40年代，就将北魏和北齐看作隋唐制度的同一个来源，也就是将北齐和北魏看作政治制度前后相承性质相同的政权。[1]20世纪八九十年代，祝总斌、陈仲安、王素和陈琳国，从不同角度论证了北齐对北魏政治制度的继承性。[2]既然如此，在北齐28年短暂、动荡的政治史上，所承袭的北魏遗产有无对这种"短暂与动荡"负上一定的责任？回顾北齐政治史的研究发现，以前的学者并没有考察过，北魏因素对于北齐政治的消极影响。[3]

---

[*] 本文为陕西省社科基金一般项目"西魏北周与东魏北齐文化比较研究"（项目编号11j029）阶段成果。
[1] 陈寅恪：《隋唐制度渊源略论稿》，生活·读书·新知三联书店2001年版，第3—5页。
[2] 祝总斌：《两汉魏晋南北朝宰相制度研究》，中国社会科学出版社1990年版，第206—379页；陈仲安、王素：《汉唐职官制度研究》，中华书局1993年版，第66—87页；陈琳国：《魏晋南北朝政治制度研究》，文津出版社1994年版，第95—189页。
[3] 缪钺先生1949年发表《东魏北齐政治上汉人与鲜卑之冲突》，认为北齐政治史的线索就是胡汉冲突。到目前为止，缪钺先生的看法仍然得到一些学者的支持，并且为一般教科书所采用。从20世纪70年代，谷川道雄（《北齐政治史与汉人贵族》）和毛汉光（《中国中古政治史论·绪论》）就此提出了不同看法。1987年，台湾学者吕春盛明确提出，北齐的政治斗争的性质是权力斗争。香港学者王怡辰持同样看法（1994）。20世纪90年代中期，黄永年先生也认为北齐的政治冲突是权力斗争，且以文武分途来理解北朝后期的历史（《六至九世纪中国政治史》）。

一、释"众叛亲离"

黄永年先生对于北齐政治史的解读，虽然廓清了胡汉冲突说的迷雾，但是他对于北齐的偏爱，也造成了理解北齐政治的困难。黄先生认为北齐的灭亡主要是因为武力上不如北周，北齐内部并没有孕育着衰落的因素。[1]这不仅和笔者的观察不一致，唐初的魏徵也早就指出北齐灭亡属于"土崩瓦解"式，也就是说，北齐内部孕育着严重的危机，他又用"众叛亲离"解释了土崩瓦解的具体含义。北齐的灭亡过程中，众叛亲离的现象的确是触目惊心。

北周发动旨在灭亡北齐的战争，固然是多年内政外交准备后的必然行为，但是在《北史》中记载："（晋州道）行台左丞侯子钦等密启周武请师，钦等为内应。"[2]体会"请师"二字，则575年周武帝第二次伐齐，将主攻方向指向晋州，部分原因是取得了一些北齐晋州守将的内应。战争开始不久，晋州就被北齐叛臣卖给了北周。577年，北齐后主准备逃亡南朝，在逃亡路上被北周追及。据《北齐书》"时人皆云肱表款周武，必仰生致齐主，故不速报兵至，使后主被擒"[3]，即北齐后主也是被高阿那肱卖给了北周。整个战争，以出卖为开始，以出卖为结束，印证了魏征"众叛亲离"的断言。北齐将领络绎不绝的背叛，形成此次战役的一大特点。

据《北齐书》卷11，在晋州战役失败后，北齐后主撤往晋阳，北周尾随而至，在此期间"特进、开府那卢安生守太谷，以万兵

---

[1] 黄永年：《六至九世纪中国政治史》，上海书店出版社2004年版，第5—40页。
[2] 《北史》卷53《侯莫陈相传》。
[3] 《北齐书》卷50《高阿那肱传》。

叛"[1]，所以北周军队很快包围了晋阳。据《北齐书》卷19："（乞伏）令和，领军将军。并州未败前，与领军大将军韩建业，武卫大将军封辅相相继投周军。"[2]在晋阳战役中，守卫晋阳东门的"阿于子、段畅以千骑投周"[3]。晋阳被攻占后，北齐大臣投降北周已经不能遏制。《北齐书》卷19："（武平七年晋阳败后，在晋阳的）文武群官皆投周军"，唯有莫多娄敬显逃回了邺城。[4]而在邺城战役中，"周军续至，人皆恟惧，无有斗心，朝士出降，昼夜相属"[5]。

　　《北齐书》的作者总结道，"齐军晋阳败后，兵将罕有全节者"[6]。这个现象令人深思。六镇武力曾经是高欢赖以起家的最重要支柱，也是东魏北齐赖以和南、西政权周旋的后盾。由于以上两点，六镇武力得到高家父子高度重视，关于这点史家论述已多，此从略。那么在武平年间，为何北齐失去了六镇将领的支持？

　　再仔细地观察，六镇武力反对的不是北齐政权本身，而是北齐后主高纬集团。晋州溃败后，曾有"（莫多娄敬显）与唐邕等推立安德王称尊号"的事件。"在并将率咸请曰：'王若不作天子，诸人实不能出死力。'"在高延宗当了皇帝之后，据说"不召而至者，前后相属"[7]。这就说明了并州势力反对的仅仅是后主高纬，对于北齐还是抱有希望，这是在晋阳。逃到邺城后的高纬传位给儿子高恒。此时，在邺也策划着一起推翻高纬父子的密谋，身为领军大将军的尉相愿"自平阳至并州，及到邺，每立计将杀高阿那肱，废后主，立广宁

---

[1] 《北齐书》卷11《安德王延宗传》。
[2] 《北齐书》卷19《张保洛传》。
[3] 《北齐书》卷11《安德王延宗传》。
[4] 《北齐书》卷19《莫多娄贷文传》。
[5] 《北齐书》卷13《清河王岳传》。
[6] 《北齐书》卷41《傅伏传》。
[7] 《北齐书》卷11《安德王延宗传》。

王，事竟不果"[1]。邺城密谋的更详细版本，见于广宁王高孝珩的传记，"（高孝珩）与呼延族、莫多娄敬显、尉相愿同谋，期正月五日，孝珩于千秋门斩高阿那肱，相愿在内以禁兵应之，族与敬显自游豫园勒兵出"[2]。由此看来，众叛亲离的对象并非北齐政权，而是高纬集团。

在武平五年，身为尚书令、朔州道行台、朔州刺史、开府、南安王的高思好起兵反叛。高思好给"并州诸贵"发去了一封公开信，表明了自己起兵的立场。在这封信中有这么几点需要注意：高思好不仅指责了后主；而且特别对于"刀锯刑余"和"商胡丑类"这两类人对于政治的毒害予以重点鞭挞；对于赵郡王和斛律光的被害表达了同情。这封出自于王行思手的书信体现了高超的政治策略。首先对于并州武力集团的敌人高纬及其宦官和商胡，给予鞭挞。对于并州武力集团的优秀代表人物赵郡王和斛律光给予同情，说明了自己政治立场上和并州勋贵的一致性。这封信传到晋阳后，"军士皆曰：'南安王来，我辈唯须唱万岁逢迎耳。'"士兵的立场表明了高纬集团已经失去了士兵拥护的事实。[3]

那么，高纬集团和并州武装集团的隔阂是怎样产生的？事实上，在中国古代史上，怎样处理好皇权和武力集团的关系，对每个王朝都是棘手的问题，能够处理好的并不多见。皇权的贵族化趋向，必然导致其不能和武装集团保持良好的互动，这个规律同样适用于北齐。在高欢建立东魏政权后，必然不能容忍和六镇将领等夷的伙伴关系，他使用文官和干吏来控制六镇集团。这就导致了高欢和六镇势力不能保持创业期间的亲密关系。不过在高欢、高澄、高演统治

---

[1]《北齐书》卷19《张保洛传》。
[2]《北齐书》卷11《广宁王孝珩传》。
[3]《北齐书》卷14《上洛王思宗传》。

时期，对于六镇势力给予了高度礼遇，皇权和军事力量相处还算愉快。到高湛即位后，他已经不能顺畅统御武装力量。据《北齐书》："初，突厥与周师入太原，武成将避之而东。孝琬叩马谏，请委赵郡王部分之，必整齐，帝从其言。"[1]这则史料说明，北齐武装势力对于赵郡王高叡的认可度高于皇帝高湛，所以让高叡统御部队，可以稳定军心。在北齐武成和后主时代，皇权对于军队的掌握是通过高叡、斛律光这样的将领来实现的，皇权在军队中的威信并未超过这类将领。高俨叛乱中，高俨和后主都在第一时间召集斛律光，也说明了这个事实。因为斛律光的向背，代表了军队的向背。而军队的向背自然就预示着皇权归于谁之手。

作为军方的代表，斛律光多次为士兵的利益，而与高纬集团站在了对立面。《北齐书》卷17："帝赐提婆晋阳之田，光言于朝曰：'此田，神武以来常种禾，饲马数千匹，以拟寇难，今赐提婆，无乃缺军务也？'"[2]斛律光这样抗议的结果是引起穆提婆的"怨"。《北史》卷54："光尝谓人曰：'今军人皆无裈袴，后宫内参，一赐数万匹，府藏空虚，此是何理？'受赐者闻之，皆曰：'天子自赐我，关相王何事。'"[3]我们看到，斛律光站在军队的一方，甚至可以说站在北齐国家一方，对于后主任意赏赐恩幸、后宫和内参，提出了抗议。其结果是，恩幸、后宫和内参很快将斛律光列入了敌对者名单，于是斛律光家被灭门。斛律光的去世，使得军方失去了愿意替他们讲话的代表，那么军队的待遇只有越来越差。

根据北齐后期的财政状况，"军人皆无裈袴"的情况绝非夸张。据《北齐书》卷43，北齐后主时代"政荒国蹙，储藏虚竭，赋役繁

---

[1]《北齐书》卷11《河间王孝琬传》。
[2]《北齐书》卷17《斛律光传》。
[3]《北史》卷54《斛律光传》。

兴"[1]。北齐的财政危机，从天统年间就已经开始，高湛大兴土木，搞得"财用不给"，只能削减"朝士之禄，断诸曹粮膳"，军人的"常赐"也在削减之列。在后主当政时代"权幸并进，赐予无限，加之旱蝗，国用转屈"[2]。这一次军人自然也被株连，穷的连裤子都没有了。在这种经济状况下，北齐和后主自然不能指望军人还会为自己卖命，于是乎，就出现了"众叛亲离"的局面，北齐的灭亡，也就不可避免。于此，也就不能同意黄永年先生所认为的，对于北齐的灭亡，恩幸、后宫、内参，完全没有责任的看法。

二、释"魏帝皇太后故事"

后宫势力开始介入北齐政治的标志，是高湛去世后，以胡太后为核心的势力诛杀赵郡王高叡的事件。此后，北齐的政治势力的影响力在皇帝之下，依次为：后宫（内参）→恩幸→勋贵。后宫（内参）势力的代表权势显赫，陆太姬甚至可以控制皇帝以行使最高权力，以至于祖珽建议她行"魏帝皇太后故事"。[3] 北齐后宫势力在后主时代的勃兴，是北魏后宫势力渐渐渗透的结果。

（一）从灵太后到胡太后

北魏灵太后算是中国历史上比较有名的女强人，其侄女北齐胡太后，虽然权断不如其姑母，但荒淫却极似乃姑之风范。北魏灵太后的事迹，在北齐初年可能还未被人们遗忘，在这种情况下胡家的姑娘还是被选为高湛的王妃，这似乎让人有点不可理解。

河阴之变，灵太后被沉入黄河，胡家也被株连。灵太后的养兄

---

[1]《北齐书》卷43《源彪传》。
[2]《隋书》卷24《食货志》。
[3]《北齐书》卷39《祖珽传》。

胡僧洗,"自永安后废弃,不预朝政"[1]。永安是北魏孝庄皇帝的年号,当时尔朱荣专政,自然是出自尔朱氏的意思。这样在尔朱氏专权的北魏孝庄、节闵时代,胡家是受到打压的。不过,灵太后所布置的关系网,很快就使胡家走上了重新崛起的道路。灵太后生前和小叔子清河王元怿有一段不伦之恋。元怿死后,灵太后将侄女嫁给了元怿的儿子元亶,此女所生之子,就是东魏的开国皇帝孝静帝。胡家又一次当了皇亲国戚。虽然东魏的实权掌握在高欢父子手中,但是高欢尽量不去触动东魏皇族的利益,这样胡家在政治上担任了非常高的荣誉性职位,这就使得胡家在某种程度上走出了灵太后的阴影,社会地位有一定程度的提高。这就为胡氏被选为王妃做了一个铺垫。

胡氏被选为王妃,并非仅通过父母之命媒妁之言就可,而是需要克服一些困难。首先是胡氏父亲胡延之的早逝。残存的《文馆词林》幸运地保存了胡太后的父亲胡延之的碑文,这是武平初年胡延之改葬时,胡太后所立。参合史传和碑文,胡延之死于东魏时期,不及见到胡氏嫁给高湛。[2]父亲去世之年,胡太后才十岁出头,自然还没有到谈婚论嫁的年龄。胡延之的早逝,对于胡太后当然是不幸的,会直接影响到胡氏以后的命运。胡氏嫁给高湛的第二个障碍是,在出嫁前,高湛已经有自己的王妃,而且贵为柔然公主。此公主的墓葬在1978年被考古工作者找到,墓中出土墓志,结合传世文献,这位柔然公主的事迹还是比较清楚的。邻和公主嫁到东魏年方5岁,在13岁时去世,卒年是东魏武定八年,此年恰好是北齐取代东魏之

---

[1]《北史》卷80《胡国珍传》。
[2]《北齐书》卷48《胡长仁传》,《文馆词林校证》,第188—191页,胡延之的官职都是元魏时期的,没有北齐的官职,可知其人在东魏去世。关于安定胡氏,可参见杨富学、杜斗成:《洛阳出土的几通安定胡氏墓志》,《文献》2003年第3期。

年。[1] 胡氏嫁给高湛是在北齐天保初年，也就是在邻和公主去世后的一两年之内。此年，高湛大概十六七岁，胡氏肯定比高湛小，或者尚未到生育年龄。因为直到天保七年胡氏才为高湛生下嫡长子高纬。此时，高湛已经24岁左右，而胡氏大概在20岁左右。

　　总结以上两点，笔者不禁有一些联想。胡氏在父亲去世后，到底是在舅氏范阳卢氏的照顾下成长，还是在伯父、叔父的庇佑下成长呢？从胡氏的婚姻来看，大概属于后者。因为，胡氏家族在其发展过程中，和皇族的两次联姻，使其家族的经济利益和社会地位得到显著提升。北齐代替东魏后，胡家的外戚地位丧失，而高洋对于元魏家族残酷打击，相应地胡家的日子也比较难过，重新寻求与皇室的联姻是胡家当务之急。高湛的丧妻是个机会，但又不是非常理想，因为高湛并非皇帝、太子，且是二婚，胡家兄弟自然不会将亲生女儿许配高湛，只有失去父亲的胡氏才被送去，嫁给高湛。高湛丧妻后的机会当然不会仅仅是胡家看到，但是胡家有非常发达的关系网。东魏孝静帝的皇后是胡家女子，而孝静帝的妹妹嫁给了高欢的长子高澄，虽然孝静帝和高澄此时都已经不在，但是胡家利用胡皇后的关系，可以比较顺利地和娄太后取得联系。所以胡氏之所以成为又一个胡皇后、胡太后，并不是一个人在战斗，而是整个家族的精打细算。

　　熬过了高洋的变态统治和之后的血雨腥风，高湛当上了皇帝，胡氏当上了皇后。胡家子弟也得到了重用，胡后的长兄长仁"累迁右仆射及尚书令"。胡后的堂兄弟胡长粲得到了更大的权力，高湛对其给予了极大的信任，高湛让位给儿子高纬后，胡长粲"出入禁中，专典敷奏"。高湛去世后，后主"富于春秋，庶事皆归委长粲。"

---

[1] 磁县文化馆：《河北磁县东魏茹茹公主墓发掘简报》，《文物》1984年第4期。

这二位应该说并没有干出特别有损于北齐政治的事情来。胡家兄弟并没有风光多久,很快就淹没在政治斗争之中。权倾一时的胡长粲,在胡长仁和胡皇后的压力下,被外放离开了权力中心,不久中风去世。紧接着,胡长仁被和士开打压,外放,不久被赐死。[1]据《北齐书·冯子琮传》:"元文遥以子琮太后妹夫,恐其奖成太后干政,说赵郡王及士开出之,拜郑州刺史,即令之任。"[2]此则史料可以使我们看清,二胡被排挤的真实原因是有人担心太后干政。在武成帝去世之后,后主就成为各种政治势力企图控制的对象,尤其是以赵郡王和娄定远为首的勋贵势力表现得特别突出。如果此时胡太后不出面,恐怕后主和和士开很难制服勋贵势力,若此时不制服勋贵势力,则北齐的皇权将成为傀儡。在勋贵势力被打压之后,情况就有所不同,胡太后和二胡形成的权力三角,必然会对以陆令萱、和士开为核心的宫廷、恩幸势力形成威胁,二胡的相继外放、死亡标志着胡太后势力的渐衰,宫廷恩幸势力控制皇权的成功。

(二)信都冯氏的重新崛起

在北魏,以冯太后为核心的信都冯氏家族,控制北魏后宫,进而影响北魏政治,长达半个世纪。冯家的势力随着宣武帝的上台而消散,但并未消失。在北魏太和年间,除过两位冯家女子嫁给孝文皇帝之外,还有一位姑娘嫁给了任城王元澄,还有一位嫁给了安丰王元延明。这两位王妃,一位去世于东魏武定四年,一位去世于武定六年。[3]我们知道,在东魏,皇族的势力得到极大的尊重,所以这两位王妃依然过着优渥的生活。这就为冯子琮崛起的背景提供了旁证。

---

[1] 《北齐书》卷48《胡长仁传》。
[2] 《北齐书》卷40《冯子琮传》。
[3] 韩理洲:《全北魏东魏西魏文补遗》,三秦出版社2010年版,第394—395页,又第397页。

冯子琮的传记并未提到父亲之前的祖先姓名、职位，只是提到子琮是北燕主冯跋的后人。子琮的父亲官位止于度支郎中，不能说显赫，但也是要职。子琮的仕途比其父要顺利，但是似乎以吏干为资本，并非靠出身。不过从子琮的婚姻，还是能够看出家世也起了一定的作用。子琮的妻子，是胡皇后妹。在当时，胡家由于和东魏、北齐皇室联姻，家族地位比较高，冯子琮能够娶到胡家女子，说明了冯子琮很有可能出自北魏冯太后的家族。不然，仅凭其父度支郎中的官位，很难和胡家联姻。

正因为有这层联姻关系，冯子琮在高湛登基之后，官位亨通，"加东宫管记"，后来又"转庶子"，"辅导太子"。高湛禅位后，对子琮说："少君左右宜得正人，以卿心存正直，今以后事相委。"可以说，委寄是重的。但是高湛是看错了人，史称："子琮微有识鉴，及位望转隆，宿心顿改。擢引非类，以为深交；纵其子弟，官位不依伦次；又专营婚媾，历选上门，例以官爵徐之，旬日便验。"冯子琮的妻子、胡太后的妹妹"恃亲放纵，请谒公行，贿货填积，守宰除授，先定钱帛多少，然后奏闻，其所通致，事无不允，子琮亦不禁制。"[1] 夫妻两个都扮演了挖北齐墙角的角色。

北齐后主还有一位姓冯的妃子，著名的"玉体横陈"冯小怜冯淑妃。[2] 此女的来历不详，或者出自信都冯氏家族亦未可知。《北史》称其"慧黠能弹琵琶，工歌舞"，原是大穆后从婢，穆后宠衰，献给后主，而大穆后本是斛律后从婢。从大穆后身世，可以窥见冯淑妃的出身。大穆后母，本是穆子伦家婢女，后来嫁给宋钦道为妾，生下穆后。宋钦道被高演杀死后，穆后被籍没入宫，受到后主宠爱。[3]

---

[1] 《北齐书》卷40《冯子琮传》。
[2] 《北史》卷14《冯淑妃传》。
[3] 《北史》卷14《后主皇后穆氏传》。

由此，可以推测，冯淑妃有可能也是家属犯罪后，被籍没入宫的罪犯家属，当时其年龄可能还小，在宫内学习了音乐、歌舞，更学得了后宫生存的权谋，因此为权倾一时的陆令萱所赏识，被推荐给了后主。冯淑妃在后主死后，赐给了北周代王宇文达，她在宫廷中所学的媚术和权谋充分体现出来，因此甚被代王宠爱，而代王达的王妃却"为淑妃所谮，几至于死"。

（三）后宫、内参、陆令萱

北齐的后宫制度继承北魏，而北魏后宫制度的特征则是北魏政局不稳的原因之一。北齐后宫的管理机构，主要是长秋寺，下属：中黄门、掖庭、晋阳宫、中山宫、园池、中宫仆、奚官、染局丞、暴室。[1] 北齐的后宫和南朝之不同，在于包括了掖庭（邺城的宫廷）、晋阳的宫廷和中山的宫廷。那么在邺城之外，为何在晋阳和中山还必须设立宫廷，其原因可以参考晋阳宫的设立。《资治通鉴》卷159载，"欢上书言：'并州，军器所聚，动须女功，请置宫以处配没之口……'"[2] 说明晋阳宫的性质是生产性单位，而非消费性单位。同样的中山宫和邺宫也有相同的属性。因为在中山宫底下就设有面豆局，在园池下特设有桑园局。这两个显然是生产性单位。而染局，也显然属生产性单位。北魏北齐的后宫拥有大规模的生产经营性单位，是比较特殊的历史现象。这就预示着，在宫廷中存在着为生产经营而存在的大量劳力：宫女和宦官。

北齐后宫人数，没有准确的数据被记载下来，有一些旁证可以考见后宫上层的宫女和内参数量之庞大。《北齐书·高延宗传》记载北周伐齐的并州战役前，高延宗自立为皇帝，"籍没内参千余家"[3]。

---

[1]《隋书》卷27《百官志中》。
[2]《资治通鉴》卷159 梁武帝大同元年条。
[3]《北齐书》卷11《安德王延宗传》。

这仅是留在晋阳没有随后主逃往邺的内参家。如果假设邺城也有一千家内参（这绝不是过于夸张的数字），加上中山宫的内参家，足可假定北齐的内参有约两千五百家。这些有家的内参，只能是宦官阶层的上层，因为维持一个家庭的费用，并不是谁都能拿出来的。那么，以每个内参家庭五口人计算，则整个内参及其家属的人口是一万两千五百人。这么大的人口数，可以说完全是间接依靠国家财政来供养，这样算起来，供养这么庞大的人口花费也是不小的，这是宦官。嫔妃和宫女的人数恐怕不会比宦官少。《北齐书》卷7，记录"帝直宿嫔御已下七百人"[1]，也就是说，每天一个班次陪同武成帝的嫔妃和宫女人数在七百人左右。《北齐书》卷8，说在后主时代，"诸宫奴婢、阉人、商人、胡户、杂户、歌舞人、见鬼人滥得富贵者将万数"[2]。这些人里面总以诸宫奴婢和阉人数量最大，则诸宫奴婢取两千五百人，似较合理。也就是说，在后主时代，有两千五百名宫女因为后主的赏赐而在经济上达到富贵的地步。如果，将这两千五百名宫女看作宫女总人数的十分之一，则北齐后宫有两万五千名宫女，这当然是非常保守的估计。将嫔妃、宦官、宫女、宫廷歌伎、宗教人士、恩幸等加到一起，估算为五万人，应该是比较客观的数字。

　　这五万人，组成了一个非常复杂的宫廷社会。北魏的政治史证明，谁控制了这个社会，谁就间接地控制了皇权，这里面的斗争当然是异常激烈。加剧这种宫廷斗争的因素还有，北朝的宦官和宫女往往来自犯罪的官吏家庭，他们带着各自家族的特征，尤其是相当程度的教育和偏见，在宫廷内，不同家庭成员还有互相的若隐若现

---

[1]《北齐书》卷7《武成传》。
[2]《北齐书》卷8《幼主传》。

的联系，扭结成为不同的势力集团。东魏被北齐取代的时候，孝静帝只身离宫，后宫的一切都留给了北齐，当然将北魏的后宫政治也留给了北齐。

在北齐的历史上成功地控制住后宫势力的只有高欢的妻子娄太后和陆令萱。在乾明政变前后，可以看出娄太后虽然控制了一部分势力，但是最重要的武力仍然属于高洋父子，可以说控制得并不彻底。在北齐完全控制后宫的，只有后主的保姆陆令萱。陆令萱丈夫骆超第一次出现在历史上，是北魏孝昌三年，秦州城民杜粲反叛，被骆超所杀降北魏，此后骆超担任了秦州刺史。[1] 西魏建立后，广州刺史骆超投降了东魏。[2] 陆令萱大概是骆超在东魏娶的妻子，因为在北魏，城民出身的骆超恐怕没有资格娶一等贵族陆家的女子。在东魏，骆超已经有一定的地位和资产，而陆氏家族地位也有所下降，自然是可以结婚了。此年大概是东魏元象元年，538年，距离孝昌三年（527）已经11年了，此时的骆超大概年龄是30岁左右。如骆超能够活到后主降生的年龄天保七年（556），则其时骆超大概是50岁左右，陆令萱40岁左右，而其子穆提婆20岁。遗憾的是在这二十年间，骆超不安分的心又一次冲动，企图叛逃，骆超本人被杀，陆令萱配入宫廷，穆提婆则当了政府的奴隶。[3] 虽然不知道骆超哪一年谋叛？可以推知到天保七年，陆令萱在宫廷中已经待了不少的年月，而且表现得比较突出，故而才能得到当高纬保姆这一比较优渥的职位。这说明陆令萱在宫廷中经过一段时间的磨砺，已经掌握了宫廷政治的要诀。到后主亲自执政的武平元年（570），陆令萱大概是55

---

[1]《资治通鉴》卷151梁武帝大通元年条；卷154梁武帝中大通二年条；卷156梁武帝中大通六年条。

[2]《资治通鉴》卷158梁武帝大同四年条。

[3]《资治通鉴》卷170陈宣帝太建元年条。

岁左右。此时，陆令萱在宫廷中已经有 25 年的阅历，再加上皇帝保姆的身份，除了皇太后没有人可以与她相抗衡。陆令萱虽然缺乏胡太后尊贵的身份，但是她却有胡太后所没有的宫廷阅历和人脉，更具有北魏保太后们所拥有的政治手腕，这也是胡太后所缺乏的。陆令萱先是谄媚胡太后，将其作为后台，然后和自己的干儿子和士开，一起排挤胡太后的势力。正如上文所述，胡长粲、胡长仁的相继外放和死亡，标志着胡太后势力的被消灭。而高俨的被杀标志着胡太后在政治上的彻底失势，"又太后之被幽也，珽欲以陆媪为太后，撰魏帝皇太后故事，为太姬言之"[1]。所谓的"魏帝皇太后故事"，就是保姆当太后的保太后故事。[2]可见，北魏宫廷旧习对北齐宫廷的影响。

  陆令萱的权力来自于后主，这个她是非常清楚的，所以她在宫廷中选择宫女，着意加以训练，献给后主，以此来巩固后主对她的信任。当然，这些女子工于媚术，使得皇帝沉迷于酒色，"后主自立穆后以后，昏饮无度"[3]。穆后失宠后，陆令萱又进献冯小怜，已见于前文，此不赘。陆令萱精于权谋，但对于改良政治既无办法，也不愿意。祖珽当权后"推崇高望，官人称职，内外称美"，取得了一些比较好的成效。但是当"欲黜诸阉竖及群小辈，推诚朝廷，为致治之方"，也就是要限制宫廷势力干预朝政，这就改不下去了，"陆媪、穆提婆议颇同异"，改革者祖珽很快被剥夺了相权，外放刺史[4]。这又让人想起了灵太后与北魏后期政治，何其相似乃尔。眼看就要翻船，不但船上的人熟视无睹，而且不肯采纳任何救援建议，那么北齐只能是众叛亲离。

---

[1]《北齐书》卷 39《祖珽传》。
[2] 李凭:《北魏平城时代》第三章"乳母干政"，社会科学文献出版社 2000 年版。
[3]《北齐书》卷 9《胡后传》。
[4]《北齐书》卷 39《祖珽传》。

三、释"帝乡故旧"

《北齐书》卷40有一段话，对于理解北齐后期的政治颇为有益，"世祖践祚，赵彦深本子如宾僚，元文遥、和士开亦帝乡故旧，共相荐达，任遇弥重"[1]。这句话是说，元文遥之所以进入决策层，是因为元文遥为和士开在北魏洛阳的旧相识。又据《北齐书·崔劼传》，"初和士开擅朝，曲求物誉，诸公因此颇为子弟干禄，世门之胄，多处京官"[2]，和士开因为是北魏军功贵族后裔[3]，经历过洛阳时期文化的熏染，所以在当权之后，对于北魏的贵族子弟给予了一定的照顾，所以在北齐政坛上出现了一批新面孔。

北齐不同于北魏，旧贵族必须努力才能获得相应的职位。据《北齐书·卢询祖传》："尝语人曰：'我昨东方未明，过和氏门外，已见二陆两源，森然与槐柳齐列。'盖谓彦师、仁惠与文宗、那延也。"[4]北魏的陆、源两家，是第一等的贵族，孝文帝改制后，与汉族崔卢郑李等世家大族并立，仕宦上更是享有优先权。在东魏北齐，这些胡族大姓，受到高氏父子的歧视，几乎没有得到重用。为了生存，这些旧贵族不得不放下姿态，去谄媚新贵。"二陆两源"中，只有源文宗传记见于《北齐书》。源文宗父亲源子恭在北魏地位显赫，文宗很早就被北魏赐予了临颍县伯的爵位，并且做了员外散骑常侍这样的清要官，但是进入东魏后，虽然经历过高澄的赏识，源文宗还是徘徊在中等职位上，而且是去淮南担任边州的刺史。只是在

---

[1] 《北齐书》卷40《尉瑾传》。
[2] 《北齐书》卷42《卢叔武传》。
[3] 罗新：《说〈文馆词林〉魏收〈征南将军和安碑铭〉》，《中国史研究》2004年第1期。
[4] 《北齐书》卷22《卢询祖传》。

"游诣贵要"和士开之后，才回到了邺城，担任了国子监这样的职务。在这里要分析下卢询祖对源文宗等行为的嘲讽，而且史书也提到源文宗的行为被"时论"所鄙夷。[1] 所谓"时论"人物和卢询祖，大概指河北士族。这时候的河北士族多有田产，不依靠官职来求生，自然可以不去求"贵要"。但是北魏的胡族大姓，并没有田产，或者有田产也被霸占，所以有求生的迫切需求。这从元文遥的传记里面也可以看出来。

元文遥虽然出自北魏宗室，但是到北魏末年已经相当疏远，其父官位并不显赫，虽然没有享受宗室的权益，在易代之后，却受到了同等的歧视。"初文瑶自洛迁邺，唯有地十顷，家贫，所资衣食而已。魏之将季，宗姓被侮，有人冒相侵夺，文瑶即与之。"在仕宦上也不是顺风顺水，在天保年间"忽被中旨幽执，竟不知所由"，正是高洋残杀北魏宗室的时候。元文遥在北齐后期，做到宰相，并非仅靠他的才能，前文讲到赵彦深与和士开的帮助是主要的。元文遥自己也"探测上旨，时有委巷之言"，也就是迎合武成帝的意旨，鼓励他的骄奢生活。[2]

武成帝热衷于享受，将政权交给和士开、赵彦深、元文遥、尉瑾来代理。尉瑾是北魏肆州刺史尉庆宾的儿子，尉氏也和源氏、陆氏一样是鲜卑八大贵族之一。这样，在武成统治时期，有和士开、元文遥和尉瑾三位出身于北魏贵族势力的宰相级人物主持政务。[3]

那么，这批"帝乡故旧"，对于北齐的政治有何影响呢？在《北齐书·祖珽传》中，祖珽曾"疏侍中尚书令赵彦深、侍中左仆射元文遥、侍中和士开罪状，令遜奏之……'士开、文遥、彦深等专弄

---

[1]《北齐书》卷22《卢文伟传》。
[2]《北齐书》卷43《源彪传》。
[3]《北齐书》卷38《元文遥传》。

威权，控制朝廷，与吏部尚书尉瑾内外交通，共为表里，卖官鬻爵，政以贿成，天下歌谣'"[1]。具体到元文遥和赵彦深的传记里面，虽然没有说得如祖珽这么严重，但也是颇有微词。赵彦深主管人事，将自己不成器的儿子用为中书侍郎，为其人生的污点。[2] 元文遥主管财政，史称其"不如彦深清贞守道"[3]，而且在其任内，造成大量的财政亏空，不能不说，没有克尽其职。和士开，对于北齐政治走向腐败，负有一定责任。所以，北魏的这股旧势力，并没有对北齐政治的发展形成正面影响，在一定程度上，助长了北齐腐败势力的生长。[4]

四、商胡[5]、商人与北齐政治

上文讲到，北齐南安王高思好起兵叛乱的时候，讨伐的对象集中于两种人：刀锯刑余和商胡丑类。在中国古代，叛乱势力以商人为起兵的借口，虽然不能说绝无仅有，但也是凤毛麟角，因为专制集权下，商人对于国家机器的影响非常有限，且这个阶层经常是政权的受害者。但是在某些王朝，比如说元朝，商人却受到保护，且拥有比较大的权利。日本学者川胜义雄，研究了萧梁王朝的衰亡，

---

[1] 参见《北齐书》卷40《尉瑾传》。《资治通鉴》卷169陈文帝天嘉四年条，如是表述："于是委赵彦深掌官爵，元文遥掌财用，唐邕掌外、骑兵，信都冯子琮、胡长粲掌东宫。帝三四日一视朝，书数字而已，略无所言，须臾罢入。"
[2] 《北齐书》卷39《祖珽传》。
[3] 《北齐书》卷38《赵彦深传》。
[4] 《北齐书》卷38《元文遥传》。
[5] 北齐商胡与北魏商胡的继承关系，参见张庆捷：《北朝入华外商及其贸易活动》，《民族汇聚与文明互动——北朝社会的考古学观察》，商务印书馆2010年版。

指出，工商业势力的扩张，对于整个南朝社会的消极影响。[1]在以上历史现象的影响下，笔者也关注到，北齐的商人努力介入政治生活的现象。

早在北齐初年，就有商人和北齐勋贵势力积极接触的事实。"太保、平原王隆之与愔邻宅，愔尝见其门外富胡数人，谓左右曰：'我门前幸无此物。'"[2]富胡不会无缘无故出现在高隆之家门口，他们要交易的是什么呢？这在北齐历史上，自然不是唯一的一例。"和士开母丧，托附者咸往奔哭。邺中富商丁邹、严兴等并为义孝。"[3]和权贵交往并非富商的唯一选择，"齐氏诸王选国臣府佐，多取富商群小、鹰犬少年"[4]。这是富商将子弟送上仕途的选择。他们也试图通过国家选官机构来实现这一点，"（段孝言以尚书左仆射，掌选举）富商大贾多被铨擢"[5]。在北齐末年，出现了非常有利于富商的入仕机会，经过武成和后主两代的挥霍，北齐"帑藏空竭。乃赐诸佞幸卖官，或得郡两三，或得县六七，各分州郡，下逮乡官亦多降中旨"，"于是州县职司多出富商大贾"。[6]

流传下来，记载北齐商人介入政治的史事并不多，但也能看出来，商人阶层企图尽量和权贵拉关系，以挤入仕途的努力。那么，商人做以上努力的目的是什么？据川胜义雄先生研究，南朝商人和官府勾结的用意在于：获得商品的免税权；控制市场；官府是庞大的消费体；获得优质货币。以上四点，除了获得优质货币，在北齐

---

[1]〔日〕川胜义雄著，徐谷芃、李济沧译：《六朝贵族制社会研究》第三编第三章"货币经济的进展与侯景之乱"，上海古籍出版社2007年版，第253—290页。

[2]《北齐书》卷34《杨愔传》。

[3]《北齐书》卷21《封隆之传》。

[4]《北史》卷51《襄城王淯传》。

[5]《北齐书》卷16《段荣传》。

[6]《北齐书》卷8《幼主传》。

表现不太突出外，其他三项无疑正是北齐商人介入政治的真实用意。利用官僚的身份和权力，来免除各种税款，是商人进入仕途的最大动力。官府是庞大的消费体，由商人来垄断这种供应，可以获得丰厚的报酬。在控制市场方面，北齐我们还没有见到例证，但是这个权力肯定是商人们竞相争取的对象。《北史》卷30记载，"诸商胡负官责息者，宦者陈德信纵其妄注淮南富家，令州县征责"[1]。所谓"负官责息者"，就是说，商胡可以从北齐政府获得贷款，而且通过与恩幸势力的勾结可以不用还利息。

那么，北齐政权从皇帝到县令，能够从商人那里得到什么好处。据《北齐书》卷9，"属周武遭太后丧，诏侍中薛孤、康买等为吊使，又遣商胡赍锦彩三万匹与吊使同往，欲市真珠为皇后造七宝车，周人不与交易，然而竟造焉"[2]。后主去北周采买真珠属政府间的交易，但是北齐却专门让商胡负责锦彩的运输与交易。这就说明了，后主本人和政府更为相信商胡的经营能力。所以，当北周不要交易后，并没有妨碍真珠的贸易。从中亚、西亚、欧洲、东非，进购奢侈品，本来就是商胡的主业。史称，"（武平六年闰八月）辛巳，以军国资用不足，税关市、舟车、山泽、盐铁、店肆，轻重各有差，开酒禁"[3]。据《隋书·食货志》，武平年间，"乃料境内六等富人，调令出钱"[4]。据此两条史料，不难窥测，即使北齐政权，在财政困难时期也不得不从商人那里获得资本援助。

这些政策也给予某些商人以经济和政治上的实惠。据《北齐书》

---

[1] 《北史》卷30《卢潜传》。
[2] 《北齐书》卷9《穆后传》。
[3] 《北齐书》卷8《后主传》。
[4] 《隋书》卷24《食货志》。

卷8，"商人"属于得到政府赏赐最多，而"滥得富贵"者之一。[1]也就是说，武平的财政政策，似乎不利于工商业，其实专卖制度是给某些特权商人以更大的机会，也鼓励着商人去寻求特权。这样商人就和官僚阶层相互结合起来。

商人从政，毒化了北齐的政治文化。从前文看出，商人徘徊在权贵的门前，自愿当孝子和买卖官爵，都不是正常的现象。商人做官，为的是在商业上获得更大的利益，史称买了官职的商人"竟为贪纵，人不聊生"[2]。

五、综论

上文论述了内宫、权臣和商人这三种北魏旧势力，在北齐挣扎崛起及其对北齐政权的侵蚀。

其中，尤其要注意陆令萱。从种种证据来看，陆令萱出身于北魏鲜卑一等贵族陆氏家族。到东魏时，家族地位降低，不得不嫁给了西魏降将骆超。后因骆超谋反，陆令萱被配没宫廷当了奴婢。据李凭先生研究，北魏的宫廷政治极其残酷，而陆令萱介入其中却脱颖而出。这说明她完全掌握了宫廷政治的要领。可能出于娄太后的赏识，陆令萱给九王爷高湛的嫡长子当了保姆，离开了宫廷。谁知五年之后，高湛当了北齐皇帝，陆令萱以太子保姆的身份再次进入宫廷。熟悉宫廷政治的陆令萱知道控制皇帝的重要性。在内廷，她极力控制拉拢宦官、宫女，离间后主高纬和太后的关系，最终控制了皇帝。并且收领军将军高阿那肱为义子；在外廷，收恩幸、宰相

---

[1]《北齐书》卷8《幼主传》。
[2] 同上。

和士开为义子。这样，陆令萱、和士开与高阿那肱形成权力三角，控制了朝廷。陆令萱的权力虽然来自皇帝，但是控制皇帝却得力于宦官和宫女的配合。为了笼络宦官和宫女，陆令萱撺掇皇帝给予高额赏赐，极大地恶化了北齐的财政，间接恶化了北镇军人的待遇，造成了皇权与军队之间的紧张关系。

元文遥、尉瑾、冯子琮等，在北魏分别是宗室、一等贵族和外戚，和陆令萱一样出身显赫，也同样在东魏处境艰难。他们在仕途上，也都和陆令萱一样，不择手段获取权力。上升到高位之后，这批北魏旧贵族大多没有对政权的建设起到积极作用，反而成为北齐政权的侵蚀者。

北齐的一些商人继续着北魏时期的传统，与上至皇帝下至县令的各级统治者，互利互惠。商人投资于政治，是为了获得更大的经济利益，所以北齐政治生活中的商人，同样扮演了侵蚀北齐政权的角色。

从某种程度上来说，北齐政治深受北魏因素的影响。北魏不能克服的困境，北齐也同样深深陷入。虽然，北齐立国依靠的是北镇武力，具有讽刺意味的是，皇权又一次走到了北镇武力的对立面。失去了北镇武力的拥护，北齐政权的基础就被动摇了。

杨坚诛五王史实补考
——从《大周故滕国间公墓志》说起

牛敬飞（陕西师范大学历史文化学院）

关于隋文帝杨坚在北周末年迅速夺权之事，古今史家有多种评论。[1]但已有研究多从大处着眼，对周隋禅代之际的史实细节关注不够。如杨坚于大象二年（580）陆续杀宇文泰诸子，即赵、越、陈、代、滕五王[2]，此一剪除宇文氏中流砥柱之举，事关周隋禅代成功与否，其中原委尤值得发掘。[3]与《周书》、《隋书》等所载北周诸王事迹相对，诸王墓志也多有保存、发现。如《庾信集》有齐王宇文宪墓志[4]，1993年出土谯王宇文俭墓志（已公布）[5]，2001年出土冀国公

---

[1] 唐太宗评杨坚是"欺孤儿寡妇以得天下"，吴兢著，谢保成集校：《贞观政要集校》卷2，中华书局2003年版，第31页。赵翼评"古来得天下之易，未有如隋文帝者。"赵翼著，王树民校正：《廿二史札记校证》卷15《隋文帝杀宇文氏子孙》，中华书局1984年版，第332页。袁刚认为关陇勋贵倒向杨坚是杨隋代周的根本原因，参见氏著：《说北周大象二年杨坚假黄钺杀五王克平三方构难》，《大同高等专科学校学报》第13卷第4期。今人吕春盛不满足于从杨坚家世背景、婚姻关系解释杨坚迅速崛起，他认为杨坚充分利用北周政权自身弱点才是问题关键。参见吕春盛：《关于杨坚兴起背景的考察》，《汉学研究》2000年第18卷第2期。

[2] 参见《隋书》卷1《高祖纪上》。

[3] 《隋文帝传》对此事有相关描述，详参见韩昇：《隋文帝传》，人民出版社1998年版，第82—84页。

[4] 庾信：《周上柱国齐王宪神道碑》，《庾子山集注》，中华书局1980年版，第731—753页。

[5] 陕西省考古研究所：《北周宇文俭墓清理发掘简报》，《考古与文物》2001年第3期。

宇文通墓志（未公布）。[1] 新近陕西师范大学博物馆收得《大周故滕国间公墓志》拓片，志主是滕王宇文逌，乃杨坚所杀五王之一，因其身份特殊，故该志意义颇大。宇文逌墓志正文极短，虽仅五行六十六字，其中却不乏补史之处。现结合传世文献与已有研究对该墓志及相关杨坚除五王事试做考察。

一、墓志简释

墓志整理如下：

1. 大周故滕国间公墓志
2. 公讳逌字尔固突，河南洛阳人也。
3. 太祖文皇帝之第十五子，以大象二年
4. 十二月廿一日，遘疾，薨于京第。时年廿
5. 五。有诏赠滕国公，谥曰间，以其月廿
6. 七日窆于京兆万年县。

墓志题名为"大周"，所记滕王死葬日详细（其薨日与《周书》所记"辛未"[2]即农历十二月二十日只差一日）。墓志字数极少，笔法极拙，可知墓志应为滕王下葬时草草所刻。志文信息有限，关于宇文逌之事详细不及《周书》本传，但其中有两条重要信息值得注意。

（一）宇文逌谥号

《周书》宇文逌本传记为"滕闻王"[3]，而墓志题名谥号为"间"，

---

[1] 邢福来、李明：《咸阳发现北周最高等级墓葬》，《中国文物报》2001年5月2日第1版。
[2] 《周书》卷8《静帝纪》。
[3] 《周书》卷13《文闵明武宣诸子传》。

墓志正文为"闲",乃"间"字异体。查诸谥法,未发现谥"间"者。《周书》记大象二年(580),杨坚所杀五王为赵僭王宇文招、越野王宇文盛、陈惑王宇文纯、代奰王宇文达、滕闻王宇文逌,五王皆得恶谥。[1] 按《谥法》,"色取仁而行违曰闻"[2]。其他四王谥号,据《谥法解》、《谥法》等"言行相违曰僭","自下陵上曰僭","质胜其文曰野","敬而不中礼曰野","满志多穷曰惑","不醉而怒曰奰"。[3] "闻"乃恶谥,与其他四王恶谥相一致,故杨坚谥滕王为"闻",《周书》滕王本传所记"滕闻王"有理。但《隋书·经籍志》又有"滕简王集"[4],据《史记正义·谥法解》,"一德不懈曰简","平易不訾曰简","简"为美谥。"间"比"简"只少一竹字头,二字可通假。[5] 据《隶辨》,汉魏以来"诸碑皆以蕳为简,相仍积习,有所自来"[6],北周独孤宾墓志即以"蕳"为"简"[7],同时草头字在史志碑刻诸文献中又不乏夺"卝"头者。[8] 故笔者以为宇文逌墓志中的"间"应为"简"之别字,墓志与《经籍志》记载可视为一致。"简"为美谥,"闻"为恶谥,宇文逌一王而有两谥号,墓志与《周书》有别,殊为可疑。

与滕王类似,赵王宇文招死后也有两个谥号。一即《周书》赵

---

[1] 参见《周书》卷13《文闵明武宣诸子传》。
[2] 汪受宽:《谥法研究》,上海古籍出版社1995年版,第380页。
[3] 同上书,第437—438页、第401页、第413—414页、第451页。
[4] 《隋书》卷35《经籍志四》。
[5] 参见王辉编著:《古文字通假字典》,中华书局2008年版,第707页。
[6] 顾南原撰集:《隶辨·上声·产韵》,中国书店1982年版,第404页。
[7] 参见陕西省考古研究院:《北周独孤宾墓发掘简报》,《考古与文物》2011年第5期。
[8] 如茅、葬、蕰、薦等碑别字中便有去廿头的,参见秦公辑:《碑别字新编》,文物出版社1985年版,第105页、第261页、第392页。姚薇元先生也指出《魏书·官氏志》"仆阑氏"即《广韵》等引《官氏志》所见"仆蘭氏",参见氏著:《北朝胡姓考》,中华书局2007年版,第61页。

王传所记"赵僭王"。而据《新唐书·艺文志》，北周有《赵平王集》十卷[1]，《隋书·经籍志》记为"赵王集八卷"[2]，此是赵王又谥为"平"。据汪受宽所集谥法，"平"多为美谥，其中"执事有制曰平"，"分不求多曰平"[3]，与"僭"字恶义不同。至此可推测，滕王"闻""简"二谥相对，赵王"僭""平"二谥相对，此必非偶然。联系二王生平可知，在宇文政权中，赵滕二王并无失德之事，且二王文学水平于诸贵中为最高。二王皆有文集，"招所著文集十卷，行于世"[4]，"逌所著文章，颇行于世"[5]。对于《周书》所记北周五王恶谥，《史纠》批评道："周氏诸王间不乏贤，代王不迩声色，滕赵俱能文章，或谥以僭，或谥以奰，或谥以惑，或谥以野，累累恶谥，皆隋志也。出于隋志而登之《周书》，史官不加一辞焉，载事之笔，焉用彼为？"

清人李清发现《隋书》诸王传与《经籍志》、《新唐书·艺文志》在二王谥号上的矛盾，曾发出疑问："不知改闻为简者谁？"[6]"不知改僭为平者谁？"[7]此是李氏认为杨坚先予二王恶谥，"滕简王""赵平王"为后人所改。笔者以为，滕王宇文逌墓志所见"間"字或即"简"字异体，又该墓志应为滕王葬后不久所刻，特别是墓志有"诏赠滕国公，谥曰間"，可以推知：滕王死后，杨坚还未行禅代，北周礼官或念及滕王为皇叔祖，便谥以"間"（"简"）；不久隋代北周，

---

[1]《新唐书》卷60《艺文志四》。
[2]《隋书》卷35《经籍志四》。
[3] 汪受宽：《谥法研究》，第297—299页。
[4]《周书》卷13《文闵明武宣诸子传》。
[5] 同上。
[6] 朱明镐：《史纠》，影印文渊阁四库全书第688册，台湾商务印书馆，第487页。
[7] 李清：《南北史合注》卷145，续修四库全书第281册，上海古籍出版社，第526页。

杨坚即予以五王恶谥。[1]如这种推论正确，则墓志所见谥号"间"应为《经籍志》"滕简王"之源头。《隋书·经籍志》、《新唐书·艺文志》所录"滕简王集""赵平王集"，成书应在二王死后不久的周隋之际，二集所用谥号或即北周所赠。当然，还可以确定《经籍志》之"滕简王"与杨坚所谥"滕闻王"曾在隋代并行。与恶谥"闻"代表隋代官方态度相对，美谥"简"代表为滕王结集的文人之态度，其源头或即滕王墓志所见北周所赠谥号。综上分析，可以推论："简"与"平"或是滕王、赵王最初于北周所得谥号，而《周书》所记"闻""僭"应是杨坚即位后针对五王所改之恶谥。[2]正是将《隋书·经籍志》与新发现宇文逌墓志相配合，才得以揭开这一被遮蔽的历史细节。此外，宇文逌墓志记其薨时降爵为公，其他几王或也如此，这应出自杨坚之义，为《周书》所不载。

（二）宇文逌为"河南洛阳人"

众所周知，北周文帝宇文泰为武川镇人，《周书》记宇文泰为"代武川人"[3]，宇文泰诸子纪传均不言籍贯，此当是史家以子从父籍，以宇文泰诸子皆为武川人。而将宇文逌墓志与《周书》对比，可发现宇文逌与其父异籍。不唯如是，庾信为宇文泰之子齐王宇文宪所撰神道碑称其乃"恒州武川人也"。[4]宇文宪死于宣政元年（578），

---

[1] 李清：《南北史合注》卷168，续修四库全书第282册，第181页。
[2] 以上释滕王谥号并未对《周书》"闻"字有所质疑，一是因为宋本《周书》既已作"闻"，二是因"闻"字乃恶谥，与其他诸王恶谥语境相通。但古书抄刻或有将"閒"（间）误为"闻"例，如《史记·张汤传》有"罪常释闻即奏事"，而《汉书·张汤传》则作"罪常释。间即奏事"，齐佩瑢以"间"字为确（参见齐佩瑢：《训诂学概论》，中华书局2004年版，第31页）。如《周书》将"间"（简）误刻为"闻"，则滕王谥号或自与其他四王谥号不同，五王谥号在周隋之际或不存在改谥，至于赵王谥号由"僭"至"平"，或是入唐后所改。
[3] 《周书》卷1《文帝纪上》。
[4] 庾信：《周上柱国齐王宪神道碑》，《庾子山集注》，第732页。

宇文逌死于大象二年（580），二人墓志所记籍贯一为武川，一为洛阳，此是兄弟二人又异籍。

与此类似，正史、墓志所见家庭成员异籍现象还出现在其他北周贵族家庭中，如独孤氏和尉迟氏两家。《周书·独孤信传》记"独孤信，云中人也"[1]，《隋书》记独孤皇后"河南洛阳人，周大司马、河内公信之女也"[2]，此是独孤氏父女异籍。同样是独孤信，其墓志（557）则说："公姓独孤，讳信，字期弥头，河南洛阳人"[3]，此是一人而有两籍。而至独孤信之子独孤藏，其墓志（578）又说"公讳藏，字达磨，朔州人也"[4]，独孤信另一子独孤罗墓志（600）也说其是"云内盛乐人，后居河南之洛阳县"[5]。北魏时期朔州云州先后共治一城[6]，故"云中""朔州"实指一地，"盛乐"则将独孤氏籍贯指向盛乐郡。父子三人墓志相较，可知独孤信籍贯被系于洛阳，二子籍贯被系于代北云中之地。独孤罗墓志所言"后居河南之洛阳县"是指北魏末年独孤信因戡乱立功徙居至洛阳[7]，但该墓志并未以徙居之洛阳为籍贯，而仍称墓主为云内盛乐人，这与《周书》将独孤皇后定为洛阳人截然相反。再以尉迟氏为例。《周书》记尉迟迥"字薄居罗，代人也"[8]。而尉迟迥女墓志（574）则称"河南洛阳人"[9]，尉迟迥之侄尉迟运墓志（579）也称"河南洛阳人"[10]。

---

[1]《周书》卷16《独孤信传》。
[2]《隋书》卷36《文献独孤皇后传》。
[3] 韩理洲：《全北齐北周文补遗·全后周文补遗》，三秦出版社2008年版，第14页。
[4] 同上，第39页。
[5] 韩理洲：《全隋文补遗》，三秦出版社2004年版，第171页。
[6] 参见《魏书》卷106上《地形志上》。
[7] 参见《周书》卷16《独孤信传》。
[8]《周书》卷21《尉迟迥传》。
[9] 庾信：《周仪同松滋公拓跋竞夫人尉迟氏墓志铭》，《庾子山集注》，第1065页。
[10] 韩理洲：《全北齐北周文补遗》，第46页。

论及北族定籍为河南洛阳人，一般会提及孝文帝迁洛定族姓事。《隋书·经籍志》载："后魏迁洛，有八氏十姓，咸出帝族。又有三十六族，则诸国之从魏者；九十二姓，世为部落大人者，并为河南洛阳人。"[1]

孝文帝此举让大量北族家庭特别是南迁北族家庭得获河南洛阳籍，其后北朝分立，仍有大量北族叙本家籍贯为河南洛阳者。论者可能会据上文提及的宇文、独孤、尉迟三家个别成员的"河南洛阳"籍推论，认为三家或早已因孝文改革而得河南洛阳籍。但不难发现，此三家仍有大量人物传记证明其籍贯在代北之地，言之凿凿，三家洛阳、代北籍贯并存现象，绝非孝文定籍可以简单解释。其实，正如《经籍志》所载，孝文定籍改革实际与定族姓互相配合，而定姓族有严格标准即以官爵定姓族。孝文太和十九年（495）诏书定姓以三世高官为标准，定族标准低于定姓标准，如下："诸部落大人之后，而皇始已来官不及前列，而有三世为中散、监已上，外为太守、子都，品登子男者为族。若本非大人，而皇始已来，三世有令已上，外为副将、子都、太守，品登侯已上者，亦为族。凡此姓族之支亲，与其身有缌麻服已内，微有一二世官者，虽不全充美例，亦入姓族；五世已外，则各自计之，不蒙宗人之荫也。虽缌麻而三世官不至姓班，有族官则入族官，无族官则不入姓族之例也。……其此诸状，皆须问宗族，列疑明同，然后勾其旧籍，审其官宦，有实则奏，不得轻信其言，虚长侥伪。"[2]

由上文可知，孝文所定姓族其实是官姓官族，欲得姓族必以祖宗三世为官得爵高低为标准。同时审定姓族程序有"勾其旧籍"，此

---

[1]《隋书》卷33《经籍志二》。
[2]《魏书》卷113《官氏志》。

暗示一旦得官定姓族，便可弃其旧籍而得河南洛阳籍。综合这两点可以得知，并非所有北族家庭都能因孝文定姓族而获河南洛阳籍。以北朝诸宇文氏为例，检索正史，得以河南洛阳为籍的有四人。其一北魏宇文福，"其先南单于之远属，世为拥部大人。祖活拨，仕慕容垂，为唐郡内史、辽东公。太祖之平慕容宝，活拨入国，为第一客"[1]。其二为北魏宇文忠之，"其先南单于之远属，世据东部，后入居代都。祖阿生，安南将军，巴西公。父侃，卒于治书侍御史。忠之猎涉文史，颇有笔札，释褐太学博士"[2]。以上二人父祖辈皆有北魏显宦，应是符合孝文定姓族之标准，得以定籍洛阳。其三是由周入隋的宇文庆[3]，其兄为宇文神举。《周书·宇文神举传》称"高祖晋陵、曾祖求男，仕魏，位并显达。祖金殿，魏镇远将军、兖州刺史、安吉县侯"，其父显和为孝武帝藩邸之旧，历任孝武帝亲卫长官自阁内都督至帐内大都督，终于车骑大将军、仪同三司，加散骑常侍，兼资文武，已为元魏贵族。[4] 按理神举兄弟家世已满足孝文定族姓标准，其父祖辈应可得河南洛阳籍，但二人之父宇文显和墓志称显和为"上党武乡人"[5]。此或是宇文神庆一支虽历代显宦但发迹过晚，未及孝文太和十九年定族姓之事，如此则更见北魏得河南洛阳籍之难。[6] 其四为由周入隋的宇文弼，"其先与周同出。祖直力觐，魏钜鹿太守。父珍，周宕州刺史。"[7] 宇文弼家世不及宇文庆，故其与宇文

---

[1]《魏书》卷44《宇文福传》。
[2]《魏书》卷81《宇文忠之传》。
[3]《隋书》卷50《宇文庆传》。
[4]《周书》卷40《宇文神举传》。
[5] 庾信：《周车骑大将军赠小司空宇文显和墓志铭》，《庾子山集注》，第953页。
[6] 周一良以神举兄弟原籍河南洛阳，当误。参见氏著：《魏晋南北朝史论集》，北京大学出版社2010年版，第193页。
[7]《隋书》卷56《宇文弼传》。

庆在《隋书》中的"河南洛阳"籍应非北魏旧籍。以上四个宇文家族为参考，宇文泰之高祖宇文陵仕燕："拜驸马都尉，封玄菟公。魏道武将攻中山，陵从慕容宝御之。宝败，陵率甲骑五百归魏，拜都牧主，赐爵安定侯。天兴初，徙豪杰于代都，陵随例迁武川焉。陵生系，系生韬，并以武略称。韬生肱。"[1]

宇文陵以五百士兵自燕降魏，并非部落大人之属；其官仅拜都牧主，此官不见《官氏志》，亦当与领民酋长同类且等而下之，当然它更不合孝文诏书所定的正式文武职官标准。此外，宇文陵虽有侯爵，而其子孙皆无官职爵位，此不合定族之三世标准。又，孝文诏书虽将定族标准放宽至缌麻亲，但宇文泰一支似仍不能缘附以定族。与北魏两支宇文家族以及宇文庆家族相比，宇文泰家族实为宇文部之下等族属（宇文弼家族或因缘附宇文泰而入仕，亦不能与其他三支宇文家族相较），未得孝文定姓族，当然不得改籍入河南洛阳，故《周书·文帝纪》、宇文宪神道碑称父子二人为武川人。独孤、尉迟两家与宇文泰家类似。独孤信祖先虽为部落大人，但其祖"和平中，以良家子自云中镇武川"[2]，仅为普通戍卒；至其父始为领民酋长[3]，但仍非正式职官，可知独孤信一家应不合孝文定族姓标准。因此《周书·独孤信传》、独孤藏墓志、独孤罗墓志以父子三人为代北云中人。尉迟迥家世不详，仅知其父娶宇文泰之姊[4]，可推知其家世当与宇文泰等夷，亦非元魏大姓，不得定籍洛阳。总之，宇文泰、独孤信、尉迟迥三家世居代北，皆为微族，家世不符合孝文定族姓标准，不得有河南洛阳旧籍。

---

[1] 《周书》卷1《文帝纪上》。
[2] 《周书》卷16《独孤信传》。
[3] 同上。
[4] 《周书》卷21《尉迟迥传》。

然而，何以史书、墓志中三家成员拥有"河南洛阳"籍？我们知道，宇文泰入关后以关内诸州为有功诸姓之本望[1]，此举被视为"关中本位政策"之要素。[2]而北周三个顶级家族竟有人以"河南洛阳"为本望，此与关中本位说相抵牾。究其原因，宇文氏定诸姓本望为关内诸州确实推动了关陇集团的形成，然而此政策并非波及所有族群特别是已有美籍之家，如诸元、长孙氏等北魏旧族皆保留"河南洛阳"之籍。[3] "河南洛阳"籍在北朝为官民相尚，深入人心，特别是在西魏北周与东魏北齐对立之际，"河南洛阳"籍又兼有正统微义，此当是三家成员传记中有以"河南洛阳"为郡望之文化原因。如果说北周权贵以关内郡望赐诸姓是主观塑造关陇集团之政治举动，那么这些权贵传记中不经意表露出的"河南洛阳"情结，则表现出了他们的文化潜意识。[4] 其实与乃父类似，北周明帝对关中权贵中泛滥的河南洛阳籍颇有意见，曾明确下诏令新老鲜卑贵族们放弃河南籍贯，"今周室既都关中，宜改称京兆人"[5]，可惜事与愿违，连他自己兄弟的墓志都刻上了"河南洛阳"的烙印。此外，宇文氏在其另一塑造关陇集团的举措即赐功臣胡姓时，也有可能赐以美籍，其中便有"河南洛阳"。如《周书》记北周名臣辛威为"陇西人"[6]，北周命他改姓为普屯，庾信为其作神道碑则记"公讳威，字某，河南洛阳人也。旧姓辛，陇西人。"[7] 史籍所载北朝辛氏几乎无一例外为陇西

---

[1] 《隋书》卷 33《经籍志二》。
[2] 参见陈寅恪：《唐代政治史述论稿》，生活·读书·新知三联书店 2001 年版，第 199—200 页。
[3] 参见《周书》卷 38《元伟传》、卷 26《长孙俭传》、《长孙绍远传》。
[4] 松下宪一已注意到北周勋贵有附会河南洛阳籍的可能，参见氏著：《北魏胡族体制论》，北海道大学大学院文学研究科发行 2007 年版。此点承权家玉博士指出，特此致谢。
[5] 《周书》卷 4《明帝纪》。
[6] 《周书》卷 27《辛威传》。
[7] 庾信：《周上柱国宿国公河州都督普屯威神道碑》，《庾子山集注》，第 879 页。

人[1]，辛威神道碑亦言辛威旧籍为陇西，且其祖孙三代未有赴洛阳迹象[2]，因此其河南洛阳籍必是西魏北周时期所赐。如这一推断正确，那么上文提及宇文、独孤、尉迟三家成员出现"河南洛阳"籍便不仅仅只有文化动因，而是更有制度背景。其实西魏北周赐胡姓与赐关内诸州籍（甚至可能是洛阳籍）可算作是对孝文迁洛定族姓定河南籍的模仿，只不过孝文改革主要针对代北旧族，而宇文泰赐胡姓赐新籍改革则泛及胡汉各族，最大限度地巩固了关陇社会。

宇文逌墓志除透露以上两点重要信息外，还有两点值得注意。其一，墓志称宇文逌为文帝第十五子，《周书》只记文帝有十三子。从《周书》文帝诸子排列顺序，应是以宇文逌为最小第十三子，而墓志以为第十五子，则宇文逌或还有另两位长兄，未见史籍。又据《周书》，谯孝王宇文俭在诸子序列中排第八位，其墓志亦称其为"太祖文皇帝第八子"[3]，则《周书》失记宇文泰二子年龄当在宇文俭与宇文逌之间。其二，宇文逌葬于京兆万年县，而已知北周皇室多葬于咸阳北原一带。[4] 滕王既葬于万年，代王以及其他三王或许也葬在万年。

最后，与宇文逌墓志密切相关的一通墓志是《马称心墓志》，马氏为雍州扶风人："乃祖乃父，并官前周……夫人六郡豪家，五陵贵族。貌美东姝，妍华西子，来应策命，入选王宫。□滕王帝子帝弟，连星连日。地居显贵，位极人臣。……儿封怀德，继室允仪，母以子贵，着书左史。天厌周德，大隋启运，龙飞践祚。开皇初，

---

[1] 参见林宝撰：《元和姓纂》卷3，中华书局1994年版，第355—365页；杜斗城：《汉唐世族陇西辛氏试探》，《兰州大学学报》1985年第1期。
[2] 《周书》卷27《辛威传》。
[3] 陕西省考古研究所：《北周宇文俭墓清理发掘简报》，《考古与文物》2001年第3期。
[4] 参见周伟洲：《陕西北周墓葬主死葬地考》，《中国历史地理论丛》1995年第1辑；倪润安：《西魏北周墓葬的发现与研究述评》，《考古与文物》2002年第5期。

征召清贤，用充内职，即任尚宫。"[1]

墓志交代马称心出自关内大族，入选北周王宫。文中"儿封怀德"即《周书》所记宇文逌之子"怀德公佑"[2]，如此可知马称心乃宇文逌之妻，墓志"滕王"前所缺字应为"配"字之类。马称心死于大业十年，时年六十，其生卒年为555—614年；通过宇文逌墓志可知宇文逌生卒年为556—580年，马氏长其夫一岁。宇文逌遇害时，其与马称心所产怀德公宇文佑也罹难，马氏得以保全，或因法不从坐。但她不计夫子之仇，欣然任职于隋朝后宫；同时杨坚也不忌讳马氏为政敌之妻，任其为高品女官，出入后宫。这种现象更可以用关陇集团说来解释，即杨坚顾及马氏出自关中大族，故灭其夫家而存其命。与时刻身处险境的宇文皇族相比，保护并决定马氏命运的是其更加稳固的关中大族身份。

二、又一场鸿门宴？

以上对宇文逌墓志做了简要分析，从宇文诸王谥号变动、降爵为公、纳王妃为尚宫等微妙现象，可以隐约感到主宰宇文五王命运的幕后之人——隋文帝杨坚。

大象二年（580）五月，北周宣帝驾崩，杨坚依靠内侍郑译、刘昉而入总朝政。半年内杨坚外平尉迟迥、司马消难、王谦叛乱，内除宇文诸王，十二月称隋王，翌年二月即隋开皇元年（581）二月移周祚称帝。与王莽代西汉、曹魏代东汉、司马氏代曹魏等经过较长时间运作以及复杂的政治博弈不同，周隋异代之快，古所罕见，多

---

[1] 韩理洲：《全隋文补遗》，第315页。
[2] 《周书》卷13《滕闻王逌传》。

为后世史家注意。杨坚夺权既速，其禅代合法性资源也就极为缺失。北周静帝加杨坚九锡策命文有："朕在谅暗，公实总己。盘石之宗，奸回者众，招引无赖，连结群小。往者国衰甫尔，已创阴谋，积恶数旬，昆吾方稔。泣诛磬甸，宗庙以宁。此又公之功也。"[1] 这是将杨坚为夺权杀宇文诸王事列为一功，而与策文大书杨坚平四方之战功相比，此功记叙用墨极少，不言及实名实事，手法虚与委蛇。杨坚为丞相后，其篡权最大绊脚石便是宇文氏诸王，特别是宇文泰诸子即赵、越、陈、代、滕五王。此五王中，年纪最小的滕王也已二十五岁，诸王皆有总管统军经历且多有战功，赵、越、陈、代诸王曾为灭齐战争主要将领，其中赵王宇文招一度统领后三军。五王皆是北周武帝有意扶持之宗室重臣[2]，但周宣帝于大象元年五月命五王就国[3]，这给杨坚夺权创造机会。诸史中，《隋书·高祖纪》与《隋书·元胄传》记杨坚除五王事最详。

《高祖纪》共记录大象二年杨坚杀五王的五个关节点：

1. （五月）周氏诸王在藩者，高祖悉恐其生变，称赵王招将嫁女于突厥为词以征之。

2. （六月）赵王招、陈王纯、越王盛、代王达、滕王逌并至于长安。

3. 雍州牧毕王贤及赵、陈等五王，以天下之望归于高祖，因谋作乱。高祖执贤斩之，寝赵王等之罪，因诏五王剑履上殿，入朝不趋，用安其心。……（七月）五王阴谋滋甚，高祖赍酒肴以造赵王第，欲观所为。赵王伏甲以宴高祖，高祖几危，赖

---

[1] 《隋书》卷1《高祖纪上》。
[2] 参见吕春盛：《关陇集团的权力结构演变》，稻乡出版社2002年版，第255页。
[3] 参见《周书》卷7《宣帝纪》。

元胄以济,语在《胄传》。于是诛赵王招、越王盛。

4.（十月）诛陈王纯。

5. 十一月辛未,诛代王达、滕王逌。[1]

杨坚初掌大权即夺诸王在外军权,命之归京,这表明杨坚与五王之间本质上是权力竞争关系,无涉政治正义。但五王至长安后,便与毕王宇文贤（周明帝之子）勾结,欲谋害执政;杨坚虽斩毕王,可他却以德报怨,宽恕五王,赐五王剑履上殿、入朝不趋。至此,五王一方已为制造祸端的非正义一方,而杨坚则表现出宰相气度,谦和退让。之后,五王继续搞阴谋诡计,而杨坚继续持以德报怨之心态,自带酒肴探望赵王,赵王却欲在宴会谋害杨坚。此时五王与杨坚矛盾递进至高潮,有德的杨坚只得反击,杀赵越二王,最后陆续诛杀另外三王。

在杨坚除五王过程中,两个情节最为关键,即五王勾结毕王杀杨坚和赵王在宴会谋害杨坚。这两个情节让杨坚有了杀五王的充分理由,让他站在了正义一方。不唯如此,《高祖纪》还指导读者去读《元胄传》,该传详细描绘了赵王宴会谋害杨坚的场景:"周赵王招知高祖将迁周鼎,乃要高祖就第。赵王引高祖入寝室,左右不得从,唯杨弘与胄兄弟坐于户侧。赵王谓其二子员、贯曰:'汝当进瓜,我因刺杀之。'及酒酣,赵王欲生变,以佩刀子刺瓜,连啖高祖,将为不利。胄进曰:'相府有事,不可久留。'赵王诃之曰:'我与丞相言,汝何为者!'叱之使却。胄瞋目愤气,扣刀入卫。赵王问其姓名,胄以实对。赵王曰:'汝非昔事齐王者乎?诚壮士也!'因赐之酒,曰:'吾岂有不善之意邪?卿何猜警如是!'赵王伪吐,将

---

[1] 以上见《隋书》卷1《高祖纪上》。

入后阁,胄恐其为变,扶令上坐,如此者再三。赵王称喉干,命胄就厨取饮,胄不动。会滕王逌后至,高祖降阶迎之,胄与高祖耳语曰:'事势大异,可速去。'高祖犹不悟,谓曰:'彼无兵马,复何能为?'胄曰:'兵马悉他家物,一先下手,大事便去。胄不辞死,死何益耶?'高祖复入坐。胄闻屋后有被甲声,遽请曰:'相府事殷,公何得如此?'因扶高祖下床,趣而去。赵王将追之,胄以身蔽户,王不得出。高祖及门,胄自后而至。赵王恨不时发,弹指出血。"[1]

此次宴会堪称是鸿门宴的搬演。[2] 赵王对应项羽一方,杨坚对应汉高祖刘邦一方,而传主元胄则对应樊哙。在元胄的保护下,杨坚逃过一劫,日后诛五王、移周祚而称帝。该故事通过模仿《史记》、《汉书》书写,影射鸿门宴故事,充分发挥了历史叙事的隐喻功能,使人认为赵王为强势无德一方,杨坚为弱势有德一方,以更隐蔽的手段为杨坚代周称帝寻找合法性。至此,《隋书·高祖纪》与《元胄传》的配合,已完全将杨坚诛五王事塑造为有德伐无德的正义合理之举。

然而历史真实的多面性往往是揭穿被构建的"历史逻辑"的利器。《周书》及其他历史资料可用来反思《隋书》所记杨坚诛五王事。

(一)杨坚杀五王之细节谳疑

首先,依据《周书·静帝纪》,对《隋书》所记三个关节点展开分析。

第一,《静帝纪》载,大象二年六月甲子至己巳(初十至十五)之间,"上柱国、毕王贤以谋执政,被诛"[3]。至七月庚子(十七日),

---

[1] 《隋书》卷40《元胄传》。
[2] 韩昇已指出《元胄传》赵王宴会之伪,参见《隋文帝传》,第84页。
[3] 《周书》卷8《静帝纪》。

"诏赵、陈、越、代、滕五王入朝不趋,剑履上殿"[1]。两事相隔逾一月,中间相隔数事。同时《周书》五王传也不言五王与毕王有所联系。故加五王殊礼虽或有"用安其心"之意,但据《静帝纪》,毕王谋杀杨坚为独立一事,应与五王关系不大;而《隋书·高祖纪》竟将二事缀合,直谓五王参与毕王杀杨坚计划,甚为可疑。

第二,《静帝纪》载十月"陈王纯以怨执政,被诛"[2],此揭露陈王应是以言语腹诽之类而获罪,杨坚竟予以极刑,其待宇文诸王之酷烈可见一斑。而《隋书·高祖纪》记此事仅四字"诛陈王纯",有为杨坚讳之嫌。

第三,《静帝纪》载十二月辛未"代王达、滕王逌并以谋执政被诛"[3]。而《隋书·高祖纪》则记杀二王在十一月辛未。宇文逌墓志的出土,证明《高祖纪》有误,代滕二王确实死于十二月。岑仲勉先生指出:"据罗校朔闰考三,是年十一月癸未朔,月内无辛未,隋书此条,盖误与下文十二月甲子一条相倒错,同时复误系十一月于辛未之上也。"[4]此虽可备一说,但其以《隋书》该条先倒错至十二月之前,又误系于十一月,推论失于机巧。笔者以为杨坚杀五王为大事,唐初修《隋书》应本隋朝国史实录,《周书》不误而《隋书》误,其中或有蹊跷。《隋书·高祖纪》十一月杀二王条后,便是周帝三大策命诏书,即十二月诏杨坚为王,大定元年二月策杨坚加九锡建台置官,不久即下诏禅让。[5]历史事实是杨坚称王后便杀掉代滕二王,但《高祖纪》若将此事系于杨坚称王—加九锡—称帝这一递进的完美的

---

[1] 《周书》卷8《静帝纪》。
[2] 同上。
[3] 同上。
[4] 岑仲勉:《隋书求是》,商务印书馆1958年版,第4页。
[5] 参见《隋书》卷1《高祖纪上》。

禅代程序之间，便有损杨坚之德，这或许是隋朝史臣错系杀二王在杨坚称王之前的初衷。

其实，《隋书》本书所记杨坚诛五王事也有破绽。赵翼指出："《隋书·文帝本纪》，周五王谋隋文帝，帝以酒肴造赵王招，观其指趣，王伏甲于卧内，赖元胄以免。是文帝知招欲谋害，故以酒肴赴之以观其意也。《元胄传》则云，招欲害帝，帝不之知，乃将酒肴诣其宅，则已与纪异矣。《周书·赵王招传》云，招邀隋文帝至第，饮于寝室，则又非隋文之以酒肴赴之也。"[1]

赵翼此处引《元胄传》"招欲害帝，帝不之知"，实出自《北史》。[2] 但《北史·元胄传》以《隋书·元胄传》为本，李延寿既据《隋书·元胄传》衍生出"帝不之知"，又通过《隋书·元胄传》杨坚"犹不悟"、"复入坐"，可知《隋书·元胄传》确实在努力塑造"帝不之知"的状态，这与《隋书·高祖纪》杨坚知五王谋而"欲观所为"也确实相抵牾。同时赵翼还指出，据《周书·赵王传》杨坚参加赵王宴会也并非自带酒肴。此两处虽为诸史之间细节差异，但杨坚是否知赵王之谋、是否自带酒肴，皆事关杨坚诛五王之合理性塑造，不可不察。总之，《隋书·元胄传》(《北史·元胄传》)与《高祖纪》之抵牾让杨坚赴赵王宴会事变得扑朔迷离，此正如刘知几所批评："今之记事也则不然。或隔卷异篇，遽相矛盾；或连行接句，顿成乖角。"[3]

此外，《周书·静帝纪》与《周书·文闵明武宣诸子传》记杨坚杀五王事也有差异。如《静帝纪》与《隋书·高祖纪》一致，记杨

---

[1] 赵翼著，王树民校证：《廿二史札记校证》，第 277 页。
[2] 《廿二史札记校证》已指出，见该书第 288 页。参见《北史》卷 73《元胄传》。
[3] 刘知几著，浦起龙通释：《史通通释》，上海古籍出版社 2009 年版，第 148 页。

坚杀五王皆为"被诛"。[1]而《文闵明武宣诸子传》除言赵王被诛外，其余几王多言"时隋文帝专政，翦落宗枝"，"为隋文帝所害"[2]。两篇对待杨坚杀五王事，态度截然相反，必非出自一人之手。刘知几言令狐德棻以牛弘《周史》为底本，不过"重加润色"而已。[3]牛弘为隋代重臣，故《静帝纪》言五王被诛应出其意；而《文闵明武宣诸子传》言诸王被害，更直呼"隋文帝"，此必非牛弘所书，应是经令狐德棻润色，或者是德棻别有所据而书。[4]

（二）杨坚杀五王之政治背景

为解决以上疑点，需要深入了解杨坚杀五王的政治背景。杨坚突然总揽朝政与中央军权后，最担心的便是地方出镇五王与诸军事总管叛乱。故他立即对外采取措施，一派亲信夺地方兵权，二即引五王进京。此种高明的政治策略与史书所言"高祖性猜忌"、"任智而获大位"[5]相契合。

关于五王进京方式，《隋书·高祖纪》明言"称赵王招将嫁女于突厥为词以征之"[6]，此时不言赴宣帝之丧（或宣帝不豫）[7]而借口赵王嫁女，足见杨坚之诈。同时五王进京也并非顺利，《隋书·崔彭传》载："及高祖为丞相，周陈王纯镇齐州，高祖恐纯为变，遣彭以两骑征纯入朝。彭未至齐州三十里，因诈病，止传舍，遣人谓

---

[1] 参见《周书》卷8《静帝纪》。
[2] 参见《周书》卷13《文闵明武宣诸子传》。
[3] 刘知几著，浦起龙通释：《史通通释》，第468页。
[4] 令狐德棻祖令狐整为北周重臣，得赐姓宇文，其"宗人二百余户，并列属籍"。参见《周书》卷36《令狐整传》。这一特殊家世给令狐德棻为周室诸王作传提供便利，且更能保证《周书》诸王传之真实性，《周书》记代滕二王被害时间比《隋书》准确也说明了这一点。
[5] 《隋书》卷25《刑法志》。
[6] 《隋书》卷1《高祖纪上》。
[7] 《隋书·高祖纪》记宣帝死后征五王入朝，而《周书·宣帝纪》（《周书》卷7）则言宣帝死前两天追五王入朝，当从《周书》。

纯曰：'天子有诏书至王所，彭苦疾，不能强步，愿王降临之。'纯疑有变。多将从骑至彭所。彭出传舍迎之，察纯有疑色，恐不就征，因诈纯曰：'王可避人，将密有所道。'纯麾从骑，彭又曰：'将宣诏，王可下马。'纯遽下，彭顾其骑士曰：'陈王不从诏征，可执也。'骑士因执而锁之。彭乃大言曰：'陈王有罪，诏征入朝，左右不得辄动。'其从者愕然而去。"[1]

由此可知，杨坚虽诈，纯王亦非愚，故最后崔彭只得押解陈王至长安，杨坚与五王斗争此时已正式开始。五王被引诱威逼入京后，自然得知宣帝已死与杨坚之诈，但此时杨坚已掌控京城兵权，五王行踪应在其监视之下。故《隋书·高祖纪》所言五王与毕王勾结的可能性已大大降低。

其实杨坚除毕王，应另有原因。在赵王宴会上，杨坚说道："彼无兵马，复何能为？"此言既道出五王入京后，几乎已被解除武装，又可知杨坚对宇文诸王手握兵权极为提防。而大象二年六月五王入京，五王再无兵权，此时宇文诸王中唯明帝之子毕王宇文贤还任雍州牧。据《北周六典》，雍州牧为九命，地位权力甚高[2]，且雍州不设总管府[3]，雍州牧应有发动组织乡兵权力。史载宇文贤建德年间（572—577）已出任刺史、出镇荆州。[4] 至大象二年，他应与赵王招等五王一样，已成长为一员具有权力角逐能力的宇文宗室。五王被杨坚夺权后，身为明帝之子，手中掌握一定武装的毕王自然成为杨坚在长安首要消灭的势力，这是意料中事。从《隋书·高祖纪》载

---

[1]《隋书》卷54《崔彭传》。

[2] 参见王仲荦：《北周六典》，中华书局1979年版，第637—640页。

[3] 参见严耕望：《北周总管区图》，《魏晋南北朝地方行政制度》，上海古籍出版社2007年版，第504页。

[4]《周书》卷13《毕剌王贤传》。

高祖"执贤斩之",《周书》记毕王被害"并其子弘义、恭道、树娘等"[1],可知杨坚除毕王(明帝一支)何其果断残忍,绝非《高祖纪》所塑造的谦和有德之辈。此外,《周书》记毕王死因是"贤性强济,有威略。虑隋文帝倾覆宗社,言颇泄漏,寻为所害"[2],此见毕王与十月陈王受害一样,因言获罪,未及付诸行动即被杨坚察觉。

清人黄恩彤评价杨坚诛毕王:"周之宗王,坚所忌也。坚欲篡周必先翦落其枝叶而后拔其本根。贤与五王,与坚势难两立也。坚既杀贤父子,若同时并诛五王,则尉迟必声罪致讨,师更有名矣。阳置不问,而阴为之防,五王直机上肉耳。"[3]

查毕王谋泄事,其时毕王别驾为杨坚族子杨雄,"(杨雄)知其谋,以告高祖"[4],毕王杀身之祸正因杨雄告发。此知毕王行踪也早已被杨坚监控,他与五王一样,也已是"机上肉耳"。只不过杨坚顾及内外,杀毕王后又加五王殊礼,然后再找机会次第杀之。

五王未必与毕王同谋,但也绝不甘受杨坚摆布。赵王为诸王之长,资历威望最高,在宣帝驾崩之际曾被认为是静帝元辅的第一人选[5],故他成为五王反杨坚之核心。刚到长安,赵王曾试图联络梁州刺史李璋与内卫反攻杨坚,可未及谋划便被杨坚得知。[6]

至此,杨坚赴赵王之宴的前提已越发明显:五王已无兵权甚至被杨坚监控;杨坚灭毕王一支使其与宇文诸王矛盾已发展至兵戎相见;杨坚已成功消解赵王一次政治图谋,他占有绝对优势,灭五王

---

[1]《周书》卷13《毕剌王贤传》。
[2] 同上。
[3] 黄恩彤:《鉴评别录》卷34《陈纪二》,四库未收书辑刊第2辑第29册,北京出版社2000年版,第611页。
[4]《隋书》卷43《观德王雄传》。
[5]《周书》卷40《颜之仪传》。
[6]《隋书》卷50《李安传》。

只欠借口而已。在此前提下杨坚赴宴，不能再如《北史·元胄传》所说"帝不之知"。而详辨《隋书·元胄传》，可知赵王欲杀杨坚，只有父子三人，赵王自为项庄；至杨坚逃离，一元胄便阻挡赵王，赵王势孤可见一斑。综合诸史对杨坚杀五王事进行细节分析与政治形势分析后，可以推论：毕王应确有害杨坚之谋，赵王应确有宴会害杨坚之举；但毕王应非《隋书·高祖纪》所载曾与五王通谋，有汹汹之势，赵王更非《元胄传》所载曾以杨坚为"鱼肉"，其余诸王亦仅牵连受害而已。[1]《隋书》之《高祖纪》、《元胄传》所记杨坚诛五王事是史官在相关史实基础上，经润色加工甚至改动而成，它们试图掩盖杨坚杀五王的政治动机，并努力将其塑造为杨坚代周"合法"历程的重要环节。

三、结语

宇文逌墓志的再现，为后世提供了杨坚杀五王事件的重要信息。它向后世表明，《周书》所记五王恶谥可能非最初谥号，极有可能是后来杨坚所改。墓志所记宇文逌死于大象二年十二月，再次证明了《周书》记载正确，《隋书》记载之误。该墓志还提供了周隋之际的重要政治文化信息，如记宇文逌为"河南洛阳人"，表明与宇文氏着力塑造关陇集团相对，当时权贵阶层依然有浓厚的洛阳情结，此一情结可能与西魏北周的北魏（洛阳）正统观有一定联系。

借助宇文逌墓志，当我们再次审视《隋书》所记杨坚诛五王事时，可以发现《隋书》、《周书》对于相关细节多有不同描述。在

---

[1] 据《隋书》卷64《李圆通传》，圆通为杨坚侍卫，"周氏诸王素惮高祖，每伺高祖之隙，图为不利。赖圆通保护，获免者数矣"。查诸王与杨坚关系，诸王曾以兵刃近杨坚之事或仅赵王宴会一次，其余谋划大抵皆胎死腹中，《李圆通传》盖有虚言。

《周书》记述中，杨坚杀毕王可能与赵王等五王关系不大；据《周书》，赵王邀杨坚赴宴，未提杨坚自带酒肴，同时结合诸史，赵王之宴也绝非《隋书·元胄传》所描述，似是鸿门宴的简单搬演；据《周书》和宇文逌墓志，代滕二王应死在十二月杨坚封王之后。而《隋书》先将毕王之谋与五王结合，构成五王之恶端；再叙杨坚以德报怨，带酒肴赴宴，至赵王之恶彰显才次第诛杀五王。正是通过这种"情节化解释"[1]，《隋书》试图将杨坚杀五王事塑造为一种正义压制邪恶、有德伐无道的历史正剧，以为杨氏代周这部历史喜剧张本。《隋书》为唐初魏征等人所修，他们自然不会为杨坚掩恶，可面对隋朝史官对杨坚杀五王的"情节化解释"，至少他们在甄别史料时表现得并不谨慎。余嘉锡先生谈到"古书多造作故事"时说道："心有爱憎，意有向背，则多溢美溢恶之言，叙事遂过其实也。"[2] 此言小则切合《元胄传》吸收鸿门宴故事，大则切合《隋书》、《周书》诸纪传中有关杨隋代周合法性的历史书写。

隋文帝杨坚杀五王事是周隋之际重要的政治事件，人们往往把五王之死与天象天命联系。如《周书》自《宣帝纪》始，便努力营造杨氏代隋天象，大象二年：七月，"月掩氐东南星"、"月掩南斗第六星"伴随着五王入朝不趋、剑履上殿；"岁星与太白合于张，有流星大如斗，出五车，东北流，光明烛地"伴随着赵越二王被诛；十月"有流星大如五斗，出张，南流，光明烛地"伴随着陈王

---

[1] 海登·怀特说：通过鉴别所讲述故事的类别来确定该故事的"意义"，这就叫作情节化解释。在叙述故事的过程中，如果史学家赋予它一种悲剧的情节结构，他就在按悲剧方式"解释"故事；如果将故事建构成喜剧，他也就按另一种方式"解释"故事了。情节化是一种方式，通过它，形成故事的事件序列逐渐展现为某一特定类型的故事。参见氏著，陈新译：《元史学：十九世纪欧洲的历史想像》，译林出版社2004年版，第8页。

[2] 余嘉锡：《古书通例》，中华书局2007年版，第256页。

被诛；在滕代二王被诛的十二月亦有天象"荧惑入氐"。[1]月行失道、流星坠地、荧惑现，这些或暗示大臣执权、君道不明，或暗示地下有兵。[2]

《隋书·天文志》也有两则五王之死的预言："（宣政元年，578）八月庚辰，太白入太微。占曰：'为天下警。'又曰：'近臣起兵，大臣相杀，国有忧。'其后，赵、陈等五王，为执政所诛，大臣相杀之应也。[3]（大象元年）四月戊子，太白、岁星、辰星合，在井。占曰：'是谓警立，是谓绝行，其国内外有兵丧，改立王公。'又曰：'其国可霸，修德者强，无德受殃。'其五月，赵、陈、越、代、滕五王并入国。后二年，隋王受命，宇文氏宗族相继诛灭。"[4]

隋人王劭曾言符瑞以媚杨坚，其中言及建德六年（577）亳州白龙与黑龙斗事有："死龙所以黑者，周色黑。所经称五者，周闵、明、武、宣、靖凡五帝。赵、陈、代、越、当五王，一时伏法，亦当五数。"[5]此足见杨坚杀五王在隋人心中留下了极为深刻的政治印象。

面临着屠杀宇文子孙的强大道德压力，诉诸天文，或许是杨隋对周隋禅代这部悲喜剧的另一种情节化解释。

---

[1] 参见《周书》卷13《文闵明武宣诸子传》。《北史》删诸天文事。
[2] 参见《隋书》卷20《天文志中》。
[3] 《隋书》卷21《天文志下》。
[4] 同上。
[5] 《隋书》卷69《王劭传》。

隋代宫殿建筑消费考述

贾志刚（西北大学历史学院）

隋朝虽然二世而亡，仅存在了不足四十年，但工程兴建却接二连三，特别是宫殿建造更加突出，不仅在迁都大兴城时修造大兴宫（唐改称太极宫），营建东京时又建造了洛阳宫，其间隋文帝修筑仁寿宫，隋炀帝时更营建江都宫、晋阳宫、汾阳宫、陇川宫、临渝宫、临朔宫等行宫，在京城宫殿和各行宫之间又修建了专供停顿的行道宫，再加上各种专用之宫如温泉宫、祭祀祖宗之祭宫、龙潜旧居升宅为宫等，可谓离宫别馆所在多有，这些宫殿建筑形成隋代宫廷建筑消费的主体部分。学界已就隋代离宫的分类、布局以及行宫与政治的关系等方面进行了相关研究[1]，但从宫廷建筑消费考虑仍属于新

---

[1] 陈寅恪：《隋唐制度渊源略论稿》有"都城建筑"一节，生活·读书·新知三联书店2001年版，第69—90页。杨鸿年编著《隋唐宫廷建筑考》，陕西人民出版社1992年版。吴宏岐《隋唐帝王行宫的地域分布》，《中国历史地理论丛》1994年第2期，关注隋唐四类皇帝行宫，列出隋代行宫38所。氏著《隋唐行宫制度与宫廷革命》，《陕西师范大学学报》2008年第3期。吴宏岐、郝红暖《隋唐行宫制度与中央政治空间格局的变化》，《暨南史学》2007年第5辑，第362—379页，列出隋唐避暑宫23所，温泉宫3所，两京行道宫21所，其他行宫26所，其中隋代共38所。介永强《关中唐代行宫考》，《中国历史地理论丛》2000年第3期，考证了关中唐代行宫19座，其中8座绍继隋代。氏撰《唐代行宫考逸》，《中国历史地理论丛》2001年第2期，考证出唐代关之外的行宫27座，6座为因袭隋代。氏撰《唐代建筑风貌一瞥：以行宫遗存为中心的文化考察》，《陕西师范大学继续教育学报》2003年第1期；祁远虎《离宫、行宫辨》，《西安文理学院学报》2010年第2期，注意到离宫与行宫二者有差异，但某些观点值得商榷。

的领域，有待专题探讨。

一、大兴宫与洛阳宫

隋文帝开皇二年（582）以龙首原"宜建都邑"而下迁都令，由"左仆射高颎、将作大匠刘龙、钜鹿郡公贺娄子干、太府少卿高龙叉等创造新都"[1]，实际负责规划者乃宇文恺，名新都曰大兴城。次年，新都建成，宫城命名为大兴宫。

宫城的选址由宇文恺完成，"隋开皇三年，自长安故城迁都龙首川，即今都城是也"。自注曰："初，隋氏营都，宇文恺以朱雀街南北有六条高坡，为乾卦之象，故以九二置宫殿以当帝王之居，九三立百司以应君子之数，九五贵位，不欲常人居之，故置玄都观及兴善寺以镇之。"[2] 显然，新都大兴城之宫殿选址经过精心安排，而宫城的布局和规模也蔚为大观，"宫城在北，长千四百四十步，广九百六十步，周四千八百六十步，其崇三丈有半"[3]。宫城修成后，规模宏大，"正门曰承天，正殿曰太极，太极之后殿曰两仪，内别殿、亭、观三十五所"[4]。构成宫城之殿阁亭观名称经隋唐交替时多有变化，如承天门在隋代时名广阳门、昭阳门，到唐代才改名承天门；太极门、太极殿隋代名大兴门、大兴殿；两仪殿隋曰中华殿等。[5] 其与皇城、外城的营建顺序是，"自开皇二年六月十八日，始诏规建制度。三年正月十五日，又诏用其月十八日移入新邑。所司依式先筑

---

[1]《隋书》卷1《高祖纪上》开皇二年六月条。
[2]《元和郡县图志》卷1《关内道一》京兆府条，第1—2页。
[3]《新唐书》卷37《地理志一》关内道上都条。
[4]《旧唐书》卷38《地理志一》关内道京师条。
[5]《唐六典》卷7《尚书工部》工部郎中条，第217页。

宫城，次筑皇城，亦曰子城，次筑外郭城"[1]。此营建顺序也经过推敲，符合先君后臣之认识。"先修宫城，以安帝居。次筑子城，以安百官，置台省寺卫，不与民同居。又筑外郭京城一百一十坊、两市，以处百姓。"[2] 在营建大兴城的过程中，遵循皇帝、百官、百姓的顺序，先建宫城、再建皇城、外郭城。宫城最先筑成，充分说明宫城在大兴城设计建造时的枢纽地位。雄伟壮丽的大兴城令人肃然起敬，唐人孙樵提到"似远人入大兴城，茫然自失"的说法[3]，这可能是民间流传的一句口语，正反映新都带给时人巨大的冲击力，宫城正是坐落于大兴城对称轴北端的行政中枢。

营建新都由多人参加，即使是最高层的管理者也有分工不同，具体分工是"太子左庶子宇文恺创制规模，将作大匠刘龙、工部尚书贺娄子干、太府少卿高龙叉并充检校"[4]。宇文恺担任营新都副监[5]，在营造新都过程中由其"创制规模"，这与其本传中所记"高颎虽总大纲，凡所规画，皆出于恺"的记载基本一致[6]，证明营新都副监宇文恺是包括宫城在内的新都大兴城的规划设计者。同时担任营新都大监的高颎也在其中有所作为，本传记高颎"领新都大监，制度多出于颎。颎每坐朝堂北槐树下以听事，其树不依行列，有司将伐之。上特命勿去，以示后人，其见重如此"[7]。此言高颎在营建新都时"制度多出于颎"与前引"高颎虽总大纲"、而规划出于宇文恺略有不同，但大体上可以说明，高颎总领营建之制度即大纲，宇文恺

---

[1]《类编长安志》卷2《京城》隋大兴城条，第41页。
[2]《类编长安志》卷2《京城》再筑京兆城条，第45页。
[3]《全唐文》卷794《孙樵·与王霖秀才书》。
[4]《唐六典》卷7《尚书工部》工部郎中条，注文曰，第216页。
[5]《隋书》卷68《宇文恺传》："及迁都，上以恺有巧思，诏领营新都副监。"
[6]《隋书》卷68《宇文恺传》。
[7]《隋书》卷41《高颎传》。

创制规模，而刘龙、贺娄子干、高龙叉充检校，各自为新都营造做出了贡献。事实上，营造新都大兴城还有更多的人参加，只是史籍略而未提罢了，如京兆尹虞庆则曾任营新都总监[1]，太府少卿张煚领营新都监丞[2]，另有田仁恭在迁都工程中负责"奉诏营庙社"[3]，太府卿苏孝慈"征天下工匠，纤微之巧，无不毕集，孝慈总其事"[4]等。惜谁负责宫城营造却不得而知，俟考。

宫城在迁都大兴城之工程中占有重要地位，耗费了大量人力和物力，但到隋炀帝即位后，又着手迁都东京，东京洛阳宫之建造也值得一提。隋炀帝于仁寿四年(604)即位，以洛阳"水陆通，贡赋等"为由即下诏营建东京："今可于伊、洛营建东京，便即设官分职，以为民极也。"[5]次年，即大业元年三月丁未（605年4月10日），"诏尚书令杨素、纳言杨达、将作大匠宇文恺营建东京"[6]。这就意味着此项工程正式动工。到隋炀帝于大业二年正月辛酉（606年2月18日），"东京成，赐监督者各有差"。宣告工程已经竣工，前后用时不足11个月，约313天。当年四月，举行入城仪式，"上自伊阙，陈法驾，备千乘万骑，入于东京"[7]，东京正式作为隋朝新的行政中心。

东京宫城在隋名曰紫微城，成为此次营建工程的中心。据唐人杜宝《大业杂记》大业元年（605）条记："初，卫尉卿刘权、秘书丞韦万顷总监筑宫城。一时布兵夫周匝四面，有七十万人。城周匝

---

[1]《隋书》卷40《虞庆则传》："开皇元年，进位大将军，迁内史监、吏部尚书、京兆尹，封彭城郡公，营新都总监。"
[2]《隋书》卷46《张煚传》。
[3]《隋书》卷54《田仁恭传》。《北史》卷65《田弘附仁恭传》记："奉诏营太庙。"稍有不同。
[4]《隋书》卷46《苏孝慈传》。
[5]《隋书》卷3《炀帝纪上》仁寿四年十一月条。
[6]《隋书》卷3《炀帝纪上》大业元年三月条。
[7]《隋书》卷3《炀帝纪上》大业二年四月条。

两重，延袤三十余里，高四十七尺，六十日成。其内诸殿基及诸墙院又役十余万人。直东都土工监常役八十余万人。其木工、瓦工、金工、石工，又役十万余人。"

此条材料《河南志》隋城阙古迹条："宫城曰紫微城，在都城之西北隅。"注文曰："卫尉卿刘权、秘书丞韦万顷监筑宫城，兵夫七十万人。城周匝两重，延袤三十余里，高三十七尺，六十日成。其内诸殿及墙院又役十余万人。直东都土工监，当役八十余万人。其木工、瓦工、金工、石工，又十万余人。"

二条存在一些文字或内容差异，但从史源学的角度看，后者明显是转引前者而来，比较二者与他书之记载，有一些分歧值得注意，如记修筑宫墙延袤30多里，与诸书所记之宫城周长13里241步不同。[1] 又记城周匝两重，与《旧唐书》之"隔城四重"[2]不一致，甚至与自己的"城南东西各两重，北三重"[3]之说法也有分歧。结合考古探测，洛阳宫城北墙1400米，西墙长1270米，南墙长1710米，东墙长1275米[4]，共5655米，远远不到30里。但不能就此否认此30里是错的，有可能此30里是宫城城墙"周匝两重"的长度，也就是工程实际修筑的长度。今天，洛阳宫城存在东、西隔城也被考

---

[1] 《新唐书》卷38《地理志二》河南道东都条记，宫城，"周四千九百二十一步，其崇四丈八尺"。按360步为1唐里计算，4921步折合唐里13里241步。《唐六典》卷7《尚书工部》工部尚书条，第220页："皇宫在皇城之北，"注文曰："东西四里一百八十步，南北二里八十五步，周回十三里二百四十一步。"《大业杂记》大业元年条："宫城东西五里二百步，南北七里。"三秦出版社2006年版，第3页。

[2] 《旧唐书》卷38《地理志一》河南道东都条："宫城，在都城之西北隅。城东西四里一百八十步，南北二里一十五步。宫城有隔城四重。"

[3] 《大业杂记辑校》大业元年条："宫城东西五里二百步，南北七里。城南东西各两重，北三重，南临洛水。"三秦出版社2006年版，第3页。此宫城应合指皇城和皇宫，非仅指宫城，否则无法解释宫城南临洛水。

[4] 中国科学院考古研究所洛阳发掘队：《隋唐东都城址的勘查和发掘》，《考古》1961年第3期。

古发掘所证实。[1] 杜宝又记宫城墙高 47 尺，与《河南志》之 37 尺有出入[2]，更与《新唐书》之 48 尺不同[3]，虽然不能判断三说何者近真，但据此可知，卫尉卿刘权和秘书丞韦万顷有可能是宫城即紫微城的监管者，宫城营建动用 80 万人，用 60 天就建成，相较皇城 3 个月完成，外城 10 个多月完成，宫城仅用了 2 个月就建成，确实是进度神速。但 80 万人用时 2 个月，共用工达到 4800 万工，也非同小可。

除了东京之紫微宫，与东京一起营建的还有其他一些离宫，如显仁宫和皂涧宫。显仁宫的营建，隋炀帝大业元年（605）三月，"敕宇文恺与内史舍人封德彝等营显仁宫，南接皂涧，北跨洛滨"[4]。作为东京的附属建筑，显仁宫与东京同时营建，由宇文恺和封德彝等负责，此宫规模可观，"于皂涧营显仁宫，苑囿连接，北至新安，南及飞山，西至渑池，周围数百里"[5]。另外，皂涧宫也与东京同期营建，"大业元年春，迁都未成，敕内史舍人封德彝于此置宫"[6]。此宫位于建国门西南十余里，"有甘泉宫，一名皂涧宫，周十余里，宫北通西苑，其内多山阜，崇峰曲涧，秀丽标奇……游赏之美，于斯为最"[7]。号称游赏之最的皂涧宫也由封德彝主持营建，与东京其他工程同时进行，辛德勇先生认为皂涧宫可能与显仁

---

[1] 中国科学院考古研究所洛阳唐城队：《隋唐洛阳城城垣 1995—1997 年发掘简报》，《考古》2003 年第 3 期。

[2]《河南志》隋城阙古迹条，中华书局 1994 年版，第 100 页。

[3]《新唐书》卷 38《地理志二》河南道东都条："宫城在皇城北，长千六百二十步，广八百有五步，周四千九百二十一步，其崇四丈八尺，以象北辰藩卫，曰紫微城，武后号太初宫。"

[4]《资治通鉴》卷 180 隋炀帝大业元年三月条。

[5]《隋书》卷 24《食货志》。又《隋书》卷 3《炀帝纪上》大业元年三月条："又于皂涧营显仁宫，采海内奇禽异兽草木之类，以实园苑。"

[6]《大业杂记辑校》大业元年五月条，第 16 页。

[7] 同上书，第 15—16 页。

宫为一事[1]，不管是否为一宫，都应属于营建东京工程之一部分。

隋代东京附近营建了不少离宫别殿，其中西苑内离宫可达 24 所[2]，到唐代还有"苑内离宫亭观一十四所"[3]，严辉先生曾就洛阳地区隋唐离宫和隋唐洛阳西苑内宫殿遗址专门调查[4]，但多着意唐代离宫，隋代离宫未进入其调查范围。隋代东都西苑面积广大："（大业）元年夏五月，筑西苑，周二百里，其内造十六院，屈曲周绕龙鳞渠。其第一延光院，第二明彩院，第三含香院，第四承华院，第五凝晖院，第六丽景院，第七飞英院，第八流芳院，第九曜仪院，第十结绮院，第十一百福院，第十二万善院，第十三长春院，第十四永乐院，第十五清暑院，第十六明德院……每院开东、西、南三门，门并临龙鳞渠。渠面阔二十步，上跨飞桥。"[5]

此条记西苑周 200 里，而《河南志》记为周 229 里 138 步，与唐代东都禁苑 126 里差距很大。不仅面积有出入，禁苑内之宫殿也有变化，如司马光《资治通鉴》也记隋西苑之 16 院，但却未记各院之名称[6]，而《唐六典》只提到苑内 11 宫："禁苑在皇都之西，北拒北邙，西至孝水，南带洛水支渠，谷洛二水会于其间。"自注曰："东面十七里，南面三十九里，西面五十里，北面二十里，周回一百二十六里。中有合璧、冷泉、高山、龙鳞、翠微、宿羽、明德、

---

[1] 《大业杂记辑校》大业元年五月条，校勘记[19]，第 18 页。另参见葛蓬天：《隋东都洛阳阜涧宫名称辨正》，《中国历史地理论丛》1989 年第 1 期。
[2] 《河南志》隋城阙古迹条，第 111—116 页。
[3] 《旧唐书》卷 38《地理志一》河南道东都条。
[4] 严辉：《洛阳地区隋唐离宫遗址调查和考证》，《河南科技大学学报》2004 年第 4 期，主要就两京道上和嵩山及附近地区进行调查。参见氏撰：《洛阳西郊龙池沟唐代西苑宫殿遗址调查》，《文物》2000 年第 10 期。
[5] 《大业杂记辑校》大业元年五月条，第 13—14 页。
[6] 《资治通鉴》卷 180 隋炀帝大业元年（605）五月条："筑西苑，周二百里，其内为海，周十余里，为蓬莱、方丈、瀛州诸山，高出水百余尺，台观殿阁，罗络山上，向背如神。北有龙鳞渠，萦纡注海内，缘渠作十六院，门皆临渠。"

望春、青城、黄女、陵波十有一宫，芳树、金谷二亭，凝碧之池。"[1] 此条并未提及十六院，是否唐时十六院已不复存在，不得而知。但所记唐时禁苑之十一宫名，有些是因袭隋代旧名，如据《河南志》隋城阙古迹条，冷泉宫、青城宫、凌波宫等都是隋代西苑诸宫名，虽"凌波"与"陵波"不尽相同，可能属音近而误。依此类推，其他八宫之名也可能是沿袭隋名。而《河南志》所列隋代西苑之朝阳宫、栖云宫、积翠宫、总仙宫等[2]又不见于上揭《唐六典》之十一宫，说明唐代东都禁苑内之离宫有可能承袭隋代，但有所减少。

二、仁寿宫与十二行宫

开皇十三年（593），诏营仁寿宫。"帝命杨素出，于岐州北造仁寿宫。素遂夷山堙谷，营构观宇，崇台累榭，宛转相属，役使严急，丁夫多死，疲敝颠仆者，推填坑坎，覆以土石，因而筑为平地，死者以万数。宫成，帝行幸焉。时方暑月，而死人相次于道，素乃一切焚除之。帝颇知其事，甚不悦。及入新宫游观，乃喜，又谓素为忠。后帝以岁暮晚日，登仁寿殿，周望原隰，见宫外磷火弥漫，又闻哭声。令左右观之，报曰：鬼火。帝曰：此等工役而死，既属年暮，魂魄思归耶？乃令洒酒宣敕，以咒遣之。自是乃息。"[3] 众所周知，此项工程由杨素主持建造，但工程浩大，从役者甚众，故参与监造者也为数不少，其分工如何，值得注意，尤其是从消费角度考察仁寿宫对当时社会的影响，更是宫廷建筑消费的重要内容。

首先，分析此项工程的主要参与者及其主要分工。1973 年潼关

---

[1]《唐六典》卷 7《尚书工部》工部郎中条，第 222 页。
[2]《河南志》隋城阙古迹条，第 114—116 页。
[3]《隋书》卷 24《食货志》。

县出土隋代《杨素墓志》记："授仁寿宫大监，至于经轮表椠之度，瞻星揆景之宜，莫不裁之秘思，殆侔神造。"[1]杨素以仁寿宫大监的身份主持营建，志言他亲自参加设计规划，"经轮表椠之度，瞻星揆景之宜"。杨素除了自己为此项工程用心尽力外，还不忘援引当时最杰出的建筑师，《隋书》卷68《宇文恺传》记："既而上建仁寿宫，访可任者，右仆射杨素言恺有巧思，上然之。于是检校将作大匠，岁余，拜仁寿宫监，授仪同三司。"宇文恺有巧思，这是杨素建造仁寿宫引荐他的主要原因，从他的职务迁转也能反映出来，由检校将作大匠，拜仁寿宫监，从"掌邦国修建土木工匠之政令"[2]，转而专门负责仁寿宫之建造。除杨素任仁寿宫大监，宇文恺任仁寿宫监外，还有任过仁寿宫监者，唐人杨炯《泸州都督王谌神道碑》记王谌之父王绰，"秦孝王府椽、仁寿宫监、离石郡通守、晋阳侯、皇朝石州刺史"[3]。王谌也曾任隋仁寿宫监，但不知在宇文恺之前，还是之后。另外，梁彦光还曾以岐州刺史兼领岐州宫监[4]，此岐州宫很可能也是指仁寿宫或岐阳宫。

其次，再考察其社会影响，《隋书》卷48《杨素传》记："令素监营仁寿宫，素遂夷山堙谷，督役严急，作者多死，宫侧时闻鬼哭之声。及宫成，上令高颎前视，奏称颇伤绮丽，大损人丁，高祖不悦，素忧惧，计无所出，即于北门启独孤皇后曰：'帝王法有离宫别馆，今天下太平，造此一宫，何足损费！'"由杨素主持建造之仁寿宫，又是一个以举国之力而造成的宫殿，曾经一度与长安、洛阳成为隋朝的政治中心之一。但不同的人对此评论也不一样，宰相高颎代表隋文帝视察此宫后的结论是"颇伤绮丽"[5]，后来隋文帝至宫所也

---

[1]　姚双年：《隋杨素墓志初考》，《考古与文物》1991年第2期。
[2]　《唐六典》卷23《将作都水监》将作监条，第594页。
[3]　《文苑英华》卷912《杨炯·泸州都督王谌神道碑》。
[4]　《隋书》卷73《梁彦光传》。
[5]　《隋书》卷48《杨素传》。

以仁寿宫制度奢侈而大怒，认为杨素"殚百姓之力，雕饰离宫，为吾结怨天下"。制度壮丽的仁寿宫不为生性俭朴的隋文帝杨坚所赞同，却被"惟丽是好"的独孤皇后所欣赏，认为杨素"盛饰此宫，岂非孝顺"[1]。之所以对仁寿宫产生不同的认识，是他们对壮丽奢华的态度不同，因为仁寿宫无论从建造规模，还是装饰布局，都极尽奢华。甚至继隋之后的唐人也对此宫有自己的看法，如魏徵在《九成宫醴泉碑铭》中记道："冠山抗殿，绝壑为池。跨水架楹，分岩竦阙。高阁周建，长廊四起。栋宇胶葛，台榭参差。"[2]而王勃《九成宫颂》中更描述成"弥峰跨谷，层城万转。庇险乘危，回廊四注"[3]。九成宫的气势雄伟从文人墨客的字里行间流露出来，也从唐朝君臣洋洋自得的语气中反映出来，"观其移山回涧，穷泰极侈，以人从欲，良足深尤……仰观壮丽，可作鉴于既往……人玩其华，我取其实"[4]。无论是唐代文人还是唐初君臣，均对仁寿宫表现出极为复杂的态度，既有以隋为鉴之反省，又有坐享其成之得意。

不仅仁寿宫的修造花费极大，其在建成后，还修建了沿途的行道宫十二所。隋代仁寿宫作为避暑离宫，还有附属建筑，因为仁寿宫距京城较远，所以隋朝还特别为其建造了一些附属行宫，此事《隋书·高祖本纪》开皇十八年（598）十二月条记为："自京师至仁寿宫，置行宫十有二所。"隋代在京城和仁寿宫之间设置十二所行宫之目的是途中停顿，故十二所行宫只能视作仁寿宫的附属设施。遗憾的是此十二所行宫之名已不载于史，现根据相关史籍试加搜寻。据《隋书·地理志》京兆郡条记：长安县有仙都宫、福阳宫、太平

---

[1] 《旧唐书》卷63《封伦传》。
[2] 《全唐文》卷141《魏徵·九成宫醴泉碑铭》。
[3] 《全唐文》卷178《王勃·九成宫颂》。
[4] 《全唐文》卷141《魏徵·九成宫醴泉碑铭》。

宫；盩厔县有宜寿宫、仙游宫、文山宫、凤凰宫。鄠县有甘泉宫。扶风郡条记：雍县有岐阳宫。郿县有安仁宫、凤泉宫。普闰县有仁寿宫。[1]如果从仁寿宫之附属行宫角度考虑，普闰县之仁寿宫不应该列入此十二行宫之内，诚如是，隋代设置之京师到仁寿宫之十二行宫《隋书·地理志》只记载了十一个。永安宫虽说在隋代就有其名，但此宫属于仁寿宫之范围，并不属于行宫。那么，现在的问题是另一个行宫是什么？《新唐书·地理志》也记载了长安城以西的一些隋代宫名，如鄠县有隋太平宫、隋甘泉宫。盩厔县有隋宜寿宫，兴平县有隋仙林宫。麟游县有隋仁寿宫。[2]包括仁寿宫在内才记载了五个隋宫，还不到上引《隋书·地理志》所记十一个隋宫之半数，但兴平县之"仙林宫"却不见于上引《隋书》十一隋宫之内，很有可能就是隋代十二行宫之一。据《长安志》卷14《县四》兴平县条记："隋仙林宫在县西十八里，文帝置。"可知仙林宫确为隋文帝所置。综上所述，隋代从京师到仁寿宫十二所行宫之名称可能是：仙都宫、福阳宫、太平宫、宜寿宫、仙游宫、文山宫、凤凰宫、甘泉宫、岐阳宫、安仁宫、凤泉宫和仙林宫。[3]故十二所行宫的营建费用也应列

---

[1] 《隋书》卷29《地理志上》。

[2] 《新唐书》卷37《地理志一》。

[3] 隋唐时期，皇帝车驾从仁寿宫到京城所用时间多有不同，据《册府元龟》卷113《帝王部·巡幸二》记：麟德元年二月，"戊子，发京师，幸福阳宫，癸卯，至万年宫"。从京城到万年宫共用16天。又咸亨四年，"幸九成宫，十月庚子发九成宫，乙巳至京师。"从九成宫回京师共用6天。又仪凤三年九月，"丁巳车驾发九成宫，辛酉至京师。"也是从京城回长安，用了5天。第1349—1350页。又同书同卷记永徽五年二月，"戊午，幸万年宫，乙丑，次凤泉，幸温汤，乙巳，至万年宫"。此条所记多与事实不合，据陈垣《二十史朔闰表》与《旧唐书》卷4《高宗纪上》可知，二月当为三月，且乙巳当为己巳之误。如此，此行从长安到万年宫用时12天。由此可知，皇帝行幸九成宫途中所用时间，去多（12~16天），回少（5~6天），原因可能与去时多在途中于行宫停顿有关，上引几条就涉及福阳宫、凤泉宫、太平宫等行宫之名，可见隋代所设之十二行宫到唐时至少一部分还在使用。

入仁寿宫的建筑消费之列。

三、汾阳宫与晋阳宫

隋炀帝大业三年（607）八月，"诏营晋阳宫"，次年四月，"起汾阳宫"。[1] 隋之晋阳宫到唐朝时仍在承用，《新唐书·地理志三》记："晋阳宫在都之西北，宫城周二千五百二十步，崇四丈八尺。都城左汾右晋，潜丘在中，长四千三百二十一步，广三千一百二十二步，周万五千一百五十三步，其崇四丈……宫南有大明城，故宫城也。"[2] 此处所记晋阳宫是唐代继承前代后稍加修缮之状况，事实上，晋阳宫历代几经营建，[3] 唐人李吉甫记河东道太原府晋阳县："府城，故老传晋并州刺史刘琨筑。今按城高四丈，周回二十七里。城中又有三城，其一曰大明城，即古晋阳城也……高齐后帝于此置大明宫，因名大明城。姚最《序行记》曰：'晋阳宫西南有小城，内有殿，号大明宫，'即此也。城高四丈，周回四里。又一城南面因大明城，西面连仓城，北面因州城，东魏孝静帝于此置晋阳宫，隋文帝更名新城。炀帝更置晋阳宫，城高四丈，周回七里。又一城东面连新城，西面北面因州城，开皇十六年筑，今名仓城，高四丈，周回八里。"[4]

据此可知，晋阳县城内有3个小城，分别为不同时代建造，高齐之大明宫、东魏之晋阳宫（隋文帝名新城，炀帝更置晋阳宫）和隋代之仓城。隋炀帝所造之晋阳宫只是其中之一，其城高4丈，周

---

[1] 《隋书》卷3《炀帝纪上》大业三年八月条，大业四年四月条。
[2] 《新唐书》卷39《地理志三》河东道北都条。
[3] 张颔：《晋阳古城勘查记》，《文物》1962年第4、5期；常一民：《晋阳宫城址浅探》，《大同高专学报》1998年第2期。介绍了隋晋阳宫遗址的调查情况。
[4] 《元和郡县图志》卷13《河东道三》太原府晋阳县条，第365页。

长达7里，此条与上揭《新唐书·地理志》二者所记略有出入，如城墙高度一为4丈，一为4丈8尺，何者为确，尚待他证。

晋阳宫作为离宫还有储备之功能，如李渊起兵时，刘文静曾以"晋阳之地，士马精强，宫监之中，府库盈积，以兹举事，可立大功"[1]为由，劝李渊起兵。尤其是作为晋阳宫副监之裴寂，不仅以晋阳宫人私侍李渊，还在起兵后"进宫女五百人，并上米九万斛、杂采五万段、甲四十万领，以供军用"[2]。这些物资和宫女一起供军用，只能说明裴寂私自动用了晋阳宫中之宫人和宫物。

关于汾阳宫最早营建之时间，存在争议，一说为大业四年（608）四月，司马光《资治通鉴》卷181，隋炀帝大业四年四月条记："诏于汾州之北汾水之源营汾阳宫。"[3]这个时间与《隋书·炀帝纪》同。一说为大业二年（605）七月，杜宝《大业杂记》大业二年七月条记："敕于汾州西北四十里，临汾水起汾阳宫，即管涔山汾河源所出之处。当盛暑日，临河盥漱，即凉风凛然，如八月九月。宫南五十余里有分水岭，上四十里，下亦四十里，岭上有泉出，两边分流，阔数步。宫北三十里，即是旧秦时长城也。宫南北平林率是大桦木，高百余尺，行从文武皆剥取皮覆庵舍。汾阳宫所出名药数十种，附子、天雄并精好堪用。"[4]二说相差两年，不知谁是。

参出土隋《李静训墓志》："大业四年六月一日，遘疾终于汾源之宫，时年九岁。"[5]据墓志铭记，时年9岁的李静训"往从舆跸，言届河汾"，应是随驾巡幸到汾阳宫不幸而卒。《隋书》卷3《炀帝纪》

---

[1]《旧唐书》卷57《刘文静传》。
[2]《旧唐书》卷57《裴寂传》。
[3]《资治通鉴》卷181隋炀帝大业四年四月条。
[4]《大业杂记辑校》大业二年七月条，第23页。
[5] 罗新、叶炜著：《新出魏晋南北朝墓志疏证》199号《李静训墓志》，中华书局2005年版，第547页。

大业四年三月条："车驾幸五原，因出塞巡长城。"可能李静训就在此次出行队伍之列。问题是四月才下诏"起汾阳宫"，六月皇帝就驻于汾阳宫内，似乎有点不合常理。再检《隋书》卷71《诚节·敬钊传》记："大业三年，炀帝避暑汾阳宫，代州长史柳铨、司马崔宝山上其状。"也提到在下诏营建汾阳宫之前一年，就有皇帝避暑汾阳宫之记载，更与常理不符。检《隋书》卷56《张衡传》："明年（大业四年），帝幸汾阳宫，宴从官，特赐绢五百匹。时帝欲大汾阳宫，令衡与纪弘整具图奏之。"知大业四年，确实皇帝巡幸汾阳宫，并在此做出扩建汾阳宫的决定，由张衡与纪弘整主持，为此还特别制图以进奏，显示隋代营建工程是在规划图的基础上才动工之事实。所以，大业四年诏"起汾阳宫"是扩建或整修，而非始建，在此之前汾阳宫就存在，可能大业二年才是汾阳宫最早营建的时间。

以后隋炀帝多次巡幸汾阳宫，汾阳宫继续修整，到大业十年（614）四月，"车驾幸汾阳宫避暑。宫所即汾河之源，上有山名管涔，高可千仞。帝于山上造亭子十二所，其最上名翠微亭，次阆风、彩霞、临月、飞芳、积翠、合璧、含晖、凝碧、紫岩、澄景，最下名尚阳亭。亭子内皆纵广二丈，四边安剑阑，每亭铺六尺榻子一合。山下又有临汾殿，敕从官纵观。"[1]

诸处均未记是年幸汾阳宫之事，或许此处时间有误，俟考，但不能就此否认此条材料对于了解汾阳宫的重要性。据此可知，汾阳宫以临汾殿为主殿，包括12所亭子，不仅名称文雅，建造也壮观，这与前期百官庵舍以桦皮覆盖已经发生很大的变化。除此以外，汾阳宫的选址和附属设施的配置也经过精心设计，既考虑行宫处汾河源出之管涔山之地理位置，又看重其盛暑日依旧凉风凛然之气候。

---

[1]《大业杂记辑校》大业十年四月条，第45—46页。

同时，离宫之外，还配置了必要的附属设施，正是这些附属建筑，更增加了此行宫的重要性。如楼烦城，前揭隋炀帝任命张衡扩修汾阳宫，还让他主持修筑楼烦城，"明年（大业五年），帝复幸汾阳宫，衡督役筑楼烦城，因而谒帝"[1]。可知楼烦城与汾阳宫是密切相关的。胡三省曰："时置汾阳宫，故筑城"[2]。也认为筑楼烦城服务于汾阳宫。不仅汾阳宫与楼烦城有关联，附近的长城、天池也都在其规划之中，敦煌出土文书 P2511《诸道山河地名要略第二》岚州楼烦郡条："汾阳宫，'随[隋]汾阳故宫，在静乐县北一百二十里。'长城，'随[隋]因古迹，修筑长城，起合河县北四十里，东径幽州，延袤千余里。'"[3]

从前引文可知长城距离此宫只有30里。另有天池及天池宫，"隋炀帝尝于池南置宫，每夜风雨吹破，宫竟不成"[4]。此言天池宫未建成的原因可能是由于隋末政权风雨飘摇，并非什么神秘因素。但天池宫是否建成还有其他说法，如《资治通鉴》胡三省注曰："隋炀帝避暑，于此而居，因天池造立宫室，龙楼凤阁，遍满池边。"[5]此又记隋炀帝于池边造宫室，从"龙楼凤阁，遍满池边"之记述来看，宫室已经建成，且规模不小，但又何来屡造不成之说？俟考。总之，汾阳宫与楼烦城、长城、天池宫之间明显存在着某种关联，这种关联属于皇帝行宫和附属设施的关系。

汾阳宫几经营建，但仍有宫城狭窄之记载，如《资治通鉴》记隋大业十一年（615），"夏四月，幸汾阳宫避暑，宫城迫隘，百官士

---

[1]《隋书》卷56《张衡传》。
[2]《资治通鉴》卷181隋炀帝大业六年三月条。
[3] 王仲荦著，郑宜秀整理：《敦煌石室地志残卷考释》，上海古籍出版社1993年版，第105页。
[4]《元和郡县图志》卷14《河东道三》岚州静乐县条，第397页。
[5]《资治通鉴》卷248唐武宗会昌五年八月条，胡注引《灵记》。

卒布散山谷间，结草为营而居之"[1]。对于百官狼狈不堪的原因，司马光归因于汾阳宫迫隘，但据杜宝之《大业杂记》所记，此事似乎另有他因，"帝幸雁门，先至天池，值雨，山谷泥深二尺，从官狼狈，帐幕多不至，一夜并露坐雨中，至晓多死，宫人无食，贷糒卫士"[2]。杜宝认为是在幸天池之途中遇雨，并非因汾阳宫狭隘所致，窥理度情，之前屡次巡幸汾阳宫避暑，却没有迫隘之感，唯此次突然遇到，肯定别有原委。

直到隋末，汾阳宫被刘武周攻占，"于是，袭破楼烦郡，进取汾阳宫，获隋宫人以赂突厥，始毕可汗以马报之"[3]。刘武周攻楼烦之目的是取汾阳宫，一旦攻占汾阳宫后果很严重，太原留守李渊则认为"武周据汾阳宫，吾辈不能制，罪当族灭"，其子李世民也认为"大人为留守，而盗贼窃据离宫，不早建大计，祸今至矣"[4]。汾阳宫作为皇帝行宫的重要性于此可见一斑。

四、江都宫与临江宫

隋炀帝多修离宫以事巡幸，无疑增加了隋代宫廷建筑费用，史载杨广"帝无日不治宫室，两京及江都，苑囿亭殿虽多，久而益厌，每游幸，左右顾瞩，无可意者，不知所适。乃备责天下山川之图，躬自历览，以求胜地可置宫苑者"[5]。众多离宫的修筑在增加宫廷营建费用的同时，也激化了社会矛盾，如唐人吴兢《贞观政要》记贞观

---

[1]《资治通鉴》卷182隋炀帝大业十一年四月条。
[2]《资治通鉴》卷182隋炀帝大业十一年八月条，《考异》引《杂记》。
[3]《旧唐书》卷55《刘武周传》。
[4]《资治通鉴》卷183隋恭帝义宁元年四月条。
[5]《资治通鉴》卷181隋炀帝大业四年三月条。

初唐太宗与侍臣的对话："隋炀帝广造宫室,以肆行幸,自西京至东都,离宫别馆,相望道次,乃至并州、涿郡,无不悉然。驰道皆广数百步,种树以饰其傍。"[1]李世民也提到隋炀帝广造行宫的事实,实际上,尽管隋代存在时间不长,但修造的离宫别殿却相当可观。吴宏岐先生把有名可考的隋唐行宫分成隋代营造的38所和唐代营造的32所。又按用途将其分成避暑宫、温泉宫、两京道行宫和其他行宫四类。[2]实际上,隋代营建的行宫可能远超过38所,理由如下:第一,大兴城到仁寿宫就有行宫12所,隋文帝开皇十八年(598)十二月,"自京师至仁寿宫,置行宫十有二所"[3]。第二,西京到东京置14所,隋炀帝大业元年(605),"自豫州至京师八百余里,置一十四顿,顿别有宫,宫有正殿"[4]。第三,两京到江都宫又置行道宫40多所。如大业元年三月,"自长安至江都,置离宫四十余所"[5]。唐人杜宝在《大业杂记》中记:"自东都至江都二千余里,树荫相交,每两驿置一宫,为停顿之所。自京师至江都,离宫四十余所。"[6]不计算两京附近诸离宫,仅此三项合计就在五六十所,远超过38所之数。

如果将两京附近隋代离宫也统计在内,据《隋书·地理志》、《新唐书·地理志》等文献统计,隋代离宫见于史籍者也达八九十所(见表1)。其中江都宫的多次临幸说明此宫之地位非同寻常。《隋书》卷56《张衡传》记:"敕衡督役江都宫,有人诣衡讼宫监者,衡不为理,还以讼书付监,其人大为监所困……江都丞王世充又奏衡频减顿具。"

---

[1]《贞观政要集校》卷10论行幸条,中华书局2003年版,第511页。
[2] 吴宏岐:《隋唐帝王行宫的地域分布》,《中国历史地理论丛》1994年第2期。
[3]《隋书》卷2《高祖纪下》,第44页。
[4]《大业杂记辑校》大业元年条,第2页。
[5]《资治通鉴》卷180隋炀帝大业元年三月条。
[6]《大业杂记辑校》大业元年条,第2页。

表 1　隋代离宫、行宫一览表

宫　　名	所在地	史料来源
长乐宫（始名望春宫）	京兆大兴县	《隋书》卷29《地理志上》 《类编长安志》卷2，隋唐离宫
仙都、福阳、太平等宫	京兆长安县	《隋书》卷29《地理志上》 《新唐书》卷37《地理志一》 《长安志》卷15，鄠县
宜寿、仙游、文山、凤凰等宫	京兆盩厔县	《隋书》卷29《地理志上》 《新唐书》卷37《地理志一》 《长安志》卷18，盩厔县
甘泉宫	京兆鄠县	《隋书》卷29《地理志上》 《新唐书》卷37《地理志一》 《长安志》卷15，鄠县
岐阳宫	扶风雍县	《隋书》卷29《地理志上》
安仁宫、凤泉宫	扶风郿县	《隋书》卷29《地理志上》
仁寿宫	扶风普闰县	《隋书》卷29《地理志上》 《新唐书》卷37《地理志一》
永安宫	扶风	《隋书》卷36《后妃传》
仙林宫	京兆兴平县	《新唐书》卷37《地理志一》 《长安志》卷14，兴平县
醴泉宫		《隋书》卷46《韦师传》
步寿宫	京兆同官县	《隋书》卷29《地理志上》
兴德宫	京兆华阴县	《隋书》卷29《地理志上》
崇业宫	京兆渭南县	《新唐书》卷37《地理志一》 《长安志》卷17，渭南县
崇善宫	渭南县	《类编长安志》卷2，隋唐离宫
普德宫	华州郑县	《新唐书》卷37《地理志一》
太华宫	华州郑县	《元和郡县图志》卷2《关内道二》
华阴宫、金城宫	华州华阴	《新唐书》卷37《地理志一》
长春宫	冯翊朝邑县	《隋书》卷29《地理志上》

续表

宫　　名	所在地	史料来源
上阳宫	河南桃林县 河南湖城县	《隋书》卷30《地理志中》 《新唐书》卷38《地理志二》
弘农宫	河南陕县	《隋书》卷30《地理志中》 《隋书》卷70《杨玄感传》
福昌宫	河南宜阳县	《隋书》卷30《地理志中》 《新唐书》卷37《地理志二》 《南部新书》己部
别院宫	虢州阌乡县	《新唐书》卷37《地理志二》
河阳宫	河南府河阳县	《元和郡县图志》卷5《河南道一》
汾阳宫	楼烦郡静乐县 岚州静乐县	《隋书》卷30《地理志中》 《新唐书》卷37《地理志三》 《大业杂记辑校》大业二年七月
晋阳宫	太原郡太原县	《隋书》卷30《地理志中》
榆林宫	胜州榆林县	《元和郡县图志》卷4《关内道四》 《新唐书》卷37《地理志一》
临渝宫	北平郡卢龙县	《隋书》卷30《地理志中》
临朔宫	涿郡 幽州蓟县	《隋书》卷3《炀帝纪上》 《隋书》卷68《阎毗传》 《隋书》卷84《北狄·西突厥传》 《新唐书》卷39《地理志三》
显福宫		《隋书》卷88《宇文化及传》 《隋书》卷64《麦孟才传》
都梁宫		《隋书》卷3《炀帝纪下》 《隋书》卷64《陈稜传》
景华宫	河南府	《隋书》卷3《炀帝纪下》 《大业杂记辑校》大业元年五月 《河南志》卷3
皂涧宫，又名甘泉宫 （辛德勇认为显仁宫、甘泉宫、藻涧宫为一宫）	河南府	《大业杂记辑校》大业元年五月 《河南志》隋城阙古迹条
藻涧宫	河南府	《大业杂记辑校》大业元年九月

续表

宫　　名	所在地	史料来源
显仁宫	河南寿安县	《隋书》卷30《地理志中》 《河南志》隋城阙古迹条
亭子宫	河南府	《大业杂记辑校》大业元年五月
龙川宫	河南府	《河南志》隋城阙古迹条
冷泉宫、总仙宫、青城宫、凌波宫、朝阳宫、栖云宫、积翠宫	河南府	《河南志》隋城阙古迹条 《玉海》卷158《宫室·宫四》隋代宫名
西苑十一宫（其中三宫见上）：高山宫、龙鳞宫、翠微宫、合璧宫、宿羽宫、明德宫、望春宫、黄女宫	河南府	《唐六典》卷7《尚书工部》
江都宫、扬子宫	江都郡江阳县	《隋书》卷31《地理志下》 《大业杂记辑校》大业元年五月 《隋书》卷3《炀帝纪上》
临江宫	杨子县	《大业杂记辑校》大业元年五月
天经宫、仙都宫	东都固本里	《大业杂记辑校》大业元年、大业四年二月 《隋书》卷7《礼仪志二》
陇川宫		《隋书》卷55《李景传》、卷63《樊子盖传》 《大业杂记辑校》大业六年四月
丹阳宫		《大业杂记辑校》大业十二年十二月
离宫十六所：离光宫、流英宫、紫芝宫、凝华宫、瑶景宫、浮彩宫、舒芳宫、懿乐宫、彩璧宫、淑风宫、清暑宫、珠明宫、翼仙宫、翠微宫、层成宫、千金宫	毗陵郡	《大业杂记辑校》大业十二年正月

续表

宫　名	所在地	史料来源
隋炀帝所立十宫，曰归雁宫、回流宫、九里宫、松林宫、枫林宫、大雷宫、小雷宫、春草宫、九华宫、光汾宫	江都郡江都县	《太平御览》卷173《居处部·宫》引《寿春图经》
仙经宫、松仙宫等		《玉海》卷158《宫室·宫四》隋代宫名
隋代离宫或行宫合计：九十三宫		

注：宫名有下画线者为几书共载者。

张衡督役江都宫之时间和任职并未记载，司马光《资治通鉴》将此事系于大业六年，有一定道理。张衡在督役江都宫期间，因缩减行宫规模而被处罚，"除名为民，放还田里，以王世充领江都宫监"[1]。以王世充取代张衡之职，是否说明张衡之前的任职也是江都宫监，也未可知。不管张衡是否任过江都宫监之职，他是江都宫的建造者是没有问题的，问题是隋炀帝曾于张衡督役之前就巡幸过江都宫，故张衡肯定不是江都宫的最早建造者，那么谁是江都宫的最早营建者呢？检《大业杂记》大业元年，"敕扬州总管府长史王弘大修江都宫，又于杨子造临江宫，内有凝晖殿及诸堂隍十余所"[2]。

是知，扬州总管府长史王弘可能是江都宫的最早营建者。对于江都宫的营建，还须提及王世充，他接替张衡后，"以郡丞领江都宫监，乃雕饰池台，阴奏远方珍物以媚于帝"[3]。王世充雕饰池台，继续

---

[1] 《资治通鉴》卷181隋炀帝大业六年三月条，"初，帝欲大营汾阳宫，令御史大夫张衡具图奏之……久之，衡督役筑楼烦城……未几，敕衡督役江都宫……以王世充领江都宫监。"
[2] 《大业杂记辑校》大业元年条，第16页。
[3] 《隋书》卷85《王充传》；《旧唐书》卷54《王世充传》；《新唐书》卷85《王世充传》。

修缮江都宫，所以江都宫可能由王弘始建，张衡和王世充曾经加以扩建。不管是谁主持营建江都宫，其督役和监管者都由很多人来完成，如张衡任江都宫监时，有讼其他宫监者，他不但没有公平裁断，反而将讼状交给了被讼者，导致监者报复讼者。此事说明江都宫的营建由多名宫监组成，而张衡可能是营建工程的总指挥，即江都宫大监。

对于此宫之规模，诸书记载或缺或略，唐人杜宝记道："帝御成象殿，大会。设庭燎于江都门，朝诸侯成象殿，即江都宫正殿。殿南有成象门，门南即江都门……大驾出扬子，幸临江宫，大会，赐百僚赤钱，于凝晖殿蒲戏为乐。"[1] 据此可知江都宫之正殿为成象殿，正门为江都门。但更多关于江都宫的结构就不得而知了，据《太平御览》引《寿春图经》记："《寿春图经》曰十宫，在（江都）县北五里长阜苑内，依林傍涧，疏回跨峦，随地形置焉，并隋炀帝立也，曰归雁宫、回流宫、九里宫、松林宫、枫林宫、大雷宫、小雷宫、春草宫、九华宫、光汾宫，是曰十宫。"[2]

此《寿州图经》不知何人所撰，但其记隋炀帝所立之十宫正处于江都县长阜苑内，此长阜苑极有可能属于江都宫。诚如是，则江都宫也如洛阳西苑一样是宫苑相兼而成。

不仅江都宫在造景取象时类似东都西苑，与江都宫同时营建的距江都宫不远的临江宫也颇有相似，史载隋代江都郡江阳县，"有江都宫、扬子宫"[3]，此扬子宫可能就是上文提到的临江宫，其与江都宫同属江阳县，同时由王弘营建，其性质均为供帝王临幸之行宫，其规模同样记载不详，唯据上揭引文知，正殿名为凝晖殿，以及诸堂

---

[1] 《大业杂记辑校》大业元年条，第22页。
[2] 《太平御览》卷173《居处部一·宫》引《寿春图经》，第848页。
[3] 《隋书》卷31《地理志下》江都郡江阳县条。

隍等其他附属建筑十余所而已。《太平寰宇记》扬州江都县："澄月亭、悬镜亭、春江亭，在县南二十七里扬子宫西，已上三亭，皆隋炀帝置。"[1]这三座亭子应当也属于扬子宫。隋炀帝曾于大业二年、七年曾在此宫举办宴会，如《说郛》引《大业杂记》载："（大业二年）大驾出扬子，幸临江宫大会，赐百僚赤钱于凝晖殿，蒲戏为乐。"[2]提及扬子宫凝晖殿宴享。到大业七年，隋炀帝再于扬子宫宴会，"上升钓台，临扬子津，大宴百僚，颁赐各有差"。钓台可能也在扬子宫范围。是知，常人所言隋炀帝三下江都，除了临幸江都宫外，还有扬子宫，即临江宫。

事实上，隋炀帝江南之幸除上揭二宫之外还有其他行宫，如大业十二年，"诏毗陵通守路道德集十郡兵数万人，于郡东南起宫苑，周围十二里，内为十六离宫，大抵仿东都西苑之制，而奇丽过之"[3]。司马光所记毗陵郡十六离宫之具体情况如何，并不清楚，《大业杂记》对此可补充一些细节："敕毗陵郡通守路道德集十郡兵近数万人，于郡东南置宫苑，周十二里，其有离宫十六所，其流觞曲水，别有凉殿四所，环以清流。共四殿，一曰圆基，二曰结绮，三曰飞宇，四曰漏景。其十六宫亦以殿名名宫，芳夏池之左第一曰离光宫，二曰流英宫，三曰紫芝宫，四曰凝华宫，五曰瑶景宫，六曰浮彩宫，七曰舒芳宫，八曰懿乐宫；池右第一曰彩璧宫，二曰淑风宫，三曰清暑宫，四曰珠明宫，五曰翼仙宫，六曰翠微宫，七曰层成宫，八曰千金宫，及江左叛，燔烧遂尽。"[4]

---

[1] 《太平寰宇记》卷123《淮南道一》扬州江都县条，中华书局2007年版，第2445页。
[2] 《说郛》卷110上，引《大业杂记》。此事还有大业十三年说，如《太平寰宇记》卷123《淮南道一》扬州江都县条记："临江宫。《隋书》云：大业十三年二月，大驾出扬子，幸临江宫，大会赐食，并百僚亦饯于凝晖殿庭，酺戏为乐数日。"
[3] 《资治通鉴》卷183隋炀帝大业十二年正月条。
[4] 《大业杂记辑校》大业十二年正月条，第49—50页。

由毗陵郡通守路道德主持营建之行宫在隋末被烧毁，说明此宫已经建成并投入使用。此宫除了十六离宫外，还有一池湖泊名为芳夏池，以及凉殿四所，即圆基殿、结绮殿、飞宇殿、漏景殿。由此可知，此宫苑周围12里，以芳夏池为主景，还有众多宫殿处于其中，规模不小。至于此宫之设计方案来源于何处，有不同的理解，上引司马光之观点认为"大抵仿东都西苑之制，而奇丽过之"。但东都的营建明显吸收了梁陈之造园理念和江南园林技术，"初造东都，穷诸巨丽，帝昔居藩翰，亲平江左，兼以梁陈曲折，以就规摹"[1]。杨广即位之前就有摹写江左园林之事实，即位之后，将其付诸营建东都和西苑的实践中。此处记毗陵郡之行宫刻意模仿东都西苑，究竟是东都西苑模仿了江左，还是江南宫苑模仿东都西苑，无法辨别，但造园技术和理念的取长补短，无疑有助于园林建造水平的提高。另外，史籍中多记隋代造园过程中或取远方珍物置于宫苑，或移岭树以为林薮，或课天下诸州各贡草木花果、奇禽异兽于其中，均说明隋代宫苑建造与取景均存在兼收并蓄的新现象。

五、临朔宫和临渝宫

幽州范阳郡有隋临朔宫[2]，在隋代诸多行宫中比较特殊。隋炀帝大业七年二月乙亥（4月7日），"上自江都御龙舟入通济渠，遂幸于涿郡……夏四月庚午（6月1日），至涿郡之临朔宫"[3]。龙舟从江都沿运河到涿郡之临朔宫用时55天，临朔宫在此之前就已建成，此宫由谁主持营建？以及临朔宫发挥什么作用？都有必要予以关注。首

---

[1]《隋书》卷24《食货志》。
[2]《新唐书》卷39《地理志三》。
[3]《隋书》卷3《炀帝纪》大业七年二月条。

先，此工程的主持者比较容易查到，《隋书》卷68《阎毗传》记："将兴辽东之役，自洛口开渠，达于涿郡，以通运渠，毗督其役。明年，兼领右翊卫长史，营建临朔宫。"[1]阎毗在开凿了自洛口到涿郡的运河后，又主持营建临朔宫，建造时间约在开渠后之明年，开通永济渠在大业四年[2]，那么临朔宫极有可能是大业五年（609）开工营建。史载此次巡幸到涿郡后，"文武从官九品以上，并令给宅安置。"[3]临朔宫的结构多不可知，从行文武百官均有宅可居，说明此宫之规模非同小可。杨广来到临朔宫举行了一系列活动，大体来说，主要有四个方面：一是行斋祭之礼，一是耀武扬威，一是下诏伐辽，一是接见突厥可汗，杨广的所作所为涉及临朔宫性质的判定，故稍加引申。

从大行其礼来看，隋炀帝幸临朔宫并非为了避暑，而是另有所图，"大业七年，征辽东，炀帝遣诸将，于蓟城南桑干河上筑社稷二坛……帝斋于临朔宫怀荒殿，预告官及侍从，各斋于其所，十二卫士并斋"[4]。据此可了解临朔宫的正殿名怀荒殿。杨广不仅亲自斋于临朔宫之怀荒殿，还在蓟城南、城北筑坛设祭，城南祭社稷、上帝，城北祭马祖、先（应为马，笔者按）牧、马步等，一时之间，临朔宫成为礼仪中心，但隋朝庄重其事的目的是为征辽做准备。

从耀武扬威方面看，《隋书》卷8《礼仪志三》记："众军将发，帝御临朔宫，亲授节度。每军，大将亚将各一人，骑兵四十队，队

---

[1]《隋书》卷68《阎毗传》。
[2]《隋书》卷3《炀帝纪》大业四年正月，"诏发河北诸郡男女百余万开永济渠，引沁水南达于河，北通涿郡"。《资治通鉴》卷181隋炀帝大业四年正月条，《考异》曰："《杂记》：'三年六月，敕开永济渠，引汾水入河，于汾水东北开渠，合渠水至于涿郡二千余里，通龙舟。'按永济渠即今御河，未尝通汾水，《杂记》误也。"司马光认为《杂记》有误，从《隋书》。
[3]《资治通鉴》卷181隋炀帝大业七年四月条。
[4]《隋书》卷8《礼仪志三》。

百人置一纛,十队为团……步卒八十队,分为四团。"每军达到 1.2 万人左右。参加此次讲武仪式之总兵力,"于是每日遣一军发,相去四十里,连营渐进。二十四日续发而尽。道尾相继,鼓角相闻,旌旗亘九百六十里。天子六军次发,两部前后先置,又亘八十里。通诸道合三十军,亘一千四十里。"可知共有 24 军和天子六军参加此次讲武活动,仅 24 军就有近 30 万人,如果再加天子六军,超过 30 万兵力,其中骑兵占 1/3,可达到 10 万左右。可知,此时的临朔宫也成为军事指挥中心。

从征伐高丽的角度看,杨广于赴临朔宫途中下诏征辽,到临朔宫后,征兵调发,兴师动众。"诏征天下兵,无问远近,俱会于涿。又发江淮以南水手一万人,弩手三万人,岭南排镩手三万人,于是四远奔赴如流。五月,敕河南、淮南、江南造戎车五万乘送高阳,供载衣甲幔幕,令兵士自挽之,发河南、北民夫以供军须。秋七月,发江淮以南民夫及船,运黎阳及洛口诸仓米至涿郡,舳舻相次千余里,载兵甲及攻取之具,往还在道常数十万人。"[1] 为了准备这次战争,隋朝调集全国之兵力、物力于涿郡,临朔宫就成为行政中枢。一直到隋末,涿郡和临朔宫中还贮藏着大量军资器仗,"后遇天下大乱,涿郡物殷阜,加有伐辽器仗,仓粟盈积。又临朔宫中多珍产,屯兵数万。"而留守临朔宫之罗艺以"城中仓库山积"为号召,起兵反隋,"于是发库物以赐战士,开仓以赈穷乏,境内咸悦"[2]。说明临朔宫一度成为隋朝伐辽的战备中心。

从国际关系来看,隋炀帝于临朔宫接见突厥处罗可汗,有安边会盟之目的,据《隋书》卷 84《北狄·突厥传》记:"以七年冬,处

---

[1] 《资治通鉴》卷 181 隋炀帝大业七年四月条。
[2] 《旧唐书》卷 56《罗艺传》。

罗朝于临朔宫，帝享之。"处理隋与突厥的关系既是元首会盟，也是安边，为伐辽做准备。从这个角度看，临朔宫不仅成为行政中心，而且还变成了处理外交的场所。

因为临朔宫在大业七年之后，一度成为行政、礼仪、军事、外交、战备的枢纽，故临朔宫与其他一般避暑宫的性质有所不同，不可一概而论。

位于北平之临渝宫与临朔宫有相似的地方，如大业十年，"三月壬子，行幸涿郡，癸亥，次临渝宫，亲御戎服，祃祭黄帝，斩叛军者以衅鼓"[1]。从临朔宫到临渝宫用时12天，二宫均为隋炀帝亲征辽东时所御，且大业七年御临朔宫有筑社稷坛于城南，行宜社礼，设坛于城北，祭马祖、马步等，斋于临朔宫怀荒殿等活动。[2] 而大业十年幸临渝宫时，也有祭黄帝、以叛者衅鼓等活动，从行祭和衅之礼来分析，临渝宫也曾作为杨广的临时行政中心，位于征伐高丽的决策前沿，由此而论，临渝宫与临朔宫之性质类似，只不过临渝宫的位置更接近前线，《隋书》卷30《地理志中》北平郡卢龙县条："有长城，有关官，有临渝宫。"但具体由谁营建，其内部格局等方面，均不得而知。

六、水殿、行殿、行宫和行城

隋代皇帝多建行宫以便临幸，尤其是到隋炀帝杨广在位期间，更多方巡幸，虽广建离宫别馆，仍不能满足需要，于是就出现可移动的行宫，弥补固定行宫营建周期长、难度大、管理不便的缺点。

---

[1]《隋书》卷4《炀帝纪》大业十年三月条。
[2]《隋书》卷8《礼仪志三》。

如陆上有六合城、行殿、千人帐，水上有水殿龙舟，以取代每巡幸一地必须营建固定行宫之惯例，从其用途和性质来看，属于离宫别殿之替代品。

大业元年三月，"遣黄门侍郎王弘、上仪同于士澄往江南采木造龙舟凤䑠、黄龙赤舰、楼船等数万艘"。同年八月，"上御龙舟，幸江都……文武官五品已上给楼船，九品已上给黄蔑，舳舻相接，二百余里"[1]。巡幸江都的队伍声势浩大，多由船队组成，到底修造了多少船，众说纷纭。《隋书》卷24《食货志》："造龙舟凤䑠，黄龙赤舰，楼船篾舫，募诸水工，谓之殿脚，衣锦行縢，执青丝缆挽船，以幸江都。帝御龙舟，文武官五品已上给楼船，九品已上给黄篾舫，舳舻相接，二百余里。"此处记巡幸队伍中舟之种类繁多，还有记所造舟的数量也引人注目。

从舟之种类来看，上引之龙舟凤䑠，黄龙赤舰，楼船篾舫远不能概括绵延二百里船队之实况，司马光提及几种：（1）龙舟，供皇帝乘御。"龙舟四重，高四十五尺，长二百丈，上重有正殿、内殿、东西朝堂，中二重有百二十房，皆饰以金玉，下重内侍处之。"（2）翔螭、浮景，供后妃乘用。"乘翔螭舟，制度差小，而装饰无异，别有浮景九艘，三重皆水殿也。"[2]（3）另外还提到漾彩、朱鸟、苍螭、白虎、玄武、飞羽、青凫、陵波、五楼、道场（三楼）、玄坛（二楼）[3]、板䑠、黄篾等数千艘。（4）还有平乘、青龙、艨艟、艚舟爰、八棹、艇舸等数千艘。各种名目的船有22种之多。[4]

从舟之数量来看，上引《隋书》虽有"数万艘"之说，也只是

---

[1]《隋书》卷3《炀帝纪》大业元年八月条。
[2]《资治通鉴》卷180隋炀帝大业元年八月条。
[3] 此处"玄坛、道场"之名，《大业杂记》记为三楼船和二楼船，有所不同，特识于此。
[4]《资治通鉴》卷180隋炀帝大业元年八月条。

大概而言；司马光《资治通鉴》提到从行船队时并未确言，用了两个"数千艘"；只有杜宝《大业杂记》详列各种舟之配置，见表2：

表2 《大业杂记》幸江都船队种类表

名称	数量	服务对象	名称	数量	服务对象
龙舟	1	皇帝	五楼	52	诸王公主三品已上
翔螭	1	皇后	三楼	120	四品官人及四道场玄坛僧尼道士
浮景	9	嫔妃	二楼	250	五品已上及诸国番官
漾彩	36	贵人美人十六夫人	板䑾	200	羽仪服饰、百官供奉
朱鸟	24	宫人习水者往来供脚	黄篾	2000	六品至九品从官及五品已上家口
苍螭	24		平乘	500	十二卫兵
白虎	24		青龙	500	
玄武	24		艨艟	500	
飞羽	60		艚舟爰	500	
青凫	10		八棹	200	
凌波	10		艇舸	200	
合计				5245	

实际统计只有五千多艘，与诸处所记之数万艘出入较大，胡戟先生认为数万艘之说有故意夸大之嫌。[1] 到大业十一年（615）有更造水殿之事，"杨玄感之乱，龙舟水殿皆为所焚，诏江都更造，凡数千艘，制度仍大于旧者"[2]。从杨玄感之变焚毁水殿龙舟后，按大于旧制度又重建之数量也只是数千艘来推测，早期水殿龙舟之数量应该

---

[1] 胡戟：《隋炀帝新传》，上海人民出版社1995年版，第98页。
[2] 《资治通鉴》卷182隋炀帝大业十一年十月条。

以"数千艘"为确。

相较水殿龙舟而言，陆上行宫更加别出心裁，出现了千人帐、行殿、行宫和行城。

（1）千人帐。《隋书》卷84《北狄·突厥传》记大业三年，"帝法驾御千人大帐，享启民及其部落酋长三千五百人，赐物二十万段"。是谁制成了千人大帐？《资治通鉴》记："帝欲夸示突厥，令宇文恺为大帐，其下可坐数千人。"[1] 隋炀帝于大帐下宴享突厥3500人之事实，证实大帐可坐数千人之说不误，难怪颜之推感叹："昔在江南，不信有千人毡帐，及来河北，不信有二万斛船，皆实验也。"[2] 颜氏由北齐入隋，很有可能见到千人帐，才有疑惑验实之语。

（2）行殿。《大业杂记》大业三年条："造观风行殿，三间两厦，丹柱素壁，雕梁绮栋。一日之内，嶷然峙立。夷人见此，莫不惊骇，以为神异。"[3] 此观风行殿之建造者或为宇文恺，据《隋书》卷68《宇文恺传》记："时帝北巡，欲夸戎狄，令恺为大帐，其下坐数千人。帝大悦，赐物千段。又造观风行殿，上容侍卫者数百人，离合为之，下施轮轴，推移倏忽，有若神功。"宇文恺不仅造成千人帐，还制造观风行殿，不仅规模大，装饰华丽，而且是真正可以移动的行殿。但对于行殿的建造者，还有另一种说法，据《隋书》卷68《何稠传》记："初，稠制行殿及六合城。"此虽未言是观风行殿，但也是可以拆卸组装，可以移动的行殿，二者有何区别？俟考。

（3）行宫。以六合殿、千人帐再加外围之防御设施就组成可移动之行宫。如《隋书》卷12《礼仪志七》："又造六合殿、千人帐，载以枪车，车载六合三板，其车輄解合交叉，即为马枪。每车上张

---

[1] 《资治通鉴》卷180隋炀帝大业三年七月条。
[2] 王利器撰：《颜氏家训集解》（增补本）卷5归心条，中华书局1993年版，第379页。
[3] 《大业杂记辑校》大业三年条，第26页。

幕，幕下张平一弩，傅矢，五人更守。两车之间，施车辋马枪，皆外其辕，以为外围。次内布铁菱，次内施蛰鞬。每一蛰鞬，中施弩床，长六尺，阔三尺。床桄陛插钢锥，皆长五寸，谓之暇须。皆施机关，张则锥皆外向，其床上施旋机弩，以绳连弩机，人从外来，触绳则弩机旋转，向触所而发。其外又以缯周围行宫，二丈一铃一柱，柱举缯，去地二尺五寸。当行宫南北门，施棰磬，连缯，以机发之。有人触缯，则众铃发响，棰击两磬，以知所警，名为击警。"

此段材料主要是介绍行宫之布局，以六合殿、千人帐为中心，外围四重防御设施，分别以不同的材料和方式防御，一重张幕布弩，一重布铁菱，一重施蛰鞬，最外重以缯包围行宫，设南北门。合起来就是一座防御严密的可移动的行宫。

（4）行城。不仅在行殿上，何稠与宇文恺的发明权存在争议，在行城上也有。如上提何稠既制成行殿，还建造六合城，史载"其城周回八里，城及女垣，合高十仞，上布甲士，立仗建旗，四隅置阙，面别一观，观下三门，迟明而毕。高丽望见，谓若神功"[1]。由何稠设计建造的六合城属于行城，即可移动的城。而宇文恺也曾于之前制成行城，"又作行城，周二千步，以板为干，衣之以布，饰以丹青，楼橹悉备。胡人惊以为神，每望御营，十里之外，屈膝稽颡，无敢乘马"[2]。从设计原理来看，六合城与行城二者相同或相近，但较宇文恺行城之规模，何稠六合行城要大得多，宇文恺城方2000步（约5.6里。笔者按，360步约为1里），何稠城周回8里（约2880步）。还有，宇文恺城令胡人惊叹，而何稠城却令高丽惊讶，亦不相同。实际上，二城之外，隋代还有更小的行城，如《隋书·礼仪志七》：

---

[1]《隋书》卷68《何稠传》。
[2]《资治通鉴》卷180隋炀帝大业三年八月条。

"大业四年，炀帝北巡出塞，行宫设六合城，方一百二十步，高四丈二尺。六合，以木为之，方六尺，外面一方有板，离合为之，涂以青色。垒六板为城，高三丈六尺，上加女墙板，高六尺。开南北门。又于城四角起楼敌二，门观、门楼槛皆丹青绮画。"

此六合城只有方120步，较宇文恺之行城和何稠之六合城都要小很多，也属于以木板离合组装而成，其设计原理与宇文恺、何稠之行城如出一辙，但此行城由谁设计却不得而知。

实际上，不管是千人帐、观风行殿、行宫，还是行城，其明显特点是可离合、可移动，尤其是它们之间可配合使用，出现行城中有行宫，行宫中有行殿的情况。如前述行殿加四重防御组成行宫之例，也有行殿与行城组合的事例："（大业）八年征辽，又造钩阵，以木板连如帐子。张之则绮文，卷之则直焉。帝御营与贼城相对，夜中设六合城，周回八里。城及女垣，合高十仞，上布甲士，立仗建旗。又四隅有阙，面别一观，观下开三门。其中施行殿，殿上容侍臣及三卫仗，合六百人。一宿而毕，望之若真。"[1]

此处记六合城中又设行殿，以行城和行殿相配合，一夜之间离合而成，体现了行殿与行城组合的优势。

水殿龙舟用于沿运河巡幸，而行殿、行宫、行城则用于陆地巡幸，二者都是配合旧有的离宫别殿而出现，较修建固定离宫别殿有如下特点：其一是可移动，随驾巡幸；其二是可离合，迅速组装；其三是可组合，适应不同用途，如防御、宴享、停驻、作战等；其四是可重复使用；其五是可调整规模，如既有周长120步之行城，也有2000步，更有周回8里之六合城；其六是兼有毡帐之便利和宫殿之华丽；其七是造价低，但费用不低。较固定行宫之大兴土木，移

---

[1]《隋书》卷12《礼仪志七》。

动行殿、行宫、行城造价不高，但为此而耗费的人力、物力、财力并不少。史载隋炀帝每出巡幸，水殿龙舟共用挽船士 8 万余人[1]，文武百官之外，更有从行宫掖常十万人[2]，步骑二三十万。[3]尤其是"帝每出游幸，羽仪填街溢路，亘二十余里"[4]。组成 20 多里的羽仪队伍。此仪仗由何稠、云定兴主持修造，"先是，太府少卿何稠、太府丞云定兴盛修仪仗，于是课州县送羽毛，百姓求捕之，网罗被水陆，禽兽有堪氅牦之用者，殆无遗类。至是而成"[5]。何稠、云定兴属于能工巧匠，出行仪仗由其主持，何稠本传记："稠于是营黄麾三万六千人仗，及车舆辇辂、皇后卤簿、百官仪服，依期就，送于江都。所役工十万余人，用金银钱物巨亿计。"[6]何稠负责制造仪仗花费人力和物力已如此巨大。云定兴负责器仗，"所制器仗并合上心"[7]。而沿途供顿之费，更是成倍加重，史言"每之一所，辄数道置顿，四海珍羞殊味，水陆必备焉，求市者无远不至。郡县官人，竞为献食，丰厚者进擢，疏俭者获罪，奸吏侵渔，内外虚竭，头会箕敛"[8]。巡幸之费包括离宫别殿和仪仗、供顿在内，二者存在一定的关系，尤其是可移动的行殿、行宫、行城或水殿等，本身既是离宫别殿，又构成仪仗供奉的一部分，很难截然分开。

综上所述，隋代宫廷建筑消费主要体现在三个方面：第一，宫

---

[1] 《资治通鉴》卷 180 隋炀帝大业元年八月条："共用挽船士八万余人。"《大业杂记辑校》大业元年九月条："已上殿脚及船脚四万余人……已上黄衣夫四万余人。"

[2] 《隋书》卷 24《食货志》，"从行宫掖，常十万人，所有供须，皆仰州县。"

[3] 《大业杂记辑校》大业元年九月条："舳舻相继二百余里，照耀川陆。骑兵翊两岸二十余万，旌旗蔽野……文武百司并从，别有步骑十余万，夹两岸翊舟而行。"

[4] 《资治通鉴》卷 180 隋炀帝大业二年二月条。

[5] 《隋书》卷 3《炀帝纪上》大业二年三月条。

[6] 《隋书》卷 68《何稠传》。

[7] 《隋书》卷 61《宇文述附云定兴传》。

[8] 《隋书》卷 4《炀帝纪下》。

城的营建和再建,其中迁都涉及的宫城重建有两次,由汉长安迁往大兴之宫城,再由大兴迁往东京宫城。第二,离宫别殿之营建和扩建,其中,隋代营造许多离宫别殿,有据可查者达 90 多所,多次巡幸者如仁寿宫、晋阳宫、汾阳宫、江都宫、扬子宫、临朔宫等。第三,水殿龙舟、行殿、行宫、行城之制造。

庆山还是祇阇崛山[*]
——重释《宝雨经》与武周政权之关系

孙英刚（复旦大学文史研究院）

中国本土的阴阳灾异思想在中古政治中扮演着重要角色。佛教传入中国之后，为君主提供了新的政治理论和解释系统，两种思想体系发生激烈冲突与融合。这是中古时代思想、知识和政治世界的一大面相。然而关于外来之佛教与本土知识和思想体系的冲突与融合，学界之前更多关注的是佛道关系、佛教与儒家伦理的互动等等，而阴阳五行、谶纬、术数和佛教的关系，却遭到了很大程度的忽视。

学界已经注意到武则天在利用佛教做政治宣传的同时，也大量使用了中国传统的谶纬祥瑞思想。即便是最具佛教代表性的《大云经疏》，也充斥着祥瑞之说、谶纬之言。[1]和《大云经疏》一样，对武

---

[*] 本文为复旦大学"985工程"三期人文学科整体推进重大项目"中古中国的知识、信仰与制度的整合研究"、2012年国家社科青年基金项目（12CZS020）和教育部青年基金项目（12YJC77005）"纬学思想与隋唐时期的政治合法性研究"的阶段性成果。

[1] 相关的研究参见〔日〕矢吹庆辉：《三阶教之研究》，岩波书店1927年版，第686—747页；林世田：《武则天称帝与图谶祥瑞——以S.6502〈大云经疏〉为中心》，《敦煌学辑刊》2002年第2期，《〈大云经疏〉初步研究》，《文献》2002年第4期；金滢坤、刘永海：《敦煌本〈大云经疏〉新论》，《文史》2009年第4辑，第31—46页。

周政权同样具有重要意义的《宝雨经》，也明显窜入了中国本土的阴阳灾异观念，并运用佛教新知识对其进行了改造。这部分内容在之前萧梁时期译出的同本佛经《宝云经》和《大乘宝云经》中是没有的。菩提流志窜入这部分内容，带有明显的政治目的。是利用佛教提供的新理论将中国传统阴阳灾异学说视为不祥之兆的现象解释为祥瑞，为武则天的统治寻找合理性依据。本文目的就是以武周政权利用佛教化解山涌灾异说作为一个切面，研究中古时代外来佛教与本土知识、思想的冲突与融合。

一、女身为帝和杀害父母说：《宝雨经》对武周政权的意义

武周政权与佛教关系密切，已为学界所广泛认同，如陈寅恪《武曌与佛教》从家世信仰和政治需要两方面说明了武则天信仰佛教的必然性。[1] 长寿二年（693），在武则天的支持之下，达摩流支（武则天改其名为菩提流志[2]，Bodhiruci）等译成《佛说宝雨经》（以下简称《宝雨经》）十卷。《宝雨经》的译出并非偶然，它是武后革唐为周的政治运动中的重要一环。然而过去学界比较关注武则天利用《大云经疏》进行政治宣传，而对《宝雨经》的意义揭示不够。主要的原因在于《旧唐书》明确提到了武则天利用《大云经疏》："有沙门十人伪撰《大云经》，表上之，盛言神皇受命之事。制颁于天

---

[1] 陈寅恪：《武曌与佛教》，《中央研究院历史语言研究所集刊》1935 年第 5 本第 2 分册，收入《金明馆丛稿二编》，上海古籍出版社 1980 年版，第 137—155 页。
[2] 《旧唐书》卷 6《则天皇后本纪》、卷 183《薛怀义传》。

下，令诸州各置大云寺，总度僧千人。"[1] 而两唐书对《宝雨经》都未提及。

但实际上，《宝雨经》的翻译，对武周政权具有同等重要的意义。富安敦（Antonino Forte）在《七世纪末中国的政治宣传与意识形态》一书中，已经指出两者同等重要，共同构成了武周政权的佛教理论基础。[2] 富安敦所依据的主要证据是武后御撰《大周新译大方广佛华严经序》。新的八十卷《华严经》于圣历二年（699）10月译完，武则天在御撰序言中大谈佛教赋予自己的符命："朕曩劫植因，叨承佛记。金仙降旨，《大云》之偈先彰；玉宸披祥，《宝雨》之文后及。加以积善余庆，俯集微躬，遂得地平天成，河清海晏。殊祯绝瑞，既日至而月书；贝牒灵文，亦时臻而岁洽。逾海越漠，献琛之礼备焉；架险航深，重译之辞罄矣。"

在这段自述中，武则天把《大云经疏》、《宝雨经》都视为预示自己符命的谶文，《大云》在前，《宝雨》后出，而"河清海晏"、"殊祯绝瑞"则是标明自己的统治受到肯定的征祥。然而在《宝雨经》译出之前，武则天在宣扬自己符命的时候，仅仅提到《大云经疏》，并不会提到《宝雨经》，比如天授二年（691）三月，她在《释教在道法之上制》中说："朕先蒙金口之记，又承宝偈之文，历数表于当今，本愿标于曩劫。《大云》阐奥，明王国之祯符；《方等》发扬，显自在之丕业。驭一境而敷化，弘五戒以训人。爰开革命之阶，

---

[1] Antonino Forte, *Political Propaganda and Ideology in China at the end of the seventh century*, Napoli: Instituto Universitario Orientale Seminario di Studi Asiatici, 1976, pp.125-136. 2005年，富安敦出版了该书的增订版，不过对《宝雨经》的研究，基本并未更改或增加更多的内容，参看 Political Propaganda and Ideology in China at the End of the Seventh Century, Italian School of East Asian Studies, 2005. 在两书中，富安敦都在俞正燮《癸巳存稿》以来研究论著的基础上，指出《宝雨经》译文中的窜入和附加部分。

[2] 《大正藏》第10册，第1页上。

方启惟新之运。"[1]

可以推测,《宝雨经》译出之后,被纳入既有的宣传体系,完善了《大云经疏》的不足,从这之后,《宝雨经》和《大云经疏》在武周政权的政治宣传中往往被一并提及。

实际上,把《宝雨经》和《大云经疏》相提并论,视为武周政权上符天(佛)命的理论基础,是当时的一种共识,并不局限于武则天本人。比如当时有名的大臣李峤在《宣州大云寺碑》歌颂武则天云:"藏象秘篆,祯符郁乎《大云》;发迹乘时,灵应开于《宝雨》。"[2] 贾膺福的《大云寺碑》说得更加清楚:"自隆周鼎革,品汇光亨,天瑞地符,风扬月至。在璇机而齐七政,御金轮以正万邦。(阙六字)千圣。菩萨成道,已居亿劫之前;如来应身,俯授一生之记;《大云》发其遐庆,《宝雨》兆其殊祯。"[3]

李峤和贾膺福把《大云经疏》和《宝雨经》并列的做法,跟武则天自己所谓"《大云》之偈先彰","《宝雨》之文后及"的精神是一样的,都是把《宝雨经》视为跟《大云经疏》同等重要的文献——这其实是带有谶书色彩的佛典。

虽然没有像《大云经疏》一样获得在全国建寺的待遇,但是作为武则天受命符谶之书,菩提流志等新译《宝雨经》也同样颁行到地方。这一点荣师新江已有详细的揭示。[4] 陈寅恪在《武曌与佛教》中已指出,敦煌残本的《大云经疏》,即当时颁行天下以为受命符谶之原本。而颁行到地方的《宝雨经》写本,根据荣师新江的研究,

---

[1]《唐大诏令集》卷113,商务印书馆1959年版,第587页。
[2]《全唐文》卷284《李峤·宣州大云寺碑》。
[3]《全唐文》卷259《贾膺福·大云寺碑》。
[4] 荣新江:《胡人对武周政权之态度——吐鲁番出土〈武周康居士写经功德记碑〉校考》,《民大史学》1996年第1期,转引自《中古中国与外来文明》,生活·读书·新知三联书店2001年版,第211—214页。

共有六件，可分为三组：

（1）英国图书馆藏斯坦因敦煌所获 S. 2278 号，为《佛说宝雨经》卷第九，有长寿二年（693）译场列位及证圣元年（695）四月八日检校勘授记。其题记云："大周长寿二年岁次癸巳九月丁亥朔三日己丑佛授记寺译，大白马寺大德沙门怀义监译，南印度沙门达摩流支宣释梵本。"又，北京图书馆藏李26、李31为卷一残卷，S. 7418 为卷三残卷。这些应是颁到沙州的写本残卷。

（2）德国印度艺术博物馆藏吐鲁番与乌鲁木齐间一遗址出土的 MIK Ⅲ-113 号，为《佛说宝雨经》卷第二，有长寿二年译场列位。这应是颁行到西州的写本残卷。

（3）日本东大寺圣语藏所藏日本传世写经，也有《佛说宝雨经》卷第二，也有长寿二年译场列位。这应当抄自原颁行到唐朝某地的写经。

三组写经均用武周新字[1]，写经格式基本一致，译场列位大体相同，都属于译场译完后送到秘书省的"进奏本"。这些具有强烈官方意识形态的写本，很快就被送到唐朝地方各州，可见武周政权对它们的重视程度。吐鲁番出土的《武周康居士写经功德记碑》在所拟抄写的佛典目录最后，列入了《宝雨经》，说明此经对当地的影响，不仅局限于官方，甚至渗透到胡人部族及地方大族，他们主动地抄写《宝雨经》，不但是个人信仰的原因，更带有强烈的政治投机色彩。[2]

---

[1] 一般来说，写有武周新字的碑铭都是新字颁行的天授元年（690）至神龙元年（705）之间刻成的。而个别较此年限为晚的敦煌文书仍用武周新字，但大都不是通用的"年"、"月"、"日"、"天"等字。有关研究很多，此处不赘，比如可参见王三庆：《敦煌写卷中武后新字之调查研究》，《汉学研究》1986年第2期。综合判断，这些《宝雨经》写本，应该是在其译出的长寿二年（693）之后迅速颁行到沙州、西州等地的。在内地诸州的颁行情况应该大致类似。

[2] 同上书，第214页。

过去学者多强调《大云经疏》为其以女身统治天下进行政治宣传[1]，但是实际上《大云经疏》所涉及女身当王的内容不过寥寥数语，含糊说净光天女当王阎浮提，实不足以单独作为武则天篡唐称帝的有力根据。《大云经》早译出，即《大方等无想经》。昙无谶《大方等无想经》云："有一天女，名曰净光……以是因缘，今得天身。值我出世，复闻深义。舍是天形，即以女身当王国土，得转轮王。"[2]但是，第一它并未提到武则天的名字，第二也没有提到何处为王，只是说该天女将来会作转轮王。薛怀义等撰《大云经疏》时，将经中"净光天女"解释为"今神皇王南阎浮提一天下"。根据这些注疏，垂拱四年五月，武则天加尊号"圣母神皇"。但是，这不是佛经里的内容，而是薛怀义等人的解释，可以说是于经无征，有点牵强。[3]

《宝雨经》最大的贡献，第一在于它明确说明此女将在南瞻部洲东北方摩诃支那国为帝；第二，它并非注疏，而是佛经，从而解决了武周政权于经无征的问题。因为《宝雨经》的译出，武则天称帝得到了佛经经文的证实。可以说，《宝雨经》才是武则天为女主的直接理论来源。有的学者比如郭朋就指出，《宝雨经》有关武则天女身为中国主的内容，比《大云经》要清楚得多：在"佛灭"后两千年的时候，有一位"故现女身"的"菩萨"，要在印度东北方的中国"为自在主"[4]。诚为确论。

除了《宝雨经》支持武则天以女身当皇帝这一观点之外，汤用

---

[1] 比如王国维:《大云经疏跋》，载罗福苌编:《沙州文录补》，1924年，叶5b-6b，收入王重民编《敦煌古籍叙录》，商务印书馆1958年版，第269—270页；又陈寅恪:《武曌与佛教》，《中央研究院历史语言研究所集刊》第5本，1935年，第137—147页，收入《金明馆丛稿二编》，第137—155页。
[2] 《大正藏》第12册，第1097页上—1098页上。
[3] 方广锠:《佛教大藏经史》，中国社会科学出版社1991年版，第88页。
[4] 郭朋:《中国佛教思想史》，福建人民出版社1994年版，第209页。

彤提出新说，认为菩提流志等人在新译《宝雨经》时增加了"菩萨杀害父母"的语句，从而为武则天杀害李唐宗室提供了理论依据，武则天引《宝雨经》以自饰。[1]此说颇令人费解。《宝雨经》并无"菩萨杀害父母"之文，而是菩萨为了让信众心生信服，现出神通，在信徒面前幻化出父母，菩萨杀害的，是其幻化出来的父母。[2]与此同时，《宝雨经》谈到最多的还是孝顺父母的内容，比如当谈及为了菩萨不生边地时，《宝雨经》说，边地之人"顽嚚愚憃，犹如哑羊，如是等类于善恶言义不能了知，不孝父母，不敬沙门、婆罗门"[3]。可见，《宝雨经》并不反对，甚至是歌颂孝顺父母的。所谓菩萨杀害父母只不过是其教诲有罪众生的手段，防止他们自怨自艾，放弃获得救赎的希望。

菩提流志译《宝雨经》之前，已经存在两种译本，一种是梁扶南三藏曼陀罗仙译《宝云经》8卷，另外一种是梁扶南三藏曼陀罗仙共僧伽婆罗译《大乘宝云经》（俱在《大正藏》第16册）。对比三种译本，《宝云经》和《大乘宝云经》中都没有所谓支那女主之说，可知菩提流志译本中关于日月光天子现女身为国王的说法是其窜入的。

关于"杀害父母"的内容，出现在《佛说宝雨经》的卷第三："若此有情未能悔过，是时菩萨欲令彼人心生信伏，为现神通，广说彼人思惟之事。……菩萨又复于彼人前化作父母，说如是言：'汝可观之，我即是汝同伴丈夫，汝莫悔过此所造业，毕竟不堕捺洛迦中，亦不退失利益安乐！'如是说已，即便杀害所现父母。菩萨于彼有情之前示现神变，彼人思惟：'有智之者，尚杀父母不失神通，况我无智而造此业，堕捺洛迦，退于利乐！'尔时菩萨为彼有情演说妙

---

[1] 汤用彤：《隋唐佛教史稿》，武汉大学出版社2008年版，第22、244页。
[2] 《大正藏》第16册，第293页中。
[3] 同上书，第312页下—313页上。

法，令其恶业渐得轻微，犹如蚊翼。是名菩萨除遣恶作方便善巧。"[1]

但是实际上，这段内容不是菩提流志编造的，更不是窜入的。在梁扶南三藏曼陀罗仙译《宝云经》的对应部分，也就是《宝云经》卷第二，有同样的内容："云何名菩萨善除疑悔？若见众生作五逆罪及余诸恶，菩萨即语众生言：'汝今何为愁苦如是？'彼人答言：'我作五逆罪，愁忧悔恨。舍此身已，当久受苦恼，长夜衰损，无有义利。'菩萨为现神变，适其心念。令彼信服，便生信敬爱乐。菩萨又复化作父母而加逆害，彼作是念：'菩萨神足威力无量，犹害父母，况我愚痴而能不作？'"[2]

梁扶南三藏曼陀罗仙共僧伽婆罗译《大乘宝云经》相应部分（卷第二）也有同样的内容："善男子，云何菩萨善解断除疑悔方便？菩萨摩诃萨见是众生作五逆罪，及余不善种种罪业。……是时菩萨于其人前，而作变化，化作父母，而作是言：'仁者见不，我之父母亦被杀害。'杀父母已，复作神通而现是人，令其欢喜，'如是之人，有大神通，尚杀父母，何况于我？'是时菩萨为是众生而说法要，令其罪业展转轻微，薄如蝇翼。如是菩萨断除疑悔，善巧方便。"[3]

对比三种译本，可知菩提流志新译《宝雨经》关于菩萨"杀害父母"的内容并非是菩提流志等人窜入的，更不是捏造的，在原本中就有同样的内容。从内容可以判断，这段内容是在说犯下杀害父母等罪业的人，因为担心陷入无尽报应而对前途绝望，菩萨为劝导此类有情，幻化出父母进行杀害，达到说服他们打起精神，遵从佛法的目的。从逻辑上推断，《宝雨经》十卷，最能达到政治目的的当

---

[1]《佛说宝雨经》卷3，《大正藏》第16册，第293页中—下。
[2]《宝云经》卷2，《大正藏》第16册，第217页中—下。
[3]《大乘宝云经》卷2，《大正藏》第16册，第251页上。

属卷一，在卷三中增加政治内容，将混杂于繁杂的佛经教义中，恐会损害政治本意。武则天以《宝雨经》菩萨"杀害父母"为自己屠杀李唐宗室辩护的观点，恐有度解释的嫌疑。从逻辑上说，武则天杀害的是李唐宗室，而非自己的父母；而且屠杀李唐宗室早在垂拱年已经基本完成，何必在数年之后再为此费劲寻找依据？就逻辑而言这中间还有一定距离。

从上述分析来看，武则天凭借《宝雨经》为自己女身称帝寻找到了确切的佛经依据，这一说法确可成立。而所谓《宝雨经》为武则天屠杀李唐宗室提供依据一说，仍颇可存疑。这些是已揭示出来的内容。实际上，《宝雨经》中明确跟武则天的政治宣传有关的内容，还有被前辈学者所忽略的部分。

二、山涌和五色云：重读《宝雨经》窜入部分

《宝雨经》虽然往往被归为疑伪经[1]，但实际上菩提流志等窜入的部分比例不大，主要集中于卷第一。窜入最为明显的部分，也就是卷一中关于武则天以女身在南瞻部洲东北方摩诃支那国为自在主的部分："天子！以是缘故，我涅盘后，最后时分，第四五百年中，法欲灭时，汝于此瞻部洲东北方摩诃支那国，位居阿鞞跋致，实是菩萨，故现女身，为自在主。经于多岁，正法治化，养育众生，犹如赤子，令修十善；能于我法广大住持，建立塔寺；又以衣服、饮食、卧具、汤药供养沙门；于一切时常修梵行，名曰月净光天子。然一切女人身有五障。何等为五？一者、不得作转轮圣王；二者、

---

[1] 牧田谛亮《疑经研究》将疑伪经按照编撰意图分为六种，其中第一种即为迎合统治者统治意图而造，而武则天时期的《大云经》和《宝雨经》被归为此类。参见〔日〕牧田谛亮：《疑经研究》，京都大学人文科学研究所1976年版。

帝释；三者、大梵天王；四者、阿鞞跋致菩萨；五者、如来。天子！然汝于五位之中当得二位，所谓阿鞞跋致及轮王位。天子！此为最初瑞相。<u>汝于是时受王位已，彼国土中，有山涌出，五色云现。</u>当彼之时，于此伽耶山北亦有山现。天子！汝复有无量百千异瑞，我今略说，而彼国土安隐丰乐，人民炽盛，甚可爱乐，汝应正念施诸无畏。天子！汝于彼时住寿无量，后当往诣睹史多天宫，供养、承事慈氏菩萨，乃至慈氏成佛之时，复当与汝授阿耨多罗三藐三菩提记。"[1]

对比前代的《宝云经》和《大乘宝云经》，可知这部分内容全部是菩提流志等人窜入的。其实这部分有两个内容，第一个内容是讲武则天以女身为帝。菩提流志等人甚至捏造了新说法化解了佛教传统理论的女人"五碍说"——也就是女身不能作转轮圣王、帝释、梵王、魔王和佛（三界法王）。《宝雨经》把魔王换成了阿鞞跋致菩萨（Avaivart）。阿鞞跋致菩萨汉译为"不退转"，是菩萨阶位之名。经一大阿僧祇劫之修行，才能得到此位。菩提流志等人借佛典之名指出，虽然女人身有五障，但是武则天可以得到转轮王和阿鞞跋致菩萨两种位阶，只是不能为佛、帝释和大梵天王。这一点非常重要——武则天侧重宣传的是自己的转轮王角色，而非弥勒。学界以前往往说武则天以自己为弥勒佛下生为主要理论依据，恐为不妥。当另文辨析，此处不赘。

第二个内容，是为前辈学者所忽视的。包括富安敦在内，都对此毫无揭示。这一部分内容从上述引文的画线部分起，主要论说武则天受命称帝的符瑞——尤其是画线部分，是确有所指，并非泛泛

---

[1]《佛说宝雨经》卷第一，《大正藏》第16册，第284页中—下。笔者重新标点。原标点多有错误，尤其是画线部分，原作"汝于是时受王位已，彼国土中，有山涌出五色云现"。

而谈。《宝雨经》窜入部分强调,当武则天称帝之后,将有"无量百千异瑞",但是《宝雨经》说,对这些祥瑞,"我今略说",然而,在此句之前,《宝雨经》却列出了两个重要的祥瑞,即画线部分:"汝于是时受王位已,彼国土中,有山涌出,五色云现。"之前这一内容往往被读成"彼国土中,有山涌出五色云现",似乎是山中涌出五色云。实际上并非如此,"有山涌出"和"五色云现"是两个祥瑞,而且应该是在武则天登基之后,国土中出现的。这部分内容带有强烈的中国本土祥瑞思想的色彩,但这仅仅是泛泛而谈的政治修辞吗?事实上恐非如此,所谓武则天受命之后,国土中"有山涌出,五色云现"是特指的,是有具体的事实做基础的。

先看五色云。五色云即景云,又称庆云。唐政府将祥瑞分为大、上、中、小四类,合计名物有一百四十八种,对于祥瑞的处理,《唐六典》记载:"凡祥瑞应见,皆辨其物名。……若大瑞,随即表奏,文武百僚诣阙奉贺。其他并年终员外郎具表以闻,有司告庙,百僚诣阙奉贺。其鸟兽之类有生获者,各随其性而放之原野。其有不可获者,若木连理之类,所在案验非虚,具图画上。"[1]

庆云属于大瑞,是最为重要的祥瑞之一。所以需要文武百官诣阙奉贺。关于景云的政治和思想意涵,笔者已有专文论述[2],此处不赘。概括而言,景云是所谓太平之应,所以具有重要的指标意义——预示着统治良好,获得了上天的肯定。不过奇怪的,两唐书等文献都没有记载武则天时代发生庆云。这是否说明《宝雨经》所说武则天称帝,则五色云现仅仅是政治修辞呢?事实并非如此,武

---

[1]《唐六典》,中华书局1992年版,第114—115页。有关唐代祥瑞名物的简单辨析,参见牛来颖:《唐代祥瑞名物辨异》,《世界宗教研究》1999年第2期。
[2] 参见孙英刚:《音乐史与思想史:〈景云河清歌〉的政治文化史研究》,《魏晋南北朝隋唐史资料》2010年第26辑。

则天之后李唐复辟，关于对于武则天的评价自然会有所曲笔，庆云之瑞也就不录。但是检《全唐文》就可发现，庆云或者景云确实在武则天时代出现了，而且在当时被大书特书，大肆宣扬。陈子昂为武则天歌功颂德的《大周受命颂》云："又有庆云，休光半天，倾都毕见，群臣咸睹。……庆天应之如响，惊象物其犹神，咸曰：'大哉！非至德孰能睹此？'昔唐虞之瑞邈听矣，今则见也。天物来，圣人革，时哉！"[1]

陈子昂记载的这次庆云出现在洛阳，"倾都毕见，群臣咸睹"，看见的人都认为这是武则天至德所感应，陈子昂更将其与武周革命联系在一起——"天物来，圣人革"。庆云出现后，百官给武则天的贺表是李峤所写，他在表中写道："臣某等言：伏见今月十一日诛反逆王慈征等，乃有庆云见于申未之间。萧索满空，氛氲蔽日，五彩毕备，万人同仰。……谨拜表称贺以闻。"[2] 在另外一份贺表中，李峤引用《瑞应图》云："天子德孝，则庆云出。"又云："天下太平，庆云见。"[3]

作为大瑞，庆云出现，除了在京百官上表祝贺之外，地方各州也上表庆贺。崔融《为泾州李刺史贺庆云现表》就是泾州刺史上奏给武则天祝贺庆云出现的："臣某言：伏奉诏书，上御武殿，有庆云映日，见于辰巳之间，肃奉休征，不胜抃跃。中贺：臣闻诸《瑞应图》曰：'天下太平，则庆云见。大子大孝，则庆云见。'……谨遣某官奉表称庆以闻。"[4]

从上述证据来看，武则天时代发生了不止一次庆云出现，每一

---

[1] 《全唐文》卷209《陈子昂·大周受命颂》。
[2] 《全唐文》卷243《李峤·为百寮贺庆云见表》。
[3] 《全唐文》卷243《李峤·为百寮贺日抱戴庆云见表》。
[4] 《全唐文》卷218《崔融·为泾州李刺史贺庆云现表》。

次出现都有百官上表祝贺，消息下发各州，进行全国性的政治宣传。这正是《宝雨经》所谓"汝于是时受王位已，彼国土中，有山涌出，五色云现"的部分写照。中宗复辟之后，其皇后韦氏也有政治野心，模仿武则天，制造了五色云："（景龙二年二月）皇后自言衣箱中裙上有五色云起，令画工图之，以示百僚，乃大赦天下。……乙酉，帝以后服有庆云之瑞，大赦天下。内外五品已上母妻各加邑号一等，无妻者听授女；天下妇人八十已上，版授乡、县、郡等君。"[1]

以上是五色云部分，那么，武则天受命，则"有山涌出"是什么意思呢？这部分内容更加复杂，涉及中国本土的阴阳灾异思想和外来的佛教思想的冲突与融合。

山涌多与地震相联系，这是现代自然科学知识的认识。从垂拱二年（686）开始，长安至洛阳的地震带进入了活跃期。这一年，在长安和洛阳之间的某个地方发生了地震，以至于在临潼新丰县露台乡出现山涌，高二百尺。余震则在此后两年反复，所以垂拱三年、四年，长安和洛阳都有不同程度的轻微地震。[2] 关于地震与革命之关系，笔者已有专文讨论，此处不赘。[3] 对于这次新丰山涌，《旧唐书·五行志》记载："则天时，新丰县东南露台乡，因大风雨雹震，有山踊出，高二百尺，有池周三顷，池中有龙凤之形、禾麦之异。则天以为休征，名为庆山。荆州人俞文俊诣阙上书曰：'臣闻天气不和而寒暑隔，人气不和而疣赘生，地气不和而堆阜出。今陛下以女主居阳位，反易刚柔，故地气隔塞，山变为灾。陛下以为庆山，臣

---

[1] 《旧唐书》卷7《中宗本纪》。
[2] 诸史料都将这次山涌系于垂拱二年，只有《旧唐书·俞文俊传》记为载初元年（690）。根据崔融《为泾州李使君贺庆山表》，其称武则天仍然为"皇太后"，可知此时武则天仍未登基，也可证这次山涌发生在垂拱二年。
[3] 参见孙英刚：《佛教对阴阳灾异说的化解：以地震与武周革命为中心》，《史林》待刊。

以为非庆也。诚宜侧身修德，以答天谴。不然，恐灾祸至。'则天怒，流于岭南。"[1]

临潼地处临潼一长安断裂带上，地震风险较高。而且当地又以温泉著称，唐代著名的华清池就位于这里，可谓地下水资源丰富。地壳变动往往伴随地下流体变化。所以在这次山涌发生之后，由于地下水涌出，在小山周围形成了巨大的水池。而且由于温度和其他生长环境的变化，植物也可能出现反常的现象，所以有"禾麦之异"的出现。

然而荆州人俞文俊对新丰山涌的解释，依据的是传统的阴阳灾异学说，他把新丰出现的山涌解释为女主当政的反映。山涌预示着"女主居阳位"，是当时一种普遍的观念。纬书一般也将地震和山川改易解释为君主权威遭到挑战。比如《春秋文曜钩》云："女主盛，臣制命，则地动坼，畔震起，山崩沦。"[2]《春秋潜潭巴》说的更为简明直接："地震，下谋上。"[3]存于日本尊经阁文库的唐萨守真《天地瑞祥志》第十七"山条"云："厥妖山崩，谓阴乘阳，弱胜强。又《汉书·元后传》曰，昔沙麓崩，晋史卜之曰，阴为阳雄，土火相乘，后六百卌五年宜有圣女兴乎？"又记云："山嘿然自移，天下有兵，社稷亡。"[4]

萨守真《天地瑞祥志》编纂于麟德三年（666），当时武则天还未攫取最高权力。它明确指出，山川改易是"阴乘阳，弱胜强"，并把山川变易视为当年汉朝元后以女身掌权的征兆。新丰山涌后三年，也就是永昌元年（689），长安附近的华州再一次发生了剧烈的

---

[1] 《旧唐书》卷37《五行志》"山崩"条；《旧唐书》卷187《忠义上》。
[2] 《纬书集成》，第813页。
[3] 同上书，第832页。
[4] 《天地瑞祥志》卷第十七。

山川变动,《新唐书》是这样记载的:"永昌中,华州赤水南岸大山,昼日忽风昏,有声隐隐如雷,顷之渐移东数百步,拥赤水,压张村民三十余家,山高二百余丈,水深三十丈,坡上草木宛然。《金縢》曰:'山徙者人君不用道,禄去公室,赏罚不由君,佞人执政,政在女主,不出五年,有走王。'"[1]

这次山川改易被解释为"佞人执政,政在女主"。这样的论断虽然是倒放电影式的回溯,但是从《天地瑞祥志》等文献的记载来看,这种观念确实为大众特别是精英所广泛认同。

武则天对这样的解释非常忌惮。如果她在阴阳灾异说的框架内承认地震、山涌是自己上台的征兆,那么无疑供认了自己是以下犯上,这从根本上否定了自己承干出震、革唐立周的神圣性和合法性。这也是为什么武则天强烈反对把新丰山涌解释为阴胜阳,下犯上,并将提出这种见解的俞文俊流放岭南并最后杀死的主要原因。那么,她该如何化解这样的理论困境和舆论压力呢?

三、庆山说:从新丰庆山到万年庆山

对于686年的新丰山涌,武则天最初选择了将其祥瑞化——依据《瑞应图》所谓"庆山"说,代替被广泛接受的"山变为灾"说。武则天将新丰涌出之山,称为庆山。围绕着新丰庆山,她进行了大量的政治宣传,下令改新丰县为庆山县,"赦囚,给复一年,赐酺三日"。[2]而且把这个喜讯下发各州,于是"四方毕贺"。[3]在这样的背景下,崔融为泾州刺史撰写了的贺庆山表:"臣某等言:某日奉某月

---

[1] 《新唐书》卷35《五行二》"土·山摧"条。
[2] 《新唐书》卷4《则天顺圣武皇后本纪》。
[3] 《旧唐书》卷187《忠义上》。

诏书,新丰县有庆山出,曲赦县囚徒,改新丰为庆山县,赐天下酺三日。凡在含生,孰不庆幸?中贺,微臣详窥海记,博访山经,方丈蓬莱,人迹所罕到;层城元圃,道家之妄说。……当雍州之福地,在汉都之新邑,圣渚潜开,神峰欻见。政平而涌,自荡于云日;德茂而生,非乘于风雨。游龙蜿蜿,疑呈八卦之图;鸣凤嗈嗈,似发五音之奏。仙蚕曳茧,美稼抽芒。……"[1]

这时正是武则天推崇佛教压制道教的时期,所以崔融还在奏章中攻击道教关于层城元圃的说法是"妄说"。这篇贺表极尽曲意附会之能事,把"庆山"涌出解释为"圣渚潜开"、"政平而涌"、"德茂而生"的反映。这篇贺表基本上是依据《瑞应图》的观点进行阐发,不脱传统的祥瑞灾异思想的范畴。

学界往往忽略了"庆山"本来就是重要的祥瑞,其背后有自身的知识逻辑和思想背景,不是武则天随意取的名字。[2] 而且,庆山跟庆云一样,是"大瑞"的一种。如果发生,需要文武百僚诣阙奉贺。这就是崔融贺表写作的背景。

庆山为祥瑞,当时是较为普遍的观念,比如萨守真《天地瑞祥志》的"山条"云:"《瑞应图》曰:'庆山者,王志德茂则生也。'"[3]

作为大瑞,庆山是君主"德茂"的感应,不再是"阴乘阳"、下犯上的反映。武则天之所以强调这次新丰山涌是庆山,就是要避开通常所谓的地震山移是臣犯君反映的政治风险,转而强调庆山涌出是她统治良好的反映,是上天对她的肯定。

---

[1] 《全唐文》卷218《崔融·为泾州李使君贺庆山表》。
[2] 林世田《武则天称帝与图谶祥瑞——以S.6502〈大云经疏〉为中心》、《〈大云经疏〉初步研究》,以及金滢坤、刘永海《敦煌本〈大云经疏〉新论》等研究,均未揭示庆山自身的思想意涵,曹丽萍《敦煌文献中的唐五代祥瑞研究》(兰州大学硕士论文,2011年)反倒对庆山有所讨论,可以参看。
[3] 《天地瑞祥志》第十七。

利用庆山作为符命的征祥，还见于归义军时期的敦煌。敦煌文献《李明振再修功德记碑》记："庆丰山踊，呈瑞色于朱轩；陈霸动容，叹高梁[于]壮室。……遐耀天威，呈祥塞表，因凿乐石，共纪太平。"[1]

此时并非张氏族子张承奉掌握归义军政权，而是张议潮十四女李氏及其子，我们不能不揣测当时李氏是有意模仿武则天，将庆山涌出解释为李氏接管张氏政权乃天所授意。从这一内容也可推知，敦煌对内地的政治操作颇为熟悉，并能举一反三，用于自身合法性的塑造。其实就在武周时期，敦煌出现了大量跟武周革命有关的祥瑞，基本为沙州地方官员和家族曲意附会、进行政治投机的产物。《沙州都督府图经》详细收录了这些祥瑞。此图经写本有 P. 2005、P. 2695、P. 5034 三号，尤其以 P. 2005（即卷三）保存最为完整。[2] 其详细记载了作为武周政权征兆的种种祥瑞，包括"白龙"、"黄龙"、"五色鸟"等，基本是为了赞颂女主临朝，武周革命的曲意附会之神异现象。[3]

新丰出现"庆山"之后不久，到了载初元年（690），西京万年县又出现了山涌。这一年，武则天正式废掉睿宗称帝，改唐为周。也就是在其称帝后不久，西京留守武攸望（也正是武氏家族的重要成员）上表，称所部万年县霸陵乡有庆山涌出，这显然是沿袭 686 年新丰山涌的做法："臣于六月二十五日得所部万年县令郑国忠状，称去六月十四日，县界霸陵乡有庆山见，醴泉出。臣谨差户曹参军

---

[1] P. 4640《李明振再修功德记碑》，《法藏敦煌西域文献》第 32 册，第 252—253 页。
[2] 李正宇校注者较好，参见李正宇：《古本敦煌乡土志八种笺证》，甘肃人民出版社 2008 年版，第 42—144 页。
[3] 相关论述，参见余欣：《符瑞与地方政权的合法性构建：归义军时期敦煌瑞应考》，《中华文史论丛》2010 年第 4 期。

孙履直对山中百姓检问得状：其山平地涌拔，周回数里，列置三峰，齐高百仞。山见之日，天青无云；异雷雨之迁徙，非崖岸之骞震。欻尔隆崇，巍然蓊郁，阡陌如旧，草树不移。验益地之详图，知太乙之灵化。山南又有醴泉三道，引注三池，分流接润，连山对浦，各深丈余，广数百步。味色甘洁，特异常泉，比仙浆于轩后，均愈疾于汉代。臣按孙氏《瑞应图》曰：'庆山者，德茂则生。'臣又按《白武通》曰：'醴泉者，义泉也。可以养老，常出京师。'《礼斗威仪》曰：'人君乘土而王，其政太平，则醴泉涌。'《潜潭巴》曰：'君臣和德，道度协中，则醴泉出。'臣窃以五行推之，六月土王，神在未母之象也。土为宫，君之义也；水为智，土为信，水伏于土，臣之道也；水相于金，子之佐也。今土以月王而高，水从土制而静，天意若曰：母王君尊，良臣善相，仁化致重，德茂时平之应也。臣又以山为镇国，水实利人，县有万年之名，山得三仙之类；此盖金舆景福，宝祚昌图，邦固不移之基，君永无疆之寿。自永昌之后，迄于兹辰，地宝屡升，神山再耸，未若连岩结庆，并泌疏甘，群瑞同区，二美齐举，高视古今，曾无拟议。信可以纪元立号，荐庙登郊，彰贲亿龄，愉衍万宇。臣辱司京尹，忝寄留台，牧西夏之疲人，荷东蕃之余宠，游泳鸿露，震悚明神。禧祉有归，光启兹部，喜睹殊观，实百恒流，踊跃一隅，驰诚双阙。伏请宣付史馆，颁示朝廷。无任凫藻之至，谨遣某官绘图奉进。"[1]

这篇上表出自张说的手笔，他引用了《瑞应图》、《白武通》、《礼斗威仪》、《春秋潜潭巴》等谶纬祥瑞之书，并以五行之说解释附会，认为这次万年县庆山涌出，是继新丰庆山之后的又一次重要征祥，"自永昌之后，迄于兹辰，地宝屡升，神山再耸"。在祥瑞思想

---

[1]《全唐文》卷222《张说·为留守奏庆山醴泉表》。

里，庆山往往和醴泉连在一起，庆山涌，醴泉出，被认为是上天对君主统治的高度肯定。

围绕着万年县庆山，西京留守连续上表，均出自张说之手，为武则天上台寻找理论依据。张说《为留守奏瑞禾杏表》云："臣今月三日得所部万年县令郑国忠状，言县界内霸陵乡新出庆山南之醴泉，北岸有瑞杏三树，再叶重花；嘉禾三本，同茎合穗。臣谨差司兵参军郑味元检覆皆实。臣谨按孙柔之《瑞应图》曰：'嘉禾者，五谷之长也，王者德茂则生。昔炎帝教洽人心而嘉禾秀，周公理合天道而嘉禾丰。'"[1]

这次，在庆山醴泉北岸，出现了瑞杏重花，嘉禾合穗的祥瑞。接着，西京官员又在庆山醴泉之瑞，"于山陵东柏城内得嘉禾一本"，"下则异亩合茎，上又同连双穗"。于是张说又奉命撰写《为留守奏嘉禾表》呈给武则天。[2]

这还不够，应该就是在此之后不久，张说受命撰写《为留守奏羊乳獐表》，在讨论完植物祥瑞后，转向动物，务必使武则天的茂德，泽被众生。他在上表中说："臣今日得所部万年县令郑国忠状，送新出庆山下羖牝羊乳獐麑一头。……况复晨饮醴浦，夕下灵山，翳仙杏之奇花，拾嘉禾之余穗：羊祯甚玉，獐庆如银。晦朔未移，祥符累集，福应之盛，前古未闻。"[3]

万年县庆山醴泉，似乎在神都洛阳的朝廷引起了很多讨论和争议。西京方面的不断上表，呈送图样、名物，更新信息。然而，通过将地震山涌的灾异解释为祥瑞的做法，存在技术性的难题——界定庆山和普通地震山涌的标准，只有《瑞应图》的比对。但最为大

---

[1]《全唐文》卷222《张说·为留守奏瑞禾杏表》。
[2]《全唐文》卷222《张说·为留守奏嘉禾表》。
[3]《全唐文》卷222《张说·为留守奏羊乳獐表》。

众所接受的说法,依然是"山变为灾"的观念。

四、佛教的加入:从庆山到祇阇崛山

关于万年县山涌的解释,随着佛教的加入,被赋予了新的意涵。因为史料的缺憾,难以不知道具体发生了什么。但是就在不厌其烦地发出"庆山"的最新信息后不久,西京方面改变了说法,在庆山说的基础上,进一步将其认定为佛教的祇阇崛山。张说《为留守作贺崛山表》云:"臣闻山川变见,如来有得道之祥;国土远移,至人任不思之力。伏惟皇帝陛下宏惠福深,勤人愿满,莲花授记,应上圣之降生;贝叶开图,握大雄之宝命。司户参军孙履直伏承臣奏所部万年县新出庆山醴泉,乃有天竺真僧于春首献状,若以梵音所记,此是祇阇山。恒河沙佛,必经林下;虚空众圣,常处岩间。隐见外方,涌秀中土,岑泉可识,体类宛然,感应十号之尊,示见千轮之主。"[1]

根据此表可知,有一位所谓天竺真僧献状,指认此山为祇阇山。庆山是中国传统祥瑞思想里面的瑞山,根据这位天竺僧人,按照梵音,就是佛教里的"祇阇崛山"。这是一个根本性的变化,从之前强调阴阳感应的庆山说,转而论述"感应十号之尊,示见千轮之主"的祇阇崛山,将祇阇崛山在中土的出现,归结为"如来有得道之祥","上圣之降生",也即武则天以佛教转轮王身份君临天下。

不光是万年县的庆山被解释成了佛教的祇阇山,连之前的新丰庆山,也跟佛教产生了关联。根据《佛祖历代通载》,证圣二年

---

[1]《全唐文》卷 222《张说·为留守作贺崛山表》。

（696），在新丰庆山出现了佛迹，所以武则天"敕建寺宇"。[1]

祇阇崛山（Gdhrakūa）是佛教的圣山，又名伊沙堀，揭梨驮罗鸠胝，姞栗陀罗矩咤。在中印度摩揭陀国王舍城之东北，释尊说法之地。《一切经音义》注"鹫峰山"云："西国灵山名也，古曰祇阇崛山，是存梵语，讹也。此山多鹫鸟，因以为名也。"[2]祇阇崛山与佛祖联系在一起，被视为灵山，唐蓝谷沙门惠详云："祇阇崛山，唐言鹫头，亦云鹫峰。接北之阳，孤标特起。既栖鹫鸟，又类高台。空翠相映，浓淡分色。如来御世垂五十年，多居此山。广说妙法，即说此经之处也。故经云：'常在灵鹫山。'"[3]

正如惠详所说，佛经常常提到祇阇崛山，将其描述为圣人住处，比如鸠摩罗什奉诏译《大智度初品中》论道："是山于五山中最高大，多好林水，圣人住处。"[4]又云："佛多在祇阇崛山中，不在余处。""祇阇崛山，是过去、未来、现在诸佛住处。"[5]"祇阇崛山清净鲜洁，受三世佛及诸菩萨，更无如是处，是故多住祇阇崛山。"[6]

正因为祇阇崛山对佛教意义重大，所以崇佛的君主往往视此山为佛教圣地。后魏太祖道正（武）皇帝拓跋珪，天兴元年（398），就造祇阇崛山图一所，"加以绩饰，莫不严具"[7]。贞观十七年，唐太宗命李义表、王玄策送婆罗门客回国，同年十二月到达摩伽陀国，贞观十九年正月二十七日抵达王舍城，王玄策等人登上祇阇崛山，

---

[1]《佛祖历代通载》卷12，《大正藏》第49册，第584页中。
[2]《一切经音义》卷29，《大正藏》第54册，第499页中。
[3]《弘赞法华传》卷1，《大正藏》第51册，第12页中。
[4]《大智度初品中》卷3《住王舍城释论第五》，《大正藏》第25册，第76页下。
[5] 同上，第78页中。
[6] 同上，第79页中。
[7]《弘赞法华传》卷1，第13页中。拓拔珪谥号为道武皇帝，惠详"道正"之说不详来源。

于是勒石为铭，其辞有云："大唐出震，膺图龙飞。光宅率土，恩覃四夷。化高三五，德迈轩羲。高悬玉镜，垂拱无为。"[1]

在佛祖讲法处勒石纪念，言辞却用"出震"、"龙飞"、"光宅"等带有中国本土天人感应思想的字眼，这一历史场面背后的思想内容之丰富，自不待言。[2]

对祇阇崛山描述得最为详细的，当属北凉天竺三藏昙无谶译《大方广三戒经》，在这部佛典中，昙无谶详细描述了作为佛教圣地的祇阇崛山的种种祥瑞之象："如是我闻：一时佛住王舍城祇阇崛山，而是山王高峻广博，持众杂谷，犹如大地生杂种华。……多种杂类，所谓：师子、虎豹、象马、骐驎、熊罴、獐鹿……羖羝、猕猴，是等众兽，止住其中；有无量众鸟，所谓：孔雀、鹦鹉、鸧鸹……是诸众生以佛力故，不为贪欲、瞋、痴所恼，不相茹食，共相亲爱如母如子。是时山王中，稠林郁茂，枝条无折，多众杂树：天木树、毕利叉树、马耳树、毕钵罗树、紧枳加树、呵梨勒树、呵摩勒树、毘酰勒树……蒲桃、桃杏、梨柰……是等诸树无不备有。……是山王中所住众生，及诸草木充润光泽，犹如华鬘以水洒之，光色鲜净遂倍增胜。……是山王中多诸池流，清冷水满，生诸莲华，青黄赤白红紫等色，大如车轮。若取华时，香气普熏满一由旬。"[3]

若依此描述对比在万年县出现的庆山，确实有些类似的特征，比如醴泉滋润草木，树木出现"再叶重花"，发现"同茎合穗"的嘉禾，甚至北岸出现不合时节的瑞杏，这都与昙无谶描述的祇阇崛山

---

[1] 《法苑珠林》卷29，《大正藏》第53册，第504页上—中。
[2] 关于王玄策出使的研究，参见霍巍：《〈大唐天竺使出铭〉及其相关问题的研究》，《东方学报》1994年第66册；又《〈大唐天竺使出铭〉相关问题再探》，《中国藏学》2001年第1期。
[3] 《大方广三戒经》卷上，《大正藏》第11册，第687页上—中。

有貌似的地方。更能佐证此山为祇阇崛山的，是之前张说《为留守奏羊乳獐表》中提到的庆山下母羊给獐麑喂乳，獐麑对母羊依恋，乃至"狎扰因依，动息随恋，如从所产"。这不正是昙无谶所讲的，在祇阇崛山中，"诸众生以佛力故，不为贪欲、瞋、痴所恼，不相茹食，共相亲爱如母如子"吗？这些似是而非的情节为佛教徒按照佛教教义重新阐释这次因地震而引发的山涌提供了现实的素材。

以前学界认为，敦煌莫高窟第321窟主室南壁的通壁经变，是服务于武周革命的《宝雨经变》。[1]但是后来王惠民从该画榜书上认出20多个字的题记，否定了这一说法，认为是《十轮经变》。[2]若从图像上来说，如果是《宝雨经变》，势必不能忽略菩提流志等人窜入的重要内容——"有山涌出"——祇阇崛山。表现祇阇崛山比较生动的，比如第420窟（隋）窟顶北披的灵鹫山，一座山就是一只鸟的头（鹫头）；又比如第431窟（初唐）北壁《观无量寿经变》，也描述佛在灵鹫山说法。不过在321窟主室南壁的通壁经变中确实未看到描述庆云和圣山涌出的情景，或许从侧面也证明这并非真正的《宝雨经变》？

实际上，庆山并不容易造成，必须有碰巧的地震引发山涌，所以在整个中古时期，利用庆山来进行政治宣传相当罕见。对于同样一个自然现象，不同的理论和不同的立场，就会有不同的解释，即便他们秉持的都是一样的理论，但是解释的结果却完全不同。比如杜光庭，一样是将新丰山涌解释为庆山，但是他认为这是李唐中兴之兆，因为李唐是土德，土地和山石变化是李唐的征兆，而非武则天的瑞祥："文明元年，天后欲王诸武，太上乃现于虢州阌乡龙台乡

---

[1] 史苇湘：《敦煌莫高窟〈宝雨经变〉》，《1983年全国敦煌学术讨论会文集·石窟艺术编上》，甘肃人民出版社1985年版，第61—83页。
[2] 王惠民：《敦煌莫高窟若干经变画辨识》，《敦煌研究》2010年第2期。

方兴里皇天原,遣邬元崇令传言于天后云:'国家祚水而享太平,不宜有所僭也。'天后遂寝,乃舍阌乡行宫为奉仙观。后庆山涌出于新丰县界,高三百尺,上有五色云气,下有神池数顷,中有白鹤鸾凤,四面复有麒麟狮子。天后令置庆山县,其诸祥瑞,具载《天后实录》,以表国家土德中兴之兆也。"[1]

在阴阳五行的复杂和顽固面前,武则天其实是非常被动的,她可以选取阴阳灾异理论里面对自己有利的部分进行解释,但是却无法忽视相反的解释依然存在。在原有的理论之外,寻找新的解释,成为她的自然选择。推翻之前力主的庆山说,转而采用佛教所说的祇阇崛山,这一方面论证自己佛教转轮王的身份,另一方面,也避免了本土阴阳灾异说搅混不清的被动局面。

五、余论:《宝雨经》与阴阳谶纬之关联

从上述分析可知,《宝雨经》卷1窜入的,不仅有关于武则天以女身为帝的内容,而且把当时已经发生的、作为武周革命祥瑞的山涌(不管是阴阳灾异说的"庆山"还是佛教圣山"祇阇崛山")和庆云也塞了进去。这两部分内容是相互关联的,后者为前者提供了佐证和支持——"汝于是时受王位已,彼国土中,有山涌出,五色云现。……复有无量百千异瑞,我今略说。"山涌和庆云是为当时大众所热议和熟知的现象,武则天为此进行了全国范围的宣传,居然在佛典《宝雨经》中出现,势必形成强烈的印象,即武则天的上台是于佛典有征的,不但有文字的记载,而且在现实中也已经得到验证。这与《大云经疏》相比,更加具体和明确,因而完善了武则天利用

---

[1]《全唐文》卷933《杜光庭·历代崇道记》。

佛教宣传自己符命的理论系统。

　　作为主导翻译《宝雨经》的菩提流志，能够将带有强烈祥瑞色彩的内容恰当地融入佛典，并且利用佛典化解本土阴阳灾异说，是跟他本人的知识背景有密切联系的。赞宁《宋高僧传》描述菩提流志的学识云："历数、咒术、阴阳、谶纬靡不该通。"[1] 睿宗《大宝积经序》也说他熟习"历数、咒术及阴阳等"[2]。菩提流志本人出身婆罗门，熟悉历数、咒术、阴阳、谶纬，这就难怪他能够在所翻译的《宝雨经》中融合外来的佛教意识和本土的阴阳谶纬观念，进而服务于武周革命的政治宣传。这可视为是丝绸之路传入佛教文化又一次同中国传统文化的对抗和融合。

　　除了菩提流志外，来自印度和其他异域的梵僧、胡僧乃至俗人都在武周革命中扮演着重要的角色。万年县出现山涌后，献状、指认涌出之山为祇阇崛山的"天竺真僧"，菩提流志在佛授记寺翻译《宝雨经》时同宣梵本的中印度王使沙门梵摩同[3]，显然和菩提流志具有类似的种族和信仰背景。正如荣师新江所论，胡人在武周革命中扮演着重要的角色。[4] 菩提流志等来自天竺的僧俗也在其中占有重要的地位。

---

[1]　《宋高僧传》卷3《唐洛京长寿寺菩提流志传》，《大正藏》第50册，第719页下—720页下。
[2]　《全唐文》卷19《睿宗·大宝积经序》。
[3]　智升：《续古今译经图记》，《大正藏》第55册，第368、371页。
[4]　荣新江：《胡人对武周政权之态度——吐鲁番出土〈武周康居士写经功德记碑〉校考》，第204—221页。

唐代露布的两期形态及其行政、礼仪运作
——以《太白阴经·露布篇》为中心

吕　博（武汉大学历史学院）

一、引言：学术回顾与问题提出

　　敦煌所出《张淮深变文》[1]，其中记载沙州归义军节度使张淮深在西桐击败入侵沙州的"破残回鹘"之事，为敦煌学研究者所瞩目，并取得不少优秀成果。[2] 不过，已有的研究大多关心的是此变文牵涉出来的唐与回鹘的民族问题，却往往忽略了变文本身的"制度"内涵。为便于说明问题，兹摘引变文相关内容如下："尚书既擒回鹘，即处分左右马步都虞候，并令囚系。遂请幕府修笺，述之露布，封函结款，即□□□，不逾旬月之间，使达京华。表入凤墀，帝亲披览，延映延英天朝。帝谓群臣曰：'□□□□□□表奏，获捷匈奴千余人，縶于囹圄。朕念□□□□□旧懿，曩日曾效赤诚；今以子孙

---

[1] 黄征、张涌泉校注：《敦煌变文校注》，中华书局1997年版，第191—192页。
[2] 孙楷第：《敦煌写本张淮深变文跋》，《中央研究院历史语言研究所集刊》第7本第3分册，1937年，第386页。邓文宽：《张淮深平定甘州回鹘史事钩沉》，《北京大学学报》1986年第5期。荣新江：《沙州归义军历任节度使称号研究（修订稿）》，《敦煌学》1992年第19辑；荣新江：《归义军史研究——唐宋时代敦煌历史考索·归义军大事纪年》，上海古籍出版社1996年版，第7页；郑炳林：《敦煌本〈张淮深变文〉研究》，《西北民族研究》1994年第1期。

流落□□河西，不能坚守诚盟，信任诸下，辄此猖狂。朕闻往古，义不伐乱，匈奴今岂（其）谓矣！'因而厚遇之，群臣皆呼万岁。乃命左散骑常侍李众甫，供奉官李全伟，品官杨继瑀等，上下九使，重赍国信，远赴流沙。诏赐尚书，兼加重锡，金银器皿，锦绣琼珍，罗列球场，万人称贺。诏曰：'卿作镇龙沙，威临戎狄，横戈大漠，殄扫匈奴。生降十角于军前，对敌能施于七纵。朕闻嘉叹，□更勉怀！'尚书捧读诏书，东望帝乡，不觉流涕处，若为陈说……"[1]

变文虽属文学作品，然其中内容却是根据唐朝制度设计而成的。上述记载，正是描绘了张淮深打败回鹘之后，"露布"（捷报）申上以及皇帝颁赏的过程。[2]问题是，沙州归义军节度使为什么要让左右马步都虞候"囚系"？幕府所修之"笺"为何物？与"囚系"有何关系？为什么要将此物述之露布？露布由谁撰写？如何形成？怎样申报？如何传递至京城？到达京城，露布又如何呈奏皇帝？皇帝看到露布之后为何会如此兴奋？他下达颁赏诏令的依据是什么？等等。

其实，要回答这一系列问题就需要对唐朝"露布"制度有一个全面的了解。而有关露布的公文形态及行政运作过程，中村裕一先生已有过精细研究。[3]不过，中村先生依据《玉海》等文献所复原的

---

[1] 黄征、张涌泉校注：《敦煌变文校注》，第191—192页。
[2] 露布是"捷报"的别称，《封氏闻见记校注》载："露布，捷书之别名也。"，中华书局2005年版，第30页。两汉魏晋时期的露布或称"露版"，并不是指捷报，而是指"不封检，露而宣布，欲四方速知"的公开文书，是汉代缄封文书的一种形式。近人王国维曾根据敦煌简说："露布无封之书"，是通告各地的文书。劳榦继而补充以新发现的木简材料，在王国维研究的基础上作了更深入的探讨。他指出露布文书不密封，但亦有封泥，"所用封泥非以密封，而以示信也"。根据文献记载，南北朝以来露布始当报告战争胜利的文书，所谓："露布，捷书之别名也。诸军破贼，则以帛书建诸竿上，谓之露布。"职之故，李平、卢向前二位认为露布的职能从汉到唐有一个演变过程。而将露布作为具体的公文形态来考察的学者，则以日本学者中村裕一为代表。
[3] 〔日〕中村裕一：《唐代官文书研究》第二章"露布"，中文出版社1991年版，第103—151页。

唐代"露布式",恐怕不能代表整个唐代的情况。就上引"变文"而言,张淮深是沙州归义军节度使[1],所任为军事使职,不同于唐前期的行军总管。在三省六部制鳌颓之后,张淮深向中央朝廷申报战果,是递向过去的尚书兵部,还是呈报其他机构?已有的研究并没有清楚地解答这一问题。

事实上,只要根据唐代政治制度的前后差异再作审视,就会发现中村先生的研究仍有待推进。唐前期,唐帝国原本以"律令制"为施政蓝本。在使职大量出现后,原本按照律令制设计的行政运作状态,与新官僚的存在不甚吻合。整个官僚体系支配下的行政过程,在逐渐被改造。与此同时,原有的公文使用也呈现一些变化。中村先生复原的"露布式",恐怕只是在三省六部和行军体制并存的条件下,唐代前期露布书写和颁行的一般模式,尚不能代表整个唐代的状况。至于中村先生认为,唐代中晚期乃至宋代,继承了唐代前期的"露布式",文书样式变化不大,变化的只是相应的官职,则略显得有些不妥。在某种程度上,这种带有"结构主义"的抽象推理,几乎忽略了制度与文书演变的所有细节。成书于安史之乱后的唐李筌《神机制敌太白阴经》,就保存了中村先生此前没有注意到的"露布"材料。[2] 该书卷7所记"露布篇",与此前三省六部、行军体制下的"露布"相比,存在着较大的差异,呈现出不同的公文形态,

---

[1] 唐长孺先生《关于归义军节度的几种资料跋》一文指出,根据进奏院状推测,张淮深可能并没有被朝廷正式授予旌节,不是经朝廷赐命的正式节度使。不过,"获得长安旌节与否实际上关系不大,因为不管怎样,二十年来张淮深总是事实上的节度使"。文载《山居存稿》,中华书局1989年版,第448页。

[2] 《神机制敌太白阴经》,河北人民出版社1991年版,第88页。关于是书的成书年代,唐长孺先生认为其上限在天宝十三载之后,大约在代宗时期;孙继民先生则进一步指出,其上限不会超过代宗宝应二年三月,下限可能在大历十三年之前。参见唐长孺:《跋唐天宝七载封北岳恒山安天王铭》,《山居存稿》,第283—293页;孙继民:《李筌〈太白阴经〉琐见》,《魏晋南北朝隋唐史资料》1985年第7辑。

也反映了唐代前后两期迥然有别的行政、礼仪运作过程，值得深入研究。

二、两期露布公文形态对比研究

宋王应麟《玉海》卷203所引《辞学指南》，记载北宋前期《朝制要览》中有"露布式"（以下简称"露布式"）[1]，与《神机制敌太白阴经》卷7《露布篇》（以下简称"露布篇"）[2]有较大差异，兹列表1比较如下：

表1 "露布式"与"露布篇"比校

"露布式"	"露布篇"
（缺）	1. 某道节度使某，牒上中书门下，破逆贼某乙下兵马使告捷事。 2. 得都知兵马使某牒称：今月某日某时，于某山川探见贼兵，与战，俘斩略尽。今乘胜逐北，未暇点拔杀获生级、器械、牛马，续即申上者。天威远播，狂寇败亡，将靖烟尘，同增欢忭。 3. 谨差某乙驰驿告捷。具状，牒上中书门下。 4. 谨牒。 5. 某年某月　某官牒。

---

[1] 《玉海》卷203，浙江古籍出版社1987年版，第3716—3717页。
[2] 《神机制敌太白阴经》卷7《露布篇》，第88页。整理者的若干标点，笔者并不同意。比如整理者将"中书门下"断句为"中书、门下"等等。关于标点改动，详见表格录文，此不一一指出。

续表

"露布式"	"露布篇"
1. 某道行军元帅府 2. 为申破某贼露布事 3. 具官行军司马封臣名 4. 具官行军长史封臣名 5. 具某道行军元帅封臣	6. 判官某官, 7. 某行军司马某使某官, 8. 某道节度使, 9. 奏破某贼露布事:
	10. 拔贼某城若干所,生擒首领某人若干,斩大将若干级,斩首若干级,获贼马若干匹、甲若干领、旗若干面、弓弩若干张、箭若干只、枪牌若干面、衣装若干。事件应得者具言之。
6. 尚书兵部:	11. 中书门下、尚书兵部:
	12. 某道节度使某官臣某言: 13. 臣闻黄帝兴涿鹿之师,尧舜有阪泉之役。虽道高于千古,犹不免于四征。我国家德过唐虞,功格区夏。蠢兹狂狄,昏迷不恭,犬羊成群,犯我亭障。臣今令都知兵马使某官某,都统马步若干人为前锋;左右再任虞候某官某,领强弩若干人为奇兵,于某处设伏;虞候总管某领陌刀若干人为后劲;节度副使某官某领蕃汉子弟若干人为中军游骑。
7. 臣闻(云云)	以某月日时,于山某川,与贼大军相遇。尘埃涨空,旌旗蔽野。臣令都知兵马使官某大将军当其冲,左右虞候张两翼,势欲酣战,伏兵窃发,贼众惊骇。虞候某强弩、陌刀相继而至。锋刃所加,流血漂杵;弩矢所及,辙乱旗靡。贼人弃甲曳兵而走,我军逐北者五十里。自寅至酉,经若干阵,所有杀获,具件如前。人功何能,天功是赖。

续表

"露布式"	"露布篇"
8. 谨遣某官臣姓名露布以闻。军资器械，别簿申上。谨上。	14. 臣谨差先锋将某官某，奉露布以闻。特望宣布中外，用光史册。臣某顿首谨言。
9. 年月日 具官行军兵曹参军事（臣）姓名 上	15. 某年某月某日，掌书记某官臣某　上
10. 尚书兵部谨奏某道行军破贼露布事 11. 左仆射具官封臣名 12. 右仆射具官封臣名 13. 兵部尚书具官封臣名 14. 兵部侍郎具官封臣名等言 臣闻 云云 不胜庆快之至。谨以申闻，谨奏。 15. 年 月 日 兵部郎中具官封臣 姓名 上	（缺）
16. 给事中具官封臣姓名 读 17. 门下侍郎具官封臣姓名 省 18. 侍中具官封臣姓名　审 19. 闻（御画）	（缺）

《唐六典》卷 8 "门下省侍中"条，记有上行公文文书六种，其谓："凡下之通于上，其制有六：一曰奏抄，二曰奏弹，三曰露布，四曰议，五曰表，六曰状；皆审署申覆而施行焉。"[1] 其中露布作为一种上行官文书，与其他五种公文并列。《六典》小注解释说，露布"谓诸军破贼，申尚书兵部而闻奏焉"[2]。由是可见，露布运作的一个关键环节，便是由兵部奏闻皇帝。并且，露布和奏抄一样，两类官文

---

[1]《唐六典》卷 8《门下省》，第 242 页。
[2] 同上。

书需要侍中特别审读,所谓"其奏抄、露布侍中审,自余不审"[1]。根据《玉海》卷203所载"露布式",可以推断唐代前期露布书写及颁布的一般模式,亦可更较为清晰、具体地了解露布文书的行政运作环节。中村先生便据此记录,大致复原了唐前期三省制下的露布公文形态。[2]

此"露布式",按照不同行政程序,可以划分为两个部分:第一部分1—9,是捷报经由行军元帅府申上尚书兵部的过程;第二部分10—19,是尚书兵部将露布移交门下省封检并奏闻皇帝的过程。

而"露布篇"按照结构也可以划分为两部分:第一部分1—5,是节度使上报中书门下的牒文;[3]第二部分6—14,是捷报经由节度使幕府申上中书门下和尚书兵部的过程。

"露布篇"1—5行牒文内容为"露布式"所缺。第2行所谓"得都知兵马使某牒称",是指节度使转引军将僚属"都知兵马使"所上之牒。"都知兵马使"率兵获捷,便需迅速将战争状况牒报节度使;然后节度使转引其所上之牒,再同样以"牒"的形式,将捷报呈奏中书门下。战争俘获的人马辎重,则因时间紧迫,"未暇点拔杀获",所以须"续即申上者"。"谨差某乙驰驿告捷,具状,牒上中书门下。谨牒",指节度使另差府僚,驰驿呈报中书门下。[4]"未暇"、"驰驿"

---

[1]《唐六典》卷8《门下省》,第242页。
[2]《唐代官文书研究》第二章"露布"五《朝制要览所载的露布式》,第122页。
[3]《唐六典》卷1《尚书都省》,第11页:"凡下之所以达上,其制亦有六,曰:表、状、笺、启、牒、辞。"小注曰:"九品已上公文皆曰牒。"
[4]《旧唐书》卷104《高仙芝传》:"天宝六载八月,仙芝虏勃律王及公主趣赤佛堂路班师。九月,复至婆勒川连云堡,与边令诚等相见。其月末,还播密川,令刘单草告捷书,遣中使判官王延芳告捷。仙芝军还至河西,夫蒙灵詧都不使人迎劳,骂仙芝曰:'啖狗肠高丽奴!啖狗屎高丽奴!于阗使谁与汝奏得?'仙芝曰:'中丞。''焉耆镇守使谁边得?'曰:'中丞。''安西副都护使谁边得?'曰:'中丞。''安西都知兵马使谁边得?'曰:'中丞。'灵詧曰:'此既皆我所奏,安得不待我处分悬奏捷书!据高丽奴此罪,合当斩,但缘新立大功,不欲处置。'"这段史料记载了高仙芝作为安西都知兵马

等词语，也均能看出捷报作为军事文书，所注重的"时效性"。按照前引变文内容，即便远在沙州，驿传露布到达长安的时间，也不过是"旬月余"，这虽可能带有文学夸张的成分，然所涉却是军事文书传递的速度问题。[1] 按沙州距长安的距离，诸种文献略有不同（见表2）。

表2　沙州距长安距离

《元和郡县图志》	《通典》	《太平寰宇记》	《旧唐书》
3700里	3759里	3859里	3650里

倘若按照《通典·州郡典》所记里程，及公式令所规定的驿马的最慢速度来计算[2]，露布从沙州传到长安的时间，差不多需要约54（53.7）天。当然，有关紧急的军事情报传递速度会快很多。宋代军事文书的传递日速可达四五百里。《梦溪笔谈》云："驿传旧有三等，曰步递、马递、急脚递。急脚递最遽，日行四百里，唯军兴则用之。熙宁中，又有'金字牌急脚递'，如古之羽檄也。以木牌朱漆黄金字，光明眩目，过如飞电，望之者无不避路。日行五百余里。有

使，越过四镇节度使夫蒙灵詧，向京城呈报捷书，遭到训斥的事件。不过，从这个特殊的例子，可以证明天宝年间的露布一般的传递程序，是由"都知兵马使"到"节度使"，恰与"露布篇"的记载相对应。所以《太白阴经》虽然可能带有文人"纸上谈兵"的性质，但其所述制度、仪式绝非凭空捏造，亦当与现实状况相去不远。

[1] 对于不同性质文书的传递速度，中村裕一先生有过详细的研究。不过对于军事情报的传递速度，他似乎并没有关注。详参氏著：《唐代官文书研究》第八节《唐代文献にみぇむし文书伝达例とその速度》，第458—490页。

[2] 〔日〕仁井田陞：《唐令拾遗·公式令》第44条载："诸行程，马日七十里，步及驴五十里，车卅里。其水程，重船溯流，河日卅里，江四十里，余水四十五里。空十船河四十里，江五十里，余水六十里。重船、空船顺流，河日一百五十里，江一百里，余水七十里。其三峡砥柱之类，不拘此限。若遇风水浅不得行者，即于附近官司申牒验记，听折半功。"，东方文化学院东京研究所1933年刊，第602—603页。

军前机速处分,则自御前发下,三省枢密莫得与也。"[1] 在道路状况、传输动力无甚剧变的状况下,古代文书传递速度不会因时代不同而产生较大差异。所以,变文所说的"旬月余",在唐代也颇为可能。

唐代前期"诸军将若须入朝奏事,则先状奏闻"。[2] 但是此处所用公文却是牒。此处之"牒"既不是《唐六典》定义的"九品以上公文"[3],也明显不同于唐代前期的"近臣状"。[4] 不过,耐人寻味的是,这种由状变牒的现象,却在唐代中后期较为普遍。赤木崇敏先生曾指出,敦煌归义军时期有公事性质的状多例,它们的开头语或者结尾语带有状和状上的字样,但形式却与原来的申状不尽相同。这些状往往带有"不敢不申"、"伏听处分",以及"牒状如前,谨牒",一类牒、状不分的用语。[5] 叶梦得《石林燕语》记载"至于府县官见长吏,诸司僚属见官长,藩镇入朝见宰相及台参,则用公状。前具衔,称'右某谨祗候','某官伏听处分','牒件状如前,谨牒'。此乃申状,非门状也"。[6] 由叶氏所记,虽然有"牒件状如前,谨牒"的字眼,但赤木氏所说的这种状仍应该属于"申状"范畴。推测言之,"节度使牒"性质应类似唐前期的"申状"。[7] 不过,"牒"与"申状"作为上行文书之区别,也不应仅仅表现在称呼上,二者应当有不同适用的场合和范围。具体而言,申状是某司或者官员的

---

[1]《梦溪笔谈校证》卷11《官政》,上海古籍出版社1987年版,第416页。
[2]《唐六典》卷1《尚书兵部》,第159页。
[3]《唐六典》卷1《尚书都省》,第11页。
[4] 同上。
[5] 参见〔日〕赤木崇敏:《曹氏归义军时代的外交关系文书》,《大阪大学院文学研究科·人间科学研究科·言语文化研究科2002、2003年度报告书》第3卷《シルワロ——トと世界史》,2003年,第137—157页。
[6]《石林燕语》卷3,中华书局1984年版,第32页。
[7] 有关"状"的研究,参见吴丽娱:《下情上达:两种"状"的应用与唐朝信息传递》第11辑,三秦出版社2009年版,第65—69页。

"自申状"，按宋代制度所谓"内外官司向所统属并用此式"[1]。这里问题的关键是：新出现的使职将用什么公文呢？如果按照宋代制度倒推的话，"申状"用于有统属关系的下级和上级机构之间；"牒"用于没有统属关系的下级和上级机构之间。在唐中后期，牒往往代替状而出现，正好适应了唐代行政机构"使职差遣"的变化。因为新出现的使职属于"令外之官"[2]，并没有直接隶属哪个机构。因此，区分唐前后两期牒的不同使用场合，需从机构与机构是否有隶属关系来着眼。关于"使职公文"的使用，此不再赘，将另文申述。

"都知兵马使牒"的性质只是关于捷报的扼要说明，有关战争的细节和总结，稍后会以整个节度使府的名义上奏。

但是，更为引人关注的是，此处的"节度使牒"上呈机构是"中书门下"，而非尚书兵部，这关涉到唐代中晚期行政体制变化的重要问题。

如所周知，中书门下的成立，意味着唐代政治体制的一次重大变革。开元十年之后，政事堂"中书门下"，正式从宰相议事之所变成宰相裁决政务、指挥行政运作的施政机关。而原来的行政枢纽——尚书省却越来越处于政务运作的边缘地位。关于此点，以内藤乾吉、砺波护、刘后滨等为代表的前辈学者多有揭示。[3] 与中央行政机构变

---

[1] 《司马氏书仪》卷1，文渊阁四库全书影印本，上海古籍出版社1987年版，第142册，第460—461页。
[2] 〔日〕砺波护：《唐代政治社会史研究》附章唐の官制と官职》第三节《令外の官とくゃに地方の使院》，同朋舍1986年版，第238—248页。
[3] 内藤乾吉、砺波护、吴宗国、孙国栋、刘后滨、袁刚等学者均有著作谈及此问题。〔日〕内藤乾吉：《唐代的三省》，《史林》，1930年第15卷第4号（译文见《日本学者研究中国史论著选译》第8卷《法律制度》，中华书局1992年版，第225—251页）。内藤先生认为中书门下在连称的情况下大致指此宰司之义，与中书、门下之义稍有不同。这种意见非常重要。〔日〕砺波护：《唐代政治社会史研究》第1部《行政机构与官僚社会》第三章"唐の三省六部"，同朋舍1986年版，第197—208页。相关学术史评析参见刘后滨：《唐代中书门下体制研究——公文形态·政务运行与制度变迁》第1章"导论"，齐鲁书社2004年版，第1—62页。

化同步的是，此时的节度使、观察使已经逐渐成为成为实体化地方政权，绝大多数地方事务都须经其申奏。他们奏上的文书直接申报中书门下或皇帝，不再经过尚书省汇总。此种情形在安史之乱后，尤为显著。而《露布篇》中的"节度使牒"恐怕反映的就是这种状况。

有必要说明的是，这也不仅仅是节度使上奏公文的状况，其他使职、州、中央机构亦有类似的变化。比如："天宝八载七月，中书门下奏：'比来诸司使及诸郡并诸军，应缘奏事，或有请中书门下商量处分者。'"[1] 时至开成年间，神策军也往往以牒的形式直接向中书门下奏事。[2] 因此，有关地方上报的政务，基本摆脱了奏抄在三省制下之申奏审批模式，尚书省有如虚设。

"露布篇"第9行"奏破某贼露布事"一同于"露布式"第2行"为申破某贼露布事"；第11行，"中书门下、尚书兵部"为节度使府所要呈奏的机构，此不同于"露布式"第6行开头所说的"尚书兵部"。更耐人寻味的是，"露布篇"第1—4部分为节度使直接将牒呈奏中书门下，并未见尚书兵部。这里为何又将中书门下和尚书兵部同列呢？

要回答这个问题，还需要根据时代背景略作一点推测。孙继民先生在唐长孺先生研究的基础上，认为《太白阴经》的成书大约在安史之乱后，上限不会超过代宗宝应二年三月，下限可能在大历十三年之前。[3] 当然，如果将下限延伸至德宗前期，也无可厚非。而代、德之际，有一种重新恢复尚书省职权的呼声。严耕望先生曾指出："代宗大历中及德宗初年，君相深惜旧章之坠失，屡敕规复旧

---

[1]《唐会要》卷54《省号上》，上海古籍出版社2006年版，第1088页。

[2]《唐会要》卷72《京城诸军》："左右神策军所奏将吏改转，比多行牒中书门下。"第1536页。呈奏中书门下，"奏弹"变化也是如此。《封氏闻见记》卷3"风宪条"，第24页记载奏弹的变化："开元末，宰相以御史权重，遂制：弹奏者先咨中丞、大夫，皆通许，又于中书门下通状，先白然后得奏，自是御史大夫不得特奏，威权大减。"

[3] 参见孙继民：《李筌〈太白阴经〉琐见》，《魏晋南北朝隋唐史资料》1985年第7辑。

章，重建尚书省之地位与职权。"[1] 严先生为此论断举例甚多，可俱参其著。前文已述，天宝年间已经出现"比来诸司使及诸郡并诸军，应缘奏事，或有请中书门下商量处分者"的状况。此后的文宗开成年间，神策军奏事中门下几成通例。但是新制度取代旧制度不是一蹴而就的事情，中间必有曲折反复。即便在德宗时代，还能见到如下的例证。李晟在平定朱泚叛乱之后，所呈露布便是向"尚书兵部"，而并非"中书门下"。

> 神策军京畿、渭北、商华、鄜坊、丹延等州兵马副元帅李晟，于苑墙内神鹿仓东南连白苑破逆贼朱泚兵马，收复上都露布事。
> 尚书兵部：……[2]

李晟所奏之露布，上呈兵部。从兵马副元帅、尚书兵部的称呼来看，这与行军、三省六部制下的露布申报毫无差异。因而，似乎可以推测，德宗年间很可能曾努力恢复过唐前期的三省制。但是，此时的兵部职权却与安史之乱前不可同日而语。兵部职能只不过是"承旨及杂事"，其统领内外武官最重要的权力，却多为宦官所侵夺。[3]

---

[1] 严耕望：《论唐代尚书省之职权与地位》，《唐史研究丛稿》，香港新亚研究所1969年版，第73页。
[2] 《文苑英华》卷648《西平王李晟收西京露布》，中华书局1966年版，第3336页。
[3] 《旧唐书》卷130《崔造传》云："贞元二年正月……守本官同平章事……乃奏……请尚书省六职令宰臣分判。……宰臣齐映判兵部承旨及杂事；宰臣李勉判刑部；宰臣刘滋判吏部、礼部；造判户部、工部。"严耕望先生认为："按此次造请改制，尽废度支盐铁使，归职于户部，且以宰臣兼判六部，欲以加重尚书省之职权，以期恢复旧章。……而兵部下特标'承旨及杂事'数字，乍观此文，令人不解，详审思之，实亦有故。盖各部旧章职权皆可恢复，惟兵部之权为宦官所移夺，虽宰相亦莫之何，只好任之，故齐映判兵部，实际只能判'承旨及杂事'耳。"详见严耕望：《论唐代尚书省之职权与地位》，《唐史研究丛稿》，第73页。

"尚书兵部"与"中书门下"在文本中的同列，或许正表明代德之际恢复旧制度与现有新制度并存的矛盾状况。但无论如何，尚书省之职权地位，仍然只是中书门下的附属，行政枢纽还是在中书门下。贞元二年（786）崔造奏请恢复尚书省职权之时，仍然请将尚书省六职令宰臣分判。[1] 刘后滨先生认为这种举动还是将政务汇总于宰相府署中书门下。[2] 即便恢复三省六部制，也只是徒有其表。尚书省的实际权力依然被瓜分、架空。时势已然，靠强制命令实施的三省六部制，必然也不会长久。

"露布篇"6至8行，判官、行军司马某使某官、某道节度使俱署名，以整个节度使幕府文职僚佐的名义上奏中书门下、尚书兵部，一如在三省制下以行军元帅府的名义上奏。这样的文本书写，明显地反映了唐代前后军事制度的变化。唐代前期行军制度下的统帅分为两类，一为行军元帅，一为行军总管。在"行军总管府"的条件下，露布的申报也类似《朝制要览》所载"露布式"，只是机构名由"元帅府"改为"总管府"。张说所作《为河内郡王武懿宗平冀州贼契丹等露布》，尚保留着"行军总管府幕僚"，由高到低的职级排列：

> 大总管右金吾卫大将军兼检校洛州长史河内郡王臣某
> 前军总管行左卫翊府中郎将上柱国定阳郡开国公臣杨玄基
> 行军长史朝奉大夫守给事中护军臣唐奉一
> 行军司马通议大夫行天官郎中臣郑果等言
> （尚书兵部）臣闻 [3]

---

[1]《唐会要》卷57《尚书省诸司上》，第1157页。
[2] 参见刘后滨：《唐代中书门下体制研究——公文形态·政务运行与制度变迁》，第225页。
[3]《文苑英华》卷647，第3329页。

这样序列整齐的排名，意味着尊卑、责任、统属。"露布篇"的职级排列，其实也反映了方镇各个僚佐的地位变化。在其排列中，看不到《通典》记载的节度使僚佐的职级序列。[1] 节度使之后便是行军司马，不见节度副使的踪影，这一现象颇耐人寻味。胡三省注释封长清官职迁转时，曾说："唐制，行军司马位在节度副使之上。天宝以后，节镇以为储帅。"严耕望先生敏锐地注意到了这一点，并列举大量的史实证明，行军司马继任节度使的事例，在德宗晚年尤为常见，唐中后期行军司马的地位实在节度副使之上。[2] 节度使僚佐在"露布篇"中的排列顺序，难道不正反映了胡三省的论断与严耕望先生的证明吗？"露布篇"亦表明此时的"节度副使"只是具体作战行动中统领军队的将领，地位与此前大不相同。从《太白阴经》所录露布词，也可看出此时方镇的"文职僚佐"、"军将"作战系统、藩镇的兵种构成。严耕望先生《唐代方镇使府僚佐考》虽然已经将此考备详细，但《太白阴经》所著录的材料不失为对先生著述的补充。此外，还可通过具体的公文形态来推知各僚属的职掌及其地位。[3]

　　"露布篇"随后的"臣闻云云"，则是元帅府上奏尚书兵部的具体内容。中村先生将此类文体命名为"露布词"。[4]"露布词"在《文

---

[1]《通典》卷32《职官》，第895页记载节度使之僚佐云："有副使一人，副二使。行军司马一人，申习法令。判官二人，令判仓兵骑冑四曹事。副使及行军司马通署。掌书记一人，掌表奏书檄。参谋，无员，或一人或二人参议谋划。随军四人，分使出入。"由上所记节度使之后就应当是节度副使。

[2] 参见严耕望：《唐史研究丛稿》第三篇《唐代方镇使府僚佐考》，第182—187页。

[3]《神机制敌太白阴经》卷7《露布篇》，第88页："都知兵马使某官某，都统马步若干人为前锋左右；再任虞候某官某，领强弩若干人为奇兵，于某处设伏；虞候总管某领陌刀若干人为后劲；节度副使某官某领蕃汉子弟若干人为中军游骑。"

[4]《唐代官文书研究》第二章"露布"四"露布词"，第122页。

苑英华》中尚有多篇保留，如张说《为河南郡王武懿宗平冀州贼契丹等露布》、樊衡《为幽州长史薛楚玉破契丹露布》、阙名《河西破蕃贼露布》、于公异《西平王李晟收西京露布》等等。[1] 此处需要注意的是，《文苑英华》还有一类露布词，题为"兵部奏某地破贼某某露布"。这类露布词，虽然内容与由总管府兵曹参军事起草并上奏兵部的露布词无异，不过反映的却是不同行政运作环节。"兵部奏"表明此乃是兵部转引行军总管府（元帅府）之露布，即将上奏皇帝。"露布式"第 10 行"尚书兵部谨奏某道行军破贼露布事"体现的就是这一环节。"露布篇"所谓"臣闻云云"之后的内容，不过是烦琐冗长、歌功颂德的话语，因而封演说："近代诸露布，大抵皆张皇国威，广谈帝德，动逾数千字，其能体要不烦者鲜云。"[2] 从内容看，"露布词"是对战争原因、战争过程、胜利结果的总结；其申明夷、夏之防，斥责叛臣逆贼，彰显天道，弘扬国威，广谈帝德，强调战争的合法性和正义性，看似模式化的话语，却也是当时政治文化和政治宣传的重要内容。露布不仅要上呈皇帝，而且要传递到州县一级，需要普通百姓观摩听闻。因而在宋代博学鸿词科中单列一门，由专门的文采之士撰写。露布最后要呈送史馆，所以从现存史书记载的战争过程来看，很多史料的直接来源应当是"露布词"。[3]

"露布式"第 10 行到第 19 行，是露布到达尚书兵部之后的运作过程，为"露布篇"所缺。露布申报到尚书兵部之后，便和奏抄一样，首先是尚书兵部下的兵部司"为某道行军破贼露布事"申奏。

---

[1]《文苑英华》卷 648《露布》，第 3326—3336 页。
[2]《封氏闻见记校注》，第 31 页。
[3] 这样的个案研究参见黄清连：《杨复光〈收复京城奏捷露布〉考》，《中国史学》1992 年第 2 号。

与奏抄相同的是，在上奏的过程中，是以尚书省的名义，而不是以曹司的名义。此由第10—15行的内容可以证明。

作为尚书省的实际长官，左右仆射需要领衔上奏，兵部尚书、侍郎也要签署官封臣名。然后，转述某道行军总管所上捷报。所谓"臣闻云云"，是上奏的具体内容，要注明将帅幕府各个文武官员具体作战状况和功劳。其口吻是尚书兵部的官员。《文苑英华》中对尚书兵部奏报的露布多有保留，题为"兵部奏某地破贼某某露布"。其中"不胜庆快之至"，则为模式化的结束语，因而《玉海》云"唐代露布云不胜庆快之至或云无任庆跃之至"[1]。刘后滨先生据此认为，这样的结束语是断定唐代露布的一个依据。[2]

在左右仆射和尚书、侍郎签署之后，需书明年月日。然后由具体上奏的兵部司郎中署名，上于门下省审批。"谨以申闻，谨奏"的结束语，也证明露布的上报过程，其实和奏抄无异。由此可证明，尚书兵部是此政务运作过程中的主要机构。

上引《唐六典》卷8"门下省侍中条"所记，奏抄、露布等六种文书皆需要门下省审批，所谓"审署申覆而施行焉"。但是露布和奏抄特别需要侍中审定，则体现了这两种文书之特殊与重要。[3] 和奏抄

---

[1] 《玉海》卷203所收《辞学指南》载北宋前期《朝制要览》所引用的露布式，在注中提到"张说为河内郡王平冀州贼契丹露布云"，并在此介绍露布时，称宋朝露布云："臣无任庆快激切屏营之至。"注曰："唐代露布云不胜庆快之至或云无任庆跃之至。"正与其引用露布式相合。说明这是唐代的露布式，可为理解唐代露布运作提供参照。《玉海》卷203，第3715—3717页。

[2] 参见刘后滨：《唐代中书门下体制研究——公文形态·政务运行与制度变迁》，第100页。

[3] 《唐律疏议》卷5，中华书局1983年版，第113页。"同职犯工坐"条，将门下省官员的审批职责，讲述的更为具体。疏议曰："尚书省应奏之事，需缘门下者，以状牒门下省，准式依令，先门下录事勘，给事中读，黄门侍郎，侍中审。有乖违失者，依法驳正，却牒省司"。《唐六典》卷8"门下省给事中"条，第244页。给事中在上行文书运行中的作用为："给事中掌侍奉左右，分判省事。凡百司奏抄，侍中审定，则先读而署之，以驳正违失"。

的政务审批方式一样，露布需经门下省的官员勘、读、省、审。倘若门下省官员认为尚书省奏上的露布有不当之处，或者说不符合律令格式的规定，就可以驳回，由尚书省重新拟定处理方案。刘后滨先生认为，门下省的审读，在一定程度上是对于程序是否规范的审查，同时也是呈送皇帝御画之前的最后把关。在上行的过程中，露布像奏抄一样，是需要门下省严格审查的，并没有体现露布"不封不检"的特点。

由上考述可知，唐代前期的露布是行军总管府上奏皇帝批看的军事捷报，先后需要用到状、奏抄等公文来传递信息。尚书省是其信息传递和行政运作的枢纽，这同时也是唐前期其他上行文书如奏抄等，在行政运作过程中的重要特点。经尚书左右仆射签署，报门下省审读之后，再向皇帝申奏。门下省的责任只是负责审批，然后经过皇帝御画"闻"，成为"御画奏抄"。[1] 同样，露布也必然经过此程序才能颁下。因而，从行政程序上来讲，露布也是尚书兵部处理的特殊"奏抄"。因为在经由尚书省运作的过程中，二者几无差异。由是可说，唐代前期尚书省和门下省的运行特点，借由露布和奏抄这两种公文，可以得到清晰反映。

三省制下，"露布"进奏尚书省后，还须门下省审批。但"露布篇"所体现的行政运作，与此不同。"中书门下"是最高决策机构和行政机构的统一体，囊括了之前尚书省和门下省的职能，五房之一的兵房在某种程度上取代了兵部的职能。而此处的尚书兵部，究竟起到什么功用？

也许，此时的尚书兵部并不是作为公文处理的枢纽，而是稍后在宣读露布的过程中，尚书兵部可能仍然起到承受公文的作用。并

---

[1]《唐律疏议》卷19 "盗制书及官文书"，第350—351页。

且，露布需要尚书兵部移交史馆。《唐会要》载："露布，兵部录报。军还日，军将具录陷破城堡，伤杀吏人，掠掳畜产，并报。"[1]至于唐代中晚期露布内容，由上到下以"制"的形式颁布时，是由翰林学士还是由中书省？下达的时候是直接至州县还是尚需经过节度使环节？这些问题由于史料的缺憾，还不得具体而知。不过，中晚唐时期翰林学士逐渐取代了中书舍人的职掌，翰林学士院成了一个新的出令机构。也有史料表明，翰林院使参与军国大事的处理。《翰林院使厅壁记》云："进则承睿旨而宣于下退则受嘉谟而达于上。军国之重事，古今之大体，庶政之损益，众情之异同，悉以开揽，因而启发。"[2]

至于俘获的"军资器械"，需要"别簿申上"。别，即附件；别簿，即是在捷报中，另附战利品数量的簿书。此种簿书由各个作战人员杀敌斩获的数目，统计而成，需要耗费一定时间去清点，所以经常稍后报上。《唐六典》如是叙述这个过程："既捷，及军未散，皆会众而书劳，与其费用、执俘、折馘之数，皆露布以闻，乃告太庙。"[3] "露布篇"第10部分具言"拔贼某城若干所，生擒首领某人若干，斩大将若干级，斩首若干级，获贼马若干匹、甲若干领、旗若干面、弓弩若干张、箭若干只、枪牌若干面、衣装若干。事件应得者具言之。"此类内容当即前引《玉海·露布式》所称"军资器械，别簿申上"中的"别簿"；也是《张淮深变文》所说的"幕府所修之笺"。这些战争中的俘获，在军礼中被称为"军实"，需要附入露布，是朝廷按功行赏，颁授勋官的重要依据。"别簿"中的"事件应得者具言之"与"露布词"所说的"所有杀获，具件如前"，正相

---

[1]《唐会要》卷63《史馆》，第1285页。
[2]《文苑英华》卷797《翰林院使厅壁记》，第4219页。
[3]《唐六典》卷5《尚书兵部》，第159页。

对应。

露布中申报战利品的"别簿",当先有一个统计各个士卒斩获数量的过程。开篇变文所说的"马步都虞候因系",恐怕描述的就是这种景象。那么,这个过程是如何进行的呢?

日本京都藤井有邻馆所藏第12号、第32号文书"立功公验簿",有助于解答这一问题。其中第12号存5行,录如下:[1]

1 敕瀚海军经略大使　牒石抱玉
2 马军行客石抱玉年卅四宁州罗川县
3 斩贼首二　获马一匹留敦五岁　鞍辔一具
4 弓一张　枪一张　刀一口　箭十三支　排一面
5 锁子甲一领已上物并检纳足
（后　缺）

又第32号文书存3行:[2]

（前　缺）
1 斩贼首一　获马一匹瓜父七岁　鞍一具
2 弓一张　排一面　枪一张　箭十支已上并纳足
3 右使注殊功第壹等赏绯鱼袋
（后　缺）

---

[1] 〔日〕藤枝晃:《藤井有邻馆所藏之北庭文书》,《书道月报》1957年第13号,第1页,图第12页。

[2] 〔日〕藤枝晃:《藤井有邻馆所藏之北庭文书》,《书道月报》1957年第13号,第1页,图第22页。

据刘安志先生考证，以上两件文书的年代大致在开元十五年至十八年之间，"贼"是指突骑施。[1]文书中有关斩首及获马、枪、排、锁子甲等内容，与"别簿"条列，对应无遗。第12号文书"马军行客"，表明石抱玉所属军种是马军。[2]"斩贼首一"，具体会获得什么赏赐还不太清楚。但按照开元格规定，如果他俘获生口，将获绢十匹。[3]既然"格"对"获生"赏赐有所规定，那么对获马、枪、排、甲等物，想必也有相对应的"赏格"。[4]其中"已上物并检纳足"，"已上并纳足"的话语，反映的是统计、申上、勾检的环节。这些具体的统计，是勋官颁授和论功行赏的重要依据。这也是露布除炫耀武功之外，核心功用之所在。《唐会要》记载兵部报送史馆的露布内容，所谓："露布，兵部录报。军还日，军将具录陷破城堡，伤杀吏人，掠掳畜产，并报。"[5]《唐六典》卷5"尚书兵部郎中员外郎"条记载唐代军功授予之等级以及其所获勋转，也与"陷破城堡，伤杀吏人，掠掳畜产"密切相关。[6]如敦煌文书《唐景龙三年九月典洪壁牒为张君义立功第一等准给公验事》记有张君义破"连山阵"、"临崖阵"、"白寺城阵"、"河曲阵"、"故城阵"、"临桥阵"等[7]，这些记载也恰好能印证唐王朝的勋官颁授制度。不仅如此，在勋官告身的

---

[1] 刘安志：《唐代安西、北庭两任都护考补》，《敦煌吐鲁番文书与唐代西域史研究》，商务印书馆2011年版，第349—353页。
[2] 《神机制敌太白阴经》卷3《马将篇》述及马军形态"凡马军，人支两匹，一军征马二万五千匹"，第29页。
[3] 《李德裕文集》卷16《请准兵部式依开元二年军功格置跳荡及第一第二功状》载："每获一生口，酬获人绢十匹"。《李德裕文集校笺》，河北教育出版社2000年版，第305页。
[4] 《通典》卷148《兵序》，第3780页："按兵部格，破敌战功各有差等，其授官千才一二。"
[5] 《唐会要》卷63《史馆》，第1286页。
[6] 《唐六典》卷5《尚书兵部》，第124页。
[7] 参见刘安志：《敦煌所出张君义文书与唐中宗景龙年间西域政局之变化》，《敦煌吐鲁番文书与唐代西域史研究》，第117—118页。

授予过程中,也要记载此类内容。如吐鲁番所出《唐开元四年李慈艺告身》记有,"瀚海军破河西阵、白涧阵、土山阵、五里堠阵、东胡袄阵"[1],不过,在勋官制度伪滥之后,唐代后期的节度使体制下,授予将士的是某些特殊的文"职事官"。[2] 第32号文书前两行内容与12号文书所述相同,第3行"右使注殊功第壹等赏绯鱼袋"则表明此人因斩获所定功劳等第,及获赏而得的绯衣、鱼袋。而绢、布、鱼袋、绯衣等也是军中常备,用于赏赐犒军的物品。[3] 石抱玉获得的具体功劳等第还不得而知,但从他的斩获来看,明显要获得更高的赏赐。开元二年前后,因军功获赏绯鱼袋的人极多,鱼袋赏赐突破等级限制,呈现"无功滥赏"的趋势,因此玄宗曾专门下达敕文进行规诫,瀚海、安西等军被特别强调。[4]

伴随着露布的礼仪和行政运作过程,从征将士将得到丰厚的奖赏。《唐会要》卷95载:"露布初至,便降大恩,从征之人皆沾涤荡,内外文武,咸欣陛下,赏不踰时。"[5]《张淮深变文》所描写的正是"系囚(收俘)"—"幕府修笺(别簿)"—"撰写露布"—"申上"—

---

[1] 参见王国维:《观堂集林·附别集》卷17,中华书局1959年版,第877页。
[2] 《李德裕文集》卷16《请准兵部式依开元二年军功格跳荡及第一第二功状》,第305页。
[3] 《神机制敌太白阴经》卷5《军资篇第六十一》,第62页:"军士一年一人支绢布一十二匹,绢七万五千匹,布七万五千匹。赏赐:马鞍辔、金银衔辔二十具,锦一百匹,绯紫袄子、衫具带鱼袋五十副,色罗三百匹,妇人锦绣夹襴衣帔袍二十副,绯紫䌷绫二百匹,彩色绫一百匹,银器二百事,银壶、瓶五十事,帐设锦褥十一领,紫绫褥二十领,食桌四十张,食器一千事,酒樽十副,长幕二十条,锦帐十所,白毡一百事,床套二十条,鸱袋、绣墊一百口。"部分标点不同于整理者。
[4] 《唐会要》卷31《鱼袋》,第677页:"承前诸军人,多有借绯及鱼袋者,军中卑品,此色甚多,无功滥赏,深非道理。宜敕诸军镇,但是从京借,并军中权借者,并委敕到收取。待立功日,据功合得,即将以上者,委先僚后奏。其灵武、和戎、大武、幽州镇军,赤水、河源、瀚海、安西、定远等军,既临贼冲,事藉悬赏,量军大小,各封金鱼袋一二十枚,银鱼袋五十枚,并委军将临时行赏。"
[5] 《唐会要》卷95《高昌》,第2018页。

"皇帝颁赏"的过程。[1]当李众甫等九使，携带"金银器皿，锦绣琼珍"到达沙洲马球场时，出现了"万人称贺"的典礼。《神机制敌太白阴经》也记述了战后"仪式化"的受赏方式。[2]

正式通过"公开表演"的颁赏方式，让战士及其家属得到物质及精神方面的奖励，使他们获得最大的荣誉感。这种物质刺激与精神鼓励往往是他们在战场上勇敢杀敌的动力，所谓："香饵之下，必有悬鱼，重赏之下，必有勇夫。"不过，也正是因为露布关涉到励赏的问题，所以也经常存在将帅虚报的状况。[3]而中央相对应的措施，则是御史监督。监察御史有一项职能便是防止"别簿"造假。"凡将帅战伐，大克杀获"，监察御史需要"数其俘馘，审其功赏，辨其真伪"[4]。

接下来，便是围绕露布颁布所进行的礼仪过程。露布之"露"，即公告性质在此环节有所体现。中村先生虽然根据各种典籍的记载，梳理了露布颁布过程。但对露布在颁下环节中，所体现的最核心之特点"露"，却丝毫没有措言。"不封不检"显然不能在上行环节体现。这是因为"露布"亦以"别簿"的形式统计战利品，这些战利品关涉到朝廷下发的勋赏，因此必须经过层层细密的检查。

《通典》卷76《开元礼类纂》载："大唐每平荡寇贼，宣露布。其日，守宫量设群官次。露布至，兵部侍郎奉以奏闻。仍集文武群官、客使于东朝堂，中书令宣布，具如开元礼。"[5]

又《大唐开元礼》卷84《军礼·平荡寇贼宣露布》载："其日，

---

[1] 参见黄征、张涌泉校注：《敦煌变文校注》，第191—192页。
[2] 《神机制敌太白阴经》卷2《励士篇》，第16—17页。
[3] 《新唐书》卷148《令狐通传》："每战，虚张首级，败则掩不奏。露布上，宰相武元衡却之。"
[4] 《唐六典》卷13《御史台》，第382页。
[5] 《通典》卷76《军礼·宣露布》，第2084页。

守宫量设群官次。露布至，兵部侍郎奉以奏闻，仍承制集文武群官、客使于东朝堂。群官客使至，俱就次各服其服。奉礼设群官版位于东朝堂之前，近南，文东武西，重行北向，相对为首。又设客使位如常仪。设中书令位于群官之北、南向。"

"量时刻，吏部、兵部赞群官客使出次，谒者、赞引各引就位。立定，中书令受露布置于案，令史二人绛公服对举之。典谒引中书令，举案者从之，出就南面位，持案者立于中书令西南，东面。立定，持案者进中书令前，中书令取露布，持案者退，复位。中书令称：'有制。'群官客使皆再拜。中书令宣露布讫，群官、客使又再拜，皆舞蹈讫，又再拜。谒者引兵部尚书进中书令前，受露布，退复位，兵部侍郎前受之。典谒引中书令入，谒者引群官客使各还次。"[1]

"兵部侍郎奉以奏闻"，然后以中书令承"制"的形式向群臣颁布。[2] 制书作为下行文书，形成过程具体而复杂。本来首先是中书舍人起草，进由皇帝御画日，体现皇帝之意志。紧接着，中书省将御画日后的制书誊抄一份，原件留在中书省制敕甲库存档。然后中书省将重写的制书向门下宣、奉、行，门下写好覆奏文后进行覆奏，皇帝御画可后，下门下省，重写一份，侍中注"制可"，印署，下尚书省施行，原件留门下省制敕甲库档存档，此之谓："审署申覆而施行焉"。但是，这也只是制书颁布的一般形式。[3] 对于露布以制的形式颁布，只能看到中书令"宣"的过程。随后就由兵部尚书、兵部

---

[1]《大唐开元礼》卷84《军礼》，民族出版社2000年版，第407页。

[2]《唐六典》卷1《尚书都省》，第10页。制乃"王言之制"之一，所谓："凡上所以逮下，其制有六，曰：制、敕、册、令、教、符。"其中"天子曰制，曰敕，曰册。"

[3] 参见李锦绣：《唐"王言之制"初探》，《季羡林教授八十华诞纪念论文集》，江西人民出版社1991年版，第273—290页。

侍郎转相收受，并没有看到中书侍郎和中书舍人奉和行的过程，也没有看到门下省封检驳正的过程。露布的最大特点"露"，即"公告"性质，正是在此环节体现。此之谓："所以名露布者，谓不封检，露而宣布，欲四方速知，亦谓之露版。"

众所周知，在唐朝前期，由中书省宣行的制敕，最后均需经过尚书省承受施行。尚书省需把制书变为符、移、关、牒等各种公文，行下诸司或州县。"凡制敕施行，京师诸司有符移关牒下诸州者，必由于都省以遣之。"[1] 露布还需下达到州县一级。因而尚书省需要将露布转化为"符"[2] 的形式传达行政命令。宋代露布也须下达到各路："凡军中有克捷，所送露布，由都部署以闻，乃牒转运使，遍下管内。"[3] 中村先生指出，根据《开元公式令》所记符之形态，我们可以推测露布下达州之状况。从现在保留的很多地方官员有关战争胜利的贺表、贺状来看，也能证明露布传递到州县的状况。[4] 也有史料表明，露布一直会传递到乡里社会。"庞勋自谓无敌于天下，作露布，散示诸寨及乡村，于是淮南士民震恐，往往避地江左。"[5]

"露布"的运作状态是由下到上告知，再由上到下颁布，这不同于单纯的上行文书或者下行文书的运作，它的传递申报过程，涉及多种公文程序。露布最重要的特征就是用最短的时间，在尽

---

[1] 《唐六典》卷1《尚书都省》"左右司郎中员外郎之职"条，第11页。
[2] 《唐六典》卷1《尚书都省》，第11页："尚书省下于州，州下于县，县下于乡，皆曰符"。
[3] 《武经总要前集》卷15，中华书局1959年版，第6页。
[4] 详参见《唐代官文书研究》第二章第一节第六部分"露布的公布"，第124页。《册府元龟》存有一个例子，是官僚见到露布，上表称贺的典型："乾元三年正月甲申，元帅奏于河阳陕东大破贼，文武百官奉表称贺，曰：'伏见元帅行营露布，伏承官军大破逆贼二千余众，兼烧浮桥栅垒等，悉皆荡尽，陕东大破凶徒，斩及生擒甚众。'"中华书局1960年版，第286—287页。
[5] 《资治通鉴》卷251"唐懿宗咸通九年条"。

可能大的范围传播战争胜利的消息。露布的制度、功能设计，决定了它上行又下行的特点。上，到达权力运作顶端的皇帝；下，到达帝国所统治的基层——编户齐民，中间经由官僚机构上通下递，一同构成了中国古代帝国运行与宣传的图像缩影。其具体运作过程可见图1：

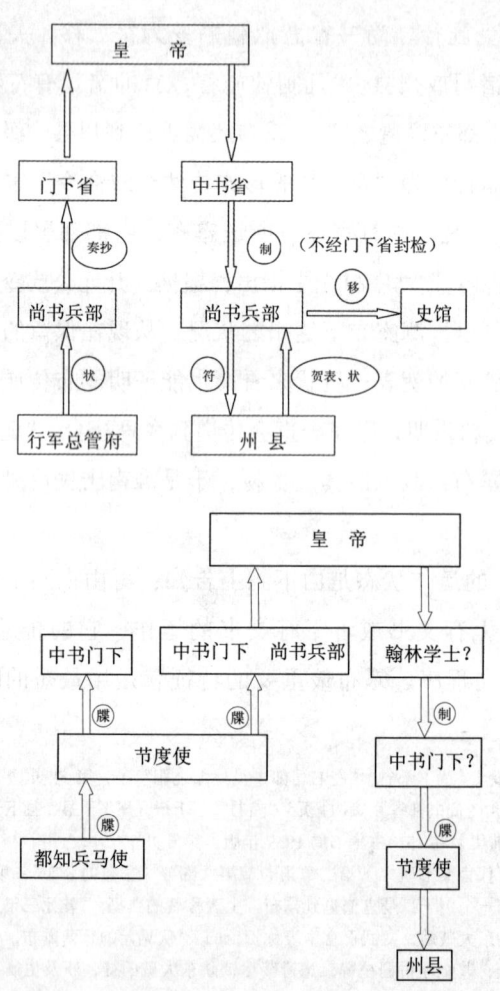

图1 露布制度的具体运作

三、露布的礼仪展示

《变文》所述露布传递京城、呈送皇帝的过程，只是寥寥数语。其间复杂的行政运作过程，上文已有所揭示。但"宣露布"亦是军礼的一项，从"礼"的角度了解"露布"，也是需要详细考察的问题。

露布不同于其他公文，不注重"事务性"或者"保密性"，它所承担的功能更多的是"展示"与"发布"。从露布颁行的礼仪中可以看出，无论是集合内外百官参加，或者布告中外使节，或者献俘太庙，或者由下到上；抑或文本是夸张考究、铺陈描写的骈体文，其性质皆类似现代公文中的"公告"。目的无外乎是"特望宣布中外，用光史册"。《唐六典》云："既捷，及军未散，皆会众而书劳，与其费用、执俘、折馘之数，皆露布以闻，乃告太庙。元帅凯旋之日，天子遣使郊劳，有司先献捷于太庙，又告齐太公庙。"[1]

以上的这段描述文字虽少，但却非常具备"空间感"与"场景感"。不过，这种需要用感觉器官感受的场景与"视觉政治"，很难用语言展现出来。隋唐时期，告庙礼的第一个环节是"露布以闻，以告太庙"，即首先将军事胜利的消息制作成露布，告知祖先。其后，在军将凯旋的时候，在太庙又有献俘的仪式。其中告庙，即告祖，是先秦时期以来的通礼，无论是天子诸侯还是士大夫凡要出行或回归，均要诉之于祖先。[2] 但按《唐会要》所记，在唐前期，军

---

[1]《唐六典》卷5《尚书兵部》，第159页。
[2]《春秋左传正义》卷5，第1743页。《左传·桓公二年》："冬，公至自唐，告于庙也。凡公行，告于宗庙；反，行饮至，舍爵策勋焉，礼也。"孔疏云："凡公行者，或朝或会或盟或伐，皆是也。孝子之事亲也，出必告，反必面，事死如事生，故出必告庙，反必告至。"

图2　郎世宁等绘《平定西域战图》铜版画之"皇帝在午门受降"局部

礼中的"告庙"似乎没有施行。直至开元二十八年八月二十日之后，军捷"告庙"才有可能成为通行程序。[1]将露布著于礼典，制定具体的仪式则也是隋代开皇年间一个较晚的事实，而礼仪的最先实践者为晋王杨广。[2]此时露布颁布的空间，在大兴城的广阳门，与唐代开元年间在朝堂举行露布颁行礼的地点不同的是，隋代在宫城广阳门外举行仪式。广阳门即唐代承天门，是连接宫城与皇城的重要通道。隋唐时期由于史料及图像的缺憾，很难动态揭示奏露布及献俘的场面。但是露布礼、献俘礼是后世承袭的礼仪，西洋画家郎世宁以写实的手法所绘的清代午门（也是宫城和皇城之间的门）献俘礼与露

---

[1]《唐会要》卷14《献俘》，第373页："二十八年八月二十日敕：'幽州节度使奏破奚、契丹，应择日告庙。'自后，诸军每有克捷，必先告庙。"

[2]《封氏闻见记校注》卷4载："隋文帝时，诏太常卿牛宏撰《宣露布仪》。开皇九年平陈，元帅晋王以驿上露布，兵部请依新礼。集百官及四方客使于朝堂，内史令称有诏，在位者皆拜。宣露布讫，蹈舞者三，又拜。郡县皆同。自后因循至今不改。"第31页。

图 3　郎世宁等绘《平定西域战图》铜版画之"午门受俘"

布礼，或许也能让我们多少有些在隋唐大兴或长安城中举行此礼的场景感（见图 2、3）。在城门举行的典礼有自内向外的发布的特点，具有盛大的表演与展示的功能。

军将凯旋、宣示、游行的一系列过程，其实是在城市中展开一场巨大的典礼展演。从礼仪运作的环节讲，露布的颁行仪式与告庙、郊劳、献俘、告齐太公庙相继举行，是战后军礼的有机统一体。礼乐并行，极为重视场面渲染。按照唐代礼制"军将入城，例有军乐"[1]，《唐会要》卷 33《凯乐》所记太和三年八月太常礼院的一道奏文，就记录了凯旋乐舞礼仪的详细情形："……是则历代献捷，必有凯歌。太宗平东都，破宋金刚，其后苏定方执贺鲁，李勣平高丽，皆备军容凯歌入京师。……凡命将征伐，有大功献俘馘者，其日，备神策兵卫于东门外，如献俘常仪。其凯歌用铙吹二部（笛、筚篥、箫、笳、铙、鼓，每色二人，歌工二十四人也）。乐工等乘马执

---

[1]《通典》卷 147"忌月不废乐议"条，第 3769 页。

乐器，次第陈列，如卤簿之式。鼓吹令丞前导，分行于兵马俘馘之前。将入都门，鼓吹振作，迭奏《破陈乐》、《应圣期》、《贺朝欢》、《君臣同庆乐》等四曲。《破陈乐》词曰：'受律辞元首，相将讨叛臣。咸歌《破陈乐》，共赏太平人。'《应圣期》词曰：'圣德期昌运，雍熙万宇清。乾坤资化育，海岳共休明。辟土欣耕稼，销戈遂偃兵。殊方歌帝泽，执贽贺升平。'《贺朝欢》词曰：'四海皇风被，千年德永清。戎衣更不着，今日告功成。'《君臣同庆乐》词曰：'主圣开昌历，臣忠奏大猷。君看偃革后，便是太平秋。'候行至大社及太庙门，工人下马，陈列于门外。据《周礼大司乐》注云：'献于祖。'大司马云：'先凯乐献于社。'谨详礼仪，则社庙之中，似合奏乐。伏以尊严之地，铙吹哗欢，既无明文，或乖肃敬。今请并各于门外陈设，不奏歌曲。俟告献礼毕，复导引奏曲如仪。至皇帝所御楼前兵仗旌门外二十步，乐工皆下马徐行前进。兵部尚书介胄执钺，于旌门内中路前导。《周礼》：'师有功，则大司马左执律，右秉钺，以先凯乐。'注云：'律所以听军声，钺所以示将威。'今吹律听声，其术久废，惟请秉钺，以存礼文。次协律郎二人，公服执麾，亦于门外分导。鼓吹令丞引乐工等至位，立定。太常卿于乐工之前跪，具官臣某奏事，请奏凯乐。协律郎举麾，鼓吹大振作，遍奏《破陈乐》等四曲。乐阕，协律郎偃麾，太常卿又跪奏凯乐毕。兵部尚书、太常卿退，乐工等并出旌门外立讫，然后引俘馘入献及称贺如别仪。别有献俘馘仪注。俟俘囚引出方退。伏请宣付当司，编入新礼，仍令乐工教习。"[1]

这样一系列连续展开礼乐仪式，是对军事胜利信息的不断强化，具有王朝权力展示和社会动员的双重意义。可以想象，露布传达的

---

[1]《唐会要》卷33《凯乐》，第709—710页。

胜利的消息，在王朝上下，帝国内外所带来的震撼。尤其是在帝国正在进行战争或者面临危机，特别需要胜利鼓舞的时候，露布的媒介作用就显得格外重要。

因归义军地处遥远，所以并没有在长安城中进行凯旋仪式，只是差派僚属呈递捷报。《变文》记述懿宗收到露布时的场景和话语："帝谓群臣曰：'□□□表奏，获捷匈奴千余人，繋于囹圄。朕念□□□□旧懿，曩日曾效赤诚；今以子孙流落□□河西，不能坚守诚盟，信任诸下，辄此猖狂。朕闻往古，义不伐乱，匈奴今岂（其）谓矣！'因而厚遇之。群臣皆呼万岁。"

事实上，这种鼓舞人心的场景在整个唐王朝的政治舞台上并不少见。武德元年（618）至武德四年（622），是李唐王朝从建国到扫平群雄、重归一统的时候。在李唐的建国道路上，几次事关重要的军事胜利，均露布天下，献捷太庙。尤其是在武德四年七月平定王世充后，李世民身披黄金甲，在长安城完成了一次极具"表演"性质的游行、宣示活动："六月，凯旋。太宗亲披黄金甲，陈铁马一万骑，甲士三万人，前后部鼓吹，俘二伪主及隋氏器物辇辂献于太庙。高祖大悦，行饮至礼以享焉。高祖以自古旧官不称殊功，乃别表徽号，用旌勋德。"[1]

安史之乱给吏民带来国破家亡的抑郁心态。当郭子仪经香积寺之战，大败安史叛军，收复首都长安时，长安城"老幼百万，夹道欢叫，涕泣而言曰：'不图今日复见官军。'"[2]当捷报传递至肃宗所在的凤翔时，史谓："凤翔闻捷，群臣称贺，帝以宗庙被焚，悲咽不自胜，臣僚无不感泣。"[3]

---

[1]《旧唐书》卷2《太宗本纪》。
[2]《旧唐书》卷120《郭子仪传》。
[3] 同上。

朱泚之乱是德宗上台后面临的最大危机，叛军攻陷长安，李唐几至危亡。兴元元年（684）当李晟打败朱泚、李希烈联军，攻下长安城时，招讨府掌书记于公异所作露布传至梁州，便也有类似激动人心的场景发生："德宗览李令《收城露布》，至'臣已肃清宫禁，祗谒寝园，钟虡不移，庙貌如故'，感涕失声，左右六军皆呜咽。露布，于公异之词也。议者以国朝捷书、露布无如此者。"[1]

元和十二年（817），唐邓节度使李愬雪夜伐蔡州，平定淮西节度使吴元济。当他凯旋时，长安城同样进行了盛大的典礼展演："十二年十一月，隋唐节度使李愬，平淮西，擒逆贼吴元济以献。上御兴安门，大陈甲士旌旗于楼南，文武群臣、皇亲、诸幕使人，皆列位。元济既献于太庙太社，露布引之，令武士执曳楼南，摄刑部尚书王播奏：'请付所司。'制曰：'可。'大理卿受之以出，斩于子城之西南隅。"[2]

宪宗正是通过御楼—大陈甲士旌旗—献俘太庙太社—颁下露布—刑吴元济于市等一系列"礼仪舞台"或者"公共空间"的展演，一扫恐怖政治带来的恐慌，再次震慑了藩镇的骄兵悍将。也正是在这样一个又一个的"舞台"场景中，宪宗反复向"观者"强调他所要建立的"藩镇秩序"。

四、结语

本文写作的最终目的，不仅仅是要解答开篇提出的问题，更重要的目的是在于如何全面的认识露布前后两期不同公文形态，及其

---

[1] 《唐国史补》，《唐五代笔记小说大观》，上海古籍出版社2000年版，第170页。
[2] 《唐会要》卷14《献俘》，第371页。

所反映出的不同行政运作过程。露布作为公文，是一种按照严格的、法定的生效程序和规范的格式制定，具有传递信息和记录作用的载体。其公文形态的变化，亦体现唐王朝中枢行政机构和行政运作的变迁。作为公文的"露布"，无疑是唐王朝前后两期政体变革的缩影和文本化石，体现了唐王朝的中枢权力的重新洗牌。作为执行具体事务的尚书省各部，在使职差遣和中书门下的冲击下，越来越成为边缘机构，失去了具体行政事务的决策权。其权力的下降与机构的边缘化，在公文运作过程中能清楚地体现出来。

从露布的内容来看，"露布词"是对战争原因、战争过程、胜利结果的总结。其申明夷夏之防，斥责叛臣逆贼，彰显天道，弘扬国威，广谈帝德，强调战争的合法性和正义性。看似模式化的话语，却也是当时政治文化和政治宣传的重要内容。因而在宋代博学鸿词科中单列一门，由专门的文采之士撰写。露布中，具体展现战利品的数量的附件——别簿，通过更为具体、形象的方式，尽可能在王朝可控的政治体系中，广泛地宣布军队胜利的消息。

宣露布的书写、申报、颁行是一种特殊的公文运作方式，不同于其他公文注重的"事物性"，它所承担的功能更多的是"展示性"，从颁行露布的礼仪中可以看出，无论是集合内外百官参加，或者布告中外使节，或者献俘太庙，抑或文本是夸张考究、铺陈描写的骈体文，其性质皆类似现代公文中的"公告"，目的无外乎是"特望宣布中外，用光史册"。

"宣露布"作为军礼关键的组成部分，与郊劳、告庙、献俘礼相继举行，大陈甲士旌旗，场面宏大，鼓舞军民，无外乎也是重要的权力表演和权力表达方式。唐宋辽金元之间的露布颁布空间场所有进一步的变化，从朝堂到门楼，更强调由内向外的延展性。《政和五礼新仪》的记载表明宋代的露布颁行地在开封城明德门楼或于宣德门楼,但事实上,这种变化在中晚唐已经开始。"国之大事,唯祀与戎",唐王朝越是羸弱凋敝的时候,帝国皇帝越要抓住这种难得的机会展示权威。

(原载《魏晋南北朝隋唐史资料》第 28 辑,此次转载,多有修订)

"淄青"废县与淄青重塑
——以唐宪宗朝为中心[*]

张达志（华中师范大学历史文化学院）

一、问题的提出

唐宪宗"元和中兴"最为史家称道的就是扫平叛逆藩镇，正如刘禹锡诗句所称："今朝天子圣神武，手握玄符平九土。"[1]宪宗始终致力于重建中央权威，陆续展开对叛藩的军事行动，且成效甚著。元和元年（806），平西川刘辟、斩夏绥杨惠琳；元和二年，平浙西李锜；元和四年，擒昭义卢从史；元和七年，魏博田兴主动归服；元和十二年，灭淮西吴元济。[2] 宪宗即位之初，即连平西川、夏绥、浙西三镇，其政治权威与新的政治游戏规则得以初步建立。[3] 元和后期淮西平定，对其他叛藩震慑极大，元和十三年，淄青李师道纳质

---

[*] 本文为国家社会科学基金青年项目"唐代前后期州县置废比较研究"（12CZS017）的阶段性成果。
[1] 《平齐行二首》，刘禹锡著，瞿蜕园笺证：《刘禹锡集笺证》卷25《杂体诗》，上海古籍出版社1989年版，第768页。
[2] 参见王寿南：《唐代藩镇与中央关系之研究》，大化书局1978年版，第66—68页。
[3] 陆扬：《从西川和浙西事件论元和政治格局的形成》，《唐研究》第8卷，北京大学出版社2002年版，第245页。

献地，成德王承宗弃战归降，横海程权举族入朝，幽州刘总归心初定，随后裂镇去位，河朔藩镇已近全部归顺，唯有李师道又反悔初衷，对抗朝廷。[1]宪宗讨淮西之际，李师道与王承宗阴谋阻挠，甚至刺宰相、焚陵邑以胁朝廷，朝廷无暇他顾，只得暂时忍让。因此，平吴元济之次年，宪宗即展开对翻覆违命、负隅顽抗的李师道的大举讨伐。

征讨淄青为元和平藩的最后一役。[2]用兵之前，魏博归顺，用兵期间，横海入朝，对淄青影响极其巨大。尤其是横海，旋即成为朝廷进攻淄青的前线阵地。乌重胤代郑权为横海节度使之后，除由德州移镇沧州之外，还对管内德、棣、景三州有所措置，先是归还刺史军权，然后于元和十四年（819）二月奏请废贞元二年（786）所置之景州为弓高县[3]，废元和十三年郑权奏置之归化县为草市。[4]元和十四年四月，朝廷正式推行"归还刺史军权"改革，但废景州、归

---

[1] 樊文礼：《唐代平卢淄青节度使略论》，《烟台师范学院学报（哲学社会科学版）》1992年第2期。

[2] 通观历次战争，宪宗对叛藩的军事行动存在先易后难的趋势，孟彦弘先生认为此"避难就易"为"姑息"与"用兵"的"选择性"，参见《"姑息"与"用兵"——朝廷藩镇政策的确立及其实施》，杜文玉主编：《唐史论丛》第12辑，三秦出版社2010年版，第128页。

[3] 《元和郡县图志》卷18《河北道三》，景州条，中华书局1983年版，第520页；《旧唐书》卷39《地理志二》，景州条；同书卷16《穆宗纪》；同书卷16《穆宗纪》；同书卷17下《文宗纪下》；同书卷17下《文宗纪下》；同书卷143《程日华传附程怀直传》；同书卷161《乌重胤传》；《唐会要》卷71《州县改置下·河北道》，景州条，第1497页；《太平寰宇记》卷65《河北道十四》，沧州南皮县条，中华书局2008年版，第1324页；同书卷68《河北道十七》，定远军条，第1377页；同书卷68《河北道十七》，定远军废弓高县条，第1379页；《新唐书》卷66《方镇表三》；同书卷39《地理志三》，景州条。

[4] 《旧唐书》卷162《郑权传》；同书卷17下《文宗纪下》；同书卷161《乌重胤传》；《唐会要》卷70《州县改置上·河南道》，齐州归化县条，第1484页；同书卷71《州县改置下·河北道》，德州归化县条，第1497页；《太平寰宇记》卷64《河北道十三》，德州安陵县福城条，第1311页；《新唐书》卷38《地理志二》，齐州临邑县条。

化县却延至两年以后的长庆元年（821）才正式执行。乌重胤为何奏废景州、归化县，此一州一县对于元和、长庆之际的河北局势居何地位、有何影响，值得继续探究。此外，宪宗将淄青一分为三，瓦解其实力。但其后不久，宪宗驾崩，原淄青管内齐、淄、兖、郓四州相继有罢废属县之举，元和十五年[1]正月，平卢军节度使奏废齐州丰齐、全节、亭山三县。[2] 同年，又省淄州济阳县。[3] 同年六月，兖海节度使曹华奏废兖州莱芜县。[4] 其后，文宗大和四年（830）五月，改郓州东平县为天平县，大和六年七月，废天平县；[5] 同月，又废平

---

[1] "元和十五年"，《新唐书》卷38《地理志二》为"元和十年"，疑误。

[2] 《旧唐书》卷38《地理志一》，齐州历城县条；同卷齐州亭山县条；同卷齐州长清县条；同书卷15《宪宗纪下》；《唐会要》卷70《州县改置上·河南道》，齐州条，第1484页。《太平寰宇记》卷19《河南道十九》，齐州废全节县条，第385页；同卷齐州废亭山县条，第391页；同卷齐州废丰齐县城条，第393页；同卷齐州条，第382页；同卷齐州长清县条，第391页；同卷齐州废茌城条，第393页；《新唐书》卷38《地理志二》，齐州章丘县条；同卷齐州章丘县条；同卷齐州长清县条。另，《旧唐书》卷15《宪宗纪下》、《唐会要》卷70《州县改置上·河南道》齐州条所载元和十五年正月，平卢州军奏管内四县户口凋耗，但实际并省者为丰齐、全节、亭山三县；而《太平寰宇记》卷19《河南道十九》齐州条载元和十五年废丰齐、山茌二县入长清，前后矛盾。按，《旧唐书》卷38《地理志一》齐州长清县条载"丰齐县，古山茌邑也。天宝元年，改为丰齐。元和十五年，以户口凋残，并入长清县"，《新唐书》卷38《地理志二》齐州长清县条亦载"武德元年析置山茌县，天宝元年曰丰齐，元和十五年省"，则元和十五年废省之丰齐县，即天宝元年改名以前之山茌县，二者实为一县。《太平寰宇记》将二者分开以应"四县凋耗"之数，误。

[3] 《旧唐书》卷38《地理志一》，淄州高苑县条；《新唐书》卷38《地理志二》，淄州高苑县条。

[4] 《旧唐书》卷38《地理志一》，兖州莱芜县条；同书卷16《穆宗纪》；同书卷17上《文宗纪上》；《唐会要》卷70《州县改置上·河南道》，兖州莱芜县条，第1485页；《太平寰宇记》卷21《河南道二十一》，兖州莱芜县条，第442页；《新唐书》卷38《地理志二》，兖州莱芜县条。

[5] 《旧唐书》卷38《地理志一》，郓州须昌县条；同书卷17下《文宗纪下》；《唐会要》卷70《州县改置上·河南道》，郓州宿城县条，第1486页；《太平寰宇记》卷13《河南道十三》，郓州废东平县条，第251页。

阴县。[1]上述原淄青管内诸县的罢废原因何在，与宪宗藩镇政策及其在后续诸朝的贯彻有何关联，均值得深入剖析，详加阐释。

二、横海入朝与淄青平定

（一）河北局势变化与横海的动向

朝廷诛吴元济，李师道甚为忧惧，遂采纳幕僚计策，于元和十三年（818）正月"遣使奉表，请使长子入侍，并献沂、海、密三州。上许之。乙巳，遣左常侍李逊诣郓州宣慰"[2]。但李师道受人蛊惑，反复不定，被李逊察觉，建议宪宗出兵征讨。同年四月[3]，李师道果然"表言军情不稳"[4]，朝廷战意已决，开始进行军事部署。观"图1"可知，与淄青临界之藩镇有五：横海、魏博、义成、宣武、武宁。此时，宣武军节度使为久镇十余年的韩弘。同年五月丙辰，朝廷以李光颜为义成军节度使。七月癸未，以五月新除之凤翔节度使李愬为武宁军节度使；甲申，以魏博节度使田弘正检校司空。[5]同月乙酉，正式下制进讨淄青。

---

[1]《旧唐书》卷38《地理志一》，郓州平阴县条；同书卷17下《文宗纪下》；《唐会要》卷70《州县改置上·河南道》，郓州平阴县条，第1486—1487页；《太平寰宇记》卷13《河南道十三》，郓州平阴县条，第252—253页；《新唐书》卷38《地理志二》，郓州平阴县条。

[2]《资治通鉴》卷240唐宪宗元和十三年正月条。

[3]《资治通鉴》卷240唐宪宗元和十三年四月条。

[4]《旧唐书》卷124《李正己传附李师道传》。

[5]《旧唐书》卷15《宪宗纪下》。

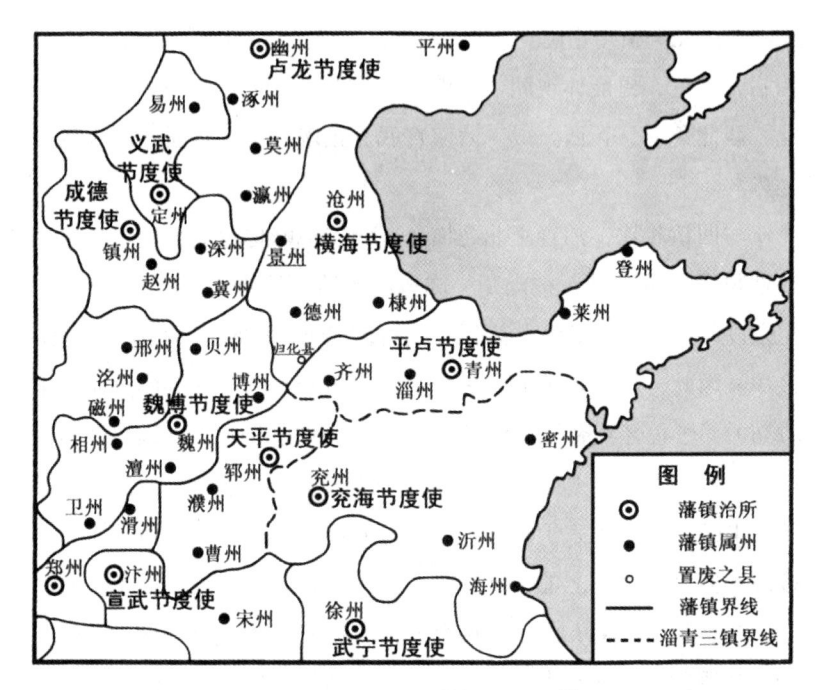

图 1　淄青横海与邻境藩镇形势图[1]

考察以上四人的经历可以发现，宪宗征淮西一役中，时任忠武军节度使的李光颜，独当一面，勇冠诸军。[2] 时任山南东道节度使的李愬，更是夜袭蔡州，生擒吴元济。[3] 宣武军节度使韩弘，时镇汴州要冲，因授淮西诸军行营都统，其子韩公武率师隶李光颜军。韩弘虽逗挠邀功，但战后仍以统帅加检校司徒、兼侍中。[4] 而魏博节度使田弘正，遣子田布率兵进讨，屡战有功。田弘正牵制李师道，使其

---

[1] 参见谭其骧主编：《中国历史地图集》（第五册　隋·唐·五代十国时期），元和方镇图（元和十五年），中国地图出版社 1982 年版，第 38—39 页。
[2] 《旧唐书》卷 161《李光进传附李光颜传》。
[3] 《旧唐书》卷 133《李晟传附李愬传》。
[4] 《旧唐书》卷 156《韩弘传》。

无法与吴元济犄角相援。[1]此四人,皆为平淮西之功臣,尤其是李愬的临时调任,更能体现朝廷对整体时局的通盘把握和深思熟虑。如此,西北魏博、正西义成、西南宣武、正南武宁,对淄青形成包抄之势。

与四镇相比,淄青正北之横海一镇,战略地位更加重要。横海地理位置十分特殊,被幽州、成德、魏博、淄青环围于渤海一隅。宪宗以前,周边四镇皆跋扈不臣,横海与朝命所及之"顺地"[2]无法接壤。因此,从兴元元年(784)程日华任横海节度使,到贞元二年(786)其子程怀直袭位,到贞元十一年(795)沧州大将程怀信逐帅自立,到永贞元年(805)七月其子程执恭袭位,明显呈现出河朔三镇之世袭特点。宪宗于永贞元年八月即位,与程执恭为帅时间甚为接近。宪宗一以贯之的平叛之志,对程执恭不可能没有触动。但因有河朔、淄青阻隔,朝廷直接介入横海尚有困难,所以程执恭的立场不甚明朗。至元和七年(812)魏博归服,"顺地"与横海之间门户洞开,对横海的影响既深且远。魏博请官吏、行法令、输赋税,朝廷势力直接渗透到横海缘边。此时的程执恭,立场最难把握,若归服朝廷,则腹背受敌;若对抗朝廷,则有前车之鉴。其后,宪宗继续讨伐淮西吴元济,坚持不懈,从未罢兵。形势已经清楚地表明,朝廷平淮西,只是时间问题。因此,程执恭选择顺应时势,于元和十二年(817)三月改名程权。同年十月,淮西平定,程执恭毅然入朝,于元和十三年至京师,表辞帅位,朝廷得以任命华州刺史郑权为新任横海节度使。先有魏博归顺,后有横海入朝,魏博、横海连成一片,河南腹地至渤海之滨,皆为王土,朝廷得以长驱直入,直

---

[1]《旧唐书》卷141《田弘正传》。
[2]〔日〕辻正博:《关于唐代对藩镇的政策——河南顺地化的过程》,《东洋史研究》1987年第46卷第2号。

接破坏了河朔与淄青的合势，也决定了终宪宗一朝所有叛藩均被扫平的结局。此外，淮西平定对成德王承宗震动更大，使其不再反复，真心归服，并献德、棣二州。因此，朝廷以德、棣二州隶横海节度，并于元和十三年四月命郑权代程权为"德州刺史、横海军节度使、德棣沧景等州观察使"。[1] 而李师道正是在四月上表拒绝纳质献地，因此，朝廷派郑权镇横海，当为征讨淄青整体军事布局之一环。

元和十三年，郑权迁德州刺史、德棣沧景节度使，使府由沧州

---

[1] 《旧唐书》卷15《宪宗纪下》。另，郑权镇横海的具体时间在"三月"还是"四月"，史籍记载不相一致，《旧唐书·宪宗纪》载："三月……辛亥，诏：'百司职田，多少不均，为弊日久，宜令逐司各收职田草粟都数，自长官以下，除留阙官物外分给。'至银台待罪，请献德、棣二州，兼入管内租税。……庚辰，诏复王承宗官爵。以华州刺史郑权为德州刺史、横海军节度、德棣沧景等州观察使。五月乙酉，凤翔节度使李惟岳卒。"观此上下文意，朝廷以郑权为横海节度使当在三月，但《旧唐书》此卷"校勘记"称"至银台待罪请献德棣二州兼入管内租税 此句上有脱文。此处当是叙述王承宗遣其子及牙将诣阙请罪事"。考《旧唐书》卷142《王武俊附王承宗传》："（元和）十三年三月，（田）弘正遣人送承宗男知感、知信及其牙将石泪等诣阙请命，令于客舍安置；又献德、棣二州图印，兼请入管内租税，除补官吏。上以弘正表疏相继，重违其意，乃下诏（复承宗官爵）……乃以华州刺史郑权为德州刺史，充横海军节度使、德棣沧景观察等使。"另，《资治通鉴》卷240唐宪宗元和十三年四月条，"夏四月甲寅朔，魏博遣使送承宗子知感、知信及德、棣二州图印至京师。……庚戌，洗雪王承宗及成德将士，复其官爵。"另，《册府元龟》卷165《帝王部·招怀三》（中华书局1960年版）："（元和）十三年正月一日敕书：'镇州王承宗……又制曰：……'先是，命尚书右丞崔从使镇州，赐之玺书，期以自新。承宗素服釁俟罪，奉表陈白，帝益矜之，遂复爵命。以华州刺史郑权简较工部尚书、兼德州刺史、充横海军节度、德棣沧景观察使。"以上为一段，下段为："四月甲寅，魏博遣使将押送承宗男知感、知信及其将石泪等至台门请罪……魏博监军遣使献王承宗德、棣二州图印，并请入管内租税。"综合《旧唐书·王承宗传》、《资治通鉴》、《册府元龟》三段记载，可以理清一个基本次序，即王承宗遣子请命及献德、棣二州图印，之后宪宗下诏复王承宗官爵，之后以郑权为横海节度使。《旧唐书·王承宗传》之元和十三年三月，不甚明确；《资治通鉴》及《册府元龟》则明确记载王承宗之子及二州图印于四月抵京，《资治通鉴》更记朝廷四月下诏复王承宗官爵。郑权镇横海在此事之后，朝廷在德、棣二州图印抵京后授郑权节钺，则当在四月无疑。因《旧唐书·宪宗纪》记载脱文，《旧唐书·王承宗传》记载模糊，容易造成郑权任横海节度使在三月的误读，当予纠正。此外，《册府元龟》将郑权镇横海事置于正月条之末，四月条之前，既未明确具体时间，又容易误解为在四月之前，亦误。

迁往德州，个中缘由除成德初献二州、朝廷需要严加掌控之外，也与淄青局势的不断恶化有关。在七月颁下的《讨李师道诏》中，朝廷历数李师道之罪，特别言及"遽越封疆，寇掠德、棣，焚爇村落，纵暴挺灾，大肆鸱张，曾无畏忌"[1]。德、棣二州为淄青与横海、成德之间的缓冲地带，朝廷将二州纳入横海，除增强其整体实力外，还将治所由沧州徙往德州，便于机动应变，以防淄青。史籍并未明言郑权在淮西之役中的作为，仅载其于元和十一年代李逊为山南东道节度使。[2] 李逊镇襄州时负责军饷供应，高霞寓兵败，移过李逊，因而被贬。[3] 郑权继任，但次年即转华州刺史。郑权镇襄州时间虽然不长，但主要职责当与其前任李逊一样专力供军。

同年五月，紧随李光颜为义成军节度使之后，朝廷又"以河阳都知兵马使曹华为棣州刺史，诏以河阳兵送至滴河。会县为平卢兵所陷，华击却之，杀二千余人，复其县以闻；诏加横海节度副使"[4]。"(棣)州实临河，为朔北之射的也，无备不可以应卒"[5]，"棣邻于郓，贼屡侵逼，华招募群盗之劲者，补之军卒，分据要路。其后，贼至皆击败之，郓人不敢北顾"[6]。如此，郑权镇德州，曹华刺棣州，对于巩固横海防线、防备淄青寇掠意义重大。

元和十三年七月，朝廷命宣武、魏博、义成、武宁、横海五镇

---

[1] 《唐大诏令集》卷120《政事·讨伐下》"讨李师道诏"，商务印书馆1959年版，第634页。
[2] 《旧唐书》卷162《郑权传》。
[3] 《旧唐书》卷155《李逊传》。
[4] 《资治通鉴》卷240唐宪宗元和十三年五月条。
[5] 王璠：《唐故东都留守东都畿汝州都防御使银青光禄大夫检校尚书左仆射判东都尚书省事兼御史大夫上柱国赠司空崔公(弘礼)墓志铭并序》(周绍良藏拓本，河南千唐志斋藏石)，周绍良主编、赵超副主编：《唐代墓志汇编》大和〇三九，上海古籍出版社1992年版，第2123页。
[6] 《旧唐书》卷162《曹华传》。

之师"分路并进，同力攻讨，相为犄角"[1]。正式开战后，新任横海节度使郑权不负众望，"破贼于齐州福城县，斩首五百余级"[2]。但十一月，朝廷又以河阳节度使乌重胤为横海节度使。[3]之前朝廷曾命乌重胤带兵压淮西境，前后三年，"与李光颜犄角相应，大小百余战，以至元济诛"[4]。此外，乌重胤还奏请曹华为怀汝节度行营副使，前后数十战，大破贼于青陵城，因而贼平后得授棣州刺史，封陈留郡王。可见，乌重胤代郑权镇横海之后，与曹华配合，对淄青正北造成更大的军事压力。五镇连环，节帅均曾于淮西沙场立功，极大地增强了朝廷必胜的信心。通过以上分析可知，德、棣二州并入横海，使府迁往德州，是朝廷为征讨淄青而通盘考虑、整体谋划的结果。

（二）横海州县置废对淄青的影响

元和十三年（818）十一月，乌重胤代郑权为横海节度使，参与对淄青作战。次年二月，淄青平定。四月，乌重胤上言归还刺史军权，同时，又奏"景州本是弓高县，请却废为县，归化县本是草市，请废县依旧属德州"[5]，朝命虽从其请，但真正执行却延至两年以后的长庆元年（821）五月，"沧州先置景州于弓高县，置归化县于福城草市，并宜停废"[6]。可见，景州与归化县在淄青平定之前即已设置。

德州归化县建置于朝廷对淄青作战期间，与郑权初任横海节度使讨淄青李师道有关。元和十三年四月郑权移镇德州后，"以德、棣之兵临境，奏于平原、安德二县之间置归化县，以集降民"[7]。同年七

---

[1]《唐大诏令集》卷120《政事·讨伐下》"讨李师道诏"，第634页。
[2]《旧唐书》卷124《李正己传附李师道传》。
[3]《资治通鉴》卷240唐宪宗元和十三年五月条。
[4]《旧唐书》卷161《乌重胤传》。
[5] 同上。
[6]《旧唐书》卷16《穆宗纪》。
[7]《旧唐书》卷162《郑权传》。

月，郑权即于齐州福城县破淄青兵马。在此形势下，同年十月，齐州刺史高士荣奏置行齐州，前文已经论及。可见，德州归化县与倚郭历城县之行齐州隔黄河相望，其设置均与战争期间招抚降民流户有关，而横海郑权的率军作战，正在归化县与行齐州的建置之间。

> 归化县，开元（元和）十三年[1]，横海军节度使郑权奏："当道管德州安德县，渡黄河，南与齐州临邑县邻接，有灌家口草市一所。顷者，成德军于市北十里筑城，名福城，割管内安德、平原、平昌三县五都，置都知管勾当。臣今请于此置前件城，缘隔黄河与齐州临邑县对岸，又居安德、平原、平昌三县界，疆境阔远，易动难安。伏请于此置县，为上县，请以归化为名。"从之。[2]

正如"图1"所示，归化县扼黄河天堑，处横海、淄青之要冲，尤其是郑权所称"南与齐州临邑县邻接"，显然有据此以取齐州之意。安德、平原、平昌三县之地"疆境阔远，易动难安"，置归化县亦有稳固后方、专力攻讨之意。因此，灌家口草市在战时的重要性得以临时性的凸显，相形之下，其经济功能反被忽视。元和十四年四月，郑权奏置归化县之次年，乌重胤即奏废归化县。淄青一分为三，对横海不再构成威胁，朝廷需要转而全力戒备淄青西北的成德与幽州。所以，长庆元年（821）五月废归化县，依旧为草市，恢复其原有经济功能与原初形态。于此，也可见证战争部署对于地方行

---

[1]《唐会要》载郑权上奏时间为"开元十三年"，《太平寰宇记》为"元和二年"，均为"元和十三年"之讹。

[2]《唐会要》卷71《州县改置下·河北道》，第1497页；另见《太平寰宇记》卷64《河北道十三》，德州安陵县福城条，第1311页。

政建制变化的巨大影响。

关于横海管内景州及其属县建置沿革,《旧唐书·地理志》[1]、《太平寰宇记》[2]等史籍均有记载,但颇为混乱。相较而言,《新唐书·地理志》表述较为明晰:"景州,上,贞元二年[3](786)析沧州之弓高、东光、临津置。长庆元年州废,县还沧州。二年复以弓高、东光、临津[4]、南皮、景城置。大和四年(830),州又废,县还沧州。景福元年(892)复置。"[5]

德宗时,程日华为沧州刺史、横海军使[6],贞元四年(788),程日华卒,其子程怀直习河朔事,自知留后事。朝廷"嘉父之忠","升横海军为节度[7],以怀直为留后。又于弓高县置景州,管东光、景城二县,以为属郡"。五年,"起复正授节度观察使"[8]。程怀直请置景州,"仍请朝廷除刺史,上喜曰:'三十年无此事矣!'乃以员外郎徐伸(申)为景州刺史"[9]。李翱所撰"徐申行状"[10]、权德舆撰"徐申

---

[1]《旧唐书》卷39《地理志二》,景州条。

[2]《太平寰宇记》卷68《河北道十七》,定远军条,第1377—1378页。

[3]《新唐书》原为"贞元三年",《元和郡县图志》、《旧唐书》、《太平寰宇记》均为"贞元二年",据改。

[4] "临津"即"胡苏",《唐会要》卷71《州县改置下·河北道》(沧州胡苏县条,第1495页)载"胡苏县,天宝元年八月二十四日,改为临津县"。

[5]《新唐书》卷39《地理志三》,景州条。

[6]《旧唐书》卷143《程日华传》。

[7] 依文意,横海军节度使置于贞元四年程日华卒后,《新唐书》卷66《方镇表三》(第1846页)载"贞元三年,置横海军节度使,领沧、景二州,治沧州",时间有异。

[8]《旧唐书》卷143《程日华传附程怀直传》。

[9]《资治通鉴》卷233唐德宗贞元五年二月条。另参见《新唐书》卷143《徐申传》。

[10]《全唐文》卷639《李翱·唐故金紫光禄大夫检校礼部尚书使持节都督广州诸军事兼广州刺史兼御史大夫充岭南节度营田观察制置本管经略等使东海郡开国公食邑二千户徐公(申)行状》,载"公讳申,字维降……既沧景观察使奏请景州刺史阙,其帅辄以其僚属将校自为之,不请有年矣,宰相累进刺史名,皆不出,及召公入,言合上旨,遂下诏迁朝散郎使持节景州诸军事景州刺史,充本州团练使兼御史中丞"。

墓志"[1]，均备载此事。此前，沧景管内属州刺史均由藩帅"以其僚属将校自为之"，徐申刺景之后，景州作为横海节度使之属州，直到长庆元年方才发生变化。

《新唐书·方镇表》载"长庆元年，置德、棣二州观察处置使，省景州"[2]。《唐会要·州县改置》载"长庆二年正月，敕：沧州弓高县宜依旧为景州，仍隶沧州观察使"[3]。对比两条史料可见，长庆元年至长庆二年正月期间，景州被废，原横海节度使一分为二。究其根源，元和十四年，天下诸藩皆服朝命，唯有幽州刘总，虽已归服，但尚未入朝。随后，元和十五年，宪宗驾崩，穆宗即位。长庆元年七月，由于张弘靖驾驭失所及宰相崔植等处置失当[4]，朱克融为乱，幽州复叛，与刘总奏请背道而驰。朝廷裂分幽州，欲仿效平李师道后之淄青措置，目的在于弱化幽州，使其永不再叛，但因所任非人，以致后患无穷。与幽州复叛几乎同时，成德发生军乱，忠于朝廷的

---

[1] 《唐故金紫光禄大夫检校礼部尚书使持节都督广州诸军事兼广州刺史御史大夫充岭南节度支度营田观察处置本管经略等使东海郡开国公赠太子少保徐公（申）墓志铭并序》，郭广伟点校：《权德舆诗文集》卷24《墓志铭》，上海古籍出版社2008年版，第356页，载"以御史中丞领景州刺史。自兵兴四十年，山东诸侯率强大骄蹇，郡二千石多自命于辕门，盖县官息人含垢，而因缘渐溃然也。至是朝廷以沧州负海，劲兵攸处，乃建节将幕庭，裂属城以置支郡，会其帅亦请缺守于朝，朝论难之，二府比推择未称，因召公入见而面命焉"。

[2] 《新唐书》卷66《方镇表三》。

[3] 《唐会要》卷71《州县改置下·河北道》，景州条，第1497页。另，《太平寰宇记》卷68《河北道十七》，定远军废弓高县条，第1379页，亦载此敕："沧州弓高县宜置景州，仍属沧州。"

[4] 《旧唐书》卷119《崔祐甫传附崔植传》载："宪宗皇帝削平群盗，河朔三镇复入提封。长庆初，幽州节度使刘总表以幽、蓟七州上献，请朝廷命帅。总仍惧部将构乱，乃籍其豪锐者先送京师。时朱克融在籍中。（崔）植与同列杜元颖素不知兵，且无远虑。克融等在京羁旅穷饿，日诣中书乞官，殊不介意。及张弘靖赴镇，令克融等从还。不数月，克融囚弘靖，害宾佐，结王廷凑，国家复失河朔，职植兄弟之由。乃罢知政事。"

节度使田弘正被害，王廷凑自为留后[1]，与幽州朱克融共同对抗朝廷。八月，朝廷正式征讨，横海亦在出征之列。

长庆元年十月，因横海节度使乌重胤用兵稍缓，朝廷以杜叔良取而代之。但战事进展并不顺利，十二月，朝廷无奈赦燕攻赵。朱克融虽被赦得节，但仍于长庆二年正月"陷沧州弓高县"，"兼邀饷道车六百乘而去"。[2]杜叔良被贬，王日简得为"沧州刺史，充横海军节度、沧德棣观察等使"，表明当时景州已被罢废。但对于成德而言，景州属县"弓高断其北"[3]之势至关重要，故朝廷于同月甲寅"复以弓高县为景州"[4]，其后即未再废。二月甲戌，朝廷赐王日简姓名曰李全略。同月癸未，又以李光颜为"沧州刺史、横海军节度使，兼忠武军节度、深冀行营并如故"；李全略为"德州刺史、德棣等州节度"[5]。至此，横海节度使一分为二。但为时不久，忠武将士欲归许州，李光颜不能制而辞横海节。[6]三月己未，朝廷即"以德棣节度使李全略复为沧州节度使，仍合沧景德棣为一镇"[7]。其后，李全略由德州复镇沧州，领沧、景、德、棣四州。[8]出此可见，从长庆元年七月幽州复叛至长庆二年二月短短半年时间内，横海节度使历经乌重胤、杜叔良、王日简（李全略）、李光颜数次波折，变化相当复杂。横海地处河朔与淄青之间，无论宪宗朝讨淄青还是穆宗朝讨幽州、成德，都是兵戎

---

[1] 《旧唐书》卷16《穆宗纪》。
[2] 《旧唐书》卷16《穆宗纪》。
[3] 《新唐书》卷203《文艺传下附吴武陵传》。
[4] 《旧唐书》卷16《穆宗纪》。
[5] 《旧唐书》卷16《穆宗纪》。
[6] 《资治通鉴》卷242唐穆宗长庆二年三月条。
[7] 《旧唐书》卷16《穆宗纪》。另，吴廷燮《唐方镇年表》卷4《义昌》，中华书局1980年版，第529页，将此事置于长庆三年，误。
[8] 《新唐书》卷66《方镇表三》载"长庆二年，罢德、棣二州观察处置使，横海节度使复领景州"。

相见的战略要地。因此，朝廷对其节帅选任相当慎重，视战事进展与战争成败随时更换，直至敬宗宝历二年（826）"四月戊戌朔，横海军节度使李全略卒"[1]，横海转入李同捷为乱不臣时期，则为后话。

乌重胤于元和十四年（819）四月上奏请废景州，延至长庆元年（821）五月方才实施。同年十月乌重胤于深州饶阳破贼，又被杜叔良取代。在此之前的五个月间，景州已废，县隶沧州。直至长庆二年正月朱克融陷沧州弓高县，景州仍未复置。同月，王日简取代杜叔良为横海节度使之后，朝廷方才下诏以弓高县复置景州。在废州为县期间，正是朝廷讨王廷凑的紧要关头，"贼取弓高，绝粮道，深州围益急"[2]，弓高粮路当为永济渠的运河航道，主要用于向前线输送馈饷。[3] 鉴于弓高县交通要道的特殊性，加之朱克融新陷弓高对整体战局的困扰，朝廷遂于新除王日简之后复置景州，对于提升景州管内诸县的地位以及收复失地均有重要意义。因此，可以说朱克融被赦后占弓高，反而促成景州之复置。综上所论，平淄青后横海节度使乌重胤奏废景州、归化县，正可反衬出其在战时的临时性但又不可替代的重要作用。

（三）淄青一分为三与横海的反应

元和十三年为宪宗平藩最为关键的一年，虽然淮西平定之后，大多叛藩已经归服，但仍有继续观望、游离者如宣武韩弘、幽州刘总。淄青战事的成败，直接关乎元和地方控制的全局。开战仅仅半

---

[1]《旧唐书》卷17上《敬宗纪》。

[2]《新唐书》卷119《白居易传》。另，白居易长庆二年正月五日所奏《论行营状·请因朱克融授节后速讨王廷凑事》，《白居易集笺校》卷60《奏状三》，第3408页，称"深州久围，救兵不至。弓高新陷，粮道未通。下博诸军，致于穷地。光颜兵少，欲入无由"。

[3] 邹逸麟主编：《黄淮海平原历史地理》，安徽教育出版社1997年第2版，第337页。另见〔日〕青山定雄：《唐宋时代的交通与地志地图的研究》，吉川弘文馆1963年版，第285—286页。

年多，元和十四年二月，郓州即传捷报，李师道被擒杀。淄青虽然貌似强大，但在淮西平定、成德归顺的背景下，失去互为应援的"掎角之势"，最终难以抵挡周边诸镇的分路进讨。最后一个不臣之地被削平，宪宗终于得成伟业。因此，如何稳固并延续天下归服之局面，成为朝野上下密切关注的重要议题。"上命杨于陵分李师地道，于陵按图籍，视土地远迩，计士马众寡，校仓库虚实，分为三道，使之适均：以郓、曹、濮为一道，淄、青、齐、登、莱为一道，兖、海、沂、密为一道，上从之。"[1]同年三月，付诸实施。

朝廷将淄青一分为三，天下为之振奋，马总[2]、韩愈[3]、刘禹锡[4]均曾撰文，详录此事，盛赞其功。此外，还有柳宗元所撰贺状，称"害气尽除，和风溥畅。裂壤既分其形胜，经野必正其提封，河济异宜，海岱殊服。……某获逢开泰，忝守方隅，抃跃之诚，倍百恒品"[5]，更是歌功颂德，无以复加，可见裂分淄青在当时的巨大影响。昔日甚嚣尘上的淄青雄镇，转瞬即被肢解，对于天下诸镇的震慑作用非比寻常。宪宗"以法度裁制藩镇"成为大势所趋，其连锁反应甚为明朗。元和十四年（819）七月，宣武节度使韩弘来朝，坚辞戎镇；[6]幽州卢龙节度使刘总去意更决，遂有长庆元年（821）二月裂分幽州之奏："以幽、涿、营为一道"，"平、蓟、妫、檀为一道"，"瀛、莫为一道"[7]，与朝廷裂分淄青如出一辙。此外，紧邻淄青的横海，动向更

---

[1]《资治通鉴》卷241唐宪宗元和十四年二月条。

[2]《全唐文》卷481《马总·郓州刺史厅壁记》。

[3]《郓州溪堂诗并序》，《韩昌黎文集校注》卷2《杂著、书、启》，上海古籍出版社1987年版，第96—97页。

[4]《天平军节度使厅壁记》，《刘禹锡集笺证》卷8《记上》，第183页。

[5]《贺分淄青诸州为三道节度状》，《柳河东集》卷39《奏状》，上海人民出版社1974年版，第634页。

[6]《旧唐书》卷15《宪宗纪下》。

[7]《资治通鉴》卷241唐穆宗长庆元年三月条。

为敏感。同年四月[1]，乌重胤即上奏章，明确表明本镇态度。

> 元和十三年，（乌重胤）代郑权为横海军节度使。既至镇，（十四年四月）上言曰："臣以河朔能拒朝命者，其大略可见。盖刺史失其职，反使镇将领兵事。若刺史各得职分，又有镇兵，则节将虽有禄山、思明之奸，岂能据一州为叛哉？所以河朔六十年能拒朝命者，只以夺刺史、县令之职，自作威福故也。臣所管德、棣、景三州，已举公牒，各还刺史职事讫，应在州兵，并令刺史收管。又景州本是弓高县，请却废为县，归化县本是草市，请废县依旧属德州。"诏并从之。由是法制修立，各归名分。[2]

乌重胤继任横海节度使后，参与了对淄青的征讨，亲历了对淄青的裂分，宪宗讨伐叛藩的作为、河朔三镇的前景、淄青横海的现状，都促使其对本镇何去何从进行深入思考。由于横海以前由河朔与淄青环围而成的"天然屏障"已然不存，且乌重胤此前曾任河阳节度使，忠于朝廷，因此，乌重胤上奏的初衷，并非为一己之利，而是真正考虑到朝廷与藩镇今后如何共存共赢的大问题。经过宪宗彻底平藩之前十余年的发展，地方藩镇对宪宗盖世无双的决心、毅力和朝廷用兵的战绩均有目共睹，像乌重胤这样进行思考并上疏朝廷者一定不在少数，乌重胤只是其中的一个代表，其观点最为切合宪宗之意，才被史臣记录在案，观其上奏与紧随其后朝廷所颁诏令的契合程度，即为明证。

与乌重胤上奏同月，朝廷下诏"诸道节度、都团练、防御、经

---

[1]《册府元龟》卷60《帝王部·立制度第一》，第676页，载乌重胤上奏时间为元和十四年四月。

[2]《旧唐书》卷161《乌重胤传》。

略等使所管支郡，除本军州外，别置镇遏、守捉、兵马者，并合属刺史"[1]。此归还刺史军权的改革影响深远，从本质上改变了藩镇内部的军事结构，兵力由藩帅绝对掌握完全支配的局面逐渐发生变化。由于藩帅的去世更替，几代下来，兵力逐渐分散到诸将手中，以互相制衡，相对于以往来说，反而节度使能够绝对控制的兵力大为减弱。分兵诸将实际上造成各军将所领兵力相互抵消，历时既久，客观上会削弱藩镇的整体实力，使其弱化，跋扈骄横的军事基础逐渐被削弱。这种军力的弱化与黄巢起义后全国范围内的藩镇兵力碎化以及州军独立化倾向密切相关。对朝廷而言，州军不仅对稳定地方治安、平定局部叛乱有一定的威慑作用，还对牵制藩帅过分穷兵黩武、保持藩镇与州的均势有一定的平衡作用。[2]因此，宪宗改革在其后各朝的延续造成藩镇渐弱而属州渐强，经五代至宋初，藩镇终被全面废除。难怪宋人王应麟评价"河北诸镇惟横海最为顺命，由重胤处之得宜"[3]。中央权威的重建筚路蓝缕，至此方成"元和中兴"，堪与"开元盛世"相比肩，正如刘禹锡所称颂，"开元皇帝东封时，百神受职争奔驰"，"当今睿孙承圣祖，岳神望幸河宗舞"。[4]

三、"淄青"废县所见宪宗朝政策的落实

裂分淄青之后，朝廷对新三镇的重视程度有增无减，元和十四年（819）三月，分派马总、薛平、王遂为天平、平卢、兖海节度

---

[1]《旧唐书》卷15《宪宗纪下》。
[2] 张达志：《从刺史军权论中晚唐地方政局的演进》，《史林》2011年第1期。
[3]《通鉴地理通释校注》卷3《历代州域总叙下》，四川大学出版社2009年版，第91页。
[4]《平齐行二首》，《刘禹锡集笺证》卷25《杂体诗》，第768页。

使。[1] 同年七月，又于《上尊号赦文》中单独提及淄青三镇："淄青旧管内官吏将士百姓等，纵有迹同恶逆，挂涉流言，事在往时，一切不问，维新之后，仍不得递相纠告"；"郓曹濮、淄青、沂海等三道百姓，久沦寇境，皆被伤残，宜委本道观察使、刺史设法绥抚，务令安辑"。[2] 朝廷派重臣镇守，给复其百姓，并且诏告天下，在当时起到的引导人心向背的示范作用异常显著。宪宗历时十余年重建起来的中央权威，除表现在武力征讨方面外，更表现在和平时期地方对中央政令的执行情况与贯彻力度，原"淄青"管内罢废诸县即为宪宗藩镇政策得以推行的一个方面。

（一）平卢管内齐、淄二州废县

平卢薛平为前文所涉相卫薛嵩之子，薛嵩卒后，军吏胁迫其知留后务，薛平设法入朝，在南衙凡三十年，深得朝廷信赖，德宗、宪宗两朝，于汝州、郑滑理有能名。[3] 移镇青州之后，对于朝廷政令，执行得力。藩镇顺服朝命主要表现在请官吏、行法令、输赋税三个方面，其中输赋税的基础即在调查户口。由于淄青半个世纪"藩镇世袭"，"不申户口"[4]，朝廷始终无法确知其管内州县的户口情况。薛平镇平卢后，即首先展开大规模的户口核查工作，且进展十分迅速，仅用八个月即告功成。

> 元和十五年正月二十三日，平卢州军奏："当管五州，共二十九县。内四县录户口凋耗，计其本县税钱，自供官吏不足。今请权宜并省，各具如后：齐州都九县，内三县请并省。丰齐

---

[1]《旧唐书》卷15《宪宗纪下》。
[2]《全唐文》卷63《宪宗·上尊号赦文》。
[3]《旧唐书》卷125《薛嵩传附薛平传》。
[4]《资治通鉴》卷237唐宪宗元和二年十二月条。

县与本州长清县相近,今请废丰齐县,并入长清县。全节县与历城县相近,请废全节县,并入历城县。亭山县与章邱相近,今请废亭山,并入章邱。丰齐等四县权停废,待已后户口滋繁,物力殷赡,即请仍旧。"从之。[1]

平卢州军所奏得以执行,正月丙申"废齐州丰齐县入长清,废全节县入历城,废亭山县入章丘县"[2],罢废理由即为"户口凋残"。[3]平卢管内州县重新纳入朝廷版图,其置废并省均出朝廷,为安史之乱以来未曾有之大变化。此种变化对宪宗朝以后地方行政的影响既深且远,裂地分镇等措施导致藩镇碎化与弱化的趋势逐渐凸显,藩镇在州县与朝廷之间的阻隔作用渐趋淡薄。

无独有偶,平卢管内的淄州亦有并省县邑之举。"元和十五年(820),(济阳)并入高苑。"[4]虽然史籍并未明言济阳县的罢废原因,但淄州与齐州紧邻,且其所领济阳县与齐州三县均废于元和十五年,情况应当基本相同。

观"图2"可以发现,平卢管内齐、淄二州与博、德、棣三州接壤。如前所论,宪宗征讨李师道,诸道兵马从魏博、横海攻入淄青境内,齐、淄二州首当其冲。朝廷平定淄青之前的元和十三年十月,地处前线的齐州即曾作为交战双方争夺的重点对象,时任齐州刺史高士荣上奏:"蒙恩受任,其州犹在贼中,须置行州,及倚郭历城县行印。"[5]朝廷准奏。行齐州的设置说明其所领诸县罹于战火,流民逃

---

[1]《唐会要》卷70《州县改置上·河南道》,齐州条,第1484页。
[2]《旧唐书》卷15《宪宗纪下》。
[3]《旧唐书》卷38《地理志一》,齐州历城县条;《旧唐书》卷38《地理志一》,齐州亭山县条;《旧唐书》卷38《地理志一》,齐州长清县条。
[4]《旧唐书》卷38《地理志一》,淄州高苑县条。
[5]《唐会要》卷70《州县改置上·河南道》,行齐州条,第1484页。

户在所难免。"户口凋残"引发的社会问题是多方面的，直接关涉到县邑的存废，正如周振鹤先生所指出的，"经济凋敝，人口减少或迁离，就会撤废一定数量的政区"[1]。齐州丰齐、全节、亭山三县与淄州济阳县的废省，就属于这种情况。平卢州军奏文中明确指出"待已后户口滋繁，物力殷赡，即请仍旧"，即诸县复置的基础在于户口的增加与经济的恢复。

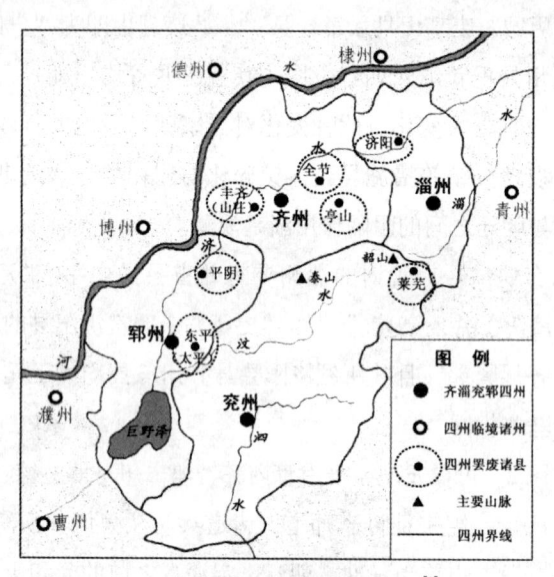

图 2　齐淄兖郓四州所废县形势图[2]

（二）兖海管内兖州废县

淄青裂分之三镇中的兖海也有所行动。之前，朝廷为弱化兖海，将相距甚远的兖州与沂、海、密三州划为一镇，且将使府置于沂州，消除兖州与相邻之郓、曹、濮三州联结所潜伏的危险。朝廷

---

[1]　周振鹤：《中国地方行政制度史》，上海人民出版社 2005 年版，第 280 页。
[2]　参见谭其骧主编：《中国历史地图集》（第五册　隋·唐·五代十国时期），第 44—45 页。

的担忧并非过虑，新任节帅王遂"僻于聚敛"，曾于讨淮西时任宣歙观察使，供应诸军粮料；又于征淄青时任供军使，"岁计兵食三百万石"；平淄青后，再"进羡余一百万"，宪宗因令其镇沂州。"军州民吏，久染污俗"，而王遂"但峻威刑，以绳乱俗"，于元和十四年七月被牙将王弁所杀。[1] 朝廷命曹华往镇，用计区分郓州兵与沂州兵，"凡郓一千二百人，立斩于庭，血流成渠"，"自是海、沂之人，重足股栗，无敢为盗者"。[2]

曹华尽灭郓州牙兵后，"恶沂之地偏，请移理于兖"。鉴于郓州悍卒已除，难以为乱，朝廷方才准许移治兖州。曹华"恭礼儒士"，"立学讲经"，"出家财赡给，俾成名入仕，其往者如归"。[3] 兖州管内，呈现出李正己以来五十余年未曾有过的邹鲁礼义之乡的风貌。

> 元和十七[五]年[4] 六月，兖海节度使曹华奏："兖州莱芜县，在当道边界，去县山路三百余里，人户绝少，年税绢一千，官吏名数，亦与大县不殊。窃以此县最小，虚置无取。请准淄、齐等州章丘、临济县例，特从并省。案图经，莱芜贞观三年废入博城县，即今当州乾封县是也，相去接近，伏请依前并入乾封县。"从之。大和元年九月，兖州奏复置县。从之。[5]

---

[1]《旧唐书》卷162《王遂传》。
[2]《旧唐书》卷162《曹华传》。
[3]《旧唐书》卷162《曹华传》。
[4]《唐会要·州县改置》为"元和十七年"，《太平寰宇记》卷21《河南道二十一》（兖州莱芜县条，第442页）为"元和十四年"，均误。曹华上奏中称"请准淄、齐等州章丘、临济县例，特从并省"，齐州、淄州废县均在元和十五年，曹华上奏在齐州、淄州之后，故疑为"元和十五年"。
[5]《唐会要》卷70《州县改置上·河南道》，兖州莱芜县条，第1485页。

莱芜县位于兖州与淄州交界之山区，元和十四年朝廷裂淄青为三镇，兖州属兖海，淄州属平卢。但在此之前，二州均为淄青巡属，莱芜县亦当受战争影响而致"户口绝少"。为避免虚置县额，节度使曹华奏请予以罢废，并遵照淄、齐二州之先例执行。七年之后，莱芜县得以复置，说明此地人口逐渐归集，经济逐渐复苏。因此，州县置废"实际上是经济兴衰和人口变迁的一项动态指标"[1]。

元和十四年二月，朝廷颁《破淄青李师道德音》，"其淄青道百姓等，陷此凶逆，久被残伤，昨因阻兵，尤肆暴虐。吾人是念，岂忘优矜，宜给复一年，仍委本州县长吏设法绥抚"[2]。朝廷免除原淄青管内州县一年赋役，但一年之后诸州县的战争伤残却远未恢复。特别是文宗大和二年（828），原淄青遭遇水灾，受损严重，朝廷于大和三年五月下诏，"水损处郓曹濮、淄青、德齐等三道，宜各赐米五万石，兖海三万石，并以入运米在侧近者，逐便速与搬运"。"七月，齐德州奏：百姓自用兵已来，流移十分，只有二分，伏乞赐麦种、耕牛等。敕量赐麦三千石，牛五百头，共给绫一万疋充价直，仍各委本州自以侧近市籴分给。"[3] 可见，经过十年时间，原淄青仍未从战争与水灾伤残中实现完全复苏。因此，朝廷在同年十一月[4]所颁《南郊赦文》中又加以放免，"郓曹濮、淄青、兖海及沧德管内齐州明年夏税钱，每贯放二百文，其税子每亩十分放二分"[5]。直至大和六年（832）"九月庚寅朔，淄青初定两税额，五州一十九万三千九百八十九贯，自此淄

---

[1] 周振鹤：《中国地方行政制度史》，第 280 页。
[2] 《唐大诏令集》卷 124《政事·平乱中》"破淄青李师道德音"，第 667 页。
[3] 《册府元龟》卷 106《帝王部·惠民二》，第 1267—1268 页。
[4] 《全唐文》卷 966 阙名《请严禁杂榷奏》（大和七年四月御史台），"伏准大和三年十一月十八日敕文，天下除两税外，不得妄有科配。其擅加杂榷率，一切宜停，令御史台严加察访者"，御史台奏疏所准正是此《南郊赦文》。
[5] 《全唐文》卷 75《文宗·南郊赦文》。

青始有上供"[1]。可见，文宗大和年间平卢管内州县才得以恢复生产，上供两税。兖海也当如此，大和元年（827）九月兖州莱芜县的复置即在"户口滋繁，物力殷赡"基础上方得以实现。

（三）天平管内郓州废县

与平卢、兖海相比，天平管内州县并未在淄青裂分后出现集中并省的现象，见于史载的仅有郓州天平、平阴二县之废。

> （郓州）平阴县，大和六年七月，并入东阿、卢县。开成二年，郓州节度使王源中奏："当道先废天平、平阴两县，并在东境，东西一百一十三里，南北一百八十里，无县邑以治居民，兼制贼盗。请复置平阴县。兼下吏部，注县令、主簿各一人。"诏从之。[2]

天平县原为宿城县，"景云二年（711）以郡邑颇大，人物繁极，复分须昌置宿城县。贞元四年（788）改宿城为东平县，移就郭下。大和四年（830）改为天平县"[3]，可知天平县最初由须昌县析置即因人口增长。关于大和六年天平、平阴二县的罢废缘由，史无明文。但从后来开成二年（837）郓州节度使王源中的奏文中可以发现，复置天平县的主要目的在于"制盗贼"[4]，"无县邑以治居民"说明开成年间此地民户渐复，需要分县治理。当是时，去元和十四年（819）宪宗扫平所有叛藩已过十八年，郓州"下吏部"请官吏，与李师道时代不纳贡赋、不请官吏全然不同，则元和中央权威的延续，于此一目了然。

---

[1]《旧唐书》卷17下《文宗纪下》。
[2]《唐会要》卷70《州县改置上·河南道》，郓州平阴县条，第1486—1487页。
[3]《太平寰宇记》卷13《河南道十三》，郓州废东平县条，第251页。
[4]《旧唐书》卷17下《文宗纪下》。

四、后论：从武力征讨到政令推行——朝廷对淄青的重塑

（一）淄青与淮西、河北之关联

淄青本属河南地区，但因其河朔化程度最深、与河北关系最为密切，故常被归入河朔藩镇的范畴。安史乱后，肃、代二朝致力于平定河北、河南地区的安史叛乱以及其他地区的局部叛乱；代、德二朝在应对跋扈藩镇的同时，还须承受西北、西南地区来自吐蕃、南诏等方面的侵扰；德宗朝后期，吐蕃的威胁渐弱，以致宪宗朝得以全力征讨叛逆藩镇。在此背景之下，代、德二朝未曾解决的藩镇问题诸如魏博、成德、淮西，均因宪宗朝廷的坚持用兵而实现改观，或武力平定，或主动归服。

宪宗征讨淮西期间，魏博已先期归顺朝廷，唯有成德王承宗及淄青李师道与淮西吴元济相互声援，且阻挠朝廷用兵。淮西战事迁延日久，朝廷为免多线作战，只能暂时搁置，待淮西平定再图征讨。后王承宗因慑于吴元济之被诛而主动弃战归降，致使淄青失去与河朔藩镇相犄角的有利形势，陷于孤立。因此，宪宗征讨淄青是在淮西平定与成德、魏博归顺的前提下展开的。

成德、魏博之外，河朔藩镇尚有幽州、义武与横海，尤其是横海地处淄青北面，淄青借之与成德相接，故其向背对于朝廷攻讨淄青至关重要。元和十二年程执恭（程权）入朝，元和十三年，朝廷相继以郑权、乌重胤为横海节度使，并率军攻讨淄青。淄青四面为敌，十分被动，终致迅速败亡。因此，横海入朝与淄青平定之间存在非常密切的关联，而朝廷得以调遣横海兵马，又反衬出淄青彻底失去河朔藩镇的支持，不可能再以跋扈不臣的姿态游离于朝命之外。

(二)重塑淄青对河朔三镇的震慑效应

征讨淄青为宪宗平藩战争的最后一役，淄青平定后，天下藩镇除幽州刘总归心初定但尚未入朝外，均已重归朝廷版图。河朔三镇之中，朝廷两次用兵成德未果，而对魏博与幽州均未曾展开实质性的武力征讨，因此，如何借平定淄青之余威稳固河北，便成为当务之急。朝廷从两方面着手重塑淄青，一为裂地分镇，二为罢废属县。将原淄青十二州一分为三而成平卢、天平、兖海三镇，由朝廷派遣节帅以镇之，彻底分化瓦解原淄青强大的军事实力。朝廷此举产生巨大的震慑作用，尤其是幽州刘总，在元和十五年穆宗即位之初归顺朝廷，并上表奏分幽州为三镇，与朝廷裂分淄青如出一辙，若非张弘靖处置失当，裂分之幽州当再无复叛的实力。

此外，请官吏、行法令、输赋税为叛藩归服之主要衡量标准。输赋税的前提在于核查户口，而户口的增减又直接影响到州县的存废。因此，宪宗朝政策的落实与否，能够在州县置废上得以体现。虽然平定淄青后不久宪宗即驾崩，但其后各朝对宪宗朝政策的执行却并未中断。穆宗朝齐州废丰齐、全节、亭山三县，淄州废济阳县，兖州废莱芜县；文宗朝郓州废天平、平阴二县，原因均为户口凋残，待户口滋繁，再予恢复。原淄青境内的废县举措表明宪宗朝政令的贯彻以及中央权威的延续，对河朔藩镇产生了极强的示范效应，以致武宗朝李德裕得以综合利用藩镇之间错综复杂的矛盾与利害关系，实现对河朔藩镇的军事调遣与有效制约。[1]

(三)中央权威历代、德、宪三朝得以重建

平定淄青是中晚唐征讨叛藩的里程碑，"自广德以来，垂六十年，藩镇跋扈河南、北三十余州，自除官吏，不供贡赋，至是尽遵

---

[1] 张达志:《肥乡之役与孟州之置——唐武宗朝地方秩序的重整》,《史林》2015年第1期。

朝廷约束"[1]。唐人杜牧指出，李师道伏诛，"河南尽平"，"天下几至于太平"[2]。故陈寅恪先生认为宪宗为唐室中兴英主，其为政宗旨在于"用武力削平藩镇，重振中央政府之威望"[3]。截至元和十四年，唐朝终于实现天下藩镇皆服朝命，安史乱后丧失殆尽的中央权威历代、德、宪三朝筚路蓝缕终于得以重建，而淄青平定又标志着重建的全面完成。横海管内景州与归化县的置废，在军事征服方面见证了元和平藩的彻底胜利以及"元和中兴"的最终实现；淄青裂分后三镇管内诸县的并省，则在申报户口方面见证了中央权威的真正树立以及朝廷政令的贯彻落实。元和中央权威主导着其后半个世纪间地方政治发展的主流方向，虽然穆宗朝河朔复叛，但叛藩与朝廷的对抗相比宪宗以前已不可同日而语。藩镇的总体实力呈现渐弱的趋势，根本原因即在于宪宗藩镇政策在元和之后至黄巢起义之前持续发挥效力，中央权威在此期间亦得以一定程度的维系。

---

[1]《资治通鉴》卷241唐宪宗元和十四年二月条。
[2]《上宣州高大夫书》，吴在庆：《杜牧集系年校注》，中华书局2008年版，第851页。
[3] 陈寅恪：《唐代政治史述论稿》，上海古籍出版社1997年版，第95页。

剥落华饰
——从新出王宰墓志看墓志书写的虚美与隐恶

唐　雯（复旦大学中文系）

　　随着近年中古墓志的大量出土，学界对于墓志的关注与日俱增。这一史传之外最为大宗的第一手资料，在各个层面上丰满与完善着中古史的细节[1]，但同时，其与史传的出入之处，也形成了对既有的历史书写的质疑与挑战。显然，作为当时当代的第一手材料，墓志未经后人有意地改写与无意的传误，其可靠性相对更高。然而深埋于地下，肇端于记录亡者身份，标记墓葬位置的砖刻柩铭的墓志[2]，虽然有其与公众舆论互动的一面[3]，但首先是作为一种私人化的文体而存在的。由亡者子孙、亲友主导撰写的墓志，承载着"使陵谷变迁，后人可以识其墓处，觇其行诣"[4]的重大使命，其对志主功业的叙述难免夸大，而亡者生平种种不便言说之处，则需极力讳饰。因此如何利用墓志，特别是那些叙事与传世史料有所出入的重要人物

---

[1] 学界在此方面关注甚多，《唐研究》第17卷《中古碑志与社会文化研究专号》，北京大学出版社2011年版，集中收录了最近的一系列体现这一旨趣的论文，可参看。
[2] 参见赵超：《古代墓志通论》，紫禁城出版社2003年版，第32—47页。
[3] 陆扬认为，在唐代，墓志是介乎公与私之间的书写，很多个人感受得以表达的同时，也存在着与公众舆论的互动。参见《中古碑志研究的新视野》，《唐研究》第17卷，第4页。
[4] 朱剑心：《金石学》，文物出版社1981年版，第175页。

的墓志，则需进一步评估两造记载各自的真实性。质言之，墓志所叙述的内容可以被信任到何等程度，并非是一个无须讨论的问题。本文即拟通过对新出唐代后期重要将领王宰的墓志与现存史料的比读，来对这一问题进行观察与探讨。

王宰，王智兴第二子，武宗会昌征讨泽路战役中最重要的将领之一，一生历忠武、河东、河阳诸大镇，官终太子少傅，分司东都。这样一位重要人物，原本应有较为详细的传记，然而由于唐代晚期国史修纂的废弛，《旧唐书》中仅在其父王智兴传后附了"晏宰，于昆仲间最称伟器。大中后，历上党、太原节度使，扞回鹘、党项，屡立边功"这样一句话。[1]《新唐书》为其另作新传[2]，亦仅三百余字，虽然涵盖了王宰一生大部分重要历官，但于其生平诸多大事件中的细节并未展开。新近出版的《洛阳新获七朝墓志》中所收录的王宰墓志，备述其生平行事，恰好弥补了史传漏略的缺憾。兹录墓志全文如下：

<blockquote>
大唐故检校司空太子少傅赠司空太原王公府君墓志铭并序

中散大夫使持节汝州诸军事守汝州刺史兼御史中丞充本州防御使柱国赐紫金鱼袋冯图撰

朝请郎前行太原府参军李默书

公讳宰，字钧之，太尉公第二子也。太尉公宗系勋烈，备于先志。公生而颖悟，奇表秀发。方颐燕颔，材武绝伦。弯弓六钧，马槊无对，博涉经史，尤善篆隶。讲武之暇，多集儒士，谈议无倦。太尉公器爱焉。年未弱冠，为武宁军都将，士众悦服。初，宪宗皇帝扫荡凶叛，两河震骇。太尉公握兵上游，忠
</blockquote>

---

[1]《旧唐书》卷156《王智兴传》。
[2]《新唐书》卷172《王智兴传》附《王宰传》。

顺许国。长庆中,燕齐魏镇相次逐帅建长,请命于朝。四境连兵,方劳庙算。太尉公率先忠款,遣公入侍。穆宗皇帝诏曰,诸侯侍子,前古则然,词约礼卑,益彰义训。始自都将,擢为太子右赞善大夫。未及,迁云麾将军、右龙武将军知军事。宝历元年,封太原郡开国子,食邑三百户。二年加侍御史,复兼御史中丞。文宗皇帝即位,以公勋臣子,有检操,试以理郡,观其业履。大和元年,以银青光禄大夫兼御史中丞,出为光州刺史,进封太原郡开国公,加邑至千户。为政清慎,弋阳人安之。四年,迁泽州刺史,加邑至二千户。高平之政,如弋阳之化。寻迁澧州刺史。公为澧州,慈惠显著。陟课计最,理行第一,澧人至今歌咏之。自是,朝廷推其才实,凡重难之任,议者以公为举首。七年,征为右龙武军大将军、知军事兼御史中丞。九年,守本官加御史大夫。开成元年,以检校左散骑常侍,出为盐州刺史,御史大夫,充本州防御使及诸军防秋押蕃落等使。于是,天子下诏曰:闻其倾岁,缉绥澧阳,版图有加户之功,郡人有诣阙之请。载洽时论,可谓长才,天下愈推为贤侯。善吏五原,抚接杂虏。前后为政者,率皆利其牛羊善马。因生雠扰。公清约自处,恬怡寡欲,为郡四年,封部清谧。开成四年,迁陇州刺史,充本州防御使。五年,检校工部尚书,充邠、宁、庆等州节度观察等使。在邠州四年,抚戎训俗,法尚宽简,尺籍伦理,公储羡溢。会昌三年,武宗皇帝潜运宸算,问罪壶关。以公勋贤嗣,韬钤妙密,忠厚可倚,用武之地,推诚付嘱。复检校工部尚书,充忠武军节度、陈许蔡等州观察等使。其秋,诏以本官兼充河阳行营诸军攻讨使。先是潞帅刘从谏死,其子稹握父众,求代其位,扬兵四境。武宗赫怒,天讨龚行。河阳节度使王茂元屯兵天井下,连战不捷,疾悖求解。天井下临覃怀，势逼河洛。衣冠士庶，莫不惶骇。奸谋讹言，亟生悯动。诏以公为攻讨使，代茂元之任。公拜诏之日，引兵渡河，环洛居人，室家相贺。师之所历，秋毫不犯。屯于万善砦下，贼垒皆哭。天井关在太行山顶，上寇堞星联，建瓴之势，万夫莫仰。贼恃险凭固，聚食持久，坐待师老，冀缓灵诛。公掩其不備，夜遣马步都虞侯董佐元、黄头先锋将赵峰、赫连权等引锐师直上太行山巅，夜走七十里，公引大斾继进，九战拔天井关。贼众宵溃，惊躁自投山谷死者不可胜计，杀伤略尽，翊日告捷。武宗大悦，诏加兵部尚书，依前攻讨使。天井下临高平郡，俯视如蚁走尘。炊烟无所逃隐，贼众游骑，投砾可及。自是狡穴妖巢，不复自守。明年，诸城尽降，贼积传首关下，公函献之，上党平。诏加紫金光禄大夫、检校尚书左仆射。全师凯旋于许。平潞之役，公实元勋，谦默自持，未尝言战。初，公以陈、许等军屯天井，石雄以河中等军屯冀氏。朝廷责功于二师。公连战拔天井关，威名大振。贼党传刘稹首，先诣公营。诏公引天井军合冀氏军入其巢穴。公按军徐进，以示不竞。功名之际，美同羊祜，策勋未称，天下贤之。寻以本官兼太原尹，北都留守，御史大夫，充河东节度观察等使。未几，加司空，申上公之命。今上即位，念功图旧，以公北门镇守，政令修举，加检校司徒，镇守仍旧。公以勋臣旧德，恋深臣子，拜表乞觐。大中三年元正，朝贺在廷，上目而壮之，加光禄大夫，复归镇守。初，公屯兵天井，贼尚稽诛。自春涉夏，军士饮山泉，寝蒿艾，及秋大疫。太行峻险，运军多阻。公大散家财数千万，躬抚战士，补卒振旅，辛勤尽瘁，竟清残孽。朝廷爱其忠力，复倚图功。今上初收河陇，西羌别种，屯聚隘险，劫夺行人，抄略运路。上临轩叹息，思得统将。台臣等惶恐，以公名闻，即日，诏以公守本官领河东。先差兵士，并沙陁及诸蕃部落子弟等，充招讨党项使，兼指挥振武、天德、灵盐、邠宁、夏绥、鄜延等州，同讨党项兵马事。其所诏昭义、易定、河阳、宣武、沧景、陈许、郑滑、天平、平卢、兖海、浙西、宣歙等道，赴夏州塞门行营，士马并令权取公指挥。其属左右神策、京西、京北诸镇，有控临党项处，缓急要兵，掎角相应。便行文牒，指使推毂，委重之任，古今无伦。公受命奋发，蓬首即路，引兵进战，直入塞门。属运路阻艰，军食不继，数以饥卒，邀战不整。朝廷以老师费财，诏省戍卒。复以公检校司徒，充河阳三城节度、怀孟泽等州观察等使。未几免镇，以太子少保分司东都。九年秋，检校司空兼太子少傅，依前分司东都。公襟量弘裕，不以荣悴婴怀。拜衮登坛，保傅分洛，一推忠顺，默无尤违，士类以此多之。十年十月廿三日，寝疾于洛绥福里之私第，薨，享年六十三。天子震悼，罢朝一日，赠司空，赙以布帛。明年二月五日，卜葬于河南府河南县梓泽乡张封原，先太尉公之兆次。有子男二十三人，女一十五人。长子弘宗，夔王府司马。次子懿宗，汝州长史。次子赟，检校国子祭酒兼侍御史。次子次宗，袁王府参军。次子吟，检校太子宾客兼侍御史。次子演宗，江州浔阳县尉。次子颜，右龙武仓曹参军。次子虔宗，亳州文学。次子建宗，怀州参军。次子彦宗，左司御仓曹参军。次子澧宗，左司御胄曹参军。次子嗣宗，左金吾卫骑曹参军。其次曰儒宗、曰顗、曰颁、曰颉、曰颐、曰频、曰愿、曰顾、曰项、曰颀、曰顷。咸以贵胄，将登显仕。用礼检之操，以孝谨持其祖父业。女适良士，公出自绮纨，弱冠登崇显，自幼及贵，不知艰难，而气不矜豪，虑必深逈，历官中外，焯有名烈。及为将帅，隆树勋绩。德善一贯，终始可铭。铭曰：王实大姓，自新以垂。兆起卜淮，浚派延枝。江左风流，互盛迭衰；皇朝多士，垒庆重熙。太尉材雄，早宣力用。司徒懋德，弈叶增重。公忠激发，雷风震动。天宝降神，精诚入梦。条颁澧浦，惠政洽闻。律静五原，时号能军。天子求理，公为能吏。天子治戎，公拜彤弓。文武兼任，报政奏功。岂独才克，公诚有融。蠢尔壶关，逆竖狂猘。所恃者何，天险重闭。盈凶贯毒，蟠氛作沴。蜗结蛛罹，恬为得计。公振长策，屯师蓄锐。一夕霆飞，爞不容睇。禽惊兽麛，迎弓尽殪。建旆□频，收其胜势。妖巢夜覆，逆首宵传。畅毂才逞，一方晏然。帝曰元臣，武振功宣。申命左揆，锡乃勋贤。公拜稽首，非臣□□。天讨有罪，臣当奉职。循墙疾走，逃遁莫克。拜诏惟恭。式昭懿德。帝念北门，王业之基。授以征钺，总乃如貔。上□之命，载申载驰。天泽就加，公功之宜。羌戎未宁，中军卜师。坛成礼渥，星高将贵。联营尽护，群藩毕寄。将振庸祗，中辍朝□。□□河内，辞□东□。孤卿峻袠，以优以游。国倚元老，朝倾壮猷。百身徒赎，大运遽流。□□□悴，爰申□□。□□□瘁，天不憗遗。存殁之盛，惟公盈之。庆祉有余，子孙是贻。

这无疑是一篇正式而堂皇的文字，墓志中的王宰，忠勇仁义，谦逊退让，十足的高大全形象，但如若比读传世文献中有关王宰的记录，却可以与墓志记载的诸多出入，二者之间的矛盾，折射出的是王宰其人多重的面向。

1. 名讳之疑

墓志云："公讳宰，字钧之，太尉公第二子也。"然而两《唐书》却有不同的记载。《旧唐书·王智兴传》："智兴九子，晏平、晏宰、晏皋、晏实、晏恭、晏逸、晏深、晏斌、晏韬，而晏平、晏宰最知名。"《新唐书·王宰传》："晏宰后去'晏',独名宰。"

据上引《旧唐书》,王智兴诸子皆以"晏"字为排行,其他诸子如晏平等皆以本名行世,何以王宰独去标志排行的"晏"字。可能的原因当是王宰的儿子晏实,幼为王智兴所爱而"自养之,故名与诸父齿"[1]。王宰名去"晏"字,至少在名字上避免了与亲生儿子处于同一行辈的尴尬。墓志录其去"晏"字之后的名讳,虽然合乎情理,但其中亦隐去了志主人生的一个细节。

2. 志主父王智兴事迹之表述

墓志云:"初,宪宗皇帝扫荡凶叛,两河震骇。太尉公握兵上游,忠顺许国。长庆中,燕齐魏镇相次逐帅建长,请命于朝。四境连兵,方劳庙算。太尉公率先忠款,遣公入侍。"这段含糊的记述试图表现出王智兴对朝廷的一贯的忠顺,但事实是否果然如此呢?

王智兴,少为徐州牙兵。德宗初年,李正己及其子李纳增兵徐州,企图控制江南赋税运输之管道[2],由此欲害刺史李洧。王智兴疾行赍表京师求援,德宗因发朔方军五千人随智兴解徐州之围,由是发迹,并逐渐成为当日徐州最重要的将领。[3]元和年间,吴元济、李师道叛乱,宪宗发徐州兵平叛,王智兴带兵出征,东征西讨,屡立战功,"贼平,授沂州刺史"[4],同时也全面掌握了徐州的军事力量。墓志"握兵上游,忠顺许国"的记述基本属实,虽然其措辞可能会使读者误以为王智兴此时已成为徐州节度使。

王智兴真正成为徐州节度使得益于穆宗初年的河北再次叛乱。《旧唐书》王智兴本传完整地记述了此事的始末:

"长庆初,河朔复乱,征兵进讨。穆宗素知智兴善将,迁检校

---

[1] 《新唐书》卷172《王智兴传》附《王晏实传》。
[2] 《旧唐书》卷124《李正己传》。
[3] 《旧唐书》卷156《王智兴传》。
[4] 同上。

左散骑常侍兼御史大夫、充武宁军节度副使、河北行营都知兵马使。初，召智兴以徐军三千渡河，徐之劲卒皆在部下。节度使崔群虑其旋军难制，密表请追赴阙，授以他官。事未行，会赦王廷凑，诸道班师。智兴先期入境……率归师斩关而入，杀军中异己者十余人，然后诣衙谢群曰：'此军情也。'群治装赴阙，智兴遣兵士援送群家属。至埇桥，遂掠盐铁院缗币及汴路进奉物，商旅赍货，率十取七八。逐濠州刺史侯弘度，弘度弃城走。朝廷以罢兵，力不能加讨，遂授智兴检校工部尚书、徐州刺史、御史大夫，充武宁军节度、徐泗濠观察使。"[1]

显然，王智兴是通过兵变掌握了徐州的核心权力，而朝廷此时已力不能制，只好承认既成事实。此事原委，墓志自然绝不可能写入，但也因此无法堂堂正正地记述王智兴成为徐州节度使的人生高潮，而这正是其整个家族发迹的起点。有趣的是，墓志所谓"率先忠款"，似乎将王智兴与河朔叛乱者置于同一阵营，这一不太妥当的措辞，却无意中透露了长庆平叛之际，王智兴并非如墓志所希望表现的那样忠于朝廷。

3. 清约自处的盐州刺史？

墓志云："开成元年，以检校左散骑常侍，出为盐州刺史，御史大夫，充本州防御使及诸军防秋押蕃落等使。于是天子下诏曰：'闻其倾岁缉绥澧阳，版图有加户之功，郡人有诣阙之请。载洽时论，可谓长才，天下愈推为贤侯。善吏五原，抚接杂虏。'前后为政者，率皆利其牛羊善马，因生雠扰。公清约自处，恬怡寡欲，为郡四年，封部清谧。"

墓志中所谓"清约自处"、"封部清谧"，也往往见于其他墓志中

---

[1]《旧唐书》卷156《王智兴传》。

对州刺史政绩的描述。那么这种表述是套话陈词，还是符合实际的评价，一般无从判断，不过幸运的是，王宰出刺盐州的表现，史籍中恰好有相应的记载。《新唐书·王宰传》称其"除盐州刺史，持法严，人不甚便。"而《册府元龟》卷671记述更为详细："田牟，开成中为陇州刺史，会盐州刺史王宰好以法临党项，羌人不安，以牟宽厚，故命易之。"而《新唐书》卷148《田牟传》则概括为"开成初，盐州刺史王宰失羌人之和，诏牟代之。"

上述三种分别属于王宰和田牟两方面的记载都同时指向与墓志相反的方向，那么事实究竟如何，应当是显而易见的。

4. 泽潞平叛中的王宰

王宰一生最重要的功绩便是作为主将之一，攻打要求自行择帅的泽潞镇，并最终降获叛军首领刘稹的人头。墓志对此毫不吝惜笔墨，全文二千七百字，用了将近四分之一的篇幅叙述其事："会昌三年四月初七，泽潞节度使刘从谏卒，其侄刘稹自称留后，上表求节钺，希望得到朝廷的正式任命。唐廷诏刘稹护丧归东都，拒绝了刘稹的要求。刘稹拒命。"[1]双方关系骤然紧张。

泽潞五州地处冲要，泽、潞二州雄踞太行之险，捍蔽关中，邢、洺、磁三州深入河北腹地，居高临下，控驭河朔，所谓"国之宝地，系在安危"[2]。安史之乱后，唐廷于此设节度使，本意正在监控河北三镇，防其合纵[3]，甚至认为"欲变山东，先择昭义之帅"[4]。而在河北

---

[1] 《旧唐书》卷18上《武宗纪》；《资治通鉴》卷247唐武宗会昌三年条。
[2] 《李相国论事集》卷3《论泽潞事宜》曰："泽潞五州据山东要害，河北连接，唯此制之，磁、邢、洺三州入其腹内，国纪所在，实系安危。"
[3] 《新唐书》卷152《李绛传》："泽潞据山东要害，磁、邢、洺三州跨两河间，可制其合从。"
[4] 《新唐书》卷165《权德舆传》。有关唐廷设置昭义镇的原因及过程，参见〔日〕森部分：《关于藩镇昭义军的成立过程》，《中国历史上的宗教与国家》，雄山阁1994年版；郎洁：《唐中晚期昭义镇研究》，《隋唐对河北地区的经营与双方的互动》，中央民族大学出版社2008年版，第367—377页。

方面，泽潞位于太行山东侧的三州亦被其视作眼中钉，一旦与朝廷发生冲突，必将竭力拔除。[1] 所以，当泽潞一旦要求行河北故事自行择帅，即显示出自立的倾向，不但唐廷以其控制河北的战略意图被打破，同样起到控扼河北作用的河阳节度防区[2]，甚至是东都将直接受到其威胁[3]，这是唐廷绝对不能容忍的。会昌三年五月，在讨论如何处置刘稹的问题的会议上，武宗与李德裕不顾群臣反对，决意对其进行征讨。[4] 五月十三日，武宗下诏讨刘稹[5]，战争正式拉开了序幕。同日，武宗命成德节度使王元逵为泽潞北面招讨使，何弘敬为南面招讨使，在东北与东南与此前已屯军昭义军正南、西北与正西的河阳节度使王茂元、河东节度使刘沔、河中节度使陈夷行形成五

---

[1] 在建中二年田悦对抗唐廷之时，唐军控制了邢、磁二州及临洺后，田悦称"邢磁如两眼，在吾腹中，不可不取"，遂采取了一系列争夺被占州县的行动，《资治通鉴》卷226唐德宗建中二年条。

[2] 《旧唐书》卷110《李光弼传》载李光弼论防御史思明军的战争云："若移军河阳，北阻泽潞、三城以抗，胜则擒之，败则自守，表里相应，使贼不敢西侵，此则猿臂之势也。"则河阳与泽潞在对河北势力的防御和控制上互为表里。河北三镇对此亦极为清楚，在元和九年魏博节度使田弘正归顺朝廷后，李吉甫为表示朝廷的诚意，将防遏魏博的河阳军移走，田弘正对此极为欣喜，称朝廷赐予官位与钱物，皆"未若移河阳军之为喜"。《资治通鉴》卷239唐宪宗元和九年条。

[3] 昭义与东都洛阳间仅有河阳节度使防区为缓冲。平泽潞之初，镇守河阳的王茂元兵力单薄，李德裕忧虑其兵败，呈状于武宗云："茂元兵力寡少，颇似危急，若贼势更甚，便要退守怀州，非惟损挫威声，必恐惊动东洛。"《李德裕文集校笺》卷15《论河阳事宜状》，河北教育出版社2000年版，第286页。又河阳节度使处泽州天井关下，无地势之利，故李德裕惩于此，建议在平泽潞之后将泽州改隶河阳节度使，使"太行之险不在昭义，而河阳遂为重镇，东都无复忧矣。"《资治通鉴》卷247唐武宗会昌三年条。

[4] 《旧唐书》卷18上《武宗纪》。

[5] 《资治通鉴》卷247系此事于会昌三年五月辛丑。本月己丑朔，辛丑为十三日。按《唐大诏令集》卷120《讨潞州刘稹制》系于会昌三年七月，商务印书馆1959年版，第638页。《旧唐书》卷18上《武宗纪》系于九月。傅璇琮《李德裕年谱》《资治通鉴》系于五月，河北教育出版社2001年版，第371页。按据《资治通鉴》卷247，本年六月，王茂元已主动与泽州军士于科斗店交战，故此制不应晚于六月。参见王国尧：《李德裕与泽潞之役》，《唐研究》第12卷，北京大学出版社2006年版，第494页。本文论列泽潞之役多参考王国尧文及傅璇琮《李德裕年谱》相关内容，下文不一一注出。

面夹击之势。

但是战争一开始并不顺利。河阳节度使王茂元与泽潞精兵甫一接战，即露颓势。河阳是战役攻守的重要据点，河阳告急，则东都震恐[1]，形势对唐廷而言，至为不利。同时成德、魏博虽受朝廷之命承担攻打昭义在河北的三州，但迟迟未有行动，故不得不遣李回宣慰。[2] 八月，唐廷以魏博节度使何弘敬仍怀两端，按兵不动，遣时任忠武节度使的王宰长趋魏博，直抵磁州，声言支援何弘敬。[3] 至此战役进入了新的阶段，而王宰也由此登上了这一幕历史剧的前台，并在其中扮演了极其重要的角色。墓志对此事的记载毫不吝啬笔墨，差不多四分之一的篇幅都刻意渲染了王宰在此役中的功绩。

墓志云："河阳节度使王茂元屯兵天井下，连战不捷，疾悸求解。天井下临覃怀，势逼河洛。衣冠士庶，莫不惶骇。奸谋讹言，亟生恫动。诏以公为攻讨使，代茂元之任。公拜诏之日，引兵渡河，环洛居人，室家相贺。师之所历，秋毫不犯。屯于万善砦下，贼垒皆哭。"此节所记便是王宰兵指魏博，成功逼迫何弘敬出兵磁州之后，转而驰援力已不支的王茂元之事。

河阳军自六月与泽潞兵交战始即始终处于下风，至八月终于败于科斗寨，大将马继被擒。泽路大将薛茂卿随即又率兵对河阳军驻地万善寨发起持续的猛攻，"执四将，火十七栅"[4]。而节度使王茂元又在军中发病，河阳岌岌可危。此时制置全局的李德裕立即令开赴磁州的王宰军团驰援转头河阳。墓志所谓"连战不捷"，确系实情，

---

[1]《唐文粹》卷 80 杜牧《上司徒李相公论兵书》称河阳之战若有胜败则"势惊洛师"。
[2]《旧唐书》卷 173《李回传》。
[3]《资治通鉴》卷 247 唐武宗会昌三年条，《李德裕文集校笺》卷 15《论陈许兵马状》，第 285 页。
[4]《新唐书》卷 214《刘稹传》。

而增兵河阳，洛阳可免危情，所谓"环洛居人，室家相贺"，虽系夸饰，亦在情理之中。然而所谓"师之所历，秋毫不犯"，却很可能并非事实。

王宰军至唐军屯驻的万善城寨后不久，王茂元即去世，河阳节度使空缺，此时已被任命为河阳行营攻讨使的王宰本应是节度使的当然人选。然而王宰并未就此兼领河阳，李德裕进上武宗的奏折中道出了他对王宰的顾虑："王宰止可令以忠武节度使将万善营兵，不可使兼领河阳，恐其不爱河阳州县，恣为侵扰。"[1] 李德裕何以有此顾虑？《资治通鉴》的另一段记载或许在一定程度上解答这一问题。会昌四年正月，河东节度使都将杨弁趁河东军主力皆开赴榆社前线之际，于太原城中作乱。唐廷决心征讨，"河东兵戍榆社者闻朝廷令客军取太原，恐妻孥为所屠灭，乃拥监军吕义忠自取太原"[2]。从此节记载来看，客军至他镇作战，显然对当地无所爱惜，抢掠屠杀似乎是题中应有之义。墓志虽然刻意强调王宰"师之所历，秋毫不犯"，然而对照着李德裕的奏文和《资治通鉴》的记载，颇有些此地无银的反讽意味。

王宰既为河阳行营攻讨使，其任务是拿下泽潞的南面门户天井关，继而攻克泽州，直捣刘稹巢穴。王宰最终的确胜利完成了任务。墓志对王宰攻克天井关一事浓墨重彩，大加铺陈："天井关在太行山顶上，寇堞星联，建瓴之势，万夫莫仰。贼恃险凭固，聚食持久，坐待师老，冀缓灵诛。公掩其不俗，夜遣马步都虞侯董佐元、黄头先锋将赵峰、赫连权等引锐师直上太行山巅。夜走七十里，公引大师继进。九战拔天井关，贼众宵溃，惊蹂自投山谷死者不可胜计。杀伤略尽，翊日告捷。"从墓志来看，泽潞军队坚壁固守，欲"坐待

---

[1]《资治通鉴》卷247唐武宗会昌三年条。

[2]《资治通鉴》卷247唐武宗会昌四年条。

师老",而王宰趁其不备,偷袭成功,经历艰苦的战斗之后终于夺取了天井关。但墓志所言是否是尽是事实,或事实的全部,史籍的记载提供了此一事件的另一个面向。

自会昌三年九月王茂元去世,王宰代为河阳行营攻讨使,至十二月王宰进攻天井关[1],时间已经过去三个月。果然是泽潞方面在"坐待师老"么?如果看一下《资治通鉴》的记载,一切都可明了:"(九月)庚戌,以石雄代李彦佐为晋绛行营节度使,令自冀氏取潞州,仍分兵屯翼城,以备侵轶……石雄代李彦佐之明日,即引兵踰乌岭,破五寨,杀获千计。时王宰军万善、刘沔军石会,皆顾望未进,上得雄捷书喜甚。"[2]事实上,天井关战役的打响,还是因为泽潞方面驻守的大将薛茂卿企图投降唐廷,与王宰通谋攻寨的结果。薛茂卿即本年八月与王茂元交战时攻破科斗寨的泽潞大将。他一心以为自己攻破科斗寨,立下战功,理当受赏,不料刘稹的目的只希望朝廷承认他节度使的地位,因此认为薛茂卿"多杀官军,激怒朝廷",反而不利于他得到朝廷的承认,"由是无赏"。失望的薛茂卿心坏怨恨,遂"密与王宰同谋"。于是王宰引兵攻天井关,结束了其长达三个月的顾望。[3]

由于攻守双方已有秘密协议,故薛茂卿"小战,遽引兵走,宰遂克天井关,守之关东西寨,闻茂卿不守皆退走,宰遂焚大小箕村"[4]。天井关战役至此结束,薛茂卿退入泽州,遣人密召王宰进攻泽州,王宰犹疑未进。事情很快泄露,刘稹遂诱使薛茂卿至潞州,诛

---

[1] 此处系年皆据《资治通鉴》,分别见《资治通鉴》卷247唐武宗会昌三年条。
[2] 《资治通鉴》卷247唐武宗会昌三年条。《旧唐书》卷161《石雄传》所载与此略同,应即《资治通鉴》史源,以《资治通鉴》叙事明晰,故取之。
[3] 《资治通鉴》卷247唐武宗会昌三年条。
[4] 同上。

杀之，以兵马使刘公直代薛茂卿。王宰此时方进攻泽州，与刘公直遭遇，战不利，天井关失守。七天后，王宰再次对刘公直军发动进攻，大破之，重新夺取了天井关。[1]

墓志在叙写王宰夺取天井关后即写到了战事的结果："明年，诸城尽降，贼积传首关下，公函献之，上党平。"从各种史籍的记载来看，泽潞之战的确是以刘稹部下刺杀刘稹，降于王宰而告终的，王宰受降，传刘稹首于长安，墓志称"平潞之役，公实元勋"，或有夸饰，但并不失当。但奇怪的是作为河阳行营攻讨使的王宰在战争结束后却并未顺理成章地成为河阳节度使，而是移镇至河东。河阳控扼河北、屏蔽东都，战略地位极其重要，而泽潞平定后，更将泽州割隶河阳，由此"太行之险不在昭义"[2]，其地位进一步加强，而河东的重要性则远不若河阳。平定泽潞后出镇河阳的是李德裕的爱将石雄，表明了朝廷不愿意将这一战略要地交付王宰，换言之，朝廷并不信任王宰。[3]何以有这样的结果，原因或许有很多，但王宰在攻克天井关后的表现无疑加重了朝廷对王宰的不信任。

正如墓志所言，"天井关在太行山顶上，寇堞星联，建瓴之势，万夫莫仰"，天井关既克，唐军遂"下临高平郡，俯视如蚁走尘。炊烟无所逃隐，贼众游骑投砾可及。自是狡穴妖巢，不复自守"。在占尽地理优势的情况下，王宰并没有贯彻李德裕制定的作战计划[4]，继续进攻泽州，而是在原地屯驻下来，直到战争结束，泽州都一直在

---

[1] 上节所述皆据《资治通鉴》卷247唐武宗会昌三年条。王宰收天井关事见《旧唐书》卷18上《武宗纪》及《旧唐书》卷161《石雄传》。
[2] 《资治通鉴》卷247唐武宗会昌三年条。
[3] 参见王国尧：《李德裕与泽潞之役》，第502页。
[4] 《资治通鉴》卷247："李德裕言于上曰：'今请赐诸军诏旨，令王元逵取邢州，何弘敬取洺州，王茂元取泽州，李彦佐、刘沔取潞州。'"

泽潞大将刘公直控制下。[1]

会昌四年的正月，王宰又上奏接到刘稹乞降的表章，希望朝廷能够加以考虑。此时太原杨弁方乱，朝议汹汹，认为两处用兵，朝廷力不能支。[2]而这一切反而刺激了武宗与李德裕将战斗进行到底的决心。李德裕在给武宗的上表中对王宰受刘稹降表之事大加斥责："右臣适见度支报状王宰已似纳其情款。发使之时，不以先闻，便受表章，欲自擅招抚之功。昔韩信破田荣，李靖擒颉利，皆是纳降之后潜兵掩袭。只可令王宰失信，岂得损朝廷武威？建立奇功，实在今日。"同时遣使"密谕石雄，若王宰已纳刘稹，即石雄无功可纪"[3]，令石雄抓住立功机会，无使王宰占先。

二月，王宰仍旧按兵不动。李德裕又言于上曰："王宰久应取泽州，今已迁延两月。盖宰与石雄素不相叶，今得泽州距上党犹二百里，而石雄所屯距上党才百五十里，宰恐攻泽州缀昭义大军，而雄得乘虚入上党，独有其功耳。又宰生子晏实，其父智兴爱而子之，晏实今为磁州刺史，为刘稹所质。宰之顾望不敢进，或为此也。"[4]武宗遂命李德裕草诏促王宰其进兵。但王宰似乎并未有所行动。

不久李德裕又请求任命刘沔为河阳节度使，他在上奏中强烈表达了对王宰的不信任："事固有激发而成功者。陛下命王宰趣磁州，而何弘敬出师；遣客军讨太原，而戍兵先取杨弁。今王宰久不进军，请徙刘沔镇河阳，仍令以义成精兵二千直抵万善，处宰肘腋之下。

---

[1]《资治通鉴》卷248："（郭谊）乃函稹首遣使奉表及书降于王宰。（刘稹）首过泽州，刘公直举营恸哭，亦降于宰。"
[2]《资治通鉴》卷247 唐武宗会昌四年条。
[3]《李德裕文集校笺》卷17《论刘稹状》，第324页。
[4]《资治通鉴》卷247 唐武宗会昌四年条。

若宰识朝廷此意，必不敢淹留。若宰进军，沔以重兵在南，声势亦壮。"武宗立刻同意了李德裕的上奏，数日之后，刘沔即迁任河阳节度使。[1]紧接着武宗又下诏王宰，言辞中充满了谴责，甚至对其发出了就地免职的警告："卿初取天井，大振威声，皆谓计日而取泽州，指期而禽刘稹。顿兵危阪，已涉二时，日费殆过于千金，途隘有逾于九折。士不宿饱，人已告老。在朝公卿，继陈谠论，皆云卿血属，质在贼中。……若虑危害晏实，未忍急攻，但卿披诚，朕必深恕，即当与卿移镇，必使两全。"[2]

三月初一，李德裕奏请让李回至王宰、石雄军中宣慰，敦促二将进军。[3]武宗再次下诏，责备王宰迁延不进："今贼在网罗，只守巢穴，广立虚栅，多设疑兵，盖谓自防，岂暇侵轶？且欲偷安岁月，以老王师。卿分兵相守，果中奸计。况卿已得天井，寻扼咽喉，游刃其间，更何顾虑。"[4]

在这样屡次三番的敦促下，四月，王宰方才开始进攻泽州[5]，但直到八月刘稹被杀，泽潞平定之时，泽州仍未被攻下。

从武宗诏中所谓"在朝公卿，继陈谠论，皆云卿血属，质在贼中"之语来看，王宰屯兵天井，迁延不进，朝野上下应该多有议论，而武宗与李德裕对他的不满与谴责，当时也并非什么秘密。墓志虽然本质上属于私人化的文体，但考虑到其在完成后流传于世的可能，对于有些影响重大的负面事件亦不能完全置之不论，然而如何表述，既可点到，又不扫丧家颜面，维护志主形象，其中大有学问。王宰

---

[1]《资治通鉴》卷247唐武宗会昌四年条。
[2]《李德裕文集校笺》卷7《赐王宰昭意》，第117页。
[3]《李德裕文集校笺》卷16《请遣制使至天井冀氏宣慰状》，第298页，文末注云"会昌四年三月一日"。
[4]《李德裕文集校笺》卷7《赐王宰诏意》，第119页。
[5]《资治通鉴》卷247唐武宗会昌四年条。

墓志则在叙述完其在平泽潞战役中的功绩之后，以"平潞之役，公实元勋，谦默自持，未尝言战"这样一句模糊，甚至略带褒扬的话对这一问题作了含糊的表述。

墓志又云"初，公以陈、许等军屯天井，石雄以河中等军屯冀氏。朝廷责功于二师。公连战拔天井关，威名大振。贼党传刘稹首，先诣公营。诏公引天井军合冀氏军入其巢穴。公按军徐进，以示不竞，功名之际，美同羊祜，策勋未称，天下贤之。"王宰素与石雄不合，当二人同时受诏直捣敌人巢穴之时，王宰是否果然如墓志所言，为显示不汲汲于功名而特地"按军徐进"呢？至少传世文献的记载并非如此。郭谊斩刘稹首降于王宰后，武宗以此前潞州有"石雄七千人至矣"的谣言，故特命石雄率七千人入潞州以应谣言[1]，同时亦命王宰进军，旨在捉拿郭谊及其党羽[2]。然而诏下两天后[3]，王宰却"传稹首，与大将郭谊等一百五十人露布献于京师。"[4] 而据墓志，王宰"按军徐进"的结果很可能并未抵达潞州，石雄则应遵照武宗旨意"径驰潞州，降谊，尽擒其党与。"[5] 但是最终将刘稹首级与郭谊等人送至京师的却是王宰。献俘京师，无疑是展示战功最好的方式，也是出生入死的将领最辉煌的时刻之一。郭谊最初选择了王宰作为投降对象，由王宰押送俘虏入京，亦合情理。但显然此时，王宰并未对石雄表现出墓志所谓的"不竞"，而是紧紧抓住了进京露

---

[1]《旧唐书》卷161《石雄传》。
[2]《李德裕文集校笺》卷6《赐潞州军人敕书意》，第94页。
[3] 按《资治通鉴》卷247系诏石雄以七千人入潞州在八月丙申，《旧唐书》卷18上《武宗纪》系王宰押送刘稹首级及其部下赴京于八月戊戌。本年八月辛巳朔，丙申为十六日，戊戌为十八日，而《赐潞州军人敕书意》末所注日期亦是八月十六日。则武宗诏王宰与石雄共同进军之后两天，王宰已出发赴京。
[4]《旧唐书》卷18上《武宗纪》。
[5]《册府元龟》卷359。

脸的机会。在讨平泽潞之后，王宰对于石雄在战役中的"始卒之功"心有所忌，"及李德裕罢相，宰党排摈雄罢镇"，而全然不顾石雄曾"以辕门子弟善礼之"。可见墓志所谓"功名之际，美同羊祜"，并非事实。

5. 拜表乞觐的背后

墓志云："公以勋臣旧德，恋深臣子，拜表乞觐。大中三年元正，朝贺在廷，上目而壮之，加光禄大夫，复归镇守。"

自会昌四年九月，泽潞战役结束之后，王宰被任命为河东节度使，至大中三年正月，王宰已在这一位置上呆了将近五年，为何此时忽然想起"拜表乞觐"。传世史籍告诉我们，这一次王宰入朝的目的实际上是求官来的。《新唐书》卷182《周墀传》云："河东节度使王宰重赂权幸，求同平章事，领宣武。墀言：天下大镇如并、汴者才几，宰之求何可厌。宣宗纳之。"[1]墓志的书写中完全隐去了其赴京朝觐的真实意图，也隐去了以周墀为代表的朝议对他的评价和他最终失望而归的结果，而代之以"拜表乞觐"、"上目而壮之"这样正面的表达，更特别点出此次朝觐所获得的加官，将王宰人生中的一次失败经历包装美化得天衣无缝，若非史籍偶然的记载，真相将永远湮没无闻。

从以上王宰墓志与传世文献所做的比读来看，同一事件，墓志与传世文献的记载多有不同，相比之下，墓志私人化的立场决定了传世文献的记载应更接近与历史的真相。而从墓志的撰写人冯图来看，此人撰写墓志时为汝州刺史，后数年入为中书舍人[2]，从现有材料似乎看不出其与王宰的渊源。冯图之所以为王宰撰写墓志，很可

---

[1] 《新唐书》卷182《周墀传》。《资治通鉴》卷248唐宣宗大中三年条略同。
[2] 《东观奏记》，中华书局1994年版，第134页。

能仅仅是王家慕其文名而延请作文，而非是出于亲属或门生故吏的情感因素与道义责任，而其所撰墓志对王宰一生事迹的表述尚多有讳饰，这提示笔者，作为私人化文体的墓志，其记述中虽然可能保存有传世文献，特别是具有官方立场的史书中被刻意删落、隐去的材料，但是其立场决定了对于志主的叙述与评价中必然充满了另一层面的讳饰。这虽然是一个常识，但由于墓志与传世文献很少能作一一对应的比勘，更不易有两造互相矛盾的记述与评判，因此很难衡量墓志在多大程度上对志主的生平行事进行了艺术加工，也很难判断墓志在多大程度上可以被信任与利用。而在王宰墓志中，墓志的记述与史籍记载之间的出入恰恰形成了罗生门的效果，可以看到不同立场的双方对历史事件各自的表述，也为理解不同层次、不同立场的史料提供了一个生动的实例。

中晚唐"宦官政治"与唐宋社会转型

黄　楼（武汉大学历史学院）

　　中国历史上曾发生数次通过战争达到改朝换代的事件，每次改朝换代都意味着政治社会秩序又一次大规模地推倒重建。但是，由于中国复杂的地理环境、民族关系及区域发展不平衡等因素影响，有些波及半个中国的大规模战争只进行一半就戛然而止，旧的封建王朝遭受沉重打击后，仍能占据半壁江山或维持形式上的统一。这种情况下，劫后余生的王朝统治力量元气大伤，掌握军权的政治势力就会强势崛起，导致政治格局产生重大变革，甚至会引起"皇权政治"的异化。例如，晋室南渡之后，皇权衰落，政治秩序的重建主要仰仗门阀士族的力量，门阀士族在政治、军事上占据强势地位，直接促成东晋"门阀政治"的产生。[1] 历史总有惊人的相似，魏晋隋唐时期，与西晋末年类似的战乱还有一次，即唐代蔓延半个中国，持续八年之久的安史之乱。安史乱后，维护皇权权威的中央军队几乎丧失殆尽，皇权政治遭到异常沉重的打击，此点与南渡之初的东晋王朝极为类似。众所周知，东晋门阀政治的根源在于皇权衰弱，门阀士族趁势崛起。以此类推，安史乱后的政治秩序重建过程中，皇权的积弱也可能会产生一种类似门阀士族的政治势力来弥补皇权

---

[1] 参见田余庆：《东晋门阀政治》。

衰弱后的政治空间。中晚唐时期这个新兴起的政治势力就是掌控神策军权、屡行废立乃至弑逆的宦官集团。安史乱后，唐朝政治格局中最鲜明的变化就是宦官权势在政治、经济、军事等领域全面膨胀，直至凌驾于皇权之上。比照东晋"门阀政治"，我们将中晚唐宦官集团全面参与军事、政治、经济等领域的政治格局用"宦官政治"一词加以概括似不致大误。[1]

宦官全面干预政治、军事、经济，是历史的偶然，还是必然？如果是偶然，为什么会前后延续一百余年？如果是必然，为什么五代以后再也没有出现类似的政治局面？特别是中唐以后，君主受到宦官的钳制，几成政治傀儡，相对于日本学者君主专制独裁的理论假说，中晚唐宦官政治似乎又是一个历史悖论。也正因为如此，唐宋社会变革论者对中晚唐宦官政治这段历史多语焉不详，没有给出一个较为合理的解说。宦官政治的出现与唐宋社会转型之间有没有关系？如何正确认识宦官政治在唐宋社会变迁中的地位和作用？本文将尝试对之略加讨论。

一、宦官政治的产生

宦官权力来自于皇帝。隋唐时期，皇权得到强化，但是强化皇权未必一定会导致宦官在军事、政治、经济等领域的全面擅政。宦官集团主导中唐政治，必须同时具备以下两个必备条件，其一，武将遭到君主的疏远和排斥，其二，宰相也被君主疏忌。专制君主既

---

[1] 关于唐代宦官政治，国内外学者相关研究成果颇丰，可参见王寿南：《唐代的宦官》，台湾商务印书馆2004年版；王守栋：《唐代宦官政治》，中国社会科学出版社2009年版。需要指出的是，前人所论之"宦官政治"，多指宦官参与政治，与本文所讨论的"宦官政治"，在概念上并不等同。

不信任文臣、又不信任武将，正是统治集团内部存在严重统治危机的表现。这种统治危机显然与学界讨论较多的所谓唐宋社会转型有很密切的关系。也就是说，唐宋社会转型是笔者探寻中晚唐历史进程的重要思路。

　　经历了唐前期一百多年的发展，开元天宝时期，唐朝社会经济繁荣，国力强盛，声威远被，呈现出一派盛世气象。但是，天宝后期，玄宗骄奢淫逸，荒怠政事，在太平盛世之下潜伏着一场深刻的统治危机。

　　首先表现在均田制的崩溃上。唐前期继续推行北魏以来的均田制。由于自耕农经济上的脆弱性和不稳定性，在赋役压迫和大土地所有者的兼并下，均田制自建立之日起就不断遭到破坏。大抵自武后以降，土地兼并日益盛行，玄宗虽然几次修订均田法令，实际上徒为具文。"开元之季，天宝以来，法令弛坏，兼并之弊，有逾于汉成哀之间。"[1]均田制崩溃的结果是促进以租佃关系为基础的地主土地所有制快速发展。租佃制是我国宋代以后最基本的封建剥削方式。均田制的崩溃与历史发展的趋势一致，社会经济在一定程度或一定意义上仍在缓慢地发展。但是，均田制的崩溃势必引起其他相关制度的连锁反应，由此产生一系列的统治危机。

　　其次这种危机集中体现在军事制度上。唐前期施行的是普遍征发的府兵制（包括"兵募"）。普遍征发制是建立在国家直接控制大量人丁的基础之上，这也是中国封建社会前期的基本军事制度。府兵制得以维持的经济基础是均田制。由于土地兼并和土地私有制的发展，玄宗时期国家户口大量逃亡，府兵难以补充，"年月渐久，逃死者不补"，府兵制无以为继。这种情况下，长征健儿、彍骑等募兵

---

[1]《通典》卷2《食货典·田制》，第32页。

制兴起。

与募兵制相伴而生的是世袭的职业雇佣兵，职业兵父兄子弟世代为兵，长镇一地，于是出现军队的"地方化"问题。高宗至玄宗初为统一边防指挥而设置的名称不一的边境长官在开元中一律称为节度使。边疆兵重的同时，"中原乃包其戈甲，示不复用"[1]。传统上军府云集、居重驭轻的关中地区则由于承平岁久，府兵番上已无兵可交，仅行文书而已。开元十一年（723），玄宗欲东封泰山，以禁军寡弱，命宰相张说招募长从宿卫12万人，十三年（725）改称彍骑。玄宗封禅时关中军事力量寡弱的弊端，已经有所暴露。但是，这一问题未引起统治者的重视，玄宗君臣继续在籍账上玩弄府兵交代的文字游戏。天宝八载（749），李林甫干脆直接停府兵交代的上下鱼书，至于停鱼书后如何解决关中空虚的问题，朝廷却无任何处置措施。军事体制变革的严重滞后是开元天宝时期最为严重的统治危机。

在中央权力组织上，唐前期执行的三省制也发生了重要变化。太宗时期，于门下省置政事堂，作为三省宰相议政之所，武后时期宰相裴炎将政事堂移至中书省，开元中张说改政事堂为中书门下，中书门下置吏房、枢密房、户房、兵房、刑礼房等五房，五房拟于尚书六部，皆直接统于宰相。与此同时，中书舍人议政的权力也被剥夺。政事堂会议改为中书门下后，虽然行政效率有所提高了，却导致中书权力过重。国家职官制度中，对相权缺乏有效的牵制，于是产生相权过于膨胀的问题。张说之后秉政的李林甫、杨国忠等都是历史上著名的奸相，安史乱后，元载、杨炎等又都专擅一时，权侔君上。中晚唐时期权相辈出，其根源即在于失去有效制约的宰相

---

[1]《唐会要》卷72"军杂录"条，第1539页。

制度。

　　军队和官僚制度是封建王朝的两个统治基石，玄宗开元、天宝时期都根据时局的需要，作了适当调整。这些调整解决了部分时弊，但是又在更深层次上制造了统治危机。节度使权重与相权膨胀都是与皇权强化的历史趋势背道而驰的。整个中晚唐时期，皇帝处心积虑解决的问题主要有两个：一是重建并控制军队，尤其是对禁军的控制；二是抑制过度膨胀的相权。武将和宰相都是皇帝猜忌提防之人，君主要强化皇权，只得转而依靠自己身边的亲信之人，进而为宦官干政创造了极为有利的政治空间。

　　以上所论指出，开元天宝时期，社会矛盾的发展给宦官干政创造了必要的政治条件，下面再来具体讨论一下安史乱后宦官政治如何产生的问题。

　　安史乱后，朝廷痛定思痛，尤其留意组建直属朝廷的禁军。起自边军的神策军因缘际会，成为直属朝廷的禁军。神策军兵员由不同方镇的士兵以各种理由改隶朝廷而来，除千余神策行营兵外，还有陕州兵，幽州兵，甚至包括部分北门禁军。神策将李晟、阳惠元、尚可孤、王驾鹤等也分别征自不同藩镇。神策军既没有共同的渊源，也没有凝聚全军的核心人物，更没有自立一方的地盘，这些都是朝廷建立直属军队所必需的条件。当然，神策军因其来源过于复杂，与皇帝关系稍微疏远，很长一段时间主要用于外出征伐，地位和北门六军不可同日而语。从这个意义上说，宪宗元和中天威军的并入对神策军产生划时代的影响。天威军的前身是射生军，射生军是内廷发展起来，主掌禁中宿卫的亲信禁军，神策军并入天威军后，其殿前宿卫的职能由神策军所继承，其后，神策军有更多的机会接近皇帝，势力进一步向内廷渗透，这是其得以废立皇帝、左右政局的关键所在。

有这样的军队是一回事，如何控制这支军队则是另一回事。尚书六部中的兵部本是因府兵制而设，无法对神策军进行有效的管辖。而如果采纳藩镇军的管理体制，势必导致军权力集中于某一军事长官之手。对皇帝而言，在没有一套行之有效的制度驭制武臣的情况下，禁军之权操于他人之手是极其危险的。为直属的禁军选择一个值得信赖，永远不会背叛自己的"特殊节度使"至关重要。对皇帝最忠诚，最可靠莫过于宦官了。开元时期，宫内内射生使、飞龙使等军事长官已由宦官充当，开元中宦官杨思勖曾屡率大军出讨岭南，从皇帝的角度来看，宦官典兵确实是个不错的选择。相州之役，代宗弃郭子仪、李光弼等名将不用，而以宦官鱼朝恩为观军容使，统九节度使兵与安庆绪决战，皇帝看重的正是鱼朝恩的宦官身份。

神策军自入屯禁苑之日起即统于鱼朝恩，但是这时神策军与宦官之间尚无必然联系，神策军内部组织结构与普通藩镇军无异，仅最高长官为宦官而已。大历中，代宗诛鱼朝恩，以王驾鹤代为都知兵马使，神策军遂与宦官断绝了直接关系。王驾鹤为武臣，以其权重，代宗十余年不代换，德宗即位，代以文臣白志贞。其后不久朝廷与魏博、成德、幽州、淄青、淮西等割据藩镇爆发大规模的削藩战争。

在削藩战争中，德宗采用以"制将"助讨的用兵方式。[1]"制将"助讨是在非宦官典兵情况下神策军作战能力的重要检阅。德宗以制敕的方式直接指挥千里之外的制将领兵打仗，其实就是德宗自己充当"神策节度使"的角色。战场局势瞬息万变，这种千里之外的盲目指挥，实际效果也就可想而知了。虽有李晟、曲环、尚可孤等浴

---

[1] 参见黄楼：《唐"制将"考》，《魏晋南北朝隋唐史资料》2009年第25辑。

血奋战，终究未能战胜河朔藩镇，反而发生泾师之乱和李怀光之叛，德宗先后出奔奉天、兴元。李怀光等德宗自擢用者相继背叛，对他刺激很大。"禁兵操于宦寺，而天子危于内；禁兵授之帅臣，而天子危于外，外之危，篡夺因之"[1]，连续经历朱泚、李怀光变乱，德宗对武臣篡夺社稷的潜在威胁尤为留意，自此不肯信任武将，李晟、浑瑊、马燧等功勋之臣相继罢去兵权。与武臣叛乱相继形成对比的是，在播迁过程中，霍仙鸣、窦文场等宦官忠心耿耿，扈从左右，返回长安后，德宗认为只有宦官才真正可靠。既然武将不受信赖，那么重组后的神策军只有交给宦官才能使皇帝真正有安全感。经过一系列的演变，贞元十二年（796），德宗正式创立神策两军中尉制度，将宦官典禁军制度化、合法化。

德宗时期重建的神策军体系，不是简单地重复鱼朝恩典禁兵的老路，代宗时宦官无专门的使职，故可随时罢去，德宗时专置左右神策中尉，罢一中尉另一中尉起，宦官势力遂不可去。除神策中尉外，中尉副使、都判官等高阶僚佐也都由宦官充当，神策军上层为宦官牢牢控制。另外，神策军于每一神策城镇置一监军，宦官势力深入神策军内部。德宗播迁兴元时，扈从宦官与神策军军士共享"元从奉天定难功臣"之号，二者同属功勋特权阶级，关系更是密不可分。[2]宦官获得神策军的武力支持后，权势迅速向内廷、外廷渗透，逐渐在内、外廷都居于主导地位。因此，笔者认为，神策两军中尉制度的确立是中晚唐宦官政治的开始。

宦官集团全面控制京城内外朝廷所能直接调动的所有禁军，这是唐代宦官在权势上与汉、明两代迥然不同的地方，也是唐代宦官

---

[1]《读通鉴论》卷24《德宗二三》，中华书局1975年版，第856页。
[2] 参见黄楼：《唐德宗"奉天定难功臣"、"元从奉天定难功臣杂考"》，《魏晋南北朝隋唐史资料》2008年第24辑。

与皇权关系发生异化，最终形成宦官政治的权力根源。中晚唐宦官集团权力来源有两个，一个是皇权，表现为宦官对皇权始终具有一定的依附性；另一来源就是神策军军权，表现为宦官控制京城内外的所用禁军，以及监军使监控藩镇。宦官作为皇帝家奴，最初是以皇权的维护者而存在，这也是奉天之难后，德宗在对文武大臣失望之极的情况下，把军权交给宦官的重要原因。但是，获得军权以后，宦官在权势来源上对皇权的依赖性逐渐弱化，开始独立地运用军权来维持自己的权势。比较突出的事例就是甘露之变。这一事件中，宦官调动神策军，前后屠戮朝臣及其家口两千余人，朝臣甚至惶惶不敢入朝，文宗亦不敢有所违背。当此之时，宦官的权势显然不是来自皇权，而是来自神策军权。

自古以来论者对宦官典兵多持否定态度。从宦官政治的角度来看，宦官典兵作为特定历史条件下的特殊军事制度，其存在确实具有一定的必然性和历史合理性。宦官典兵对中晚唐政局的积极影响主要表现在两方面：

其一，避免了武将、外戚、权相等篡夺皇位。由于生理缺陷，宦官集团只能从皇室内迎立新君，而不能自为皇帝，无法对李唐皇室"家天下"构成实质性威胁。

其二，使朝廷保持一支对藩镇构成威慑的神策军，这是唐朝维持统治的唯一的武力支柱。另外宦官监军制度的普遍推行，客观上强化朝廷对藩镇的控制，遏止藩镇割据态势的蔓延。

宦官典兵的消极影响也非常明显：

其一，导致神策军战力低下，加速神策军腐化。宦官多非将帅之才，收受贿赂，以两京市井虚隶军籍，不堪战阵，稍有战斗力的神策城镇兵力分散，而且往往受其遥制而贻误战机。元和以后朝廷基本上不再以神策军大规模讨伐藩镇。

其二，导致君主军权旁落，促使宦官政治的形成。中国古代历来是成王败寇，皇帝的治权没有经过人民任何形式的授权，皇权是凭借武力攫取的，军权是维护皇权的根本保障。宦官典兵杜绝了武臣篡夺社稷的可能性，但与宋以后皇帝通过各种制度直接控制军权存有很大的差别。借助军权，宦官弱化对皇权的依附，左右朝政，甚至废立君主，凌驾君主之上，形成了中晚唐所独有的宦官政治。

二、宦官政治视域下的宫廷政治

历史上，宦官干政最为严重的是汉、唐、明三代。汉、明两代宦官势力不管其如何跋扈，皇帝一纸诏书可以随时将其罢废，皇权反受制于家奴是唐代独有的现象。究其原因，应该从唐代宦官所处时代的特殊性入手。隋唐代承魏晋之后，虽然士族已经逐渐衰退，但是在社会上仍然具有很大的影响力，唐代宦官不可避免地被打上时代的烙印。同汉、明两代相比，唐代宦官最突出的特点就是汉、明两代权宦只是单个的个人，而唐代宦官则受门阀士族的影响，在内廷形成了若干个绵亘数十年甚至上百年的宦官世家。

宦官世家大体上出现在唐中叶之后，根据有关文献及墓志材料，目前已经知道的有仇氏、杨氏、王氏、梁氏、孙氏等大小不等的二三十个宦官家族。[1] 今以杨志廉家族和仇士良家族为例，略加说明。杨志廉家族是唐代著名的宦官世家，从其父杨延祚开始，直

---

[1]〔日〕矢野主税：《唐代宦官权势得因由考》，《史学杂志》1954 年 63 卷 10 号；陈仲安：《唐代后期的宦官世家》，《唐史学会论文集》，陕西人民出版社1986年版；杜文玉：《唐代宦官世家述考》，《陕西师范大学学报（哲学社会科学版）》1998 年第 2 期；杜文玉：《唐代宦官婚姻及其内部结构》，《学术月刊》2000 年第 6 期。

至五代后唐，这个家族一直地位显赫，前后延续了一百余年，号称"世为权家"。四代之中，杨志廉、杨钦义、杨玄寔、杨复恭出任神策中尉，杨钦义、杨玄价、杨复恭出任枢密使，黄巢起义爆发后，杨复光更是充天下兵马都监，监领天下藩镇兵马。仇士良家族也是一个绵亘至唐末的大家族。大中中，仇士良养子五人，除第五子年幼尚未入仕外，其余四子皆"承恩入仕"，长子仇从广宣徽使，次子仇亢宗，曹州刺史，三子仇从源，合门使，四子仇从渭，邠宁监军使。仇士良叔父仇文义共有4子6女，4子中2个为宦官，2为武人，6个养女中有5个嫁给其他宦官，用"枝派蝉联"形容仇氏家族，确非虚言（见图1、2）。

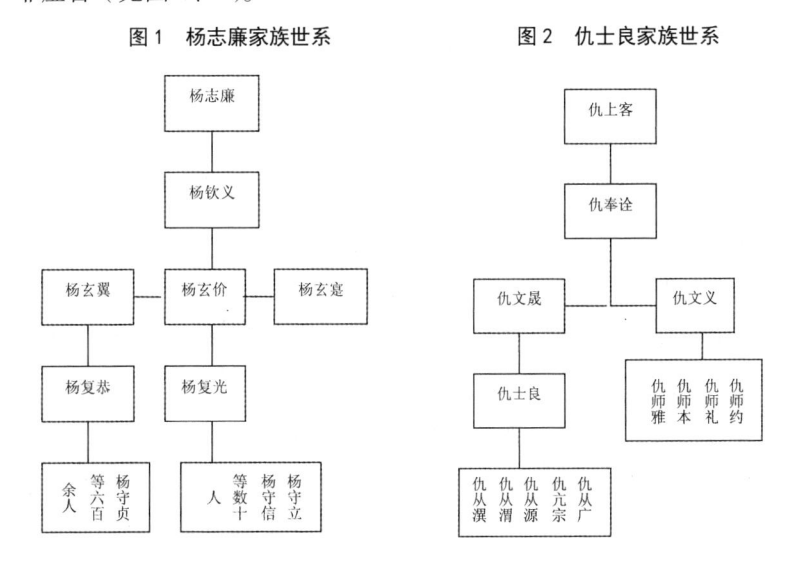

图1 杨志廉家族世系

图2 仇士良家族世系

汉、明两代宦官不能娶妻，多与宫女结成"对食"关系，或者直接抢掠民女，汉代宦官可以收养义子但不养于宫内，难以形成连续不断的世家。唐代则不然，宦官不但可以正式礼聘婚娶，还可以拥有妻妾儿女。唐前期宦官养子尚且受到一定的限制，德宗以后，宦官收蓄养子蔚然成风，一些权宦往往收养数个养子，唐末甚至达数百个之多。宦官养子主要是宦官，也有不少是军官将领。宦官收养其他宦官或军人为子嗣，主观上有培植宫内势力的意图，所以宦官之间的婚嫁同世人一样，门户观念强烈。通常情况下都是高品之间的相互联姻，以求通过联姻获得政治上的相互提携。《唐代墓志汇编续集》会昌〇一九《焦仙芝墓志》云："有女一人，适阴山吐突氏……长自盛门，嫔于高族"[1]，焦氏是宦官中的"盛门"，德宗时首任右神威中护军焦希望，元和时左军中尉吐突承璀宠冠一时，阴山吐突氏也是宦官中"高族"，焦氏与吐突氏的联姻正可谓门当户对。又《续集》大中〇二四《仇文义妻王氏墓志》云"惟仇氏、王氏，家声赫奕，枝派蝉联，世嗣忠贞，共建勋绩"[2]，仇文义为仇士良叔父，其妻兄王元宥时为枢密使，墓志称仇氏、王氏"家声赫奕"、"共建勋绩"，评价完全恰如其分。

  对宦官来说，可以随时收蓄养子，不存在子嗣单弱或后嗣无人的问题，高品宦官之间的相互联姻，容易形成枝派蝉联，亲党胶固的局面，元和以后，在内廷造就了杨氏、仇氏等著名的宦官世家。宦官世家实质上就是在宦官内部的新"门阀"，各联姻的宦官世家互为引援，一荣俱荣，一损俱损，皇帝彻底消灭某姓宦官势力极为困难。以仇氏家族为例。会昌中，仇士良死后，武宗籍没其家，仇氏族家族势力受到沉重打击。但是会昌末仇氏家族残存势力与光王（宣宗）勾结，将其扶上皇位，并择仇氏养女入充宣宗后妃。仇氏家族在宣宗朝迅速恢复元气。昭宗天复三年（903）有右神策中尉仇承坦，直至唐末，仇氏仍是一个显赫的世家。

  中国的皇权政治，从本质上是"家天下"，能在皇权之外对皇

---

[1] 周绍良、赵超主编：《唐代墓志汇编续集》，上海古籍出版社2001年版，第957页。
[2] 同上。

权造成持续压力的政治势力客观上也需要以家族的形式存在，否则极其容易被皇权所击败。唐代以前，唯一对皇权造成持续压力的东晋门阀士族即是以家族势力与皇帝共治天下。中晚唐宦官世家的出现，对宦官政治同样具有重要意义。汉代宦官与外戚交替专权，明代权阉也以个人而存在，只有唐代宦官在权力交接上实现持续性，唐中叶以后，宦官世家的出现为宦官集团权力上的延续性提供了有力保障。

唐代宦官既握有军权，又握有雄厚的经济基础，政治上更是以家族的面貌出现。此时再将宦官仅视为皇权延伸显然是不适宜的。在中国历史上，既控制军队，又控有经济资源，且以家族面貌出现的，只有晋室南渡后的门阀士族。中晚唐宦官与皇权的关系与东晋时期门阀与皇权的关系比较接近：一方面，唐代宦官离不开皇权提供的合法性，对皇权有依赖性，另一方面，当宦官与君主之间合作不十分融洽的时候，宦官集团就会动用手中的武力迫使君主就范，从而凌驾于君主之上。

秦汉以后，在皇权之外形成世族势力的主要有东晋门阀和中晚唐宦官世家两次，其中东晋门阀势力主要是外朝，而中晚唐宦官集团则移至内廷，这与中国中枢权力逐渐走向内敛的历史趋势基本吻合。门阀士族植根于地方，在政治、社会、文化等方面影响广泛，甚至延续一二百年，宦官则主要集中于宫内，随着朱全忠尽屠宦官，作为一个政治集团被消灭殆尽，其影响主要在中枢政治或宫廷政治中，在地方及社会文化上几乎没有留下什么痕迹。这就是宦官政治与门阀政治之间的重大区别，也是宦官政治长期与汉、明两朝宦官专权混为一谈，没有引起学界重视的原因之一。

在讳莫如深的宫廷政治中，对于宦官来说，获得或保持权势最有效的手段莫过于在皇位继承中首建定策之功。德宗重建神策军体系后，宦官胁持皇权，屡行立君、废君、弑君之事，君主反而"畏之若乘虎狼而挟蛇虺"。[1] 元和"逆党"问题是理解中晚唐宫廷政变的一把钥匙。

元和六年（811），惠昭太子薨，翰林学士崔群等人请立宪宗第三子遂王（穆宗）为太子，梁守谦等宦官则谋立宪宗次子澧王，因对成德用兵失利，宪宗正委信朝士，遂王被立为太子。遂王虽立，但是澧王之党始终从未停止活动，元和末宪宗吞食丹药，反复无常，被内官陈弘志等所弑。宪宗乃中兴之主，此时再行废立已绝无可能，为掩人耳目，澧王之党迫不得已，杀死澧王，拥戴太子即位。

穆宗不为宦官所喜，太子之位本已动摇，但他作为弑逆事件的受益者，又处于被胁持的状态，故不敢公开惩治弑逆之罪。元和逆党在穆宗朝没有受到追究。但是宦官与皇帝之间猜嫌已生，自宪宗遇弑至宣宗即位，皇帝已经走马灯似的换了四位，但是中尉、枢密使仍然由元和朝宦官所把持，其间层出不穷的废立事件，无不与元和逆党有直接或间接的关系。

长庆四年（824），穆宗崩，敬宗以太子即位，时年十六岁。敬宗太子之位是中尉梁守谦、枢密使王守澄等力主的结果，当时有部分宦官主张拥立宪宗诸子，敬宗虽得继位，但是觊觎者并未死心。敬宗即位后，宫阙不宁，谋弑之事屡有发生，敬宗仅做了两年少年天子，就遭到两次公开的谋弑，最终被宦官刘克明所弑。刘克明是敬宗新进用的宦官，弑逆敬宗后，迎立宪宗第六子绛王李悟。因刘克明"易置左右，自引支党颛兵柄"，梁守谦等元和朝宦官大为不满，于是联合裴度等宪宗朝旧臣，废黜绛王，以兵迎立敬宗之弟江王，是为文宗。敬宗遇弑实际上是元和宦官和新进宦官之间的权势

---

[1]《资治通鉴》卷263昭宗天复三年正月庚午条。

争夺，敬宗和绛王都是可怜的牺牲品。

　　文宗亲见敬宗之事，深知弑逆之党不除，自己的皇位就无法稳固。先后起用宋申锡、李训、郑注等人，诛除元和逆党这一毒瘤。穆宗诸子中，漳王年长且贤，对文宗威胁最大。宋申锡受诏秘图宦官，事泄后竟被王守澄反诬与漳王谋反，遭到远贬。甘露之变后，因担心重蹈顺宗逊位的覆辙，文宗又听信谗言，害死自己唯一的儿子太子永。宋申锡案、太子永之废死看似匪夷所思，实则与当日皇位争夺激烈密切相关。文宗起用李训、郑注诛除宦官，最终功亏一篑，反罹甘露之祸，但是元和逆党除亡故者外，陈弘志、王守澄等皆受到应有的惩罚，客观上打击了元和朝宦官的嚣张气焰。

　　开成五年（840），文宗以陈王成美托于宰相及两枢密使。左军中尉仇士良以功不由己，发兵迎立颍王为帝，是为武宗。仇士良为宪宗东宫旧臣，亦是元和老宦。武宗虽为其所立，内实恶之，仇士良被迫致仕，死后武宗籍没其家，另一中尉鱼弘志也被武宗治罪。武宗得以从容除去仇士良、鱼弘志，很大程度上是因为元和宦官在文宗朝几被消灭殆尽。武宗起用的宦官杨钦义、刘行深。杨钦义父为德宗时的中尉杨志廉，因支持顺宗而被迫致仕，刘行深父刘弘规，与仇士良所杀枢密使刘弘逸出于同一家族。武宗拔擢此二人掌枢密，标志着元和宦官从政治舞台中隐退。

　　武宗是穆宗存世的最后一个儿子，会昌六年（846）武宗崩，诸子年幼，宪宗第十一子光王勾结仇士良家族势力登上皇位，是为宣宗。宣宗母本为浙西叛臣李琦妾，唐代诸帝中以宣宗即位最为名分不正。为证明自己皇位的正统性，宣宗围绕子虚乌有的元和"逆党"大做文章，把穆宗诬为"逆党"之首，并以此为借口对穆宗系诸帝的政治势力进行清洗。宣宗诛元和"逆党"是赤裸裸的政治迫害，但也说明元和弑逆案对历史的直接影响一直波及四十年后的宣宗时期。

元和宦官能够操纵皇位废立二三十年，根源在于元和宦官控制神策军。宪宗时，神策左军之位本在右军之上，因宪宗遇弑之夜，左军中尉吐突承璀被杀，左军元气大伤。弑逆之党多出右军，故穆、敬、文三朝，右军位反在左军之上，敬宗先后两次遇弑，危急时刻皆赖左军相救，但是在右军梁守谦、王守澄等人的排挤下，左军中尉马存亮反被出为淮南监军。大和中，文宗诛除逆党，为牵制王守澄，遂起用仇士良为左军中尉，直至此时，左右两军才恢复至左军位在右军之上的正常状态。

在中晚唐皇位之争中，可以看到宦官世家在宫廷政治中的超强影响力。杨志廉、吐突承璀、马存亮、刘弘规等权宦，事隔几十年后，其养子养孙仍得把持宦官权要高位，其中杨氏家族至唐末杨复恭、杨复光权势更为煊赫。仇士良家族在武宗朝被籍没，宣宗朝立刻恢复至"家声赫奕"了。皇帝欲去宦官一姓犹不可得，更不用说消灭整个宦官集团了。

从中晚唐宫廷政治来看，唐代宦官在武力支持下，立君、废君、弑君等行为，不见于汉、明等宦官跋扈时期，并且宪宗以后，除懿、僖二宗外，宦官与皇帝的矛盾始终比较尖锐。顺宗、文宗都有夺取宦官兵权、诛除权宦的计划，二王集团和训、注集团皆因诛除宦官而得以形成。在这种情况下，仍然沿用习惯思维或政治理论，将宦官集团视为皇权的变异或延伸显然不足以准确揭示唐代宦官与皇权之关系。这是讨论中晚唐宦官政治时所必须注意的问题。

最后，笔者对中晚唐宦官政治中宦官与皇权的关系略作讨论。吴晗先生在《论皇权》一文中指出皇权是建立在武力基础上的治权，"不但就被治者说是片面强制的，即就治者集团说，也是独占的，片面的"[1],这决定皇帝不与其家族成员分享治权,只能与无血统关系的外姓士大夫共治天下。历史上曾出现东晋"王与马共天下"及宋代皇帝"与士大夫共天下"等政治格局[2],中晚唐时期因社会政治转型,皇帝对驭制外朝文武官僚信心不足,只得转而委任宦官,这一特殊政局亦可用"与宦官共天下"来加以概括。需要指出的是,任何取得"共天下"资格的政治集团,其权力合法性都来自于皇权,但是与皇权的关系则不尽相同。依附皇权、无法对皇权构成实质威胁的士大夫官僚被视为常态,在外朝胁迫皇权的东晋门阀被视为变态,进一步直接挟制皇权的中晚唐宦官集团更属变态之列。有些研究者坚持宦官始终属于皇权的延伸,把宦官挟制皇帝视为皇权内部的权力分配问题。这种意见实质上没有注意到中晚唐宦官政治的特殊性。中晚唐宦官挟制皇帝是一个持续的政治现象,必有其制度上的根源,用皇帝与权宦之间的个人权力之争加以解释是没有说服力的。

其一,皇权以家天下为特征,皇帝要延续这种至高无上的权威,最基本是保证自己的直系血缘子孙能够继承皇位。但是在中晚唐时期,皇帝已不能指定自己子嗣为继承人,皇位继承制度几乎完全受宦官集团操纵。一方面,皇帝血缘较近者或皇帝指定的继承者无法顺利继位,宣宗等皇室内身份卑贱者得以荣登大宝。另一方面,宦官还往往直接动用神策军,杀死皇位之争中失败的李氏子孙,甚至弑逆皇帝本人。中晚唐诸帝中,宪宗、敬宗为宦官所弑,昭宗为宦官幽禁,皇帝的个人安全尚不足以自保,在宫廷皇位问题上,君主的至高无上性遭到宦官集团的践踏。

---

[1] 吴晗:《论皇权》,载吴晗、费孝通等撰:《皇权与绅权》,观察社1948年版,第39页。
[2] 分见《资治通鉴》卷91晋元帝大兴三年十月丙辰条时人语;《续资治通鉴长编》宋神宗熙宁四年三月戊子条文彦博语。

其二，就皇权对天下的治权而言。皇帝对全国的人民土地财富等拥有最后生杀予夺的权力。中晚唐时期，宦官为满足皇帝驭制相权的需要而登上政治舞台，最初可视为皇权的延伸，但是在神策军的支持下，宦官权势迅速膨胀，以两军中尉、枢密使为核心在南衙官僚之外形成一套权力体系。在宦官势力的强势侵夺下，相权遭到抑塞，宦官权势取代相权，对皇权的权威构成新的挑战。特别是当违背宦官集团意志时，皇帝诏令不再具有最高权威。例如，顺宗以范希朝为京西神策行营节度使，宦官嘱边将不以兵属希朝。文宗大和末，宦官族灭朝官家十余家，文宗不敢过问。刘季述幽禁昭宗，以银挝画地，数落昭宗曰"某时某事，汝不从我言，其罪一也"[1]，如此数十不止。类似的例子还有不少。可以说，宦官参与政治的直接原因是抑制相权，但是宦官政治形成以后，皇权、相权、宦官权势相互关系发生变化，皇权与相权的矛盾退居次要地位，皇权反而更多地联合相权来打压宦官。仍然坚持将宦官权势视为皇权的一部分，就无法解释皇帝为何屡次联合宰相谋除宦官的历史事实。

不论皇帝自身至高无上的权力，还是皇帝对天下的治权，宦官集团都表现出凌驾君主之上的特点，事实上成为一个相对独立的政治集团。秦汉以后中国政治的主流传统是皇权政治，同门阀政治一样，宦官集团同样也离不开一个虚弱但仍维持一定权威的皇权。宦官集团起自内廷，其政治利益同皇权是一致的。当皇权摇摇欲坠，受到威胁时，宦官集团最终总是站在皇权一边。概而言之，在军权的支持下，宦官集团虽然相对独立的政治势力，但是其与皇权的关系仍未摆脱既依赖又矛盾的框架，是除东晋门阀政治之外，皇权政

---

[1]《资治通鉴》卷262昭宗光化三年十一月庚寅条。

治的又一变态形式。

三、宦官政治视域下的外廷政治

自两军中尉体制创立以后，宦官势力逐渐向内廷渗透。在外廷主要表现为以枢密使为首的宦官势力对宰相权力的侵夺。

开元中张说中书门下体制改革造成中书权重，相权因缺乏制约而膨胀。相权过重的关键是宰相独掌拟诏之权。肃、代时期，元载、崔佑甫、常衮、杨炎等皆因善于草诏而超擢拜相，甚至连品秩卑微的中书主书也得以擅作威福。为了分割中书之权，在中书体系外逐渐发展出两套直接服务于皇帝的文书顾问机构。一个是由翰林学士充使的翰林学士院，另一个就是枢密使所在的枢密院。枢密使最初仅置一员，负责在皇帝与宰相之间传宣诏旨，宪宗时期战事频繁，枢密使与翰林承旨、宰相一起参决军国枢密，成为决策中枢中的一员。

宦官侵夺相权，向外廷渗透势力的一个结果就是中晚唐宦官集团具有鲜明的官僚化特征。唐代宦官入内侍省同样被称为"入仕"、"释褐"。各级官僚所享有的使、阶、职、勋、爵、赠等宦官也同样享有，甚至还出现中尉、枢密使等专由宦官充任的使职。特别是甘露之变后，宦官集团"内大臣"的身份得到官僚集团的认可。中晚唐在外朝已有一个官僚集团，之所以又产生宦官这一特殊的"官僚集团"。根源仍然要从唐宋社会转型谈起。在中国地主制封建社会由前期向后期过渡时期，皇帝丧失对文臣武将直接有效的控制。两军中尉由家奴升格了的特殊武臣，两枢密则由家奴升格为特殊的文臣。作为特殊的"官僚集团"，最初登上舞台仰仗皇权，但是家奴毕竟不等于皇权本身，除去因生理原因无法造反外，宦官集团作为特殊的"官僚",也有自己有别于皇帝和官僚的群体利益。宦官集团的官僚化是我们理解这一时期宦官集团与外朝官僚关系的切入点。

如前所述,相权过重是唐宋社会转型时期产生的政治问题,枢密使参决机密,对相权构成一个有效牵制,符合抑制相权的历史趋势。但是由于枢密使地居近密,且有神策军为武力支持,其权势扩展很快,外朝宰相反而依附于枢密使。陈寅恪先生指出"士大夫之党乃阉寺党之附属品",又言"外朝士大夫朋党之动态即内廷阉寺党派之反影。内廷阉寺为主动,外朝士大夫为被动"[1]。为什么外朝宰相会成为内廷宦官的"反影"?究其根本,在于梁守谦等枢密使居中预决军国大事,可以左右宰相人选,不论牛党还是李党入相都需要宦官居中援引。李宗闵以枢密使韦元素为奥援,李德裕两次拜相分别与枢密使王践言、杨钦义的引荐有直接关系。自穆宗以后,外朝牛、李双方欲在政治上有所作为,不可能真正地反对宦官。这是我们考察牛李党争与宦官关系的一个底线。

陈寅恪先生关于外朝士大夫为内廷阉寺党派"反影"的论断,用宦官政治的角度去考察牛李党争,非常精确。关于牛李党争的性质,陈先生认为牛、李党争的性质是新兴的文辞进士之科与门阀旧族之间的斗争,这一观点在史学界影响甚广,但是遭到岑仲勉先生的有力批驳。[2] 就出身而言,直至唐末,高阶官僚仍以士族为主。据毛汉光先生统计,唐代宰相总数366人,崔、卢、李、郑、王、韦、杜、薛、柳等十八家大士族在唐代产生宰相186人,占到了宰相总

---

[1] 陈寅恪:《唐代政治史述论稿》,河北教育出版社2002年版,第304页。
[2] 岑仲勉:《隋唐史》第四十五节,河北教育出版社2000年版,第392—406页。

数的一半以上。[1] 唐代科举取士，所取进士多为崔、卢、李、郑等士族高门。中唐以后，面对日益严峻的统治危机，士族也发生分化，有些从长远利益出发，主张改革，有些因循守旧，固守既得利益，牛李党争即是改革一派与保守一派之间的争论。不论牛党、还是李党，都不能代表新兴庶族的利益。

中唐以后，均田制瓦解，租佃制成为最基本的土地制度，普通庶族士人及其他富裕民户子弟作为新兴阶层开始登上历史舞台，陈先生所论"新兴阶级"应该是客观存在的，但是中晚唐操纵外朝政局的牛李双方仍然以士族为主，这说明尽管庶族地主在经济上已经兴起，但是他们并没有取得相应的政治地位。那么，中晚唐究竟有没有"新兴阶级"的政治利益的代表呢？

当皇权对文臣和武将都不信任的时候，就会把军权和行政权交给身边亲信之人，这是宦官政治出现的条件。同理，当宦官挟制皇权的时候，宦官也不被信任，皇帝会继续在身边其他人群中寻找政治代言人。除宦官之外，皇帝周围还存在一群以医、棋、书、僧道、术数等以某种伎术见幸的人，唐代这些以伎术近幸之人多被称为翰林待诏。唐代伎术之士社会地位很低，当皇权在宫内外陷入孤立的时候，同宦官一样，近幸之臣也参与政事。中唐顺宗时期的王叔文集团和文宗时期的训、注集团都属于这样的集团。

王叔文集团的核心人物王叔文为棋待诏，王伾为书待诏，训、注集团的核心人物李训善《易经》，郑注善医术，虽然李训、郑注不是翰林待诏，但身份上与二王类似，都是以伎术被皇帝恩幸的人。从加入此二人集团来看，几乎没有公卿士族子弟，主要是锐意

---

[1] 毛汉光：《中古社会史论》第九篇《唐代大士族的进士第》，上海书店2002年版，第336页。

进取的庶族文士。二王集团和训、注集团成员实际上是兼跨内廷、外朝，由内廷近幸和外朝文士组成的政治集团，故称之为文人近幸集团。

在中晚唐宦官政治条件下，宦官集团的权势并非完全直接来自皇权，对皇权的依附性大为弱化。以反对宦官为直接政治目标的文人近幸集团是中晚唐宦官集团成为独立政治势力的有力证明。当然，文人近幸集团同皇权的强弱有很大关系。皇权暗弱、不足以驭制时局是文人近幸政治集团形成的重要条件。宪宗是强有力的英武之主，元和朝张宿以口辩，皇甫镈、程异以敛财得幸于宪宗，此数人未能形成政治集团。

被宦官集团和公卿士族斥为奸邪的文人近幸集团尊崇皇室、打击宦官、遏止朋党，所代表的正是庶族士人的政治主张。二王集团和训、注集团绝大多数成员都是进士出身，李训本身即是进士。中晚唐时期，进士取士成为朝廷选拔官吏的主要途径。牛李两党进士多为士族或公卿子弟，文人近幸集团亦有进士，但是更多的为庶族文士，这岂不正好说明文人近幸集团就是陈先生等所说的"新兴阶级"吗？

文人近幸集团及其两次反对宦官政治的失败，充分说明新兴庶族士人还不是独立的政治力量，也说明在宦官政治中，留给新兴阶级的政治空间极其有限。宦官政治事实上阻碍了新兴庶族在政治上的发展，此点尤应为治史者所重视。

四、宦官政治的终结

宦官政治中，宦官牢牢控制住军权，在内廷以神策军挟制君主，在外廷牛李等士大夫皆不同程度地依附于宦官，因此，宦官政治是不可能从内部突破瓦解的。宦官政治的终结只能借助外力的作用，这个外力就是唐末农民大起义和藩镇割据。僖宗广明元年（880），黄巢率起义军攻入潼关。神策军军士多是市井之徒冒名军籍，对农民军闻风溃散，僖宗仓皇奔蜀。德宗贞元中建立的神策军体系崩溃。其后田令孜在西川募置十军五十四都，十军各立名号，神策中尉主要通过养父子关系来控制诸军。重组的神策军更是不堪一击，基本上丧失其威慑作用，昭宗受强藩逼迫，屡有播迁。天复三年（903），朱全忠尽屠宦官，废神策军，标志着唐代宦官政治的终结。

唐代宦官政治从贞元十二年（796）创立神策两军中尉制开始至天复三年朱全忠尽屠宦官结束，前后延续一百余年，这一百余年是唐宋社会转型的过渡时期，宦官政治为封建社会由前期向后期转变提供了缓冲。没有两军中尉制度，朝廷不可能建立并控制如此规模庞大的神策军。没有枢密使分割相权，类似杨国忠、李林甫、元载那样的权相必将层出不穷。李唐的统治，或亡于乘虚而入的外族，或亡于手握强兵的武将，或亡于窃取高位的权相。中国历史演进的轨迹极可能直接进入五代十国的乱世局面。

中晚唐宦官政治产生的初衷是维护皇权，其权力来源也是皇权。宦官集团凌驾皇帝之上，只能说那是皇权政治在唐宋社会转型时期的一种变态，一旦这种变态存在的条件被打破，宦官政治必然会向皇权政治回归。宦官政治对后世皇权政治影响最大的就是枢密院及相关制度。

其一，枢密院成为最高军政机构。

枢密使与神策中尉并称四贵，但是与皇帝的亲疏差别显著。两军中尉握有兵权，操纵废立，因而与皇帝互生猜嫌，枢密使传宣诏旨，出赞皇谋，同皇权更为亲密。正因为枢密使与皇权更密切，其权势一直在稳步扩大，元和时已置有枢密院，后又发展为上下两院，赵和平先生据敦煌文书《记室备要》，考订出枢密使是地方监军的"长官"。[1] 枢密使之与各地监军之关系，犹如宰相之与各地节度使之关系，俨然已有宰相之职责。而两中尉则始终没有发展出类似枢密院那样的行政机构。黄巢起义后，神策军遭到毁灭性打击，枢密使及枢密院很大程度上充当着军事决策者和军事决策机构的角色。昭宗景福二年（893），李茂贞、王行瑜称兵犯阙，杀枢密使李周潼、段诩及中尉西门重遂。乾宁二年（895），王行瑜、李茂贞、韩建三帅再次犯阙，杀枢密使康尚弼。枢密使遭强藩忌恨，盖当日发神策军讨伐凤翔，以及拒将良原等城镇禁兵隶强藩皆发自枢密使。在宦官政治的后期，枢密院已经体现出最高军政机构的迹象。[2]

其二，中枢体制由三省六部制向中书、枢密院并掌文、武二府过渡。

唐前期军队由尚书省兵部负责，皇帝并不直接掌握军队。中晚唐宦官政治条件下，两军中尉独掌军权，枢密使与中书门下共掌行政权，皇帝通过宦官集团直接控制军队和外朝官员，这种变化是向着强化君主独裁方向演进的。朱全忠尽诛宦官，废宦官内诸使司，枢密院得以保存，但枢密使改由文人或武人充当。经过五代时期错综复杂的演变，宋代中枢制度最终定型为中书、枢密院对掌文、武二柄的政府组织形式。中晚唐宦官政治在唐宋政府组织形式转型中的作用问题见图3、4、5。

---

[1] 赵和平：《〈记室备要〉初步研究》，《赵和平敦煌书仪研究》，上海古籍出版社2011年版。
[2] 李全德认为，唐代枢密院没有发展为军政机构的迹象，并认为后世枢密院与唐代枢密院无渊源关系，参见《从宦官到文臣：唐宋时期枢密院的职能演变与长官人选》，《唐研究》第11卷，北京大学出版社2005年版。

图3　唐前期中枢权力机构示意图

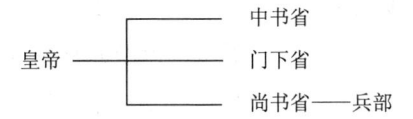

```
         ┌── 中书省
皇帝 ─────┼── 门下省
         └── 尚书省──兵部
```

图4　唐中后期中枢权力机构示意图

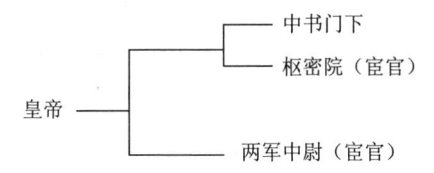

```
         ┌── 中书门下
         ├── 枢密院（宦官）
皇帝 ─────┤
         └── 两军中尉（宦官）
```

图5　宋代中枢权力机构示意图

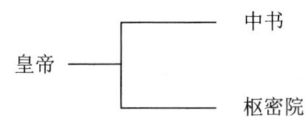

```
         ┌── 中书
皇帝 ─────┤
         └── 枢密院
```

可以清楚地看出，中晚唐宦官政治是唐宋转型中政府组织结构变化中至为关键的一步。五代及宋人所做的不过是除去不合时宜的两军中尉，然后将枢密使由宦官改为士人而已。与唐前期三省制相比，借助宦官政治，皇帝对军权、对相权的控制变得更直接了。一旦皇权从宦官政治的病态中解脱出来，君主独裁政治得到强化的本来面目就会展现给世人。从表面看，中晚唐皇权不断衰落，与唐宋转型期皇权不断强化是个悖论，事实上，中晚唐君主独裁也在不断强化，不过是以宦官政治这种变态的形式而进行的。

宦官集团是统治集团中较为腐朽的政治势力，旧史家从封建正统观点出发，斥为"宦官之祸"。近年来虽有研究者承认宦官专权在维护国家统一等方面的积极作用，但是仍将宦官简单地视为皇权的附庸，对其历史定位有失偏颇。通过对中晚唐宦官政治的讨论，可以重新做出如下认识：

中晚唐时期是中国地主制封建社会由前期向后期转变的过渡时期，这一时期在土地制度、军事制度及职官制度等方面都发生了深刻的变化。由于安史之乱突然爆发，过早地打破旧的统治秩序，而新的秩序尚未得到充分的孕育发展，由此引发一系列军事、政治问题。首先是在募兵制下，朝廷失去对军事力量的有效控制。其次是中书门下体系相权空前膨胀。由于最高统治者对文臣、武将同时失去信任，只能将自己的家奴——宦官集团推向政治前台。中晚唐宦官政治的出现不是某一皇帝的一时昏庸，而是社会转型期的特殊环境所决定的。经过一系列复杂的演变，在军事制度上形成神策两军中尉制度，在官僚制度上形成两枢密使与宰相共享决策权的中枢决策机制。

唐代宦官既有军队，又有财赋，还形成世家，因此唐代宦官不应看作皇权的附庸，而应视为一种相对独立的政治势力。宦官的权力来自皇权政治，既依赖皇权又同皇权存在矛盾，最终还要回到皇权政治之中去。由于新兴庶族士人在宦官政治中遭到排斥，随着租佃制和庶族阶层的兴起，宦官政治必然走向崩溃。如果我们将宦官视为特殊的"官僚"，那么，宦官政治同样也遵循中国古代宰相制度由内朝转向外朝的一般规律。宦官政治终结后，枢密使和枢密院作为宦官政治最主要的政治遗产，被五代所沿承，并对宋代政权组织形式产生重要影响。这就是本文的最后结论。

墓葬中的窣堵波
——再论武惠妃石椁上的勇士神兽图

王庆卫（西安碑林博物馆）

    陕西历史博物馆2010年入藏的唐敬陵武惠妃（贞顺皇后）彩绘石椁以其宏大的规模再现了盛唐文化的风采和广纳百川的唐帝国特征，很快就引起了学术界的关注和讨论。[1]武惠妃石椁内外都雕刻着精美的图案，内壁以传统的仕女图像为主，外壁以卷草为基础穿插有人物和动物形象。内壁的图案在唐代的遗存或遗物中多有发现，外壁的图案则十分少见，尤其引起大家争论的主要是其中的四幅勇士神兽图，本文在分析外壁图案整体内涵的基础上，认为这四幅图像可能是犍陀罗佛教艺术中的护法者赫拉克勒斯和狮子形象的变体，而整个石椁外壁图案则是组成了一幅佛教的涅槃之地——窣堵

---

[1] 葛承雍：《唐贞顺皇后（武惠妃）石椁浮雕线刻画中的西方艺术》，荣新江主编：《唐研究》第16卷，北京大学出版社2010年版，第305—323页；李杰：《勒石与勾描—唐代石椁人物线刻的绘画风格学研究》，西安美术学院博士论文，2011年；葛承雍：《再论唐武惠妃石椁线刻画中的希腊化艺术》，《中国国家博物馆刊》2011年第4期；程旭、师小群：《唐贞顺皇后敬陵石椁》，《文物》2012年第5期；葛承雍：《唐代宫廷女性画像与外来艺术手法——以新见唐武惠妃石椁女性线刻画为典型》，《故宫博物院院刊》2012年第4期；杨远超：《武惠妃石椁外壁屏风式花鸟画艺术特征初探》，陕西师范大学硕士论文，2012年；程旭：《唐武惠妃石椁纹饰初探》，《考古与文物》2012年第3期；田小娟：《武惠妃石椁线刻女性服饰与装束考》，《文博》2013年第3期；杨瑾：《唐武惠妃墓石椁纹饰中的外来元素初探》，《四川文物》2013年第3期。

波的墓葬化表现，故此本文提出我们的另一种解读意见，以为学界之参考。

一

　　武惠妃石椁造型精美，青石质，高约 2.45 米，宽约 2.58 米，长约 3.99 米，面阔三间进深二间，由盖顶、椁板、立柱、基座共 31 块石材组成，庑殿形顶，外壁整体纹饰使用对称布局，以神话人物和花鸟画面为主，绕以各种花草纹、动物纹、云纹等，各种艺术形象常常都是成组出现；内壁以仕女画面为主，边框饰花卉纹。

　　石椁外壁图案所反映出的宗教内涵和意义，葛承雍先生认为武惠妃石椁围绕着冥界主题没有采用佛教、道教或是儒家的生死关怀，而是取材希腊罗马神话源泉的原型构图蓝本，引入了新的西方神灵世界；[1] 程旭先生主张唐玄宗用皇后的礼仪埋葬武惠妃时，通过带有佛教色彩的盛大乐舞场景抚慰自己的这位宠妃，使其死后能够享受没有痛苦和烦恼的极乐世界，石椁外壁图案散发着浓厚的佛教意味，但同时还包含着其他的思想与信仰；[2] 杨瑾先生认为武惠妃石椁外壁的图案许多都具有祆教艺术色彩，程序化地表现或反映了当时社会的普遍思想和追求。[3] 从几位先生的观点中我们深受启发，本文倾向于石椁外壁的图案整体表达的都是佛教的内涵，其中不乏中原文化的元素，不过很可能已经佛教化或者被佛教艺术所借用了。对于外

---

[1] 葛承雍：《唐贞顺皇后（武惠妃）石椁浮雕线刻画中的西方艺术》，第 305—323 页；葛承雍：《再论唐武惠妃石椁线刻画中的希腊化艺术》，《中国国家博物馆馆刊》2011 年第 4 期。
[2] 程旭：《唐武惠妃石椁纹饰初探》，《考古与文物》2012 年第 3 期。
[3] 杨瑾：《唐武惠妃墓石椁纹饰中的外来元素初探》，《四川文物》2013 年第 3 期。

壁图案中的佛教色彩，程旭先生已经对其中的伎乐图像、飞天供奉和迦陵频伽论述颇多，笔者就其中还未讨论或可以增益的部分做进一步的分析。

第一组：鸿雁形象。在石椁外壁的不同部位雕刻的鸿雁形象有十三只之多，有的展翅飞翔，有的口衔璎珞颈系绶带，有的立于牡丹花上，有的作回首状，还有的鸿雁成对出现，姿态变化万千各具特色。雁的形象在唐代是常见的祥瑞图案，在石椁中出现如此多的鸿雁形象，不仅仅是为了表现一般的思想和信仰，应该有着独特的宗教意义。

唐代有些舍利容器上出现了鸿雁纹饰，如陕西周至仙游寺法王塔天宫出土的银棺上装饰一对鸿雁，法门寺塔基地宫出土的六臂观音金函盖刹部位也装饰有鸿雁。鸿雁是世俗纹样中吉祥的象征，含有祈求夫妇和谐、生活美满之意，常见于唐代铜镜、金银器等日用器物，将这些纹样装饰在舍利容器之上，这反映的不仅是文化融合的问题，更是供养者对美好生活期盼心情的一种折射。[1] 除此之外，雁在佛教中有着重要的地位，更是佛教文化的一个重要代表符号。

《大唐西域记》卷9《雁窣堵波》："昔此伽蓝，习玩小乘。小乘渐教也，故开三净之食。而此伽蓝遵而不坠。其后三净，求不时获。有比丘经行，忽见群雁飞翔，戏言曰：'今日众僧中食不充，摩诃萨埵宜知是时。'言声未绝，一雁退飞，当其僧前，投身自殒。比丘见已，具白众僧，闻者悲感，咸相谓曰：'如来设法，导诱随机，我等守愚，遵行渐教。大乘者，正理也，宜改先执，务从圣旨。此雁垂诚，诚为明导，宜旌厚德，传记终古。'于是建窣堵波，式昭遗烈，

---

[1] 冉万里：《中国古代舍利瘗埋制度研究》，文物出版社2013年版，第158页。

以彼死雁，瘗其下焉。"[1]

飞雁自殒而给众僧带来佛法感悟，这是雁在佛教中可以作为供养物出现的一个例证。佛陀三十二相中手指缦连如雁，"尔时雁王者，我身是也"[2]，故佛陀可称之为雁王，而佛堂在佛典中经常被称为雁堂或雁宇。《大方便佛报恩经》中有五百飞雁化身为五百罗汉的故事，另外还有五百飞雁闻佛法然后得以升天的传奇记载，这些都是佛教寓教化于故事之中，通过故事向人们说教传法的重要手段。在佛教当中，雁有时候不仅仅可以用来指代佛陀本人，更是与佛教的弘法息息相关。

隋释智顗《摩诃止观》："所言慧眼见者，其名乃同实是圆教十住之位。三观现前入三谛理，名之为住，呼住为慧眼耳。故法华云：愿得如世尊慧眼第一净，如斯慧眼分见未了。故言如夜见色空中鹅雁，非二乘慧眼得如此名，故法华中譬如有人穿凿高原唯见干土，施功不已转见湿土，遂渐至泥后则得水。"[3]

上文雁和鹅并称，两者之间有着一定的类似或关联性。[4] 在中土佛教文献中屡见飞雁，这是不是遗留有早期佛教中天鹅事迹的影响？在迦腻色迦圣骨盒盖侧面装饰着飞翔的天鹅，一般认为鹅在这里表示着引导灵魂飞升的含义，武惠妃石椁中出现的众多雁是否也有着类似的含义，或者说中土佛教中飞雁是否有贵霜王朝鹅的象征性，这都是需要进一步关注的地方。

今天西安的大雁塔，坐落于唐代的大慈恩寺内，对于大雁塔名

---

[1] 《大唐西域记校注》，中华书局1985年版，第770—771页。
[2] 《法句譬喻经·忿怒品第二十五》，《大正新修大藏经》第四卷，第596页。
[3] 《摩诃止观》卷3上，《大正新修大藏经》第四十六卷，第25页。
[4] 孙英刚先生指出：汉文典籍中的鹅与雁在梵文中经常是同一个词表示的，汉文中的差别经常是翻译原因造成的。

称的由来虽然还没有比较完善的答案[1]，但是从其命名可以看出雁在佛教中有着举足轻重的地位。在敦煌莫高窟第158窟涅槃佛佛枕上面雕刻有联珠纹衔绶带大雁的纹样，涅槃情境下出现的雁纹与武惠妃石椁上出现的雁纹似乎都有着和死亡相关联的寓意，而这也为理解雁在佛教中的内涵进一步提供了线索。

第二组：狮子形象。在石椁外壁出现了十多幅狮子的形象，根据画面可分为三类：类一，是单独一体的狮子，这种形象出现最多，造型多头顶双角，和别的动物或植物图案构成完整画面；类二，是骑狮图，这种图像共有三幅，狮子肩生长翼回首瞪目怒视骑者；类三，是还有一幅狮子追扑噬羊的画面。石椁外壁狮子的造型富于变化，多是保持着狮首，身体已经瑞兽化了。

佛教中经常以狮子象征佛陀，佛陀一般被称为狮子王。在佛陀的本传故事流传中，狮子在其世系、修行、弘法等层面均有着极为重要的象征意义，如"佛上身如狮子相"、"佛之说法犹如狮子吼"等。在南北朝的造像中佛和狮子经常一起出现，狮子充当着佛法的护卫者形象，之外也作为衬托佛陀力量的动物而出现。[2]《大般涅槃经》中把狮子的品行和德行与佛陀联系了起来，尤其是大乘佛教更是将狮子吼附会为佛陀天生的能力，而且狮子吼被指示为佛陀弘法更是普遍的认识。在武惠妃石椁上面出现如此多数量的狮子形象，不能不让我们对整个石椁的艺术选择有所重视。

《新唐书》卷76《后妃上》："玄宗贞顺皇后武氏，恒安王攸止女，

---

[1] 阎文儒：《西安大雁塔考》，《史学月刊》1981年第2期；王泽民、巨亚丽、王磊：《西安大雁塔名称溯源—兼论九百年来的一个误解》，《考古与文物》1994年第4期；申秦雁：《西安大雁塔名称溯源补正》，《考古与文物》1999年第2期。

[2] 关于狮子在中古陵墓礼仪空间中的使用，可参见李星明：《护法与镇墓：唐陵礼仪空间中的石狮》，复旦大学文史研究院主编：《佛教史研究的方法与前景》，中华书局2013年版，第18—35页。

幼入宫。帝即位,寝得幸。时王皇后废,故进册惠妃,其礼秩比皇后。……生子必秀嶷,凡二王、一主,皆不育。及生寿王,帝命宁王养外邸。又生盛王、咸宜太华二公主。后李林甫以寿王母爱,希妃意陷太子、鄂光二王,皆废死。会妃薨,年四十余,赠皇后及谥,葬敬陵。"[1]

武惠妃虽然得享荣华富贵,却命途多舛,儿女多生变故,加之武氏家族的尚佛传统,一般认为武惠妃是一位虔诚的佛教徒。[2]对佛陀与狮子之间的关系是否接受或认同,了解这些比喻及其在佛教艺术中的表现,是区分佛教徒和非佛教徒的重要指标之一,佛陀与狮子的比喻和象征的主体意识存在于佛教徒的意识之中,这也是信徒们从中汲取信仰力量的一种重要方式。[3]在武惠妃石椁中出现大量的狮子纹饰,正可以说明武惠妃石椁在营造时对本人信仰的重视,同时似乎也暗示着希望利用狮子形象的威猛来庇佑武惠妃的灵魂。

在敦煌绘画中有通过狮子攻击水牛来描绘佛陀弟子舍利弗战胜外道牢度叉的故事,石椁中刻画的狮子扑盘羊的图案,是否也蕴含着佛陀摧毁外道的意义呢?没有直接的证据表明这种推测,但是从中国僧人对狮虎的认识和解释,以及以猛虎取代狮子的例子来看,这种改变图像中的某些因素的可能性是存在的。

第三组:童子形象。石椁上童子众多,整个周边不同位置共有七八种不同的造型(图一),而且均为两两出现左右对称。其中最多

---

[1]《新唐书》卷76《后妃上》。
[2] 武惠妃作为武则天的亲族,在其成长的过程中受到了武则天思想信仰的很大影响,关于武氏家族的佛教信仰学者论述颇多,最有代表性的论著可参见陈寅恪:《武曌与佛教》,《金明馆丛稿二编》,生活·读书·新知三联书店2001年版,第153—174页;《记唐代之李武韦杨婚姻集团》,《金明馆丛稿初编》,生活·读书·新知三联书店2001年版,第266—295页。
[3] 陈怀宇:《动物与中古政治宗教秩序》,上海古籍出版社2012年版,第256页。

的一类是莲花童子形象，这类童子或坐或立，有的手持莲叶，有的手捧果盘，不过多与莲花一起出现，似与佛教典籍中的莲花童子有关；还有一类童子形象是手捧果盘，伸腿骑在大雁身上，大雁呈展翅高飞之状。

石椁上的童子图案，葛承雍先生认为是希腊罗马题材中的小爱神，他们常常成为家庭幸福生活的引导者，也是新生精灵的精神象征。[1] 对于石椁中大量的童子形象，笔者更倾向认为这是受犍陀罗佛教美术波及所致，虽然犍陀罗艺术中的童子形象深受希腊罗马题材中的爱神影响，但所表示的含义已经和希腊艺术有所不同。

犍陀罗艺术中的植物、动物和童子形象，似乎有意强调动植物的繁荣和生命的复苏。在犍陀罗美术中，扛花环的童子是极具代表性的题材，迦腻色迦舍利容器的中间部位就有童子扛花环的形象。扛花环的童子在古罗马时期一般用在两个方面，一个是战胜的画面，一个是葬礼的画面，后者所象征的是死者在另一个世界的荣光，大量用于石棺浮雕中。犍陀罗佛教美术中扛花环的童子图，一般被雕刻在窣堵波上面，这种做法就是将佛陀的永恒世界（窣堵波）以乐园来加以修饰，穿插童子形象从而成为丰饶乐园和再生的最好象征。[2]

在武惠妃石椁外壁的童子形象多与莲花一起出现，有的童子还盘坐于莲花花瓣中央，莲花在佛教中有着特别的意义，莲花化生与犍陀罗艺术中扛花环的童子的寓意如出一辙，都可以表达转生的主题。在犍陀罗佛教美术中，不仅有扛花环的童子形象，还有表现裸体童子各种姿态的画面，对比石椁中各种童子形象，就会发现石椁的构图和犍陀罗的雕刻方法十分类似，不过进行了中国化的改造。

---

[1] 葛承雍：《再论唐武惠妃石椁线刻画中的希腊化艺术》，《中国国家博物馆馆刊》2011年第4期。

[2] 〔日〕宫治昭著，李萍译：《犍陀罗美术寻踪》，人民美术出版社2007年版，第47页。

在佛教美术中大量出现表现生命力的童子形象，无疑蕴含着亡者对再生的向往，这也与黄泉下的美术所要追求的目标是一致的。

经过前文的讨论，笔者以为石椁外壁的图案虽然有些雕刻还不能——和佛教中的具体形象作对比分析，但整体意蕴表现的是与佛教相关联的构图思想。

二

石椁上的四幅勇士神兽图分别两两对称分布在石椁大门两侧的窗棂之下（图二），编号1、2的处于左边窗棂下，3、4的处于右边窗棂下。编号1的图案中人物造型留有胡须，额头戴日月冠饰带，全身穿紧身衣服，双手拽着狮形神兽，身体紧绷；编号2的图案中人物腰部束紧而下肢细长，头戴长条饰带，颈戴数圈有吊坠的项圈，腰系革带，脚蹬波浪纹软尖鞋，双手紧绷神兽缰绳；编号3的图案中人物秃顶，卷发后梳下披，下巴胡须稀疏，颈戴三环项圈，一手拽绳，一手拉绳缠指下末尾，瑞兽狮首虎身，鬃毛后卷；编号4的图案中人物全脸髯须，脚穿尖顶鞋，头顶环形饰带，双手拉紧缰绳拽着狮形神兽。

对于这四幅雕刻，葛承雍先生认为表现出的是中外文化交流元素中的希腊化艺术[1]，程旭和杨瑾两位先生则认为属于传统观念中的胡人训狮图案。[2] 武惠妃石椁外壁的图案整体风格属于佛教色彩，处

---

[1] 葛承雍：《唐贞顺皇后（武惠妃）石椁浮雕线刻画中的西方艺术》，第305—323页；葛承雍：《再论唐武惠妃石椁线刻画中的希腊化艺术》，《中国国家博物馆刊》2011年第4期。

[2] 程旭：《唐武惠妃石椁纹饰初探》，《考古与文物》2012年第3期；杨瑾：《唐武惠妃墓石椁纹饰中的外来元素初探》，《四川文物》2013年第3期。

于显要部位的勇士神兽图也应该是属于佛教蕴涵的图像，笔者以为这四幅图表现的可能是力士狮子的含义。

《洛阳伽蓝记》卷1《城内·永宁寺》载："（永宁寺）南门楼三重，通三阁道，去地二十丈，形制似今端门。图以云气，画彩仙灵，列钱青璪，赫奕华丽。拱门有四力士、四师子，饰以金银，加之珠玉，庄严焕炳，世所未闻。"[1]

永宁寺早在北魏迁洛初期已在孝文帝关于都城建设的构想之中，直到孝明帝熙平年间始由胡太后付诸实现。永宁寺的建成，开创了有关寺院建筑、雕塑等方面的新格局，永宁寺作为北魏国寺，建成之后对后来的佛教艺术产生了重大的影响，孕育着隋唐时期的萌芽。[2]永宁寺南门是整个寺院的轴心之处，作为拱卫南门的雕塑原则一定有着严格的佛教意义，拱卫南门的四力士和四狮子形象，用金银、珠玉装饰，庄严肃穆。

古代的门户具有分界和通贯的双重作用，是空间控制与社会控制的重要设施，所谓"门户之政"有着实际的意义。[3]在墓葬美术中棺椁上雕刻的门窗有着独特的地位和象征性，这种宗教学上的意义和永宁寺南门的寓意十分接近，这四幅图案雕刻在石椁门的两侧，这和永宁寺南门的情况基本一致，根据类比原则把两者进行比较是比较合理的。由于文献记载不清晰，无法确知永宁寺力士狮子的具体情况，不过四个人物、四只动物的组合两者是一致的，那么通过从表现内涵上来进行比较，武惠妃石椁上的四幅勇士神兽图案是否

---

[1]《洛阳伽蓝记校释》，中华书局2010年版，第6—8页。
[2] 中国社会科学院考古研究所：《北魏洛阳永宁寺（1979—1994年考古发掘报告）》，中国大百科全书出版社1996年版，第153—155页。
[3] 刘增贵：《门户与中国古代社会》，《"中央研究院"历史语言研究所集刊》1997年第68本第4分册。

和这种力士狮子图有关联呢?

　　勇士神兽图的雕刻特点,葛承雍先生已经有了非常详细的论述,对于他提出的希腊化特点我们表示赞同,不过笔者以为这种希腊化并不是直接产生的影响,而是经过犍陀罗佛教艺术的改造后对中土的影响所形成的。

　　在希腊神话中,最著名的勇士就是赫拉克勒斯(Heracles),他是希腊神话中的著名英雄,他先后完成了十二项危险的任务,后来成为奥林光辉中的大力神。在赫拉克勒斯的任务当中,完成的第一项就是要杀死内梅亚森林中危害平民生命的一头雄狮,这头雄狮是一个巨大而可怕的怪兽,赫拉克勒斯经过与雄狮搏斗用自己的木棒打昏了雄狮,然后用双手将它扼杀。从希腊神话可以看出赫拉克勒斯和狮子有着十分密切的关系,在许多希腊雕刻中和狮子一起出现的人物指的都是赫拉克勒斯。

　　犍陀罗艺术是希腊神话中的英雄和女神在当地的文化与宗教信仰下,自然地与佛教的精神相交融所产生的。犍陀罗艺术中各类佛教神祇的造像,绝大部分借用了希腊罗马古代众神的外形,金刚力士就普遍借用了古代希腊罗马的大力神赫拉克勒斯的外形,希腊的大力神赫拉克勒斯就是在贵霜时期进入了犍陀罗地区。将赫拉克勒斯形象铸在钱币上为希腊诸王所通用,赫拉克勒斯形象在贵霜王朝的银币上已有出现,近代在犍陀罗地区发现了大量背后有赫拉克勒斯形象的钱币,钱币的正面是当代国王的头像,背面是赫拉克勒斯手持木棒和狮子皮的立像,将希腊大力神赫拉克勒斯用在钱币上,有护卫国王和捍卫国家利益的用意,也显示出赫拉克勒斯的重要地位。[1] 赫拉克勒斯在犍陀罗佛教美术中一出现,就和佛陀紧密联系在

---

[1] 霍旭初:《龟兹金刚力士图像研究》,《敦煌研究》2005年第3期。

了一起，往往是作为护法者的形象出现的，这和赫拉克勒斯护卫王权的观念是同出一辙的。

巴基斯坦的安丹赫里出土有一件浮雕，在佛左侧的部位站立着裸体的赫拉克勒斯，左肩扛着大木棒，右臂搭着狮子皮。收藏在英国大英博物馆有一件大约为公元2—3世纪的石雕残件，佛陀左下方是一金刚力士，金刚力士披着狮子皮，头上戴狮头，右手紧握金刚杵，左手按在长剑柄上，这是将希腊赫拉克勒斯外形用于佛教金刚力士的一件极为典型的艺术作品。在佛教艺术发展过程中，赫拉克勒斯造型不断发生变化，大约在公元2—3世纪出现了头带狮头皮冠、手持金刚杵的造型，这种造型被固定下来之后，逐渐就从犍陀罗普遍流行并开始向西域以至更东的地方传播。

在中原佛教艺术中发现的天王像或力士像，是多种外来文化和中国本土文化不断融合与互动的结果，这些外来文化包括印度、犍陀罗、伊朗，间接包括古希腊罗马。[1]在力士像中，赫拉克勒斯的造型影响最为明显，可以说是从犍陀罗一路东行来到了中原大地，在这一路上不断适应新的变化，加入新的艺术元素，不过作为护法者的主要身份却一直保留着。巴楚托库孜萨拉依佛寺出土的金刚力士雕塑、高昌古城发现的力士图像壁画，都是赫拉克勒斯形象不断东行变化之后的产物。

通过上文分析，我们倾向于认为武惠妃石椁上的勇士神兽图是赫拉克勒斯和狮子造型的变体。在唐代塔基地宫或天宫中，狮子、天王以及金刚力士像是一种重要的供养品，如法门寺塔基地宫阿育王石塔一侧出土有2件彩绘石狮；陕西临潼庆山寺塔基地宫出土有三彩护法狮子；法门寺塔基地宫中室和后室石门两侧有天王

---

[1] 李淞：《长安艺术与宗教文明》，中华书局2002年版，第136页。

像。另外多有雕刻在石门上和甬道两侧的天王、力士等护法者的形象。

一般发现的力士多和佛陀一起出现，和狮子组合出现的比较少，但在犍陀罗佛教美术中这种构图的造像已经出现，赫拉克勒斯与狮子的图像至少有两种表现方式，一种是搏斗的场面，一种是和平的形式。在美国大都会博物馆收藏有一件公元1—2世纪赫拉克勒斯和狮子图像的浮雕（图三），这件浮雕出自犍陀罗地区，浮雕中的赫拉克勒斯全身赤裸，头上系着希腊英雄化的头饰，左臂上搭着狮皮，右手拿着一件大木棒，目光炯炯有神注视着左侧的狮子，狮子右前爪向前伸出，尾巴向上舞动充满了动感。浮雕以赫拉克勒斯为主体，狮子处于从属地位，不过两者之间并不是希腊瓶画中常出现的搏斗场景，而是看起来比较和平的画面，这种场景的出现可能和赫拉克勒斯与狮子同属于佛陀的护法者有密切的关联。

赫拉克勒斯和狮子的图像是犍陀罗艺术中很特别的一种，犍陀罗艺术随着佛教东传越过葱岭，这种图案应该也随着僧侣或商队传入了中原。北魏的力士多是手持金刚杵的形象特征，在永宁寺南门处出现的四力士四狮子的配合是否和大都会博物馆所藏的赫拉克勒斯与狮子图有内在的关联，或者说这种赫拉克勒斯和狮子图的佛教寓意影响了永宁寺南门处的力士狮子的组合选择，这些都需要引起我们特别的关注。

尼雅遗址的东汉墓曾经出土过一件夹缬蓝印花棉布，在上端残破处有佛脚、狮尾和蹄形痕迹，左下角有一个半身菩萨像裸体露胸，颈与擎上满配璎珞，头后有背光，手捧一个喇叭口形的容器（图四）[1]。从残存的人脚趾和狮尾看，这幅画的主体画面表现的是赫

---

[1] 李遇春：《新疆民丰县北大沙漠中古遗址墓葬区东汉合葬墓清理简报》，《文物》1960年第6期。

拉克勒斯斗狮子的图像。[1]

西安碑林藏《石台孝经》台基共分三层，最上面一层的东侧面刻有两幅人物狮子图，构图造型突出了狮子的比例，狮子栩栩如生刻画逼真，两幅图左右对称，内侧为狮子，外侧为人物，左边的人物左手拽着缰绳，右手举着前端弯曲如环状的棍形物（图五）；右边的人物形象上部有所剥刎，不过仍可以看出双手紧拽缰绳（图六）。同武惠妃石椁上的图案相比，两者构图非常相似，都突出了狮子的比例，不过《石台孝经》中的狮子写实性比较强，手举棍状物的人物头戴幞头帽，面部圆润，穿着宽大的汉服，看起来已经是中原人物形象了；右边的人物和武惠妃石椁图案中编号4的画面极其类似，穿着紧身衣服小腿曲线夸张，头上赤裸，侧脸高鼻深目，完全是西方人的造型，《石台孝经》和武惠妃石椁的这两幅图案可能有着共同的来源。《石台孝经》的年代为天宝四年，比武惠妃石椁晚七八年左右，可以认为《石台孝经》上线刻的人物狮子图也应是力士狮子的含义，右边的一幅还保留着犍陀罗的艺术痕迹，而左边的人物造型已经完全中国化了。在武惠妃石椁立柱上还有三幅胡人御兽图，其中一幅人物的手持之物和图六人物手持的棍状物基本一样，这两幅图之间应该有着一定的关联，对于这三幅胡人御兽图的内涵我们倾向于认为是和佛教的供养有关，但对于如何具体解读还有待于进一步的考证。《石台孝经》作为玄宗自己的一座纪念碑，表达着至高的皇权和威望，在基座上面雕刻力士狮子图的目的和犍陀罗地区在金币上刻画赫拉克勒斯的目的是一致的。古代西域是狮崇拜的流行区，从印度到波斯，狮子被赋予了神秘的色彩享誉僧俗两界，成为神力

---

[1] 林梅村：《汉代西域艺术中的希腊化因素》，郑培凯主编：《九州学林》第1卷第2期，复旦大学出版社2003年版，第2—35页。

和王权的象征。[1] 力士狮子图有着两方面的内涵，对于佛教来说是护法者，对于世俗社会来讲则是王权的守卫者，这在《石台孝经》和武惠妃石椁中分别表达着不同的思想和意识倾向。

从考古发现来看，东汉末中国与犍陀罗的文化艺术交流并没有因为东汉王朝对西域失去控制而削弱，相反犍陀罗语还成了洛阳和犍陀罗之间的国际通用语，并在西域塔里木盆地的许多绿洲国家成了官方语言。[2] 不过犍陀罗对中国的影响主要在佛教艺术方面，米兰佛寺的壁画、克孜尔石窟的壁画、楼兰遗址的葡萄纹佛门以及于阗和喀什绿洲流行的艺术品许多都是按照犍陀罗的艺术原则创作的。从尼雅遗址的棉布画面到武惠妃石椁上的力士狮子图，从东汉到盛唐，都可见犍陀罗文化对中国文化的影响。

武惠妃石椁勇士神兽图的母题可能是赫拉克勒斯和狮子的图像，一方面他们的造型距离原始的希腊形象越来越远，不仔细分析的话甚至难以找到两者间的承袭关系，但是他们象征性的角色——勇士和护卫者的身份一直不曾改变。希腊赫拉克勒斯的造型特色似乎越往东，丢失、增添和改变的情形就越多，由西域进入中国河西地区，不再全然裸体，取而代之的是越来越东方化的造型，不过他手中的大木棒和狮皮或隐或现，顽强地保留在中古艺术中。[3] 石椁上的四幅力士狮子图中，力士形象中隆起的额头、下垂的卷发、卷曲的胡须和宽阔的胸部都充满了希腊化色彩，但均不是常见的裸体形象，而有着酷似胡人的着装，不过身侧的狮子和浓密的大胡子似乎都预示

---

[1] 蔡鸿生：《狮在华夏》，《中外交流史事考述》，大象出版社2007年版，第173页。

[2] 林梅村：《松漠之间：考古新发现所见中外文化交流》，生活·读书·新知三联书店2007年版，第46—69页。

[3] 邢义田：《赫拉克利斯在东方——其形象在古代中亚、印度与中国造型艺术中的流播与变形》，《画为心声：画像石、画像砖与壁画》，中华书局2011年版，第458—513页。

着赫拉克勒斯的身份和来历。

力士，乃护法之神；狮子，守护伽蓝者也。以四狮子作为装饰很容易使人想起阿育王石柱的四狮柱头造型，北魏皇兴造像背后所雕刻的四大护法天人和西安碑林藏景俊石函四侧所刻画的护法天人形象，武惠妃石椁中力士狮子图的佛教内涵可以确认，它们之间应该有着十分紧密的关系和影响。

三

武惠妃石椁外壁椁板画面 20 幅，各画面构图不同，内容丰富。石椁外壁主题为花鸟图像，牡丹、莲花、团花、石榴、葡萄等组成繁复华丽的卷草纹饰，各种鸟类和动物穿插其中；立柱画面 20 幅，以缠枝卷草、海石榴、牡丹、葡萄、西番莲纹饰为主，穿插异兽、天马、狮子、鸿雁、鸳鸯、伎乐、童子等各种形象。这些形象中除了佛教寓意的图案，还有着中亚或者粟特特色的艺术，亦有中原本土"多子"心愿的表达，组成了一幅立体化的图像情景。

植物纹饰的大量使用，是这个时期艺术风尚的一个潮流，在石椁外壁雕刻的各种植物纹，简单的线条却蕴含着丰富的文化气息，表达着时代的审美趋向和人们的欣赏与喜爱，暗示着四季的变化。人们习惯将人间的事物和品质与对自然界的描述相类比，这种类比和暗喻中最多的就是四季花鸟纹饰。为死者和生者所采用的动物和植物纹饰都是模仿宇宙的计划的一部分，并由此创造出与宇宙相一致的吉祥空间，人们认为图像创造了吉祥图景，而不仅仅是描摹原物，是宇宙观的力量的又一例证。[1] 生与死是统一的连续体，墓葬不

---

[1]〔英〕杰西卡·罗森著，邓菲、黄洋、吴晓筠等译：《作为艺术、装饰与图案之源的宇宙观体系》，《祖先与永恒：杰西卡·罗森中国考古艺术文集》，生活·读书·新知三联书店 2011 年版，第 307—343 页。

仅仅呈现了死后世界，也表现出对日常生活的解释和说明。

花草纹饰是春夏来临的标志，古人通过强调春夏之际来确保墓主人享受到这些美景。植物图案是构成丰饶乐园最重要的因素，同时还往往和女性联系在一起，在武惠妃石椁中大量采用植物纹饰，除了对于生命的信仰之外，也许和她的身份有着一定的关联。

已经有学者对唐代墓葬中的佛教因素进行了考察[1]，武惠妃石椁外壁的纹饰整体构成了一幅佛教的圣地，动植物纹饰萦绕的画面，正把石椁营造成了一个墓葬中的窣堵波。窣堵波象征着佛教的最高境界——涅槃，那是一个美丽而富饶的世界。在佛教文献中，很多时候雁的出现都是和表现佛教天国的美好联系在一起的，在《南本涅槃经》和《长阿含经》中，雁和鸳鸯以及各种异类奇鸟相合而鸣，共同营造出了一个美好的佛国净土，而这正和石椁外壁图案所要表达出的窣堵波内涵是相通的。在武惠妃石椁外壁雕刻有多幅类似屏风画的图案，下方是一只鸟类，上方是植物纹饰，这种构图方式在新疆阿斯塔那唐代墓葬中亦有发现，对于这种图案是否具有佛教意蕴还需进一步分析，不过表现的都是对于死后美好世界的向往与诉求。

在印度早期的窣堵波周围，用浮雕表现了充满茂盛生命力的动植物，供奉舍利的窣堵波成为人们的礼拜对象。作为释迦坟墓的窣堵波，不会再有轮回转世，它所表现的是绝对永恒的寂灭世界，于是作为涅槃的象征而成为佛教徒崇拜的对象。作为佛教徒所崇拜的窣堵波其实并不仅仅是释迦个人的墓葬，更在于释迦所达到的涅槃

---

[1] 张建林：《唐代丧葬习俗中佛教因素的考古学考察》，西北大学考古学系主编：《西部考古》（第一辑），三秦出版社2006年版，第462—470页；李星明：《隋唐墓葬艺术中的佛教文化因素》，巫鸿、郑岩主编：《古代墓葬美术研究》（第一辑），文物出版社2011年版，第245—269页。

境界，是佛教徒希望达到的一种理想境界。在印度佛教艺术中，桑奇三塔有着重要的地位，形状酷似半球形；[1]在拉合尔博物馆收藏有一件石质窣堵波（图七），形状与一般的窣堵波相同[2]，这种用半球形状来表示佛教理想境界的涅槃是再恰当不过的了。

门、窗棂似乎都在暗示着在画面深处还有另外一个空间，从而把石椁内外不同的世界有机地联合起来。一般认为门窗是建立生与死的连接和转换，淡化生死的对立，分别在藏与露的矛盾中妥协融合，在观感上使得内外成为一个三维的空间。门窗这类建筑元素刻画在墓室或棺椁上面，是为了将其转化为一种完整的"建筑"，而这种建筑在亡者的世界里有着独特的意义和象征性，实质上是将生者世界的建筑构件符号重新包装赋予新的内涵，从而成为为亡者所用的一种独特的"语言"。[3]门与窗在墓葬中可能意味着通过这个孔道进入另一个世界，同时这些孔道类的装饰经常也预示着亡者升仙的通道。武惠妃石椁用种种艺术象征与元素来呈现佛国净土，门和窗户显示的正是佛国的入口，亡者灵魂的目的地是奔赴往生的净土，而动物和各种植物纹饰则加强了各种符号的祥瑞和神圣含义，可以说，武惠妃石椁所要表达的是将石椁幻化成一座墓葬中的涅槃之地——窣堵波，从而达到信徒生命信仰的理想境界。

犍陀罗涅槃图中一定有执金刚神作为护卫者出现，这种雕刻在犍陀罗发现很多。执金刚神在犍陀罗的佛传故事雕刻中有着多种多样的造型，在佛教文献中几乎不涉及执金刚神，但在犍陀罗的佛教

---

[1] 关于桑奇三塔的详细介绍，参见扬之水：《桑奇三塔：西天佛国的世俗情味》，生活·读书·新知三联书店2012年版。
[2] 〔巴基斯坦〕穆罕默德·瓦利乌拉·汗著，陆水林译：《犍陀罗：来自巴基斯坦的佛教文明》，五洲传播出版社2009年版，第195页。
[3] 郑岩：《逝者的面具：汉唐墓葬艺术研究》，北京大学出版社2013年版，第378—419页。

艺术中执金刚神却占据了极其重要的位置。[1]执金刚神和力士的概念经常混淆,作用也十分类似,在武惠妃石椁门两侧雕刻力士狮子图,正和佛陀涅槃中的纹饰图案相一致。

石椁外壁图案的犍陀罗色彩十分强烈,这种再三强调与古印度的密切关系,其意图很明确,来自佛教发源地的西方的艺术形象应该受到格外的尊崇,这样就会显示出石椁窣堵波化的正统性和权威性[2],或者可以说是体现出了中国佛徒所设想出的"西方印度佛国"的记忆。这种用神圣空间感所表达的窣堵波通过中国化的表现形式与主题,来表明这是一种真正承袭印度正统佛教特征的保证。

窣堵波具有生与死的双重特征,它所表现的涅槃世界和彼岸世界是互为表里的两个层面,这样的艺术形式产生在犍陀罗地区,给后来的佛教艺术带来很大影响。在犍陀罗艺术中,窣堵波雕刻的纹饰以动植物为主,充满着与生命的丰饶乐园相关的表现,窣堵波虽然代表死的坟墓,但它却超越了生死轮回世界,这样"死"的窣堵波就可以被当作体现轮回根源的"生"的场所。[3]在窣堵波中,佛教的涅槃、生命的再生、丰饶的乐园三者是互相映衬的,武惠妃石椁外壁的纹饰雕刻就是围绕着这三方面展开的。

墓葬中的图像背后都潜藏着更深一层的象征意义,即与墓主死后命运和归宿息息相关的丧葬信仰。高丽长川1号壁画墓反映了一套相对完整的设计思想,特别是它以绘于重要视觉位置的佛教图像,将坟墓与天堂联系了起来,从中可以了解佛教究竟在哪一层面与世

---

[1] 〔日〕宫治昭著,李萍译:《犍陀罗美术寻踪》,人民美术出版社2007年版,第171页。
[2] 〔日〕肥田路美:《南北朝时期至唐代瑞像造型的特征及意义》,中央文史研究院、敦煌研究院、香港大学饶宗颐学术馆主编:《庆贺饶宗颐先生95华诞敦煌学国际学术研讨会论文集》,中华书局2012年版,第68页。
[3] 〔日〕宫治昭著,李萍、张清涛译:《涅槃和弥勒的图像学—从印度到中亚》,文物出版社2009年版,第15—60页。

俗的墓葬发生了关联，而墓葬中的佛像图像又可以多大程度上反映时人的宗教信仰。另外从墓葬的特殊性和图像的复杂性能够知道，佛教图像在墓葬中的意义取决于图像所在的整体语境，而且还要考虑到墓主所处的时间、地域、社会文化背景、身份及其思想等诸方面的差异。[1]武惠妃石椁中雕刻的佛教纹饰，许多都保留着犍陀罗艺术的痕迹，虽然中国人对于源自希腊的古老艺术不是很熟悉，但与她有关的象征图像和本土传统艺术结合在了一起，虽然经过了变化，但许多重要的象征符号还是被保留了下来。若干源于希腊罗马风格的样式和装饰主题在传播到近东时已经经过了艺术的改造，其结果是在传入中国以前与原型相比，已经发生了很大的变化[2]，在武惠妃石椁门两侧雕刻的力士狮子的图案也是这种文化传播中的典型个案之一。

结语

武惠妃石椁上力士狮子图的母题可能是来自赫拉克勒斯和狮子的故事，在东传的过程中其形象不断发生着变化，但是作为护卫者的身份一直没有改变。石椁外壁雕刻大量带有佛教色彩的动植物纹饰，让整个石椁成了墓葬中的窣堵波，早期佛教艺术中对亡者的终极关怀在盛唐皇妃的墓葬中出现，也证明了佛教对当时社会的影响力也许比我们所要了解的还要深刻。石椁内外壁的图像表达着不同的生死信仰，把佛教的乐土、天界和幸福家园结合起来，希望武惠妃可以在死后得到真正的涅槃，从而进入到另一个生者祝愿的彼岸的终极世界。

---

[1] 李清泉：《墓葬中的佛像——长川1号壁画墓释读》，巫鸿主编：《汉唐之间的视觉文化与物质文化》，文物出版社2003年版，第497页。
[2] 卡雷茨基：《中古时期中国装饰艺术中的阿娜希塔女神及其有关象征图样和纹样》，巫鸿主编：《汉唐之间文化艺术的互动与交融》，文物出版社2001年版，第341—371页。

图一　武惠妃石椁外壁童子形象，程旭：《唐武惠妃石椁纹饰初探》

墓葬中的窣堵波　　559

图二　武惠妃石椁勇士神兽图

图三　赫拉克勒斯与狮子，浮雕，现藏于美国大都会博物馆

图四　尼雅遗址东汉墓出土的棉布残片

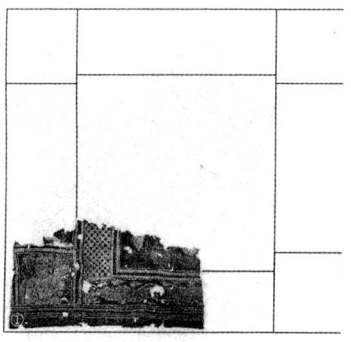

560　中国中古史集刊

图五　《石台孝经》台基上层东侧人物狮子图（左），现藏于西安碑林博物馆

图六　《石台孝经》台基上层东侧人物狮子图（右），现藏于西安碑林博物馆

图七　石质窣堵波，现藏于拉合尔博物馆

唐五代时期的凶肆与丧葬行业组织考论

崔世平（暨南大学历史系）

凶礼是儒家五礼之一，其主要内容是丧葬礼仪，包括丧葬仪式、丧服制度、祭祀仪式等。丧葬礼仪非常复杂，需要很多相关的葬具、明器和仪仗用具，凶肆就是适应这种需求而产生的。凶肆，是指出售、租赁丧葬用品，提供丧葬服务的店铺，通常既可指单个的店铺，又可指同类店铺聚集之处。虽然"凶肆"一词始见于唐代，但出售丧葬用品的店铺出现得很早。东周时期商品经济发达，城中出现了市。[1]从春秋中晚期开始，很多地区的中小型墓葬普遍随葬有大量的仿铜陶礼器[2]，这些仿铜陶礼器很多规格一致，可能是从市中购买的商品，市中可能已经存在出售丧葬用品的肆。在传世的秦汉陶文中常常可见到一种"某亭"、"某市"的戳记，新中国成立后发掘的东周至秦汉时期的遗址和墓葬中，也发现许多带有同类戳记的陶器和陶片，如三门峡市秦汉墓所出印"陕亭"与"陕市"戳记的绳纹陶罐，这种戳记当为某地之"亭"、"市"制品的标记。[3]据《汉书·原

---

[1] 参见裘锡圭:《战国文字中的"市"》,《考古学报》1980年第3期。
[2] 刘兰华:《从墓葬出土陶器的变化看商周两汉时期丧葬文化的演变》,《景德镇陶瓷》1994年第1期。
[3] 俞伟超:《秦汉的"亭"、"市"陶文》,《先秦两汉考古学论集》,文物出版社1985年版，第132页。

涉传》载:"涉乃侧席而坐,削牍为疏,具记衣被棺木,下至饭含之物,分付诸客。诸客奔走市买,至日昳皆会。"[1]《后汉书·梁冀传》载,袁著为避梁冀追捕,"乃变易姓名,后托病伪死,结蒲为人,市棺殡送"[2]。《后汉书·方术列传上》载,郭凤"先自知死期,豫令弟子市棺敛具,至其日而终"[3]。以上史料说明,至迟在秦汉时期,从棺椁葬具,到殓葬、饭含、随葬用品,都可以在市中买到了。

凶肆性质的聚落,在北魏就已经存在。据《洛阳伽蓝记》卷4载,北魏洛阳城西阳门外四里御道南,有洛阳大市,周回八里。"市北有慈孝、奉终二里,里内之人以卖棺椁为业,赁輀车为事。有挽歌孙岩,娶妻三年,妻不脱衣而卧,岩因怪之,伺其睡,阴解其衣,有毛长三尺,似野狐尾,岩惧而出之。"[4]慈孝、奉终二里内之人经营丧葬行业,不仅有出售棺椁和租赁輀车者,还有专门唱挽歌者,与唐代凶肆内的情况已经很相似。北魏慈孝、奉终二里可以说是唐代凶肆的前身。本文主要考察唐五代时期凶肆的特点和变化,并探讨其社会历史意义。

一、唐五代时期凶肆概况

关于唐代凶肆,最为人熟知的是唐白行简《李娃传》中所载的长安城凶肆。据《太平广记》所收《李娃传》,唐天宝年间,郑生到长安应举,居住在位于皇城西的布政坊,一次访友途中,在平康坊鸣珂曲见到李娃,为其美色吸引,与其同居了一年,钱财荡尽后被

---

[1]《汉书》卷92《原涉传》。
[2]《后汉书》卷34《梁冀传》。
[3]《后汉书》卷82上《方术列传上》。
[4]《洛阳伽蓝记校释》,中华书局1963年版,第160页。

设计抛弃，只好回到布政坊的邸店中借宿，由于心生怨愤，绝食三日，遘疾甚笃。"邸主惧其不起，徙之于凶肆之中。绵缀移时，合肆之人，共伤叹而互饲之。后稍愈，杖而能起。由是凶肆假之，令执繐帷，获其直以自给"，后来郑生因善唱挽歌，在东西二凶肆之争中助东肆取胜。[1]

丰邑坊是长安城西墙南门延平门内大街北第一坊，位于西市西南。宋敏求《长安志》卷10"丰邑坊"条注曰："南街西出通延平门，此坊多假赁方相、輀车、送丧之具。"[2]《太平广记》卷260《房姓人》引《启颜录》曰："唐有房姓人，好矜门第，但有姓房为官，必认云亲属，知识疾其如此，乃谓之曰：丰邑公相（注曰：丰邑坊在上都，是凶肆，出方相也）是君何亲？曰：是某乙再从伯父。人大笑曰：君既是方相侄儿，只堪吓鬼。"[3]则长安丰邑坊有凶肆。清人徐松认为《李娃传》中的西肆就是丰邑坊。他在《唐两京城坊考》中注道："按《李娃传》：凶肆有东肆、西肆。传言各阅所佣之器于天门街，则西肆在街西，东肆在街东，西肆当即丰邑，未知东肆是何坊，俟考。"[4]

日本学者妹尾达彦认为，天门街西有两个凶肆，一个在丰邑坊，另一个在西市内。[5]1975年，在发掘长安城西市西大街遗址中部时，发掘者发现了唐后期的残陶俑和陶俑头部，宿白先生推测该处可能

---

[1]《太平广记》卷484，第3985—3991页。
[2]《长安志》，中华书局1991年版，第140页。
[3]《太平广记》卷260，第2027页。
[4]《唐两京城坊考》卷4，中华书局1985年版，第126页。
[5]〔日〕妹尾达彦著，宋金文译，周蕴石校：《唐代后期的长安与传奇小说——以〈李娃传〉的分析为中心》，刘俊文主编：《日本中青年学者论中古史（六朝隋唐卷）》，上海古籍出版社1995年版，第530页。

属于凶肆遗址。[1]西市位于布政坊西南，与布政坊隔街斜对。郑生在布政坊病倒，被邸主送到凶肆，邸主应该不会舍近求远，绕过西市将其送到西市西南的丰邑坊，因此该凶肆可能是西市内的凶肆。虽然东肆的位置不明，但应与西肆相似，也位于东市内或东市附近。

由于史籍对凶肆的记载往往语焉不详，其内部的经营方式和组织模式只能大略推知。唐、五代的凶肆主要从事三个方面的经营：商品出售、器具租赁和提供劳动力服务。

凶肆向丧葬之家出售的商品有棺椁葬具、随葬明器及其他一次性的丧葬用品。棺是墓葬中不可缺少的葬具。《清异录》载："天成、开运以来，俗尚巨棺，有停之中寝，人立两边不相见者，凶肆号布漆山。"[2]天成（926—930）为后唐明宗李嗣源的年号，开运（944—946）为后晋出帝石重贵的年号，巨棺高可过人，可见五代时期凶肆出售的葬具规格之高。

墓葬中除了随葬墓主生前使用的物品外，还根据墓主地位高下，随葬数量和尺寸不等的明器，如镇墓兽、人物俑、模型明器。唐代负责丧葬器物制造的官署有将作监的左校署和甄官署，其中左校署主管棺椁等木质葬具和明器，甄官署主管石、陶质料的地面石刻和随葬陶器、陶俑等。《唐六典》卷23《将作监》"左校署"条载："凡乐县簨虡，兵杖器械，及丧葬仪制，诸司什物，皆供焉。"文后又自注曰："丧仪谓棺椁、明器之属。"[3]同卷"甄官署"条载："甄官令掌供琢石、陶土之事；丞为之贰。凡石作之类，有石磬、石人、石兽、石柱、碑碣、碾硙，出有方土，用有物宜。凡砖瓦之作，瓶缶之器，大小高下，各有程准。凡丧葬则供其明器之属。"文后自注曰："别

---

[1] 宿白：《隋唐长安城和洛阳城》，《考古》1978年第6期。
[2] 《清异录》，《宋元笔记小说大观》第一册，上海古籍出版社2007年版，第137页。
[3] 《唐六典》卷23《将作监》"左校署"条，第596页。

敕葬者供，余并私备。"[1]可见只有"别敕葬者"才能享受朝廷提供明器的待遇，其余官员丧葬使用的明器也要在凶肆中购买。长安西市遗址发现的陶俑，应该就是凶肆出售的商品。长安醴泉坊曾发现过烧造随葬品的唐三彩窑址[2]，应是为凶肆供货的陶瓷窑之一。棺椁葬具的使用也是如此，只有少数敕葬的高官由朝廷赐给左校署制造的棺椁，大部分官民仍要到凶肆中购买棺椁。五代时期凶肆中出售的巨棺"布漆山"，绝非普通平民所能购买，主要是为官宦富商之家制作的。

《新五代史·姚凯传》载："晋高祖立，罢凯为户部尚书。卒，年七十五，卒之日家无余赀，尸不能殓，官为赗赠乃能殓，闻者哀怜之。"[3]姚凯卒后，靠朝廷赗赠才得以殓葬。赗赠是赠予谷物钱帛，姚凯的家人要持朝廷赗赠的财物到凶肆上购买凶器才能终其丧事。

除了一次性的丧葬用品外，丧礼中还需要不少威仪用具，如运送棺椁明器的车舆、代表威仪的翣扇等。这些器具有的可以重复使用，不需埋于墓中，凶肆的业务之一是出租这种威仪用具。《李娃传》记载长安东西"二肆之佣凶器者互争胜负，其东肆车舆皆奇丽，殆不敌，唯哀挽劣焉"。后来两肆展示各自所佣之器于天门街，以较优劣，"自旦阅之，及亭午，历举辇舆威仪之具"。这些辇舆威仪之具，即是凶肆用来出租盈利的。至北宋时，凶器租赁市场已经非常成熟。《东京梦华录》卷4"杂赁"条载："若凶事出殡，自上而下，凶肆各有体例。如方相、车舆、结络、彩帛，皆有定价，不须

---

[1] 《唐六典》卷23《将作监》"甄官署"条，第597页。
[2] 呼林贵、尹夏清、杜文：《西安新发现唐三彩作坊的属性初探》，《文物世界》2000年第1期。
[3] 《新五代史》卷55《姚凯传》。

劳力。"[1] 唐五代凶肆中不同的威仪用具，也应有相应的租赁价格。

除了出售商品和租赁器具，凶肆还为丧家提供抬棺、执器、挽丧车及唱挽歌的人力。《李娃传》中，郑生被邸主送到凶肆中，病稍愈后，"凶肆日假之，令执繐帷获其直以自给"。长安东、西二凶肆展示的项目中除了车轝等威仪用具外，还有挽歌。唱挽歌者，一般是以挽丧车者兼任。郑生因唱挽歌"曲尽其妙，虽长安无有伦比"，才被东肆长发现并高薪聘请。

唐代的丧葬仪式，基本上与古礼相似，起殡之后，要将棺柩抬到辌车上，运至墓地。抬棺仅限于在家中把棺柩从殡处抬上辌车和在墓地把棺柩从辌车上抬下[2]，不存在直接用人抬棺长途运送的情况。这种情况到五代时似乎有所改变。《旧五代史》卷96《郑阮传》载：郑阮，洺州人也，后唐末帝时为赵州刺史，性贪浊，"尝以郡符取部内凶肆中人隶其籍者，遣于青州，舁丧至洺，郡人惮其远，愿输直百缗以免其行，阮本无丧，即受直放还"[3]。从青州至洺州，路途遥远，故凶肆中人不愿应役，可知此时已经出现用人舁丧的现象，但一般仅限于近处。

五代以后，长途舁丧就比较常见了。宋人郭彖《睽车志》卷1载："左贲字彦文，有道术，游京师依段氏，甚礼重之。段氏母病，贲为拜章祈福，乙夜羽衣伏坛上，五鼓始苏，怆然不怿久之。段氏甚惧，诘之，贲曰：'太夫人无苦，三日当愈，禄筭尚永。'段问：'先生何为不怿？'贲曰：'适出金阙，忽遇先师，力见邀，已不可

---

[1] 《东京梦华录》，中华书局2006年版，第410页。
[2] 参见《通典》卷139《凶礼六》"引辌"、"辌出升车"、"到墓"、"下柩哭序"诸条，中华书局1988年版，第3538—3543页。辌车形制为鳖甲形四轮车，山东微山县微山岛沟南村出土的汉代石椁画像石第三、四石上有一幅送葬图，图中有辌车形象。参见信立祥：《汉代画像石综合研究》，文物出版社2000年版，第218页。
[3] 《旧五代史》卷96《郑阮传》。

辞，后五日当去。贲本意且欲住世广行利益，今志不遂，故不乐耳。'既而段母如期而疾良已。越二日，贲竟卒。段氏悲悼，具棺衾敛之。贲兄居洛，段命凶肆数人舁棺送之，既举棺，辞不肯往，云：'棺必无尸。某等业此久矣，凡人之肥瘠大小，若死之久近，举棺即知之。今此甚轻，是必假致他物，至彼或遭训诘。'段与之约曰：'苟为累，吾自当之。'既至，兄果疑，发视，衣衾而已。段言其故，乃悟其尸解。"[1]

凶肆中有舁棺者，长期从业，经验丰富，棺内尸体大小甚至死亡时间，举棺便知。京师开封府，距洛阳甚远，凶肆之人只是担心棺内无尸而遭训诘，并不是因路途遥远而拒绝舁送，自然是早已习惯了此类业务。运送棺柩，五代以前均用车，五代以后用人抬棺运送增多，甚至长途舁丧，一直到近代仍是如此，这是古代葬俗一个重大变化。

从《李娃传》的描述看，凶肆内部的组织结构中，有肆长、师[2]，有挽歌者及其前辈耆旧，有执繐帷、翣、扇、铎者等。凶肆中的主体应是各店铺的店主，即"二肆之赁凶器者"，他们是拥有资产的商人。师与挽歌者，执繐帷者等可能是技艺相传的师徒关系，他们是靠出卖劳动为生的阶层，统称"同党"。由于财力和经营品种的限制，不可能每个店铺都有一套人力班子。凶肆内的运作方式应该是根据各店铺的业务情况，调配劳动力，而统合商人和劳动力的是肆长。肆长可能是从财力雄厚的商人中产生的，负责凶肆的日常管

---

[1] 《睽车志》，《宋元笔记小说大观》第四册，第4078页。
[2] 郑生与其父相认后，其父以其混迹凶肆，有辱家门，在曲江杏园中将其鞭至数百而毙，幸其同党前往相救而得存活。《太平广记·李娃传》作："其师命狎暱者阴随之，归告同党，共加伤叹，令二人赍苇席瘗焉。"《类说》卷28"汧国夫人传"条作："其凶师告同党往瘗焉。"曾慥编纂，王汝涛等校注：《类说校注》，福建人民出版社1996年版，第836页。可知"师"又称"凶师"。

理，代表凶肆组织活动等。

肆长在凶肆中扮演了重要的角色，需要对凶肆的管理和公共活动负起责任，这在《李娃传》描写的长安东西凶肆之争中表现得很明显："其东肆长知生妙绝，乃醵钱二万索顾焉。其党耆旧，共较其所能者，阴教生新声，而相赞和，累旬，人莫知之。其二肆长相谓曰：'我欲各阅所佣之器于天门街，以较优劣，不胜者，罚直五万，以备酒馔之用，可乎？'二肆许诺，乃邀立符契，署以保证，然后阅之。"[1]

唐长安城内二凶肆大会是经常举行之事，双方都相互了解，故西肆之挽歌者"恃其夙胜"，以为东肆仍然不可能压倒己方。而东肆长知道郑生在歌唱方面的天赋，悄悄以高薪将他从西肆挖到东肆，请能者教其新声，并封锁消息，使"人莫知之"，最后将其作为秘密武器掷出，出奇制胜。这一过程中，东肆长因平时了解到郑生的才能，从而"索顾焉"，类似今日之"猎头"。雇用郑生的二万巨资靠"醵钱"得到。醵钱，即众人集资，出资方当然是东肆的各店铺。而西肆长在输掉比赛后"为众所诮，益惭耻，密置所输之直于前，乃潜遁焉"。西肆长留下的五万钱应该也是在西肆醵集而来。

二市之争不仅是争一时之胜，更是长远的市场之争。胜出者能扩大自己的影响，争取到份额更大的丧葬业市场，获得更多的经济利益。肆长为了本肆的利益，平时要注意发现本行业潜在的优秀人才，并不惜巨资雇用。为了集体活动，肆长还有权向本肆店铺摊派费用和使用公共资金。可见，唐代凶肆内部的组织和运作已经非常成熟了。

---

[1]《太平广记》卷 484，第 3988 页。

二、凶肆中的丧葬行业组织与"行人"

至迟在晚唐时期，凶肆中出现了丧葬业的行业组织，称为"供作行"或"供造行"。据《唐会要》卷38《葬》："会昌元年（841）十一月，御史台奏请条流京城文武百寮及庶人丧葬事：'……伏乞圣恩，宣下京兆府，令准此条流，宣示一切供作行人，散榜城市及诸城门，令知所守。如有违犯，先罪供造行人贾售之罪，庶其明器并用瓦木，永无僭差。'"[1]

"供造行人"从事贾售明器，显然是凶肆中的店主。该奏文将"供作行人"与"供造行人"并称，似乎称呼尚不固定，然凶肆内出现了"行"和"行人"是可以肯定的。

《李娃传》中对凶肆的描述相当详细，尚无"行"的名称，而会昌元年奏文中已经出现"供作行人"和"供造行人"，那么供作行或供造行出现的时间，大约应在《李娃传》产生后至会昌元年之间。《李娃传》是一部9世纪初以长安街头艺人说唱的长篇故事《一枝花》为基础，经过文人压缩编写而成的文学作品，改写的时间一般认为是在9世纪初[2]，张政烺先生则认为白行简作《李娃传》的时间是在贞元十一年（795）。[3]那么，凶肆中可能在8世纪末至9世纪中期，产生了"行"。

五代时期有"葬作行"，应该是唐代"供作行"及"供造行"

---

[1]《唐会要》卷38《葬》，第816—817页。
[2]〔日〕妹尾达彦著，宋金文译，周蕴石校：《唐代后期的长安与传奇小说——以〈李娃传〉的分析为中心》，刘俊文主编：《日本中青年学者论中古史（六朝隋唐卷）》，第517页。
[3] 张政烺：《一枝花话》，《中央研究院历史语言研究所集刊》1948年第20本下册。

的延续。据《五代会要》卷9《丧葬下》载，后唐长兴二年（931）十二月二十六日，御史台奏："今台司准敕追到两市葬作行人白望、李温等四十七人，责得状称：一件，于梁开平年中，应京城海例，不以高例及庶人使锦绣车轝，并是行人自将状于台巡判押。一件，至同光三年中，有敕着断锦绣，只使常式素车轝。其轝，稍有力百姓之家，十二人至八人，魂车、虚丧车、小轝子不定人数。或是贫下，四人至两人。回使素紫白绢带额遮帏，轝上使白粉埒木珠节子，上使白丝，其引魂车、小轝子使结麻网幕。后至天成三年中有敕，条流庶人断使轝，只令别造鳖甲车载，亦是紫油素物，至今行内见使者。今台司按葬作人李温等通到状，并于令内及天成四年六月敕内详，稳便制置，定到五品至八品升朝官，六品至九品不升朝官等，及庶人丧葬仪制，谨具逐件如后。"[1]

此段奏文之后，又按五品至六品升朝官、七品至八品升朝官、六品至九品不升朝官、庶人四个等级，分别叙述了各等级可使用的人数物色，即舁轝车的人数，威仪用具和随葬品的种类、数量和尺寸等内容。奏文中"海例"、"高例"之意殊难理解，推测"海例"可能是某种规定或惯例，"高例"当指与庶人等级接近的社会阶层。

御史台"追到两市葬作行人白望、李温等四十七人"，并责得两状，这是为了解以前丧葬制度的相关情况，而向"葬作行人"进行查问并记录其供状。这四十七人明确属于"两市"，则后唐时期，市中存在"葬作行"，内有为数不少的"行人"。这些行人是丧葬行业组织的成员，同时也是凶肆的店主。因第一件行人供状提及梁开平年（907—911）中，"行人自将状于台巡判押"，可知至迟到后梁开平年间，葬作行就已经存在了。御史台向行人查问后梁时的丧葬业

---

[1]《五代会要》卷9《丧葬下》，上海古籍出版社1978年版，第142页。

情况，正是要吸取前朝的管理经验，制定本朝的政策。

御史台列举过上述五品升朝官至庶人四个等级的丧葬仪制后，又奏言："已上每有丧葬，行人具所供行李单状，申知台巡，不使别给判状。如所供赁不依状内及逾制度，仍委两巡御史勒驱使官与金吾司并门司所由，同加觉察。如有违犯，追勘行人。请依天成二年（927）六月三十日敕文，行人徒二年，丧葬之家即不问罪者。"[1]

唐五代时称导从仪卫人员为"行李"[2]，与此义相关，行李又可指仪仗用具。葬作行人向台巡提供的行李单状，即是丧葬之家购买和租赁凶器的清单。

天成二年（927）敕文内容见《五代会要》卷8《丧葬上》。天成二年六月三十日，御史中丞卢文纪奏："奉四月十四日敕：'丧葬之仪，本防逾僭，若用锦绣，难抑奢豪。但人情皆重于送终，格令当存于通理，宜令御史台除锦绣外，并庶人丧葬，更检详前后敕格，仔细一一条件，分析奏闻。冀合人情，永著常令者。'令台司再举令文及故实条件如后。凡铭旌，三品已上长九尺，五品已上长八尺，六品已上长七尺……凡丧葬皆有品第，恐或无知之人，妄称官秩，自今后除升朝官见任官亡殁外，余官去事前五日，须将告谕或敕牒于本巡使呈过判押文状，行人方可供应。佐命殊功，当朝立功，名传遐迩，特敕优旨，准会要例，本品数十分加三分，不得别为花饰。右具本朝旧本例如前，今后令两巡使，只据官秩品级与判状，其余一物以上，不得增加，兼勒驱使官，与金吾司并门司同力辖钤。如有大段逾越，即请据罪科断行人，兼不得追领丧葬之家，别有勘责。"

"奉敕：如过制度，不计尺寸事数，其假赁行人徒二年，丧葬之

---

[1] 《五代会要》卷9《丧葬下》，第144页。
[2] 如《旧唐书》卷165《温造传》："臣闻元和、长庆中，中丞行李，不过半坊，今乃远至两坊，谓之'笼街喝道'，但以崇高自大，不思僭拟之嫌，若不纠绳，实亏彝典。"

家即不问罪，仍付所司。"[1]

后唐长兴四年（933）五月二十五日，御史中丞龙敏的奏文重申了天成二年敕令的规定："京城士庶丧葬，近有起请条流，臣等参详，恐未允当。伏见天成二年敕内，事节分明。凡有丧葬，行人须禀定规，据其官秩高卑，合使人数物色，先经本巡使判状，自后别有更改，不令巡使判状，只遣行人具其则例申台巡。今欲却勒行人，依旧先经两巡使判状，其品秩物色定制，不得辄违。别欲指挥行人，于丧葬之家，除已得本分工价钱外，保无内外邀难，乞觅文状，送到台巡，如有故违，必加惩责。"[2]

据以上史料可知，除升朝官见任官外的其余官员亡殁后，购买或租赁丧葬用具，要提前五日将告谕或敕牒提交巡使判押文状，作为向行人购买或租赁"行李"的凭证。行人则要将租赁的清单提交给御史台巡使，巡使对清单进行审查，如果发现供赁出的"行李"与判状不符，僭越了制度规定，就要对行人处以徒二年的惩罚。

葬作行在五代丧葬制度的执行中承担了很大的责任，也发挥了重要的作用。行人要负责提供官府所需的情报，记录官民在丧葬礼仪中租赁的人数物色，并呈报御史台两巡使审查。行人为了避免丧家逾制罪及己身，只能对租售的丧葬用具的数量和等级进行限制，协助官府监督丧葬逾制情况。葬作行实际上承担了官府的一部分职能，这在唐代凶肆和供造行中是看不到的，反映了五代丧葬业的新情况。

《李娃传》中的郑生初在西肆谋生，后来东肆以重金将他挖走，并没有遇见任何阻拦，说明郑生在凶肆内仍有人身自由，他的同党

---

[1]《五代会要》卷8《丧葬上》，第135—139页。
[2]《五代会要》卷9《丧葬下》，第144页。

应该大多是自由的雇佣劳动者。郑生混迹于凶肆,其父得知后怒斥他"志行若此,污辱吾门,何施面目,复相见也",甚至不惜将其鞭打至死,可见凶肆中人的社会地位较低,为士族所不齿。前引《旧五代史·郑阮传》载郑阮为赵州刺史,"尝以郡符取部内凶肆中人隶其籍者,遣于青州,舁丧至洺"[1],可能凶肆中有的人另有籍,有别于一般平民。

从唐到五代,行人一直为官民的丧葬逾制受惩罚,其地位明显低于一般平民。官府对逾制的丧葬之家,往往不予问罪,只追究工匠或行人的责任。后唐天成二年敕文即规定了行人的责任,还规定了发现丧葬逾制后对行人处以二年徒刑的惩罚措施。

此类规定唐代已有,如元和六年(811)十二月条流文武官及庶人丧葬,重订章程,"伏以丧葬条件明示所司,如五作及工匠之徒捉搦之后,自合准前后敕文科绳,所司不得更之。丧孝之家,妄有捉搦,只坐工人,亦不得句留,令过时日"[2]。又如会昌元年(841)十一月御史台奏疏:"伏乞圣恩,宣下京兆府,令准此条流,宣示一切供作行人,散榜城市及诸城门,令知所守。如有违犯,先罪供造行人贾售之罪。"[3]

在唐代,五作工匠之徒丧葬违制,要依敕文科绳;丧孝之家违犯章程,却只惩罚工人、行人,或者首先归罪于行人。五代时只惩罚行人的规定与此是一脉相承的。厚葬虽然违制,却是儒家思想中"孝"的表现,如果因为厚葬而惩罚丧家,便有违崇尚孝道的精神。官府在处理这一矛盾时也有自己的考虑。《五代会要》卷8载后唐天成元年(926)御史台奏:"……今则凡是葬仪,动逾格物,但官中

---

[1] 《旧五代史》卷96《郑阮传》。
[2] 《唐会要》卷38《葬》,第814页。
[3] 同上书,第817页。

只行检察,在人情各尽孝思,徇彼称家之心,许便送终之礼。台司又难将孝子尽决严刑。只以供人例行书罚,以添助本司支费,兼缘设此防禁。比为权豪之家,多有违礼从厚,若贫穷下士,尚犹不便,送终必无僭礼,可以书罚。两京即是台司举行,诸州府即元无条例者。"[1]

穷困之士,能够做到备礼而葬就很困难了,基本不存在僭越礼制的问题。违礼厚葬者都是权豪之家,要处罚他们恐怕是很难执行的。官府只好借口难以对孝子尽决严刑,而只处罚供应凶器的行人,一方面捞取办公费用,另一方面通过对葬作行的监督来控制丧葬用具的租赁,从而间接遏制丧葬逾制行为。

五代时期城市中还存在"伍作行"。据《太平广记》引五代王仁裕《玉堂闲话》"杀妻者"条:某人之妻为奸盗所杀,此人被妻族执入官丞,不胜严刑,乃自诬杀人,甘其一死。从事怀疑有冤情,"遍勘在城伍作行人,令各供通,近来应与人家安厝坟墓多少去处文状"[2]。元和六年条流文武官及庶人丧葬疏也提到了"五作及工匠之徒"[3]。其中"伍作"和"五作",当即后世的"仵作"。仵作原是以代人殓葬为业的人,由于职业原因,也兼任官府中检验死伤的差役。[4]后唐天成元年十二月二十七日御史台奏:"今询访故事,准当司京兆按往例,凡京城内应有百姓死亡之家,只勒府县差人检验,如是军人,只委两军检勘,如是诸道经商客旅,即地界申户部,使差人检勘,仍诸司各具事由,及同检勘行人等姓名,申台及本巡察。"[5]

---

[1] 《五代会要》卷8《丧葬上》,第133页。
[2] 《太平广记》卷172,第1270页。
[3] 《唐会要》卷38《葬》,第814页。
[4] 参见杨奉琨:《"仵作"小考》,《法学》1984年第7期;徐忠明:《"仵作"源流考证》,《政法学刊》1996年第2期;崔勇、牛素娴:《中国古代仵作人探究》,《社会科学论坛》2007年第9期。
[5] 《五代会要》卷8《丧葬上》,第133页。

其中负责检勘的"行人",可能就是伍作行人。唐代元和时期,"五作"还只是与工匠并称,并未见有成行的迹象,而在成书于五代的《玉堂闲话》中,已经出现了伍作行人,伍作行出现的时间可能是在晚唐五代之际。与供作行、葬作行不同,伍作行只提供殓葬、勘验等服务,不出售和租赁丧葬用品。这种变化显示了晚唐五代之际,丧葬行业分工进一步细化的倾向。

三 凶肆与唐五代的社会变化

唐五代时期,社会各个领域都发生了显著的变化,凶肆的变化既是其中的一个方面,也与其他方面的变化息息相关。

第一,凶肆的发展得益于城市的发展。隋唐大一统的国家建立后,不但长安、洛阳两京得以另址重建,各地区的主要城市也都得到发展。长安、洛阳两京的规划,都是在居民区设立规划整齐的坊,外郭城内有专门的市,商人集中于市内经营。唐代继承了北魏洛阳城的传统,将凶肆集中设置在几个区域,纳入专门的坊内,如长安城的丰邑坊和西市,使凶肆成为唐代城市中一个特殊的聚落和空间。

魏晋南北朝时期士族虽然在城市中任官和居住,但仍然与家乡保持着紧密的联系,以乡村为根据地。[1]城市虽然是政治、经济中心,但乡村的地位仍然重要,是士族生活的重心所在。隋唐时期改变了这种局面。"隋氏罢中正,选举不本乡曲,故里闾无豪族,井邑无衣冠,人不土著,萃处京畿。"[2]由于国家权力的伸张,士族纷纷走出乡村,向城市迁移,乡里社会对于迁徙到城市的士族来说已经不再

---

[1] 参见〔日〕谷川道雄著,马彪译:《中国中世社会与共同体》第四编《六朝名望家统治的构想》,中华书局 2002 年版,第 307—311 页。
[2] 《通典》卷 17《选举五》,第 417 页。

如魏晋南北朝时期那样重要。毛汉光先生以《新唐书·宰相世系表》和碑志资料为基础，研究了唐代十姓十三家士族的迁移情况，指出大士族著房著支迁移的目标是两京一带。唐代官僚制度中的选制对地方人物产生巨大的吸引力，使郡姓大族疏离原籍，迁居两京，以便投身于官僚层。[1] 韩昇先生则进一步指出，除了天下名门，作为地方领袖的世家大族也出现了向城市迁徙的趋势。迁徙的目标不但有京城，还有地方的中心城市。[2]

不但官僚士族向城市迁移，平民和工商业者也积极在城市中寻找机会。城市规模的扩大，需要相应的商业、服务业的扩张，以维持其日常运转，这导致了城市人口的迅速增长。唐长安城繁盛时居民达百万左右，这些人口主要居住在外郭城的坊市区。[3] 他们脱离了乡村，完全依靠城市生活，一旦有丧事，必然无法像在乡村社会那样可以得到乡里宗族的帮助，而只能依靠社会化的服务。城市的发展和城市人口的增加，给丧葬业提供了巨大的市场，凶肆正是在这种历史背景下发展起来的。

第二，凶肆的发展与商品经济本身的发展有关。由于商品经济的发展，隋唐时期工商业中出现了"行"。"行"是工商业者结成的行业组织，学者们一般将其视为行会。[4] "行"的出现有利于同行业经营者之间的协调发展，避免恶性竞争，维护本行成员的利益。诸行各有行头，负责配合官府工作，检查行业内不法行为，处理日常

---

[1] 毛汉光：《从士族籍贯迁移看唐代士族之中央化》，《中国中古社会史论》，上海书店出版社2002年版，第333页。
[2] 韩昇：《南北朝隋唐士族向城市的迁徙与社会变迁》，《历史研究》1999年第4期。
[3] 宁欣：《转型期的唐宋都城：城市经济社会空间之拓展》，《学术月刊》2006年第5期。
[4] 参见全汉昇：《中国行会制度史》，食货出版社1986年版，第29页；张泽咸：《唐代工商业》，中国社会科学出版社1995年版，第345—351页；曲彦斌：《行会史》，上海文艺出版社1999年版，第10—11页。

事务，组织行内的活动。洛阳龙门石窟群残存有"北市彩帛行净土堂"、"北市丝行像龛"、"北市香行社造像龛"三个商业窟，其中北市香行社造像龛内的题记为永昌元年（689）三月八日所刻，是现今所知较早的行会资料。[1] 北京房山云居寺石经题记中有大量的唐代行会资料[2]，据张泽咸先生统计，纺织业有彩帛行、大绢行、小彩行、小绢行、丝绵行、绢行、幞头行，另有米行（白米行、大米行、粳米行）、生铁行、炭行、磨行、肉行、油行、屠行、果子行、靴行、椒笋行、杂货行、染行、布行等。诸行年代大多在玄宗天宝至德宗贞元时。张泽咸先生还根据《周礼注疏》中贾公彦的疏文推断出，诸行设行头、行首的做法至迟在唐高宗永徽年间已经存在。[3]

丧葬业的行业组织，目前所知最早的是唐武宗时期的供作行、供造行，其出现时间晚于其他行，分工也没有其他行细致，未见根据具体的丧葬用品再细分的情况。总体来看，丧葬业中行的出现，和唐代工商业及行业组织的发展趋势是一致的。供作行和葬作行有责任协助官府监督丧葬制度的执行，与其他行配合官府的功能也是相同的。

此外，五代时期的葬作行参与监督官民丧葬，还与御史台的变化有关。据研究，与唐代相比，五代时期御史台职权范围更为广泛，所负责的事务更加繁剧，还增加了许多御史台本职工作以外的事务。如道士有不法行为本应属祠部管辖，却转由御史台查禁。甚至妇女服饰异常宽博，民间丧葬规格逾制，民间不讲孝悌、不恭尊长等本属于地方府县管辖范围的事，也都要御史台出面查禁，御史台因此

---

[1] 贾广兴：《龙门石窟群中的商业窟》，《中原文物》1989年第2期。
[2] 北京图书馆金石组等编：《房山石经题记汇编》，书目文献出版社1987年版。
[3] 张泽咸：《唐代工商业》，第346—347页。

往往困于人手不足。[1] 因此，御史台必须较多地利用社会力量。

对于丧葬逾制的现象，自唐代就屡屡有官员上疏议论，《唐会要》卷38《葬》中记载颇详。如太极元年（712）六月，右司郎中唐绍上疏曰："臣闻王公以下，送终明器等物，具标格令，品秩高下，各有节文。孔子曰：'明器者，备物而不可用，以刍灵者善，为俑者不仁。'传曰：'俑者谓有面目机发，似于生人者也。以此而葬，殆将于殉，故曰不仁。'比者，王公百官竞为厚葬，偶人象马，雕饰如生，徒以炫耀路人，本不因心致礼。更相扇动，破产倾资，风俗流行，下兼士庶，若无禁制，奢侈日增。望请王公以下送葬明器，皆依令式，并陈于墓所，不得于衢路舁行。"[2]

此后，从元和三年（808）五月至会昌元年（841）十一月，京兆尹郑元修、浙西观察使李德裕及御史台曾先后就文武官员及庶人丧葬制度上疏。[3]

唐代上疏论丧葬制度者有御史台，还有尚书省右司郎中，京兆尹，地方观察使等，涉及的部门众多。而在五代，督察官民丧葬逾制主要是御史台的职责。当御史台发现行人呈上来的行李单状与判状不符及逾制时，"仍委两巡御史勒驱使官与金吾司并门司所由，同加觉察。如有违犯，追勘行人"[4]。主要负责人是两巡御史，具体执行的是驱使官和金吾司、门司等官吏。御史台既要管辖日益繁杂的事务，又没有足够的人手，只好依靠葬作行人来间接行使职能。

凶肆的发展和丧葬行业组织的产生，促进了丧葬的专业化，对丧葬礼俗也产生了一定的影响。凶肆是随葬品的集散地，从随葬品

---

[1] 杜文玉：《五代十国制度研究》，人民出版社2006年版，第156—158页。
[2] 《唐会要》卷38《葬》，第810页。
[3] 同上书，第812—816页。
[4] 《五代会要》卷9《丧葬下》，第144页。

的商业化和模块化生产来看，同一地区的凶肆，会出售技术风格相同甚至是同一家手工作坊（或陶瓷窑）生产的明器，使得本地区同一时期墓葬的随葬品具有相同的特征，这在考古发现中也可以证实。随葬品的形制和风格可以作为无纪年墓葬断代的重要标准，通过与标准器的比较，确定随葬品的年代，进而推断墓葬的年代，已经成为考古学研究的常用方法。另外，丧葬习俗是由人来具体传承的，同一凶肆提供的丧葬服务，除了人数多寡，威仪用具繁简的区别外，基本的礼仪是相同的，执行者也是同一批人，这在一定程度上能促进同一地区葬俗的趋同化。凶肆内部的师徒传承关系，也有利于将丧葬礼俗延续下来。因此，在古代丧葬礼俗的研究中，凶肆的作用是不可不考虑的因素。

总之，唐五代时期的凶肆及凶肆中的丧葬行业组织在城市规模扩大、商品经济发展的历史背景下，适应丧葬礼俗的要求而得到前所未有的发展，并在丧葬礼仪的执行中发挥了相当重要的作用。探讨凶肆和丧葬行业组织的发展变化，对社会史、考古学的研究都有一定的意义。

编后记

"中国中古史前沿论坛"经过多年的筹划终于正式启动，2013年8月22日至25日，由陕西师范大学历史文化学院与西安碑林博物馆共同主办的第一届论坛在陕西师范大学顺利召开。期间得以克服种种困难，全仗学界同仁的共同襄助。时至今日，会议论文集的出版工作才提上日程，姗姗来迟，更显来之不易，这就是呈现在大家眼前的《中国中古史集刊》（第一辑）。

"中古"一词在20世纪很长时期内一直保持着与"封建"若隐若现的联系，作为中国古代史的一个断代，国内学界一般称其为"魏晋南北朝隋唐"，日本与台湾学者则往往冠以"中古"之名。这里采用此名主要为了简化标题，同时借以限定论坛与集刊所跨的时间，大体上至东汉下至五代。

近年中国中古史领域中青年学者英才辈出，学术活动频繁，共同推动着中古史研究的纵深发展。资料的匮乏与前人研究的相对充分，使中古史的推进举步维艰，于是新方法的引入与加强交流成为推动中古史研究的发动机。新方法与新材料的不断介入，逐渐带动研究的新走向。在经历最初的热血沸腾之后，不禁疑惑，历史的方向究竟在哪里，传统研究在前辈学者的耕耘下是否已无余地，基本问题是否都已得到妥善解决，时代与观念的不同是否能让我们找到处理传统问题的新视角进而提出与前辈不同的看法，基础研究是否已失去价值。带着这些不自量力的期待，我们组建了这个论坛，并艰难起航。传统研究是我们坚定不移的宗旨，在这个基础上，我们同样欢迎新兴研究。

论坛在筹备阶段所拟主题分为四项：中古史研究的新视野；中古政治与社会经济；中古交通与地域文化；中古医学与信仰世界。在具体操作中为了更有效地推进交流，最终采取只限时段不限主题的方式，故在会议讨论及论文结集时我们亦不以主题为据，仅以时段相别。本辑收录论文20篇，涉及政治史、制度史、社会史、医疗史等诸多方面，既包含传统文献的探索，又涉及新材料与新方法的引入，从论题与研究方法上均体现了组建论坛的初衷。

论坛的举办与集刊的出版获得了陕西师范大学历史文化学院的鼎力资助，论坛的召开，集刊的出版均与此息息相关。此外，西安碑林博物馆在论坛举办期间提供了及时的协助，朱雷先生与景蜀慧先生一直关注论坛进展并亲临指导，让我们倍受鼓舞。一路走来，甘苦自知，张达志与我，可谓风雨同舟。同时，范兆飞、吴羽、王庆卫、肖荣、黄楼、姜望来、苏小华等诸位仁兄给予了不可估量的帮助。集刊能够在商务印书馆出版，正是范兆飞一力促成。

论坛已举办至第三届，这个旨在增进学术交流的平台犹如新生婴儿，已在蹒跚中迈出第一步。在论坛支持下的集刊，时至今日方才起步，前路艰辛可想而知，相信以后在诸位学界同仁的帮助下一定会茁壮成长，为推动中国中古史研究的进步稍尽绵薄之力！

权家玉谨致

2015年5月13日